KB176180

프로이트(1856~1939) 1885(29세)

◀프로이트의 마지막 집 런던, 프로이트박물관

프로이트는 정신분석 작업과 고고학의 유사성에 대해 자주 강조했다.

그는 1899년부터 본격적으로 골동품을 수집하기 시작했다. "골동품은 나를 기분좋게 만들며 먼 시간 먼 나라와 대화할 수 있게 해 준다."

프로이트는 어떻게 하면 환자의 내면상태를 잘 알 수 있을까를 고민하던 중 무의식적으로 털어놓는 환자들의 꿈 이야기에 관심을 기울이기 시작했다. 밤이면 책상 위의 고대 골동품들에 둘러싸여 환자들의 꿈 이야기를 정리했다. 이 작업으로 그는 정신생활의 수수께끼를 조금씩 풀어나갈 수 있었다.

▼프로이트의 골동품 수집

고대로마 유적 1899년 《꿈의 해석》을 출판했고 그리스 비극에 대한 해석을 자신의 이론에 포함하게 되었다. 그는 그가 숭배하는 한니발에 이어 로마를 정복했다. 드디어 그가 대학교수에 임명된 것이다.

첫 제자 구스타프 융(1875~1961) "결국에는 나를 점유한 채 낯선 사람들 속에서 하나의 목소리가 나와 내 목소리에 대답하기를 기다리라고 내게 말하곤 했던 그 완화된 확실성에 대해 당신에게 말하고 싶소." 1907년 6월 융에게

〈죄수의 꿈〉 모리츠 폰 슈빈트. 고전적인 그림을 꿈꾸는 사람은 자신을 꿈속에 등장시킨다. 프로이트는 이 그림을 욕망 실현의 전형적인 예로 해석했다.

〈잠든 동안 악몽에 시달리는 토마스 페인〉 제임스 길레이. 1792. 얼굴 없는 재판관이 그의 죄목을 나열하며 형을 선고한다.

〈음몽마녀(淫夢魔女)〉 자고 있는 남자와 성교한다는 악령으로 퓌슬리가 그린 〈악몽〉의 세부그림이다.

〈몽마(夢魔)〉 퓌슬리. 1791. 프랑크푸르트 괴테 박물관. 여성의 몸이 이상하게 꺾여 있고, 불러들인 몽마의 말머리가 시퍼렇게 빛나며 으스스하고 기괴해 보인다.

〈태평스레 잠자는 남자〉 르네 마그리트. 초현실주의 화가들은 '꿈의 부조한 요소'를 특히 중요하게 생각한다.

세계사상전집036

Sigmund Freud

DIE TRAUMDEUTUNG

꿈의 해석

지그문트 프로이트/김양순 옮김

동서문화사

디자인 : 동서랑 미술팀

머리글

나는 여기에서 꿈의 해석을 서술하고 있지만, 이것이 신경 병리학적 관심의 범위를 벗어나지 않았다고 믿고 있다. 왜냐하면 꿈은 심리학적으로 검토해 보면 하나로 이어지는 특이한 정신적 형성물들 가운데 첫 번째 구성요소일 뿐만 아니라 거기에 이어지는 정신적 형성물들 가운데 히스테리성 공포증, 강박 관념 및 망상 관념 등은 실제적인 이유들로 하여금 의사가 취급해야 할 성질의 것이기 때문이다. 꿈은 똑같은 실제적, 임상적 의의를 요구할 수 있는 것이 아니다. 이 점은 곧 깨닫게 될 것이다.

그러나 그만큼 실제적인 예로서 꿈의 이론적 가치는 한층 큰 것이기 때문에, 꿈의 발생을 설명할 수 없는 이들은 공포증이나 강박 관념이나 망상 관념 등도 이해할 수 없을 것이며, 다분히 이들 증상의 치료에도 성공하지 못할 것이다.

하지만 주제의 중요성과 관련지어 볼 때, 본 연구는 여러 가지 결함을 내포하고 있다. 이 서술 가운데 자주 논지(論旨)가 끊어지는 곳을 발견하게 될 것이며, 그 부분은 꿈 형성의 문제가 정신 병리학의 가장 광범위한 문제들과 관련된 접촉점의 부분과 일치하고 있다.

그런데 정신 병리학의 여러 문제는 여기서 논할 수가 없었다. 그래서 시간과 능력이 주어지고 자료도 더 수집되면 뒷날 그 문제들을 새로이 연구하고자 한다. 내가 꿈 해석의 설명을 시도함에 있어 사용한 자료는 특수한 것이었기 때문에 이 책의 발표 또한 주저하게 되었다. 문헌 중에 기록되어 있는 꿈이나 알려지지 않은 사람으로부터 모은 꿈들은 모두 내 목적에 도움이 되지 않았는데, 그 이유는 이 책을 읽어보면 자연스레 알게 될 것이다. 나는 내가 꾼 꿈들과 내가 정신 분석 치료를 한 환자들의 꿈들 가운데서 선택할 수밖에 없었다.

환자들의 꿈을 다 자료로 쓸 수 없었던 것은 그 꿈들에는 꿈 형성에 노이로제 같은 여러 특성들이 뒤섞여 있어 바람직하지 못한 복잡성을 띠고 있었기 때문이다. 그런데 또 나 자신의 꿈을 이야기하게 되면 아무래도 나 자신의 내면생활의 내막을 필요 이상으로 남에게 낱낱이 드러내 놓지 않을 수 없다. 그렇게 되는 것은 시인이 아니라 자연과학자인 저자의 임무를 벗어나는 것이다. 이는 그다지 유쾌한 일은 못 되었으나, 피할 수 없는 일이기도 했다. 결국은 내가 제시하려는 심리학적 결론들의 증명을 포기하지 않기 위해서 나는 자신의 꿈을 이야기하기로 한 것이다. 그렇기는 하나 물론 군데군데 생략하거나 바꿔 넣고 하여, 꼭 비밀에 붙여두어야 할 부분에 대해서는 모호하게 넘어가고 싶은 유혹을 물리칠 수 없었다. 이러한 생략이나 바꿔치기를 할 때마다 내가 사용한 꿈들의 가치는 현저하게 줄어들지 않을 수 없었다.

　독자 여러분께서 나의 미묘한 입장을 잘 헤아려 주시고 그 점을 너그러이 용서하여, 모두가 적어도 꿈의 작용에 대해 생각할 수 있는 자유를 거부하지 않기를 바랄 뿐이다.

1900년

제2판

　이 책은 극히 읽기 어려운 것이지만, 이 책이 나온 지 10년도 안 되어 제2판을 내게 된 것은 이 연구가 목적했던 대로 전문가들이 관심을 보였기 때문이 아니다. 같은 정신의학계 의사들은 나의 새로운 꿈 해석에 처음에는 의아스러운 놀라움을 느꼈을 뿐, 이를 이해하려 애쓰는 모습을 전혀 보여주지 않았다. 또 전문적인 철학자들은 결국 꿈의 작용이 내포하는 여러 문제들을 의식 상태의 시작이라고 부르며 어느 정도까지만 다루고 지나쳐버리는 데 습관이 되어 버렸다. 그래서 이 문제야말로 이제까지 심리학 이론의 근본적 변혁을 초래하지 않을 수 없는 온갖 문제점을 끄집어낼 수 있는데도 이에 대해서는 생각이 미치지 못하고 있다. 이 책에 가해진 학문적 비평은 묵살해 버림이 마땅하다는, 일반적인 예상을 열심히 정당화하는 일조차 되지 않았다. 감동받은 아주 소수의 지지자들이 정신분석의 의학적 응용에 있어 나의 방법과 예에 따라 꿈을 해석함으로써 그 결과를 노이로제 환자의 치료에 이용하고 있으나, 이러한 사람들만의 손으로 초판이 전부 팔렸다고는 생각되지 않는다. 이러한 터에 난해하기는 하지만 어느 정도 기본적 문제를 가지고 있는 노작(勞作)이 9년 뒤에 판을 새로이 하기에 이르렀음은 지식욕에 불타는 일반인들의 폭넓은 관심에 따른 것으로 생각한다.

개정판에 즈음하여 다행스러운 일은 내용을 덧붙이고 변경할 필요를 찾아내지 못했다는 사실이다. 군데군데 새로운 자료들을 포함시키고, 그 뒤에 쌓인 경험에서 어느 정도 견해를 덧붙이는 등 극히 사소한 점을 새롭게 고치는데 지나지 않는다. 꿈과 그 해석, 아울러 거기에서 끌어낼 수 있는 심리학적 명제에 대한 본질적인 부분은 조금도 변하지 않았다. 이 책은 적어도 주관적으로는 시간의 시련에 견뎌냈던 것이다. 나의 다른 연구(《정신 신경증(노이로제)의 원인과 메커니즘에 관하여》)를 잘 알고 있는 분이라면, 내가 결코 불완전한 것을 완전하다고 속이거나 하지 않고 언제나 자신의 이론을 발전시키며 세상에 알리려고 애써 왔음을 알게 될 것이다. 그러나 꿈과 현실의 삶에 관한 한 최초의 서술 보고를 바꿀 필요가 없었다. 여러 해에 걸쳐 노이로제 문제에 둘러싸여 있었을 때는 나도 몇 번인가 동요했으며, 여러 가지 점에서 미로에 빠졌었다. 이러한 때 나에게 다시 확신을 품게 해준 것은 언제나 이 《꿈의 해석》이었다. 수많은 이론가들이 바로 꿈의 연구영역에서 내 의견에 굽히지 않으려고 하는 것은 바로 그들의 확실한 본능을 무엇보다도 웅변적으로 이야기해 주고 있는 것이다.

이 책에서 언급한 꿈의 자료들은 그 뒤에 어느 정도 가치가 줄어들었거나 진부해진 부분들도 있지만, 꿈 해석의 법칙을 세우게 해준 나 자신의 꿈들이므로 이번 개정에서도 그대로 사용하였으며, 굳이 수정할 필요를 느끼지 않았다. 즉 나는 이 책을 다 쓰고 난 뒤에 비로소 알게 된 또 다른 주관적 의의를 이 책에 대해 지니고 있다. 말하자면 이 책은 나 스스로에 대한 자기 분석의 한 단편으로서 내 부친의 죽음에 대한 반응, 한 인간의 삶에 있어 가장 중요한 사건이면서도 가장 통절한 손실에 대한 반응임을 알았다. 이 사실을 알고부터 나는 그 영향의 흔적을 없애 버릴 마음이 나지 않았던 것이다. 독자들에게는 어떠한 자료를 바탕으로 꿈의 평가와 판단을 배우든 문제되지 않으리라고 생각한다.

피할 수 없는 부분에서 내용을 덧붙이게 되어 원 문장과 연결이 잘 되지 않는 경우는 괄호에 넣어, 이것이 제2판에서 새로 추가된 것임을 표시했다(이것은 제3판 뒤로는 다시 삭제되었다).

베르히테스가덴에서
1908년 여름

제3판

이 책의 초판과 제2판 사이에 9년이란 시간이 지났는데, 이번에는 2년여 뒤에 빠르게도 제3판을 간행하기에 이르렀다. 이 같은 변화는 즐거운 일이다. 그러나 먼저 나는 이 졸저가 독자들로부터 그다지 반응이 높지 않았다 해도 그것이 곧 이 저서가 가치가 없다는 증거는 아니라고 주장한 적이 있기에, 이번에 독자의 관심이 높아진 것으로 하여 바로 이 책의 가치가 높아졌다고 말할 마음은 없다.

학문적 인식의 진보라는 점에 있어서 《꿈의 해석》 또한 그 예외는 아니다. 1899년 이 책을 집필할 당시 나는 아직 '성욕설(性慾說)'을 세우는 데까지는 이르지 않고, 복잡한 형태의 정신신경증(노이로제)의 분석을 겨우 시작했을 뿐이었다. 꿈의 해석은 정신신경증의 심리 분석을 가능하게 하기 위한 보조 수단이었다. 그 뒤에 정신신경증에 대한 이해가 깊어감에 따라 이것이 역으로 꿈의 해석에 영향을 미치게 되었다.

꿈 해석 이론 그 자체와 그 뒤의 발전에 대해서는 이 책의 초판에서는 충분히 강조되지 않고 있다. 나 자신의 경험 및 슈테켈, 그리고 다른 연구 덕택에 나는 그 뒤 꿈에 있어서(오히려 무의식적 사고에 있어서) 상징 표현의 범위와 의의를 좀더 정당하게 평가하는 방법을 배웠다. 이렇게 해서 몇 해 동안 상당히 많은 자료들이 모아졌다. 나는 이 새로운 사실들을 본문 중에 많이 삽입하거나 주(註)를 덧붙임으로써 보충하려고 했다. 이 추가된 부분들이 때에 따라 서술의 줄거리에서 벗어났거나 이전 본문 내용을 오늘날 우리의 견해 수준까지 높이는 데 모두 성공하지 못했다고 해도, 이 점은 독자들이 너그러이 이해해 주기 바란다. 이렇게 말하는 것은 이 책의 그러한 결함들이 사실 이제 날로 진보하는 우리의 관념 지식의 결과이며 그 징후에 불과하기 때문이다. 《꿈의 해석》이 다시 판을 거듭하게 된다면(반드시 그렇게 되리라고 생각하나) 현재의 방향에서 빗나가 그것이 다른 어떤 방향으로 향하게 될 것이라고 나는 감히 예언할 수 있다. 그것은 한편으로는 문학·신화·관용어·민속학의 풍부한 소재와 긴밀하게 관계를 맺고, 다른 한편으로는 노이로제 같은 정신 장애와 꿈의 관계를 지금까지 가능했던 것보다 더 철저하게 다루는 방향으로 틀림없이 나아가리라고 생각한다.

추가될 내용의 선택에 있어서는 O. 랑크 씨로부터 귀중한 도움을 얻었고, 또 오자의 정정도 그에게 도움을 많이 받았다. 랑크 씨 및 다른 많은 분들의 지원에 대해 여기서 깊은 감사의 뜻을 보낸다.

빈에서
1911년 봄

제4판

작년(1913년)에 A.A. 브릴 박사가 이 책의 영역본을 뉴욕에서 출판했다(The Interpretation of Dreams).

O. 랑크 박사는 이번에도 교정에 애써 주셨을 뿐 아니라 본문 중에서 독립된 두 논문을 새로이 덧붙여 넣었다(제6장의 부록).

빈에서
1914년 봄

제5판

《꿈의 해석》에 대한 관심은 세계대전 중에도 그치지 않아 전쟁이 끝나기 전에 새로운 판을 내기에 이르렀다.

그러나 이 판에는 1914년 이래의 새로운 문헌들이 모두 수록되어 있는 것은 아니다. 나도, 랑크 박사도 어떤 외국어 문헌이 나왔는지 알 수가 없었기 때문이다.

홀로슈 박사와 페렌체 박사에 의해 헝가리어로 번역된 책이 곧 간행될 예정이다. 1916~1917년에 출판된 《정신분석입문(精神分析入門)》에서는 11개 장에 이르는 한가운데 부분이 꿈의 서술로 되어 있다.

그러나 거기서는 근본적인 문제를 명백히 하는 것과 노이로제 이론을 긴밀히 결합시키는 것에 치중했다. 그리고 개개 부문에서는 한층 더 상세하게 기술되어 있다고 해도, 이는 대체로 《꿈의 해석》으로부터 발췌한 것이라는 느낌을 벗어나지 못한다.

이 책을 근본적으로 바꿔 써서 정신 분석에 대한 오늘날의 수준에 맞게 하는 것은, 반대로 그 역사적 특성을 잃는 일이 되기도 하므로 거기까지는 나도 결심이 서지 않았다.

그러나 생각하건대 이 책도 초판이 나온 이래 어느덧 20년이 되었으므로 일단은 임무를 다했다고도 말할 수 있으리라.

부다페스트–슈타인브루흐에서
1918년 6월

제6판

이 신판의 수요가 생긴 뒤 실제로 간행을 하기까지는 적잖은 시일이 지난 것도(이 같은 일은 처음이나), 앞의 판을 그대로 똑같이 내게 된 것도 현재 출판계가 맞닥뜨리고 있는 어려운 사정 때문이다. 권말의 문헌표는 랑크 박사에 의해 새로이 보충되었다.

제5판 머리말 중에서 이 책이 초판이 나온 이래 어느덧 20년이 되었기에 일단은 임무를 다했다고 말했으나, 이 생각은 아무래도 옳지 않은 것 같다. 오히려 이 책은 어떤 새로운 임무를 다하지 않으면 안 된다고 말하는 게 더 나으리라. 이전에는 꿈의 본질에 대해 설명하는 것이 문제가 되었다고 한다면, 오늘날은 이 설명이 직면하고 있는 오해에 대처하는 것이 중대한 과제로 되어 있다.

빈에서
1921년 4월

제8판

앞의 7판(1922년)과 이 신판의 사이에, 빈의 〈국제 정신분석학 출판사〉에 의해 《전집》이 간행되었다. 이 《전집》 제2권에는 초판 내용을 그대로 싣고, 뒤에 추가된 부분들은 함께 모아 제3권 안에 실었다. 더욱이 이 사이에 출판된 번역은 《전집》 수록의 원본이 아닌 단행본으로 했다. 1926년 《현대철학총서》 가운데 한 권으로 나온 I. 메이에르슨(Meyerson)의 프랑스어 역 《꿈의 과학》과 1927년 나온 욘 란드키스트(John Landquist)의 스웨텐어 역 《꿈의 해석》, 그리고 《완전한 총서》 제6권과 제7권에 실린 루이스 로페스 바예스테로스 이 데 토레스(Luis López Ballesteros y de Torres)의 스페인어 역 등이 그러하다. 내가 이미 1918년에 곧 간행되리라 믿었던 헝가리어 역은 지금까지 출판된 것 같지 않다.

이번 《꿈의 해석》 개정에 즈음해서도 나는 이 책을 본질적으로는 역사적 문서로 보고, 나 자신의 견해가 좀더 명확해지고 심화되었으므로 마땅하다고 여겨지는, 얼마 안 되는 부분에 수정을 가했을 뿐이다. 초판 간행 뒤로 나타난 꿈에 관한 문제들을 다룬 문헌을 본서에 넣는 것을 마지막에 가서 그만두고, 이전의 여러 판에 있었던 그에 해당하는 곳을 삭제한 것은 이상과 같은 생각에서 비롯되었다. 또 O. 랑크가 제4판 뒤로 첨가한 독립된 두 논문 《꿈과 문학》 및 《꿈과 신화》도 같은 이유에서 생략했다.

빈에서
1929년 12월

꿈의 해석

차례

제1장 꿈의 문제에 관한 학문적 문헌

이 책에서 내가 증명해 보려고 하는 것은 먼저 다음과 같은 점이다. 바로 꿈을 해석하는 심리학적 방법이 한 가지 있다는 사실, 그리고 그 방법을 사용하면 모든 '꿈'은 사람이 깨어 있는 동안 마음의 움직임 속 어느 일정한 위치에 둘 수 있는, 이러한 명백한 의미를 갖는 '심적 형성물'임을 알 수 있다는 사실이다. 이어서 꿈이라는 게 가진 밑도 끝도 없고 정체를 알 수 없는 이 기묘하고 모호한 점이 어떠한 과정에서 유래되고 있는가를 설명하여, 이 '꿈의 과정'을 통해 인간의 마음이 갖는 여러 정신적인 힘들의 본질을 추론해 볼까 한다. 그것은 이러한 여러 정신적인 힘이 서로 협력하거나 충돌하여 꿈이라는 게 생성되기 때문이다. 이상의 두 가지 점만 밝혀지면 나는 논술을 중지할 생각이다. 왜냐하면 그로부터 얻은 꿈의 문제가 꿈 말고도 다른 종류의 자료를 근거로 해결되어야 할 좀더 광범위한 여러 문제들과 관련되기 때문이다.

먼저 이제까지 이루어진 꿈에 관한 업적과 꿈의 문제에 관한 학문적 현상들을 개괄적으로 살펴보고자 한다. 앞으로 논술을 진행시켜 나가는 동안에는 이 문제로 되돌아올 기회가 그리 많지 않을 것이기 때문이다. 꿈을 학문적으로 이해하려는 노력은 수천 년 전부터 있어 왔으나, 그 노력에 비해서는 그다지 큰 성과를 거두지 못하고 있다. 이 사실은 꿈을 연구하는 사람이면 누구나 인정하는 것이므로 새삼스레 연구가들 개개인의 의견을 인용할 필요는 없다고 생각한다. 이 책의 권말에 수록한 참고 문헌 중에는 꿈 해석의 문제에 크게 도움이 되는 의견이나 매우 흥미 있는 자료들이 적지 않지만, 꿈의 본질을 정확하게 제시하거나 그 수수께끼를 하나라도 최종적으로 해명해 낸 문헌은 거의 없다 해도 과언이 아니다. 따라서 비전문가들의 지식에 보탬이 된 것은 보다 적으리라 생각한다.

태초에 원시 민족들은 꿈에 대해 어떻게 생각하였는가, 그리고 꿈이 원시 민족들의 세계관이나 영혼관을 형성하는 데 어떤 영향을 끼쳤는가 하는 문제는 매우 흥미로운 주제이다. 여기서는 간단히 J. 러벅 경이나 H. 스펜서, E.B. 타일러 등의 저명한 연구들을 참고할 것이며, 우리 앞에 놓인 '꿈 해석'의 과제를 해결한 다음에야 비로소 문제와 사색의 범위가 올바르게 이해되리라는 점만을 부언해 둔다.

그리스•로마 시대 여러 민족들의 꿈 평가에는 확실히 꿈에 대한 원시 시대 견해의 잔재가 남아 있는 듯하다.*¹ 그들은 꿈이라는 것을 그들이 믿고 있던 초인간적 존재들의 세계와 관계있는 것으로, 신(神)이나 귀신들의 계시라고 여기고 있었다. 그리고 그들은 꿈이라는 것은 보통 그 꿈을 꾸는 사람에게 미래를 알려주는 중대한 뜻을 갖는 것이라고 생각하기 시작했다. 꿈은 그 내용이나 인상으로 말하더라도 종류가 천차만별이어서, 그것에 대해 통일된 견해를 갖는다는 것은 어려우므로 부득이 꿈의 가치나 신빙성 여하에 따라 구분하거나 분류할 수밖에 없었다. 고대 철학자들의 꿈에 대한 태도는 '점복술(占卜術)'에 대한 개개인의 입장과 무관하지 않았던 것이다.

아리스토텔레스의 저서 가운데는 꿈을 소재로 한 글이 있는데, 그 속에서 꿈은 이미 심리학의 연구 대상이 되고 있다. 꿈은 신(神)에게서 온 것도 아니며 신적인 성질을 띤 것도 아니다. 즉 초자연적인 계시에서 유래되는 것이 아니라 인간 정신의(확실히 신성(神性)에 가까운 것으로 여겨지는 인간 정신의) 여러 법칙들을 따른다고 한다. 꿈은 사람이 자고 있는 동안에 행해지는 영혼의 활동이라고 정의되었다.

아리스토텔레스는 꿈이라는 것의 특성을 어느 정도 알고 있었다. 예를 들면, 꿈은 잠자는 동안 일어나는 자극을 확대 해석한다(불 속을 지나가면서 뜨겁게 느끼는 꿈을 꾸는 것은 대개 몸 어딘가가 약간 따뜻해진 데에 지나지 않을 경우이다)는 등의 것으로, 아리스토텔레스는 이 작용에서 다음과 같은 결론을 내렸다. 즉 꿈은 십중팔구 낮 동안엔 깨닫지 못했던 신체적 변화의 시작을 의사에게 알려준다는 것이다.*²

아리스토텔레스 이전의 고대인들은 널리 알려진 바와 같이, 꿈이란 꿈꾸는 영혼 스스로 만들어 낸 것이라 보지 않고 신의 계시라고 생각했다. 그리고 오늘날 우리가 꿈을 생각할 때 언제나 가지게 되는 저 상반된 두 가지 흐름에도

---

*1 이하의 대목은 알베르트 B. 뷕센쉬가 상세하게 기술한 《고대의 꿈과 꿈 판단》에 의함.
*2 그리스 의학자 히포크라테스는 그의 저명한 저서 한 장에서 꿈과 병의 관계를 논하고 있다.

고대인들은 이미 생각이 미치고 있었다. 그들은 미래를 경고하거나 예언하기 위해 잠자는 사람에게 보내어지는 참되고 가치 있는 꿈들과, 사람을 잘못 이 끄는 허황되고 기만에 찬 무가치한 꿈들을 구별하고 있었던 것이다.

그루페(P. O. Gruppe)는 마크로비우스(Makrobius)와 아르테미도로스 (Artemidoros)가 한 이같은 꿈의 분류를 소개하고 있다. "꿈은 두 종류로 분류 되었다. 하나는 단순히 현재(또는 과거)에 의해서만 영향을 받는 것으로 미래 에 대해서는 아무런 의미도 갖지 않는 것으로 생각되었다. 예를 들면 굶주림이 라든가 굶주림을 없애는 것과 관련된 표상, 또는 그 반대 표상을 직접 재현하 는, 깊이 잠들지 못하고 반쯤 깨어 있는 상태와 악몽(惡夢)과 같이 주어진 표 상을 터무니없이 확대하는 환상(幻想)이 포함되어 있다. 이에 반해 다른 하나 는 미래를 예고하는 꿈으로 생각되었다. 이에 속하는 것은 첫째, 꿈에서 받는 직접적인 예언, 둘째, 앞으로 일어날 결과에 대한 예언, 셋째, 해석을 필요로 하는 상징적인 꿈 등이다. 이 이론은 여러 세기에 걸쳐서 이어져 왔다."《그리스 신화와 종교사》390면)

꿈이 이처럼 여러 가지로 평가되므로 우리에게는 '꿈 해석'이라는 과제가 주 어지는 것이다. 일반적으로 꿈에는 중대한 사항의 실마리가 있는 것으로 알고 있었으나, 모든 꿈들을 직접적으로 이해할 수 있는 것은 아니었으며, 또 어떤 특정한 영문 모를 꿈이 무슨 중대한 일을 예고하고 있는지도 알 수 없었기 때 문에, 꿈의 불가해한 내용을 좀더 뚜렷하고 의미있게 이해하려는 노력이 이루 어져 왔다.

꿈 해석에 있어서 고대 후기 최대의 권위자는 달디스의 아르테미도로스였 다. 그의 상세한 저서는 이 분야에 관한 사라진 다른 저술들을 보완해 준다.*3

고대인의 전학문적(前學問的) 꿈 해석은 확실히 그들의 세계관과 일치하고 있었다. 그들은 정신 속에 실재하는 것을 현실이라 생각하고, 이것을 외부 세 계에 비추어 보았다. 더욱이 아침에 눈을 뜨고 난 뒤에도 남아 있는 꿈의 기억

---

*3 그 후 중세에 이르러서 꿈 해석이 어떤 운명을 더듬었던가에 대해서는 디프겐, 그리고 M. 푀어스터, 고트하르트 등의 연구를 참조. 유대인의 꿈 해석에 대해서는 알몰리, 암람, 뢰빙 어를, 그리고 최근에 정신 분석적 입장에서 이루어진 라우어 등의 연구가 있다. 아랍인들의 꿈 해석으로는 드렉슬, F. 슈바르츠, 선교사 트핑크디의 연구가 있다. 또 일본인들의 꿈 해석 에 대해서는 미우라와 이와야, 중국인들의 꿈 해석에 대해서는 제커, 인도인들의 꿈 해석에 대해서는 네겔라인의 연구가 있다.

에서 받는 주요한 인상(印象)들을 그 나름대로 떠올려 생각에 포함시켰다. 사실 이러한 꿈의 기억들을 더듬으면 꿈은 어딘가 별세계에서 온 것 같은 무언가 이상한 것으로서, 꿈이 아닌 마음속에 일어나는 여러 생각들과 대립한다. 꿈이 초자연적 세계에서 온다는 주장을 지지하는 사람이 오늘날 없을 것이라 생각하는 것은 잘못이다. 경건주의나 신비주의의 저자들은 별도로 치고라도 (이러한 사람들은, 전에는 상당히 넓었던 초자연적 세계의 잔재가 아직도 자연 과학에 의해 완전히 설명되지 않는 한, 그 이론을 지지한다), 그 어떤 종류이든 애매모호한 것을 싫어하여 사물을 명확하게 판단하려는 사람이면서도, 초인간적 정신력의 존재와 작용에 대한 자신들의 종교적 신앙을 바로 꿈이라는 여러 현상들의 불가사의함에 의해 설명하려는 사람들이 있는 것이다(하프너). 이를테면 셸링(Schelling)파에 속할 만한 적지 않은 철학 유파가 꿈을 존중하는 것은, 고대 시대에서는 논의할 여지조차 없었던 꿈의 신성함에 대한 뚜렷한 잔재라고 할 수 있다. 미래를 알려주는 꿈의 예언적인 힘에 대해서도 뚜렷이 결론이 나 있지 않다. 그 이유는 심리학적으로 설명하려는 시도가 이제까지 수집된 자료들을 완전히 설명할 수 있는 단계에 이르지 못했기 때문이다. 과학적 견해를 가진 사람이라면 누구나 그러한 주장을 거부하고 싶겠지만, 사실은 위에서 말한 대로이다.

꿈의 문제들에 관한 과학적 인식의 역사를 쓰는 일이 어려운 까닭은, 이 연구가 부분적으로는 매우 가치 있는 일을 했을는지 모르나, 어떤 특정한 영역으로는 진보가 전혀 이루어지지 못했기 때문이다. 뚜렷한 기반을 가진 토대(下部構造)가 만들어져 있어서 그 뒤에 다른 연구자가 다시 연구를 거듭 쌓아가는 게 아니라, 새로운 연구자가 같은 문제를 다시 처음부터 따로따로 다루어 나가지 않으면 안 되는 형편이었던 것이다. 지금 만일 꿈 연구에 관해 쓴 사람들을 연대순으로, 그 한 사람 한 사람이 어떤 견해를 서술했는가를 간단하게나마 설명하려 한다면, 꿈의 학문적 인식이 현재 어느 정도까지 진전되어 있는가를 개관하는 일은 일찌감치 체념하는 게 좋을 것이다. 따라서 나는 이 책의 기술을 연구자 중심으로 하지 않고 문제들 중심으로 해나가기로 했다. 그리고 꿈의 문제 하나하나마다 그 문제를 풀기 위해 자료 문헌들을 그때마다 인용할 생각이다.

그러나 이 문제를 다룬 문헌이 매우 광범위하며 여러 다른 학문 영역들과 얽혀 있기 때문에, 그 전체를 들추기란 도저히 불가능하여 기본적 사실이나 중요한 견해만은 빠뜨리지 않으려고 노력하였으므로, 독자 여러분께서는 이해해주기를 바란다.

얼마 전까지만 해도 대다수의 연구가들은 잠과 꿈을 같은 주제 안에서 다루었는데, 정신 병리학 영역에 들어가는 유사한 상황들이나 꿈과 비슷한 현상들(환상이나 환각 등)에 대한 평가는 일반적으로 꿈의 이론과 관련지어서 논해야 한다고 생각하고 있었다. 그러나 최근 연구에서는 주제를 좁게 한정한 뒤 꿈의 영역에서 개개의 문제들을 끄집어내어 이를 연구 대상으로 삼으려는 경향이 나타나고 있다. 이런 변화는 크게 환영할 만한 일이라 하겠다. 왜냐하면 그것은 꿈이라는 미개척 연구 분야에서 꿈을 설명하고 의견의 일치를 낳게 하려면, 문제들에 대한 상세한 연구를 거듭해 가는 수밖에 없다고 확신하기 때문이다. 내가 지금부터 이 책에서 제공하는 것은 그런 의미의 세부적 연구, 그것도 특히 심리학적 분야의 하나에 지나지 않는다. 나는 이제까지 잠의 문제를 다룰 기회를 갖지 못했다. 그것은 수면 상태의 특징들 가운데는 심리적 기능 조건의 변화가 마땅히 포함되어야만 하나, 잠의 문제란 본디 생리학(生理學)의 과제이기 때문이다. 따라서 수면에 관한 문헌은 여기서는 고려 대상으로 하지 않는다.

꿈의 현상 그 자체에 대한 학문적 관심은 부분적으로는 서로 공통된 다음과 같은 몇 가지 물음들에 이르게 한다.

A. 꿈과 깨어 있는 상태와의 관계

꿈에서 깨어난 사람은 소박하게 이렇게 생각한다. 꿈은 다른 세계에서 오는 것이 아니라 할지라도 역시 잠든 사람을 다른 세계로 데려갔던 것이라고. 옛 생리학자로서 꿈의 여러 현상을 자세하게 쓰고 있는 부르다흐는 그의 저명한 《소론》 중(474면)에서 자기 견해를 다음과 같이 표현하고 있다.

"꿈속에서는 낮 동안의 여러 가지 노력이나 즐거움, 그리고 기쁨이나 고통이 결코 되풀이되는 일이 없다. 오히려 꿈은 우리를 그러한 낮 생활에서 해방시키려고 한다. 우리의 마음이 어떤 생각으로 가득 차 있더라도, 또 심각한 고통으로 마음이 산산이 찢겨져 있을 때나, 어떤 과제가 우리의 온 정신력을 심각하게 긴장시킬 때라도 꿈은 우리에게 아주 낯선 어떤 것을 주거나, 아니면 현실에서 단지 개개의 요소만을 뽑아서 꿈의 결합 속으로 받아들이거나, 우리의 기분 상태만을 취하여 현실을 상징화한다."

I.H. 피히테(1의 541)는 똑같은 뜻에서 직접 '보충몽(補充夢)'이라는 말을 했는데, 이를 정신의 자기 치료적 성질의 은밀한 혜택 가운데 하나라 부르고 있다. 같은 뜻에서 L. 스트륌펠도 꿈의 성질과 발생에 관한 연구(이것은 정확하게 각 방면에서 높이 평가받았다)에서 이렇게 말하고 있다. "꿈을 꾸는 사람은 깨어 있는 의식 세계로부터 등을 돌리고 있는 것이다."(16면) "꿈속에서는 깨어 있는 의식의 질서정연한 내용들에 대한 기억과 의식의 정상적인 작용이 완전히 사라진 것과 마찬가지이다."(17면) "꿈속의 마음은 깨어 있는 생활의 규칙적인 내용이나 결과를 거의 기억하지 못하는 차단 상태에 있다."(19면)

그러나 대다수 연구가들은 깨어 있는 생활과 꿈의 관계에 관해 이와 전혀 다른 생각을 하고 있다. 이를테면 하프너는 이렇게 말한다. "우선 꿈은 깨어 있는 생활의 연속이다. 우리의 꿈은 언제나 바로 얼마 전에 의식 속에 존재했던 상징들과 연결된다. 정확하게 관찰하면, 거의 언제나 개개인의 꿈들이 전날의 체험과 연결되는 실마리를 찾을 수 있을 것이다."(19면) 바이간트(W. Weygandt)는 위에서 소개한 부르다흐의 주장에 정면으로 반대하고 있다. 그것은 아마도 대부분 꿈에서 다음과 같은 점들이 자주 관찰되기 때문이다. "즉 꿈은 우리를 일상생활에서 해방시키기는커녕 바로 일상생활 속으로 되돌아가게 하는 것이다."(6면) 모리는 간결하게 이렇게 말하고 있다. "우리는 자신이 보거나 말하거나 바라거나 행한 것을 꿈꾼다."《잠과 꿈》, 56면) 예센(P. Jessen)은 1855년에 간행된 《심리학》(530면)에서 더 상세하게 이렇게 말하고 있다. "꿈의 내용은 언제나 꿈을 꾸는 사람의 개성과 연령, 성별, 신분, 교양의 정도, 평소의 생활 습관, 또는 그가 살아오면서 겪은 사건이나 경험에 따라 어느 정도 결정된다."

이 문제에 대해 가장 뚜렷한 견해를 취하고 있는 사람은 철학자 J.G.E. 마스 《정열에 대해서》, 1805년)이다.

"우리는 가장 열정적으로 마음을 쏟는 일들에 관해 꿈을 꾼다는 주장을 경험을 통해 증명하게 된다. 이 점에서 우리가 꿈을 꿀 때에 가장 큰 작용을 하는 것은 우리의 열정임이 틀림없다는 사실을 알 수 있다. 명예욕에 불타는 사람은(다만 상상 속에서만) 획득했거나 아니면 획득하고자 하는 월계관을 꿈꾸는 데 비해, 사랑에 빠진 사람은 꿈속에서 달콤한 희망의 대상인 상대 이성의 모습을 본다. 마음속에 잠들어 있는 모든 감각적 욕망과 혐오는 어떤 이유로 자극을 받으면, 그 자극과 관련된 관념들로부터 꿈을 만들든가 또는 이 여러 관념들이 이미 존재하고 있던 꿈들과 뒤섞이는 작용을 하게 된다."(〈정신 분석학 중앙기관지〉에 실은 빈터스타인(T. von Winterstein)의 보고 《꿈에서의 소원 성취에 대한 두 가지 증거》에서 인용)

고대인들도 꿈 내용이 현재 생활에 의존한다는 것에 역시 같은 견해를 가지고 있었다. 라데스토크(P. Radestock)에서 인용해 보기로 하자. "크세르크세스가 그리스 원정을 앞두고 누군가가 한 충고에 따라 그 원정을 단념했으나, 꿈을 꾸고 나서는 여러 번 다시 원정할 마음이 생겼다. 그러자 페르시아의 현명한 노인 해몽가 아르타바노스가 크세르크세스에게 이렇게 말했다. '꿈에 나타나는 것은 대개는 사람이 이미 깨어 있는 때에 생각하고 있던 것을 포함한다'라고."(139면)

루크레티우스(Lucretius)의 교훈시(敎訓詩) 《자연계(自然界)에 관하여》 가운데에 이런 구절(제4, 959행 이하)이 있다.

대개 사람은 꿈속에서 열정을 가지고 추구하는 일이 무엇이든
자기가 집착하고 있는 일이나 과거에 그 마음이 사로잡힌 일이 무엇이든
자기 마음을 종종 괴롭힌 일이나 이로 하여 마음이 어떤 것을 더욱 추구할 때,
자기 마음을 만족시켜 주지 않는 것을 꿈꾼다. 꿈에서는 대개 이 같은 것들을 보게 된다.
변호사는 소송을 생각하고 법률을 만들며,
제왕(帝王)은 다투며 전쟁을 일으키려고 한다.

키케로는 그보다 훨씬 나중에 모리가 말한 것과 비슷한 말을 하고 있다. "우리가 눈을 뜨고 있을 때에 생각하거나 행동한 일의 잔재들이 우리 마음속에 꿈틀거리고 있다."《신탁에 대해서》

꿈의 생활과 깨어 있는 생활과의 관계에 대한 이런 의견 대립은 사실 해결되기 어려운 것으로 보인다. 그러므로 여기서 F.W. 힐데브란트(Hildebrandt)의 견해(1875년)를 인용하는 것이 적당하리라 생각한다. 힐데브란트의 말에 따르면,

꿈의 특징들은 보기에 극단적으로 모순되는 것으로 여겨지는 일련의 대립에 의해서만 설명할 수 있다.(8면)

"이런 여러 대립들 가운데 하나는 한편의 꿈이 현실의 가장 참다운 생활에서 '완전히 끊어진 것, 또는 그것만으로 뭉쳐진 것'이라는 견해이며, 다른 하나는 꿈과 현실 생활은 언제나 서로 교착하고 서로 의존한다는 견해라는 점이다. 꿈은 깨었을 때 현실에서 체험하는 것과는 동떨어진 어떤 것, 넘을 수 없는 심연에 의해 현재로부터 분리된, 그 자체로서 완전하게 뭉쳐진 한 존재라고 말하고 싶은 것이다. 꿈은 우리를 현실로부터 자유롭게 해주며, 우리 삶 속에 자리잡고 있는 현실에 대한 정상적인 기억을 없애고, 우리를 다른 세계 속으로, 궁극에 가서는 현실과는 아무런 관련도 없는 전혀 다른 생활 속으로 이끌고 간다." 이어서 힐데브란트는 잠이 듦과 동시에 독자적 존재 형식을 가진 우리의 모든 존재가 마치 보이지 않는 덧문 뒤로 사라져 감을 설명한다. 예를 들어 누군가 세인트 헬레나로 배를 타고 여행을 하는 꿈을 꾼다고 가정해 보자. 그리하여 이 섬에 유폐되어 있는 나폴레옹에게 기막힌 모젤 포도주를 바친다. 이전 황제로부터 극진한 대접을 받았기 때문에 잠에서 깨자, 그는 모처럼의 이 흥미로운 착각이 무너지는 것을 몹시 아쉬워한다. 그러나 이 꿈의 상황을 현실과 비교해보면, 꿈을 꾼 장본인은 포도주 상인도 아니었으며, 포도주 상인이 되려고 마음먹은 적도 없는 것이다. 배로 여행을 해본 일도 세인트 헬레나 섬을 여행지로 택한 일도 없었다. 나폴레옹을 좋아하기는커녕 그의 애국심은 나폴레옹을 몹시 미워하기까지 했었다.

게다가 나폴레옹이 이 외딴 섬에서 죽었을 때에 아직 이 사람은 세상에 태어나지도 않았다. 따라서 그와 나폴레옹 사이에는 어떠한 개인적인 연관을 상상하기도 어렵다. 그러므로 이러한 꿈의 체험은 연속적으로 흘러가는 삶의 흐름 사이에 끼어든 낯선 것처럼 느껴진다.

힐데브란트는 이어서 말을 계속한다. "그런데 겉보기에 완전히 반대가 되는 이 설명도 마찬가지로 사실이며 또한 옳다. 나는 꿈의 이러한 맺어짐과 끊어짐 사이에도 가장 긴밀한 관계와 결합이 존재한다고 생각한다. 우리는 솔직히 이렇게 말할 수 있다. 꿈에서 어떤 것을 보건, 이는 현실과 그 현실에서 전개되는 정신생활에서 유래한 것이다. 꿈이 아무리 기이하더라도 그것은 현실 세계를 결코 떠날 수는 없다. 꿈의 형성물이 아무리 훌륭하거나 아무리 우스운 것일지라도 감성계(感性界)에서 우리 눈앞에 나타난 것에서, 아니면 우리가 깨어 있는 동안 사고(思考) 과정 속에 어떤 형태로 이미 위치가 만들어져 있던 것이다. 바꿔 말하면 꿈의 자료들은 우리가 외적으로나 내적으로 이미 체험한 것들로부터 가져온 것이다."

B. 꿈의 자료-꿈속의 기억

꿈 내용을 구성하는 자료들은 모두 어떤 방법으로든 우리의 체험에서 나온다는 사실, 따라서 그 자료들은 꿈속에서 재생되고 기억된다는 사실, 이것만은 적어도 의심할 수 없는 사실이다. 그렇다고 해서 꿈의 내용과 깨어 있는 생활과의 관계를 비교할 때 이 둘의 관계가 뚜렷하게 밝혀지리라고 생각하는 것은 잘못이다. 오히려 꿈과 현실과의 관계는 주의깊게 찾아봄으로써 비로소 알게 되는 것이며, 이 관계가 오랫동안 숨겨진 채 밝혀지지 않는 경우도 아주 많다. 그 이유는 우리의 기억 능력이 꿈속에서 나타내는 몇 가지 특성들 때문인데, 이 특성들은 일반적으로 인정은 되어 왔으나, 오늘날까지 설명할 길이 없었던 것들이다. 앞으로 이 여러 특성들을 상세하게 검토해 보기로 하자.

우선 이런 경우가 있다. 즉 깨고 나서 생각해 보면, 자기가 알지도 못하고 체험한 일도 없는 자료가 꿈 내용에 나타나는 수가 있다. 꿈꾼 적은 있지만, 실제로 그것을 체험한 일이 있었다든가, 있었다면 언제 체험했다든가 하는 기억이 없다. 이렇게 되면 꿈이 어디서 그 자료를 가져오는지 모호해져서, 꿈이라는 것은 스스로 여러 가지를 만들어 내는 힘이 있다고 믿고 싶어지기도 할 것이다. 그러나 이런 경우, 꿈을 꾼 지 오랜 시일이 지난 뒤에 무언가 새로운 삶의 체험을 하게 되면, 이 경험이 기억해내지 못했던 이전의 체험을 불러일으켜서 꿈의 원천이 밝혀지는 수가 흔히 있다. 그래서 깨어 있을 때의 기억 능력(記憶能力) 범위 밖에 있던 무엇인가가 꿈속에서 알려져 상기(想起)되고 있었다는 점을 인정하지 않을 수 없게 된다.[*4]

특별히 인상적인 꿈의 체험에 관한 이러한 예를 델뵈우프는 자신의 경험을 통해서 말하고 있다. 그는 꿈에서 눈에 덮인 자기 집 마당을 보았다. 작은 도마뱀 두 마리가 반쯤 얼어서 눈에 파묻혀 있었다. 평소 동물을 좋아하는 그는

---

*4 바슈이드는 깨어 있을 때보다 꿈속에서 외국어를 더 유창하고 바르게 말하는 경우가 종종 있다고 주장한다.

도마뱀들을 손으로 녹여 주고, 그들의 집인 돌담 사이 작은 구멍 속에 다시 넣어 주었다. 그리고 도마뱀이 좋아하는 벽에 나 있던 작은 양치식물 두세 잎을 따서 도마뱀에게 주었다. 그는 도마뱀이 양치식물을 좋아한다는 사실을 알고 있었던 것이다. 꿈속에서 그는 이 식물 이름이 '아스플레니움 루타 무랄리스(Asplenium ruta muralis)'라는 것을 기억하고 있었다. 꿈은 다시 계속되어 여러 가지 일이 있은 뒤에 다시 도마뱀으로 되돌아왔는데, 놀랍게도 이번에는 다른 도마뱀 두 마리가 나타나더니 나머지 잎사귀들을 허겁지겁 먹고 있었다. 그리고 들판으로 눈을 돌리니 다섯 마리째, 여섯 마리째 도마뱀이 담을 향해 오는가 했더니, 마침내 온통 길 가득히 도마뱀 행렬로 꽉 찼다. 도마뱀은 어느 것이나 똑같은 방향으로 오고 있었다.

꿈에서 깨어 생각해 보니, 델뵈우프 자신이 알고 있는 식물의 라틴어 이름은 조금밖에 없고, '아스플레니움'이라는 것은 들어본 적도 없었다. 그런데 실제로 그런 라틴어 이름의 양치식물이 있음을 확인하고 몹시 놀라지 않을 수 없었다. '아스플레니움 루타 무라리아'가 그 올바른 명칭인데, 꿈속에서는 이것이 약간 왜곡되어 나타난 것이다. 도저히 우연의 일치라고는 생각할 수가 없었다. 자기가 꿈속에서 어떻게 '아스플레니움'이라는 이름을 알 수 있었는지 델뵈우프에게는 계속 수수께끼로 남았다.

이 꿈을 꾼 것은 1862년의 일인데, 그로부터 16년 뒤에 이 철학자는 어느 친구를 찾아갔다가 거기서 식물 표본 앨범 한 권을 보았다. 스위스 각처에서 여행 기념으로 관광객에게 팔고 있는 책이었다. 그것을 보자 어떤 기억이 떠올랐다. 표본 앨범을 펼치니 거기에 전에 꿈에서 보았던 아스플레니움이 있었으며, 그 옆에 자신이 직접 이 식물의 라틴어 이름을 써 놓은 것을 발견할 수 있었다. 여기서 꿈과 현실과의 연결이 생겼다. 이 친구의 누이동생이 1860년(도마뱀 꿈보다 2년 전)에 신혼여행 중에 델뵈우프를 찾아온 일이 있었던 것이다. 그때 이 누이동생은 오빠에게 줄 선물로 이 앨범을 사서 가져왔던 것이다. 델뵈우프는 어떤 식물학자에게서 배워 가면서 이 앨범의 식물 하나하나에 라틴어 이름을 써 넣어주었던 것이었다.

이 꿈이 이렇게 기다랗게 이야기할 만한 가치가 있는 것은 우연의 덕분이지만, 또 하나 다른 일이 꿈에 잊었던 원전을 그에게 설명해 주었다. 1877년 어느 날, 델뵈우프는 우연히 어떤 그림 잡지 한 권을 손에 넣었다. 그는 이 잡지 속에서 그가 1862년의 꿈에서 본 것 같은 도마뱀 행렬의 그림을 발견했다. 잡지는 1861년에 발간된 것인데, 그는 자신이 이 잡지의 창간호부터 구독자였음을 깨닫게 되었다.

깨어 있을 때에는 떠올리지 못할 그런 기억들을 꿈이 지배하고 있다는 사실은 우리의 주의를 끌 뿐만 아니라, 이론적으로도 중대한 의의를 가지므로, 나는 또 다른 '초기억적(超記憶的)' 꿈의 예를 들어 이 사실에 대한 주의를 한층 더 강화하고자 한다. 모리의 말에 따르면, 그는 얼마동안 낮이면 '뮈시당'이라는 말이 항상 머리에 떠올라 견딜 수가 없었다. 그는 그것이 프랑스의 어느 도시 이름이라는 것만 알았지 그 이상의 것은 알지 못했다. 어느 날 밤, 그는 한 여인과 대화하는 꿈을 꾸었다. 여인은 자기가 뮈시당(Mussidan) 태생이라고 그에게 말했다. 그 도시가 어디 있느냐고 모리가 물었더니, 뮈시당은 도르도뉴 성의 한 도시라는 대답이었다. 꿈을 깬 모리는 꿈속에서 들은 말을 믿을 수는 없다고 생각했지만, 지리 사전을 들춰 보니 꿈에서 들은 그대로였다. 이 경우엔 꿈이 깨어 있을 때의 의식보다 더 많은 것을 알고 있다는 사실이 확인되지만, 알게 된 지식의 잊혀진 출처를 다시 찾아낸 것은 아니다.

예센은 이와 매우 비슷한 옛 시대의 꿈들에 대해서 말하고 있다. 그 가운데에는 특히 스칼리거(헤닝스, 같은 책 300면)의 꿈이 있다. 스칼리거는 베로나의 저명한 인사들을 칭찬하는 시 한 편을 썼는데, 그때 브루그놀루스라는 사나이가 꿈에 나타나, 자기가 무시당하고 있음을 한탄했다. 스칼리거는 그런 이름을 들은 기억이 없었으나 그 시 속에 그 사람에 관한 것도 써두었다. 그런데 나중에 그의 아들이 실제로 베로나에서 브루그놀루스라는 사람이 전에 비평가로 그곳에서 유명했다는 사실을 알게 되었다(55면).

최초의 꿈에서는 몰랐던 기억이 그 다음 꿈에서 확인된다는 식의, 좀 색다른 초기억적인 꿈에 대해서 데르베 드 생 드니 후작은 이렇게 말하고 있다. "나는 어느 날 금발의 젊은 여인이 나의 누이동생과 이야기하고 있는 꿈을 꾸었다. 금발 여인은 누이동생에게 자수를 보여 주고 있었는데, 꿈속에서 나는 매우 낯익은 여인 같다는 생각이 들었다. 꿈에서 깨어나서도 생생하게 그 얼굴이 떠올랐으나 누구인지 도무지 알 수가 없었다. 나는 다시 잠이 들었는데, 같은 여인의 꿈을 꾸었다. 이 두 번째 꿈에서 나는 그 여인에게 어디서 만나본 듯하다고 했더니, 그녀는 '그래요. 포르닉의 해수욕장을 생각해 보세요'라고 대답했다. 나는 곧바로 잠에서 깼다. 그랬더니 그때서야 꿈에 나타난 이 아름다운 얼굴과 관련이 있는 사소한 일들을 아주 뚜렷이 떠올릴 수 있었다."(파씨데 233면)

같은 저자(파씨데 233면)는 또 이렇게 보고하고 있다.

"내가 아는 음악가가 어느 날 꿈속에서 어떤 멜로디를 들었다. 그것은 전혀 새로운 멜로디같이 느껴졌다. 몇 년이 지난 뒤에 비로소 그는 이 멜로디가 낡은 악곡집 속에 실려 있는 것임을 발견했다. 그러나 이 악곡집을 전에 가지고 있었다는 기억은 여전히 없었다."

마이어즈가 어떤 대목(《심리학연구협회 회보》)에서 이런 종류의 초기억적 꿈의 실례들을 모아 발표하고 있다는데, 유감스럽게도 나는 그것을 손에 넣지 못했다. 생각하건대 깨어 있는 사람에게는 자기가 가지고 있다고는 생각되지 않는 지식이나 기억이 있음을 꿈이 입증하고 있다는 사실을, 꿈을 연구한 사람이라면 누구나 아주 흔한 현상으로 인정하지 않을 수 없을 것이다. 노이로제 환자의 정신 분석 작업에 대해서는 뒤에 언급할 것인데, 이 작업에서 나는 해마다 여러 번 환자들이 인용 문구나 외설적인 말 등을 실제로 아주 잘 알고 있다는 사실, 그들이 그런 것을 깨어 있을 때는 잊고 있더라도 꿈속에서는 많이 쓰고 있다는 사실을 그들의 꿈을 통해 증명해 보이게 된다. 여기서 한 가지만 더 꿈의 초기억적인 것에 대한 예를 들어 두고자 한다. 이 예에서는 꿈에서만 접근할 수 있는 지식의 원천들을 아주 쉽게 추적할 수 있기 때문이다.

환자 한 사람이 상황 전개가 긴 꿈속에서 커피숍에 들어가 '콘투스조브카'를 주문했다. 이 꿈 이야기를 한 끝에 그는 그게 도대체 뭐냐고 물었다. 그는 그런 괴상한 이름을 가진 물건에 대해 들은 적도 없다는 것이다. 콘투스조브카라는 것은 폴란드 보드카의 한 종류이다. 환자는 꿈속에서 그것을 모르고 있었을지 모르나, 나는 광고에서 보고 훨씬 전부터 그 이름을 알고 있었다고 대답해 주었다. 그 사람은 처음에는 내 말을 믿으려 하지 않았다. 그로부터 2, 3일이 지나서, 그는 실제로 커피숍에서 그 꿈속의 물건을 주문해 본 다음, 한 광고에서 그 이름을 발견했다. 더욱이 그 광고는 그가 몇 달 전부터 적어도 하루에 두 차례는 지나야 했던 길목에 붙어 있었던 것이다.

내가 꾼 꿈에서 알게 된 일이지만, 꿈속에 나오는 여러 가지 것들의 출처는 사실 우연히 알게 될 때가 많다. 현재 나는 이 책을 쓰기 전 몇 년 동안 매우 단순한 구조로 된 교회 건축물이 머릿속에서 떠나지를 않았다. 그러나 그것을 어디서 보았는지는 생각이 나지 않았다. 그러다가 갑자기 그 건축물이 머릿속에 떠올랐다. 틀림없었다. 잘츠부르크와 라이헨할 사이의 작은 역에서였다. 꿈을 꾼 것은 1890년대 후반의 일이었지만, 그 철도 노선을 처음 지나간 것은 1886년의 일이었던 것이다. 내가 뒤에 적극적으로 이러한 꿈 연구에 열중하고 있을 무렵, 어떤 기묘한 풍경을 되풀이해서 꿈꾸는 바람에 괴로움을 당한 적이 있다. 내 위치에서 볼 때 어떤 일정한 장소, 즉 왼편에 어두컴컴한 공간이 보였다. 거기에 기괴한 석상이 여러 개 번쩍거렸다. 확신할 수는 없었지만, 희미한 기억으로는 그것은 비어홀 입구 같았다.

그러나 이 꿈의 광경에 어떤 뜻이 있는지도 몰랐고, 또 그런 광경이 어디에서 온 것인지도 끝내 알 수 없었다. 1907년에, 나는 1895년 이후 계속 가고 싶어했던 파두아에 우연히 가게 되었다. 그러나 이 아름다운 대학도시의 첫 방문은 썩 만족한 것이 못되었다. 마돈나 델 아레나에 있는 지오토의 프레스코 화를 보지 못했는데, 나는 거기로 가는 길에 그날 교회 문이 닫혔다는 말을 듣고는 되돌아온 것이다. 12년 뒤 두 번째 방문 때에 지난번에 보지 못했던 것에 대한 보상을 받아야겠다는 생각에서 가장 먼저 마돈나 델 아레나 사원으로 가는 길을 택했다. 가는 도중에 길 왼편에서, 여러 번 꿈에서 본 그 풍경을 발견한 것이다. 아마도 내가 1895년에 되돌아섰던 바로 그 장소 같았다. 그곳에는 예의 석상까지 붙어 있었다. 실제로 그곳은 어느 요리집 정원 입구였다.

깨어 있을 때의 사고 활동에서는 생각나지도 쓰이지도 않는 것을 포함하여, 꿈의 재현에 사용하는 자료들을 끄집어내는 원천들 가운데 하나는 유아 시절의 생활이다. 이 사실을 주목하여 강조한 저자들 가운데 몇 사람의 말을 인용하기로 한다.

힐데브란트—"꿈이 때때로 놀라운 재현 능력을 발휘하여 우리에게 아주 인연이 멀어진, 잊어버리기까지 한 먼 옛일들을 그대로 마음속에 불러일으킨다는 사실은 이미 명확하게 인정되어 왔다."(23면)

스트륌펠—"아득한 어린 시절의 체험은 시간이 흐르면서 거대한 퇴적물에 묻혀 버린다. 꿈이 그 속에서 종종 각처의 장소나 사물이나 인물의 모습을 고스란히 생생한 본디 모습으로 끄집어내는 것을 관찰한다면, 이 사실은 더욱더 뚜렷해진다. 이것은 처음 체험하던 무렵 의식에 또렷이 남았거나 심리적으로 귀중한 가치들과 결합하여, 뒷날 꿈속에서 추억으로 되살아났을 때 꿈에서 깨어난 사람을 기쁘게 하는 그런 종류의 인상에만 한정되지는 않는다. 꿈의 기억 속에는 오히려 가장 이른 시기의 인물이나 사물, 장소나 체험의 모습도 포함되어 있는 것이다. 그러한 인물 따위가 당시에는 아주 조금밖에 의식되지 않았든가, 아무런 심리적 가치도 갖지 않았든가, 또는 오래전에 다른 것과 마찬가지로 잊혀졌기 때문에, 그 이른 원천이 발견되기까지는 꿈속에서 깨고 나서도 무엇인지 알 수 없는 아무 인연도 없는 미지(未知)의 것처럼 느껴지는 것이다."(40면)

폴켈트—"특히 주목해야 할 점은, 유년기 및 청소년기의 기억이 얼마나 꿈속에 잘 나타나기 쉬운가 하는 사실이다. 우리가 이미 오래전부터 생각하지 않게 된 일, 우리에게는 이미 완전히 가치를 잃고 있는 일, 이런 일들을 꿈은 끈기 있게 우리에게 상기시켜 준다."(119면)

널리 알려진 바와 같이 대부분이 의식적 기억 능력의 틈새에 숨어 있는 유년기의 자료들을 꿈이 지배하고 있다는 사실은 흥미 있는 초기억적 꿈을 성립시키는 계기가 된다. 이러한 꿈들 가운데에서 두세 가지 실례를 들기로 하자.

모리는 말한다(《수면》 92면). "나는 어렸을 때 출생지인 모(Meaux)에서 곧잘 이웃의 트릴포트로 갔다. 트릴포트에서 아버지가 다리 공사 감독을 하고 있었기 때문이다. 어느 날 꿈에 트릴포트에 가서 어렸을 때처럼 한길에서 놀고 있었다. 그때 한 남자가 다가왔다. 그는 제복 같은 것을 입고 있었다. 나는 그 사람의 이름을 물었다. 그는 자기 이름이 C라고 하면서 다리지기라고 말했다. 잠이 깬 뒤 아무래도 꿈속의 기억이 믿어지지 않아 어렸을 때부터 있던 늙은 하녀에게 그런 남자가 기억나느냐고 물었다. 하녀는 '예, 있었지요. 그는 아버님이 공사하시던 곳의 다리지기를 했었지요' 하고 대답했다." 꿈속에 나오는 유년기 시절의 기억이 정확함을 다시 뚜렷하게 뒷받침해 보인 실례를, 모리는 또 F라는 사람의 예를 들어 보고하고 있다. 이 F라는 사람은 어린 시절 몽브리종에서 자랐다. 이 마을을 떠난 지 25년 만에 그는 옛 친구들을 찾아볼 생각으로 고향을 방문하기로 했다. 떠나는 전날 밤에 꿈을 꾸었는데, 꿈속에서 그는 목적지에 도착하여 몽브리종 부근에서 전에 한 번도 본 적이 없는 낯선 신사를 만났다. 신사는 T라고 자기소개를 하면서 F의 아버지 친구라고 말했다. F는 꿈속에서 어렸을 때 그런 이름의 사람을 알고 있었다고 생각했는데, 막상 꿈을 깨고 보니 도무지 그 신사의 모습이 생각나지 않았다. 그로부터 2, 3일 후 정말로 몽브리종에 도착해 보니, 지금까지 전혀 모른다고 생각했던 꿈속의 그 장소가 실제로 거기 있었고, 한 신사를 만났는데 그 신사가 꿈속에서 보았던 바로 T라는 것을 알았다. 단지 실제의 T는 꿈에서 보았을 때보다 훨씬 더 늙어 있었다.

여기서 내가 꾼 꿈을 한 가지 이야기하겠다. 이 꿈에서는 생각이 나야 할 인상이 어찌된 일인지 다른 인상으로 대치되고 있다. 나는 꿈에 어떤 사람을 만났는데, 그가 내 고향 마을 의사임을 꿈속에서는 알고 있었다. 그의 얼굴은 뚜렷하지 않았다. 그리고 그 사람은 내가 요즈음도 이따금 만나는 일이 있는 중학교 선생님 한 분과 모습이 혼동되었다.

이 두 사람 사이에 어떤 관계가 있는지 꿈을 깬 뒤에도 짐작이 가지 않았다. 그래서 어머니에게 의사에 대해 물었더니 그 사람은 애꾸눈이라는 것이다. 그런데 꿈속에서 의사와 혼동되던 중학교 선생님도 또한 애꾸눈이었다. 나는 이미 38년 동안이나 그 의사를 만나지 않았을뿐더러, 내가 알고 있는 한 평소에 그 의사에 대해 생각해 본 일이라고는 한 번도 없었다.

그런데 꿈 연구가들 가운데에는 대부분의 꿈들에서 바로 2, 3일 전에 일어난 일들이 나타난다고 주장하는 학자들이 여럿 있는데, 그들은 마치 꿈에서의 유년기 인상들의 역할을 과대 해석하는 경향에 대해 항변하고 있는 것으로 보인다. 로버트 같은 사람은 이렇게 말할 정도이다. "일반적인 꿈들은 아주 최근의 인상만을 자료로 한다."(46면) 로버트가 수립한 이 꿈 이론이 이전의 인상들을 억지로 밀어내고 가장 최근의 인상만을 강조하고 있음을 우리도 곧 알게 될 것이다. 그러나 로버트가 말한 사실은 분명하게 존재한다. 이것은 나 자신의 연구에 의해서도 확인할 수 있다. 미국의 학자 넬슨은 꿈속에서 나타나는 인상들은, 그 꿈을 꾸는 전날이나 전전날의 것이 가장 많으며, 그날의 인상은 꿈에 나올 수 있을 만큼 약화되어 있지 않아서, 정리가 잘 되어 있지 않기 때문인 것으로 보인다고 말한다.

꿈 내용과 깨어 있는 생활과의 긴밀한 관계를 의심하려 하지 않는 몇몇 학자들이 주목하고 있는 점은, 깨어 있는 사고(思考)를 적극적으로 작용시키는 인상들은, 낮 동안의 사고 활동들이 그것을 다소 옆으로 제쳐놓았을 때에 비로소 꿈으로 나타난다는 사실이다. 그래서 예를 들면 일반적으로 친한 사람이 죽었을 때, 사람들이 아직 슬픔에 잠겨 있을 동안에는 죽은 사람의 꿈을 꾸지 않는다(드라쥬). 그러나 최근에 할램 양은 그 반대의 실례를 수집하여, 이 점에 대해서는 개개인의 심리적 차이에 따라 다르다는 주장을 하고 있다.

꿈속의 기억들 가운데 가장 기이하고 이해하기 어려운 세 번째 특징은 재현된 자료의 선택 방법에 나타난다. 즉 꿈은 깨어 있을 때처럼 단순히 뜻깊은 기억에만 가치를 두지는 않으며, 오히려 그와 반대로 아주 사소한 기억들도 존중한다는 점이다.

이 점에 대해 신기해하며 놀라움을 나타내는 학자들의 말을 인용해 보겠다.

힐데브란트—"주목할 만한 것은, 꿈은 그 요소들을 일반적으로 아주 크고 심각한 사건, 전날의 뚜렷한 주된 관심사에서 취해 오는 게 아니라, 최근 또는 먼 과거에 겪은 부수적인 경험들이나, 어떤 무가치해 보이는 것들에서 취해 온다. 가족 중에 누가 죽어서 잠을 이루지 못할 만큼 슬퍼하거나 새벽녘에야 가까스로 잠이 들면, 그토록 슬픈 불행도 그날 밤 꿈에서는 깨끗이 잊었다가 잠을 깼을 때 다시 강하게 가슴을 짓누른다. 그런데 옆을 스치고 지나간 낯모를 사람의 이마에 있던 사마귀 같은 것은, 일단 지나가고 나면 그만인데도 유난히 꿈속에 나타나기도 한다."(11면)

스트륌펠—"꿈을 분석해 보면, 그 꿈을 구성하고 있는 여러 요소들 가운데는 확실히 전날 또는 전전날의 체험을 근거로 하는 것들이기는 하지만, 깨어 있을 때의 의식에는 무의미하고 사소한 것들이어서 체험한 것을 곧 잊어버리고 만 그런 것들이 있다. 예를 들면, 우연히 들은 남의 말이라든가, 잠깐 본 몸 짓이라든가, 사물이나 사람들에 대한 순간적인 지각(知覺)이라든가, 읽었던 책의 어떤 대수롭지 않은 대목 같은 것들이다."(39면)

해브록 엘리스(Havelock Ellis)—"깨어 있을 때 우리 삶 속에 스며들어 있는 깊은 정서나, 우리가 자발적으로 주요한 정신적 에너지를 쏟는 의문이나 문제들은 일반적으로 바로 꿈속에 나타나지 않는다. 우리의 꿈속에 재현되는 것은 대개 일상생활 중의 사소한 일들로 우연적인 것이기 때문에 잊어버렸던 인상들이다. 깨어 있을 때의 가장 강렬한 정신적 활동들은 잠을 자는 동안에는 가장 깊이 잠들어 버린다."(727면)

빈츠(C. Binz)는 자신이 지지한 꿈 해석에 만족을 느끼지 못하고 있음을 토로하고 있는데, 지금 문제로 삼고 있는 꿈으로 나타나는 기억들의 특징에 대해 이렇게 말하고 있다. "일상의 꿈들은 우리에게 비슷한 의문을 제기한다. 왜 우리는 그날의 기억이나 인상을 꿈꾸지 않고, 이렇다 할 타당한 이유도 없는 먼 과거나 이미 사라진 과거를 꿈꾸게 되는 걸까. 왜 꿈에서 의식은 그렇게 자주 '기억할 필요도 없고 아무래도 좋은' 기억 속의 인상들을 되살리는 걸까. 더욱이 뇌세포라는 것은 깨어 있을 때의 강한 기억 행위들이 우리가 잠들기 직전에 새로이 자극되지 않는 한, 체험된 것들 가운데 가장 자극적인 기록들을 자기 안에 지니고도 대부분 고요하게 정지해 있지 않은가."(45면)

꿈속의 기억들은 낮 동안의 체험 가운데서 아무도도 좋은 것, 따라서 소홀히 보아 넘긴 것을 특히 즐겨 취한다. 이러한 사실은 깨어 있는 생활에 대한 꿈의 의존성을 간과(看過)하게 하며, 또는 적어도 개개의 사례에서 이러한 의존성의 증명을 어렵게 만든다는 점은 새삼스레 말할 것도 없으리라. 그 예로 휘튼 칼킨스 양의 자신과 공동연구자의 꿈에 관한 통계 연구에서 전체 가운데 11%의 꿈이 깨어 있는 생활과 뚜렷한 연관성이 없었다는 결과가 나왔다. 힐데브란트는 다음과 같이 주장한다. "만일 우리가 그때그때 충분하게 시간을 들이고 자료도 충분히 수집해서 꿈의 기원을 찾아간다면, 꿈속에 나오는 것들 모두 그 발생을 설명할 수 있을 것이다. 이것은 물론 아주 힘이 들지만 그 보상도 적은 일이다. 왜냐하면 그런 일을 해봐야 대개는 결국 기억의 방 한쪽 구석에 간직되어 있는, 심리적으로는 전혀 가치도 없는 의식(意識)들을 캐내거나, 발생하자마자 곧 망각 속에 잊혀지고 만, 대수롭지 않은 과거의 순간들을 다시 끄집어내는 것에 지나지 않기 때문이다." 그러나 내가 유감스럽게 생각하는 것은, 통찰력 있는 힐데브란트가 이 길을 끝까지 가지 않은 점이다. 만일 중단하지 않고 계속 나아갔더라면, 그는 바로 꿈 해석의 중심점에 도달했을 것이다.

꿈에서의 기억 활동은 확실히 모든 기억에 대한 이론에서 큰 의의를 지닌다. 이는 우리가 정신적으로 한 번 소유한 것은 결코 완전히 사라질 수 없다(숄츠 34면)는 사실을 알려준다.

혹은 델뵈우프의 표현을 빌리면 "아무리 하찮은 인상이라도 언제 어느 때 다시 표면화될 수 있는, 사라지지 않는 흔적을 남기는 것이다." 정신 생활의 많은 다른 병리학적 현상도 마찬가지로 이런 결론에 이른다. 꿈에서의 기억들이 보여주는 이런 비상한 능력에 주의를 해주기 바란다. 그러면 뒤에 언급하게 될 꿈에 대한 어떤 이론들이 드러내는 모순을 뚜렷하게 느낄 수 있을 것이다. 그 이론이라는 것은 꿈이 갖는 불합리성이, 낮 동안 깨어 있을 때에 우리의 의식 안에 일어났던 일들이 부분적으로 잊혀졌기 때문이라고 설명하려는 것이다.

이를테면 이렇게 생각해 보는 것도 한 가지 대안이 될 것이다. 즉 꿈을 꾼다는 현상을 기억의 현상으로 생각하여, 꿈이란 밤에도 쉬임없이 이루어지는 재생(再生) 활동의 표현이라고 보는 것이다. 이 재생 활동은 그것 자체로서는 하나의 자기 목적이라고 생각된다. 필츠의 보고는 거의 이런 견해와 일치하고 있는데, 그에 따르면 꿈을 꾸는 시간과 꿈 내용과의 사이에 있는 긴밀한 연결은, 깊은 잠 속에서는 가장 먼 과거의 인상을 재현하지만 새벽녘 잠 속에서는 최근의 인상을 재현한다는 것으로 증명된다는 것이다. 그러나 꿈이 생각해 내려고 하는 자료를 다루는 방법을 보면, 이러한 해석은 처음부터 성립되지 않을 것이다. 꿈속에서는 경험의 반복이 일어나지 않는다고 지적한 스트륌펠의 주장은 옳다. 꿈이 경험의 반복을 위한 실마리가 되기는 하지만 그 다음 꿈으로 연결되지는 않는다. 경험은 모습을 바꾸어서 등장하든가, 전혀 알지도 못하는 경험으로 나타나기도 한다. 꿈은 단지 단편적으로 재현을 가져오는 데에 지나지 않는다. 이 점은 틀림없이 일반적인 견해라고 해도 좋으므로 이 사실을 이론적으로 이용해도 좋을 것이다. 그렇지만 꿈이 경험을, 마치 깨어 있을 때 우리의 기억이 하듯이 고스란히 그대로 되풀이하는 경우도 있다. 델뵈우프의 말에 따르면, 대학 친구 하나가 마차 여행을 하는 도중 하마터면 조난을 당할 뻔했다가 기적적으로 벗어난 일이 있었는데, 그때의 광경을 처음부터 끝까지 다시 꿈속에서 경험했다. 칼킨스 양도 꿈을 꾼 전날의 어떤 체험을 그대로 재현하는 내용의 꿈을 두 가지 보고하고 있다. 나 자신도 나중에 기회가 되는 대로 유년시절에 경험한 일이 꿈속에서 완전히 그대로 되풀이된 실례를 소개할 생각이다.*5

---

*5 나중에 덧붙일 경험 가운데, 낮 동안에는 중요하지 않았던 일이 꿈속에서 되풀이되는 일이 결코 드물지 않다. 예를 들면 트렁크를 챙겨서 짐을 꾸린다든지, 부엌에서 음식을 만드는 일 같은 것이다. 이런 꿈에서는, 꿈꾸는 본인 자신이 강조하는 것은 기억의 중요성이 아니라 '사실성'이다. 즉 나는 낮에 그런 일을 실제로 했다고 곧잘 말한다.

C. 꿈의 자극과 꿈의 출처

꿈의 자극과 꿈의 출처에 대해서는, 흔히 말하는 '꿈은 오장육부의 피로'라는 문구를 인용하면, 쉽게 이해되리라 믿는다. 이와 같은 개념 뒤에는 하나의 이론이 숨겨져 있다. 다시 말해 꿈은 수면 장애의 결과로 생기는 것이라고 보는 이론이다. 잠자는 동안 방해하는 일이 일어나지 않았다면, 꿈같은 것은 꾸지 않았을 것이며, 꿈은 이 방해에 대한 반응이라고 주장하는 것이다.

여러 연구가들이 자신의 저서나 논문 가운데 가장 많은 양을 할애하고 있는 것은 꿈의 자극 원인에 대한 논의이다. 꿈이 생물학적 연구 대상으로 채택된 뒤에 겨우 이 문제가 제기되었음은 새삼 말할 것까지도 없다. 고대인들은 꿈을 신(神)의 계시로 여겼기 때문에 꿈의 자극 원인을 찾을 필요를 느끼지 않았다. 그들은 꿈이 신적인 힘이나 악령으로부터 나오는 것으로 꿈의 내용은 그런 힘들이 알고 있는 것 또는 그들의 의도로 생각되었다. 그러나 과학이 발달함에 따라 곧 다음과 같은 의문이 생겼다. 바로 꿈을 꾸게 하는 자극은 언제나 같은 것인가, 아니면 여러 종류가 있는가 하는 점이다. 이에 따라 꿈의 원인에 대한 설명은 심리학, 아니 오히려 생리학의 과제가 아닐까 하는 생각이 생겼다. 대부분 학자들은 이렇게 생각하고 있는 것 같다. 잠을 방해하는 원인에는, 즉 꿈을 꾸는 원인에는 여러 가지가 있을 수 있다는 것, 신체적 자극도 심리적 흥분도 꿈을 야기하는 원인이 될 수 있다는 것이다. 이렇게 생각된 꿈의 출처들 가운데 어느 것을 특히 중시해야 하는가, 또는 꿈의 발생에 대한 중요도에 따라 그 원인들에 어떤 차이를 둘 것인가 하는 문제에 이르고 보면, 여러 연구가들의 의견은 참으로 다양하다.

꿈의 출처를 완전하게 분류한다면 결국 다음 네 가지로 볼 수 있다. 그리고 이 네 가지 출처는 또 꿈 그 자체의 분류에도 사용되어 왔다. '외적(객관적) 감각자극', '내적(주관적) 감각자극', '내적(기관) 신체자극', '순수한 정신적 자극 원천들'.

1. 외적(객관적) 감각 자극

철학자 스트륌펠(A. Strümpell)의 아들인 스트륌펠 2세가 쓴 꿈에 관한 여러 저서들은 꿈의 문제에 대한 안내서로서 여러 차례 인용되었다. 그는 어떤 환자를 관찰한 결과에 대해 보고를 했다. 이 환자는 전신의 피부 감각을 잃어버렸고 고급 감각 기관 중 몇 가지가 마비되어 있었다. 이 환자의 아직 약간 남아 있는 감각의 문을 외부 세계에서 차단하자 그는 잠에 빠졌다. 우리도 잠이 들려 할 때는 예외 없이 스트륌펠의 실험과 비슷한 상황에 빠지게 된다. 우리는 외계로 통하는 중요한 감각 기관의 문, 즉 눈을 감는다. 그리고 다른 감각 기관으로부터도 모든 자극을, 또는 감각 기관에 작용해 오는 모든 자극 변화를 멀리하려 한다. 그렇게 하면 우리의 시도가 완전히 실현되지는 않더라도 대체로 수면 상태에 빠지게 된다. 사람은 자극을 완전히 감각 기관으로부터 물리칠 수도 없거니와 또 우리 감각 기관의 피자극성을 털어 버리지도 못한다. 강한 자극을 받으면 언제든지 잠이 깬다는 사실은, 영혼은 잠자는 동안에도 신체 밖에 있는 외부 세계와 계속적으로 연결되어 있다는 것을 증명해 준다. 잠자는 동안에 우리가 받는 감각 자극은 다분히 꿈의 원천이 될 수 있다.

그런데 이런 감각 자극들에는 수면 상태에 반드시 따르는, 또는 때때로 받을 수밖에 없는 불가피한 자극에서부터 시작하여 수면을 중단시키기에 알맞거나 중단시키는 것을 사명으로 하는 것 같은 우연한 각성 자극에 이르기까지 여러 가지가 있다. 강한 광선이 눈에 들어올 수도 있고, 소음이 들려오거나, 강한 냄새가 코의 점막을 자극할 수도 있다. 우리는 잠을 자면서 자신도 모르게 놀라서 몸의 한 부분을 드러내는 바람에 손발이 시렵다고 느끼거나, 몸부림을 치다가 압박감이나 뭔가 닿는 듯한 자극을 느끼는 때도 있다. 벌레에 물릴 수도 있을 것이고, 밤 사이에 작은 사고로 한꺼번에 여러 감각들이 자극을 받는 수도 있을 것이다. 관찰자들은 잠에서 깨어났을 때에 확인된 자극들과 꿈 내용의 일부가 서로 일치하는 사례들을 많이 모았다.

나는 여기서 예셴이 수집한, 객관적(다소 우연적이긴 하지만) 감각 자극으로 돌려질 수 있는 꿈의 사례들을 들기로 한다(527면). 알 수 없는 어떤 소리들도 그에 따른 꿈의 형상을 불러일으킬 수 있다. 천둥소리는 우리를 싸움터로 데리고 가며, 닭 울음소리는 인간의 비명으로 바뀌기 쉽고, 문을 여닫는 소리는 강도가 침입하는 꿈을 꾸게 할 수 있다.

밤에 이불을 걷어찬 경우에는 알몸으로 돌아다니거나 물속에 빠진 꿈을 꿀 수 있고, 비스듬히 자다가 발이 침대 밖으로 나가는 경우에는 무서운 절벽 끝에 서 있는 꿈이 아니면, 높은 데서 떨어지는 꿈을 꿀 수도 있으리라. 어쩌다가 머리가 베개 밑으로 들어가는 경우에는 큰 바위에 눌리는 꿈을 꿀 수도 있다.

정액이 너무 많으면 방탕한 꿈을 꿀 것이고, 어딘가가 아픈 경우에는 학대를 받거나 적의 공격을 받거나 몸에 상처를 입는 꿈을 꿀 수 있다.

"마이어 (G.F. Meier,《몽유병의 설명적 접근》, 할레, 1758년, 33면)는 어느 날 남자 두세 명이 강제로 그를 땅바닥에 눕히고, 그의 엄지발가락과 집게발가락 사이에 말뚝을 박는 꿈을 꾸었다. 꿈에서 깨어나 보니, 발가락 사이에 지푸라기 한 개가 끼어 있었다. 헤닝스 (J.C. Hennings,《꿈과 몽유병자에 관하여》, 바이마르, 1784년, 258면)에 의하면, 마이어는 또 어느 날 잠옷을 너무 꼭 끼게 입고 자다가 교수형 당하는 꿈을 꾸었다고 한다. 호프바우어(J.C. Hoffbauer)는 젊었을 때 높은 담에서 떨어지는 꿈을 꾸고 눈을 떴더니 침대의 연결 부분이 풀어져 실제로 마룻바닥에 굴러떨어져 있었다. 그레고리(J. Gregory)의 보고에는, 그가 어느 날 발밑에 뜨거운 물병을 놓고 잤더니, 바로 꿈에 에트나산에 올라갔는데 발밑의 땅이 뜨거워 견딜 수 없음을 느꼈다고 한다. 어떤 사람은 머리에 고약을 붙이고 자다가 인디언들에게 머리 껍질이 벗겨지는 꿈을 꾸었다. 또 어떤 사람은 덜 마른 잠옷을 입고 잤더니 강물에 떠내려가는 꿈을 꾸었다. 잠을 자다가 발에 통풍(痛風) 발작이 일어난 어떤 환자는 종교 재판에 회부되어 고문당하는 꿈을 꾸었다."(매크니시 R. Macnish)

자극과 꿈 내용 사이에 나타나는 유사성에 대한 이상의 여러 논의들은, 잠들어 있는 사람에게 감각 자극을 계획적으로 줌으로써 그 자극에 따른 꿈을 꾸게 할 수 있다는 사실이 분명해진다면 그 신빙성은 더욱 커질 것이다. 매크니시에 의하면 이런 실험은 이미 기루 드 부자랑그(Girou de Buzareingues)가 하고 있었다. 그는 무릎을 드러내고 잤는데, 밤에 마차를 타고 여행하는 꿈을 꾸었다. 그는 여행을 해본 경험자라면, 밤에 마차를 타고 갈 때 무릎이 얼마나 시린가를 잘 알고 있으리라고 했다. 또 어느 때에는 뒤통수를 내놓고 잤더니, 야외에서 종교 의식에 참가한 꿈을 꾸었다. 그것은 그런 종교 의식에 참가할 때 말고는 언제나 머리에 무엇을 쓰고 다니는 것이 그 지방 풍습이었기 때문이다.

모리는 자신이 꾼 몇 가지 꿈에 대해 새로운 관찰을 보고하고 있다(다른 일의 실험들은 성공하지 못했다).

① 입과 코 밑을 깃털로 간지럽혀서 꾼 꿈—무서운 고문을 당한다. 고문 도구인 가면이 씌워졌다가 벗겨지자 얼굴 가죽까지 함께 벗겨졌다.

② 가위를 핀셋으로 두드렸을 때 꾼 꿈―종소리가 나는가 싶더니 경종이 마구 울렸다. 1848년(2월 혁명이 일어난 해) 6월 어느 날의 일이었다.

③ 오 드 콜로뉴 향수를 맡게 하였을 때 꾼 꿈―카이로의 요한 마리아파리나 상점(향수 상점)에 있었다. 그리고 도저히 재현할 수 없는 미친 듯한 사랑의 모험을 했다.

④ 목을 살짝 꼬집게 해서 꾼 꿈―고약을 바르는 꿈을 꾸고, 어렸을 때에 치료해 주던 의사가 떠올랐다.

⑤ 뜨겁게 단 쇠를 얼굴 가까이 가져오게 해서 꾼 꿈―강도들이 침입하여 가족들의 발을 화로 속에 넣으면서 돈을 요구한다. 그 다음에는 아브츠 공작 부인이 나타난다. 그는 꿈속에서 그녀의 비서관이 되어 있었다.

(⑥, ⑦ 은 원서에 빠져 있음―역주)

⑧ 이마에 물 한 방울을 떨어뜨리게 하여 꾼 꿈―이탈리아에서 몹시 땀을 흘리면서 오르비에토 백포도주를 마시고 있었다.

⑨ 붉은 종을 사이에 두고 촛불을 여러 번 얼굴 위에 비치게 하며 꾼 꿈―전에 도버 해협에서 만났던 폭풍우 속에 있었다.

이 밖에도 꿈을 실험적으로 만드는 시도가 에르베 생 드니와 바이간트 등에 의해 이루어지고 있다.

감각계에서 받아들이는 갑작스러운 인상들이 꿈의 형성물들 속에서 점차적으로 준비되고 있던 파국의 도입부를 형성하면서, 그 자체 구조 속에 짜넣는다는 꿈의 기묘한 작용(힐데브란트)은 여러 방면에서 지적되어 왔다. 힐데브란트는 이렇게 말하고 있다. "젊었을 때 나는 규칙적으로 일정한 시간에 일어나기 위해서 시계 태엽에 자명종을 부착한 시계를 사용했다. 이 자명종 소리는 서로 길게 연결된 것으로 생각되는 나의 꿈속에 들어와 기묘한 작용을 일으켰다. 마치 그 꿈 전체가 오직 이 자명종 소리만을 향하여 진행하고 있고, 이 소리 안에 바로 꿈 본래의 이해할 수 없는 논리적 요점이 있으며, 또 자연적으로 지시된 궁극적 목표가 있는 듯한 느낌을 주었다. 수차례 나는 그런 경험을 했다."

나는 좀더 다른 목적으로, 잠을 깨우는 이런 종류의 꿈을 세 가지 소개하겠다.

폴켈트는 이렇게 말하고 있다. "어떤 작곡가가 어느 날 이런 꿈을 꾸었다. 그는 음악시간에 학생들에게 무엇인가를 설명하려고 했다. 대체적인 설명이 끝나자 한 학생에게 이렇게 말했다. '알았니?' 그러자 그 학생은 넋이 나간 사람처럼 '오, 야(oh ja)' 하고 큰 소리로 외쳤다. 그는 이 고함소리에 화가 나서 큰 소리를 내지 말라고 명령했다. 그랬더니 금방 학급 전체가 외쳐댔다. '오르야(orja)', 그러다가 '오이르요(eurjo)', 끝에 가서는 '포이르요(feurjo)(불이야!)'라고 했다. 꿈에서 깨어났을 때 한길에서 정말로 '불이야!'라고 고함치고 있었다."(68면)

가르니에(A. Garnier)가 라데스토크에게 보고한 것을 살펴보자(《마음의 여러 기능론》, 1865년). 그에 따르면 나폴레옹 1세는 시한폭탄의 폭발로 꿈에서 깨어났다고 한다. 그는 마차 속에서 졸다가 꿈을 꾸었던 것이다. 탈리아멘토 강을 건너서 오스트리아군의 포격을 받는 꿈이었다. 그는 '하마터면 당할 뻔했다'라고 외치면서 놀라서 눈을 떴다.

모리가 체험한 이런 꿈은 유명하다(《수면》 161면). 그는 병이 나서 방에 누워 있었고, 곁에는 어머니가 있었다. 그때 그는 혁명 당시의 공포정치와 관련된 꿈을 꾸었는데, 처참한 살육 장면을 눈앞에서 보았다. 마침내 자신도 법정으로 끌려 나갔다. 거기에는 로베스피에르, 마라, 푸키에 탕빌, 그리고 그 밖의 무서운 시대의 비극적인 영웅들이 있었다. 그는 그들에게 변명을 했다. 그러나 잘 기억되지 않는 여러 돌발 사건들이 일어난 뒤에 유죄 선고를 받고, 그는 숱한 군중들이 있는 곳을 지나 형장으로 끌려갔다. 그는 단두대에 올랐다. 사형 집행인이 그를 형틀에 묶었다. 단두대가 뒤집히고, 칼날이 밑으로 떨어진다. 그는 머리가 몸통에서 떨어져 나가는 것을 느끼고 무서운 나머지 잠에서 깨어났다. 침대 선반이 떨어지면서 마치 단두대 칼날같이 그의 목덜미에 와서 떨어져 있었던 것이다.

이 꿈에 관련하여 로랭(J. Le Lorrain)과 에제(V. Egger)는 〈철학잡지〉에 기고한 글을 통해 흥미 있는 논쟁을 벌였다. 그것은 꿈을 꾸는 사람이 잠에서 깨어나는 사이의 짧은 시간 동안에 이렇게 많은 꿈 내용을 압축하여 기억 속에 저장할 수 있는가의 여부와, 압축할 수 있다면 어떻게 하는가에 대한 논의였다.

이런 종류의 실례를 열거해 나가면, 수면 중의 객관적인 감각 자극이 꿈의 출처 가운데 가장 정확한 것으로 여겨지는 것도 무리가 아니다. 또한 객관적인 감각 자극이야말로 꿈에 대한 일반인들의 지식에서 유일한 역할을 하는 것이기도 하다. 교양은 있으나 꿈에 대한 연구 문헌을 한 번도 읽은 적이 없는 사람에게 꿈은 어떻게 생기는가 하고 물어보면, 그 사람은 틀림없이 잠이 깬 뒤에 기억하고 있는 꿈들을 예로 들면서 객관적인 감각 자극이었다고 대답할 것이다.

그러나 학문적 고찰은 이런 데에 머물러 있을 수만은 없다. 학문은 관찰을 통해서 좀더 많은 문제의 실마리를 찾아내는 것이다. 즉 수면 중에 감각에 작용하는 자극은 그 현실의 모습 그대로 꿈으로 나타나는 것이 아니다. 그 자극에 관계는 있지만, 그것과는 다른 어떤 상징으로 나타난다.

그런데 꿈을 꾸게 하는 자극과 꿈속에서 그 결과로서 반응이 나타나는 관계는 모리의 말을 빌리면, 유사성을 지니고 있으며, 독특한 것도 배타적인 것도 아니다《유추》72면). 쉽게 말해서 힐데브란트가 들고 있는 다음 세 가지 자명종 꿈을 보면, 매우 비슷한 자극이 어떻게 다른 내용의 꿈을 꾸게 만드는가, 그리고 왜 그 자극은 하필이면 이런 내용의 꿈들을 꾸게 만드는가 하는 의문이 저절로 일어날 것이다.

"나는 어느 봄날 아침에 산책을 나가면서 푸른 들을 지나 이웃 마을까지 걸어갔다. 마을 사람들은 나들이옷 차림으로 찬송가책을 옆에 끼고 모두 교회로 걸어갔다. '아, 참, 오늘이 일요일이지.' 아침 예배가 곧 시작되겠지. 나는 예배에 참가하려고 했으나 몸이 몹시 후끈거려서 교회 주위에 있는 묘지에서 몸을 좀 식히려고 했다. 그곳에서 내가 여러 묘비를 읽고 있는 동안 종 치는 사람이 교회탑으로 올라가는 발소리가 들려왔다. 탑 꼭대기에는 예배 시작을 알려주는 작은 종이 보였다. 종이 한참 동안 움직임이 없다가, 이윽고 흔들리기 시작했다. 그리고 갑자기 맑고 날카로운 소리를 내기 시작했다. 그 소리가 너무나 맑고 날카로워서 나는 잠을 깨고 말았다. 그런데 종소리인 줄 알았던 게 사실은 자명종 울리는 소리였다."(37면)

"또 다른 꿈에서는 맑게 갠 겨울날, 한길에는 눈이 쌓여 있었다. 썰매를 타기로 약속했었는데, 한참을 기다린 뒤에야 겨우 썰매가 문 앞에 도착했다는 소식을 들었다. 그래서 모피(毛皮)를 깔고 털신을 꺼내 신고 썰매 위에 올라탔다. 그래도 아직 출발하기까지는 꽤 시간이 걸린다. 드디어 기다리고 있는 말에게 고삐로 출발 신호를 한다. 말은 달리기 시작한다. 힘차게 흔들리는 방울은 터키 군대의 음악 소리를 내기 시작했다. 그 소리가 너무 커서 그만 꿈에서 깨어나고 말았다. 이번에도 그것은 자명종의 날카로운 소리였다."

"세 번째 꿈에서는 하녀가 접시를 한꺼번에 잔뜩 포개어 들고 복도를 지나 식당 쪽으로 걸어간다. 하녀가 안고 있는 접시 무더기는 금방이라도 무너질 것만 같다. '조심해, 떨어뜨리겠다' 이렇게 나는 주의를 주었다. 물론 '네, 염려 마세요. 괜찮아요' 하는 불만 섞인 대꾸가 들렸다. 그래도 나는 마음이 조마조마해서 걸어가는 하녀를 지켜보고 있었다. 아니나 다를까 문턱에 발이 걸리는 바람에 접시는 모두 바닥에 떨어지며 쨍그랑 소리가 나는가 싶더니 산산조각이 나고 말았다. 그런데 그 소리는 그치지 않고 계속 이어졌다. 아무래도 접시 깨지는 소리가 아닌 것 같다. 무언가가 울리고 있는 소리이다. 꿈을 깨고서야 비로소 안 일이지만, 이것 또한 자명종이 울리는 소리였다."

우리의 마음이 꿈속에서 왜 객관적인 감각 자극의 성질을 오인하는가 하는 의 의문에 대해 스트륌펠—분트(W. Wundt)도 거의 같게—은 이렇게 대답하고 있다. "우리의 마음은 수면 중의 객관적 감각 자극들에 대해서 착각을 일으키는 조건 아래에 놓인다." 어떤 감각 인상이 우리에 의해 상당히 강하고 선명해서 지속적인 경우, 또 우리가 잘 생각해 볼 만한 시간적 여유가 있는 경우에 바르게 인식되고 해석된다. 즉 그것은 모든 앞선 경험에 따라 그것이 속해야할 기억군으로 정리되며, 이런 조건이 충족되지 않으면 우리는 그 인상의 원천이 되는 대상을 오해하게 되는 것이다.

들을 걸어가다가 멀리 무엇인가 어렴풋이 보일 때 처음에는 그것을 말이라고 생각할 수도 있다. 가까이 감에 따라 그것이 소가 엎드려 쉬고 있는 것으로 느껴지다가, 끝에 가서는 앉아 있는 사람들의 무리라는 확실한 관념으로 바뀌게 된다. 우리의 마음이 수면 중에 외적 자극에 의해 받은 인상도 이와 비슷하게 일정하지 않은 성질을 가지고 있으므로, 마음은 이런 인상들을 근거로 착각을 하게 되는 것이다. 이는 그 인상에 의해 크건 작건 어떤 수(數)의 기억들(記憶心象)이 만들어지고, 그 기억상에 의해 인상은 그 정신적 가치를 획득하게 되기 때문이다. 그때에 생각되는 많은 기억의 영역들 가운데 어느 부분에서 일정한 기억들이 떠오르게 되는가, 그리고 가능한 연상 관계의 어느 부분이 작용하는가. 스트륌펠에 의하면 이것 또한 일정하지 않으므로, 정신의 자의적(恣意的) 결정에 따른다고 본다.

꿈 형성에 있어서 법칙성은 실제로 이 이상 탐색해 나아갈 수가 없다. 따라서 감각 인상에 의해 일어나는 착각을 해석하려면, 그것 이외의 또 다른 조건들을 고려해야 하는가의 여부에 대한 물음을 단념해야 한다. 아니면 수면 중에 가해지는 객관적 감각 자극이 꿈의 출처로서는 그리 큰 역할을 하고 있지 않으며, 오히려 다른 여러 요소들이 기억을 불러일으키는 데 더 큰 작용을 한다고 추측할 수 있다. 여기서 그 둘 중 한 가지를 택하지 않으면 안 된다. 사실 모리가 실험적으로 만들어 낸 꿈을 검토해 보면(그래서 나도 그토록 자세하게 소개한 것이다), 이 실험은 꿈의 여러 요소들 가운데 단 한 가지만 다루고 있고, 그것 이외의 다른 꿈들의 내용은 오히려 너무나 독립적이며 개별적인 것들이므로 실험적으로 도입된 요소와 일치되지 않는다고 말하고 싶다. 그뿐 아니라 객관적 인상이 때에 따라서는 꿈속에서 아주 기묘하기 짝이 없는 뜻밖의 해석을 불러일으키는 것을 보면, 착각 이론이나 꿈을 구성하는 객관적 인상의 힘 같은 것에 의구심을 갖지 않을 수 없다는 생각마저 든다. 이를테면 P.M. 시몬은 이런 꿈 이야기를 하고 있다. 그는 거인 여러 명이 식탁에 앉아 있는 꿈을 꾸었다. 무엇인가 무서운 소리가 뚜렷하게 들려온다. 그것은 거인들이 음식을 먹을 때에 턱을 부딪치는 소리였다. 잠을 깨니 창 밖에서 말발굽 소리가 들렸다. 이 꿈에서 발굽 소리가 《걸리버 여행기》의 기억 영역, 즉 브롭딩나그의 거인들과 도덕적인 말과 관련된 기억으로부터 관념을 불러일으킨 것이라면(시몬이 그렇다고 말한 것은 아니지만, 나 스스로 이렇게 해석해 보고 싶은 것이다) 그 자극에 대해 이처럼 색다른 기억 영역이 선택되었다는 것은, 그것 말고도 다른 계기가 있어서 그것에 의해 쉽게 가능해졌던 것이 아닐까?[*6]

2. 내적(주관적) 감각 자극

여러 반론에도 불구하고, 꿈을 꾸게 하는 것으로서 수면 중에 일어난 객관적 감각 자극의 역할은 논쟁의 여지가 없이 확고하다는 사실만은 인정해야 할 것이다. 그리고 이 자극들이 그 성질이나 빈도로 보아 모든 꿈의 형상을 설명하기에 충분하지 않은 것으로 생각된다면, 그 자극들과 비슷한 작용을 하는 다른 꿈의 출처를 찾아야 할 것이다. 그런데 외적인 감각 자극 이외에 감각 기

[*6] 꿈속의 거인들은 이 꿈을 꾼 사람이 보낸 어린 시절의 한 부분을 나타내고 있는 것으로 보인다. 《걸리버 여행기》 속, 기억에 관계되는 위의 해석은, 해석이 어떻게 틀릴 수 있는가를 보여 주는 좋은 예이다. 꿈 해석자는 자기 자신의 생각만 작용시키고 꿈꾼 본인의 생각들을 소홀히 해서는 안 된다.

관들의 내적(주관적) 자극을 고려해야 한다는 생각을 처음 한 사람이 누구였는지는 나도 잘 모른다. 그러나 아무튼 근래의 꿈 이론에는 모두 많든 적든 이 생각이 뚜렷하게 나와 있는 것만은 사실이다. 분트는 이렇게 말하고 있다.

"내가 믿는 바로는, 주관적인 시각과 청각이 꿈의 착각에서 중요한 하나의 역할을 하고 있다. 이는 시각과 청각이 깨어 있는 상태에서 눈을 감고 있을 때 어둠 속에서 느껴지는 빛의 혼돈이나 귀의 울림 같은 현상으로 알 수 있다. 그 중에서도 특히 큰 역할을 하고 있는 것은 주관적인 망막 자극이다. 꿈속에서 흔히 서로 닮았거나 똑같은 물체들이 한꺼번에 눈앞에 나타나는 것도 바로 이 점을 잘 설명해 주고 있다. 우리 눈앞에 많은 새들이나 나비, 물고기, 진주, 꽃 같은 것들이 펼쳐진다. 이는 어두운 곳에서 불빛에 비친 먼지가 그런 형태를 취한 것으로서, 불빛 속 먼지들을 비추고 있는 무수한 빛의 점들이 꿈으로 그것과 같은 수의 독립된 형상으로 구체화되며, 그 형상들이 빛의 현란한 운동성 때문에 움직이는 것으로 눈에 비치는 것이다. 꿈속에 곧잘 온갖 동물들이 나오는 것도 아마 이 때문일 것이다. 그러한 동물들의 모습과 형태가 풍부한 것은 주관적인 빛의 양상이 특수한 형태에 순응하기 쉽기 때문이다." (363면)

주관적 감각 자극은 꿈 형상의 출처로서, 객관적 감각 자극과는 달리 외적인 우연에 의존하지 않는 강점을 가지고 있다. 따라서 꿈의 해석을 위해 필요하다면 언제든지 주관적 감각 자극은 꿈의 원천으로 설명될 수 있다. 그러나 객관적 감각 자극은 꿈을 꾸게 하는 것으로서 그 역할이 관찰과 실험으로 증명되지만, 주관적 감각 자극은 이러한 증명이 전혀 안 되든가 또는 매우 곤란하다는 점이 불리하다. 주관적 감각 자극이 꿈을 불러일으킨다는 주된 증명은 요한 뮐러가 '공상적 시각 현상'이라고 말한, 이른바 최면 상태의 환각에 의해 얻어진다. 많은 사람들에게 있어 대부분 막 잠이 들려고 할 때, 또 잠이 깬 뒤에도 잠시 그대로 남아 있기 쉬운, 매우 활발하고 다채로운 영상(image)이 바로 그것이다. 모리는 유난히 이런 영상이 심했던 모양으로, 그는 이 현상을 세밀하게 관찰하여 그것과 꿈 형상과의 관련, 아니 오히려 그 일치(이미 요한 뮐러가 했지만)를 주장하고 있다. 모리는 이런 현상이 일어나려면 마음이 어느 정도 수동적으로 되어 주의력과 긴장 상태가 이완될 필요가 있다고(59면) 말한다.

그러나 그렇지 않은 성향을 지닌 사람이 이런 최면(催眠) 상태의 환각을 보려면, 잠시 동안 이런 무감각 상태에 빠지면 된다. 그 환각에서 깨어났다가 다시 환각에 빠지고, 또 깨어나고 하는 동안에 결국 잠들어 버릴 수도 있는 기면(嗜眠, 졸음) 상태에 1초만 빠져도 된다는 것이다. 모리에 따르면 만일 그다지 오랜 시간이 지나기 전에 잠을 깬다면, 잠들기 직전 최면상태의 환각으로서 눈에 아른거리는 영상을 꿈속에서도 보고 있음을 증명할 수 있다(134면). 모리는 어느 날 잠이 들 무렵, 터무니없이 일그러진 표정과 기이한 머리 모양을 한 괴상한 인물을 여러 명 보았는데, 잠을 깨고도 꿈속에 그 인물들이 나왔던 것을 기억하고 있었다. 또 어느 날 마침 단식을 하느라고 몹시 배가 고팠을 때, 그는 최면 상태의 환각에서 접시와 포크를 쥔 손을 보았다. 손은 접시에 있는 음식을 집어들고 있었다. 꿈속에선 그가 풍성하게 차려진 식탁 앞에 앉아 있었고, 음식을 먹는 사람들이 내는 포크 소리를 들었다. 또 언젠가는 눈이 따끔따끔 아팠는데, 잠들기 직전에 몹시 작은 글씨들을 최면적 환각 상태에서 보았다. 아주 주의해서 그 하나하나를 들여다보지 않으면 안될 만큼 작은 글씨들이었다.

한 시간쯤 자다가 눈을 떠 보니, 책 한 권을 놓고 아주 자질구레한 인쇄 활자를 읽느라 애를 쓰던 꿈을 꾼 기억이 났다.

이 영상들과 마찬가지로 낱말이나 이름 같은 환청도 최면 상태에서 나타났다가 꿈속에서 다시 나오는 수가 있다. 이는 오페라를 시작할 때 연주되는 서곡과 같은 것이라 할 수 있겠다.

요하네스 뮐러(Johannes Müller)나 모리와 같은 방법으로 보다 최근에 최면 상태의 환각을 관찰한 사람으로 G. 트럼벌 래드(G. Trumbull Ladd)가 있다. 그는 훈련을 통해 서서히 잠들다가 2, 3분 지나서 강제로 잠을 깬 뒤 눈을 뜨지 않은 상태에서, 점점 멀어져가는 망막 위의 감각들과 기억에 남아 있는 꿈의 형상들을 비교해 보았다. 그리하여 그는 망막의 광점들이나 광선들이, 말하자면 심리적으로 지각된 꿈속 모습들의 윤곽 또는 규칙들을 불러일으키는 방식으로 그 둘 사이의 연결이 언제든지 가능하다고 확신하고 있다. 이를테면 어떤 꿈에서 그는 분명히 활자가 인쇄된 책장을 보았고, 그것을 읽고 공부했다. 이 꿈은 망막 속에서 평행선상으로 빛나고 있던 광점들의 배열과 일치하고 있었다고 한다. 그의 말을 빌리자면, 그가 꿈속에서 읽은 분명하게 인쇄된 종이들이, 그가 눈을 떴을 때 그의 깨어 있는 지각에는 정말로 인쇄된 한 장의 종이처럼 보였던 것이다. 이는 마치 종이에 구멍을 뚫어, 너무나 멀리 떨어진 곳에 있는 글씨들을 그 구멍을 통해 바라보는 것 같았다. 래드는 망막의 내적 흥분 상태라는 자료가 없다면 시각적인 꿈은 꾸지 않는다고 말하는데, 이렇게 말했다고 해서 그가 이 현상의 중요한 가치를 낮게 보고 있는 것은 아니다. 래드가 하는 말은, 특히 캄캄한 방에서 잠든 직후의 꿈에 대해 적용시킬 수 있다. 그러나 이와 반대로 새벽에 잠을 깨기 전에 꾸는 꿈에서는, 환해진 방에서 눈에 들어오는 객관적인 빛이 자극의 출처가 된다. 광선에 의해 망막 자체가 받는 자극의 끊임없는 변화성은, 우리가 꿈에서 보는 끊임없이 변하는 양상의 흐름과 꼭 맞게 일치하고 있다. 래드의 관찰을 의의 있는 것으로 인정한다면, 이들 주관적인 자극원이 꿈에 대해 갖는 큰 역할을 낮게 평가하지는 못할 것이다. 왜냐하면 우리가 알다시피, 시각적 영상이야말로 우리 꿈의 주된 부분을 이루고 있기 때문이다. 청각을 제외하고는 다른 감각들의 역할은 시각에 비해 아주 사소한 것이며, 또 일정한 것도 아니다.

3. 내적(기관) 신체 자극

우리는 지금 꿈의 출처를 신체 밖에서가 아니라 안에서 찾으려고 하는데, 이 경우 건강할 때에는 그 존재조차 느끼지 못하는 우리의 내장 기관 대부분이 자극을 받고 있는 상태, 말하자면 병에 걸렸을 때에는 대개 고통스런 감각의 원천이 되며, 이 원천이 외부에서 오는 동통 자극이나 감각 자극을 일으키는 것과 동등하게 간주되어야 한다는 것을 잊어서는 안 된다. 이를테면 스트륌펠은 대단히 오래된 경험을 바탕으로 다음과 같이 말하고 있다.

"마음은 수면 중에는 깨어 있을 때보다 자기 몸에 대해 훨씬 더 깊고 넓은 감각 의식을 갖게 된다. 따라서 깨어 있을 때에 마음이 전혀 몰랐던, 자기 몸의 각 부분이나 변화에서 오는 어떤 자극 인상들을 어쩔 수 없이 받아들이고, 이들의 영향을 받게 된다."(107면)

이미 아리스토텔레스는 사람은 깨어 있을 때에는 전혀 몰랐던 병의 초기를 꿈에서 알게 되는 일이 흔히 있는 것 같다고(꿈이 이러한 자극인상들을 크게 받아들이기 때문이다) 말했다. 꿈의 예언력을 믿지 않는 의사들도, 적어도 질병의 예고성에 있어서는 꿈이 갖는 의의를 부정하지는 않는다(M. 시몬, 31면. 그

밖에 많은 옛 연구가들).*⁷

꿈에 이 같이 질병을 진단하는 작용이 있음을 나타내는 확실한 실례는 근세에도 있었던 것 같다. 예를 들면 티시에는 아르티그(《꿈의 증상학적 가치에 관한 소론》)를 인용, 43세인 한 여성에 대해 말하고 있다. 이 여자는 보기에는 아주 건강했으나 2, 3년 동안 계속 불안한 꿈으로 괴로워했다. 의사에게 진찰을 받은 결과 심장병 초기라는 것이 밝혀졌는데, 이 여자는 결국 심장병으로 사망했다.

대부분 사람들에게 내장 기관들의 장애는 분명히 꿈의 원인으로 작용한다. 심장이나 폐가 나쁜 환자가 자주 불안한 꿈을 꾼다는 사실은 일반적으로 지적되고 있다. 꿈의 작용과 질병과의 관계는 많은 학자들에 의해 강조되고 있으므로, 여기서는 단지 문헌만 제시하기로 한다(라데스톡크, 스피타, 모리, 시몬, 티시에).

티시에 같은 사람은 병든 기관이 꿈 내용에 특성을 부여한다고까지 말한다. 심장병 환자의 꿈은 대체적으로 매우 짧으며, 소스라치게 놀라는 것으로 잠을 깬다. 거의 언제나 이런 종류의 꿈 내용에서는 끔찍한 죽음 장면이 어떤 역할을 하고 있다. 폐결핵 환자는 질식당하거나, 압박을 당하고, 도망가는 꿈을 꾼다. 뵈르너(J. Börner)는 엎드려서 자거나 호흡 기관을 막거나 하는 실험을 통해 인위적으로 악몽을 꾸게 할 수 있었다. 소화기 계통의 장애는, 꿈은 음식을 먹거나 토하거나 하는 상징으로 나타난다. 끝으로 성적 흥분이 꿈 내용에 끼치는 영향은 설명할 것도 없이 누구나 다 잘 알 것이다. 이것이야말로 기관 자극에 의한 꿈 발생의 모든 이론에 가장 강력한 논거를 주고 있다.

꿈의 문헌을 살펴보면, 어떤 사람들(모리와 바이간트)은 자기 자신의 병 상

---

*7 이처럼 병의 진단뿐만 아니라, 고대에서 꿈이 치료적 의미를 가졌음을 상기하자. 그리스에서는 일반적으로 건강을 구하는 병자가 이용하는 꿈 점이 있었다. 병자는 아폴로 신전이나 아스클레페이온의 신전에 가서 여러 가지 의식을 치른 뒤, 목욕을 하거나 몸을 마찰하거나 향을 피우거나 하여 흥분 상태에 놓였을 때 희생으로 바친 수양의 모피 위에 누워 있다가 잠이 들면 꿈을 꾸는 것이다. 즉 여러 가지 치료 수단에 대한 꿈인데, 그것은 자연스러운 모습으로, 또 상징이나 비유의 형식으로 보이는 수도 있다. 후자일 경우는 사제가 그것을 판단하고 해석한다. 그리스인의 꿈 치료에 관해서는 레만(제1권 74장), 부슈 루크렐크·헬만의 《그리스 고대의 시들》(제41장·제38장 제16절), 스프렌겔의 《의학사》(제2권 163면 이하의 페팅겔의 기술), W. 로이드 《고대의 마그네티즘의 메스메리즘》(런던, 1877년), 뒈링거의 《이교와 유대교》(130면)를 참조.

태가 꿈 내용에 미치는 영향에 따라 꿈 문제를 연구하게 되었음을 간과할 수 없다.

그러나 이러한 확인된 사람들에 의해 꿈의 원천들이 증가했다는 것은 그리 중대한 일은 아니다. 꿈은 물론 건강한 사람에게도, 아마도 모든 건강한 사람들에게 거의 매일 밤 일어나는 현상이며, 신체 기관의 질병을 판단하는 필수 불가결한 조건은 아니다. 그러나 우리에게 문제가 되는 것은 특별한 꿈은 무엇 때문에 꾸게 되는가가 아니라, 정상적인 사람들의 흔한 꿈에서 무엇이 자극 원인일까 하는 점이다.

그런데 이번에는 한 걸음 더 나아가 이제까지보다 훨씬 풍부하고, 그 어떤 경우에도 물이 마르지 않는 꿈의 원천들을 찾을 수 있다. 신체 내부의 질병이 꿈 자극의 원천이 될 수 있음이 확실하다면, 또 수면 상태에 있는 마음은 깨어 있을 때보다도 더 큰 주의를 신체의 외부로부터 내부로 돌리기 쉽다는 사실을 인정한다면, 꿈의 형상이 될 수 있는 자극이 잠들어 있는 마음에 도달하기 위해서 여러 기관이 반드시 질병에 걸려야 될 필요는 없다는 점을 쉽게 긍정할 것이다. 우리가 깨어 있을 때 막연하게 일반적인 느낌으로서 그저 질적으로만 지각하는 것, 그리고 이것을 일으키는 데에는 모든 기관들이 기여하고 있다고 의사들은 생각한다. 그러나 밤이 되면 그 하나하나의 요소들은 힘차게 작용하여, 꿈의 관념들을 불러일으키는 가장 강력한, 동시에 가장 흔한 원천이 된다고 한다. 그렇다면 이제는 기관 자극들이 어떤 법칙에 따라 꿈의 관념들로 바뀌는가를 검토하는 일만이 남게 된다.

이로써 우리는 지금 의사이자 꿈 연구가인 사람들이 모두 찬성하고 있는 꿈의 몸의 중심 기관들에서 일어나는 이 자극을 티시에는 '내장 자각'이라고 불렀다. 우리의 인지(認知) 세계를 감싸는 어둠과 꿈의 생성을 불러일으키는 어둠은 서로 관련지어 생각하지 않을 수 없을 만큼 잘 일치한다. 게다가 스스로 행동의 주체가 될 수 없는 식물적(植物的) 기관들의 감각을 꿈의 원천이라고 생각하는 견해가 의사들에게는 또 다른 매력을 갖는다.

다시 말해 이 견해에 따르면, 나타나는 현상들이 꿈과 많은 일치점을 보여 주는 정신 장애는 병리학적으로도 꿈과 일치하는 것으로 되어 있다. 그것은 신체 전체를 통해 느낄 수 있는 일반적인 감각의 변화와 내장 기관에서 일어나는 자극이 정신병의 발발에 큰 의미를 갖는 것으로 되어 있기 때문이다. 따라서 신체자극이론을 독자적으로 주장했다고 자칭하는 사람들이 있었다고 해서 기이하게 여길 것은 없다.

일부 연구가들은 쇼펜하우어(A. Schopenhauer)가 1851년에 주장한 견해를 따르고 있다. 쇼펜하우어에 따르면, 우리의 세계관(世界觀)이란, 우리의 지성이 외부로부터 들어오는 여러 인상들을 시간과 공간, 그리고 인과(因果)의 형태로 바꾸어 놓은 결과인 것이다. 신체 내부에서 일어나는 교감 신경에 의한 자극은 낮 동안은 고작해야 무의식적으로 우리들 기분에 영향을 나타낼 뿐이지만, 밤에는 낮 동안에 활발하게 작용했던 강한 인상들이 멈추고, 대신 내부로부터 나오는 자극들이 주의를 끌게 된다. 이는 마치 낮 동안에는 시끄러워서 들리지 않던 샘물 소리가 밤이 되면 들려오는 것과 같다. 그렇다면 지성이 스스로 고유한 기능을 수행하면서, 또 어떻게 다르게 그 자극들에 반응하게 될까? 즉 지성이 자극들을, 인과법칙에 따라 시간과 공간을 채우는 여러 형태로 변형을 가하여 꿈이 형성되는 것이다. 신체 자극과 꿈의 형상 사이의 관계를 좀더 자세히 포착하려 한 사람이 셰르너였고, 그 다음이 폴켈트였다. 그들의 관찰에 대해서는 꿈 이론을 다룬 장에서 논하기로 한다.

정신과 의사인 크라우스(A. Krauss)는 매우 일관성 있는 연구에서 꿈·섬망(譫妄)·망상(妄想)의 발생을 '기관적(器官的)'으로 '제약된 감각'이라는 동일한 요소에 의해 설명하려고 했다. 아마도 신체의 일부 가운데 꿈이나 환상의 출발점이 되지 않는 것은 하나도 없을 것이다. 기관으로 제약된 감각들은 그러므로 다음 두 가지로 나눌 수 있다. 첫째, 전체적인 감각(일반적인 기분). 둘째, 식물적 기관들에 내재하는 특수감각. 두 번째 것을 우리는 다시 다음과 같이 5가지로 나누었다. ① 근육 감각 ② 호흡 감각 ③ 소화 감각 ④ 성적(性的) 감각 ⑤ 말초(末梢) 감각(제2논설 33면).

신체 자극에 기인한 꿈의 생성 과정을 크라우스는 다음과 같이 상정(想定)한다. 어떤 자극을 받고 일깨워진 감각은 어떤 연상 법칙을 따라 그 감각과 비슷한 상징들을 불러일으키고, 그 감각과 결합되어 하나의 기관적(器官的)인 형성물이 생성되는데, 이 형성물에 대해 의식은 정상적인 때와는 다르게 반응한다는 것이다. 왜냐하면 의식이 감각 자체에는 주의를 기울이지 않고, 오로지 그 감각에 따르는 상징들에만 주의를 기울이기 때문인데, 바로 이런 현상 때문에 그렇게 오랫동안 사실을 바르게 밝혀내지 못한 것이기도 하다(11면 이하).

크라우스는 이 과정을 설명하면서 또 감각이 만들어내는 꿈 형상에서 '변질'이라는 특별한 표현을 사용하고 있다(24면).

기관적(器官的) 신체 자극이 꿈의 형성에 미치는 영향은 오늘날 거의 일반적으로 인정되고 있으나, 이 두 가지 사이의 법칙에 대해서는 해답이 구구하여 종종 모호한 설명밖에 이루어지고 있지 않는 실정이다. 이제, 신체 자극 이론을 근거로 하여 어떤 꿈 내용을 그 꿈의 원인이 되는 기관적 자극으로 귀착시킨다는 꿈 해석의 특수한 과제가 생기는데, 셰르너에 의해 수립된 해석의 법칙들을 받아들이지지 않는다면, 기관적 자극의 원천을 꿈 내용 이외의 것에 의해서는 알 수가 없다는, 참으로 당혹스런 사실에 직면하게 된다.

그러나 여러 가지 형태의 꿈 해석들은 대체로 일치되어 왔다. '유형적(類型的)' 해석이 그것이다. 이것은 매우 많은 사람들이 아주 비슷한 내용의 꿈들을 곧잘 꾸기 때문이다. 높은 곳에서 떨어지는 꿈, 이가 빠지는 꿈, 이가 나는 꿈, 알몸이 되었거나 옷이 벗어질 듯하여 난처해하는 꿈 등이 그러한 꿈들 가운데 잘 알려진 것인데, 특히 마지막 예와 같은 꿈은 이불을 차내어 몸이 노출된 것을 잠자는 사람이 지각(知覺)함으로써 꾸게 되는 것이라고들 흔히 생각하고 있다. 이가 빠지는 꿈은 '이빨의 자극'에 귀착되는데, 그렇다고 반드시 이빨의 병적 흥분 상태라고 생각할 필요는 없다. 스트륌펠에 의하면 날고 있는 꿈은 우리의 마음이 무의식 상태에 이르렀을 때, 위아래로 오르락내리락하는 폐엽(肺葉)에서 나오는 자극량을 해석하기 위해 정신이 사용하는 적절한 형상이다. 즉 이때에는 흉부의 피부 감각이 저하되어 무의식 상태에까지 이르렀음을 뜻한다. 이러한 흉부 피부 감각의 무의식화에 의한 자극은 꿈에서 공중을 떠다니거나 날아다니는 관념(상징) 형태로 나타난다. 높은 곳에서 떨어지는 꿈은 잠자는 동안 피부 감각이 무의식 상태에 있다가, 한쪽 팔을 몸 아래로 떨어뜨리든가 아니면 구부리고 있던 무릎을 갑자기 펴든가 하여 피부 감각이 다시 되살아나면서, 이 의식화(意識化)의 과정이 높은 곳에서 떨어지는 꿈으로 심리적으로 구체화되는 것이다(스트륌펠, 118면). 이런 아주 그럴듯한 설명 방법에도 허점이 없는 것은 아니다. 이 설명 방법은 이렇다 할 근거도 없이 설명에 유리한 상황이 이루어질 때까지 이런 종류의 기관 감각(器官感覺)을 정신적 지각에서 말살해 버리거나, 또는 억지로 정신적 지각을 강조하려 하는 점 등이 그것이다. 유형적인 꿈들과 그 생성에 관해서는 뒤에 다시 논하기로 한다.

M. 시몬은 몇 가지 비슷한 꿈들을 비교하여, 기관 자극이 어떤 법칙 아래 꿈의 생성에 영향을 끼치는가를 규명하려고 시도했다. 그는 이렇게 말한다. "수면 중에, 보통 때에서 감정 표현에 관여하는 기관이 어떤 이유로 흥분 상태에 놓이면(보통은 위에서 말한 감정에 의해 흥분 상태에 놓게 된다), 이때 발생하는 꿈은 그 감정에 알맞은 상징(또는 表象)들을 포함할 것이다."(34면)

또 다른 법칙은 "어떤 기관이 수면 중에 활동을 하거나 흥분하거나 기능을 하지 못하는 상태에 빠지거나 하면, 꿈은 그 기관이 본디 수행하게 되어 있는 기능에 관련된 관념(상징)을 일으킨다는 것이다."(35면)

몰리 볼드(J. Mourly Vold)는 개별적인 영역에서, 신체 자극론에 의해 상정되는 꿈의 생성에 대한 영향을 개개의 영역에서 실험적으로 증명해 보이려 했다. 그는 잠자는 사람의 손발의 위치를 이리저리 바꾸어 가면서 꿈의 내용이 어떻게 변하는가를 비교했다. 그 결과는 다음과 같다.

① 꿈속에서 손발의 위치는 대체로 실제 놓여 있는 위치와 같다. 즉 실제로 손발이 움직이지 않을 때에는 꿈속에서도 손발은 정적인 상태로 있다.

② 손발을 움직이는 꿈을 꿀 때에는 언제나 현실의 손발 위치에 일치하는 움직임을 한다.

③ 꿈속에서는 자신의 손발을 타인의 것으로 바꾸어 꾸는 경우도 있다.

④ 그 움직임이 방해를 받고 있는 꿈을 꾸는 수도 있다.

⑤ 어떤 특정한 위치에 있는 손발이 꿈속에서 동물이나 괴물이 되어 나타나는 수가 있는데, 이 때에는 양자 사이에 어떤 유사성이 나타난다.

⑥ 손발의 자세는 꿈속에서 그 손발에 관련된 생각들을 자극하는 수가 있다. 이를테면 손가락을 움직이고 있으면 셈(數)에 대해 꿈꾸는 것과 같다.

이런 결론을 보고 생각하건대, 신체자극 이론도 마찬가지로 앞으로 일어날 꿈들을 결정하는 데 있어, 외견상으로는 다른 관념들의 형태로 나타날 수 있는 자유로운 상황을 완전히 없앨 수는 없는 것 같다.[8]

4. 정신적 자극의 원천

깨어 있는 생활과 꿈의 관계 그리고 꿈의 자료에 대해 논했을 때, 사람은 낮

---

[8] 폴드는 그 뒤 2권의 꿈 기록을 출간했는데, 이에 대해 상세한 것은 뒷부분을 참조.

동안에 일어난 일과 깨어 있을 때 관심을 기울였던 일들에 대해서 꿈을 꾼다는 것이 예나 지금이나 꿈 연구가들의 똑같은 견해임을 우리는 알았다. 깼을 때부터 잠들 때까지 계속되는 이 관심은 꿈을 현실의 삶과 맺어 주는 심리적 유대일 뿐만 아니라, 그것은 또 수면 중에 관심을 갖게 된 것, 잠자는 동안에 작용해 오는 자극과 함께, 모든 꿈 형상의 유래를 충분히 설명해주는, 결코 과소평가할 수 없는 꿈의 출처도 밝혀 준다. 그러나 이런 주장에 대한 반론도 있다. 그 반론에 의하면, 꿈은 잠자고 있는 사람을 낮 동안의 관심에서 멀어지게 하고, 대개 낮 동안에 강하게 우리의 관심을 끌던 사물에 대한 적극적인 자극을 잃어버렸을 때에 비로소 꿈을 꾼다는 것이다. 그런 까닭에 우리는 꿈을 분석하다 보면 사사건건 이런 인상을 받는다. 즉 '흔히'라든가 '대체로'라든가 '대개'라는 조건 없이 미리 예외를 인정하지 않고는 보편적인 법칙을 세울 수 없다는 인상이다.

내적 수면 자극과 외적 수면 자극 그리고 깨어 있을 때 관심을 기울였던 일을 가지고 꿈의 원인을 모두 밝혀낼 수 있다면, 우리는 꿈의 모든 요소들이 어디서 비롯되었는지 그 유래를 충분히 설명할 수 있을 것이다. 그리하여 꿈의 출처에 대한 수수께끼가 해결되고 나면, 결국 남은 과제라고는 꿈의 심리적 자극과 신체적 자극이 개개의 꿈속에서 어떻게 관여하고 있는가를 밝히는 일일 것이다. 그렇지만 실제로는 이처럼 꿈을 완전하게 설명한다는 것이 아직 어떤 경우에도 성공하지 못했을뿐더러, 이런 시도를 해온 그 어떤 사람에게도 그 유래에 대해 설명이 되지 않는 꿈의 요소가(대개의 경우 아주 많이) 남아 있다. 정신적인 꿈의 원천으로서 낮 동안의 관심은, 누구나 꿈속에서 자기 일을 계속하고 있다는 믿을 만한 주장에 기대해도 좋을 만큼 명백하지는 않다.

이 밖의 정신적인 꿈의 여러 원천들은 알려져 있지 않다. 그래서 문헌 중에 나타나 있는 꿈의 해석은 모두(뒤에 언급될 예정인 셰르너는 별도로 하고) 하나의 맹점을 보여 주고 있다. 즉 꿈의 가장 특징적인 자료를 구성하는 관념들은 그 기원이 어디서 비롯되는가 하는 점이다. 이런 상황 속에서 대다수 연구가들은 꿈의 형성에 있어서 좀처럼 포착할 수 없는 정신적 관여를 작게 평가하려는 경향을 나타낸다. 그들은 꿈을 크게 '신경 자극에 의한 꿈(Nervenreiztraum)'과 '연상에 의한 꿈(Assoziationstraum)'으로 나누나(후자는 전적으로 기억 재현에 그 기원을 두고 있다(분트, 365면), 그들은 동기를 주는 신체 자극이 없더라도 꿈을 꿀 수 있는 것이 아닐까(폴켈트, 127면) 하는 의문을 버리지 못한다. 순수한 연상에 의한 꿈(聯想夢)들의 특징도 쉽게 설명되지 않는다. "본디 연상에 의한 꿈에서는 그 같은 신체 자극은 문제가 되지 않는다. 그곳에서는 여러 가지 요소가 느릿느릿 뭉쳐서 꿈의 중심부로 침입해 온다. 그렇지 않아도 이성이나 오성(悟性)으로부터 방임되어 있는 자유로운 관념 세계가, 여기서는 더 중대한 신체적 심리적 자극에 의해 결속되지 않으므로, 이렇듯 자기 자신의 다채로운 활동, 자기 자신의 구속 없는 장난에 빠져버린다."(폴켈트, 118면)

분트 또한 꿈 형성에 있어서 정신적 요소를 작게 평가하면서 이렇게 논하고 있다. "꿈의 환상을 순수한 환각으로 보는 것은 아주 잘못이다. 꿈의 관념들은 대부분 실제로는 착각이다. 왜냐하면 그 관념들은 잠자는 동안에도 사라지지 않는 가벼운 감각 자극들로부터 일어나기 때문이다."(359면 이하) 바이간트도 같은 의견인데, 이것을 한층 더 일반화시켜서 모든 꿈의 관념(상징)들에 대해 이렇게 주장하고 있다. "그 가장 가까운 원인은 감각 자극이며, 이것이 있음으로써 비로소 다른 연상들이 연속적으로 이어지는 것이다."(17면) 티시에는 정신적 자극원을 보다 더 제한한다. "전적으로 정신적 기원만을 지닌 꿈이란 존재하지 않는다.(183면) 우리가 꾸는 꿈들의 상념은 외부로부터 오는 것이다."(6면)

유명한 철학자 분트와 같이 중간적 태도를 취하는 연구가들은 대부분의 꿈에서는 신체적 자극과 더불어 미지의 혹은 낮 동안의 관심사로 인정되는 정신적 자극이 함께 작용하여 꿈을 생성해 낸다고 덧붙이는 것을 잊지 않는다.

꿈 형성의 수수께끼는 예측하지 못한 정신적 자극원의 발견으로 설명되는 것임을 나중에 알게 되겠지만, 우선은 꿈 형성에 있어서 정신적 자극에서 온 것이 아닌 자극의 역할이 과대평가되고 있음을 기이하게 놀라지 않기를 바란다. 오직 이러한 종류의 자극만이 쉽게 발견되고, 실험으로 확증되는 것만은 아니다. 꿈의 발생 또는 생성을 신체적인 면에서 파악해 가는 일은 오늘날 정신의학의 지배적인 사고 방향과 일치하는 것이다. 신체에 대한 두뇌의 우위가 매우 강조되어 온 것은 사실이다.

그러나 기관적(器官的)인 여러 변화들로부터 정신 생활의 독립성이나, 또는 정신 생활의 발현 과정에서 자주성을 증명할 수 있는 모든 사항에 부딪치면,

요즈음 정신과 의사들은 두려움을 느끼고, 만일 그런 사항을 인정하다가는 자연철학이나 형이상학적 정신 세계를 인정했던 옛 시대로 되돌아가는 게 아닐까 하는 생각마저 들어 깜짝 놀라게 된다.

정신과 의사들의 불신은 말하자면, 정신을 관리인에게 맡기고, 정신의 충돌들이 정신의 고유한 능력을 폭로하지 않기를 바란다. 그러나 이러한 태도는 신체적인 것과 정신적인 것 사이에 걸려 있는 견고한 인과의 사슬을 그다지 신용하지 않음을 보여주는 것밖에 되지 않는다.

정신적인 것이 실제 연구에서 어떤 현상의 첫 동인(動因)으로 인정되는 경우에도, 한 걸음 더 깊이 들어가면 정신적인 것이 기관적인 것에서 비롯됨을 알게 된다. 우리가 현재 알고 있는 자식이—정신적인 것 이상의—다른 영역을 모른다고 하여 구태여 이 사실을 부정할 필요는 없을 것이다.

D. 잠에서 깨면 왜 꿈을 잊어버리는가

꿈이 아침녘이면 덧없이 사라진다는 것은 누구나 잘 아는 바이다. 물론 꿈은 회상할 수 있는 것이다. 왜냐하면 우리는 잠을 깬 뒤에 꿈을 기억해냄으로써 그것이 꿈이었음을 알기 때문이다. 그러나 우리는 흔히 밤에 꿈을 꿀 때는 더 많은 여러 가지 일들이 있었는데, 잠을 깨니 어느 일부분밖에 기억나지 않는다고 믿는다. 또 우리는 아침녘에는 뚜렷하게 기억했던 꿈이 낮에 시간이 흐름에 따라 작은 조각들로 흩어져 사라져 버리는 것을 경험할 수 있다. 꿈을 꾼 것은 분명한데, 무슨 꿈을 꾸었는지 모르는 일도 드물지 않다. 우리는 꿈은 잊혀지게 마련이라는 경험에 습관이 되어 있다. 그래서 아침에 눈을 떴을 때 꿈 내용도 기억하지 못하고 애당초 꿈을 꾸었다는 사실조차 전혀 기억하지 못하는 사람이라도, 자신이 밤에 꿈을 꾸었으리라는 가능성을 터무니없다고 하지는 못한다. 한편, 또 잊을 수 없을 만큼 집요하게 기억에 남는 꿈도 있다. 나는 나의 환자가 25년 전에 꾼 꿈을 분석한 일이 있으며, 또 37년 전에 꾼 나 자신의 꿈을 아직도 생생하게 기억하고 있다. 이런 것은 모두 매우 주목할 만한 특이한 일이며, 지금으로서는 이해될 수 없는 것들이다.

꿈을 잊는다는 점에 대해 가장 자세히 연구한 사람이 스트륌펠이다. 꿈의 망각은 확실히 복잡한 현상이다. 스트륌펠은 이 현상을 하나의 근거에서가 아니라, 여러 근거들에 의해서 설명하려 하고 있다.

우선 첫째로 왜 꿈을 잊는가 하면, 깨어 있는 생활에서 꿈을 잊게 만드는 모든 요소가 작용하고 있기 때문이다. 우리는 잠이 깨었을 때 감각이나 지각의 많은 부분들을 곧 잊어버리는 게 보통인데, 그것은 그 감각이나 지각이 너무 미약하든가, 이와 관련된 정신적 흥분의 정도가 너무 낮거나 했기 때문이다. 이와 같은 것은 대부분 꿈의 영상(image)에 대해서도 적용시킬 수 있다. 그 꿈들의 영상이 잊혀지는 것은 그것이 너무 약했기 때문이며, 더 강렬한 영상은 더 생생하게 기억된다. 그렇지만 강렬하다는 것, 그것만으로는 꿈의 영상이 계속 유지되기 위한 결정적 조건이 될 수는 없다. 스트륌펠은 다른 연구가(칼킨스)와 마찬가지로 다음의 사실을 인정하고 있다. 즉 매우 활발했다고 느껴졌던 꿈의 영상은 곧 잊혀지나, 감각적으로 미약하고 희미한 꿈이 오히려 더 기억 속에 남겨진다는 것이다. 둘째로, 꼭 한 번밖에 일어나지 않았던 일은 깨었을 때 잊어버리기가 쉽고, 여러 번 지각되었던 것은 잘 기억되는 것이 보통이다. 그러나 대개의 꿈 영상은 단 한 번의 체험으로 끝난다.*9 이 특성은 모든 꿈들을 똑같이 잊어버리도록 이바지하고 있다. 그런데 셋째 이유는, 지금 말한 두 가지에 비해 훨씬 더 중대하다. 감각이나 관념이나 사고(思考) 등이 어느 정도 기억되기 위해서는 이들이 따로 떨어져 있지 않고, 이에 적합한 결합이나 연결 관계를 맺을 필요가 있다. 지금 여기서 작은 시구(詩句)를 낱말로 분해해서 뒤섞어 놓는다면, 본래의 시구를 알기란 매우 어렵게 된다. 질서 있게 잘 정돈되고 적절한 순서로 놓여서, 한 마디가 다른 말의 실마리가 되면 전체는 쉽게, 기억 속에 오랫동안 남는다. 우리는 대체로 앞뒤가 맞지 않는 것은 흐트러지거나 무질서한 것과 똑같이 좀처럼 기억하기가 어렵다. 그런데 대개의 경우 꿈에는 이론도 질서도 없다. 따라서 꿈의 구성은 본래 그것이 특별히 기억된다는 가능성이 결여되어 있으므로, 대부분의 경우 다음 순간에는 벌써 흐트러져 버리므로 곧 잊혀지고 만다.

라데스토크는 "우리는 황당무계한 꿈일수록 잘 기억하고 있다"(168면)고 말하고 있는데, 이 말은 위의 설명과는 전혀 일치되지 않는다.

꿈을 잊는 계기로서 이상의 것보다 더 유력한 것으로 스트륌펠은, 꿈과 깨어 있는 생활과의 관계에서 비롯된 다른 요인들을 말하고 있다.

---

*9 주기적으로 되풀이되는 꿈도 이미 여러 연구가들에 의해 관찰되어 왔다. 샤바네가 쓴 꿈의 사례집을 참조.

깨어 있는 의식이 꿈을 잊기 쉬운 것은 분명히 앞에서 말했듯이 꿈은 깨어 있는 생활에서 기억되는, 낯익은 심리적 환경과 관련된 부분들만을 떠올리기 때문이다. 보통 깨어 있을 때에는 그 부분적 기억들이 그런 결합 속에서 기억된다.

따라서 꿈의 구조물(형성물)은, 보통 마음을 채우고 있는 심리적 인과(因果)의 체계 속에 자리하지 않는다. 꿈의 구성에는 기억의 도움이 완전히 결여되어 있다.

이러한 방식으로 꿈의 형성물은 말하자면 우리의 정신 생활의 토대에서 떠올라, 새로 이는 바람에 어느새 흩어져 버리는 하늘의 구름처럼 정신적 공간 속을 떠돌아다닌다(87면). 눈을 뜨자마자 밖에서 밀려오는 감각 세계가 우리의 주위를 빼앗아가므로, 얼마 안 되는 꿈의 영상들만이 이러한 힘에 저항할 뿐이라는 상황도 앞에서 말한 바와 같은 방향으로 작용한다. 이 얼마 안 되는 꿈의 영상도 새로운 하루의 여러 영상들 앞에, 마치 태양빛 앞의 별빛처럼 스러져 가는 것이다.

끝으로, 꿈이 잊혀지는 데 대한 설명으로 다음 사실을 상기할 필요가 있을 것이다. 즉 대부분 사람들은 자기의 꿈에 그리 대단한 관심을 나타내지 않는다. 하지만 연구자로서 얼마 동안 꿈에 관심을 나타내고 있는 사람은, 그동안에는 평소보다도 더 많은 꿈을 꾼다.

꿈을 잊는 것에 대해 보나텔리(배니니에 의함)가 스트륌펠의 이론에 첨가한 다른 두 가지 이유는 이미 스트륌펠의 이론 가운데 포함되어 있다.

① 잠잘 때와 깨어 있을 때 사이의 일반적인 기분에 있어서의 변화는 각각의 재현을 서로 어렵게 만든다.

② 꿈속의 관념 자료들은 깨어 있을 때의 관념 자료들과 다른 특수한 배열을 하고 있다. 따라서 깨어 있을 때의 의식으로는 꿈을 해석하기가 어렵다.

스트륌펠이 지적하고 있듯이 꿈이 잊혀지는 이 모든 이유들을 고려할 때, 그래도 여전히 꿈에 관한 많은 기억들이 남아 있다는 사실은 주목할 만하다. 꿈을 기억하게 하는 법칙들을 찾아내려는 노력은 많은 연구자들에 의해 시도되어 왔다. 그러나 이런 노력이 바로 거기에 어떤 수수께끼 같은 이해하기 어려운 부분이 있음을 고백하는 듯하다. 꿈의 기억에 관한 몇 가지 특징들이 최근에 특히 주목되어 온 것은 마땅하다. 이를테면 아침에 눈을 떴을 때는 잊어버렸던 꿈이 낮 동안에 어떤 계기로 우연히 생각나는 수가 있다(라데스토크, 티시에). 그러나 꿈에 대한 기억이 전체적으로, 그 꿈이 과연 본래 그대로인지 어떤지는 의구심을 갖지 않을 수 없다. 우리의 기억은 꿈의 많은 부분들을 잊어버리므로 기억에 남아 있는 것도 왜곡되어 있을지 모르기 때문이다.

스트륌펠도 꿈을 재현하는 것의 정확성에 대해 다음과 같이 의문을 던지고 있다.

"그렇게 되면 잠을 깬 의식이 제멋대로 여러 가지를 꿈의 기억 속에 덧붙이는 일이 쉽게 일어난다. 즉 우리가 꾼 꿈에는 포함되지도 않은 여러 가지를 꿈에서 보았다고 생각한다."

이 점에 대해 예센은 다음과 같이 강조한다.

"그러나 그 밖에 연결성이 있고, 줄거리가 일관되어 있는 꿈 연구나 해석을 할 때에는 이제까지 별로 주의하지 않았던 한 가지 상황을 고려할 필요가 있다. 다시 말해 우리가 꾼 꿈을 기억해내려고 할 경우, 자기도 모르게 또는 바라지도 않으면서 꿈 영상의 틈새를 메우거나 보충하기 때문에 대개는 좀처럼 그 꿈의 진실에 가까워지기 어렵다는 것이다. 우리의 기억 속에 나타날 정도의 연결성을 가진 꿈이란 좀처럼 없든가 또는 절대로 없기 때문이다. 자기가 꾼 흥미로운 꿈을 아무런 첨가나 수식도 없이 이야기하기란, 아무리 진실을 사랑하는 사람이라도 불가능에 가깝다. 모든 사건을 관련지어 보려는 인간 정신의 노력은 다소 앞뒤가 연결되지 않는 꿈을 회상할 때, 그 부분을 자기도 의식하지 못하는 사이에 보충할 만큼 강렬한 것이다."(547면)

에게르의 다음과 같은 견해는, 물론 위에서 말한 예센과는 다르게 독자적으로 세운 것이지만, 마치 예센의 말을 번역한 것처럼 보인다. "꿈을 관찰하는 데에는 독특한 어려움이 있다. 그리고 여기서 모든 오류를 피하는 유일한 방법은 경험하고 보고 들은 것을 바로 종이에 기록하는 일이다. 그렇지 않으면 전체적으로든 부분적으로든 꿈을 잊어버리기 때문이다. 부분적으로 잊어버리는 것은 오히려 문제가 된다. 왜냐하면 사람들이 잊지 않은 것을 나중에 이야기하기 시작하면, 기억이 공급해 주는 지리멸렬한 단편들을 상상으로 보충할 위험성이 있기 때문이다. 사람들은 자기도 모르게 이야기의 창조자가 되어 버린다. 그리하여 되풀이되는 이야기는 창조자의 신념을 더 깊게 만들어 버려, 그는 그럴듯한 방법으로 그것을 참된 사실인 것처럼 이야기하게 되는 것이다.

스피타도 대체로 같은 의견으로, 우리는 꿈을 재현하려고 시도할 때 서로 느슨하게 연결되어 있던 꿈의 여러 요소들을 다시 질서 있게 만들려고 하는 성향이 있다. "우리는 서로 관계없이 나열된 상황들을 순서대로 배열하거나 인과적 관계를 바꾼다. 즉 꿈속에 결여된 논리적 연결의 과정을 나중에 꿈에 덧붙여 버리는 것이다."(338면)

우리는 우리 기억의 진위(眞僞)를 객관적으로 확인해 보아야 한다. 그런데 우리 자신의 체험이면서 단지 그 출처로서만 기억하고 있는 꿈에서는 이러한 객관적 확인을 적용하기 어렵다면, 우리는 꿈속의 기억들에 대해 어떠한 가치를 부여할 수 있을까?

E. 꿈의 심리학적 특수성

꿈의 학문적 고찰에 있어 우리는 꿈이 우리 자신의 정신적 활동의 결과라는 가정에서 출발한다. 그렇다고는, 하나 만들어진 꿈이 우리에게는 어쩐지 낯선 것처럼 여겨져서, '꿈을 꾸었다'고 하는 것과 마찬가지로 기꺼이 '꿈에서 보았다'고 할 정도로 우리는 자기가 꾼 꿈을 스스로의 것으로 받아들일 마음이 되지 않는다. 꿈의 이러한 '심리적 이질감'은 어디서 오는 것일까. 꿈의 원천에 대해 우리가 토의한 바에 따르면, 그것은 꿈 내용 가운데 있는 자료 때문은 아닌 것 같다. 이 자료는 깨어 있는 생활에서나 꿈에서나 대부분 공통적인 것들이기 때문이다. 우리는 여기서 이러한 낯선 느낌이 꿈속에서의 심리적 과정의 변화 때문이 아닌가 하는 물음을 던질 수도 있으며, 이에 따라 꿈의 심리적 특징에 대하여 탐색을 시도할 수 있다.

《정신 물리학의 요소들》(520면, 제2부) 중의 몇 군데 견해에서 G.Th. 페히너만큼 꿈과 깨어 있을 때의 생활의 본질적 차이를 강조하고, 이로부터 광범위한 결론을 이끌어낸 사람도 없다. 페히너는 이렇게 말하고 있다. "의식적인 정신 생활을 단순히 의식의 한계 밑으로 끌어내리거나 외부 세계의 인상들로부터 주의를 돌리는 것만으로는 깨어 있는 생활에 대한 꿈의 특징들을 설명하기에는 불충분하다. 오히려 꿈의 활동 무대는 깨어 있는 관념 생활의 활동 무대와는 별개의 것이라고 추측한다. 만일 잠잘 때와 깼을 때에 정신물리학적 활동 무대가 동일하다면, 꿈은 깨어 있을 때의 관념 생활이 한층 낮은 강도로 지속되는 것에 불과하며, 따라서 깨어 있을 때의 생활과 같은 자료와 형태를 지녀야 한다고 나는 생각한다. 그러나 실제로는 전혀 그렇지 않다."

정신적 활동의 위치 변화에 관한 페히너의 견해가 이로써 충분히 밝혀진 것은 아니다. 또 내가 알고 있는 한 어느 누구도 앞에서 그가 암시한 길을 이어서 밟아가지는 못했다. 생리학적 대뇌 중추의 분포 또는 뇌피질의 조직학 구성에 관한 해부학적 설명은 포함되지 않았던 것으로 보인다. 그러나 일정한 순서에 따라 배열된 요소들로 구성된 하나의 정신적 장치와 관련시켜 보면, 페히너의 이같은 생각이 의미심장하며 매우 유익하다는 사실이 판명될 것이다.

페히너 이외의 연구가들은, 꿈의 뚜렷한 심리학적 특성들 하나하나를 지적하고, 이를 포괄적 설명의 출발점으로 삼는 데 만족하고 있다.

꿈의 주요한 특성들 가운데 한 가지는 잠들어가는 상태에서 이미 나타나므로, 이것이 잠을 유도하는 현상으로 간주되고 있음은 정당한 일이다. 슐라이어마허(F.E.D. Schleiermacher)에 따르면, 깨어 있는 상태의 가장 큰 특징은 사고 활동이 '형상'이 아니라 '개념'에 의해 행해진다는 점이다(351면).

그런데 꿈은 주로 시각적인 심상(心象)으로 나타나는데, 수면상태에 가까워짐에 따라 의식적인 활동들이 어려워지는 데 반비례하여 규칙에 얽매이지 않는 '자의적(恣意的)'인 관념들이 그만큼 나타난다. 이 자의적 관념들은 모두 구체적 형상의 부류에 속한다는 사실도 관찰된다. 우리가 의도적으로 뜻했던 것으로 생각되는 그러한 관점 행위의 무능함과 보통 '방심 상태'와 언제나 결부되어 나타나는 심상들은 꿈과 떼어 놓지 못할 두 성격이므로, 우리는 꿈을 심리학적으로 분석할 때 이를 꿈의 본질적 성격으로 인정하지 않을 수 없다. 수면 직전의 환각에 대해서는 그 내용이 꿈의 심상(관념)과 동일한 것임을 우리는 알고 있다.*10

즉 꿈은 주로 시각적 형상들에 의해 생각하지만 전적으로 그렇다고만은 할 수 없다. 청각을 사용하는 수도 있고, 또 드물기는 하나 다른 감각을 사용하는 수도 있다. 또 꿈속에서도 많은 것이 평소 깨어 있을 때와 똑같이 단순하게 생각되거나 관념화되거나 한다(아마도 언어적 상징의 잔재에 의해). 그러나 형상

---

*10 H. 질베러는 훌륭한 실례를 들어서, 추상적인 사상마저도 졸음이 오는 상태에서는 그 사상과 동일한 것을 표현하기 위해 직관적·조형적 현상으로 대치됨을 보여주었다(브로이러 프로이트 연감 제1권, 1909년). 이 점에 대해서 나는 다른 것과의 관련성에서 다시 그 사례를 언급할 생각이다.

화와 같은 역할을 하는 꿈의 내용적 요소들, 즉 기억보다는 지각(知覺)에 보다 가까운 내용의 요소들이 꿈의 특징을 이룬다.

환각의 본질에 대해 정신병 의사라면 누구나 잘 알고 있는 논의들을 모두 제쳐놓고, 우리는 전문 지식을 지닌 연구가들의 주장과 같이, '꿈은 환각이다, 꿈은 사고(思考)를 환각으로 대체한다'고 말할 수 있다. 이 점에서 시각적 표상(表象, 상징)과 청각적 표상 사이에는 아무런 차이도 없다. 잠들면서 들은 어떤 멜로디에 대한 기억이 완전히 잠이 들면 같은 멜로디의 환각으로 변화해서, 깨어났다가 잠들기를 여러 번 반복한 뒤에 잠에서 깨어났을 때엔 질적으로 변화한, 좀더 미약한 기억 표상으로 바뀐다는 주장은 이미 인정되어 온 것이다.

표상(상징, 心想)이 환각으로 변화하는 것은 꿈과 일치된, 깨어 있을 때의 사고와 꿈 사이의 유일한 차이는 아니다. 이 형상들을 근거로 꿈은 어떤 상황을 만들어 낸다. 꿈은 어떤 것을 현재의 것으로서 표현한다. 스피타의 말을 빌리면(145면), 꿈은 어떤 관념을 '극화(劇化)하는 것'이다. 이 같은 꿈의 특징은 꿈을 꿀 때에(이는 일반적인 이야기이며, 특별한 설명을 필요로 하는 예외적인 것들도 있다) 자신은 생각하고 있는 게 아니라 체험하고 있다고 생각한다는 것, 즉 아무런 의심 없이 환각을 완전히 인정하고 받아들인다는 것으로 볼 때, 비로소 완전하게 이해될 수 있다. 자신은 아무것도 체험한 것이 아니라 단지 독특한 형태로 생각한 것이라는—즉 꿈을 꾸었을 뿐이라는—비판은 잠이 깨었을 때 비로소 일어나는 것이다. 이 특징은 진정한 수면꿈과 백일몽(白日夢)을 구별한다. 백일몽은 절대로 현실과 바뀌는 일이 없다.

부르다흐는 지금까지 고찰해 온 꿈의 특징을 다음과 같이 요약하고 있다. 꿈의 본질적 특징으로서는 ⓐ 지각 능력이 환상의 산물을 마치 감각적 인상들로부터 온 것처럼 받아들임으로써, 우리 마음의 주관적 활동이 객관적인 것으로 나타난다는 것, ⓑ 수면은 자주적 의식 활동의 중단이라는 것 등을 들수 있을 것이다. 그래서 잠이 들려면 아무래도 어떤 종류의 수동성이 필요하다. 졸음 상태(假睡)에서 드러나는 형상(또는 心想)은 자주적 의식 활동의 이완(弛緩) 또는 정지를 전제로 한다(476면).

그런데 문제는 어떤 종류의 자주적 의식 활동이 정지한 뒤에 비로소 일어날 수 있는 꿈의 환각에 대해서, 어떻게 우리 마음이 쉽게 믿어버리는가를 설명하는 데에 있다.

스트륌펠은 이렇게 말하고 있다. 이 경우에 있어서 마음의 작용은 정당한 것이므로 그 메커니즘에 따른다. 꿈의 요소들은 결코 단순한 관념(상징)들이 아니며, 깨어 있을 때에는 감각을 매개로 나타나는 것과 같이 '진정하고 현실적인' 심리적 체험인 것이다(34면). 마음이 깨어 있을 때에는 단어 형상이나 언어에 의해 상징화하고 사고하나, 꿈속에서는 현실의 감각 형상으로 상징하고 사고한다(35면). 더욱이 꿈속에서는 깨어 있을 때와 마찬가지로 감각이나 형상이 어떤 외적 공간으로 바뀌어 놓이면서 하나의 공간의식(空間意識)이 첨가된다(36면). 그래서 꿈속에서는 마음의 형상(心想)이나 지각(知覺)이 깨어 있을 때와 같은 상태에 있음을 인정하지 않을 수 없다(43면). 그럼에도 불구하고 그럴 경우 마음이 착각을 일으킬 수 있는 것은, 수면 상태에 있을 때 우리의 마음은 외적으로 주어진 감각 지각과 내적으로 주어진 감각 지각을 구별하는 유일한 기준을 잃어버리기 때문이다. 수면 상태에서 우리의 마음은 여러 가지 객관적 현실성을 증명하는 실험을 형상에 가할 수는 없다. 뿐만 아니라 마음은 의지대로 바꿀 수 있는 형상과 그렇지 못한 형상들 사이를 구별하지 못한다. 수면 상태에 있는 마음은 인과의 법칙을 그 꿈 내용에 적용하지 못하기 때문에 오류를 범하게 된다(58면).

요컨대 잠잘 때 마음은 외부 세계로부터 등을 돌리고 있기 때문에 자연히 주관적 꿈의 세계를 쉽게 믿어 버린다.

델뵈우프도 같은 결론에 도달해 있으나, 여기에 이르기까지의 심리학적 주장은 부분적으로 스트륌펠과 다르다. 우리가 꿈의 형상을 현실이라고 믿는 것은 수면 중에는 달리 비교할 만한 인상을 갖지 못하고 외계로부터 차단되어 있기 때문이다. 그러나 우리가 환각을 진실이라고 믿는 것은 수면 중에 우리가 환각들을 검증할 수 있는 가능성이 없기 때문만은 결코 아니다. 꿈은 우리에게 그런 검증을 모두 하게 해준다. 예를 들면, 우리가 눈으로 본 장미꽃을 만지게 해준다. 더욱이 이것은 모두 꿈속의 일인 것이다. 델뵈우프에 의하면, 실제로 깨어 있다는 사실 이외에는 어떤 것이 꿈인지, 깨어 있는 현실인지를 판가름할 수 있는 확실한 기준이란 없다. 잠을 깨어 자기가 옷을 벗고 침대에 누워 있는 것을 알고서야 비로소 잠들어서 깰 때까지 체험한 모든 것이 착각이었다고 결론지을 수 있는 것이다(84면). 잠자는 동안에는 꿈의 형상을 현실로 받아들인다. 이는 수면 중에도 자신의 자아와 대립되는 외부 세계의 존재를 인정하는, 완전히 잠재울 수 없는 우리의 '사고 습관*¹¹ 때문이다.

이와 같이 외부로부터 등을 돌리는 일이 꿈 생활의 가장 두드러지는 특징을 결정하는 요소라고 한다면, 위에서 쓴 내용들이 과대평가되는 것을 막기 위해서, 수면 상태에 들어갔을 때 마음과 외부 세계와의 관계를 밝힌, 노(老) 부르다흐의 치밀한 몇 가지 견해를 들어보는 것도 무익한 일은 아닐 것이다. 잠은 다만 다음과 같은 조건 아래에서만 일어난다고 부르다흐는 말한다. 즉 마음이 감각 자극에 의해 흥분되지 않아야 한다. 그러나 감각 자극의 결여가 아니라 감각 자극에 대한 관심의 결여가 수면의 조건이 된다.*¹² 어느 정도의 감각적 인상들은 마음의 안정에 도움이 된다면 오히려 필요한 것이다. 방앗간 주인은 가루를 빻는 수레가 쿵덕쿵덕 요란하게 돌아가지 않으면 잠을 이루지 못하며, 만일을 위해 등불을 켜야 된다고 생각하는 사람은 불을 끄면 잠들 수 없는 것과 같다(457면).

"마음은 잠자는 동안 외부세계로부터 스스로를 격리시키며 그 표면에서 물

---

*11 결함이 없는 심적 장치의 정확한 일반적 기능을, 예외적인 조건들의 도입으로 일어난 변화에 의해 꿈의 활동을 설명하려는 시도는 델뵈우프와 마찬가지로 하프너도 했으나, 하프너는 이 제약을 조금 다른 말로 하고 있다. 하프너의 말에 따르면, 꿈의 첫 특징은 장소와 시간으로부터의 초월성, 즉 공간과 시간적 질서로부터 자유로운 관념에 있다고도 했다. 이 근본 특징에 결부되어 꿈의 두 번째 근본 특징이 있다. 즉 환각이나 상상이나 공상 결합들을 외적 지각과 혼동한다는 것이다. 고차원의 정신적 힘들의 총체는 한편 특히 개념 형성·판단·추리를, 또 한편 자유로운 자기규정을 감각적 심상에 결합시키고, 언제나 이 감각적 심상을 토대로 이 활동들은 또 꿈의 관념들의 무질서한 성격을 나누어 갖는다. 나누어 갖는다고 우리가 말하는 것은, 우리의 판단력이 그 자체로서는 우리의 의지력과 마찬가지로 수면 중에는 어떤 방법으로도 변화되지 않기 때문이다. 우리는 그 활동으로 볼 때 꿈속에서도 깨어 있을 때와 마찬가지로 예민하고 자유롭다. 인간은 꿈속에서도 사고 법칙 그 자체를 위반할 수는 없다. 즉 자신에게 대립되는 것으로서 표현된 것을 자기 자신과 동일시할 수는 없는 것이다. 인간은 꿈속에서도 자기가 좋은 일이라고 생각하는 것(착한 이성 아래서)만을 요구할 수 있을 따름이다. 그러나 이러한 사고 및 의욕의 법칙을 적용할 때 인간 정신은 꿈속에서는 어떤 심상(또는 상징)을 다른 심상(또는 상징)과 혼동함으로써 잘못을 저지른다. 이런 까닭에 우리는 꿈속에서 가장 날카로운 판단 형성과 철저한 추리를 행하고, 가장 도덕적이고 신성한 결심을 굳힐 수가 있는데도 최대의 모순을 범하거나 바라거나 하는 일이 생긴다. 꿈속에서 우리의 공상을 싣고 하늘을 날아다니는 날개의 모든 비밀은 '방향 선택'을 하지 않은 것에 있으므로, 다른 사람들과의 '의사소통'과 '비판적 자기 반성'의 결핍이 꿈속에서의 우리의 판단이나 희망이나 소망의 끝도 없는 방종(恣意性)의 중요한 원인이다.

*12 이에 대해서는 클라파레드(1905년)가 잠드는 과정의 메커니즘으로 간주한 '무관심'을 참조.

러선다. 그렇다고 외부세계와의 관계가 완전히 끊어진 것은 아니다. 만일 우리가 잠이 든 동안에는 듣거나 느끼지 못하며 잠을 깬 뒤에야 비로소 듣고 느끼게 된다면, 잠든 사람을 깨울 수 없을 것이다. 더욱이 이러한 자극의 지속은 다음과 같은 사실로 실증된다. 바로 우리는 반드시 어떤 인상의 감각적 강도에 의해서뿐만 아니라, 그 인상의 심적 관련에 의해 잠에서 깨어난다는 사실이다. 그 예로 무슨 말을 해도 잠에서 깨지 않던 사람이 그의 이름을 부르면 깨어난다. 따라서 마음은 잠을 자고 있는 동안에도 자극을 선택한 셈이다. 결국 사람은 어떤 감각 자극이 개인에게 관념적 중요성을 지닌다면, 그 감각 자극이 충분치 않거나 결핍된 상태에서도 눈을 뜰 수 있다. 이렇게 마음은 잠자고 있는 동안에도 자극을 선택하고 있다. 침실의 불빛이 꺼지면 잠을 깨고, 가루방아 소리가 멎으면 잠을 깬다. 오히려 어떤 감각 활동의 정지에 의해 잠이 깨는 것이다. 이는 감각 활동이 지각(知覺)되고는 있으나, 그 감각 활동이 평범한 것이거나 만족스러운 것이라면, 그 활동은 마음을 방해하지 않는다는 사실을 전제로 한다(460면 이하).

우리가 과소평가할 수 없는 이 이론(異論)을 외면하려 한다 해도 다음 사항은 인정하지 않을 수 없다. 즉 지금까지 외부세계로부터 등을 돌림으로써 유도된 꿈의 특징들이 꿈이라는 것의 일상적이지 않은 성질을 완전하게는 설명하지 못한다는 사실이다. 왜냐하면 그렇지 않다면 꿈에서 환각들을 관념들로, 꿈에서의 여러 상황들을 사고로 바꾸고 변화시켜서 꿈 해석의 과제를 풀 수 있을 것이기 때문이다. 지금 여기서 우리가 취하고 있는 방법은 그것과 다름이 없다. 즉 잠을 깬 뒤에 기억을 더듬어서 꿈을 재현해 나가기 때문인데, 이 재해석이 완전히 성공하건 또는 부분적으로 성공하건, 꿈의 수수께끼 같은 성격은 조금도 감소되지 않고 남는다.

연구가들은 누구나 꿈속에서는 깨어 있을 때의 관념 자료들과는 다른 깊은 변화가 일어나고 있는 것으로 생각하고 있다. 스트륌펠은 다음과 같은 논의를 통해, 그런 변화의 하나를 끄집어내려 시도하고 있다.

정신은, 감각적으로 활동하는 직관이나 정상적 생활 의식이 정지하면, 마음의 감정·요구·관심·행동 등이 뿌리박고 있는 바탕까지 상실한다. 깨어 있을 때엔 기억 형상에 속해 있는 정신적 상태나 감정·관심·가치 판단 등도 꿈속에서는 몽롱하게 만드는 어떤 압력의 대상이 되고, 그 결과 그것과 그 형상(시각화된 관념)들과의 결합이 해체된다. 깨어 있는 생활의 사물이나 인간·장소·사건·행위 등이 개별적으로 수없이 재현되지만, 그것들 중 어느 것도 '정신적 가치'는 갖지 않게 된다. 정신적 가치는 그것들에서 따로 분리되어 이리저리 마음속을 떠돌고 있는 것이다(17면).

형상(관념)들이 이렇게 정적 가치를 잃게 됨으로써 외부세계로부터의 단절에 이르게 되는 이 현상은, 스트륌펠에 의하면, 우리의 기억 속에 존재하는 꿈을 실제의 생활과 구별짓는 '비일상적 성격(奇異性)'이라는 인상을 일으키는 주요 원인으로 삼고 있다.

잠이 들면 마음 작용의 한 가지, 즉 생각들의 흐름이 멈춘다는 사실을 우리는 알았다. 그렇다면 수면 상태가 모든 마음의 기능 작용들과 관련성이 있지 않을까 하고 우리가 추측하더라도 결코 무리는 아닐 것이다. 이런 여러 작용 중의 어떤 것들은 아마도 완전히 정지되겠지만, 뒤에 남은 것이 완전히 활동할 수 있는 것인지, 그러한 상황 아래서도 정상적인 활동을 할 수 있는 것인지 등이 이밖에 문제가 될 것이다. 꿈의 여러 특성은 잠을 자고 있을 때에 마음의 기능 저하로 설명되지 않을까 하는 생각도 들게 하는데, 꿈에서 깼을 때의 판단에 주는 인상이 이런 생각을 지지(支持)한다. 꿈은 지리멸렬하고 모순투성이여서 있을 수 없는 일도 허용하며, 대낮에는 중대한 영향력을 갖는 지식마저도 소홀히 하여 우리를 윤리적으로나 도덕적으로 둔감하게 만들어 버린다. 꿈속에서처럼 행동하는 사람이 있다면 우리는 그를 미치광이라고 생각할 것이고, 꿈속에서처럼 말하는 사람이 있다면 정신 이상자나 바보로 생각할 것이다. 따라서 우리는 꿈속에서 일어나는 마음의 활동을 매우 낮은 것으로 보며, 특히 높은 단계의 지적 능력이 꿈속에서는 아주 정지하거나, 적어도 대단히 장애를 받는다고 믿는다.

이에 대한 예외적인 사항에 대해서는 다른 곳에서 언급하겠다. 연구가들은 꿈에 대해 이러한 판단을 내리고 있다. 그리고 이러한 판단은 또 직접 꿈을 설명하는 특정한 이론이나 판단의 토대가 되고 있다. 이쯤에서 꿈의 심리학적 성격에 관한 철학자나 의학자 등 여러 사람들의 발언을 모아 내가 지금 논한 것을 요약해 두려 한다.

르모아뉴(A. Lemoine)에 의하면, 꿈의 형상(시각화한 관념)들의 지리멸렬성(支離滅裂性)이 바로 꿈의 유일한 본질적 특성이라고 한다.

모리도 같은 의견이다. 그는 이렇게 말하고 있다. "완벽하게 합리적인 꿈은 없으며 어느 정도의 혼란, 시대착오나 어떤 부조리도 포함하지 않는 꿈이란 없다."《수면》 163면)

스피타가 인용하는 바, 헤겔에 의하면, 꿈에는 모든 객관적이고 합리적인 연관성이 결여되어 있다. 뒤가는 이렇게 말하고 있다. "꿈이란 심리적·감정적·정신적 무정부 상태이다. 그것은 통제나 목적 없이 활동하는 여러 기능들의 작용이다. 꿈속에서 정신은 정신적 로봇이 된다."

수면 중에 발생되는 마음의 작용은 결코 목적이 없는 것이 아니라고 풀이하고 있는 폴켈트까지도, 깨어 있을 때 중심적 자아의 논리적 힘에 의해 통제된 관념 생활이 이완되고 해소되고 뒤섞인다는 것을 인정하고 있다.(14면)

키케로(《신탁에 대해서》 Ⅱ)만큼 꿈속에 나타나는 관념 결합의 '황당무계함'을 날카롭게 지적한 사람도 없을 것이다. 그는 꿈에 나타나는 현상들만큼 불합리하고 근거도 없고 기괴하기 짝이 없는 것은 생각할 수 없다고 말했다.

페히너는 이렇게 말하고 있다. "마치 심리적 활동이 분별 있는 사람의 두뇌에서 바보의 두뇌로 옮겨진 것 같은 꼴이다."(522면)

라데스토크는 이렇게 말한다. "실제로 이 미치광이 같은 활동에서 고정된 법칙들을 발견하기란 불가능해 보인다. 꿈은 의지와 주의력의 엄격한 감시를 피하여 미친 듯한 유희 속에 모든 것을 만화경처럼 소용돌이치게 만든다." (145면)

힐데브란트는 이렇게 말한다. "이를테면 그 오성적 추리에 있어서 꿈꾸는 사람은 얼마나 기괴한 비약을 감행하고 있는지 모른다. 또 꿈꾸는 사람은 얼마나 천진난만하게 주지의 경험 명제가 거꾸로 서 있는 것을 보고 있는지 모른다. 꿈꾸는 사람은 자연과 사회의 질서 속에 참으로 코웃음을 칠 모순을 가지고 들어가서, 끝내는 자기 자신도 견딜 수 없게 되거나, 턱없는 일이 쌓이고 쌓여서 드디어 잠을 깰 정도이다. 때로는 3 곱하기 3이 20이 되는 어이없는 일이 있는가 하면, 개가 시(詩)를 낭독하거나 죽은 사람이 제 발로 무덤 속으로 들어가거나, 바위가 물 위에 둥둥 떠 있는 일이 있어도 우리는 조금도 이상하게 여기지 않는다. 우리는 또 진지하게 중대한 사명을 띠고 베른부르크 공국이나 리히텐슈타인 후작 영지로 가서 그 나라의 해군력을 시찰하거나, 풀타바 전투 직전의 카를 12세 휘하에 지원병으로서 달려가거나 한다."(45면)

빈츠는 이러한 여러 인상들을 근거로 꿈 이론에 대해 언급하며 이렇게 말하고 있다. "열 가지 꿈 가운데 적어도 아홉 가지는 황당무계한 내용이다. 우리는 꿈속에서 아무런 관계도 없는 사람이나 사물을 결합시키는가 하면, 벌써 다음 순간에는 마치 만화경처럼 그 결합이 바뀌어 버리고 전보다 더 무의미하고 턱없는 것이 된다. 불완전하게 잠자고 있는 뇌의 바쁜 유희는 이렇게 진행하여, 마침내 우리는 잠을 깨고 이마에 손을 얹고, 실제로 자기에게 아직 이성적 관념화와 사고 능력이 있는 것일까 하고 스스로 묻게 되는 것이다."(33면)

모리는 눈을 떴을 때의 사고와 꿈 형상(심상 또는 관념)들의 관계를 설명하는 데 의사로서 아주 인상 깊은 비유를 쓰고 있다. 우리의 수면 중에 일어나는 이러한 꿈의 영상들은, 우리가 깨어 있을 때 일어나는 운동영역의 질병인 무도병(舞蹈病)이나 마비성 장애들과 비교될 수 있다(《수면》 50면). 한걸음 더 나아가 모리는 꿈을 사고력과 추리력의 퇴보 상태라고 본다(27면).

개개의 높은 정신적 능력에 관해 모리의 명제를 되풀이하는 여러 연구가들의 표현을 더 인용하지는 않겠다.

스트륌펠에 의하면 꿈속에서는(물론 부조리가 눈에 띄지 않을 경우에도) 여러 가지 상황이나 관계에 바탕을 두는 마음의 논리적 작업은 모두 후퇴한다.(26면) 스피타에 의하면 꿈속에서는 관념들이 인과 법칙에 완전히 복종하지 않는 것 같다.(148면) 라데스토크와 그 밖의 사람들은 꿈의 고유한 판단력과 추리력의 약함을 강조하고 있다. 이들에 의하면, 꿈에서는 전체 의식의 내용에 따른 지각(知覺) 상태의 어떤 비판도 수정도 없다(123면). 그는 이렇게 말하고 있다. "모든 종류의 의식 활동이 꿈속에서도 일어나지만, 이 활동들은 불완전하고, 억제되고 서로 격리된 형태로 나타난다." 우리의 깨어 있는 지식과 꿈 사이에 나타나는 모순을 꿈속에서의 일들이 잊혀지거나 또는 관념들 사이의 논리적 관계가 상실되는 것 등으로 스트리커(98면)와 그 밖의 학자들은 설명한다.

일반적으로 꿈속에서의 정신적 기능을 아주 낮게 평가하는 연구가들도, 정신적 활동의 어떤 잔재가 꿈에도 있음을 인정하고 있다. 다른 많은 연구가들에게 큰 영향을 끼친 분트도 이 사실을 명확하게 인정하고 있다. 이렇게 되면, 꿈속에 나타나 있는 정상적인 심리적 활동의 잔재가 어떤 종류의 것이며, 또 어떤 양태의 것인가 하는 의문도 일어나게 된다. 그것에 대해서 아주 일반적으로 인정되고 있는 것은 재현 능력, 즉 기억은 꿈속에서도 기능을 감소당하는 면이 가장 적으며, 심지어 깼을 때의 같은 기능에 비하여 약간의 우월성을 지닌다는 점이다. 물론 꿈의 황당무계성의 일부는 이 꿈 세계를 잊어버리기 쉬운 데에 그 원인이 있다. 스피타에 의하면, 수면의 영향을 받지 않는 마음의 부분은 '정서 생활'이라고 한다. 그가 정서라고 부르는 것은 인간의 가장 내적인 주관적 본질로서의 여러 감정들의 부단한 총괄이다(84면).

숄츠(F. Scholz)는 꿈속에서의 마음 활동들 가운데 하나는, 꿈의 자료들에 첨가되는 비유적인 해석에 있다고 본다(37면). 지베크(H. Siebeck)는 꿈속에서의 마음의 기능을, 마음이 모든 지각과 직관에 대해 행하는 '보충적 해석 능력'이라고 보고 있다(11면). 꿈 문제에 있어서 특히 어려운 것은 이른바 가장 높은 정신적 기능, 즉 의식(意識)의 기능을 어떻게 판단하느냐 하는 것이다. 우리는 의식을 통해서만 꿈에 대해 알 수 있기 때문에, 꿈에서도 의식을 유지하는 것에 대해서는 아무런 의심도 하지 않는다. 그러나 스피타는 꿈속에서 유지되는 것은 의식일 따름이지 자의식은 아니라고 말한다. 그리고 델뵈우프는 스피타가 왜 이런 구별을 짓고 있는지 이해가 되지 않는다고 말했다. 여러 관념들을 연결시켜 주는 연상(聯想) 법칙은 꿈의 여러 형상들에도 해당한다. 오히려 그 법칙의 지배는 꿈속에서보다 순수하고 강력하게 나타난다. 스트륌펠은 이렇게 말한다. "꿈은 있는 그대로의 관념들의 법칙에 따라 진행하거나 있는 그대로의 관념들을 수반한 기관적(器官的) 자극의 법칙에 따라, 또는 자기 반성이나 오성(悟性), 미적 취미나 윤리적 판단 등이 작용할 여지없이 진행하거나 둘 중의 하나인 듯하다."(70면) 여기에 내가 그 견해를 소개하고 있는 여러 연구가들은 꿈의 형성을 대체로 다음과 같이 생각하고 있다. 즉 이미 다른 부분에서 인용한 여러 원천들로부터 발생하여, 잠을 자는 도중에 작용하는 감각 자극들은 마음속에서 우선 환각(분트에 의하면 내외의 자극에서 유래된다는 이유에서, 좀더 정확하게는 착각이라고 불러야 할 것)으로 표현되는 여러 관념들을 불러일으킨다. 이 관념들은 이미 알려진 연상 법칙에 따라 서로 결합하고, 그들 자신도 똑같은 법칙에 따라 새로운 한 일련의 관념(형상)들을 불러일으킨다. 그런 뒤에 모든 자료는 정돈하고 사고하는 정신 능력들 작용 가능한 범위 내에서 가공된다(분트와 베이간트를 참조). 다만 외부에서 유래하지 않는 형상(관념)들의 생성이, 어떤 연상 법칙을 따르는가 하는 이유는 아직 밝혀지지 못했다.

그러나 되풀이 말한 바와 같이 꿈의 관념들을 서로 연결짓는 연상들은 아주 특수한 것들로, 깼을 때의 사고에 작용하는 연상들과는 다르다. 폴켈트도 이렇게 말하고 있다. "꿈속에서는 여러 관념들이 우연한 유사성이나 거의 지각하기 어려운 관련성에 따라 쫓고 쫓기고 한다. 모든 꿈들은 이러한 정돈되지 않고 구속받지 않는 연상 작용을 받고 있다."(15면) 몰리는 꿈 생활을 어떤 정신 장애와 비교할 수 있게 하는 관념 연결의 이런 성격을 매우 중요시하고 있다. 그리고 '정신 착란'의 두 가지 특징을 인정한다. 첫째는 정신의 자발적이고 자동적인 활동이며, 둘째는 여러 관념들의 불완전하고 불규칙적인 연상(《수면》 126면)이다.

언어의 단순한 같은 음이 꿈의 관념들을 연결하는 매개가 된 훌륭한 두 꿈의 실례는 모리 자신이 꾼 것이다. 어느 때 그는 예루살렘인지 메카인지 정확하진 않지만 순례하는 꿈을 꾸었다. 그는 많은 모험 끝에 화학자 펠레티에를 찾아가 만났는데, 그와 대화를 나눈 뒤 그로부터 놋으로 만든 삽을 받았다. 이 삽이 다음 꿈의 한 장면에서는 큰 검이 되었다(137면).

또 어느 날 그는 꿈에 시골길을 걷다가 이정표에 적힌 거리를 읽고 있었다. 그러다가 향료 상점에 갔는데, 그 향료 상점 주인은 큰 저울을 가지고 있었다. 한 남자가 저울 위에 무게를 다는 추를 얹더니 모리의 몸무게를 달아보려고 했다. 그리고 향료 가게 주인은 이렇게 말했다. "당신이 계신 곳은 파리가 아니라 질롤로섬입니다." 그리고 여러 장면이 계속되었는데, 그 꿈에서 그는 로베리아 꽃을 보았다. 그리고 로페츠 장군을 만났다. 바로 며칠 전에 이 장군의 부보(訃報)를 읽었던 것이다. 끝으로 복권 게임을 하는 장면에서 그는 잠을 깼다.[*13]

이 같은 꿈의 정신적 능력에 대한 낮은 평가에 대해서는 물론 다른 면에서 충분히 반론이 있으리란 것을 우리는 각오하고 있다. 그렇지만 이 경우의 반론은 어려울 것 같다. 꿈 생활을 경시하는 사람들 가운데 한 사람(스피타, 118면)이 깨어 있을 때 지배하고 있는 심리적 여러 법칙들이 꿈도 지배한다고 확인하거나, 다른 한 사람(뒤가)이 꿈은 부조리한 것도 아니고 순수하게 비합리적인 것도 아니라고 말하더라도, 그들이 꿈속에서의 모든 정신적 기능들의 무정부

[*13] 똑같은 머리글자나 비슷한 음을 갖는 말이 나타내는 꿈의 의미에 대해서는 나중에 다시 설명할 것이다.

상태나 그 해소에 이러한 평가를 일치시키려는 노력을 하지 않는 한 그 주장들은 큰 의미를 갖지 않을 것이다. 그러나 그 중에는 또 꿈의 황당무계함이 전혀 방법이 없는 것이 아니라 단순한 왜곡, 그것도 덴마크 왕자 햄릿의 미친 것 같은 위장(여기 인용된 현명한 판단은 햄릿의 광기를 인용하고 있으나)에 불과한 것이 아닐까 하고 생각한 이들도 있다. 그들은 겉모습에 따라 판단하는 것을 피했거나, 아니면 꿈이 그들에게 계시한 겉모습이 다른 것이었거나, 둘 중 한 가지일 것이다.

예를 들면 해브록 엘리스는 꿈의 외관상의 부조리에 대해 언제까지나 구애되지 않고, 꿈을 막연한 정서와 불완전한 사고의 한 고대적(古代的) 세계로 보고 있는데, 그 연구는 우리에게 심적 생활의 원시적 발전 단계를 가르쳐 줄 것이다. J. 설리는 꿈에 관한 똑같은 견해를 좀더 넓고 깊고 철저하게 표명하고 있다.(362면) 그는 다른 심리학자들과는 다르게 꿈의 감추어진 깊은 뜻을 굳게 믿고 있었다는 점을 아울러 생각한다면, 그의 말에 한층 더 주목해도 좋을 것이다. 그런데 우리의 꿈은 이 계속적인 여러 인격을 보존하는 한 수단이다. 잠자고 있을 때면 우리는 사물을 보거나 느끼거나 하는 옛 방법으로 되돌아간다. 아주 오래전에 우리를 지배하던 충동과 활동으로 되돌아가는 것이다. 델뵈우프와 같은 사상가는 이렇게 주장하고 있다(물론 모순되는 자료에 대해 반증을 들지 않았기 때문에 그의 주장은 부당하다). "잠잘 때에는 지각을 제외하고는 정신의 모든 능력—지성·상상력·기억력·의지력·도덕성 등—은 활동을 멈춘 상태이다. 단 이 능력들은 가공의 불안정한 대상에 적용된다. 꿈꾸는 사람은 어리석은 사람이나 지혜로운 사람, 사형집행인이나 희생자, 난쟁이나 거인, 악마나 천사를 마음대로 연기하는 배우이다."(222면) 꿈의 정신적 능력에 대한 경시에 대해서 가장 열렬한 반박을 가한 사람은 데르베 후작인 것 같다. 모리는 이 데르베 후작에게 신랄하게 도전하고 있다. 그는 데르베 후작의 저서를 구하려고 온갖 노력을 다했으나 구하지 못했다. 모리는 데르베에 대해 이렇게 말하고 있다(《수면》 19면). "데르베 후작은 수면 중의 지성에는 활동과 주의의 모든 자유가 주어져 있다고 한다. 그리고 외부세계와의 단절로 인하여 여러 감각 기능이 차단되는 것으로 보는 듯하다. 따라서 그의 견해에 의하면, 잠자는 사람과 스스로 감각 기관을 닫고 사고하는 사람과의 구별은 없는 셈이다. 보통의 사고와 잠자고 있는 사람의 사고를 구별하는 유일한 차이는 후자에서 관넘들은 가시적이며 객관적인 현상을 띠어 외적 대상에 의해서 결정되는 감각과 구별할 수 없으며 기억은 현재적인 모습을 띤다."

그러나 모리는 다시 덧붙인다. "또 한 가지 근본적인 차이가 있다. 그것은 잠자고 있는 사람의 지적 능력은 깨어 있는 사람에게 유지되는 균형을 이루지 못한다는 사실이다."

데르베의 저서에 대해 더 상세히 전해 주는 바시드를 보면, 데르베가 꿈의 외관상의 지리멸렬함에 대해서 다음과 같이 생각하고 있음을 알 수 있다. 꿈 속의 영상들은 관념의 묘사이다. 주체는 관념이고 환상은 부속물에 지나지 않는다. 이것을 안 다음에 관념의 움직임을 좇을 줄 알아야 하며, 꿈의 구조를 분석할 줄 알아야 한다. 그렇게 하면 꿈의 혼란도 이해할 수 있는 것이 되고, 가장 기괴한 상념일지라도 단순하고, 아주 논리적인 것이 된다(146면). 또 "가장 기괴한 꿈일지라도 분석할 수만 있다면 극히 논리적인 설명이 가능하다." (147면)

J. 슈테르케의 지적에 의하면, 1799년에 꿈의 지리멸렬성을 마찬가지로 변호한 사람으로서 볼프 다비드슨(Wolf Davidson)이라는 옛 연구가가 있다고 한다(136면). 나는 그의 글을 아직 읽어보지 못했다. 그의 주장은 이렇다. "꿈에 있어서 우리의 여러 관념들의 기이한 비약은 모두 그 원인이 연상 법칙에 있으나, 다만 그때 이 결합이 종종 마음속에서 매우 불분명한 형태로 이루어지기 때문에 우리는 가끔 비약(飛躍)이 아닌 것을 비약으로 믿어 버리는 것이다."

꿈을 마음의 소산(결과물)으로 보는 평가의 척도는 문헌에서 광범위하게 나타나 있다. 다시 말해 위에서 우리가 소개한 것 같은 극도로 낮게 보는 평가에서부터, 아직도 완전히 설명되지 않은 어떤 가치가 있지 않을까 하는 막연한 기대로 하여 꿈을 깨어 있을 때의 작용 이상으로 보는 과대평가까지 있다.

힐데브란트는 우리가 알고 있듯이, 꿈의 심리적 특징들로부터 세 가지 모순을 이끌어 낸 사람이다.

그는 이 가운데 세 번째 모순에서 이 평가들의 양극단을 말하고 있다(19면).

그것은 정신 생활의 앙양, 정밀하고 세밀한 영역에까지 자주 도달하는 자기 강화, 가끔 인간적인 것의 수준 이하로 떨어지는 정신 생활의 저하와 약화 사이의 대립이다.

"전자에 대해서는 누구나 자기 경험에 의거하여 꿈의 창조성과 천재성이 우리가 깨어 있는 생활 동안 늘 소유하고 있다고는 말할 수 없는 감정의 깊이와 절실함, 감각의 섬세함, 직관의 명석함, 관찰의 세밀함, 기지의 활발함 등으로 이따금 나타난다. 꿈은 훌륭한 시(詩)를, 적절한 비유를, 뛰어난 유머를, 멋진 아이러니를 가지고 있다. 꿈은 세계를 독특하게 이상화된 빛 속에서 뛰어난, 이 세계의 여러 현상들의 효과를 때때로 그 현상의 근저에 있는 본질의 가장 뜻깊은 이해 속에서 강화한다. 꿈은 지상적인 미(美)를 참으로 천상적인 빛으로, 숭고한 것을 최고의 존엄으로, 일상의 두려운 것을 가장 몸서리나게 두려운 모습으로, 우스꽝스러운 것을 말할 수 없이 철저한 희극으로 우리에게 보여 준다. 우리는 꿈에서 깬 뒤에도 그 인상들의 어떤 한 가지가 여전히 우리의 마음을 채우고 있을 때, 그러한 경험이 현실세계에는 결코 일어나지 않으리라고 생각할 수도 있다."

이렇게까지 찬양되는 것과, 조금 전에 보았듯이 그렇게까지 과소평가된 것이 꿈이라는 똑같은 대상일까 하고 스스로 묻게 되는 것도 무리는 아니다. 전자는 턱없는 꿈을 간과하고 후자는 심오한 꿈을 간과해 버린 것이 아닐까? 사실 꿈에 그런 극단적인 평가를 받기에 알맞은 것이 있다고 한다면, 꿈을 심리적으로 특징지으려는 노력이 쓸데없는 일인지도 모른다. 차라리 이렇게 말함으로써 만족해하는 일일지 모르겠다. 즉 꿈속에서는 정신 생활의 극단적 저하로부터 깨어 있는 동안에는 좀처럼 이룰 수 없는 높은 정신 단계에 이르기까지의 모든 것이 가능하다고 말이다. 이렇게 말해 버리면 일은 간단하겠지만, 여기에는 한 가지 무시할 수 없는 것이 있다. 그것은 모든 꿈 연구가들의 노력의 근저에는 그런 모순들을 삼켜 버릴 만한, 그 본질적 특성에서 보편타당성을 가진 꿈이 있다는 전제가 가로놓여 있다는 사실이다.

지난날 지적인 어떤 시대에는, 꿈의 정신적 능력이 오늘날에 있어서보다 더 호의적으로 따뜻하게 받아들여졌던 것만은 틀림없다. 그런 시대에는 정확한 자연 과학이 아니라 철학이 사람들의 마음을 지배하고 있었다. 꿈은 외적 자연의 압력으로부터 정신을 해방하는 것이며, 감성의 질곡으로부터 마음을 해방하는 것이라고 말한 슈베르트(G.H. von Schubert)의 견해나, 꿈을 정신 생활이 보다 높은 단계로 비상하는 것으로 해석한 젊었을 때의 피히테와 그 밖의*14

---

*14 하프너 및 스피타를 참조.

같은 견해들은 오늘날 우리가 볼 때 거의 이해하기 어렵다.

그러한 견해는 오늘날 신비주의자나 신앙가들에서 다시 볼 수 있을 뿐이다.*15 자연 과학적 사고방식이 나타나면서 동시에 꿈의 평가에 반발하는 움직임이 일어났다.

먼저 의학자들이 꿈의 정신적 작용을 경시하고 무가치하게 평가하는 경향이 나타났다. 반면에 철학자들과 전문적이지 않은 관찰자(아마추어 심리학자)들은 일반 사람들의 막연한 생각에 보다 더 일치하여 대개 꿈의 정신적 가치를 굳게 믿어 왔으므로, 꿈 영역에서 이 사람들의 공헌은 결코 소홀히 다루어져서는 안 된다. 꿈의 정신적 능력을 낮게 평가하려는 사람이 꿈의 원인을 생각할 때에 신체적 자극 원인을 우선적으로 중요시하는 것은 당연하다. 반면에 꿈을 꾸고 있을 때에도 마음은 여전히 깨어 있을 때의 능력 대부분을 그대로 가지고 있다고 생각하는 사람들은 꿈을 꾸게 하는 자극이 꿈꾸는 정신 자체에서 생길 수 있다는 사실을 부정할 까닭이 전혀 없다.

냉정하게 비교했을 때에도, 꿈 생활에 우리가 돌리고 싶어하는 뛰어난 여러 가지 기능들 가운데 기억의 기능이 가장 현저한 것이다. 우리는 이 능력을 증명하는, 결코 드물다고 할 수 없는 경험을 상세하게 논해 왔다. 옛 연구가들이 종종 칭찬하여 온 꿈 생활의 다른 한 가지 특징으로서, 꿈이 문제없이 시공을 초월할 수 있다는 것은 하나의 착각이라고 인정할 수 있을 것이다. 이 특징은 힐데브란트가 말했듯이, 꿈꾼다는 것 자체가 처음부터 각성적인 사고와 마찬가지로 시공을 초월하는 것이며, 이는 꿈을 꾼다는 것이 사고의 한 형식에 지나지 않기 때문이다. 꿈은 시간성에 대해서도 다른 특징을 가지고 있는데, 즉 다른 의미에서 시간의 흐름으로부터 독립되어 있다는 것이다. 앞에서 소개한 모리의 단두대 처형에 관한 꿈 같은 경우는, 깨어 있는 동안 우리의 정신 활동이 할 수 있는 것보다 훨씬 더 많은 지각 내용을 짧은 시간 내에 압축할 수 있음을 증명하고 있는 것으로 생각된다.

그런데 이 추론은 여러 이견(異見)들의 쟁점이 되어 오고 있다. '꿈의 외관상의 지속'에 관한 르 로랭과 에제의 논문 이래 이 점에 대해 흥미 있는 논쟁들

---

*15 유감스럽게도 이 책의 옛 판에서는 참조하지 못했던 몇 사람의 연구가들 가운데, 기지가 뛰어난 신비가 드 프렐은 인간에게 있어 형이상학으로 가는 문은, 각성이 아니라 바로 꿈이라고 말하고 있다(《신비주의 철학》 59면).

이 전개되었으나, 이 미묘하고도 심원한 문제에 마지막 해답을 주었다고는 생각되지 않는다.[16]

꿈이 낮 동안의 지적 활동을 계승하여 낮에는 도달하지 못하였던 결론을 내릴 수 있으며, 의문을 해결하여 시인이나 작곡가의 새로운 영감의 원천이 될 수 있다는 것은, 여러 보고서나 샤바네의 사례 수집 등에 의하여 더 이상 토론할 여지가 없을 것 같다. 그러나 사실이 이론의 여지가 없을지라도 그 사실의 해석이라는 문제에 있어서는, 원리적인 것에 저촉되는 많은 의문점들이 존재한다.[17]

끝으로 꿈의 예언적 능력에 대한 주장이 또한 논쟁의 대상이 되고 있다. 종의 예언적 능력에 대해 되풀이 확인하는 측과 쉽게 극복할 수 없는 의문점들을 던지는 측과의 사이에서 거론되고 있다. 이 주제에 있어서 모든 사실을 부정하는 것은 피하려 한다(이것은 당연한 일이다). 왜냐하면 가까운 장래에 많은 사례들이 분명 자연스럽게 심리학적으로 설명될 수 있는 가능성을 지니고 있기 때문이다.

F. 꿈속에서의 윤리적 감정

나는 꿈에 관한 나 자신의 연구를 알아야만 비로소 이해될 수 있기 때문에, 꿈의 심리학이라는 주제로부터, 깨어 있을 때의 도덕적 성향이나 감각이 과연 꿈속에까지 연장되는가의 여부와, 연장된다면 어느 정도까지 연장되는가 하는 종속적 문제를 분리했다. 우리는 여러 연구가들의 서술에서 볼 수 있는 동일한 모순들을 다른 모든 마음의 활동에서 보고 의아심을 가졌는데, 그 모순은 이 종속적 문제에서도 우리를 당황하게 한다. 어떤 사람들은 꿈이 윤리적 요구 같은 것에 대해서는 전혀 아는 것이 없다고 단호하게 주장하나, 마찬가지로 또 어떤 사람들은 인간의 도덕적 본성은 꿈 생활에서도 유지된다고 또한 단호하게 주장하고 있다.

밤마다 꾸는 꿈 체험을 돌이켜본다면, 첫 번째 주장은 의심할 여지가 없이 정당하게 여겨진다. 예센은 이렇게 말하고 있다. "사람은 꿈속에서는 좀더 훌륭

---

[16] 이 문제에 관한 문헌이나 비판적 논의에 대해서는 토보볼스카의 파리 대학 학위 논문(1900년) 참조.

[17] H. 엘리스의 《꿈의 세계》 268면의 비판 참조.

하고 도덕적인 사람이 되지 않는다. 오히려 꿈에서는 동정 따위를 전혀 느끼지 않고 극악한 범죄·절도·살인, 때려죽이는 일 등을 아주 예사롭게, 나중에 뉘우치는 일도 없이 행할 수 있으므로 양심은 침묵하고 있는 것처럼 보인다."(553면)

라데스토크는 이렇게 말하고 있다. "꿈속에서는 반성, 분별, 미적 취향, 도덕적 판단이 없이 연상작용이 진행되고 여러 관념들이 서로 결합한다는 것에 주목해야 할 것이다. 꿈 세계에서는 판단력은 몹시 미약하여 '윤리적' 무관심이 지배한다."(146면)

폴켈트는 이렇게 말한다. "누구나 알다시피 꿈속에서는 성적인 일이 특히 무분별하게 행해진다. 꿈꾸는 사람은 수치를 모르기 때문에 도덕감도, 도덕적 판단력도 잃어버린다. 그와 마찬가지로 다른 모든 사람들이 평소에 가장 존경하는 사람까지도, 깨어 있을 때 같으면 그럴 수 있을까 생각할 정도로 창피한 행위를 하는 꿈을 꾼다."(23면)

이상의 견해에 가장 날카롭게 반대하는 사람은 바로 쇼펜하우어라고 말할 수 있다. 쇼펜하우어에 따르면, 모든 사람은 꿈속에서 완전히 자기 성격에 따라 행동하고 말한다. R. 피셔*[18]는 이렇게 주장한다. "주관적 감정이나 지향 또는 격정이나 열정은 꿈속에서 자기 본위적 모습을 뚜렷이 나타내므로, 사람들 개개인의 도덕적인 여러 특성들이 꿈속에 반영된다."

하프너는 이렇게 말한다. "특별한 경우를 제외하면 도덕적인 사람은 꿈속에서도 도덕심이 견고하다. 그는 어떠한 유혹에도 저항하며, 증오·선망·분노, 그밖의 모든 악덕에 대해 마음을 닫는다. 그러나 죄가 많은 사람은 꿈속에서도 대체로, 깨어 있을 때 자기가 품었던 대로의 관념들을 발견할 것이다."(25면)

쇼르츠는 이렇게 말하고 있다. "꿈속에는 진실이 있다. 현실에서 아무리 고귀하거나 비천하게 자신의 겉모습을 꾸미더라도 우리가 꿈속에서 다시 인식하는 것은 우리 자신의 모습이다. 정직한 사람은 꿈속에서도 결코 불명예스러운 범죄는 저지르지 않는다. 그런 일을 저지른다 해도 자신의 본성에는 낯선 것이므로 그것에 놀란다. 로마 황제가 자신의 목을 치는 꿈을 꾼 신하를 처형한 다음, 그 신하가 평소에도 틀림없이 그런 생각을 했을 거라고 주장해도 아주 틀렸다고는 할 수 없다. 그렇기 때문에 우리의 마음속에 절대로 있을 수 없

---

*18 《인류체》 엘란겐, 1850년(스피타의 인용).

는 일에 대해서, 우리는 특히 그런 일은 꿈에도 생각하지 않는다고 말하는 것이다."(36면)

이에 반해 플라톤은 남들이 깨어 있을 때에 하는 일을 오직 꿈속에서만 생각하는 사람이 가장 훌륭한 사람이라고 말했다.

팝프[19]는 유명한 속담을 살짝 바꾸어서 이렇게 말하고 있다. "잠시 자네 꿈을 들려주게. 그러면 내가 자네 속마음이 어떠하다는 것을 말해 줄 테니."

이미 여러 차례 인용한 힐데브란트의 작은 책은 내가 발견한 문헌 가운데 가장 완벽하며, 또 꿈 문제 연구에 대해 가장 내용이 충실하고 책임이 분명하다. 이 책은 꿈에 있어서의 윤리성의 문제를 관심의 중심에 놓고 있다. 힐데브란트 또한 이렇게 말한다. '일상생활이 순수하면 꿈도 순수하고, 불순하면 꿈도 불순하다.'

인간의 윤리적 본성은 꿈속에서도 그대로 유지된다. "물론 우리는 꿈속에서 분명한 계산 착오, 아주 낭만적인 과학의 법칙이나 아무리 우스꽝스러운 시대 착오 같은 것도 우리 마음을 상하게 하지 않으며 의구심도 일어나게 하지 않으나, 선악과 사악함, 덕과 부덕의 구별만은 잃지 않는다. 비록 낮에 우리와 관련되었던 것들의 많은 부분이 잠자는 중에 분리되어 버렸다 하더라도, 칸트의 정언(定言) 명령은 떨어질 수 없는 동반자로서 우리 바로 뒤에 따라 붙어 있으므로 우리는 수면 중에도 그것에서 떠날 수가 없다. 그러나 (이 사실은) 인간 본성의 기초인 도덕적 존재라는 것이 너무 굳건하게 정해져 있기 때문에, 상상이나 분별, 기억, 그 밖의 능력들이 꿈속에서 그 작용에 따를 때에만 설명이 가능하다."(45면 이하)

그런데 이 문제에 관한 그 밖의 논의에서는, 두 집단의 저자들이 그 의견에 있어 상당한 변화와 불일치를 보여주고 있다. 엄밀하게 말하면 꿈속에서는 인간의 윤리적 인격이 사라진다고 주장하는 이들은, 그렇게 단언함으로써 비도덕적인 꿈에 대한 관심을 갖지 않게 된다. 그들은 어떤 꿈을 꾼 사람을 그 꿈에 대해 책임이 있다고 보고, 그 꿈의 비도덕성 때문에 그 사람의 본성 속에 있는 나쁜 경향을 결론지으려는 시도를 배제해야 하며, 꿈에 나타난 불합리한 일들을 근거로 그 사람이 깨어 있을 때의 지적 활동의 무가치성(無價値性)을

---

*19 《꿈 생활과 그 해석》 1868년 (스피타, 192면).

증명하려는 시도를 거부해야 한다. 한편 '정언 명령'이 꿈속에서도 일어난다고 주장하는 이들은, 비도덕적인 꿈에 대한 책임을 완전히 받아들여야 할 것이다. 평소에는 조금도 의심치 않았던 자기 자신의 윤리성의 평가를 의심하게 할 만한 꿈을 꾸게 되지 않도록 바라는 수밖에 없을 것이다.

　누구나 자신의 선악의 정도에 대해서 정확하게 아는 사람은 없으며, 자신의 부도덕한 꿈의 기억을 부정하지 못하는 것 같다. 왜냐하면 꿈의 윤리성에 대한 의견 대립을 넘어, 두 그룹의 연구가들 사이에서 부도덕한 꿈의 원천을 밝히려는 노력이 보이기 때문이다. 그리고 부도덕한 꿈의 원천을 정신 생활의 여러 기능에서 찾아야 하는가, 아니면 신체적 제약에 의해 일어난 정신 생활의 해로운 영향에서 찾아야 하는가에 따라 새로운 대립이 일어나게 된다. 이럴 경우 사실성의 불가항력적 힘은 꿈에 대한 책임성을 말하든 말하지 않든, 모든 꿈의 부도덕성에 대한 특수한 심리적 원천을 인정하는 부분에서 일치한다.

　꿈속에도 도덕성이 존속한다고 말하는 모든 사람들은, 그들의 꿈에 대해 전적인 책임은 지려 하지 않는다. 하프너는 이렇게 말하고 있다. "우리는 꿈에 대해 책임을 질 필요는 없다. 우리의 생활이 진실성과 현실성을 가질 수 있는 그런 토대 자체가 꿈에서는 우리의 사고나 의지로부터 제거되어 있기 때문이다. 그렇기 때문에 어떤 꿈의 의욕, 어떤 꿈의 행위도 도덕적이거나 죄악이 될 수 없다."(24면) 그러나 인간은 자기가 간접적으로 꿈의 원인이 되고 있는 한, 그런 꿈에 대해 책임이 있다고 그는 생각한다. 따라서 사람들은 깨어 있을 때와 마찬가지로, 특히 잠들기 전에, 특히 마음을 도덕적으로 깨끗이 할 의무가 있게 된다.

　꿈의 도덕적 내용에 대한 책임의 거부와 수용 문제를 둘러싼 혼란을 힐데브란트는 훨씬 더 깊이 파고 들어 분석하고 있다. 그는 꿈의 비도덕적인 부분들 때문에 꿈의 극적(劇的)인 표현 방법, 복잡한 사고 과정들의 가장 짧은 시간으로의 압축, 꿈의 관념 요소에 대한 가치 감소 및 뒤섞임 등이 고려되어야 한다는 점을 자세히 논하면서도, 꿈의 죄악이나 죄의 결과에 대한 모든 책임을 정면으로 부정하는 것에는 역시 의심을 품고 있다.

　"우리가 어떤 부당한 규탄, 특히 우리의 의도나 지향에 관계되는 부당한 규탄을 단호히 물리치려 할 때, 흔히 그런 일은 꿈에도 생각지 않았다는 말을 곧잘 쓴다. 이 말에서 우리는 꿈의 영역에서는 사고(思考)라는 것이 우리 자신의 것이라고 하기에는 너무나 느슨하게 연결되어 있기 때문에 꿈의 영역이야말로 우리의 관념에 대하여 책임을 져야 할 가장 먼 마지막 세계임을 한편으로 말하고자 한다. 그러나 또 한편, 우리가 바로 이 영역에서 그런 관념의 존재를 분명하게 거부하고 싶은 감정을 느낄 때, 우리의 설명이 그곳까지 미치지 못하면 완전한 것이 아님을 간접적으로 고백하는 것이 된다. 그래서 나는 우리가 꿈세계에서는 무의식적이라 할지라도 진실한 말을 하고 있다고 믿는다."(49면)

"그 처음 동기가 소망이나 충동 등 미리 깨어 있는 사람의 마음속을 통과하지 않는 따위의 꿈 행위를 생각할 수는 없다."(52면) 이 최초의 충동은 꿈에 의해 발생한 것이 아니다. 꿈은 단지 그것을 나중에 묘사하며 전개해 나갔을 뿐이다. 꿈은 우리 이야기 자료의 조각들을 극적 형식으로 만들어냈을 뿐이다. 꿈은 '형제를 미워하는 자는 살인자'라고 하는 사도(使徒)의 말을 연극으로 각색한 것이라고. 그리고 우리는 부도덕한 꿈속에서 세세하게 펼쳐진 이야기 전체를 잠이 깬 뒤에 자신이 도덕적으로 강하다는 자각에서 웃어넘길 수 있겠지만, 그 근본적인 형성 요소는 결코 웃어넘겨 버릴 수 있는 것이 아니다. 우리는 꿈꾸는 사람의 잘못에 대해서 전부는 아닐지라도 그 몇 퍼센트에 대해서는 책임이 있다고 느낀다. "요컨대 우리는 악한 생각은 마음에서 온다는 예수 그리스도의 말을 이처럼 공격하기 어려운 뜻으로 해석한다. 그렇다면 우리는 꿈속에서 저질러진 어떤 죄악도, 적어도 죄과의 아주 적은 부분이라고 책임이 있다고 확신하지 않을 수 없을 것이다."

유혹의 형태로 낮 동안에 우리의 마음을 스쳐가는 악한 충동의 싹들과 암시 속에서 힐데브란트는 꿈의 부도덕성의 원천을 발견하며, 이 부도덕한 여러 요소들을 윤리적으로 인격을 평가하는 데에 굳이 포함시키려 하고 있다. 우리가 이미 알다시피, 모든 시대의 경건한 사람들이나 성자들이 '나는 용서받지 못할 죄인이다' 하고 탄식하게 만든 것이 바로 이와 같은 사상이며, 이 사상에 대한 같은 평가이다.[20]

---

[20] 종교 재판이 우리의 문제에 대해 어떤 태도를 취했는가를 안다는 것은 매우 재미있다. 토머스 카레나의 《신성 종교 재판소의 형벌에 관하여》(리용판, 1659년)에는 이런 대목이 있다. "누군가가 꿈속에서 이단적인 말을 하면, 종교 재판소는 그 말 때문에 그 사람의 생활 태도를 규명할 계기를 얻는다. 왜냐하면 수면 중에는 낮에 그 사람의 마음을 점령했던 일이 다시 나타나는 것이 보통이기 때문이다."(에니커 S. 울반, 스위스)

이러한 대조적 관념이 널리 나타나는 것에 대해서는(대개의 사람에게, 또 윤리적 영역 밖에서) 참으로 의심의 여지가 없을 것이다. 이에 관한 판단은 때때로 거의 진지하게 생각되고 있지 않다. 스피타는 A. 젤렐(가이스트와 그류버의 《백과사전》의 미오 항목)의 이 점에 관한 다음과 같은 견해를 인용하고 있다. "정신이 언제나 완전한 힘을 보유하며 또 정신이 하찮은 생각뿐만 아니라 아주 이상한 모순된 관념에 의해 자기 사상의 일상적이고 명확한 진행이 중단당하는 일이 없을 만큼 훌륭하게 조직되어 있는 경우는 아주 드물다. 그뿐 아니라 가장 위대한 사상가들까지도 이러한 꿈과 같이, 비웃는 것 같은 번거로운 관념들이 자신의 가장 심원한 고찰이나 신성하고 진지한 사색을 교란하기 때문에 불평을 하지 않을 수 없었다."(144면)

힐데브란트의 다른 의견은 이 대조적인 생각들의 심리학적 위치에 보다 밝은 빛을 비추어 준다. 그에 의하면 꿈은 깨었을 때 대체로 우리에게 닫혀져 있는 우리 본성의 깊이와 구김살을 때때로 보여 준다고 한다(55면). 칸트는 같은 인식을 《인류학》의 한 대목에서, 이렇게 말하고 있다. "꿈은 우리에게 감추어진 소질을 발견케 하기 위해, 그리고 우리가 현재 있는 대로의 모습이 아니라 만일 다른 교육을 받았더라면 되어 있었을 어떤 모습을 우리에게 계시하기 위해 존재하는 것은 아닐까." 같은 것을 라데스토크는 이렇게 말하고 있다. "꿈은 종종 우리에게, 다만 우리가 자기 자신을 위해 계획하고 설정하지 않는 것만을 계시한다. 따라서 우리가 꿈을 거짓말쟁이니, 사기꾼이니 하고 비난하는 것은 잘못된 일이다."(84면)

J.E. 에르트만은 이렇게 말하고 있다. "꿈은 나에게 단 한 번도 어떤 사람에 대해 어떻게 생각해야 좋은가를 계시해 준 일이 없다. 그러나 어떤 사람을 내가 어떻게 생각하고 있는가, 또 그 사람에 대해 내가 어떤 태도를 취하고 있는가 하는 것이라면, 지금까지 이미 여러 차례 꿈에서 보고 알고 있으므로 나 스스로도 놀라고 있다." 그리고 J.H. 피히테도 거의 같은 말을 하고 있다. "우리의 꿈은 우리의 전체적인 기분에 대해, 우리가 깨어 있는 동안 자기 관찰에 의해 아는 것보다도 더 충실하게, 그 전체적 기분을 비쳐 주는 거울이다." 우리의 도덕성이 알지 못하는 이러한 충동의 출현은 깨어 있을 때는 결여되어 있거나 보잘것없는 역할밖에 하지 않는 다른 관념 자료들을 꿈은 자유로이 구사한다는, 우리가 이미 알고 있는 비슷한 사실에 우리가 주의를 돌리게 되는 것은, 배

니나나 폴켈트의 다음 말에 따른 것이다. 배니니는 이렇게 말한다. "스스로 질식해서 죽거나 완전히 사라져 버렸다고 생각되는 우리의 욕망이 다시 눈을 뜨고, 묻혀 버린 오래된 열정이 되살아난다. 우리가 전혀 생각지 않았던 일이나 사람이 우리 앞에 나타난다."(149면) 폴켈트는 이렇게 말한다. "우리가 거의 느끼지 못하는 사이에 깨어 있는 의식 속으로 들어와, 아마도 다시 기억 속에서 되살아날 일이 없는 관념들도, 꿈을 통하여 그들이 여전히 마음속에 살고 있음을 우리에게 알려 주는 일이 자주 있다."(105면) 끝으로 슐라이어마허에 의하면, 이미 잠이 들 때 자신의 의지와 관계없이 일어나는 '불수의적(不隨意的) 관념들'이 뒤따라 나타난다는 것을 여기서 상기해 두는 것이 좋겠다.

우리는 부도덕한 꿈이나 조리가 맞지 않는 꿈속에 나타나 우리에게 의구심을 품게 하는 관념 자료 전체를 총괄해서 '뜻밖의(不隨意的) 관념들'이라 불러도 좋을 것이다. 도덕적 영역에서의 뜻밖의 관념들은 평소 느끼는 우리의 감정과 대립되는 것이라고 인정되나, 그것 이외의 관념들은 우리에게 단지 낯설고 의아스럽게 느껴질 뿐이라는 점에 중대한 차이가 있다. 깊은 인식에 의해 이 차이점을 해결하려는 시도는 이제까지 한 번도 행해진 적이 없다.

그런데 꿈속에 이러한 뜻밖의 관념들이 나타나는 것은 어떤 의미를 갖는가. 이처럼 도덕적으로 양립될 수 없는 충동들이 밤에 고개를 쳐드는 데서 깨어 있을 때의 마음이나 꿈꾸는 마음의 심리학에 어떤 결론이 내려지는가. 이 점에 대해 새로운 의견의 차이가 생겨, 연구자들이 또 한 번 다른 집단으로 나뉘어진다. 힐데브란트의 견해나 이를 기초로 삼은 연구자들의 견해를 추구해 나가면 이렇게 될 수밖에 없다. 다시 말해 부도덕한 충동에는 깨어 있을 때에도 어떤 힘이 내재되어 있는데, 단지 그것이 행동으로 나타나지 않도록 억제되어 있을 뿐이다. 그러한 충동들이 잠을 자는 동안에는, 말하자면 깨어 있을 때 어떤 장애물처럼 작용하여 그러한 충동의 존재를 우리에게 인식시키지 않으려는 어떤 것이 없어진다는 식으로 생각된다. 꿈은 이처럼 인간 모습 전체는 아니라도 있는 그대로의 모습을 나타낸다. 그리고 꿈은 감추어진 마음의 내부를 우리에게 말해 주는 하나의 수단이다. 이런 전제에 서면 비로소 힐데브란트가 말했듯이, 꿈에는 경고자의 역할이 있다고 생각할 수 있는 것이다. 즉 꿈은 우리 마음속에 감추어진 도덕적 결함에 우리의 주의를 돌리게 하는 경고자의 역할을 하고 있다. 의사들의 증언에 따르면 마치 이제까지 느끼지 않고 있던 몸의 질환을 꿈이 의식(意識)에 알리는 것과 같은 것이다. 그리고 스피타도 사춘기 시절, 마음속에 흘러들어오는 자극원을 지적하며 만일 꿈을 꾼 사람이 깨어 있을 때에 엄격하게 도덕적 행위를 하고 있어서, 죄를 짓고 싶은 생각이 떠오를 때마다 그것을 억제하고 더 이상 그런 행위를 저지르지 않도록 노력하면 최선을 다한 것이 된다고 하면서 꿈을 꾼 사람을 위로한다. 이런 견해에 따르면, '뜻밖의' 관념들을 낮에는 '억제된' 관념들이라고 부를 수 있을 것이며, 이러한 관념들의 출현은 정신적 현상이라고 보지 않을 수 없을 것이다.

다른 연구자에 따르면, 우리는 위와 같은 결론을 내릴 권리가 없게 될 것이다. 예센에게는 꿈속에서나 깨어 있을 때에도, 또 열이나 다른 원인으로 헛소리를 할 때에도 뜻밖의 관념들은, 작용을 멈춘 의지 활동과 내면적 충동에 의한 관념들이나 심상(상징)들의 '어느 정도 기계적인' 과정의 성격을 나타내고 있다(360면). 부도덕한 꿈을 꾸는 사람의 심리적 생활에 대해 증명하고 있는 것은, 그 사람이 당면한 관념 내용에 대해 언젠가 듣고 본 일이 있기는 하나, 확실히 그것이 그 사람 자신의 마음의 움직임은 아니라는 것이다. 또 한 사람 모리에 이르러서는 과연 그도 마음의 활동을 무계획하게 파괴하는 대신, 그것을 그 구성 요소에 따라 분산하는 능력이 꿈의 상태에 있다고 보는지의 여부가 의심스럽다. 모리는 도덕의 울타리를 뛰어넘게 하는 꿈들에 대해 이렇게 말하고 있다. "우리에게 말하게 하고 행동하게 하는 것은 우리의 성향이므로 양심은 때때로 경고를 할 뿐이지 우리를 붙잡지는 않는다. 나에게도 내 나름대로의 결점과 나쁜 경향이 있다. 깨어 있을 때는 나도 그런 것과 싸우고자 노력하고 또 흔히 그것을 극복하는 데 성공한다. 그러나 꿈속에서는 반드시 지고 만다. 그런 결점이나 나쁜 경향에 눌려서 뉘우침이나 겁도 없이 행동해 버리고 만다. 분명히 내 머릿속에 펼쳐져서 꿈을 구성하는 모든 환상들을, 나의 나약한 의지는 억압하려고 노력하지 않으며, 내가 느낄 수 있는 온갖 자극으로 나에게 암시된다."(《수면》 113면)

만일 꿈을 꾸는 사람들 가운데 현실에 존재하고 있기는 하나, 억제되거나 감추어져 있는 부도덕한 성향을 드러낼 능력이 꿈에 있다고 믿는 사람이 있다면, 모리만큼 그런 견해를 날카롭게 표현한 사람은 없을 것이다(115면). "꿈은 인간에게 인간의 벌거벗은 모습과 비참함을 보여 준다. 인간의 의지가 작용을 멈추게 되면 바로 모든 정욕의 노리개로 변하고 만다. 그러나 깨어 있는 동안에는 양심이나 명예심이나 공포심이 그런 정욕에서 우리를 지켜 준다." 다른 대목에서 그는 또 다음 같은 적절한 말을 하고 있다. "꿈속에서 보여주는 것은 특히 본능적인 인간의 모습이다. 인간은 꿈속에서 자연으로 돌아가는 것이다. 그러나 이미 얻어진 여러 관념들이 그 사람의 정신 속으로 들어가는 일이 적으면 적을수록 꿈속에서는 '그런 관념들과 모순되는 여러 성향'이 정신에 대해서보다 더 큰 작용을 끼친다."(462면)

그런 실례로서 그는 자신의 저서 속에서 가장 격렬한 공격을 가한, 바로 그 미신의 희생이 되고 있는 자기 자신의 모습을, 그가 꾼 꿈이 보여 주는 일도 드물지 않다고 말한다.

꿈 생활의 심리학적 인식에 대한 이 모든 명석한 견해들은 모리의 경우, 그가 모처럼 이렇게 올바르게 관찰한 현상들 가운데에서, 꿈 생활을 지배하고 있다고 말하는 '심리적 자동 현상(또는 心理的 自動性)'에 대한 증거로만 생각하고, 그 이외의 것들은 찾지 않음으로써 그 가치가 상실되고 있다. 그는 이 자동 현상을 마음의 활동과 완전히 대립하는 것으로 보고 있다.

스트리커의 《의식의 연구》 가운데 어떤 대목에는 이런 말이 있다. "꿈은 단지 착각으로만 성립된 것이 아니다. 이를테면 꿈속에서 도둑을 무서워할 경우 확실히 그 도둑은 환상에 지나지 않으나 공포는 현실이다." 이렇게 우리는 '꿈속에서 감정'이 그 밖의 꿈 내용들과는 달리, 착각이라는 관점을 허용하지 않으며, 이로써 다음과 같은 문제가 발생함을 깨닫게 된다. 즉 꿈속에서 일어나는 여러 정신적 과정들 가운데 어느 것이 현실인가, 다시 말해 어느 것이 깨어 있을 때의 정신적 과정들과 같은 것으로 분류될 수 있는 권리를 요구할 수 있는가 하는 문제이다.

G. 꿈의 이론과 꿈의 기능

지금까지 관찰해 온 꿈의 여러 특징들을 될 수 있는 대로 특정한 관점에서 설명하고자 시도하면서, 동시에 좀더 광범위한 현상들 속에서 꿈이 점유하는 위치를 규정하는 이 견해를 꿈에 관한 하나의 이론이라 불러도 무방할 것이다. 개개의 꿈 이론이 서로 구별되는 것은, 그 이론이 꿈의 어느 성격을 본질적인 것으로 받아들여서 거기에 여러 가지 해석이나 관계를 맺어 주느냐는 점에 있다.

꿈의 한 기능, 즉 효용성이나 그 밖의 능력을 반드시 그 이론에서 끄집어낼 필요는 없으나, 일반적으로 목적론을 지향하는 우리의 기대는 꿈의 기능에 대한 통찰과 결부되어 있는 이론 등을 역시 받아들이고 싶어한다.

이런 의미에서 많든 적든 꿈 이론의 이름에 해당될 만한 꿈에 관한 몇 가지 견해를 우리는 이미 보아 왔다. 꿈은 인간 행위를 이끌어내기 위한 신의 계시라는 옛사람의 신앙은, 꿈에 대해 알 만한 모든 것을 설명해 준 하나의 완전한 꿈 이론이었다. 꿈이 생물학적 연구의 대상이 된 이래 꿈 이론의 수는 부쩍 늘었으나, 그 중에는 불완전한 것들도 적지 않다.

모든 꿈 이론을 총망라한다는 것은 무리한 일이므로 꿈의 정신 작용의 범위와 종류에 관한 기본 가설들에 따라서 꿈 이론에 관한 대략적 분류를 해보면, 다음과 같다.

① 깨어 있을 때의 완전한 마음의 활동이 꿈속에서 계속된다는 이론. 예를 들면 델뵈우프를 들 수 있다. 이 이론에서는, 정신은 잠을 자지 않고, 정신기관은 별 탈없이 활동을 지속한다. 그러나 수면 상태는 깨어 있을 때와 다른 조건 아래 있으므로 정신은 정상적으로 작용하더라도 깨어 있을 때와는 다른 결과를 낳는다. 이와 같은 이론에서의 문제점은 과연 이 이론으로 깨어 있을 때의 생각과 꿈의 차이점을 수면 상태의 조건들로부터 끄집어낼 수 있는가 하는 데에 있다. 더욱이 이 이론에 의해서는 꿈의 한 기능으로 들어갈 수조차 있을 것 같지 않다. 다시 말해서 사람은 무엇 때문에 꿈을 꾸는가, 또 정신 장치의 복잡한 기구는, 적절하다고는 생각할 수 없는 상황 속에 옮겨졌을 때에도 왜 그대로 작용을 계속하는지 알 수가 없다. 꿈을 꾸지 않고 자는가, 혹은 방해하는 자극이 왔을 때에는 눈을 뜨는가 하는 것이, 세 번째의 반응인 꿈을 꾼다는 반응 외에 유일한 유목적인 반응이 되고 있다.

② 이와는 반대로, 꿈에서는 정신적 활동이 저하되고, 여러 관련성들이 이완되어 마땅한 자료들이 빈약해진다는 이론들. 이 이론에 따르면 델뵈프의 이론들과는 아주 다른 꿈의 심리학적 성격이 묘사된다. 수면 상태로 빠져든다는 것은 외부세계와 정신의 단절을 의미할 뿐만 아니라, 정신적 기능들을 불구로 만들어 버린다. 나에게 정신 병리학적 비유를 허용한다면, ①의 여러 이론은 꿈을 망상증과 같이 구성하고 ②의 여러 이론은 꿈을 정신박약 혹은 급성 환각 상태의 전형으로 삼는다.

꿈속의 생활에서는, 잠에 의해 마비된 정신 활동 조각들만이 나타난다는 이론이 의사나 일반 학자들 사이에서도 널리 환영을 받는다. 꿈의 해석에 대한 일반적인 관심을 전제로 생각한다면, 이것이 꿈의 '지배적인' 이론이라고 해도 무방할 것이다. 그러나 여기서 꼭 지적해 두어야 할 것은 바로 이 이론이 꿈의 해석에 있어 가장 까다로운 점, 즉 꿈에 니포된 몇 가지 모순점들을 다루는 데 있어 이 어려움들을 얼마나 쉽게 회피하고 있는가 하는 점이다. 이 이론은 꿈을 부분적 각성의 산물로 보기 때문에(헤르바르트의 《꿈의 심리학》은 점차적이고 부분적인 동시에 매우 변칙적인 각성이라 말하고 있다), 점진적인 각성으로부터 완전한 각성에 이르기까지 이어지는 단계들을 통하여, 황당무계한 불합리성을 드러내는 꿈의 열등한 정신적 기능으로부터 전적으로 집중된 사고 기능에 이르기까지, 이 이론은 꿈의 전체 과정을 설명할 수 있다.

생리학적 설명 방법을 필수불가결한 것으로 간주하거나, 그 편이 더 학문적이라고 생각하는 사람은 빈츠의 서술에 나타난 꿈 이론을 보면 된다.

"그런데 이 (마비) 상태는 새벽녘이 되면 서서히 종말에 가까워진다. 뇌 단백질 속에 쌓인 피로 물질이 점차로 줄어들고, 쉬임없이 활동하는 혈액의 흐름으로 노폐물은 더욱더 분해되고 제거된다. 이곳저곳에서 이미 개개의 세포군이 눈을 뜨고 활동하기 시작하나, 주위에서는 아직 모두 마비 상태 속에서 자고 있다. 이때 '개개의 집단에서 고립된 작업'이 우리의 몽롱한 의식 앞에 나타나지만, 이 작업에는 연상을 지배하는 뇌의 다른 부분의 통제가 없다. 그래서 만들어진 형상은 대개 가까운 과거의 물질적 인상에 일치하지만 거칠고 무질서하다. 따라서 자유롭게 된 뇌세포의 수는 점점 많아지고 꿈의 황당무계성은 점점 적어진다."

꿈을 불완전한 부분적 각성으로 보는 견해, 혹은 이러한 견해로부터 영향을 받은 흔적은 확실히 근대의 모든 생리학자나 철학자들에게서 찾아볼 수 있다. 이 생각을 가장 상세하게 설명한 사람은 모리이다. 모리는 마치 각성 상태 또는 잠자는 상태를 해부학적 부위에 따라 자유로이 이동할 수 있는 것으로 생각하고 있는 것 같다.

물론 그럴 경우 모리는 해부학적 일부분이 특정한 정신적 기능 하나와 서로 결합되어 있다고 생각한다. 그러나 나는 여기에서 다만, 만일 부분적 각성의 이론이 확증된다 하더라도 이 이론의 세부 사항들에 대해서는 논의해야 할 많은 문제들이 있음을 지적하는 것으로 그친다.

꿈을 이런 이론처럼 해석한다면, 꿈 기능에 관해서는 명확하게 제시하지 못하게 되는 것은 당연하다. 오히려 빈츠의 의견 쪽이 더 철저하게 꿈의 위치와 의의를 판단하고 있다. 빈츠에 의하면 "우리가 관찰한 모든 사실들은 꿈을 모든 경우에 쓸모없는, 대부분의 경우 그야말로 어쩔 수 없이 병적인 '신체적' 과제로 규정하게 만든다."

꿈에 대해 '신체적'이라는 말을 쓴 사람은 빈츠인데, 이 말은 아마 하나 이상의 방향을 가리키고 있는 것 같다. 우선 첫째로 이 말은 꿈의 원인론에 관계하고 있다. 그가 독극물을 투여해 꿈을 실험적으로 만들고 있는 것은, 그가 꿈 발생에 특히 흥미를 가졌기 때문이다. 다시 말해 꿈에 대한 자극원을 될 수 있는 대로 신체적인 면에서 구하는 것은 이런 종류의 꿈 이론과 관련이 있는 것이다.

극단적으로 말하면 이렇게 된다. 우리가 자극을 피해서 수면상태에 빠진 뒤에는 아침까지 꿈꿀 필요도 없거니와 그럴 까닭도 없는 것이다. 아침이 되면 점차 깨어나는 과정이 새로이 오는 자극에 의해 꿈의 여러 현상 속에 반영될 수 있겠지만, 계속 자극을 받지 않고 잠잘 수는 없다. 메피스토펠레스가 생명의 싹을 탐식하듯이 사방에서, 밖에서 또 안에서, 아니 눈을 뜨고 있을 때는 전혀 마음에도 두지 않았던 모든 신체 영역에서 여러 가지 잠자는 사람에게 자극이 밀려온다. 그래서 잠은 어지럽혀지고 정신은 어떤 때는 이쪽 끝을, 어떤 때는 저쪽 끝을 꼬집히는 바람에 깨게 되는데, 그렇게 되면 그 깨어난 한 부분이 잠깐 활동을 계속하다가 이윽고 다시 잠에 빠져 버린다.

꿈은 자극에 의해 일어난 수면 장애에 대한 반응으로, 말하자면 완전히 불필요한 반응이다.

정신의 기관(器官)이 만들어 낸 것이 틀림없는 꿈을 신체적인 한 과정이라고 생각하는 데에는 또 다른 뜻이 있다. 꿈을 거부하는 것은 무엇인가 하면, 그것은 심적 과정의 '존엄성'이다. 음악을 전혀 모르는 사람의 열 손가락이 피아노의 건반 위를 움직인다고 하는, 이제까지 곧잘 꿈에 적용되어 온 오래 된 비유야말로 꿈 작업이 과학의 대표자들 사이에서 가장 많이 받아온 평가를 가장 잘 설명해 준다. 이 견해로는, 꿈이란 전적으로 해석할 수 없는 것이 되어 버린다. 어떻게 음악을 모르는 사람의 열 손가락이 음악을 연주할 수가 있는가?

　꿈을 부분적 각성이라고 하는 이론에 대해서는 이미 일찍부터 반론이 가해지고 있다. 부르다흐는 1830년에 이렇게 말하고 있다. "꿈은 부분적 각성이라고 하지만, 그렇다 하더라도 첫째로 수면에 대한 설명이나 각성에 대한 설명이 되지 않는다. 둘째로 이것은 정신의 다른 힘이 쉬고 있는 동안 약간의 힘이 꿈에서 활동하고 있다는 것을 말할 뿐이다. 그리고 이런 불균형은 잠자고 있을 때만이 아니라 전 생애를 통하여 언제든지 일어나는 일이다."

　꿈을 '신체적' 과정이라고 하는 지배적인 꿈 이론에 따라 아주 흥미로운 어떤 꿈 해석이 이루어지고 있다. 1886년에 로버트가 주장한 해석에 의하면, 꿈을 꾸는 것에 유익한 결과를 이끌어내는 하나의 기능이 있다고 한다. 로버트 이론의 토대에는 꿈의 자료를 살필 때 언급한 두 가지 관찰된 사실이 있다. 즉 사람들은 흔히 낮 동안의 사소한 인상들을 꿈꾼다는 것이며, 또 낮 동안에 일어난 중대한 관심사는 좀처럼 꿈속에 나타나지 않는다는 것이다. 로버트는 충분히 생각된 사물이 아니라, 미완성으로 마음에 남아 있거나 마음을 스쳐지나간 일만이 언제나 꿈을 불러일으키는 원인이 된다고 주장한다. 대개의 경우 사람들이 꿈을 설명하지 못하는 것은, 지난날의 감각적 인상이 꿈꾸는 사람의 충분한 인식 대상이 되지 못했기 때문이라는 것이다. 따라서 어떤 인상이 꿈속에 나타나기 위한 조건은, 그 인상이 소화 과정에서 방해를 당했거나 또는 그 인상이 큰 의미가 없는 것이어서 소화될 가치가 없었거나 둘 중의 하나이다.

　그런데 로버트는 꿈을 그 정신적 반응 현상 속에서 인식되는 하나의 신체적 배설 과정으로 보고 있다. "꿈이란 싹 속에서 질식된 관념의 분비물이다. 인간에게서 꿈꾸는 능력을 빼앗아 버린다면 당장 미쳐 버릴 것이다. 왜냐하면 그 사람의 뇌 속에 대량의 어중간한, 충분히 생각되지 않은 관념과 얕은 인상이 누적되고, 그 무게로 인하여 완전한 전체로서 그의 기억에 동화되어야 할 사고들이 질식해 버리기 때문이다. 꿈은 짐을 지나치게 짊어진 뇌에 있어 안전판 구실을 하고 있다. 꿈은 무거운 짐을 덜어 주는 구체적 힘을 갖는다."

　그러면 대체 꿈에서 어떻게 표현되고 상징화됨으로써 정신의 짐이 덜어질 수 있는지 로버트에게 따져 묻는다면, 이는 로버트가 한 말을 오해하는 것이다. 그는 명확하게 위의 꿈 내용의 두 가지 특징에서 다음과 같은 결론을 내리고 있기 때문이다. 즉 수면 중에 무가치한 인상들을 그런 형태로 배설한다는 것은 '어떤 방법으로' 신체적 과정으로 행하여지는 것이므로, 꿈은 결코 특별한 심리적 과정이 아니라 우리가 그 배설 작업에 대해서 받는 보고에 불과하다는 것이다. 밤중에 마음속에 일어나는 것은 이러한 배제(排除)뿐만이 아니다. 로버트는 이에 덧붙여, 그 밖에 낮 동안의 여러 자극들이 가공되어서 소화되지 않은 채 남아 있는 관념들 가운데에서 배출되지 않고 남은 부분들은 완성된 전체에도 결합되는데, 이렇게 하여 해롭지 않은 공상화로서 우리의 기억에 놓이게 된다고 한다.

그러나 로버트의 이론은 꿈의 자극 원천에 관한 견해에서 위의 지배적인 이론과 정면으로 대립한다. 위의 이론에서는, 만일 안팎의 자극이 정신을 줄곧 깨우지만 않으면 처음부터 꿈을 꿀 일이 없다고 하는데, 로버트의 이론에 의하면 꿈꾸는 유인(誘因)은 마음 그 자체 속에, 마음이 지고 있는 무거운 짐을 덜고자 하는 동기 속에 있다. 로버트는 이론적으로 이렇게 판단을 내린다. 즉 신체의 조건에 따라 꿈을 불러일으키는 여러 원인들은 부차적인 것이며, 깨어 있을 때의 의식으로부터 꿈 형성을 위한 내용을 갖지 못한 마음은 결코 꿈을 꿀 수 없다는 것이다. 또 그는 꿈속에서 마음의 심층으로부터 나오는 공상적 관념(또는 心想)들이 신경 자극의 영향을 받는 사실은 인정되어야 한다고 말했다. 이처럼 로버트는 반드시 꿈을 완전히 신체적인 것에 의존시키고 있지는 않다. 물론 그에 의하면 꿈은 정신적 과정이 아니므로 깨어 있을 때의 여러 정신적 과정 속에 그 자리를 점유하지는 못한다. 꿈은 마음의 활동이라는 장치에 의해 밤마다 일어나는 신체적 과정으로서, 이 장치(신체)를 지나친 긴장으로부터 보호하는 기능, 다른 비유를 든다면, 마음의 청소부 역할을 한다.

꿈의 자료(내용)의 선택에 뚜렷하게 나타나는 꿈의 이러한 특징들을 근거로 자기 이론을 세우고 있는 또 하나의 연구가로 이브 들라주(Yves Delage)가 있다. 같은 사항을 해석하는 데 있어서 사소한 차이가 전혀 다른 결론에 이르게 됨을 보여주는 좋은 예이다.

들라주는 친한 친구를 잃고 나서 스스로 이런 경험을 했다. 즉 사람은 하루 종일 생각했던 것을 꿈꾸지 않는다. 혹 꿈을 꾼다 하더라도 그것은 낮 동안의 관심이 다른 것들에 자리를 물려주고 난 뒤의 일이다. 다른 사람들에 관해서도 조사해 본 결과, 이것은 일반적인 현상임이 확인되었다. 만일 그의 이론이 일반적으로 옳다고 한다면, 들라주는 젊은 부부들이 꾸는 꿈에 대해 참으로 훌륭한 의견을 말하고 있다. "젊은 남녀는 서로 열렬히 사랑할 때, 결혼 전이나 신혼여행 중에는 거의 서로의 꿈을 꾸지 않는다. 흔히 그들이 외설스러운 꿈을 꾸었다 하더라도 그것은 아무런 관계도 없는, 또는 싫은 사람과 불의를 저지르는 꿈이다." 그러면 어떤 꿈을 꾸는가? 들라주는 우리의 꿈속에 나오는 자료(내용)가 가까운 최근의 인상들 또는 먼 옛날의 인상의 단편들이나 잔여물들로 구성됨을 인정한다. 우리의 꿈에 나오는 것으로서, 우리가 처음에는 꿈 생활의 창조물로 생각하고 싶어하는 것조차도, 실은 우리가 이미 경험한 사실의 재현, 즉 '무의식적 기억(Souvenir inconscient)'이라는 것이 판명된다. 그러나 이 관념 자료는 어떤 공통된 성격을 나타내며, 그것은 우리의 정신보다도 감각에 보다 강하게 영향을 미친 인상, 혹은 우리의 기억 속에 들어오자마자 주의가 다른 곳으로 옮겨진 그런 인상에서 유래되고 있다. 어떤 인상의 의식되는 일이 적으면 적을수록, 그리고 그때의 인상이 강하면 강할수록 다음의 꿈속에서 어떤 역할을 연출할 가능성이 많다.

그것은 본질적으로 말해서 로버트가 지적하고 있는 것과 같은 두 가지 카테고리의 인상, 즉 사소한 인상과 끝이 나지 않은 인상인데, 들라주는 그 관련을 다른 방향으로 돌리고 있다. 다시 말해 그는 이 인상들이 꿈으로 나타나게 되는 것은 이것들이 사소한 것이어서가 아니라 아직 끝나지 않은 미결 상태로 남아 있기 때문이라고 생각한다. 사소한 인상들이라고 하지만, 어떤 의미로는 완전히 결말이 났다고 할 수가 없으며, 그 성질상 잠자는 동안 이완되어야 할 '아직은 매우 긴장된 상태의 태엽'과 같은 새로운 인상들이다. 그리고 우연히 그 소화 과정에서 저지되거나 또는 고의로 억압당한 인상은, 거의 주목받지 못하는 미약한 인상보다도 꿈속에서 역할을 할 자격을 가질 것이다. 하루 종일 억압당한 축적된 심적 에너지는 밤에 꿈의 원동력이 된다. 꿈속에는 심리적으로 억압된 것이 모습을 나타낸다.[21]

들라주의 생각이 여기서 끊어지는 것은 유감스럽다. 그는 꿈속에서의 독립된 마음의 활동에 극히 작은 역할만을 인정하고 있으며, 이에 따라 그는 자신

---

[21] 시인 아나톨 프랑스가 이와 비슷한 말을 하고 있다. "밤에 우리가 꿈으로 보는 것은 낮 동안에 우리가 등한시한 것들의 찌꺼기이다. 꿈은 경멸된 사실의 복수이고, 또는 우리 자신이 버린 것에 대한 질책이다."《빨간 백합화》

의 꿈 이론을 여기서 다시 '뇌의 부분적 각성'이라는 지배적 이론과 결부시키고 있다. 다시 말해 꿈은 목적도 방향도 없이 방황하는 사고의 산물이다. 그 사고는 온갖 기억들 위에 차례로 머무르지만, 그런 기억들은 그 사고의 길 밖에 위치하여 사고의 진행을 막을 만큼 강한 힘을 가지고 있다. 또 그 사고는 그런 기억들 사이에서, 뇌의 현실적인 활동이 많든 적든 수면에 의해 멈추게 되는 정도에 따라, 때로는 약하고 애매한, 때로는 더 강력하고 긴밀한 관련을 만들어 낸다.

③ 꿈 이론의 셋째 집단으로서, 깨어 있을 때에는 마음이 전혀 이것을 행하는 일이 없거나, 아니면 다만 불완전한 방법으로밖에 행하지 않는, 그런 특수한 정신적 활동을 하는 능력과 경향이 꿈꾸는 마음에 있다고 보는 여러 이론들에 대해 생각해 볼 수 있다. 이러한 기능적 작용들로부터 대체로 꿈의 유용한 한 기능이 생성된다. 옛 심리학자들이 꿈에 대해 내린 평가들은 대부분 이 집단에 속한다. 그러나 나는 그 평가들을 소개하는 대신에 부르다흐의 견해를 인용하기로 한다. 부르다흐에 따르면, 꿈은 마음의 자연스러운 활동이다. 이 활동은 개성의 힘에 의해 제한되지 않으며, 자의식에 의해서도 방해받지 않고, 자기규정에 의해 지배되지 않으면서 감각적 중추의 자유로운 유희를 즐기는 생명력이다.

마음이 이처럼 스스로 마음대로 활동하는 것을 부르다흐 및 그 밖의 연구가들은 마음이 영양분을 취하고 낮의 일을 위해 새로운 힘을 저장하는 상태, 즉 일종의 휴가 같은 것이라고 분명하게 상징하고 있다. 그러므로 부르다흐는 시인 노발리스가 꿈의 섭리를 찬양한 다음과 같은 말을 인용하고 있다. "꿈은 규칙적이고 평범한 인생에 구축된 보루요, 속박된 공상의 자유로운 휴식이다. 꿈속에서 공상은 인생의 모든 형상을 뒤섞어 버리고, 어른들의 끊임없는 진지함은 즐거운 아이들의 유희로 중단된다. 꿈꾸는 일이 없다면 우리는 틀림없이 더 빨리 늙어 버릴 것이다. 그래서 꿈이란 직접 하느님이 주신 것이 아니라 할지라도 귀중한 과제이므로 무덤으로 향한 순례에서의 다정한 반려자로 볼 수 있다."

마음을 북돋아 주고 치유하는 꿈의 기능에 대해 더 철저하게 말하고 있는 사람은 푸르키니에(J.E. Purkinje)이다. "특히 생산적인 꿈이 이 기능들을 매개해 줄 것이다. 그것은 낮의 일과는 아무런 상관도 없는 상상의 가벼운 장난이다.

마음은 깨어 있는 생활 동안의 긴장을 계속하려 하지 않고 이것을 풀어서 회복하려고 한다. 마음은 무엇보다도 깨어 있을 때의 상황과 반대의 상태를 만들어 낸다. 그리고 슬픔을 기쁨으로, 우울함을 즐거운 장면에 의해서 희망과 기쁨으로, 증오를 사랑과 우정으로, 두려움을 용기와 신뢰로 바꾸어 치유한다. 의심은 확신과 견고한 신념으로 부드러워지고, 헛된 기대는 충족으로 달래어진다. 낮에 받은 많은 마음의 상처들은 잠이 그것을 덮어 주고 새로운 자극으로부터 지켜줌으로써 치유한다. 시간의 고통을 치유하는 활동의 일부는 부분적으로 이 꿈에 의존하는 것이다." 우리는 모두 잠이 심리적인 생활에 있어서 하나의 은혜임을 느끼고 있다. 그리고 일반 사람들의 의식에 숨어 있는 막연한 믿음 또한 꿈이 잠의 은혜를 선사하는 방법 가운데 하나라는 선입견을 절대로 버리려고 하지 않았다.

수면 상태에서 비로소 자유롭게 펼쳐지는 마음의 특수한 활동으로 꿈을 설명하려는 시도들 가운데 가장 독창적이고 폭넓은 연구는 1861년 셰르너가 한 것이다. 그러나 셰르너의 저서는 어지럽게 과장된 문체로 씌어 있어서, 자기가 다루는 대상에 완전히 도취되어 있기 때문에 이 같은 취향을 이해할 수 없는 독자들은 오히려 불쾌감을 느끼게 될 뿐더러, 이것을 분석하는 데 어려움을 겪어야 할 것이다. 따라서 철학자 폴켈트가 간결하고 명석하게 셰르너의 주장을 평가한 서술을 들어 두기로 한다. "너무나 신비로운 산, 화려하게 빛나는 파도로부터 뜻깊은 예감으로 가득 찬 광휘가 빛나고 있으나, 이 철학자의 길은 결코 밝아지지 않는다." 셰르너의 저술은 그의 지지자 사이에서마저 이런 평가를 받고 있는 형편이다.

셰르너는 마음의 여러 능력이 고스란히 그대로 꿈 생활로 이어진다는 의견을 인정하는 연구가들에 속하지는 않는다. 그 자신이 꿈속에서 자아의 중심성이나 자발적 에너지가 어떻게 무력화되는가, 이 자아 분산의 결과 어떻게 인식, 감정, 의지, 관념 등에 변화가 오는가, 또 이 마음의 힘의 잔여물이 특성을 지니지 못하는가, 어떻게 참다운 정신적 성격이 있을 수 없고, 단순한 메커니즘의 성격만을 지니게 되는가를 아주 자세히 서술하고 있다.

그러나 그 대신 꿈속에서는 '공상(空想)'이라고 불리는 마음의 활동이 오성의 지배를 전혀 받지 않으며, 따라서 엄밀한 척도를 벗어나 무제한의 지배권을 장악하게 된다. 이 환상이라는 마음의 활동은 그 구성 자료를 깨어 있을 때의 기억으로부터 받고는 있으나, 깨어 있을 때와는 전혀 다른 구조물을 건축한다. 즉 그것은 꿈속에서 '재생산적일' 뿐만 아니라 '생산적'이기도 한 것이다. 이러한 심리적 활동의 여러 특성들은 꿈 생활에 그 특수한 성격을 부여한다. 그것은 '터무니없는 것, 과대한 것, 당치도 않은 것'을 특히 즐긴다. 그러나 동시에 자신을 가로막는 사고 범주로부터 해방됨으로써 깨어 있을 때보다 한층 더 유연성이나 민첩성이나 변화성을 획득한다. 또 정서적으로 미묘한 자극이나 선정적 감정에 대해 극도로 민감해져서 내면 생활을 즉각적으로 외부의 조형적이고 입체적인 생생한 모습들과 결합시킨다. 꿈의 공상은 '개념의 말을 갖지 않는다.' 그것은 말하려는 것을 구체적이며 형상적으로 표현한다. 꿈의 공상은 개념에 의해 약화되는 일 없이 말하고자 하는 것을 직관의 형태 그대로 자유롭고 활달하고 분방하게 그려낸다.

꿈의 말이 아무리 분명한 것 같아도 이해하기 어렵고 모호하고 기준이 없는 것은 이 때문이다. 특히 꿈의 말을 불명료하게 하는 것은 꿈의 공상이 어떤 일을 그 본래의 모습으로 표현하기 싫어하고, 재현하고자 하는 대상의 속성 중 특정한 것만을 표현하는 '관계없는 모습'을 선택하여 말하고자 하기 때문이다. 이것이 공상의 '상징화 활동'이다. 또 대단히 중요한 것은 꿈의 공상이 대상을 남김없이 묘사하지 않고, 다만 그 대강의 윤곽만을, 더욱이 그 윤곽을 자유로이 묘사한다는 점이다. 그래서 꿈의 그림에는 천재의 숨결이 불어넣어진 것같이 느껴진다. 그러나 꿈의 공상은 단지 사물을 그곳에 표시하는 것만으로 만족하지 않는다. 그것은 내적으로 부득이 꿈의 자아를 많든 적든 그 대상과 결부시켜 하나의 연극과 같은 것을 만들어 낸다. 이를테면 시각 자극에 의해 생기는 꿈은 길에 떨어져 있는 돈을 묘사한다. 꿈을 꾸는 본인은 그 돈을 주워 기뻐하면서 가지고 돌아간다.

셰르너에 의하면, 꿈의 공상 또는 상상이 그 예술적 활동에서 사용하는 자료는 주로 낮 동안에 뚜렷하지 않았던 기관적 신체 자극이다. 셰르너의 너무나 공상적인 이론과, 그와 상반되는 위치에 있는 분트와 그 밖의 생리학적 이론들은, 양극(兩極)을 이루면서도 꿈의 원천과 유발 원인에 대한 견해에서는 완전히 일치한다. 그러나 생리학적 이론에 따르면, 마음이 꿈속에서 신체에 자극하는 심리적 반응은 그 자극에 알맞은 어떤 관념들을 불러일으킨다. 더욱이 다음에는 이 관념이 연상에 의해 몇 가지 다른 관념들을 불러일으키며, 이 단계에서 꿈의 정신적 활동 과정은 끝난 듯하다. 셰르너에 의하면, 신체 자극은 자신의 공상적 외도에 도움이 될 수 있는 자료를 마음에 주는 데에 지나지 않는다. 셰르너의 눈에는 다른 저자들의 꿈이 고갈되는 이 지점에서 비로소 꿈이 형성되기 시작한다고 생각했다.

물론 꿈의 공상 또는 상상이 신체 자극들에 대해 반응하는 작용을 합리적이라고 생각할 수는 없다. 꿈의 공상은 신체 자극을 희롱하고, 그 꿈속에서 자극이 일으키는 기관(器官) 원천을 어떤 입체적 상징성으로 표현한다. 아니, 셰르너는(이 점에서 폴켈트와 그 밖의 논자는 셰르너와 이별을 고한다) 꿈속에서 일어나는 공상은 인간의 신체 전체에 대해 선호하는 어떤 일정한 표현 방법을 갖고 있다고 생각한다. 이 선호하는 표현 방법 가운데 하나가 '집'이라는 것이다. 그러나 다행히 꿈 공상은 그 표현 방법에만 매어 있는 것 같지는 않다. 그것은 또 반대로, 이를테면 매우 길게 늘어선 집들이 내장 자극을 표현하듯이, 개개의 기관을 표시하기 위해 많은 집들을 이용하는 수도 있다. 또 다른 경우에는 집의 각 부분이 실제로는 신체의 각 부분을 표현한다. 예를 들면 두통이 나는 꿈에서는 방의 천장이(꿈꾸는 사람은 천장이 징그러운 두꺼비나 거미로 꽉 차 있는 것을 본다) 머리로 표현된다. 집의 상징성을 떠나서, 다른 대상들도 얼마든지 꿈을 자극하는 신체 각 부분을 표현하는 데에 이용될 수 있다. "그래서 호흡하는 폐는 바람 소리를 내며 활활 타오르는 난로로 상징되며, 심장은 빈 상자나 바구니로, 방광은 둥근 자루나 또는 움푹하게 팬 물건으로 상징이 된다. 남성 생식기 자극으로 꾸게 되는 꿈들은 클라리넷의 끝 부분이나 담뱃대 끝, 또는 모피 같은 것이 길 위에 떨어진 장면을 꾸게 한다. 클라리넷이나 담뱃대는 남근과 비슷한 모양을, 모피는 음모를 표현하고 있다. 여성의 성적 자극과 관련된 꿈에서는 꼭 맞댄 넓적다리 사이의 틈은 집에 둘러싸인 좁은 안마당으로, 질은 집의 정원 복판을 통하고 있는 매끄럽고 부드러운 좁은 오솔길로 상징된다. 그리고 꿈꾸는 여성은, 이를테면 어떤 남성에게 편지를 전하기 위해 그 오솔길을 걸어가야 하는 것이다."(폴켈트, 39면) 특히 중요한 것은 이러한 신체 자극 꿈 끝에는, 말하자면 꿈속 공상이 스스로 가면을 벗어던지고 그 흥분되어 있는 기관 또는 그 기관의 기능을 노골적으로 나타내는 점이다. 그래서 예를 들면 치통이 원인인 꿈은 그 꿈을 꾸고 있는 사람이 입에서 이빨 하나를 뽑는 장면으로 끝난다.

그러나 꿈속의 공상은 단순히 자극하는 기관의 형태에만 주의를 기울이지 않고, 그 기관 속에 내포되어 있는 물질을 상징화의 대상으로 삼는 수도 있다. 그래서 예를 들면 내장 자극에 의한 꿈은 분뇨로 뒤덮인 한길로, 방광 자극에 의한 꿈은 거품이 이는 물가로 자기를 표현한다. 또는 자극 그 자체, 자극 상태의 성질, 자극이 바라는 대상 같은 것도 상징적으로 표현되거나, 꿈의 자아가 자기 자신의 상태의 상징화와 구체적으로 결합되어 버리거나(이를테면 우리가 고통의 자극을 받으면, 물어뜯으려는 개나 사납게 날뛰는 소와 절망적으로 격투를 하거나, 여성이 꿈속에서 벌거벗은 남성에게 쫓기는 장면을 꿀 때처럼) 한다. 꿈속 공상 또는 상상이 표현할 수 있는 방법들과 관계없이, 이러한 상징화의 활동 과정은 언제나 모든 꿈의 중추적인 힘으로 작용한다. 폴켈트는 그 훌륭하고도 간곡한 저서에서 이런 공상의 성격을 더 면밀하게 통찰하고, 그처럼 인식된 마음의 활동을 철학적 사상 체계 속에 포함시키려고 시도했다. 그러나 이 저서는 일찍이 철학적 개념방식을 막연하게나마 파악하도록 훈련되어 있지 않은 사람에게는 지나치게 어려운 난점이 있다.

셰르너가 말하는 꿈에 있어서 상징화의 공상 작용에는 실용적인 기능이 전혀 결부되어 있지 않다. 정신은 꿈을 꾸면서 마음에 제공된 자극들과 희롱한다. 그 희롱이 무례한 것이 아닐까 하고 우리는 추측할지도 모른다. 그러나 셰르너의 꿈 이론이 너무나 자의적(恣意的, 자기 방식대로)이어서, 모든 연구 법칙에서 이탈된 점이 몹시 눈에 띄는데도 불구하고 내가 그것을 상세하게 소개한 데에는, 어떤 유익한 목적이 있어서가 아닐까 생각할지도 모른다. 그렇다면 지금이야말로 셰르너 이론을 음미해 보기도 전에 덮어 놓고 이것을 너무 건방진 것으로 물리치는 태도를 부인할 좋은 기회일 것이다. 셰르너 이론은 불분명한 심리적 사실들을 추구하는 데 있어 특별한 소질이 있는 사람이, 자신의 꿈을 특히 조심스럽게 관찰하여 얻은 인상들을 근거로 하여 세운 이론이다. 또 셰르너 이론이 다루고 있는 문제는 인류가 몇 천 년 동안 수수께끼로서, 동시에 그곳에 어떤 깊은 뜻이 감추어져 있으리라고 여겨 온 문제이다. 엄격한 학문이 스스로 인정하듯 일반적인 느낌과는 다른 내용과 뜻의 깊이를 부여하려는 시도 말고는 그 해석과 설명에 아무런 도움도 주지 못했던 문제이다. 끝으로 우리는 꿈을 해석하고 설명하려는 시도에 있어서 공상(또는 상상)의 영역을 배제하기는 어려울 듯하다고 정직하게 말해두기로 한다. 또 신경 세포의 공상성

(空想性, 想像性)이라는 것도 있다. 앞에서 인용한 빈츠와 같이 냉정하고 진지한 연구자도, 잠들어 있는 대뇌 피질의 세포더미 위에 새벽의 여신이 달려온다고 쓴 대목과 같은 것은, 공상성이나 그 불확실한 면에서 볼 때 셰르너의 꿈해석의 시도 못지않게 상상적이며 비사실적이다. 꿈을 해석하려는 셰르너의 이론 뒤에는 사실적인 어떤 것이 숨어 있다. 그러나 그 사실적인 것은 희미하게밖에 인식되지 않으며, 이론으로서 당연히 가져야 할 보편성이 결여되어 있으나, 무언가 참된 것이 있음을 보여줄 수 있기를 바란다. 의학적인 꿈 이론과 대조를 이루는 셰르너의 꿈 이론은 꿈 생활의 설명이 아직도 어떠한 극과 극 사이를 불안정하게 동요하고 있음을 우리에게 명확하게 보여 주고 있다.

H. 꿈과 정신병과의 관계

꿈과 정신 장애에 대한 관계를 논할 때면 다음 세 가지 문제를 떠올리게 될 것이다. ① 예를 들면 어떤 꿈이 어떤 정신 의학적 상태를 나타내거나 그 실마리를 주거나, 또는 그런 정신 의학적 상태 뒤에 남게 된 병의 원인 및 치료학적 관계들 ② 정신질환이 있는 경우에 꿈 생활에 오는 변화들 ③ 꿈과 정신병 사이의 유사성(類似性)을 암시해주는 내면적 관계들. 스피타나 라데스토크, 모리, 티시에 등의 저서에 실려 있는 이 문제에 관한 문헌들이 보여주듯이, 이 두 현상 사이에 있는 이런 여러 관계들이 의학의 초기 단계에서는(그리고 근래에 와서도 새롭게) 의사들의 마음에 드는 제목이었다. 최근에는 상테 데 상티스(Sante de Sanctis)가 이 점에 주목하고 있다.*22 우리의 목적과 관련하여 여기서는, 이 중요한 문제를 개괄적으로 살펴보는 것만으로도 충분할 것이다.

꿈과 정신병의 치료학적 그리고 병리학적 관계에 대해 나는 다음과 같은 관찰의 예를 본보기로 들어 둔다. 혼바움의 보고에 따르면(크라우스가 인용함), 정신 착란의 첫 증세는 흔히 불안하고 무서운 꿈으로 시작되므로, 정신 착란의 지배적인 관념이 이 꿈과 연관되어 있는 것으로 본다. 상테 데 상티스는 편집증(망상증) 환자에게서 유사한 관찰을 하고, 그 사례에서 꿈이 '광기를 결정하는 참된 원인'이라고 말하고 있다. 정신병은 망상으로 가득찬 활발한 꿈과 함께 한꺼번에 나타나는 수도 있고, 또 여러 가지 의문점들을 남기는 몇 가지

---

*22 이러한 관계를 취급하고 있는 후기의 저자들은 페레·이델레로·라세그·피숑·레지·베스파·기슬러·카조두스키·파칸토니 등이 있다.

꿈을 통해 서서히 나타나는 수도 있다. 상티스가 들고 있는 한 예에서는 어떤 심각한 꿈을 꾼 뒤에 가벼운 히스테리 발작이 계속되다가 이어서 불안한 우울 상태가 나타났다. 페레는 꿈의 결과로 히스테리적 마비 증세가 나타났다는 보고를 했다(티시에의《꿈, 생리학과 병리학》에서 재인용). 정신 장애는 그 첫 증세가 꿈으로 나타나므로 먼저 꿈속에서 발현한다고 우리가 말할 경우, 그것으로 이 상황을 충분히 고려하고 있는 것이기는 하나, 위에서 든 설명에서는 꿈이 반대로 정신 장애의 원인으로 되어 있다.

다른 여러 사례에서는 꿈이 병적 증상을 내포하고 있거나 정신병이 꿈에만 한정되어서 나타나거나 한다. 예로 토마이어는 간질병 발작과 같은 것으로 이해되어야 하는 '불안한 꿈'에 주목하고 있다. 앨리슨은 낮에는 아주 건강해 보이는데, 밤이면 반드시 환각이나 광증(狂症) 발작을 일으키는 야간 정신병에 대해서 보고했다(라데스토크의《수면과 꿈》에서 재인용). 상티스도 비슷한 관찰 결과를 보고한다(어떤 알코올 중독 환자가 꾼 편집증과 비슷한 꿈, 아내의 부정(不淨)을 비난하는 소리). 티시에는 근래에 병적 성격을 가진 행동(망상적 전제나 강박 충동에 의해)이 꿈에서 나온다는 여러 관찰 실례들을 들고 있다. 기슬랭은 수면이 간헐적 광기(精神錯亂)로 대체되는 사례를 보고하고 있다.

앞으로 꿈의 심리학과 함께 꿈의 정신 병리학이 의사들의 연구 과제가 되리라는 것은 틀림없다.

정신 질환에서 회복된 경우에도 낮 동안에는 정상적인 기능을 발휘하지만 꿈속에서는 아직도 정신병의 영향을 받는다는 것은 특히 뚜렷하게 관찰된다. 이 현상에 처음으로 주목한 이는 그레고리(Gregory)였다고 한다(크라우스《광증에서의 감각》). 마카리오는 정신 질환이 완전히 나은 지 일주일 만에 '꿈속에서 두서없이 떠오르는 관념들과 전의 격렬한 충동 증세를 다시 체험한 조증(躁症) 환자에 대해 보고하고 있다(티시에의《꿈, 생리학과 병리학》에서 인용한 마카리오의〈생리학적, 병리학적 관계에서 본 꿈〉).

장기간 지속되는 만성 정신병자에게서 나타나는 꿈 생활의 변화에 대해서는 지금까지 연구가 거의 이루어져 있지 않다. 이에 반해 꿈과 정신 사이에 일치하는, 이 둘의 내면적 동일성은 일찍이 주목을 받아 왔다. 모리에 의하면 처음으로 이 내면적 동일성을 지적한 것은 키바니스의 신체와 정신에 관한 보고이며, 이어서 레뤼. J. 모로, 그리고 특히 철학자인 메느 드 비랑이다. 확실히 이 둘의 비교 고찰은 더 일찍부터 행해지고 있었다. 라데스토크는 이런 비교를 시도한 한 장(章)에서 꿈과 광기의 유사점을 논한 여러 의견들을 소개하고 있으며, 칸트도 어떤 대목에서 미치광이란 눈을 뜨고도 꿈을 꾸는 인간이라고 했고, 크라우스는 광기란 감각이 깨어 있는 상태 안에서의 꿈이라고 말하고 있다. 쇼펜하우어는 꿈은 짧은 광기(精神錯亂)이며, 광기는 긴 꿈이라고 불렀다. 하겐은 섬망(譫妄 : 헛소리나 잠꼬대 등을 하다가 마비 상태에 빠지는 의식 장애)을 잠에 의해서가 아니라 질환에 의해 발생하는 꿈이라고 말했고, 분트는 《생리학적 심리학》에서 사실 우리는 정신병원에서 맞닥뜨리는 현상들을 거의 모두 꿈속에서 스스로 체험해 볼 수 있다고 쓰고 있다.

이러한 동일시의 근거가 되는 일치점들을 스피타는(우연하게도 모리의 의견과 매우 흡사하다) 다음과 같은 순서로 열거하고 있다.

① 자의식의 해체 또는 둔화. 이 때문에 주어진 상황들을 제대로 인식하지 못하고 놀라움의 감정도 느끼지 못하여 도덕 의식이 결여되어 있다는 것. ② 감각 기관의 지각 변화. 특히 꿈에서는 감소하고 광기(정신착란)에서는 일반적으로 아주 고조된다. ③ 오로지 연상(聯想) 법칙이나 재현(再現) 법칙들만으로 이루어지는 관념들 사이의 결합. 이에 따라 관념들의 (이성과 논리를 벗어난) 자동적 계열화, 그리고 (과장·환상 등) 여러 관념들 사이의 불균형. ④ 위의 결과로서 인격이나 성격의 변화 또는 뒤바뀜.

라데스토크는 이 자료에서 보이는 유사성과 관련된 몇 가지 특징을 덧붙이고 있다. "시각·청각 및 신체 감각의 영역에서 가장 많은 착각이나 환각이 발견된다. 후각이나 미각은 꿈에서와 마찬가지로 이러한 요소들을 거의 볼 수 없다. 열병 환자는 섬망 상태에서 꿈꾸는 사람처럼 헛소리로 오래된 과거 일을 말한다. 깨어 있는 사람이나 건강한 사람이 잊고 있는 일을 잠자는 사람이나 병증을 앓고 있는 사람은 기억해 낸다."

꿈과 정신병 사이의 비교 해석은 가족들 사이에 닮은 것과 마찬가지로, 섬세한 몸짓이나 두드러진 표정처럼 개개의 특성 하나하나에까지 이를 때 비로소 그 충분한 가치를 지니게 된다.

"꿈은 육체나 정신의 아픔으로 괴로워하는 사람에게 현실이 자신에게 거부한 것, 즉 건강과 행복을 준다. 그러므로 정신병자에게도 행복이나 위대함이나 숭고함이나 부(富)의 밝은 영상이 떠오른다. 그리고 자기가 부자가 되었다고 생각하거나, 상상 세계에서 여러 가지 소망이 충족되거나 하는 일이 섬망의 주요 내용을 이루고 있을 때가 많다. 이러한 것들이 충족되지 않거나 궤멸되어 버릴 때 정신착란을 일으키기 때문이다. 소중한 아이를 잃은 여인은 섬망 상태에 빠지면 기쁨을 누리는 어머니가 되어 헛소리를 하고, 재산을 잃은 사람은 자신을 굉장한 부자로 생각하며, 남자에게 속은 처녀는 자신이 사랑을 받고 있는 장면을 꿈꾼다."

라데스토크의 이 부분은 그리징어의 세밀한 논의(111면)를 요약한 것인데, 그리징어의 이론은 '소망 충족'을 꿈과 정신병에 공통된 특징이라고 참으로 명쾌하게 밝히고 있다. 나 자신도 연구를 통해 꿈과 정신병에 관한 심리학적 이론의 열쇠가 바로 여기에 있음을 알았다.

"꿈과 광기를 특징짓는 것은 기이하게 연결된 관념들과 허약한 판단력이다." 냉정한 판단으로 보면 상식을 벗어난, 자기의 정신 능력에 대한 '과대평가'를 정신병이나 꿈에서도 발견할 수 있다. 꿈속 '관념들의 신속한 흐름'에 일치하는 것이 정신병의 '관념 도피'이다. 둘 다 시간 단위라는 것을 모두 잃고 있다. 예를 들어 자기 자신을 두 인물로 나누어서 그 중 낯선 자아가 꿈속에서 본래의 자아를 변화시킨다는 '인성(人性)의 분리'는 환각적 망상증에 있어서 이미 알려져 있는 인격 분열과 똑같은 것이다. 꿈꾸는 사람도 역시 자신의 생각을 다른 사람의 소리를 통해서 듣는다. 끊임없는 망상에 있어서조차 같은 일이 되풀이하여 나타나는 병적인 꿈(귀찮게 따라다니는 꿈)과 유사성이 있다. 섬망에서 회복된 환자는, 자신이 병증을 앓았던 기간이, 그리 나쁘지 않은 꿈처럼 느껴진다고 고백하고 있다. 또 흔히 잠을 자면서 꿈을 꾸듯이 병을 앓는 동안에도 자신은 지금 꿈을 꾸고 있는 것이라고 어렴풋이 생각했다고도 고백하고 있다.

그러므로 라데스토크가 자신의 의견이나 다른 많은 연구자들의 의견을 요약하여 광기, 즉 이상한 병적 현상은 주기적으로 되풀이되는 정상적 꿈 상태가 고양(高揚)되어 밖으로 드러난 것으로 보인다고 말해도 놀랄 것은 없다.

밖으로 드러나는 여러 현상들의 이러한 비교보다 더 밀접하게 꿈과 광기의 유사성을 그 발생원인(오히려 자극의 원천)에 근거를 두려 한 것은 크라우스이다. 그에 의하면 이 둘에 공통된 근본 요소는 우리가 이미 보아 왔듯이 기관(器官)에 의해 제약된 감각, 신체 자극감각, 그리고 모든 신체 기관에서 온 일반 감각(모리의 52면에 인용된 파이세를 참조)이다.

꿈과 정신 장애 사이의 의심할 여지 없는 일치는 꿈 생활에 관한 의학적 이론의 가장 강력한 지주가 되어 있다. 이 의학적 이론에 따르면 꿈은 무익하고 장애적인 과정이며, 또 마음의 활동이 저하된 상태를 나타낸 것이다. 꿈에 관한 최후의 결정적인 설명을 정신 장애의 측면으로부터 얻게 되리라고 기대할 수는 없다. 이미 알고 있듯이, 그 기원에 대한 우리의 지식이 아직 만족할 만큼 충분한 상태가 아니기 때문이다. 그렇기는 하지만, 아마 꿈에 관한 다른 해석은 정신 장애의 내적 메커니즘에 관한 우리의 견해에 반드시 영향을 끼칠 것이다. 이렇게 하여 우리는 꿈의 비밀을 설명하려고 노력할 때에 동시에 정신 질환의 설명에 기여하게 되리라고 말해도 무방할 것이다.

보충(1909년)

내가 꿈 문제를 논한 문헌을 이 책의 초판에서 제2판까지 사이의 기간에 다루지 않은 이유에 대해 한 마디 해명해 두어야겠다. 여기서 아무리 설명해도 독자들은 만족해하지 않으리라는 것을 알면서도 해명하지 않을 수 없다. 처음 내가 문헌에 나타난 꿈 연구를 다루게 된 동기는 이 책의 서두에서 밝힌 대로이며, 이러한 문헌 소개를 계속하는 일이 나에게는 상당한 노력을 기울이게 했으나, 그 희생에 비해 얻는 것은 적었으리라고 생각된다. 왜냐하면 문제의 9년이라는 기간 동안, 사실적 자료나 꿈 해석상의 관점에 있어 특별히 새로운 것이나 가치 있는 변화가 아무것도 없었기 때문이다. 나의 연구 결과는 그 동안에 간행된 대부분의 출판물에서 언급되거나 고려되지 않았다. 물론 가장 주목을 받지 못한 것은 '꿈 연구가'들이었다. 그들은 학자들 특유의, 어떤 새로운 것을 배우기를 꺼려 하는 훌륭한 실례를 보여준 것이다. 아나톨 프랑스는 '학자는 호기심을 갖지 않는다'고 조소한다. 학문에 복수라는 것이 있어도 무방하다면, 내 쪽에서도 이 책의 초판 이후 세상에 나온 문헌들을 무시해버릴 권리가 충분히 있다. 학술잡지에 실린 사소한 비평을 보아도 여기저기에 나의 주장에 대한 몰이해와 오해로 가득 차 있으므로, 나로서는 그들 비평가에게 다시 한 번 찬찬히 이 책을 읽어 달라고 말할 수밖에 도리가 없다. 아니, 어쩌면 읽어 보기나 하라고 답하는 게 나을지도 모른다.

정신 분석학적 치료법을 쓰기로 결심한 의사들이나 또 다른 의학자들의 연구에는 풍부한 꿈의 사례가 보고되고 또 나의 방식대로 해석되고 있다. 이 여러 연구가 내가 제기한 주장을 확인하고 있는 한 그 결론들을 내 글 속에 실었다. 권말의 제2 문헌표에는 이 책 초판 이후 가장 중요한 꿈 문헌을 총괄해두었다. 상테 데 상티스의 두꺼운 꿈 연구서는 간행된 지 얼마 안 되어 독일어로 번역되어 나왔는데, 그 원서(原書)와 내가 쓴《꿈의 해석》이 때를 같이하여 간행되었기 때문에 그 책을 참고할 수가 없었다. 이 점은 그의 경우에도 마찬가지였다. 그 뒤에 나는 유감스럽게도 데 상티스의 꾸준한 연구도 내용적으로 대단히 미약해서, 그 책에서는 내가 다룬 여러 문제들의 가능성조차 예상하지 못하리라고 판단하지 않을 수 없었다. 나는 여기서 꿈에 관한 문제를 다루는 데 있어 나의 접근 방식에 가까운 저서 두 권만을 말해보려 한다. 젊은 철학자 H. 스워보다(Hermann Swoboda)는 빌헬름 플리스(Wilhelm Fließ)가 처음 발견한 생물학적 주기성(23일 및 28일을 1주기로 한다)이라는 생각을 심리적 사상(事象)에까지 확대 적용시켜서, 한 권의 공상적인 책[23] 속에서 이것을 열쇠로 꿈의 수수께끼를 풀려고 했다. 그러나 그는 꿈의 의미를 과소평가하는 것으로 보인다. 그는 꿈의 내용(자료)은 그 밤에 비로소, 혹은 몇 번째의 생리학적 주기의 하나를 완료하는, 모든 기억의 일치에 의해 설명된다고 보고 있다. 이 저자의 개인적인 한 보고를 읽고, 나는 처음에 저자 자신이 이러한 자신의 이론을 진지하게 주장할 생각이 없지 않은가 하고 상상했다. 그러나 이러한 나의 추측은 잘못되어 있었던 것 같다. 나는 다른 곳에서 스워보다의 주장에 대한 몇 가지 고찰을 보고할 생각인데, 이 고찰 또한 나에게 확실한 결론을 얻게 하지는 못했다. 이보다 기뻤던 것은 나의 주장의 핵심과 완전히 일치하는 꿈 해석을 예기치 않은 곳에서 발견한 것이다. 시기적으로 볼 때 그 견해가 나의 책을 읽고 영향을 받은 것 같지는 않았다. 그래서 나는 그 꿈 해석을 나의 꿈 이론의 본질과, 한 사람의 독립된 사상가와 문헌으로 실증해 보일 수 있는 유일한 일치로 보고 크게 기뻐하지 않을 수 없다. 내가 주목한 꿈 해석을 포함하고 있는 그 저서란, 1900년에 제2판이 나오고《어떤 현실주의자의 공상》이라는 표제로 링코이스가 간행한[24] 책이다.

---

[23] H. 스워보다가 쓴《인체의 주기》, 1904년.
[24] 런던판《프로이트 전집》제13권 가운데 '요제프 포파·링코이스와 꿈의 이론(1923년)' 참조.

보충(1914년)

앞의 해명은 1909년에 쓴 것이다. 그 뒤로 상황이 확실히 달라졌다. 나의 《꿈의 해석》은 이제 어떤 문헌에서도 무시되지 않게 되었다. 그런데 또 새로운 상황 때문에 나는 위에 기록한 문헌 보고를 제대로 계속하지 못하게 되었다. 《꿈의 해석》은 많은 새로운 주장과 문제들을 던져 주었으며, 이제 이것들은 많은 연구가들에 의해 여러 방법으로 논의되고 있다. 그 연구가들이 인용하고 있는 나 자신의 견해들을 다 말하기 전에는, 그 여러 연구를 소개하고 논평할 수는 없을 것이다.

아주 최근의 문헌으로서 나에게 귀중하다고 생각되는 것을 앞으로의 논술과 연결되는 것들 가운데에서 평가해 둔 것도 이 때문이다.

제2장 꿈 해석의 방법
표본의 분석

이 장(章)의 표제를 보면 내가 꿈을 해석함에 있어서 어떤 전통과 결부시키고자 하는가를 알 수 있을 것이다. 나는 꿈이 해석될 수 있음을 입증하고자 하는 것이다. 이제까지 다룬 꿈들에 관한 여러 문제들을 해결하는 데에 있어 내가 기여한 것이 있다면, 이는 나에게는 다만 내 본래의 과제를 해결하는 과정에서 얻어진 부산물의 의미밖에 갖지 못할 것이다. 꿈을 해석할 수 있다는 전제를 내세우므로, 나는 곧 지배적인 꿈 이론들, 다시 말해 셰르너의 이론을 제외한 모든 꿈 이론들과 정면으로 대립하게 된다. 왜냐하면 '꿈을 해석한다'는 것은 꿈에 '의미' 부여하는 것이며, 또 꿈을 우리 정신 활동의 연결 과정 속에 매우 중요한 항목으로서 그 가치를 인정하는 것이기 때문이다. 그런데 이미 본 바와 같이 지금까지의 학문적인 꿈 이론은 꿈 해석의 문제를 전혀 건드리려 하지 않는다. 이는 꿈이 학문적 꿈 이론가들에게는 어떠한 정신 활동도 아니며, 정신적 장치에 나타나는—신호 또는 상징으로서—신체적 과정일 따름이기 때문이다. 그러나 일반 사람들은 예로부터 이와는 다르게 생각해 왔다. 그들의 견해는 사물을 학문처럼 엄격하게 다루지 않는다는 당연한 권리를 이용하여, 꿈이 이해할 수 없는 황당무계한 것이라고 인정은 하나, 그렇다고 꿈에는 아무 뜻도 없다고 단정하지도 않았다. 막연한 예감에 이끌리게 하는 감춰진 의미라 할지라도 모든 꿈에는 뜻이 있으며, 다른 사고 과정의 대용물이 될 사명조차 있다. 그리고 꿈의 숨겨진 뜻을 찾아내려면 이 대용물을 어떻게 올바르게 발견하느냐가 문제라고 생각해 온 것으로 보인다.

그래서 예로부터 사람들은 꿈을 해석하려고 애써 왔다. 그리하여 근본적으로 다른 두 가지 방법을 사용했다. 첫째 방법은, 꿈 내용을 하나의 전체로 보고, 이것을 좀더 알기 쉽게 어떤 점에서는 원본과 비슷한 내용으로 바꾸어 놓아 보려고 한다. 이것이 '상징적' 꿈 해석이다. 물론 이 방법은 이해하기 어려울 뿐만 아니라 혼란스럽게 보이는 꿈을 만나면 처음부터 좌절을 겪게 된다. 예를 들면 구약성서에 나오는 요셉이 파라오(이집트 왕)의 꿈을 해석한 것과 같은 방법이 한 예이다. 몸이 여윈 일곱 마리 암소들이 와서 살찐 일곱 마리 암소들을 잡아먹어 버린다는 꿈인데, 이는 이집트에 7년 동안 계속된 풍년으로 비축된 풍성한 물자를 다음 7년 동안 기근이 와서 모두 먹어버린다는 것을 예언하는 상징적 내용이다. 작가들이 그려내는 인위적인 꿈의 대부분은 이러한 상징적 해석을 예상한다. 왜냐하면 이런 꿈은 시인들이 갖는 사상을 우리가 경험으로 잘 알고 있는 꿈의 성격에 알맞게 분장해서 묘사(재현)하고 있기 때문이다.[*1] 꿈은 주로 미래의 일과 관련되며 미래의 모습을 보여준다는 의견(일찍이 꿈을 통해 받아들인 예언적 의미의 잔재)은 상징적 해석으로 얻어진 꿈의 뜻을—무엇 무엇이 되리라는 표현으로—미래 속으로 옮겨 놓는 계기가 된다.

그러면 어떻게 그런 상징적 해석의 길을 찾아내는가? 여기에는 물론 이렇다 할 방법이 있을 수 없다. 여기서의 성공은 슬기로운 묘안, 순간적인 직관에 달려 있으므로, 상징에 의한 꿈 해석은 일종의 예술 활동처럼 특수한 재능 없이는 못할 것같이 보였다.[*2] 그런데 일반적으로 행해진 뚜렷한 꿈 해석 방법은 그다지 어려운 것이 아니었다. 이 방법은 '해독법'이라 해도 좋을 것이다. 왜냐하면 꿈을 일종의 암호문같이 다루기 때문이다. 여기에는 정해진 해독의 열쇠가 있어서 그것을 사용하면 어떤 암호라도 뜻이 알려져 있는 다른 기호로 번역된다. 예를 들면 내가 어떤 편지나 장례식과 관련된 꿈을 꾸었다고 하자. 그래서 나는 꿈 해석 책을 뒤져보고 '편지' 꿈은 '불쾌한 일', '장례식 꿈'은 '약혼'이라는 식으로 번역해야 한다는 것을 알게 된다. 이런 경우에 내가 할 일은 이런 해답에서 하나의 관련, 역시 미래에 연결된 관련을 만들어 내는 것이다. 이

---

*1 W. 옌젠의 소설 《그라디바》 속에서 나는 우연히 몇 가지 인위적인 꿈을 발견했다. 이것은 마치 픽션이 아니라 실제로 사람이 꾼 꿈같이 아주 잘 묘사되어 있어서 실제로 꿈을 꾸고 있는 것처럼 느껴진다. 내가 물었더니 옌젠은 나의 꿈 이론을 전혀 모른다고 했다. 그래서 나로서는 나의 연구와 이 작품 사이의 이러한 우연의 일치를 나의 꿈 해석이 옳다는 증거로 보려는 것이다(W. 옌젠의 《그라디바》 속에 나타난 망상과 꿈), 내가 편찬한 《응용 심리학 연구 논총》 제1권, 《전집(全集)》 제7권에 실림).

*2 아리스토텔레스는 이렇게 말하고 있다. 최고의 꿈 해석가는 유사점을 잘 파악하는 사람이다. 왜냐하면 꿈의 영상은 물에 비친 물건의 모습처럼 움직임에 따라 일그러져 있기 때문이다. 그리고 일그러진 모습에서 참된 것을 가려낼 수 있는 사람이 바로 꿈을 가장 잘 알아맞힌다.

해독법의 기계적 번역이라는 특징을 어느 정도 수정하고 변형시킨, 개정(改訂) 해독법이라는 흥미로운 방법이 '달디스의 아르테미도로스'가 쓴 꿈 해석에 관한 글에 나타나 있다.*3 이 개정 해독법에서는 꿈 내용뿐만 아니라 꿈꾸는 사람의 인물이나 생활 환경까지 고려하며, 같은 꿈의 요소라도 부자나 기혼자, 웅변가일 경우와 가난한 사람, 미혼자, 그리고 상인일 경우에 따라 꿈이 가지는 뜻에는 서로 차이가 있다고 한다.

이 방법의 가장 중요한 점은 해석 작업이 꿈 전체를 다루는 것이 아니라, 저마다 다른 평가를 해야 하는, 여러 종류의 돌들이 뭉쳐져 이루어진 암석처럼 꿈 내용의 하나하나가 개별적으로 해석되어야 한다는 데 있다. 이 해독법은 틀림없이 내용이 연결되지 않고 혼란스러운 꿈을 어떻게 해서든지 설명하려는 의도에서 나왔을 것이다.*4

---

*3 아마 2세기 초엽에 태어났으리라고 추정되는 '달디스의 아르테미도로스'는 그리스·로마 세계에서 가장 완전하고 자세히 꿈 해석의 모습을 후세에 전한 사람이다. Th. 곰페르츠가 지적했듯이 아르테미도로스는 관찰과 경험에 의거한 꿈의 해석을 중요시하고, 자신의 꿈 해석법을 다른 허위적인 해몽술들과 엄격하게 구별했다. 그의 꿈 해석법의 원리는 곰페르츠에 의하면 마술과 같은 연상의 원리이다. 꿈에 나오는 것은 사람에게 어떤 일을 시키는 것을 뜻하고 있다. 오해를 해서는 안 된다. 그것은 꿈을 해석하는 사람들로 하여금 머릿속에 떠오르게 하는 어떤 것이! 그러나 그 꿈의 요소는 해석자에게 여러 가지 잡다한 것을 상기시킬 뿐더러, 또 사람에 따라 상기하는 것도 다르기 때문에 거기에는 어쩔 수 없는 자의적인 것과 불확실성이 생긴다. 내가 다음에 설명하는 방법이 고대의 방법과 결정적으로 다른 것은 바로 다음과 같은 점에서이다. 즉 나의 방법은 해석 작업을 꿈꾼 사람 자신에게 시킨다는 점이다. 나의 방법은 꿈 해석자가 아니라, 꿈꾼 사람이 스스로 그 꿈의 요소들에 대해 생각하도록 이끌어가려는 것이다.—선교사 트피잉그드지트의 최근 보고에 의하면《안트로모스》 1913년), 동양의 현대 꿈 해석가들도 역시 꿈꾼 사람 자신의 도움을 중요시하고 있다는 것이며, 또 메소포타미아의 아랍사람들 간의 꿈 해석가에 관해 이렇게 보고하고 있다. '능숙한 꿈 해석가는 꿈을 바르게 판단하고 해석하기 위해 훌륭한 해석에 필요하다고 생각되는 사항은 모두 상대편에게서 듣는다.' 요컨대 꿈 해석가들은 모든 사정을 상대방에게서 찾고, 듣고 싶은 내용은 모두 들은 뒤가 아니고는 판단을 섣불리 내리지 않는다. 이런 질문 속에는 가족(부모·아내·아이들)에 관한 자세한 자료들이나 '어젯밤 자기 전 또는 오늘 아침에 동침하였는가?'라는 전형적인 질문의 공식이 반드시 있다.—꿈 점에 있어서 주요한 관념은 꿈을 그 반대물로 해석하는 일이다.

*4 알프레드 로비체크 박사는 우리의 빈약한 모방에 지나지 않는 동양의 꿈 해석 책이 꿈 요소의 해석을 대체로 말에 있어서 음의 동일성이나 유사성에 따라 해석하고 있다는 것을 나에게 가르쳐 주었다. 그러나 이러한 유사성을 유럽 말로 번역하면 부득이 그 뜻이 사라지게 되므로 일종의 번역인 유럽의 통속적인 '꿈 해석 책'은 난해해졌을 것이다.—고대 동양 문화

꿈이라는 주제를 학문적으로 다룰 때, 이상의 두 가지 통속적 해석방법이 쓸모가 없다는 것은 의심할 여지가 없다. 상징적 방법은 그 적용에 있어 자연히 제한적이며, 일반화된 설명이 불가능하다. 해독법에서는 무엇보다도 중요한 '열쇠', 즉 꿈 해몽서가 신뢰할 만한가 하는 것인데, 이에 대한 보증은 전혀 없다. 그러므로 철학자나 정신병 의사들의 말이 옳다는 생각에서 우리가 그들과 함께 꿈 해석의 문제를 공상적 과제로서 치부해버리려는 마음이 드는 것도 무리가 아닐 것이다.*5

그러나 나는 한 가지 오류를 깨닫게 되었다. 흔히 알고 있듯이 어떤 정황이 문제가 된다는 사실을 통찰하지 않을 수 없다. 그것은 오늘날 통용되고 있는 학문적 판단보다는 예로부터 완고하게 믿어 온 민간의 미신 쪽이 진실에 더 가깝게 있는 듯이 보이는, 드물지 않은 사례들이 있다는 것이다. 나로서는 꿈이 실제로 의미를 지니며 또한 꿈 해석의 학문적 방법이라는 것은 가능하다고 주장하지 않을 수 없다. 이런 방법을 알게 된 것은 다음과 같은 과정을 통해서였다.

몇 해 동안 나는 치료학적 관점에서 어떤 정신 병리학적 형성물, 즉 히스테리성 공포증, 강박관념 등의 해결에 힘써 왔다. 이는 조셉 브로이어(Josef

권에서 말의 비슷한 음이나 재담이 갖는 큰 뜻에 대해서는 휴고 빙클러의 저서를 참고하면 될 것이다. 예로부터 전해오는 꿈 해석에 있어 가장 훌륭한 예는 언어의 놀음에 기인한다. 아르테미도로스는 이렇게 말하고 있다(255면). "그러나 아리스탄드로스가 마케도니아의 알렉산드로스에게 준 꿈 해석은 참으로 훌륭한 것이었다고 나에게는 생각된다. 알렉산드로스가 티로스를 포위하고 있을 때, 아무리 기다려도 해결이 나지 않아 불쾌해서 몹시 우울해하고 있었다. 그때, 자신의 방패 위에서 사티로스 신이 춤을 추는 꿈을 꾸었다. 때마침 아리스탄드로스는 시리아 원정에 나선 왕을 수행하여 티로스 부근에 있었다. 그런데 아리스탄드로스는 사티로스라는 말을 '사'와 '티로스'로 분해함으로써 왕으로 하여금 포위 공격을 한층 더 강화시키는 데에 성공하여 드디어는 이 도시를 함락시켰다."(사티로스는 '티로스는 너의 것'이라는 뜻).—어쨌든 꿈이란 언어표현에 아주 밀접하게 결부되고 있으므로 페렌치가 어느 나라 말에도 고유한 꿈의 언어가 있다고 한 것은 옳다. 꿈은 일반적으로 다른 나라 말로 번역하기 어려우므로 이 책도 역시 번역하기 어려우리라고 생각했다. 그럼에도 뉴욕의 A.A. 브릴 박사가 처음으로, 그리고 그에 이어서 다른 나라 사람들이 이 《꿈의 해석》의 번역에 성공하고 있다.

*5 이 원고를 끝낸 뒤에, 꿈에는 의미가 있으므로 해석할 수 있다는 사실을 증명하려는 의도에서 나의 작업과 일치하고 있는 스툼프의 저서를 읽어보게 되었다. 그러나 거기서 볼 수 있는 해석은 방법의 보편타당성에 대한 보증이 아니라 전적으로 비유적 상징성에 의거하고 있다.

Breuer)의 중요한 보고에 따라 병 증세로 느껴지는 이 형성물을 해명(解明, 설명)하는 일과 해소(解消)하는 일이 서로 일치한다는 사실을 알게 된 뒤의 일이다.[6] 이런 병리학적 관념은 그 관념을 자아내게 한 환자의 정신 생활에 있는 본래의 요소들로 추적될 수 있을 경우에는 소멸되어 버리므로, 환자는 그런 관념에서 해방된다. 우리의 치료학적 노력은 대개는 무력하며, 정신 병리학적 상태는 수수께끼에 싸여 있기 때문에, 나는 모든 어려움을 무릅쓰고 브로이어가 걷기 시작한 길을 전면적인 해석과 설명이 이루어질 때까지 어디까지나 걸어볼 생각이었다. 이 절차의 기법(技法)이 궁극적으로 갖추게 된 모습과 이 노력의 성과에 대해서는 다른 기회에 상세히 다룰 것이다. 그런데 이런 정신 분석적 연구를 진행시켜 가는 동안 나는 꿈 해석 문제에 맞닥뜨린 것이다. 나는 환자들에게 어떤 일정한 테마에 대해 그들의 마음에 떠오른 생각을 빠뜨리지 말고 이야기해 달라고 일러두었다. 그리고 그들은 자기들이 꾼 꿈 이야기를 해 주었다. 그 결과 꿈이라는 것은 어떤 병적 관념으로부터 거꾸로 기억을 더듬어 찾아갈 수 있는, 심리적 연쇄 속에 넣을 수 있는 것임을 알게 되었다. 따라서 꿈 자체를 하나의 병 증세와 같이 다루어, 정신 질환의 해석 방법을 꿈에 적용시켜 보면 어떨까 생각하게 되었다.

그런데 그렇게 하기 위해서는 환자에게 어느 정도 마음의 준비를 시켜야만 했다. 즉 환자는 첫째로 자신의 심리적 지각에 대해 주의력을 높이고, 둘째로 자신의 뇌리에 떠오르는 상념에 대해 비판을 가하는 일을 중지하도록 노력해야 한다. 주의력을 집중하고 자기 관찰을 하기 위한 목적을 위해서는 환자가 조용한 자세로 눈을 감는 것이 유리하며, 또 뇌리에 지각된 사고를 비판하지 않도록 의사가 환자에게 엄격하게 명령해 둘 필요가 있다. 다시 말해 이렇게 말해주면 된다. "정신 분석의 성공 여부는 당신이 자기 머리에 떠오른 것을 모두 잘 주의해서 말해 주느냐 않느냐에 달려 있다." 그리고 이것은 별로 중요하지 않을 것 같다든가, 지금의 문제와 관계가 없다고 생각하든가 해서 어떤 생각을 억제해 버리거나, 너무 터무니없는 일이라고 생각해서 어떤 일을 보고하지 않는 따위의 일이 절대로 있어서는 안 된다. 환자는 자기 마음속에 떠오른 일에 대해 아주 중립적 태도를 취해야 한다. 왜냐하면 당신의 정신 분석이

---

[6] 브로이어와 프로이트 공저 《히스테리 연구》.

성공하지 못한다면, 다시 말해 꿈이나 강박 관념, 그 밖의 것을 잘 해소시키지 못한다면, 그것은 바로 당신이 자기 머리에 떠오른 생각에 비판을 했기 때문이다.

정신 분석 작업을 하는 도중에 나는 생각에 잠겨 있는 사람의 심리적 상태가 자기 마음의 움직임을 관찰하는 사람의 심리적 상태와는 전혀 다르다는 것을 알게 되었다. 심사숙고할 때에는 주의 깊게 자기 관찰을 하고 있을 때보다 정신 활동이 더 왕성하다. 그 차이는 심사숙고하고 있는 사람은 표정을 긴장시키고 이마에 주름살을 짓고 있는 데 반해, 자기 관찰에 잠겨 있는 사람은 조용한 태도를 짓고 있는 것으로 알 수 있다. 두 경우 모두 주의력을 집중하고 있다는 점에 있어서는 일치하고 있다. 그러나 생각에 잠겨 있는 사람은 그 외에도 무엇인가 비판적 태도를 취하고 있는 것이므로, 그 비판에 따라 머리에 떠오르는 것을 먼저 지각한 뒤에 그 중 어떤 것을 물리치거나 중단하든지 하여 자신에게 곧 펼쳐지려는 상념의 길을 순순히 따르지 않으며, 이어지는 또 다른 상념들에 대해서는 그 상념들이 결코 의식조차 하지 못하게, 즉 상념들이 지각되기도 전에 억압해 버리는 것이다. 이에 반해 자기 관찰자는 처음부터 그런 비판을 억압하기 위해 노력한다. 그러면 파악하지 못했던 상념들이 그의 의식에 무수히 떠오르게 된다. 이와 같이 자기지각(自己知覺)에 있어 새로 획득한 이 자료의 도움을 빌려 병적 관념 및 꿈의 형성물을 해석할 수 있게 된다.

두말할 것도 없이 여기서 문제가 되는 것은 정신적 에너지(유동적인 주의력)의 분배에 있어서 잠자기 전의 상태(그리고 분명한 최면 상태)와 비슷한 정신적 상태를 만들어 낸다는 데에 있다. 잠을 잘 때에 우리는 관념들의 흐름에 있어 어떤 고의적인(그리고 확실히 비판적인) 활동이 둔해지면서 자기 의지와는 관계없이 어떤 관념들이 떠오르게 된다. 이런 비판적 행위가 중단되는 원인으로서 우리는 흔히 '피로'를 예로 든다. 이렇게 떠오르는 관념들은 시각적 형상이나 청각적 형상으로 바뀐다(이 책에 인용된 슐라이어마허의 의견 등을 참조).[7]

꿈이나 병적 관념의 분석 과정에서 사람들은 의도적으로 위에서 말한 적극성을 단념하고, 이로써 축적된 정신적 에너지를(혹은 그 일부분을) 관념으로서

---

[7] H. 질베러는 관념들이 시각적 형상으로 변화하는 과정을 직접 관찰함으로써, 꿈 해석에 중요한 공헌을 했다(정신분석학 연구 연보 제1·2권).

의 성격을 유지하고 있는(여기서는 잠들어 있을 때와는 다른) 자기 의지와는 관계없이 떠오르는 상념들을 주의 깊게 추적하기 위해 이용한다. '이렇게 하여 자기 의지와 관계없이 떠오르는, 이러한 불수의적(不隨意的) 관념들은 이제 수의적(隨意的) 관념들로 바뀌게 된다.'

평상시에 행해지는 비판적 태도를 버리고 이렇게 상념(생각)들이 자유로이 떠오르도록 유지한다는 것은 많은 사람들에게 결코 쉬운 일이 아니다. 이러한 상념들은 그것이 떠오르려는 것을 저지하려는 격렬한 저항에 부딪치는 것이 보통이다. 그러나 우리가 만일 위대한 시인이자 철학자인 실러의 말을 믿는다면, 시인의 창작도 이와 똑같은 태도를 요구한다. 친구 쾨르너와 교환한 편지의 한 구절에서(이 구절을 발견한 이는 오토 랑크이다) 실러는 쾨르너가 자기의 창작 능력이 부족함을 탄식한 데 대하여 이렇게 답하고 있다. "당신의 탄식 원인은 아무래도 당신 오성(悟性, 또는 理性)이 상상력을 강요하고 있는 때문인 것 같소. 나는 여기서 한 가지 생각을 비유로 설명하겠소. 오성이 흘러오는 관념들을, 말하자면 입구에서부터 너무 엄격하게 따져보려는 건 창조적인 일에 불리한 것 같소. 한 관념을 따로 떼어서 생각하면 매우 하찮은 관념도 있을 것이며, 매우 대담한 관념도 있겠지요. 하지만 그런 하나하나의 관념은 뒤이어 일어나는 다른 관념들에 중요한 작용을 하게 되어, 하찮은 것이라 여겨지는 다른 여러 관념들과 어떠한 방식으로든지 결합하여 대단히 유익한 상념이 될 것입니다. 그런 하찮아 보이는 관념들이 다른 관념들과 결합한 모습을 바라볼 수 있을 때까지 그 관념을 단단히 붙잡고 있지 않으면 이 모든 것을 오성은 판단할 수가 없을 것이오. 이에 반해 창조적인 두뇌가 있는 곳에서는, 오성(悟性)이 문턱에서의 검열을 게을리하여, 관념들이 어지럽게 흘러들어오는 것을 전체적으로 바라보며 살피고 음미할 것입니다. 비판적인 당신은 순간적으로 일어나는 상념을 부끄러워하거나 두려워하고 있소. 그러나 그런 상념이야말로 모든 독창적인 예술가들에게서 찾아볼 수 있는 일이며, 그 상념이 오래 지속하느냐 짧게 끝나느냐 하는 것이 생각하는 예술가와 꿈꾸는 사람을 구분 짓는 것입니다. 그러므로 자신에게 재능이 없다고 탄식하는 것은 스스로 너무 빨리 거부를 하거나, 너무 엄격하게 구분 짓는 데서 일어나는 일이오"(1788년 12월 1일자 편지).

그럼에도 실러의 이른바 오성의 문턱에서 경계를 늦추는 일, 즉 무비판적 자기 관찰은 결코 어려운 게 아니다.

나의 환자 대부분은 단 한 마디를 일러 놓았을 뿐인데도 문제없이 이에 성공을 했다. 나 자신도 여러 가지 생각한 것들을 종이에 써 가며 이러한 상태를 유지하기만 하면 완전히 그런 상태에 몸을 둘 수가 있다. 비판적 태도를 내려놓음으로써 얻어지는 정신적 에너지의 양, 그리고 그것에 의해 자기 관찰의 강도를 높일 수 있는 정신적 에너지의 양은 개인이 주의를 집중하는 대상에 따라 현저하게 달라진다.

이 방법을 실제로 해보고 가장 먼저 알게 된 것은, 전체로서의 꿈이 아니라 꿈 내용의 개개의 부분들을 주의할 대상으로 삼아야 한다는 점이었다. 아직 익숙지 못한 환자에게 이 꿈에 대해 어떤 생각이 떠오르냐고 물으면, 대개 그 환자는 자신의 정신적 시계(視界) 안에서 아무것도 파악하지 못한다. 그래서 내가 그 꿈을 부분 부분으로 쪼개어서 제시하면, 환자는 그 꿈 부분의 '배후의 생각'이라고도 할 수 있는 일련의 상념을 나에게 알려 주었다. 즉 이 첫 번째 중요한 조건에서 내가 행한 꿈 해석 방법은 전부터 잘 알려져 있는 상징에 의한 통속적인 꿈 해석 방법과는 다른 것으로, 둘째 방법인 '해독법'에 가까워진다. 나의 방법은 해독법과 마찬가지로 전체적 판단이 아니라 부분에 있어서의 판단이다. 이것은 해독법과 마찬가지로 꿈을 처음부터 어떤 합성된 것, 심리적 형성물의 혼합체로서 파악하고 있는 것이다.

노이로제 환자의 정신 분석을 하면서 나는 아마 1천 개 이상 꿈 해석을 했을 것이다. 그러나 그 자료들을 여기에서 꿈 해석의 기술이나 이론을 위해 인용하고 싶지는 않다. 그것은 정신병자의 꿈이므로 건강한 사람의 꿈으로 소급하여 추론할 수 없다는 이유 때문이기도 하지만, 그보다도 다른 이유에서 나는 지금 그 자료들을 쓸 수가 없다. 이 꿈들은 사실 그 목표로 하고 있는 주제가 언제나 신경증의 배경이 되는 병력임은 말할 것도 없다. 따라서 어떤 꿈을 들더라도 말할 수 없이 긴 서론과 정신신경증의 본질, 병리학적 조건들에 대해 검토할 수 있다. 왜냐하면 그 자체가 새롭고 아주 낯선 문제들이므로 그 때문에 독자의 주의를 흐트려 놓을 우려가 있기 때문이다. 내가 의도하는 것은 오히려 꿈의 분석을 통하여 신경증에 관련된 어려운 문제들을 해결하기 위한 준비 작업에 있다. 그러나 만일 내가 주로 소유하고 있는 자료인 신경증 환자의 꿈에서 손을 놓게 되면, 그 나머지 것들에 대해서 선택의 폭이 좁아진다. 남는 것들이란 단지 이따금 만나는 건강한 친지로부터 듣는 꿈 이야기라든가, 꿈 생활을 다룬 문헌에 실린 실례 같은 것들뿐이다. 그런데 유감스럽게도 그런 꿈들은 꿈의 뜻을 찾아내기 위해 필요한 분석들이 없다. 나의 방법은 주어진 꿈 내용을 정해진 열쇠에 따라 해독해 나아가는 통속적인 해독법과 같이 그렇게 편한 것은 아니다. 오히려 같은 꿈 내용이라도 그 꿈을 꾼 사람이나 다른 상황들과의 관련성에 따라 또 다른 뜻이 감춰져 있을 수 있다고 생각한다. 그래서 나는 결국 내가 꾼 꿈을 자료로 삼기로 했다. 내가 꾼 꿈은 풍부하고 접하기 쉬우며, 대체적으로 정상적이라 해도 좋을 사람이 꾼 꿈인데다가 임상 생활의 여러 계기들과도 관련되어 있다. 그러나 이러한 '자기 분석'의 신빙성에 의심을 품는 사람들도 틀림없이 있으리라. 그런 꿈을 가지고는 제멋대로의 해석이 될 수 있다고 그들은 말할 것이다.

그러나 나로서는 자기 관찰을 하는 편이 타인을 관찰하는 것보다 오히려 상황이 유리하다고 생각한다. '어쨌든 꿈 해석에 있어서 어느 정도까지 자기 분석을 할 수 있는가를 한번 시험해 보는 것도 좋을 것이다.

사실 나 자신이 마음속으로 극복해야 하는 것은 이것과는 다른 어려움이다. 뭐라고 해도 자신의 마음속에 감추어진 사적인 것들을 밖으로 드러낸다는 것은 주저될 뿐만 아니라 다른 사람으로부터 어떤 오해를 받는지 모르기 때문이다. 그러나 그런 것쯤은 무시할 수 있어야 한다. 델뵈우프는 "모든 심리학자들은 어쩔 수 없이 자신의 여러 약점들을 고백하게 되어 있다. 만일 그로써 어떤 해결되지 않은 문제에 해결의 빛을 던질 수만 있다고 믿는다면"이라고 쓰고 있다.

그리고 독자들도 처음에는 나의 부득이한 고백에 흥미를 가질는지는 모르나, 얼마 안가서 그것에 의해 비쳐지는 심리학적 여러 문제들 속으로 점점 끌려들어갈 것이다.[*8]

그래서 나는 나 자신의 꿈을 한 가지 *끄집어내어* 그것으로 나의 해석 방법을 밝혀 나가기로 하겠다. 이런 꿈들은 모두 배경 설명이 필요하다.

[*8] 나는 위에서 말한 것을 제한하려는 뜻에서, 나 자신의 꿈에 관해 완전한 해석을 보고한 일은 거의 없다. 내가 독자의 분별력을 그다지 신뢰하지 않았던 것은 아마도 잘한 일이라고 본다.

그러나 내가 여기서 독자들에게 부탁해 둘 것은, 잠시 동안은 나의 관심을 독자 자신의 관심으로 받아들이고, 나와 함께 내 생활의 자질구레한 세부적 사항들에까지 헤치고 들어와 주기를 바란다. 왜냐하면 꿈의 숨겨진 뜻을 알기 위해서는 확실히 마음을 하나로 만들어야 하기 때문이다.

배경 설명

1895년 여름, 나는 어떤 젊은 여자에게 정신 분석을 해주었는데, 이 여자는 나와는 물론이고 나의 가족들과도 매우 친한 사이였다. 이런 복잡한 관계란 의사, 특히 정신분석 의사에게는 여러 가지로 마음을 흥분시키는 원천이 되기 쉽다는 것을 독자들도 짐작하리라 믿는다. 의사의 개인적 관심이 보통 환자의 경우보다 크면, 의사의 권위는 떨어지게 된다. 실패라도 하는 날에는 환자 가족들과의 오랜 우정에 금이 갈 우려도 있다. 치료는 부분적인 성공으로 끝나, 환자의 히스테리성 불안은 없어졌으나 그 신체적 증세가 모두 없어진 것은 아니었다.

그즈음 나는 아직 히스테리성 병력의 최종적 해결을 이끌어내는 여러 판단 기준에 대해서 완전한 확신을 얻지 못하고 있었다. 그래서 어떤 환자에게 하나의 해결 방법을 제시했으나, 그것이 그 여자에게는 받아들이기 어려운 것 같았다. 이런 어중간한 상태에서 여름이 되었기 때문에 우리는 치료를 중단했다.

어느 날 나와 가장 친한 친구인 젊은 동료 의사가 찾아왔다. 이 친구는 나한테 오기 전에 내가 치료해 준, '일마'라는 그 여자 환자와 그 가족들이 가 있는 시골로 찾아갔었다. 일마의 상태를 물었더니, 전보다는 나았지만 완쾌되지는 않았다는 대답이었다. 나는 이 '오토'라는 친구의 말투에 다소 불쾌감을 느꼈다. 나는 그의 말을, 내가 그 환자에게 한 약속이 좀 지나쳤었다는 비난의 뜻으로 받아들였다. 그리고 그것이 옳건 그르건 오토가 나에 대해 반대 입장에서 있는 듯한 태도를 보이는 것은 환자 가족들의 영향 때문일 거라고 생각했다. 환자의 가족들이 나의 치료를 결코 호의적인 눈으로 보고 있었던 것 같지 않았기 때문이다.

그러나 이러한 불편한 느낌은 나 자신에게도 그리 뚜렷이 다가오지는 않았으므로 나는 그것을 밖으로 드러내지 않았다. 그날 밤 나는 일마의 병력을 썼다. 그것은 나 자신을 정당화하려는 뜻에서 우리 둘 모두의 친구인 M박사에게 보이기 위해서였다. 이 M박사란 사람은 그즈음 우리 친구들 모임에서 주도적 역할을 하는 인물이었다. 그날 밤(아마도 새벽녘에) 나는 다음과 같은 꿈을 꾸었다. 눈을 뜨자마자 나는 이 꿈의 내용을 적어 두었다.[9]

1895년 7월 23일에서 24일에 걸친 꿈

'넓은 홀. 우리는 많은 손님들을 접대하고 있다. 손님들 사이에 일마도 있었다. 나는 일마를 한쪽으로 데리고 가서, 그녀의 편지에 대해 답을 해주고 그녀가 예의 '해결 방법'을 아직도 받아들이려 하지 않는 점을 비난한다. 나는 이렇게 말한다. "아직도 아프다지만, 그건 사실 당신 탓이오." 그러자 일마가 대답한다. "내가 지금 얼마나 아픈지 모르실 거예요. 목과 위와 배를 꼭 조르고 쥐어짜는 것만 같아요." 나는 놀라서 일마의 얼굴을 응시한다. 창백하고 부어 있는 것 같다. '그럼 역시 내장 기관의 병을 내가 모르고 지나친 것이 아닌가?' 하고 생각한다. 창가로 데리고 가서 일마의 목 안을 진찰한다. 일마는 마치 의치를 한 여자들이 곧잘 그러듯이 약간 싫어하는 빛이었다. '싫어할 필요가 없는데' 하고 나는 생각한다. 그리고 입을 크게 벌리게 했다. 오른쪽에 큼직한 반점 하나가 보인다. 또 다른 곳에 뚜렷하게 코의 하갑개골(下甲介骨)을 본뜬 것 같이 묘한, 말려든 듯한 모양의 널리 퍼진 회백색의 커다란 딱지가 보인다. 나는 급히 M박사를 불러온다. M박사는 나처럼 진찰을 한 번 하고 나서 틀림없다고 한다. ……M박사는 보통 때와 모습이 전혀 달라 보인다. 창백한 얼굴에 다리를 절고 턱에는 수염이 없다. 친구 오토도 그때 일마 옆에 서 있다. 그리고 친구인 레오폴트 또한 일마의 작은 몸을 진찰하고 나서 왼쪽 아래서 탁음이 들린다면서 왼쪽 어깨 피부의 침윤된 부분을 가리킨다(이것은 나도 그와 마찬가지로 일마가 옷을 입고 있는데도 느낄 수 있었다). M박사가 말한다. "틀림없이 전염병이지만, 대단한 건 아냐. 이질 증상이 나타나면서 독성 물질이 배출될 거야." 어디서 이 전염병이 왔는지 우리는 알고 있다. 일마가 병이 나자마자 오토가 프로필 약제 주사를 놓았던 것이다. ……프로필렌……프로피온산(酸)……트리메틸아민(크게 활자화된 화학구조식이 내 눈앞에 나타난다) 이런 주사는 경

---

[9] 이것은 내가 자세하게 해석한 첫 번째 꿈이다.

솔하게 놓아서는 안 되는 법인데, 틀림없이 주사기 소독도 불완전했을 것이다.'

이 꿈에는 다른 꿈에 비해 한 가지 장점이 있다. 이 꿈이 전날의 어떤 일과 결부되고 있는가, 그리고 또 어떤 주제를 다루고 있는가가 곧바로 밝혀진다는 점이다. 서문을 보면 그 점을 알 수 있다. 내가 일마의 상태에 대해서 오토에게서 얻은 보고, 밤늦게까지 쓴 병력 등이 잠자는 중에도 내 마음(정신)의 활동을 계속하게 한 것이다. 그럼에도 배경 설명과 이 꿈의 내용을 알고 있는 사람으로서 이 꿈이 무엇을 뜻하고 있는지 짐작할 수 있는 사람은 없을 것이다. 나자신도 모르겠다. 일마가 꿈속에서 호소한 증세들이, 내가 그녀를 치료한 그 증상들과 다르다는 것부터가 이상하다. 또 프로피온산 주사를 놓는다는 그런 어리석은 생각과, M박사가 말한 위로의 말을 생각하고 웃음을 터뜨리고 말았다. 이 꿈은 처음보다도 끝으로 가까워질수록 모호하게 뒤죽박죽이 되어 있는 것 같다. 이 모든 뜻을 알기 위해서 나는 철저한 분석을 해야겠다는 생각이 들었다.

분석

'홀. 많은 사람들을 접대하고 있다.' 그해 여름 우리는 카렌벨그에 잇닿은 한 언덕 위에 외따로 떨어져 있는 집, 벨르뷰에서 지냈다. 그 집은 전에는 유흥장 소였다. 방마다 모두 홀 방식으로 천장이 높았다. 이 꿈은 벨르뷰 집에서 꾼 것이었다. 바로 내 아내의 생일을 며칠 앞둔 날이었다. 그날 아내는 생일날 많은 친구들을 초대하겠다고 말했었다. 초대 손님들 가운데 일마가 있었다. 그래서 나의 꿈은 그때의 상황을 미리 나타내고 있다. 즉 그것은 아내의 생일날 일어난 일로서, 일마를 포함한 많은 손님들을 벨르뷰의 홀에서 맞는 것이다.

나는 '일마가 예의 '해결 방법'을 아직도 받아들이려 하지 않는 것을 비난한다. 나는 이렇게 말한다. "아직도 아프다지만, 그건 사실 당신 탓이오." 그 말은 깨어 있을 때에도 일마에게 할 수 있는 말이며, 어쩌면 실제로 그렇게 말했는지도 모른다. 나는 그즈음, 나의 임무는 환자의 증세가 갖는 숨겨진 뜻을 그들에게 말해 줌으로써 끝나는 것이며, 그러한 증세를 치료할 수 있는 해결 방법을 환자가 받아들이느냐 않느냐에 대해서까지 책임을 질 필요는 없다는 의견 (나중에 이것이 옳지 않다는 것을 알았다)을 가지고 있었다. 불가피한 일이었다고는 하나, 치료 효과를 거두어야만 했던 시대에 나의 생존을 약간이나마 편하게 해준 것은, 이제는 다행히도 극복된 이 오류 덕분이었다. 그러나 내가 꿈에서 일마에게 한 말에서, 아직 일마가 아픈 데가 있더라도 거기에 대해 책임을 지고 싶지 않다는 사실을 인정하는 것이다. 그것이 일마 자신의 탓이라면, 그때는 내 책임이 될 수 없는 것이다. 이렇게 분석해 나간다면 그 꿈의 의도를 찾을 수 있을까

'일마의 호소. 목·배·위의 아픔, 조르며 쥐어짜는 것 같은 아픔.' 위 통증은 일마의 증세 가운데 하나였다. 그러나 이것은 그리 대단한 것은 아니었다. 오히려 일마가 호소하던 것은 가슴이 답답한 것과 구토증이었다. 목과 배의 아픔, 목의 협착감은 일마에게 거의 없었다. 왜 내가 꿈속에서 이런 증상을 골라냈는지 이상했다. 당장에는 그 까닭을 알 수 없었다.

'창백하고 부은 것 같다.' 일마는 언제나 혈색이 좋았다. 아무래도 어떤 다른 사람이 일마로 바뀐 것 같다.

'내장 기관에 무슨 병이 있는 것을 모르고 지나친 것이 아닌가 생각하고 깜짝 놀랐다.' 이는 평소에 거의 신경증 환자만을 보고 있었기 때문에, 다른 의사 같으면 기관의 질병으로 치료를 할 만한 현상들을 히스테리 증세 탓으로 돌리는 데에 습관이 되어 있는 특수한 전문 의사의 가슴속에 언제나 사라지지 않는 불안의 하나이다. 한편으로는 나의 놀라움, 불안이 과연 정직한 것인가 하는 가느다란 의심에(이 의심이 어디서 비롯된 것인지는 나도 모르나) 사로잡히게 된다. 일마의 아픔이 기관 장애라는 원인 때문이라면, 그것이 낫지 않는다고 해서 나에게 책임은 없을 것이다. 나의 치료는 계속 히스테리성 고통을 제거하는 데에 있었으니까. 그래서 진단이 잘못된 것이라면 좋을 텐데, 하는 생각도 사실은 하는 것이다. 그렇다면 치료의 실패에 대한 비난은 면할 수 있기 때문이다.

'창가로 데리고 가서 목 안을 진찰한다. 일마는 약간 싫어한다. 마치 의치를 한 여자들이 곧잘 그러하듯이. '싫어할 필요가 없는데' 하고 나는 생각한다.' 실제로 일마의 입속을 진찰한 일은 한 번도 없었다. 꿈속의 이 과정은 얼마 전에 진찰한 일이 있는 여자 가정교사의 말을 떠오르게 한다. 이 여자는 처음에 상당히 젊고 미인이라는 인상을 받았는데, 입을 벌리게 했더니 치열을 감추려고 했다. 이 사례에 결부되고 있는 것은 진찰이나 조그만 비밀의 다른 기억으로

서, 이것은 밖으로 폭로되어 봐야 의사나 환자나 별로 대수롭지 않은 일이다. '싫어할 필요가 없는데'라고 생각한 것은 아마도 예의상 일마에게 던지는 말이지만, 또 하나 다른 뜻이 있었다고 나는 추측한다. 주의해서 분석해 보면, 예측할 수 있는 모든 배경적 생각들이 철저히 파헤쳐졌는지 아닌지의 여부를 알 수 있다. 창가에 서 있는 일마의 모습은 갑자기 어떤 다른 일을 생각나게 했다. 일마에겐 여자 친구가 한 명 있었는데, 나는 그 여자를 매우 존경하고 있었다. 어느 날 저녁 내가 이 여자를 찾아갔더니 꿈에서 본 상황 그대로 그녀는 창가에 서 있었다. 그녀의 주치의가 바로 그 M박사였는데, M박사는 그녀에게 디프테리아 성(性) 위막이 있다고 말했다. 즉 M박사와 위막이 나의 꿈속에 나타난 것이다. 그때 나는 갑자기 내가 지난 몇 달 동안 이 여자도 일마와 마찬가지로 히스테리라고 진단할 수 있는 충분한 이유들이 있다고 생각했던 사실을 깨달았다. 그렇다, 일마가 그 말을 했던 것이다. 나는 이 여자의 상태에 관해 무엇을 알고 있었던가? 한 가지 확실한 것은 그 여자가 꿈속의 일마처럼 목을 조르는 것 같은 히스테리성 망상 때문에 고통받고 있다는 사실이다. 즉 나는 꿈속에서 일마를 그 여성으로 바꿔 놓고 있었던 것이다. 그러고 보니 나는 이 여자의 히스테리를 고치기 위해 언젠가는 내가 치료를 담당하게 될 것이라고 종종 내 멋대로 추측을 했던 일이 생각났다.

그러나 그런 일은 있을 것 같지 않다고 다시 생각했다. 그 여자가 매우 부끄러워했기 때문이다. 꿈이 보여 주듯이 그 여자는 '싫어한다.' 설명 방법을 달리바꾼다면, 그 여자는 '그럴 필요가 없다'는 것이 된다. 사실 이 여자는 그때까지 아주 건강해서 별로 의사의 수고를 끼칠 필요가 없는 상태였다. 그러나 아직 일마의 일도, 일마 친구의 일도 아닌 일이 조금 남아 있다. 창백한 것, 부어 있는 것, 의치 등이 그것이다. 의치는 그 여자 가정교사를 생각나게 했다. 의치에 대한 것은 그 치열이 고르지 못한 가정교사의 이빨로 생각하면 되겠다고 마음먹던 순간 문득 다른 사람이 머리에 떠올랐다. 이 사람이라면 이 일이 적용될 것 같다. 이 여자도 역시 내 환자가 아니다. 그 여자는 내 앞에서는 언제나 수줍어했기 때문에, 내 환자가 되면 진료하기 힘들 거라고 생각했었다. 안색은 늘 창백했으며, 언젠가 특히 건강이 좋지 않았을 때에는 몹시 부어 있었다.*10 그래서

---

*10 원인을 잘 알 수 없는, 배가 아프다는 호소도 이 제3의 여성에게 돌릴 수 있을 것 같다. 지금 문제가 되는 여인은 사실은 내 아내이다. 복통은 그녀의 부끄러워하는 모습을 뚜렷이

나는 내 환자인 일마를 다른 두 여자와 비교하고 있었던 것이다. 이 두 사람 다 진찰받기를 싫어하는 여자들이다. 내가 꿈속에서 이 두 사람과 일마를 바꾼 것은 어떤 의미가 있는 것일까? 아마 내가 이 두 사람을 환자로 삼고 싶었는지도 모른다. 일마가 아닌 그 다른 여자 쪽이 나에게 더 강한 공감을 불러일으켰거나, 아니면 그 여자의 지성을 더 높이 평가했는지도 모른다. 나는 일마가 나의 해결 방법을 받아들이지 않기 때문에 어리석다고 생각하고 있다. 다른 여성 쪽이 더 영리하니까 내 말을 잘 들을 것이다. 그러니 이 여자가 입도 잘 크게 벌렸을 것이고, 일마보다 훨씬 더 많은 것들을 말해줬을 것이다.[*11]

'목구멍에서 내가 본 것은 흰 반점과 딱지 앉은 코 하갑개골.' 흰 반점은 디프테리아와 일마의 친구를 떠오르게 했으며, 이 밖에도 2년 전 나의 큰딸이 앓았던 중병과 그때의 여러 가지 무서운 일들이 생각났다. 딱지 앉은 코의 하갑개골은 나 자신의 건강에 대해 염려했던 때를 떠오르게 한다. 그때 나는 코의 점막 종창 때문에 종종 코카인을 쓰고 있었는데, 바로 며칠 전에 나와 같은 환자의 코 점막에 괴저(壞疽)가 생겼다는 말을 들었다. 1885년 코카인 사용을 장려했을 때 나는 심한 비난을 받았다. 1895년(꿈을 꾼 날) 이전에 세상을 떠난 친구 한 사람은 코카인 남용 때문에 그 죽음을 재촉하고 말았다.

'나는 급히 M박사를 불렀다. M박사는 나도 나처럼 진찰을 되풀이했다.' 이것은 M박사가 우리 모임에서 차지하는 위치를 말해 주고 있을 뿐인지도 모른다. 그렇지만 '급히'라는 이 부분이 좀 이상하므로 특히 설명이 필요하다. 이것은 나에게 의사로서의 어떤 슬픈 체험을 떠오르게 한다. 전에 나는 당시 아직 해가 없다고 믿어진 약품(설포날)을 계속 투약하여 그 여자 환자에게 무서운 중독증을 일으키게 했는데, 당황한 나머지 경험 있는 선배 동료에게 도움을 청한 일이 있었다. 내가 이 사례를 염두에 두고 있었다는 것은 어떤 부차적인 상황들에 의해 확인되었다. 중독증에 걸린 그 여자 환자는 나의 맏딸과 이름이

보게 된 어떤 사건을 떠오르게 한다. 고백해 두지만, 나는 이 꿈속에서 일마와 아내에게 그다지 친절하게 대하지 않았다. 한 마디 변명을 하자면, 나는 이 두 사람을 착하고 말 잘 듣는 이상적 환자를 기준으로 평가해서 다루었다.

[*11] 아무래도 이 부분의 해석은 감추어진 모든 의미를 더듬을 만큼 충분히 이루어져 있지 않은 것같다. 만일 세 여성의 비교를 계속하려다가는 이 주제에서 벗어날 염려가 있다.─ 어떤 꿈에도 한 군데쯤은 아무도 그 근거를 찾을 수 없는 부분이 있다. 말하자면 꿈은 자신을 탯줄로 삼아 미지의 것과 연결되어 있는 것이리라.

같았다. 그때까지 나는 이 일을 생각해 본 적이 한 번도 없었다. 그것이 지금 마치 운명의 보복처럼 닥쳐온 것이다. 마치 인물의 대치가 다른 뜻으로 계속되어야만 하는 것 같다. 저 마틸데 대신에 이 마틸데, 눈에는 눈, 이에는 이라는 식으로 말이다. 아무래도 나는 모든 사례들을 찾아서 나의 의사로서의 양심 부족에 자책감을 표현하고자 하는 것 같다.

'M박사는 창백한 얼굴에 턱수염이 없고 다리를 전다.' M박사의 안색이 좋지 않아 친구들이 흔히 걱정을 하고 있었으므로 이것은 맞다. 그 밖의 두 가지 점은 다른 사람의 일인 것이다. 문득 나는 외국에 있는 형이 생각났다. 이 형은 턱에 수염이 없는데, 내 기억이 틀림없다면 꿈속의 M박사와 흡사하다. 2, 3일 전의 일인데, 이 형이 넓적다리뼈 부위의 관절염 때문에 다리를 전다는 소식이 왔던 것이다. 이 두 인물을 꿈속에서 한 사람의 인물로 만들어 버린 데에는 틀림없이 무슨 까닭이 있을 것이다. 사실 나는 이 두 사람에 대해 비슷한 이유에서 기분을 상했던 일이 생각난다. 최근에 내가 그들에게 어떤 의견을 제시했는데 두 사람 다 그것을 거부한 것이다.

'친구인 오토도 그때 일마 곁에 서 있다. 그리고 역시 친구인 레오폴트가 일마의 몸을 진찰하고 왼편 아래에서 탁음이 들린다고 한다.' 친구인 레오폴트는 오토의 친척이며 역시 의사이다. 운명이 이 두 사람을 전공이 같다는 이유로 자연스럽게 경쟁자로 만들어서, 이들은 언제나 세상 사람들로부터 비교되고 있었다. 이 두 사람은 내가 소아과 신경질환의 진료 주임을 맡고 있는 동안에 쭉 나의 조수로 근무했다. 꿈에서 재현된 장면은 그 무렵에 흔히 있던 일이었다. 내가 오토와 어떤 증세의 진단에 관해 논의하고 있는 동안, 레오폴트가 아이를 한 번 더 진찰해서 병명의 결정에 뜻밖의 힘이 되어 주곤 했다. 분명히 그들 두 사람 사이에는 마치 검사관 브레지히와 그의 친구 칼(플리츠 로이다의 작품에 나오는 두 인물) 사이에서 볼 수 있는 성격 차이가 있었다. 한쪽은 두드러지게 재빠르고 다른 한쪽은 느리고 신중하나 철저했다. 내가 꿈속에서 오토와 조심성 있는 레오폴트를 비교하고 있는 것은 분명히 레오폴트를 칭찬하기 위함이었다. 이는 의사의 말을 듣지 않는 일마와, 내가 좀더 영리하다고 생각한 그 여자 친구들을 비교한 것과 같다. 지금 나는 꿈속에서 관념들이 미끄러져 나아가면서 다시 연결된, 또 다른 관념 하나가 떠올랐다. 그것은 병든 아이로부터 다시 소아과 병원으로 이어지는 것이다. 왼편 아랫부분의 탁음은 천

성적인 철저성에 의해 레오폴트가 나를 놀라게 한 어떤 증세의 세부적인 사항 일체와 일치하는 것 같은 인상을 준다. 문득 병의 전이 같은 것이 아닐까 하는 생각도 머리를 스쳤지만, 어쩌면 그것은 내가 일마 대신 나의 환자가 되어 주기를 원했던 여자 환자와 관련된 것일는지도 모른다. 왜냐하면 이 여자는 내가 예측하는 한 결핵 환자로 보였기 때문이다.

'왼쪽 어깨 피부의 침윤 부분.' 이것은 나 자신의 어깨에서 느끼는 류머티스임을 곧 알았다. 밤늦게까지 자지 않고 있으면 반드시 통증을 느끼곤 했지만, 꿈속의 말은 몹시 애매하게 들린다. '나는 그와 마찬가지로 느낄 수 있었다.' 이 뜻은 자신의 몸으로 안다는 뜻이다. 그건 그렇고 '피부의 침윤된 부분'이라는 표현은 아무래도 좀 이상한 느낌이 들었다. 보통 표현으로는 좌측 침윤, 등부분 침윤, 위쪽 침윤이라고 한다. 이것은 폐에 관해 쓰는 용어이므로 따라서 폐결핵에 관계가 될 것이다.

'옷을 입고 있는데도' 어차피 이것은 삽입구에 지나지 않을 것이다. 소아과 병원에서 아이들을 진찰할 때 아이들의 옷을 벗긴다. 어른인 부인 환자를 진찰할 때와는 정반대이다. 명의에 대하여 흔히 이런 말을 한다. 저 사람은 언제나 환자를 옷을 입힌 채 진찰한다고. 그 이상은 나도 잘 모른다. 솔직히 말해서 이 이상 더 깊이 이런 점에 파고들어갈 생각은 없다.

M박사가 말한다. "틀림없이 전염병이지만, 대단한 건 아냐. 이질 증상이 나타나면서 독성 물질이 배출될 거야." 생각하면 좀 우습게 들리는 말이다. 그러나 이것도 다른 것들과 마찬가지로 신중하게 분석할 필요가 있다. 잘 생각해 보니 역시 어떤 뜻이 있었다. 내가 이 여자 환자에게서 발견한 것은 국부적인 디프테리티스였다. 내 딸이 병에 걸렸을 때의 일인데, 디프테리티스와 디프테리아에 관해 토론했던 일이 생각난다. 디프테리아는 국부적 디프테리티스에서 전신으로 감염되는 전염병이다. 레오폴트는 탁음으로 그런 전신 전염병을 입증해 보였다. 그러고 보면 이 탁음은 전이성 병의 원천을 떠오르게 한다. 물론 나는 디프테리아에서는 이런 전이가 일어나지 않는다고 믿고 있다. 이것은 오히려 농혈증(膿血症)이 아닐까 생각된다.

'대단한 건 아냐.' 이것은 위로의 말인데, 다음과 같은 신체에서 삽입된 것 같다. 즉 이 꿈의 끝 부분은 환자의 고통이 어떤 신체 기관의 심각한 감염에서 오고 있다는 내용을 보여 주고 있다. 이 모두가 책임을 면하려는 내 마음을 말해 주는 것 같다. 디프테리아가 완치되지 않는다고 해서 그것을 정신요법의 책임으로 돌릴 수는 없기 때문이다. 그러나 자신의 책임만을 면하기 위해 꿈속에서 일마를 그런 중병에 걸리게 해버린다는 것은 역시 마음에 걸린다. 너무 잔인하다. 그래서 나에게는 모든 일의 결과가 좋으리라는 보장이 필요하게 된다. 이때 바로 나는 M박사의 입을 통해서 위로의 말을 하도록 꾸몄다. 나는 여기서 설명을 위해 잠깐 꿈 이야기를 멈추겠다.

그런데 이 위로는 왜 무의미한가?

'이질'병의 독소가 장을 통해서 배설된다는 관념은 이론적으로 거리가 먼 엉뚱한 생각이다. 이것으로 나는 M박사가 덮어놓고 억지 설명을 하거나 기묘한 병리학적 관련을 짓거나 하는 것을 야유하려던 것일까? 이질에 대해서는 또 다른 것이 머리에 떠오른다. 몇 달 전에 특이한 변비로 고생하고 있는 한 젊은 남자를 본 적이 있다. 다른 의사들이 '영양 부족으로 인한 빈혈증'으로 진단하고, 치료한 사람이다. 나의 진단으로는 아무래도 히스테리같이 느껴졌으나, 나 자신의 정신 요법을 시험해 보려고 하지 않고 해외여행을 떠나도록 권했다. 그런데 2, 3일 전에 이집트에서 이 사람이 절망적인 편지를 보내왔다. 그곳에서 새로 심한 발작을 일으켜서 의사로부터 이질이라는 진단을 받았다는 것이다. 이 진단에 대해, 히스테리라고 착각한 무지한 의사인 나 자신의 실수라고 짐작했다. 내가 그 환자를 히스테리성 감염 질환을 기관(器官) 질환으로 몰고 간 사실에는 자책을 느끼지 않을 수 없었다. 그리고 이질(디센테리)은 디프테리아와 발음이 비슷하다. 이 디프테리아라는 명칭은 꿈속에서는 불려지지 않았다.

그렇다. 나는 거기에 이질이라는 위로를 주는 예비 진단에 의해, M박사를 웃음거리로 만들었던 것이 틀림없다. 그것은 내가 기억하는 바 M박사가 몇 년 전에 이와 똑같은 말로 어떤 의사를 비웃었다고 말한 적이 있었기 때문이다. 그는 그 의사와 함께 진단을 하기 위해 어떤 중환자에게 불려갔다가, 대단히 낙관적 태도를 보이는 그 의사에게 "오줌에서 단백질이 나오고 있잖습니까" 하고 자신도 모르게 질문하지 않을 수 없었다. 그러나 상대방 의사는 별로 놀라는 기색도 없이 태연히 대답했다. "대단한 건 아니오. 단백질 같은 건 곧 배설되어 버릴 테니까."

따라서 꿈의 이 부분에는 히스테리에 관해 어두운 동료 의사에 대한 조소가 포함되어 있음은 의심할 여지가 없었다. 이것을 실증이라도 하는 듯이 그때 문득 나의 머리를 스치는 것이 있었다. M박사는 일마의 친구가 결핵 환자가 아닐까 하고 의심을 불러일으키는 증세가 히스테리성(性) 발작 증세임을 알고 있을까? M박사는 이 히스테리를 눈치챈 것일까, 아니면 히스테리에 속고 있는 것일까?

그러나 내가 이 친구를 이렇게 혹독하게 취급해야 할 동기가 무엇인가? 이것은 아주 간단했다. M박사는 내가 일마에게 요구한 그의 '해결 방법'에 일마와 마찬가지로 찬성하지 않았던 것이다. 그렇다면 나는 이 꿈에서 이미 두 사람에게 복수를 하고 있는 셈이다. 일마에게는 "아직도 아프다지만 그건 당신 탓이오"라고 말했고, 또 M박사에게는 그의 입을 통해서 말하게 했듯 아무 뜻도 없는 위안의 말을 했다.

'이 전염병이 바로 어디서 왔는지 우리는 알고 있다.' 꿈속에서 이렇게 알고 있다는 것은 이상하다. 바로 얼마 전까지만 해도 우리는 아직 그것을 몰랐던 것이다. 레오폴트에 의해 비로소 전염병이라는 것이 증명되었으니까.

'친구인 오토는 일마가 병이 들자마자 주사를 놓았다.' 오토가 일마의 가족과 잠깐 함께 머무는 동안, 근처 호텔에서 급한 환자가 생겨 왕진을 해달라는 부탁을 받아 환자에게 주사를 놓아 주었다는 말은 실제로 들었다.

주사라고 하니 나는 또 중독으로 죽은 불행한 친구 일이 생각난다. 나는 이 친구에게 모르핀을 멈추고 있는 동안에는 내복약만으로 그치도록 하라고 충고해 두었는데, 친구는 바로 코카인 주사를 놓았던 것이다.

'프로필 제제(製劑)……프로필렌…… 프로피온산(酸).' 도대체 어떻게 해서 이런 것이 나타났을까? 병력을 기록하고 이 꿈을 꾼 그날 밤 아내가 리큐르 병을 따 주었는데, 그 레테르에는 '파인애플'*12이라고 씌어 있었다. 이 리큐르는 친구인 오토가 보내준 선물이었다. 오토에게는 기회만 있으면 선물하는 버릇이 있었다. 장가라도 들면 아마 이런 버릇도 고쳐질 것이다. 이 술은 퓨젤 유냄새(아밀)가 나서 마시기가 거북했다. 차라리 하인들에게 주자고 아내는 말했지만, 나는 신중한 마음에서 하인들도 중독되면 안 된다고 기특한 말을 해두었다. 그런데 퓨젤 유 냄새(아밀)는 나에게 프로필이나 메틸 같은 것을 뚜렷하

---

*12 '아나나스(파인애플)'는 나의 환자인 일마의 성과 음이 비슷하다.

게 상기시켰다. 그것이 꿈속에서 프로필 약제를 제공한 제제가 된 것이다. 아밀 냄새를 맡은 뒤에 프로필로 대체된 꿈을 꾼 것이지만, 이러한 대체는 유기화학에서는 허용되는 일들이다.

'트리메틸아민.' 나는 이 물질의 화학 방정식을 꿈속에서 보았다. 이 사실은 어쨌든 나의 기억력이 대단히 애를 썼다는 증거이다. 더욱이 이 방정식은 전후의 연결 속에서 특히 중요한 것으로 강조라도 하려는 듯이 고딕 활자로 인쇄되어 있었던 것이다. 이렇게 해서 나의 주의를 환기시킨 트리메틸아민은 무엇을 말해 주려는 것일까? 이것은 다른 친구와의 대화를 말해 주고 있는 것이다. 이 친구와는 서로 전부터 해오던 연구에 대해 남김없이 잘 알고 있었다. 그는 당시 나에게 성(性) 화학에 대한 어떤 생각을 말해 주었는데, 특히 트리메틸아민은 성적 신진 대사의 산물들 가운데 하나라고 말했다. 그러므로 이 물질은 나를 성(性)이라는, 내가 치료하려는 신경성 질환의 발생에 있어서 가장 큰 의미를 부여하는 요인이다. 환자인 일마는 젊은 미망인이다. 내가 일마의 증상을 치료하지 못해 변명해야 한다면, 일마의 친구들이 어떻게든 바꾸어 주고 싶어하는 이 미망인이라는 사실을 원인으로 들면 가장 손쉬울 것이다. 그런데 이런 꿈의 구조란 참으로 기묘하다. 내가 이 꿈속에서 일마 대신 환자로 삼은 여자 역시 젊은 미망인이었던 것이다.

트리메틸아민의 방정식이 꿈속에 그토록 강조된 이유를 나는 희미하게나마 알고 있다. 이 말 속에는 중요한 것이 여러 가지 포함되어 있다. 트리메틸아민은 성적 요소의 우위성을 암시하고 있을 뿐만 아니라, 나의 견해가 세상에 받아들여지지 않더라도 그 사람만 찬성해 준다면 만족하다고 생각되는 어떤 인물과도 관계된다. 나의 생애에 그토록 큰 역할을 해준 친구가 이 꿈의 관념의 연결 속에 나타나지 않을 리가 없다. 그는 비염과 비강염질환에 전문가이며, 코의 하갑개골과 여성 생식기 사이의 지극히 주목할 만한 관계를 학문적으로 밝혔다(일마의 목에 보이는 부어오른 세 부분). 나는 일마를 그에게 진찰받게 했다. 일마의 위통이 어쩌면 코에서 일어난 것이 아닐까 싶어서이다.

그런데 그도 축농증을 앓고 있었기 때문에 나도 그걸 걱정하고 있었던 것이다. 꿈에 나온 전이 증세 때 나의 머리에 떠오른 농혈증은 아마 이를 암시하는 것이리라.

'이런 주사는 경솔하게 놓으면 안 되는데.' 이것은 오토의 경솔함에 대한 직접적인 비난이다. 그가 전날 오후에 말과 눈치로 나에게 반대하는 태도를 보였을 때 나는 똑같이 비난하는 감정을 품었었다. 어쩌면 저리도 줏대가 없을까. 어쩌면 저렇게 경솔한 판단을 내릴까 생각했던 것이다.

그 밖에 이 문구는 갑자기 코카인 주사를 놓게 된 죽은 친구를 다시 떠오르게 했다. 나는 전에도 말했듯이, 코카인 주사를 놓을 생각은 조금도 하지 않았었다. 그런 화학 물질을 경솔하게 사용하는 오토를 향한 비난은 내가 다시 그 불행한 마틸데의 사건에 연루하는 것을 의미한다. 마틸데 사건에서 나는 같은 비난을 받았다. 나는 여기서 분명히 내가 양심적이었음을 입증하는 실례를 모으고 것과 동시에, 그 반대의 증거 수집도 하고 있다.

'아마 주사기의 소독도 불완전했을 것이다.' 이것 역시 오토에 대한 비난이지만, 비난의 이유가 전과는 다르다. 어제 나는 우연히 82세된 어느 부인의 아들을 만났다. 노모에게 하루 두 번 모르핀 주사를 놓아 달라는 부탁을 받았다. 노부인은 지금 시골에 살고 있는데, 정맥염에 시달리고 있다는 이야기였다. 나는 바로 그건 주사기의 불완전한 소독에 의한 감염 때문이라고 생각했다. 2년 동안 계속해서 이 부인에게 주사를 놓았지만, 한 번도 감염을 일으키게 하지 않았던 것이 나는 자랑스러웠다. 주사기의 완전 소독에 세심한 주의를 기울여 왔던 것이다.

말하자면 나는 양심적인 사람이다. 정맥염에서 나의 생각은 다시 내 아내의 일로 옮겨졌다. 아내는 임신 중에 정맥염에 걸린 적이 있었다. 여기서 비슷한 세 가지 상황이 기억에 떠오른다. 아내와 일마와 죽은 마틸데의 경우이다. 이 세 가지 상황의 동일성 때문에 내가 꿈속에서 이 세 사람을 서로 대체시키는 것도 있을 수 있는 일임을 알았다.

이것으로 나는 꿈에 대한 해석을 끝맺는다.*13 이 작업을 하고 있는 동안, 나는 꿈 내용과 그 배후에 숨겨져 있는 꿈 사고와의 비교에서 자칫하면 떠오르곤 하는 생각들을 억제하느라 애를 먹었다. 또 그러는 사이에 꿈의 '의미'도 뚜렷이 알게 되었다. 나는 이 꿈에 의해 실현되고, 또 틀림없이 이 꿈의 동기가 되었을 어떤 의도를 알게 되었다. 이 꿈은 그날 밤의 몇 가지 사건(오토의 보고

---

*13 이 꿈 해석에 대한 나의 생각들을 모두 보고한 것은 아님을 이해하리라 짐작한다.

들과 병력의 집필)에 의해 나의 마음속에 일깨워진 몇가지 소망들을 충족하고 있다. 즉 꿈의 결론에 따르면, 지금도 남아 있는 일마의 고통은 나의 책임이 아니라 오토에게 그 책임이 있다는 것이다. 그런데 오토는 일마의 불완전한 치료 상황을 이야기하여 나를 불쾌하게 했으므로, 꿈은 오토가 나에게 한 비난을 그 자신에게 되돌림으로써 나를 위해 그에게 복수를 해주고 있다. 꿈은 일마의 상태에 대한 책임이 나에게 없는 것으로 하여 그녀의 상태를 다른 요소들(일련의 근거를 지어서)에 전가하고 있다. 그 꿈은 어떤 특정한 사실들을 내가 바라는 식으로 표현하고 있다. '즉 꿈 내용은 소망의 충족을 뜻하며 꿈의 동기는 소망이다.'

여기까지는 명백하다. 그러나 소망의 실현이라는 관점에서 본다면 꿈의 세부적 사항들에 대해서도 적지 않은 것을 알게 된다. 오토가 경솔한 의학적 처치(주사)를 했다는 상징적 꿈을 꿈으로써 그가 성급하게 나와 다른 태도를 취한 데 대해 오토에게 복수를 할 뿐만 아니라, 퓨젤 유 냄새 나는 싸구려 술을 준 데 대해서도 그에게 복수를 하게 되는데, 즉 프로필렌 제재의 주사라는 오토의 처방을 통해, 이 두 가지 비난이 꿈속에서 하나로 표현되었음을, 나는 깨닫게 되었다. 그러나 그것으로도 만족하지 못하고, 다시 나의 복수를 계속하여 오토의 경쟁 상대로서 가장 믿을 수 있는 레오폴트를 그와 비교하고 있다. 그것으로써 나는 이렇게 말하고 있는 듯하다. "나는 레오폴트 쪽이 자네보다 더 좋다." 그러나 나의 분노의 채찍을 느껴야 할 사람은 오토뿐만 아니라, 나의 말을 듣지 않는 환자인 일마를 더 영리하고 유순한 다른 여성과 바꿈으로써 일마에게도 복수를 하고 있는 것이다. 또 M박사에 대해서도 그의 모순을 묵과할 수 없어서 어떤 명백한 암시를 통해 그 자신이 이 사태에 대하여 무지한 인간이라는 나의 의견을 그에게 표현하고 있다(또 이질이 나타나겠지 등등). 그뿐만 아니라 나는 그를 외면하고, 사정에 더 밝은 다른 사람(나에게 트리메틸아민에 대한 이야기를 해준 친구)에게 호소하고 있다. 마치 일마를 외면하고 그녀의 여자 친구들에게, 오토를 외면하고 레오폴트에게 말하듯이. 이 세 사람이 없어지고 그 대신 내가 선택하는 다른 세 사람이 있어 준다면 나는 까닭 없는 비난을 받지 않아도 된다는 식이다. 이런 여러 가지 비난들 자체가 까닭 없는 것임은 꿈속에서 아주 꼼꼼하게 증명되고 있다. 예를 들면 일마의 고통은 나의 부담이 되지 않는다. 왜냐하면 일마가 나의 해결 방법을 받아들이지 않았으니, 그것은 그녀 자신의 책임이기 때문이다. 일마의 고통은 내가 알 바 아니다. 왜냐하면 그것은 내부 기관(器官)의 문제 때문이므로 내 정신 요법으로 치료할 수 없기 때문이다. 일마의 병은 그녀가 미망인이라는 것(트리메틸아민)에 의해 충분히 설명되며, 그 상태는 내 손으로는 어떻게 해줄 수가 없다. 일마의 병은 이 경우 부적당한 물질을 오토가 조심성 없이 주사했기 때문에 일어난 것이다. 나 같으면 절대로 그런 주사는 놓지 않았으리라. 일마의 병은 그 노부인 환자의 정맥염과 마찬가지로 주사기의 불완전한 소독에 의해 일어난 것이다. 나는 주사를 놓을 때 그런 실수를 절대 하지 않는다. 이 모두가 내 책임이 아니라고 주장하는 점에서는 일치하고 있다. 일마의 고통에 대한 이 설명들은 서로 조리가 맞지 않을 뿐 아니라, 서로가 서로를 배제하고 있는 것임을 알 수 있다. 이 이론(異論)들 전체는(이 꿈은 바로 이러한 이론적 항변에 지나지 않는다) 빌려 온 주전자를 망가뜨린 상태로 되돌려 주었다고 꾸짖는 이웃에게 변명을 늘어놓는 사람을 떠오르게 한다. 첫째로, 자기는 그 주전자를 원래대로 돌려주었다고 한다. 둘째로, 주전자는 빌려 왔을 때 이미 구멍이 나 있던 것이다. 셋째로, 이웃에서 그런 주전자를 빌려 온 적이 없다. 만일 이 세 가지 변명 중의 하나라도 사실로 인정된다면, 그 사람에게는 죄가 없는 것이 분명하다.

이 꿈속에는 다른 명제들이 몇 가지 더 들어가 있다. 그러나 일마의 병에 대해 내게 책임이 없다는 것과 그 명제들과의 관계는 그다지 명료하지 않다. 즉 내 딸의 병명과 같은 이름을 가진 부인 환자의 병, 코카인의 해로움, 이집트에서 여행 중인 내 환자의 감염, 나의 아내, 나의 형, M박사 등의 건강에 대한 걱정, 나 자신의 육체적인 병, 축농증을 앓고 있는 이 자리에 없는 친구에 대한 걱정 등이 그것이다. 그러나 이것들을 모두 총괄해 보면 자신 및 타인의 건강에 관한 염려, 의사로서의 양심이라는 주제가 하나의 관념군에 들어갈 수 있다. 나는 오토가 일마의 상태에 대해 알려 주었을 때의 막연한 불쾌감을 떠올린다. 나는 이 순간적인 감정의 표현을, 꿈속에서 함께 작용하고 있던 관념군에 덧붙이고자 한다. 이 표현은 나에게 이렇게 말하고 있는 것 같다. 너는 의사로서의 의무를 충분히 진지하게 생각하고 있지 않다, 너는 양심적이 아니다, 너는 네가 약속한 것을 완수하지 않는다고. 이런 비난에 대해 나는 내가 얼마나 양심적인가, 나의 가족이나 친구나 환자의 건강을 얼마나 염려하고 있는가를 증명하기 위해 위에서 말한 관념 자료들을 쓰려고 마음먹었을 것이다. 그런데 주목해야 할 것은, 이 관념 자료들 가운데에는 나의 무죄를 증명하기보다는 오히려 친구인 오토에게 죄를 돌리는 것 같은 아픈 기억도 섞여 있다. 말하자면 꿈의 자료(내용)는 대략 어느 한쪽으로 치우치지 않고 공평하더라도 꿈의 근거가 되는 넓은 범위의 생각들과, 일마의 병에 대해 책임을 지고 싶지 않다는 소망을 생기게 한 좁은 범위에 속하는 꿈에 관한 명제들 사이에 관련이 있음은 분명하다.

나는 이 꿈의 의미를 완전히 드러내었으며 이 꿈 해석에 조금도 소홀함이 없다고 주장할 생각은 없다.

앞으로도 이 꿈에 대하여 다시 몇 가지 해석과 설명들을 끄집어내어 이 꿈이 제기하는 새로운 수수께끼를 논할 수도 있을 것이다. 현재 더 여러 가지 관념의 연결을 추구할 수 있는 부분들도 나는 알고 있다. 그러나 자기 자신의 꿈을 문제로 삼을 때 고려해야 할 미묘한 사항들을 생각하여, 나는 이쯤에서 꿈 해석을 중단하지 않을 수 없다. 이렇게 보류하는 것을 못마땅하게 여기는 사람이 있다면, 그 사람은 나보다 더 정직하게 할 수 있는지 스스로 자신에 대해 생각해 보기를 바랄 뿐이다. 우선 나는 새로 획득한 인식으로 만족하고자 한다. 즉 지금 여기에 표현한 꿈 해석 방법을 쓴다면, 꿈은 실제로 어떤 뜻을 가지고 있으므로 이제까지의 연구가들이 주장해 온 것과는 달리, 결코 단편적인 뇌 활동의 표현이 아니라는 사실을 알 수 있다. '꿈 해석의 작업을 끝내고 나면, 꿈은 하나의 '소망 충족 표현'임을 알 수 있다.'

제3장 꿈은 소망의 충족이다

우리는 좁은 골짜기를 지나서 갑자기 언덕에 이르러, 이로부터 훌륭한 전망이 펼쳐지는 여러 갈래의 길들을 발견하게 될 때, 잠시 발을 멈추고 어느 길을 선택할까 생각하게 된다. 처음으로 앞 장(章)에서 꿈 해석을 끝낸 뒤에 지금 우리의 심정은 이와 비슷하다. 우리는 갑자기 뚜렷하게 어떤 것을 깨닫게 되었다. 꿈은 연주자의 손으로써가 아닌 외부로부터의 힘의 일격으로 두드려지는 악기의 불규칙한 음에 비할 수는 없다. 꿈은 무의미한 것도 부조리한 것도 아니므로, 우리 안에 있는 여러 관념들의 일부가 잠들어 있을 때 다른 일부가 깨어나기 시작한다는 것을 전제로 하지 않는 일은 없다. 꿈은 완전한 심리적(또는 정신적) 현상이며, 바로 어떤 소망의 충족을 뜻한다. 꿈은 우리에게 이해될 수 있는, 깨어 있을 때의 심리적 행위와의 관련 속에 넣을 수 있는 것이므로 아주 복잡한 정신 활동으로 만들어진다. 그러나 아, 그렇구나 하고 알았다 싶은 순간, 우리는 또다시 숱한 새로운 문제에 사로잡히게 된다. 만일 꿈이, 꿈 해석이 알려 주듯이 어떤 충족된 소망을 나타내는 것이라면, 이 소망 충족의 표현 형식이 갖는 기이하고 낯선 모습들은 어디서 오는 것일까? 우리가 눈을 떴을 때에 기억하는 꿈들이 형성되기에 이르기까지 어떠한 변화를 겪는 것일까? 이 변화는 어떠한 과정을 거쳐서 이루어진 것일까? 꿈으로 수정(修正)되는 자료들은 어디에서 오는 걸까? 우리가 꿈의 사고에서 볼 수 있었던 여러 특성 중의 몇 가지 예를 들면, 그 꿈의 사고(思考)들이 서로 모순될 수 있음은 무엇 때문일까?(앞 장에서 묘사한 주전자 이야기와의 유사성) 꿈은 우리 내면의 심리적 과정에 관해 무엇인가 새로운 것을 알려주는 것일까? 꿈 내용은 우리가 낮 동안에 믿고 있는 생각들을 바꾸게 할 수 있을까? 이런 의문들이 일어나지만 지금은 모두 잠시 내려놓고 다만 한 길만을 더듬어 가기로 하자. 우리는 꿈이 소망의 충족을 나타낸다고 했는데, 이것은 꿈의 일반적인 성격일까? 아니면 우리가 분석의 대상으로 다룬 그 꿈의 우연한 내용('일마에게 부적합한 주사를 놓는 꿈')에 지나지 않는 것일까? 이것을 묻는 것이 바로 우리의 다음 관심사가 되어야 한다. 왜냐하면 우리가 어떠한 꿈에도 뜻이 있으며 심리적 가치가 있다는 것을 충분히 납득할지라도 이 뜻은 그 꿈에 따라 동일하지 않을지도 모르기 때문이다. 우리의 첫 꿈은 확실히 소망의 충족이었으나, 어쩌면 다른 꿈은 공포의 실현일지도 모르며, 또 다른 꿈은 어떤 반성의 내용일지도, 다시 또 다른 꿈은 다만 어떤 기억의 재현에 불과할지도 모른다. 그러므로 또 다른 종류의 꿈들도 있는 것일까, 아니면 꿈은 반드시 이러한 소망의 꿈들로 한정되어 있는 것일까?

꿈이 흔히 소망 충족의 성격을 적나라하게 표시한다는 사실은 꿈의 언어가 왜 좀더 일찍 예전의 사람들에게 이해되지 않았을까 이상하게 여겨질 정도이다. 이러한 소망 충족의 성격을 증명하기란 쉬운 일이다.

예를 들면 여기에 내가 마음대로 언제든지, 말하자면 실험적으로 만들어낼 수 있는 꿈이 있다고 하자. 저녁 식사 때 정어리라든가 올리브라든가, 그 밖에 짭짤한 것을 먹으면, 밤중에 목이 말라서 깨어나게 된다. 그러나 눈을 뜨기 전에 나는 꿈을 꾸고 있다. 이 꿈의 내용은 언제나 똑같이 물을 마시는 꿈이다. 나는 꿀꺽꿀꺽 냉수를 마시는데, 그 맛이란 뭐라고 표현할 수 없을 정도이다. 그러다가 눈을 뜨면 이번에는 실제로 물을 마시지 않을 수 없다. 이 단순한 꿈의 유인은 눈을 떴을 때에도 여전히 느끼는 목마름이다. 이 목마름이라는 감각에서 물을 마시고 싶다는 소망이 생기며, 또 꿈이 이 소망을 충족시켜 주는 것이다. 그럴 때 꿈은 어떤 기능에 도움을 주는데, 이 기능을 나는 곧 알아차린다. 나는 잠을 잘 자는 성질이어서 어떤 욕구 때문에 잠을 깨는 일은 좀처럼 없는 편이다. 만일 내가 꿈에서 물을 마시고 갈증을 가라앉힐 수 있다면, 그 갈증을 충족시키기 위해 잠을 깰 필요는 없는 셈이다. 그러므로 이 꿈은 편리한 꿈(Bequemlichkeit traum)이라 말할 수 있다.

이는 보통의 생활에서처럼 실제 행동을 하지 않고 그 대신 꿈으로 대체된 것이다. 그러나 유감스럽게도 꿈속에서 아무리 물을 마셔도 갈증을 없애고자 하는 물에 대한 욕구는 충족되지 않는다. 친구인 오토와 M박사에게 복수하고자 하는 나의 욕망이 꿈에서도 충족되지 않는 것과 마찬가지이다. 그러나 이 두 가지 꿈에는 선한 의지가 깃들어 있다. 최근에 같은 꿈을 약간 형태를 바꾸어서 꾼 적이 있다. 그때는 자기 전에 이미 갈증을 느끼고 침대 옆 탁자에 놓여 있던 컵의 물을 마셨다. 두서너 시간 뒤에 또 갑자기 갈증을 느꼈으나 귀찮은 생각이 들었다. 물을 마시려면 일어나서 아내의 나이트 테이블 위에 있는 컵을 집어 와야만 한다. 그런데 나는 아내가 나에게 물을 마시게 해주는, 매우 편리한 꿈을 꾸었던 것이다. 그때의 물그릇은 내가 이탈리아 여행에서 가지고 왔다가 오래전에 남에게 주어 버린 에트루리아의 납골 단지였다. 그런데 거기 들어 있는 물이 어찌나 짠지(분명히 그 안에 들어 있는 재 때문에) 그만 잠을 깨고 말았다. 이것은 꿈이 얼마나 편리하게 만들어져 있는가를 알 수 있는 예이다. 소망 충족이 꿈의 유일한 의도인 이상, 꿈은 전적으로 이기적일 수가 있다. 자신이 편한 대로 일이 처리되기를 바라는 마음은 다른 사람에 대한 생각을 용납하지 않는다. 납골 단지가 꿈에 나타난 것도 역시 하나의 소망 충족일 것이다. 즉 내가 이 단지를 지금 갖고 있지 않다는 것은 아내 쪽에 있는 물컵이 손에 잡히지 않는다는 것과 마찬가지로 나에게는 유감스러운 일이다. 납골 단지는 또 짜다는 감각이 한층 더 강해진 사실과 맞물려 나를 잠에서 깨어나게 한다는 사실을 알 수 있다.[1]

나는 이런 편리한 꿈을 젊었을 때 자주 꾸었다. 젊었을 때부터 밤늦도록 일을 하는 습관이 있었기 때문에 아침 시간에 눈을 뜬다는 것은 언제나 질색이었다. 그런 때면 나는 일어나서 세면대 앞에 서 있는 꿈을 꾸고는 했다. 조금 지나면 내가 아직 자고 있다는 사실을 스스로 깨닫게 된다. 그렇게 깨닫는 그 순간에도 나는 여전히 잠을 자고 있었다. 젊은 친구 중에 나와 비슷한 잠꾸러기가 있었는데, 그는 특히 흥미로운 형식의 게으름뱅이 꿈을 꾸었다. 그는 병원 근처에 하숙을 하고 있었다. 하숙집 여주인에게 아침마다 늦지 않도록 깨워달라고 신신당부했는데, 하숙집 여주인이 그 부탁을 들어주려 해도 그것은

---

[1] 갈증에 대한 꿈의 사실은 바이칸트도 41면에 이렇게 기록하고 있다. "갈증의 감각이야말로 모든 사람들에게 가장 정확하게 지각(知覺)된다. 이 감각은 언제나 갈증을 가라앉히는 관념들을 만들어낸다. 갈증을 가라앉히는 방법은 가지가지이며, 가까운 기억의 영향을 받는다. 갈증을 가라앉히는 관념 바로 뒤에 그 상상했던 음료수의 효과가 적었던 것에 대한 실망이 나타나는 것도 이 경우에 일반적 현상이다." 그러나 바이칸트는 자극에 대한 꿈의 반응에 있어서 보편타당한 것을 놓치고 있다.—밤중에 갈증을 느꼈을 때, 그 전에 꿈을 꾸지 않고 잠을 깨는 사람도 있으나, 이런 사람이 나의 실험에 대한 반박을 뜻하지는 않으며, 오히려 이런 사람은 잠이 깊이 들지 않는 사람이다.—이에 대해서는 성경의 이사야 29장 8절 참조. '주린 자가 꿈에 먹었을지라도 깨면 그 속은 여전히 비고, 목마른 자가 꿈에 마셨을지라도 깨면 곤비하여 그 속에 갈증이 있는 것같이'

매우 어려운 일이었다. 어느 날 아침, 유난히 기분 좋게 자고 있는데 여주인이 "페피 씨, 일어나세요. 병원에 갈 시간이에요" 이렇게 큰 소리로 외쳤다. 그때 자고 있던 친구는 이런 꿈을 꾸었다. 병실의 한 침대에 자기가 누워 있고, 머리맡에 매달려 있는 명찰에 아무개, 조수, 22세라고 씌어 있었다. 그래서 '벌써 병원에 와 있구나, 그렇다면 출근할 필요는 없다'는 생각에서 돌아누워 다시 잠을 계속 잤다는 것이다. 그는 자기가 꿈꾼 동기를 뚜렷이 자신에게서 찾아내고 있다.

또 다른 꿈인데 이때의 자극 역시 잠자는 동안 영향을 미치고 있었다. 내 여자 환자 한 사람이 턱 수술을 받았는데, 결과가 좋지 않아 의사의 지시대로 밤낮 볼에 습포를 대고 있어야 했다. 그러나 그 환자는 잠이 들면 곧 습포를 떼어 버린다. 어느 날 나는 그녀에게 그래서는 안 된다고 명령하듯 말했다. 그녀는 또 습포를 마룻바닥에 떨어뜨려 버렸던 것이다. 그러고는 이런 변명을 했다. "이번만은 정말 제게 책임이 없어요. 어젯밤에 꾼 꿈 탓이에요. 저는 오페라 극장에서 정신없이 연극 구경을 하고 있었어요. 그런데 요양소에 칼 마이어 씨가 누워 있었는데, 턱이 몹시 아프다면서 울고 있잖겠어요. 그래서 제가 말했죠. 나는 아프지 않으니까 습포는 필요 없다고요. 그래서 습포를 떼어 버린 거예요." 이 가엾은 환자의 꿈은 불쾌한 상태에 있는 사람이 저도 모르게 말하는 표현같이 들린다. 다시 말해 자신은 더 기분 좋은 상태에 있고 싶다는 뜻이다. 꿈은 이렇게 자신이 바라는 것을 표현하고 있다. 이 꿈을 꾼 여자가 자신의 아픔을 전가한 칼 마이어 씨는, 그녀가 아는 사람들 중에서 가장 관심을 두지 않은 청년이었다.

내가 건강한 사람에게서 수집한 다른 꿈들 가운데에서 소망의 충족을 발견하기란 그다지 어렵지 않다. 나의 꿈 이론을 자기 아내에게 말한 한 친구가 어느 날 나에게 이렇게 말했다. "집사람이 자네한테 말 좀 해달라는데, 어젯밤에 월경을 하는 꿈을 꾸었다나? 그래서 그게 어떤 뜻인지 가르쳐 달라는 거야." 물론 나는 알고 있다. 젊은 여자가 월경을 하는 꿈을 꿀 때는 월경은 멎어 있다. 그러므로 그 꿈은 어머니가 된다는 번거로움이 시작되기 전에 더 자유를 누리고 싶다는 뜻으로 생각된다. 그것은 자신의 첫 임신을 알리는 교묘한 방법이다. 어떤 다른 친구는 자기 부인이 최근에 블라우스에 젖이 묻어 얼룩이져 있는 꿈을 꾸었다는 편지를 보내왔다. 이것도 또한 임신을 알려주는 꿈이다. 초산은 아니지만, 젊은 어머니는 첫아기를 낳았을 때보다도 둘째 아이에게 더 젖이 많아지기를 바라는 것이다.

전염병에 걸린 아이를 간호하느라 몇 주일 동안 남편과 잠자리를 멀리했던 어떤 젊은 부인이 아이가 회복된 뒤에 어떤 사교 모임에 가는 꿈을 꾸었다. A. 도데, 부르제, M. 프레보 등 여러 작가들의 얼굴이 보이고, 모두들 이 부인에게 친절하게 대하며 위로를 해준다. 이 작가들은 꿈속에서도 실제와 똑같은 모습을 하고 있었다. 단지 프레보만은 그 부인이 전에 그를 본 적이 없으므로 전날 오래간만에 첫 방문객으로 병실 소독을 하고 간 병원 잡역부의 얼굴과 같은 모습을 하고 있었다. 이 꿈은 완벽하게 번역할 수 있을 것 같다. 이제 드디어 그 끊임없는 간병보다 무엇인가 더 흥미로운 일을 할 수 있는 때가 왔다는 뜻이리라.

위에서 든 몇 가지 실례로, 다만 소망 충족으로서 이해되는 꿈들이 여러 조건들 아래에서 발견된다는 사실이 충분히 증명될 것이다. 이것들은 대부분 짧고 단순한 꿈이어서, 다행히도 대부분 꿈 연구가들의 주의를 끌어온 내용이 서로 복잡하게 얽힌 꿈들과는 눈에 띄게 다르다. 그러나 이런 단순한 꿈들은 좀더 살펴볼 만한 가치를 지니고 있다. 가장 단순한 것은 아마 아이들의 꿈일 것이다. 아이들의 정신 활동은 어른들에 비해 확실히 단순하기 때문이다.

나 개인의 의견에 의하면 아동심리학은 성인심리학에 크게 도움을 주는 바가 있다. 이는 하등동물의 구조나 발전의 연구가 고등동물의 구조 연구에 도움을 주는 것과 마찬가지이다. 아동 심리학을 이런 목적에 이용한 일은 지금까지 별로 없었다.

어린아이들의 꿈은 좀더 단순한 소망 충족이므로 어른들의 꿈에 비해 흥미롭지 않다. 거기에는 특별히 풀어야 할 수수께끼는 없으나, 어린아이들의 꿈은 꿈의 본질이 소망 충족을 뜻하고 있음을 뒷받침하는 귀중한 자료가 된다. 나는 내 아이들의 꿈에서 이와 같은 꿈의 실례를 어느 정도 모을 수 있었다.

1896년 여름, 나의 가족은 아름다운 할슈타트로 소풍을 간 일이 있다. 그때 8년 6개월 난 딸과 5년 3개월 난 아들이 각각 꿈을 꾸었던 것이다. 배경 설명으로서, 그해 여름 우리는 아우스제 언덕에서 살고 있었으므로 날씨가 좋은 날에는 거기서 다흐슈타인 산의 멋진 경치를 바라볼 수 있었음을 먼저 말해준다. 망원경으로 보면 지모니 산의 오두막집이 손에 잡힐 듯했다. 아이들은 몇 번이나 망원경으로 그것을 보려고 했으나 얼마나 잘 보았는지는 나도 모른다. 소풍을 떠나기 전에 나는 아이들에게 할슈타트는 다흐슈타인 산기슭에 있다고 말해 두었다. 두 아이는 그날을 손꼽아 기다렸다. 할슈타트로부터 에셸룬 계곡으로 걸어서 올라갔는데, 변화하는 골짜기의 경치를 보고 아이들은 무척이나 좋아했다. 그런데 아들의 기분이 점점 좋지 않아 보였다. 새로운 산이 보일 때마다 "저게 다흐슈타인이에요?" 묻는다. "아직 멀었어, 저건 그 앞의 산이야" 내가 대답한다. 이런 문답이 두서너 번 되풀이된 뒤, 아들 녀석은 입을 다물어 버렸다. 폭포로 가는 언덕길에 접어들자 그만 가기 싫다고 한다. 나는 지쳐서 그러는가 싶었다. 그러나 이튿날 아침에는 아주 기분 좋게 나에게 와서 어젯밤에 온 가족이 지모니의 오두막집에 간 꿈을 꾸었다고 말했다. 그래서 나는 이 아이의 마음을 알게 되었던 것이다. 이 아이는 내가 다흐슈타인에 대해 이야기를 해왔기 때문에 이번에 할슈타트로 소풍을 가면 이 다흐슈타인에 올라가서 그동안 망원경으로만 들여다보며 늘 화제로 삼고 있던 지모니 산의 오두막집을 보려고 기대하고 있었던 것이다. 그런데 아직도 멀었다, 그 앞의 산이다, 폭포다 하는 바람에 자기가 속은 것 같아서 기분이 나빠졌던 것이다. 그러나 꿈이 아이의 소망을 만족시켜 주었다. 나는 그 꿈의 세부적인 사항에 대해 알고자 했으나, 내용은 아주 빈약했다. "여섯 시간이나 층층으로 된 언덕을 올라가는 거야" 이렇게 아들 녀석은 전에 들은 대로 말을 되풀이할 뿐이었다.

8년 6개월 된 딸도 이번 소풍에서 바라던 것이 있었는데, 이번에도 꿈이 그 아이의 소망을 충족시켜 주었다. 우리는 이웃의 열두 살 난 사내아이도 함께 데리고 갔다. 이 아이는 제법 의젓하여 딸아이가 이 아이에게 아주 열을 올리고 있는 것 같았다. 그런데 딸은 이튿날 아침에 이런 꿈 이야기를 해주었다. "아빠, 나 어젯밤에 이런 꿈을 꾸었어. 저 에밀이 우리 가족이 되어서 우리처럼 아빠와 엄마에게 파파, 마마라고 말하면서 우리와 함께 큰방에서 자고 있었어. 그런데 마마가 들어오더니 파랑과 초록색 종이에 싼 큰 초콜릿을 잔뜩 우리 침대 밑에다 넣어 주었어." 아이들은 아버지인 나에게서 꿈 해석의 지식을 물려받은 것은 아니므로 위에서 말한 연구가들과 마찬가지로 그런 꿈은 엉터리라고 말했다. 딸은 끝까지 이 꿈의 일부분은 진실이라고 우겼는데, 그것이 어느 부분인가를 알아보는 것은 정신신경증 이론에 있어 중요한 뜻이 있다. 딸이 우긴 것은 에밀이 우리집 식구가 되어 있는 것은 이상하지만, 초콜릿에 대한 것은 이상하지 않다는 것이다. 나로서는 초콜릿에 대해서 아무것도 몰랐기에 아내가 대신 설명해 주었다. 역에서 집으로 돌아오는 길에 아이들은 늘 그랬듯이 과자 자동판매기 앞에 서서 꿈에서 본 그런 초콜릿을 사줄 거라고 기대하고 있었다. 그러자 아내는 "오늘은 실컷 하고 싶은 걸 다 했으니, 초콜릿은 꿈의 몫으로 남겨 두자"고 말했다. 나는 이 사소한 사건을 몰랐던 것이다. 나는 이제 딸이 이야기했던 꿈을 곧바로 이해할 수 있었다. 얌전한 에밀이 파파와 마마가 뒤따라 올 때까지 길에서 기다리자고 우리집 아이들에게 말했다는 것은 나도 들어 알고 있었다. 이때에 일시적으로 에밀이 우리집 가족이 된 것 같은 상태를 딸은 꿈에서 계속적으로 받아들인 것이다. 에밀에게 기울이는 딸의 애정은 아직 자기 형제들과 마찬가지로 가족의 일원이 된다는 형식밖에 알지 못하므로, 그런 형태의 꿈을 꾼 것이다. 초콜릿을 왜 침대 밑에 던졌는지는 딸에게 캐어묻지 않는 한 밝혀낼 수 없는 문제였다.

아들 녀석의 꿈과 아주 비슷한 꿈 이야기를 나는 어떤 친한 사람으로부터 들은 적이 있다. 이 꿈은 여덟 살인 소녀가 꾼 것이었다. 아버지는 아이들을 데리고 로러휘테의 산장을 찾아갈 생각으로 도른바흐로 산책을 나갔으나 너무 늦었기에 다음 기회로 미루고 되돌아왔다. 돌아오는 길에 그들은 하메아우를 가리키는 푯말 앞을 지났다. 아이들은 하메아우로 가자고 졸랐으나 이것도 역시 시간이 늦었다면서 다른 날로 미루었다. 이튿날 아침, 여덟 살인 딸은 만족스러운 얼굴로 아버지에게 이렇게 말했다. "파파, 파파와 함께 로러휘테의 산장과 하메아우에 간 꿈을 꾸었어요." 즉 이 아이의 기다리기 어려운 간절한 마음은 아버지와의 약속을 미리 꿈에서 성취한 것이다.

마찬가지로 아주 정직한 꿈 가운데 하나는 그때 3년 3개월된 딸이 꾼 아우스제의 아름다운 경치 꿈이다. 딸은 생전 처음으로 배를 타고 호수를 건넜는데, 배를 탄 시간이 너무 짧아서 배가 선착장에 도착했는데도 내리려 하지 않고 자꾸만 울었다. 이튿날 아침 딸은 어젯밤에 호수에서 뱃놀이를 하는 꿈을 꾸었다고 말했다. 배에 더 오래 타고 싶어했기 때문에 이런 꿈을 꾸게 된 것이다.

그때 여덟 살인 큰아들은 이미 자기의 공상을 현실화한 꿈을 꾸었다. 꿈에서 그는 아킬레우스와 한 마차를 타고 있었으며, 마부는 디오메데스였다. 물론 전날 누나가 선물 받은 그리스 신화 책에 씌어 있는 이야기를 듣고서 그것에 열중해 있었던 것이다.

아이들의 잠꼬대 또한 꿈꾸는 범위에 속한다는 사실을 인정해 주기를 바라며, 내가 최근에 모은 꿈 하나를 소개하겠다. 당시 생후 19개월이 된 막내딸이 아침에 토하는 바람에 그날은 하루 종일 음식을 먹지 못하게 했다. 이렇게 하루 종일 굶겨 놓은 그날 밤, 딸 아이는 이런 잠꼬대를 했다. "안나 에프, 오이드, 에르(드)베어, 호호베어, 아이에르(스)파이스, 파프"(안나 에프는 프로이트의 막내딸 이름. 에프는 물론 프로이트의 머리글자이다. 에르드베어는 딸기, 호호베어는 산딸기, 아이에르스파이스는 계란요리. 파프는 파파라는 뜻—역주). 그즈음 이 아이는 무언가를 자기 것으로 갖고 싶을 때면 먼저 자기 이름을 말했다. 이 잠꼬대 속에 나오는 음식 이름은 모두 자기가 먹고 싶었던 것들일 것이다. 딸기가 두 종류로 나오는 것은 가정의 위생 방침에 대한 시위였다. 보모는 이 아이가 병이 난 원인을 딸기를 지나치게 많이 먹은 탓이라고 보았기 때문이다. 딸 아이로서는 그 고약한 판정에 대해 꿈속에서 자기 나름대로 복수를 한 것이다.[2]

소아기에는 성적 욕망을 모르기 때문에 그 시절이 행복하다고 할 경우, 우리는 삶의 두 가지 큰 욕망 가운데 하나인 식욕이 소아기에 있어 실망과 포기, 그리고 이에 따라서 얼마나 풍부한 꿈 자극의 원천이 될 수 있는가를 반드시 짚고 넘어가도록 하자.[3] 여기서 이에 대한 두 번째 실례를 들어 보겠다. 생후 22개월인 조카가 내 생일날 나에게 축하 말을 하고 버찌 한 바구니를 건네주는 역할을 맡았다. 그 계절에는 체리가 가장 때 이른 과일이었다. 어린 조카에게 이 역할은 어려운 일이었다. 즉 그 아이는 몇 번이나 체리가 들어 있다고 되풀이하고는 쉽게 그 바구니를 손에서 놓으려고 하지 않았기 때문이다.

그러나 아이는 보상할 줄 알았다. 그때까지 이 아이는 어머니에게 아침마다

---

[2] 그 뒤 얼마 지나지 않아, 이 아이와는 나이 차이가 70년이나 되는 이 아이의 할머니가 같은 내용의 꿈을 꾸었다. 할머니는 신장의 기능이 원활하지 못해 꼬박 하루를 굶어야 했는데, 꿈에서 자기가 즐거운 처녀 시절로 되돌아가 낮과 밤 두 차례에 걸쳐서 식사 초대를 받고 맛있게 먹는 꿈을 꾸었다.

[3] 어린이의 정신 활동을 더 자세히 조사해 보면, 어린이의 정신 활동에 있어서 그동안 우리가 간과해 온, 유아적 형태의 성적 욕구가 큰 작용을 하고 있음을 알 수 있으며, 이것으로 우리는 어른들이 나중에 상상하는 그런 아동기의 행복이라는 것에 대해 다소 의구심을 가지지 않을 수 없게 된다(《성에 관한 세 가지 논문》 1905년 및 1926년의 제6판, 《전집》 제5권 참조).

'하얀 병정' 꿈을 꾸었다고 말해 주는 습관이 있었다. 이것은 그 아이가 전에 한길에서 본 흰 망토 차림의 근위 사관을 말하는 것인데, 앞서 생일날의 그 사건이 있은 다음 날 아침, 아이는 기쁜 듯이 이렇게 말했다. 헤르만이 체리를 다 먹어 버렸다고 꿈 이야기를 한 것이다.[*4]

　동물들은 어떤 꿈을 꾸는지 나는 모른다. 나의 청강생 한 사람에게서 들은

[*4] 어린이들에게는 보다 덜 복잡하고 분명하지 못한 꿈이 나타나기 일쑤이나, 반대로 어른도 경우에 따라서는 매우 단순한 꿈을 자주 꾼다는 사실을 언급해 두어야 하겠다. 나의 논문 《어떤 5세 아이의 공포증 분석》('브로이어—프로이트 연감' 제1권, 1910년) 및 융의 《어린이 마음에 나타난 갈등들》(같은 책 제2권, 1910년)에 있어서의 인용 예는 4세에서 5세 난 어린이의 꿈 내용이 얼마나 풍부한가를 나타내고 있다. 정신 분석적으로 해석된 어린이의 꿈에 대해서는 이밖에 V. 후크 헬무트, 푸트남, 라알테, 슈필라인, 타우스크 등을 참조하기를 바란다. 다른 실례들에 대해서는 반키에리, 부제만, 도글리아, 특히 어린이 꿈의 소망 충족 경향을 강력하게 지적한 비감의 책을 보라. 한편 어른들은 그들이 정상적이지 못한 생활 조건 아래에 놓였을 때 유아형 꿈을 꾸는 것 같다. 오토 노르덴셸트는 그의 저서 《남극》(1904년, 제1권 336면)에서 겨울을 함께 지낸 탐험 대원에 대해서 이렇게 보고한다. "지금처럼 생생하고도 자주 꾸어 본 적이 없는 우리들의 꿈은 우리의 마음속에 서려 있는 관념의 방향을 가장 잘 나타낸다. 평소에는 매우 드물게 꿈을 꾸는 친구들도 아침이 되어 꿈이라는 공상 세계의 새로운 경험을 서로 주고받을 때 꽤 긴 꿈 이야기를 하는 것이었다. 그런 꿈은 어느 것이나 모두 우리에게 지금은 먼 과거가 되어 버린 외부 세계의 일이었지만, 우리의 현재 상황에 적합한 것들이었다. 그 가운데에서 특히 두드러졌던 것은 이런 꿈이다. 대원 한 사람이 초등학교 시절로 되돌아간 꿈을 꾸었는데, 특별히 수업용으로 만들어진 작은 바다표범 모형의 가죽을 벗기는 과제를 맡았다. 그러나 우리들의 꿈에 가장 자주 보이는 중심 주제는 먹고 마시는 것과 관련되어 있었다. 대원 가운데 큰 오찬회에 참석하는 꿈을 자주 꾸는 친구가 아침이 되어 '나는 반찬이 세 가지나 나오는 점심을 먹었다'고 하며 사뭇 기쁜 듯이 말했다. 또 다른 한 사람은 산더미처럼 쌓인 담배 꿈을 꾸었다. 또 다른 사람은 돛을 있는 대로 다 올리고 순풍을 타고 바다를 달리는 항해 꿈을 꾸었다. 또 이런 색다른 꿈도 있다. 우체부가 편지를 가지고 와서, 사실은 배달이 잘못되어 편지가 이렇게 늦었는데, 엄청난 고생 끝에 가까스로 가지고 왔노라 변명하는 것이었다. 물론 이보다 더 황당무계한 꿈도 꾸었지만, 내가 꾼 꿈이나 다른 사람한테서 들은 꿈에 대해서 말하자면, 거의 모두에서 공상이 부족하다는 점이 두드러진다. 이 꿈들을 모두 적어 두었더라면 틀림없이 심리학적으로 매우 흥미로운 것이 되었으리라. 그러나 잠은 우리들 누구나가 몹시 갈망하는 것을 남김없이 부여해 주는 까닭에, 모두가 수면을 얼마나 바람직한 것으로 생각했는가는 쉽게 이해할 수 있으리라고 본다." 그리고 뒤 프렐(231면)의 보고를 인용해 둔다. "문고 파크는 아프리카 여행 중에 목이 말라 죽을 지경이었을 때에 줄곧 물이 좋은 자기 고향의 골짜기나 들판을 꿈꾸었다. 또 배가 고파 혼이 났던 트렌크도 마그데부르크에 있는 슈테른 성채에서 호화로운 음식에 둘러싸인 꿈을 꾸었고, 프랭클린의 1차 탐험대의 일원인 조지 백은 식량 부족으로 굶어 죽을 위기에 빠졌을 때 풍부한 음식들이 차려져 있는 꿈만 계속 꾸었다."

말인데, 이런 속담이 있다고 한다. '거위는 어떤 꿈을 꾸는가? 옥수수 꿈을 꾼다.'*5 꿈은 소망 충족이라고 하는 이론이 이 속담 두 마디에 모두 포함되어 있다.*6

이제 와서 알게 된 일이지만, 만일 우리가 세상의 관용어들을 문제로 삼았더라면, 꿈의 숨겨진 뜻에 대한 우리의 주장에 가장 짧은 시간 내에 도달했을 것이다. 학문적인 용어들은 꿈을 곧잘 무시하지만('꿈은 물거품처럼 덧없는 것'이라고 할 경우 사람들은 이를 꿈에 대한 학문적 지지를 뜻하는 것으로 오해하는 것이다), 일반적인 관용어들에 따르면 꿈은 무엇보다도 호의적(好意的)인 소망의 충족자이다. 현실에서 자기의 기대를 뛰어넘는 것을 만나면 사람들은 기뻐 날뛰며 '난 정말 꿈에도 생각지 못했어'라고 외치지 않는가.

---

*5 페렌치가 인용하고 있는 헝가리 속담은 더 완벽하다. '돼지는 떡갈나무 열매 꿈을, 거위는 옥수수 꿈을 꾼다' 또 유대인의 속담은 '닭은 어떤 꿈을 꾸는가? 수수 꿈을 꾼다.'는 것이 있다(베른슈타인 편 《유대속담집》 제2판 116면)

*6 꿈이 소망 충족이라는 견해를 이전에는 아무도 말하지 않았다고 주장할 생각은 없다(다음 장의 첫 구절을 참조). 이런 암시를 중요시하는 사람은 옛 사람으로서는 프톨레마이오스 1세 치하에 살았던 의사 헤로필로스를 들 수 있다. 헤로필로스는 북센쉬츠에 의하면(33면) 꿈을 세 종류로 나누었는데, 하나는 신이 보낸 꿈, 다른 하나는 영혼이 자신에게 유익한 것 또는 앞으로 일어날 모습을 그려냄으로써 생기는 자연스러운 꿈, 세 번째는 여러 형상적(또는 관념적) 접근에 의해서 우리가 바라는 것들이 일어나게 되는 혼합된 꿈 등이 그것이다. J. 스테르케는 셰르너의 실례 가운데 셰르너 자신이 소망 충족의 꿈이라고 부르고 있는 예 하나를 들고 있다(239면). 셰르너는 이렇게 말하고 있다. "꿈을 꾸는 여자의 깨어 있을 때의 소망을 공상이 바로 채워 주는 것은 그 소망이 마음속에 생생하게 살아 있기 때문이다." 그는 이러한 꿈을 '기분의 꿈'으로 분류한다. 이 꿈에 가까운 것으로서 '남자나 여자의 사랑에 대한 동경'의 꿈, 그리고 '불쾌한 기분'의 꿈이 있다. 셰르너는 꿈에 대한 소망에서 깨어 있을 때 그 밖의 어떤 심리적 상태에서 인정되는 것과 다른 의의를 뚜렷이 인정하는 것이 아니므로, 셰르너가 소망을 꿈의 본질과 관련시키고 있다고 말해도 문제가 되지 않는다.

제4장 꿈의 왜곡

　소망 충족이야말로 '모든' 꿈의 의미가 되므로 그 밖에 다른 꿈은 없다고 내가 주장했다면, 틀림없이 처음부터 맹렬한 반대에 부딪혔을 것이다. 그리고 이런 반론이 가해졌을 것이다. '소망 충족으로 인정되는 꿈이 있다는 것은 새로운 사실이 아니며, 이미 여러 전문가들이 인정한 것이다'(라데스토크,137~138면. 폴켈트 110~111면. 푸르키네, 456면. 티시에, 70면. M. 시몬, 42면. 감옥에 갇힌 트렌크 남작의 굶주림에 관한 꿈 및 그리징거, 111면의 한 대목).[1] 그러나 소망 충족의 꿈 이외에 다른 꿈이 없다는 것도, 다행히 쉽게 반박될 수가 있는, 정당하지 못한 보편화(普遍化)이다. 불쾌하기 짝이 없는 내용을 보여 주어서 소망 충족의 내용이라고는 조금도 없는 꿈도 얼마든지 있다. 염세 철학자인 에두아르트 폰 하르트만은 소망 충족론을 가장 반대하는 사람 가운데 한 사람일 것이다. 그는 자신이 쓴 《무의식의 철학》 제2부(스테로판 344면)에서 이렇게 말하고 있다. "꿈에 대해서 말한다면, 꿈과 더불어 깨어 있을 때의 괴로움은 모두 수면상태 속으로 이어지며, 교육받은 사람들에게 삶을 좀더 견디기 쉬운 것으로 만들어 주는 것, 다시 말해 학문적이고 예술적인 즐거움만은 꿈으로 이어지지 않는다." 그런데 그렇게 염세주의자가 아닌 관찰자들도 꿈속에는 즐거움보다 고통이나 불쾌한 대상이 더 자주 나온다고 지적하고 있다. 그 예로 숄츠(33면), 폴켈트(80면) 등을 들 수 있다. 뿐만 아니라 사라 위드와 플로렌스 할램이라는 두 여성은 자신들의 꿈을 조사하여 꿈에는 불쾌함이 우세하다는 통계를 보여 주고 있다. 다시 말해 그녀들이 수집한 꿈 가운데 58퍼센트는 불쾌한 꿈이며, 겨우 28.6퍼센트가 긍정적이고 기분좋은 꿈이라고 한다. "일상생활에 따르는 다양한 고통을 잠 속으로 이어가는 이러한 꿈들 말고도, 가장 불쾌한 느낌으로 우리를 잠에서 깨울 만큼 강렬한 불안한 꿈들도 있다. 이러한 불안

---

[1] 이미 신플라톤학파의 플로티노스는 이렇게 말하고 있다. "욕정이 움직이면 공상이 일어나, 말하자면 욕정의 대상을 우리에게 나타내 보여 준다."(뒤 프렐, 276면)

한 꿈에 가장 잘 사로잡히는 이들이 우리가 앞서 가장 순수하게 소망의 꿈이 나타난다고 한 바로 그 아이들인 것이다."(밤중에 우는 증세에 대해서는 데바커의 책 참조)

사실 이런 불안한 꿈들의 존재는 우리가 앞 장(章)의 여러 실례에서 얻은 명제, 꿈은 소망의 충족이라는 표현의 보편화를 불가능하게 만들 뿐만 아니라, 이 명제를 부조리한 것으로 낙인을 찍고 있는 것 같이 보인다.

그렇지만 이 그럴듯한 반론을 물리치기란 그리 어렵지 않다. 우리의 주장은 겉으로 드러난 꿈의 내용에 입각한 게 아니라, 해석 작업에 의해 밝혀진, 꿈 뒤에 감춰진 개인의 사고 내용에 관한 것이라는 데에 주의하면 된다. 우선 꿈의 '겉으로 드러난 내용'과 '잠재된 내용'을 비교 검토해 보기로 하자. 겉으로 드러난 내용이 고통이라는 감정을 나타내는 꿈이 있다는 것은 사실이다.

그러나 지금까지 누가 이것을 해석하고 그 잠재된 사고 내용을 밝히려고 시도했던가? 만일 그런 시도가 행해지지 않았다면, 앞에서 든 논박은 두 가지 다 우리에게는 해당되지 않는다. 고통스러운 꿈도, 불안한 꿈도, 이것을 해석해 보면 결국 소망 충족의 꿈이었을지도 모르기 때문이다.[2]

학문 연구에서 어떤 문제를 해결하기 곤란한 경우, 여기에 제2의 문제를 끌어오면 뜻밖에 유리할 때가 있다. 호두를 깔 때 한 개씩 까는 것보다 두 개를 한꺼번에 까는 편이 더 쉬운 것과 같다. 그래서 우리는 고통이나 불안의 꿈이 어떻게 소망 충족의 꿈이 될 수 있는가 하는 문제 외에, 우리의 꿈에 관한 이제까지의 논의 가운데에서 다시 제2의 문제를 여기에 제시해 보기로 한다. 다시 말해 "자세히 살펴보면 소망 충족의 표현이었음이 판가름될 만한, 표면상으로는 별것 아닌 내용의 꿈이 왜 처음부터 이 소망 충족이라는 뜻을 뚜렷이

---

[2] 독자나 비평가들이 얼마나 집요하게 이러한 고찰을 거부하고, 꿈의 드러난 내용과 잠재 내용의 기본적 차이를 무시해 버리는가는 믿을 수 없을 정도이다. 그러나 이런 나의 의견에 가까운 것으로서 셜리의 논문 '계시로서`의 꿈' 가운데 다음과 같은 구절보다 더 뛰어난 것은 문헌 중에 없는데, 내가 더 인용한다고 해서 그 가치를 무시해서는 안 될 것이다. 그렇다면 초서나 셰익스피어나 밀턴 같은 권위자들이 말했듯이, 꿈은 그렇게 무의미한 것으로는 보이지 않을 것이다. 우리가 밤에 하는 공상의 무질서한 집합체는 어떤 의미를 가지고 새로운 지식을 전달해 준다. "암호로 쓰인 글씨들처럼 꿈의 글씨들은 마치 실없는 소리 같은 처음의 모습을 잃고 진실하고 지적인 메시지의 양상을 보여 준다. 바꿔 말하자면, 한번 글자를 쓴 위에 다시 글자를 쓴 양피지처럼, 꿈은 무가치해 보이는 겉으로 드러난 문자들 밑에 어떤 오래되고 귀중한 정보의 흔적을 나타낸다.'(364면)

나타내지 않는가" 하는 문제이다. 앞서 상세하게 다룬 일마와 관련된 주사 꿈을 들어 보기로 하자. 그 꿈은 결코 고통스러운 성질의 것은 아니다. 그것은 해석에 의해 훌륭한 소망 충족의 꿈으로 인정되었다. 그런데 도대체 무엇 때문에 해석이 필요한가? 왜 꿈은 그 뜻하는 바를 직접 우리에게 말해 주지 않는가? 사실 일마의 주사 꿈만 하여도 그것이 당장은 꿈꾼 사람의 소망 충족을 뜻하고 있다는 인상을 주지 않는다. 독자들도 그런 인상은 받지 않았을 것이며, 나 또한 분석을 해보기 전에는 그러리라고는 생각지 않았다. 설명을 필요로 하는 이러한 꿈 행위를 '꿈의 왜곡(歪曲)된 사실'이라고 우리가 표현한다면, 이 꿈의 왜곡이라는 것은 도대체 어디에서 오는가 하는 제2의 물음이 제기된다.

이 물음에 관해 처음 떠오르는 것이 무엇인지 묻는다면, 여러 가지 해결 방법들을 찾게 될 것이다. 예를 들면 수면 중에는 꿈의 사고에 적합한 표현을 할 수 없다는 식으로도 생각해 볼 수 있다. 그러나 어떤 꿈들의 분석은 꿈의 왜곡에 어쩔 수 없이 다른 설명을 가하도록 만든다. 나는 이 점에 대해서나 자신의 다른 꿈을 예로 들어 설명하겠다. 이 꿈도 여러 개인적인 것을 포함하고 있으므로 사실은 모두 드러내놓고 싶지는 않다. 그러나 이로써 문제가 철저하게 해석되고 설명된다면, 이러한 개인적 희생쯤은 후회하지 않을 것이다.

배경 설명

1897년 봄에 듣고 안 일이지만, 우리 대학의 교수 두 분이 나를 조교수로 임명할 것을 제의했다고 한다. 이 소식을 듣고 나는 깜짝 놀랐다. 뛰어난 학자께서 아무런 개인적 관계도 없는 나를 인정해 주었다는 사실을 알고, 나는 대단히 기뻤다.

그러나 나는 곧 이 일에 너무 기대를 걸어서는 안 된다고 스스로를 타일렀다. 교육부에서는 최근 몇 년 동안 이런 제의를 전혀 받아들이지 않는 상태였으며, 나보다 선배이고 업적면에서도 나에게 뒤지지 않는 사람들이 발령을 기다리고 있지만 그저 시간만 보내고 있는 형편이었기 때문이다. 나의 경우만 상황이 순조롭게 진행될 리가 없었다. 그래서 속으로는 아무래도 좋다고 생각하고 있었다.

나는 본디 그다지 명예욕이 강한 편이 아닌데다 부족하지만 의사로서 일하면서 그럭저럭 성과도 올리고 있었으므로 명예 같은 것은 아무래도 좋았다.

아무튼 막연한 이야기였으므로 그 사실을 가지고 기대할 것은 못 되었다.

어느 날 밤, 전부터 친하게 지내던 동료 한 사람이 찾아왔다. 역시 교수 임용 추천을 받았으나 발령이 없었던 사람인데, 이 동료의 운명을 지켜보며 나는 교훈으로 삼고 있었다. 우리 동료들 사이에서는 교수 후보자로 승진한다는 것은 환자들이 볼 때 절반은 신이 된 거나 다름없었다. 그래서 이 동료는 이미 오랫동안 교수 임명을 기다리고 있는데다가 나처럼 단념도 하지 않고 있어서, 이따금 교육부에 나가서 자기 일이 잘 진척되도록 계속 이의를 제기하고 있었다. 그날 밤도 교육부에 다녀오는 길에 들른 것이다.

그의 말에 의하면 그날은 국장을 찾아가서, 자신의 교수 임명이 늦어지는 까닭이 자기가 유대인이기 때문인지 단도직입적으로 물어보았다는 것이다. 대답은 확실히 그 말대로(현재의 상태로는) 장관께서도 현재로서는 어쩔 수 없다고 하더라는 것이다. "이제는 나도 어떤 상황인지를 알겠네." 하고 친구는 말을 맺었는데, 이 이야기는 나에게 오히려 체념만 강하게 북돋아 주었을 뿐이었다. 같은 유대인이라는 종교적 어려움은 나에게도 해당되기 때문이다.

이 방문을 받은 다음 날 새벽녘 나는 다음과 같은 꿈을 꾸었다. 그 형식으로 말하더라도 상당히 흥미로운 꿈이다. 이 꿈은 하나의 생각이 하나의 모습으로 바뀌는 식으로 두 가지 생각과 두 가지 모습으로 구성되어 있었다. 그러나 나는 여기서 이 꿈의 전반만을 소개하기로 하겠다. 후반부는 이 꿈이 이야기하는 목적과 관계가 없기 때문이다.

① '친구 R은 나의 백부가 되어 있다. 나는 그에 대해 매우 친밀감을 가지고 있다.'

② '내가 본 R의 얼굴은 여느 때와 좀 다르게 보인다. 얼굴이 좀 길어진 것 같고 얼굴 둘레에 난 노란 수염이 특히 뚜렷하게 눈에 띤다.'

여기서 다시 한 관념과 한 형상, 즉 내가 생략한 후반부가 이어진다.

이 꿈의 해석은 다음과 같이 행해졌다.

오전 중에 이 꿈을 생각했을 때 나는 웃음을 터뜨리고 개꿈이라고 생각했다. 그런데 왠지 하루 종일 이 꿈이 머리에 달라붙어 떠나지 않았다. 나는 저녁때 가서 이렇게 스스로를 꾸짖었다. "만일 너의 환자 가운데 한 사람에게 꿈 해석을 위해 꿈 이야기를 전해 달라고 했을 때, 이건 개꿈입니다 하고 더 이상 말을 하려 하지 않는다면, 너는 그 환자를 나무라고는, 그 꿈의 배후에 어떤 불쾌한 일이 숨겨져 있어서 환자가 그 사실을 알고 싶어하지 않는 거라고 추측할 것이다. 너 자신에 대해서도 그와 똑같은 태도를 취해 보라. 이 꿈이 개꿈이라는 네 의견은 바로 꿈 해석에 대한 마음속의 저항을 뜻하고 있는 것이다. 여기서 중단해서는 안 된다." 이리하여 나는 그 꿈 해석에 착수했다.

'R이 나의 백부가 되어 있다.' 이것은 무슨 뜻일까? 나에게 백부라고는 꼭 한 분밖에 없다. 요셉이라는 백부다.[3] 이 백부에게는 슬픈 이야기가 있다. 30여 년 전 이야기인데, 그는 돈을 벌려다가 법에 저촉되는 일을 하여 벌을 받게 되었다. 내 아버지는 그것을 너무 걱정한 나머지 불과 며칠 사이에 머리가 셀 정도였다. 입버릇처럼 "너의 요셉 백부님은 절대로 나쁜 사람이 아닌데, 생각이 조금 모자라서 그랬어."라고 말하고는 했다. 그래서 친구인 R이 나의 백부 요셉으로 되어 있다 한다면, 나는 이렇게 말하려고 한다. "R은 생각이 조금 모자란다." 그러나 이런 일은 인정할 수가 없고 매우 불쾌하기도 하다! 그런데 꿈속의 얼굴은 R보다도 길고 노란 수염을 기르고 있다. 실제로 백부는 얼굴이 길고 얼굴 둘레에 보기 좋은 금빛 수염이 나 있었다. 친구 R의 수염은 까만데, 검은 털이 세기 시작하면 젊었을 때와는 달리 추한 모습이 되는 법이다. 그 검은 털이 하나하나 보기 싫은 색깔의 변화를 거친다. 우선 적갈색이 되었다가 황갈색으로, 이어서 회색이 된다. 친구 R의 수염은 마침 이 회색의 단계에 있었다. 안타깝게도 나의 수염도 벌써 그런 빛깔이 되었다. 꿈에서 본 얼굴은 친구 R의 얼굴이기도 하고 또 백부의 얼굴이기도 했다. 그것은 마치 가족들의 유사점을 찾아내기 위하여 몇 사람의 얼굴을 같은 한 장의 건판 위에 촬영하는 갈튼의 몽타주 사진 같았다. 그러고 보면 역시 내가 '친구 R은 좀 생각이 모자란다, 요셉 백부처럼' 하고 생각하고 있음에 틀림없는 것 같다.

나는 내가 줄곧 시인하고 싶지 않은 이런 관계를 무슨 목적으로 만들어 내었는지 도무지 알 수가 없었다. 이 관계는 아무래도 그다지 깊은 것이 아니었다. 그것은 백부는 죄를 범한 사람이고, 친구인 R은 청렴결백한 사람이었으니까. 그러나 R도 전에 오토바이로 소년을 치어서 처벌을 받은 일이 있었다. 나

---

[3] 이런 경우 나의 기억력이(깨어 있는 동안) 분석이라는 목적을 위해 얼마나 협소화되었는가는 주목할 만하다. 나는 백부들 중 다섯 분을 잘 알고 있는데, 그 중에서도 한 분을 특히 좋아하고 존경했다. 그러나 꿈 해석에 대한 저항을 이겨낸 그 순간, 나는 스스로에게 말했다. 나에게는 백부 한 분밖에 없다고. 꿈에서 그분을 백부라고 일컬었으므로.

는 이 일을 생각했던 것일까? 그렇다면 이 둘의 비교는 하늘과 땅 차이다. 그러나 그때 문득 며칠 전에 다른 동료인 N과 나눈 다른 대화가 생각났다. 거기서도 같은 화제가 나왔다. 나는 길에서 N과 만났던 것이다. 그도 역시 교수 후보자로 추천되어 있었다. 그리고 내가 추천된 것을 알고 나에게 축하를 해 주었다. 나는 그 축하 인사를 받아들이지 않았다. "당신도 이런 제의의 가치를 잘 아실 텐데, 무슨 그런 농담을 하십니까." 이렇게 내가 말하자 그는 진심은 아니었겠지만, 이렇게 대답했다. "그야 어떻게 될지 알 수 없는 일이죠. 나는 좀 사정이 다르잖소. 모르십니까? 어떤 사람이 한 번 나를 고소했지요. 그래서 조사를 받았지 뭡니까. 치사한 공갈이었지만, 나는 고소한 상대방 여자가 처벌을 받는 게 딱하다 싶어 얼마나 애를 썼는지 모릅니다. 그런데 관청에서는 이 사건을 교묘하게 역이용하여 나를 임명하지 않으려는 것 같습니다. 그렇지만 당신은 아주 결백한 분이지 않습니까." 그래서 나는 이 사람이 죄를 범했다는 것을 알았고, 동시에 나의 꿈 해석과 의도를 알게 되었던 것이다. 이 꿈속에서 백부 요셉은 교수 발령이 나지 않은 두 동료를 나타내고 있었다. 한 사람은 모자라는 사람으로, 한 사람은 죄를 범한 사람으로. 그리고 또 왜 나에게 이런 표현이 필요하였는가도 알게 되었다. 만일 친구인 R과 N의 교수 발령 지연 이유가 유대인이라는 데에 있다면, 나의 교수 임명도 의심스럽게 된다. 그러나 두 사람의 교수 임명 거부를 다른 이유로 돌릴 수 있고, 그 이유가 나에게 전혀 해당되지 않는 것이라면, 나에게는 임명될 가능성이 있게 된다. 나의 꿈은 이런 식으로 전개되었던 것이다. 즉 한쪽의 R을 생각이 모자라는 사람으로, 다른 한쪽의 N을 범죄자로 만들었다. 나는 그 어느 쪽도 아니다. 우리 사이의 공통점이 없어지므로 나는 교수 임명을 마음 놓고 기다려도 된다. 그래서 R의 보고, 즉 국장이 R에게 한 말이 나에게도 해당된다는 상황에서 나는 무사히 벗어난 것이다.

　이 꿈 해석은 더 계속되어야 한다. 내 기분으로는 이것으로 만족하게 끝났다고 할 수가 없다. 교수로 임명될 수 있는 길을 열어놓기 위해 존경하는 친구를 두 사람이나 깎아내린 나 자신의 안이한 태도가 아무래도 꺼림칙하다. 나의 그런 태도에 대한 나 자신의 불만은 꿈에 나타난 표현들에 주어야 할 가치를 결정한 뒤에 상당히 감소되었다. 나는 진심으로 R을 바보로 생각한 적이 없으며, 또 협박 사건에 관한 N 자신의 해명을 의심하지 않는다. 나는 또 오토가 프로필렌 제제의 주사를 놓았기 때문에 일마의 병이 심해졌다고 생각지는 않는다. 이 두 경우들에서 나의 꿈이 나타내고 있는 것은, '그렇게 되어 주었으면 하는 나의 소망'인 것이다. 소망을 충족시키려는 나의 주장은 두 번째 꿈속에서는 앞의 꿈에서만큼 그렇게 부조리한 인상을 주지 않는다. 이 두 번째 꿈에서는 실제적인 근거를 교묘하게 사용하고 있다. 말하자면 '어떤 이유들이 있는 듯한' 교묘한 느낌들을 만들어낸다. 왜냐하면 R은 당시 학과 주임 교수로부터 반대투표를 받았으며, N은 아무렇지 않게 위에서 말한 비방의 자료를 스스로 나에게 제공하고 있었기 때문이다. 어쨌든 이 꿈은 더 설명이 필요한 것으로 보인다.

나는 이 꿈을 해석하는 데 있어서 이제까지 전혀 시도되지 않았던 부분이 아직도 이 꿈에 포함되어 있음을 떠올렸다. R을 백부로 안 뒤에 나는 꿈속에서 R에 대해 친근감을 느꼈다. 이러한 감정은 어떻게 하여 생겼는가? 백부 요셉에게 나는 이제까지 아직 정을 느껴본 적이 없었다. R은 오래전부터의 친구이다. 그러나 내가 R을 찾아가서 꿈에서 느낀 것 같은 친근감을 말로 표현한다면, R은 틀림없이 깜짝 놀랄 것이다. R에 대한 나의 친근감은 진실이 아니라 실제와는 다르게 과장된 것처럼 보인다. 마치 내가 R을 백부로 혼동하여 표현하고 있는 그의 지적 능력에 대한 나의 판단이 사실이 아니며 과장되어 있는 것과 같다. 그러나 여기서 나에게는 새로운 국면이 희미하게 열린다. 꿈속에서의 친근감은 잠재된 내용, 즉 꿈 뒤에 있는 사고에 속하는 것이 아니다. 그것은 잠재 내용에 대립적인 것이어서, 꿈의 참된 해석을 은폐하기에 적합하다. 아마 이 감추려는 것이 바로 이 친근감의 존재 이유일 것이다. 그래서 생각나는 일이지만, 나는 처음에 이 꿈 해석에 얼마나 저항을 느꼈던지 될 수 있는 대로 그것을 미루려고 했고, 이 꿈을 정말 개꿈이라고 단언했다. 이러한 부정적 판단을 어떻게 해석해야 되는가는, 나는 정신 분석적 치료에서 잘 알고 있다. 이러한 부정적 판단은 전혀 인식상의 가치를 갖지 않으며, 다만 감정을 표백하는 가치밖에 갖지 않는 것이다. 예를 들면 나의 작은 딸이 사과를 얻었는데, 그것을 먹기 싫을 때는 먹어 보지도 않고 그 사과가 시다고 우길 것이다. 내 환자들이 이 딸처럼 행동한다면, 그 경우에는 그들이 '억압'하려는 어떤 관념이 존재하고 있음을 알 수 있다. 같은 일이 나의 꿈에도 들어맞는다. 내가 이 꿈을 해석하기 싫어하는 것은 해석에 따라서는 나에게 어떤 유쾌하지 못한 일이 나타날 것이기 때문이다. 그 일이 무엇인지는 분석을 끝낸 뒤에야 알았다. 그것은 R은 생각이 모자라는 사람이라는 주장이었다. 내가 R에 대해 느낀 친근감은 꿈의 잠재적 사고가 아니라, 나의 저항에서 비롯된 것으로 볼 수 있다. 나의 꿈이 그 잠재 내용과 비교할 때 이 점에서 왜곡되어 있다면, 더욱이 반대로 왜곡되어 있다면, 꿈속에 나타난 친근감은 이 왜곡 때문에 생긴 것이다. 바꿔 말하자면 '왜곡'은 이 경우 고의적인 것임을, 즉 '위장'의 한 수단임을 알 수 있다. 나의 꿈 사고에는 R에 대한 비방이 포함되어 있다. 그래서 이 비방을 나 자신에게 못 느끼게 하기 위해 그 반대로 친근한 정이 꿈속에 들어온 것이다.

이것은 언제 어디서나 적용되는, 일반적으로 타당한 인식일지도 모른다. 제 3장에 든 실례가 보여 주고 있듯이 노골적인 소망 충족을 나타내고 있는 꿈들도 물론 있다. 소망 충족이 식별하기 어렵게 위장하고 있을 경우, 거기에는 틀림없이 이 소망을 가로막는 어떤 마음의 움직임이 있을 것이다. 이런 방어적인 마음의 움직임에 의해 소망은 분명히 왜곡되어서 나타날 것이다. 심리적 내면 생활에서 일어나는 이 현상에 대한 대비를 사회생활 속에서 찾아보고자 한다. 사회생활의 어디에서 이와 비슷한 심리적 행위의 왜곡을 찾을 수 있을까? 여기에 두 인물이 있어 한편이 어떤 권력을 가지고 있으며, 다른 한편이 그 권력을 고려해야만 할 경우가 바로 그러하다. 이럴 경우 제2의 인물은 그 심리적 행위를 왜곡한다. 표현을 바꾸어서 말하자면, 이 제2의 인물은 스스로를 '위장한다.' 예를 들면 내가 날마다 사람들에게 보여 주는 예절은 그 대부분이 이러한 위장이다. 내가 내 꿈을 독자들을 위해 해석해 보일 때 나는 아무래도 이러한 왜곡을 하고 만다. 이런 왜곡을 피하기 어려운 점에 대해서는 시인도 탄식하고 있다.

　　네가 알 수 있는 가장 훌륭한 것들을
　　아이들에게 말해서는 안 된다.

정치 평론가도 이와 비슷한 사정에 있다. 그는 권력자에게 불쾌한 진실을 직언해야만 하기 때문이다. 그가 숨김없이 직언하면, 권력자는 그의 발언에 압력을 가할 것이다. 그것이 입으로 말하는 의견이라면 나중에, 출판물로 널리 알리는 것이라면 사전에 압력을 가할 것이다. 그래서 문필가는 검열을 두려워해야 한다. 때문에 자기 의견의 표현을 부드럽게 하거나 왜곡하거나 한다. 검열의 강약이나 민감성의 정도에 따라서 문필가는 공격을 하더라도 어떤 형식만은 취하지 않도록 한다든가, 또는 직접적으로 말하지 않고 넌지시 비추기만 한다든가, 또는 자연스러운 위장으로 자신이 말하고자 하는 가시를 숨기지 않을 수 없다. 이를테면 실제로는 자기 나라의 관리들이 목표이나, 중국의 대관(大官) 두 사람에 대해서 논한다는 식이다. 검열의 지배가 엄하면 엄할수록 위장은 그만큼 더 교묘해져서 그 수단은 점점 더 흥미롭게 되는데, 그래도 독자들이 그 참뜻을 잘 알 수 있도록 기지를 발휘하여 쓰게 되는 것이다.[*4]

[*4] H. 폰 후크 헬무트 박사는 1915년(〈의학정신분석국제잡지〉 제3권)에 어떤 꿈에 대해 썼다. 이 꿈이야말로 나의 주장의 정확성을 입증하는 데에 아주 적합할 것이다. 이 실례에서 꿈의 왜곡은 자신에게 불쾌하게 느껴지는 곳들을 삭제해 버리는, 우편 검열과 같은 수단을 쓰고 있다. 우편 검열에서는 그런 곳을 지워서 못 읽게 하지만, 꿈의 검열은 지우는 대신 어떤 이해할 수 없는 중얼거림으로 대신한다. 이 꿈을 이해하기 위해 말해 두어야 할 것이 있다. 이 꿈을 꾼 부인은 50세의, 교양도 있고 명망도 있는 사람으로, 고급 사관이었던 남편과는 약 12년 전에 사별하고 자식들도 훌륭하게 자랐다. 그 중 한 아들은 이 꿈을 꾸었을 당시 출정하고 있었다.

이제 '사랑의 봉사'에 관한 꿈 이야기를 하기로 하자. 이 부인은 제1육군 병원에 가서 위병에게, 이 병원에서 봉사하고 싶으니 병원 원장을 꼭 좀 만나게 해달라고 말한다(그녀는 자신도 모르는 이름을 댄다). 그때 그녀는 '봉사'라는 말을 매우 강조했기 때문에 부사관인 위병은 이것을 '사랑의 봉사'로 바로 받아들였다. 위병은 상대가 나이 많은 부인이어서 잠시 주저하다가 그녀를 통과시켰다. 그러나 그녀는 군의장이 있는 데로 가지 않고 어두컴컴한 큰 방에 들어갔다. 거기서는 긴 테이블을 둘러싸고 많은 장교들과 군의들이 서 있거나 앉아 있었다. 그녀는 어떤 병사를 붙잡고 자신의 희망을 제의했다. 상대방 병사는 두세 마디 주고받은 끝에 그녀의 뜻을 알아차렸다. 그때 그녀가 꿈속에서 한 말은 이렇다. "나나 비엔나의 많은 부인들이나 아가씨들은 언제든지 기꺼이 졸병이든 장교든 구별 없이 군인들에게." 여기서 꿈속에서 어떤 중얼댐이 일어난다. 그러나 그녀는 장교들이 당황하거나 냉소를 짓지 않는 것을 보고, 이 중얼거림이 거기 있던 모든 사람에게 바르게 이해되었음을 알았다. 부인은 다시 말을 계속했다. "우리의 결심이 이상하게 들리리라는 것은 잘 알고 있어요. 하지만 우리는 진심이에요. 전쟁터에 있는 군인들에게 죽기를 원하느냐고 물을 수는 없는 일 아니겠어요?"

몇 분 동안 거북한 침묵이 계속된다. 병사가 그녀의 허리를 안듯이 하며 이렇게 말한다. "부인, 당신이 그 일을 맡아 주십시오. 사실 그렇게 되겠지만."(중얼거림). 그녀는 다음과 같이 생각하고 상대방의 손을 뿌리친다. "상대가 누구이든 마찬가지지." 그리고 이렇게 대답한다. "글쎄요, 이렇게 늙은이라서 나로서는 도저히 그럴 수 없어요. 좌우간 한 가지 조건만은 지켜 주셔야겠어요. 말하자면 나이를 생각해 달라는 말이에요. 그렇다고 나이 많은 늙은이가 젊은 분하고는(중얼거림)…… 거북해서 그럴 수는 없지요."—병사, "네, 그 말씀은 잘 알아듣 검열과 꿈 왜곡의 여러 현상들 사이에서 볼 수 있는 극히 세밀한 부분에까지 이르는 일치에서, 우리는 당연히 이 둘과 비슷한 여러 조건을 전제로 하여 생각해도 상관없다. 따라서 우리의 꿈을 형성하는 근원으로서 두 가지 정신적 힘(흐름 또는 체계, 作因)을 가정할 수 있다. 이 두 가지 힘 가운데 한쪽은 꿈에 의해 표현되는 소망을 형성하며, 다른 한쪽은 이 꿈의 소망에 검열을 가하여 그 표현에 있어 왜곡 현상을 만들어낸다. 그래서 문제는 이러한 검열을 허용하는 이 두 번째 힘의 권한이 어디에 있느냐는 데에 있다. 꿈의 잠재적 사고는 아직 의식(意識)되어 있지 않은 상태이다. 그러나 이 잠재 사고에서 나오는 꿈의 드러난 내용은 우리의 잠재된 사고를 불러일으켜 의식 위로 떠오르게 함을 돌이켜 생각해 볼 때, 이 두 번째 힘(作因)의 권한은 의식되기를 허용하느냐 않느냐는 점에 있다고 생각해도 좋을 것이다. 미리 두 번째 작인을 통하지 않는 것은 첫 번째 작인에서 나와 의식 속으로 들어갈 수 없다. 그리고 두 번째 작인은 자기 권리를 행사하여, 의식 속으로 들어오려는 것을 자기에게 편리하도록 변경하지 않고는 그 어떤 것에도 통과를 용납하지 않는다. 이렇게 생각할 때 우리는 의식의 '본질'에 관해 독특한 견해를 세우지 않으면 안 된다는 것을 깨닫는다. 의식화한다는 것은 분별(分別)하거나 표상(表象, 상징화) 하는 과정과는 다른, 독립적이고 특수한 정신적 작용이므로 의식은 다른 곳에서 일어나는 내용을 지각하는 감각 기관처럼 생각된다. 정신 병리학에 있어서는 이러한 근본적 가정이 불가결한 것임을 알 수 있다. 이런 근본적 가정의 상세한 연구는 뒤로 미루어 두기로 하자.

두 가지 정신적 작인들과 의식 사이의 관계라는 것을 염두에 둔다면, 내가 꿈속에서 친구 R에게 느낀 주목할 만한 친근감에 있어서는(더욱이 R은 꿈을

겠습니다." 두세 사람의 장교들이(그 가운데에는 예전에 그녀에게 구혼한 장교도 섞여 있었다.) 큰 소리로 껄껄 웃었다. 그녀는 모든 일을 순조롭게 진행시키기 위해서 자기가 아는 군의장에게 안내해 달라고 부탁했다. 그때 막상 알아야 할 군의장의 이름을 모른다는 것이 생각나서 무척 당황했다. 그럼에도 불구하고 병사는 매우 정중하고 공손하게 철로 된 좁은 나선형 계단으로 해서 2층으로 가라고 했다. 계단을 올라가는데 그녀의 귀에 사관 하나가 이런 말을 하는 소리가 들렸다. "나이가 어찌됐건 정말 대단한 결심을 했는걸. 전원 차렷!" 의무를 완수할 뿐이니까 하는 마음을 안고 부인은 끝없는 계단을 올라갔다. 이 꿈은 두세 주일 동안에 두 번이나 되풀이되었다.(그 부인의 말에 의하면) 아주 사소한, 전혀 무의미할 정도의 차이는 있었지만.

해석한 결과 그토록 경멸당하고 있다) 인간의 정치 생활에서 아주 동등한 대체물이 발생한다. 예를 들어 권력에 사로잡힌 군주와 활발한 여론 사이에 갈등이 일어나고 있는 국가를 생각해 보자. 국민들은 자기들이 좋아하지 않는 어떤 관리에게 반항하면서 그의 파면을 요구한다. 그럴 때 군주는 자기가 국민의 의사를 따르지 않겠다는 뜻을 표현하기 위해 공연히 아무런 이유 없이 그 관리를 표창할 것이다. 그와 마찬가지로 나의 두 번째 작인, 즉 의식으로 들어가는 것을 관리하는 작인은 친구 R을 과대한 친근감으로 표창한다. 첫 번째 작인인 소망 충동이 R을 현재 바로 문제로 삼고 있는 어떤 특별한 관심에서 모자라는 사람으로 욕하려 하고 있기 때문이다.*5

이렇게 되면 우리가 인간의 정신적 장치의 구조에 관한 설명을 지금까지 철학에서 쓸데없이 기대해 왔던 것을 꿈 해석에서 얻을지도 모른다는 생각이 들 것이다. 그러나 지금은 그 길을 따르지 않고, 꿈 왜곡에 대한 해석과 설명이 끝났으니 다시 최초의 문제로 되돌아가기로 한다. 그 문제란 이렇다. 고통스러운 내용을 가진 꿈이 도대체 어떻게 소망 충족으로서 해석될 수 있는가 하는 것이다. 지금 우리에게 꿈 왜곡이 행해져서 고통스러운 내용이 소망된 내용의 위장에 도움이 되고 있을 뿐이라고 한다면, 고통스러운 꿈이 사실은 소망 충족으로 생각되는 것임을 알 수 있다. 위에서 말한 두 가지 정신적 작인에 관한 우리의 가정을 고려하면서 우리는 이제 또 다음과 같이 말할 수 있다.

고통스러운 꿈은 사실 두 번째 작인에 있어서 고통스러운 것, 그러나 동시에 첫 번째 작인의 소망을 채우는 어떤 것을 지니고 있다. 그러므로 고통의 꿈은 물론이고 어떤 꿈이든지 첫 번째 작인에서 오는 것이며, 두 번째 작인이 꿈에 대해 단순히 방어적인 태도를 취할 뿐, 결코 창조적으로 움직이지 않는 한

─────────────

*5 이런 위선적인 꿈은 나에게나 다른 사람에게나 결코 드문 것이 아니다. 어떤 학문상의 과제에 전념하고 있었을 때 나는 여러 날 밤 계속해서 이상한 꿈을 꾸었다. 오래전에 인연이 끊어져 버린 친구와의 화해가 그 꿈의 내용이었다. 네 번째인가 다섯 번째 같은 꿈을 꾸었을 때, 겨우 그 꿈의 뜻을 포착하는 데에 성공했다. 그 꿈의 참뜻은 그 친구에 대한 우정의 마지막 한 조각도 완전히 버리라는 것이었다. 그리고 그 친구의 일 따위는 깨끗이 잊어버리라는 권장인데, 그것이 이렇게 위선적으로 반대 형태로 위장하고 있었다. 또 나는 어떤 인물에 대해서 '위선적 오이디푸스 꿈'을 보고한 적이 있다. 이 꿈속에서는 잠재 사고인 적의의 움직임이나, 죽기를 바라는 심정이 겉으로 드러나는 친근함의 정으로 바뀌어져 있었다('어떤 위선적 오이디푸스 꿈의 전형적 실례'). 위선적인 꿈의 다른 종류에 대해서는 다른 데서 언급하겠다.(제6장의 꿈의 작업을 참조).

모두 소망 충족의 꿈이다.[6] 우리의 논의를 두 번째 작인이 꿈에 대해 기여하는 것에만 제한한다면 우리는 꿈을 절대로 이해하지 못한다. 그러다가는 지금까지 여러 학자들이 꿈에 관해 지적해 온 수수께끼가 영원히 풀리지 않을 것이다.

꿈은 실제로 감추어진 뜻을 가지고 있다는 것, 그리고 이 감추어진 뜻이란 바로 소망 충족이라는 것, 이는 모든 경우에 있어 분석으로 입증되어야 한다. 그래서 나는 고통스러운 내용의 꿈 몇 가지를 선택하여 그 분석을 시도하려고 한다. 그 일부는 히스테리 환자의 꿈이므로 긴 배경 설명이 필요하며, 또 경우에 따라서는 히스테리 증상에 있어서의 정신적 과정으로 들어가지 않으면 안 된다. 그렇게 되면 설명이 까다로워지지만, 그렇다고 이를 회피할 수는 없다.

내가 한 노이로제 환자를 분석 치료할 때에는 이미 말한 바와 같이, 그 환자의 꿈이 우리, 즉 의사인 나와 환자의 대화 제목이 된다. 그럴 때 나는 환자에게 나 자신이 환자의 노이로제적 증세를 이해하게 된 심리학적 설명을 모두 해 주어야 한다. 그러면 환자는 내가 한 말에 대해 사정없는 비평을 가한다. 그것은 우리 전문가들조차도 생각 못할 만큼 신랄한 비평이다. 내가 꿈은 모두 소망 충족이라고 하면, 환자들은 아주 판에 박은 듯이 그 말에 반대한다. 여기에 그런 반증으로서 인용된 꿈의 자료들 가운데에서 약간의 실례를 들어 보기로 하자.

"선생님은 언제나 꿈은 소망의 충족이라고 말씀하십니다만" 하고 머리 좋은 한 여자 환자가 말을 시작한다. "그러면 전혀 반대되는 내용의 꿈을 말씀드려 볼까요? 제 소망이 이루어지지 않았던 꿈입니다만, 이건 선생님의 이론 어디쯤에 해당될까요? 저는 이런 꿈을 꾸었어요. 저녁 식사에 어떤 분을 초대할 생각이었는데, 훈제 연어가 조금 있을 뿐 사다놓은 것이 아무것도 없었어요. 그래서 시장에 나가려고 했으나 일요일 오후여서 이미 상점 문이 닫혔을 거라는 생각이 들더군요. 하는 수 없이 배달해 주는 상점 두서너 곳에 전화를 걸어보려고 했으나 전화가 고장이 나 있었어요. 그래서 그 날은 손님 접대를 단념하는 수밖에 없었지요."

나는 그 말에 대해, 과연 그 꿈은 얼핏 듣기에 아주 조리가 있으며 소망 충

---

[6] 나중에 우리는 지금 서술한 것과 반대로 꿈이 이 두 번째 작인의 소망을 표현하는 경우도 있음을 알게 될 것이다.

족과는 반대되는 것같이 느껴지나, 분석을 해보기 전에는 이 꿈이 어떤 뜻을 가지고 있는가를 결정하기 어렵다고 대답했다.

"그런데 이 꿈은 어떤 자료에서 나왔을까요? 꿈의 계기는 언제나 전날의 여러 가지 체험들에 있다는 건 선생님도 알고 계시니까요."

분석

이 환자의 남편은 고지식하고 부지런한 정육점 주인이다. 그가 전날 부인에게, 자꾸 살이 쪄서 곤란하니 살 빼는 요법을 써 보겠다고 했다. 아침 일찍 일어나 운동을 하고, 엄중한 식이요법을 하여 가끔 식사 초대가 있더라도 가지 않을 작정이라고 말했다. 여자 환자는 웃으면서 남편에 관해 다시 이야기를 계속했다. 남편은 단골 술집에서 화가 한 사람을 알게 되었는데, 당신만큼 표정이 풍부한 얼굴을 본 적이 없다면서 꼭 모델이 되어 달라는 부탁을 받았다. 그러나 남편은 천성대로 무뚝뚝하게, 뜻은 고마우나 젊고 예쁜 아가씨의 뒷모습에서 한 부분이 나의 이런 못생긴 얼굴보다 훨씬 당신 마음에 들 거라고 대답했다고 한다.*7 그런데 부인은 지금 남편에게 정을 쏟고 있기 때문에 남편에게 어리광을 피운다고 말했다. 그리고 부인은 남편에게 "상어알 젓을 주시면 싫어요"라고 말한 일도 있다. 이것은 무슨 뜻일까?

부인은 전부터 아침마다 상어알 바른 빵이 먹고 싶었으나 너무 비싸서 사 먹질 못했다. 물론 남편에게 말했다면 금방 사다 주었을 것이다. 그러나 부인은 될 수 있는 대로 오랫동안 남편에게 어리광을 피울 수 있도록 그것과는 반대되는 말로, 상어알 젓을 사주시면 싫다고 말했던 것이다.

이러한 설명은 내게 확신을 주지 못했다. 이런 불충분한 설명 뒤에는 대개 털어놓고 싶지 않은 동기가 숨어 있는 법이다. 베른하임(Bernheim)의 최면술 실험에서는 의사가 최면 상태의 환자에게 어떤 명령을 내리면 환자는 깬 뒤에 그 명령을 실행하는데, 그 동기를 물으면 환자는 왜 그랬는지 모른다고 대답하지 않고 반드시 거기에 어떤 까닭을 붙이려 한다. 이 상어알 젓의 예도 이와 비슷한 것이다. 여자 환자는 생활 속에서 어떤 충족되지 않은 소망을 꿈을 통해 만들어 내지 않을 수 없는 듯하다. 사실 그 부인의 꿈은 그녀에게 소망의

---

*7 모델이 된다는 뜻. 괴테에 이런 구절이 있다.
'엉덩이가 없다면 귀인이라도 어떻게 앉을 수 있으랴.'

거부를 충족된 것으로 보여 주고 있다. 그렇기는 하지만 이 여자는 충족되지 않는 소망을 무엇에 필요로 하는 것일까?

지금까지 그녀가 한 생각은 이 꿈 해석에 크게 도움이 되지 않았다. 나는 여자 환자에게 더 말을 하도록 졸랐다. 그녀는 끝까지 거부하려는 사람처럼 잠시 침묵을 지키더니 이윽고 말을 시작했다. 부인은 어제 어떤 여자 친구를 방문했는데, 남편이 언제나 이 친구를 칭찬하기 때문에 사실은 마음속으로 질투를 하고 있었다. 다행히 남편은 뚱뚱한 여자를 좋아하는데, 이 여자는 몹시 말랐었다. 그런데 이 마른 여자가 무엇을 화제로 삼았을까? 말할 것도 없이 더 살이 쪘으면 하는 소원에 대해서였다. 그리고 또 내 여자 환자에게 이렇게 물었다. "언제 또 저녁 식사에 초대해 주시겠어요? 댁의 음식은 언제나 기막히게 맛이 좋으니 말이에요." 이것으로 꿈의 뜻이 뚜렷해졌다. 나는 환자에게 이렇게 말할 수 있다. "그렇다면 저녁 식사에 초대해 달라는 말을 들었을 때 당신은 틀림없이 이렇게 생각하고 있었던 것 같군요. '내가 당신을 초대해서 식사 대접을 하는 게 마치 음식을 잘 차려 먹어 살찌게 해서 내 남편 마음에 쏙 들도록 만드는 것밖에 안되는군요. 그렇다면 이제 식사 초대 같은 것은 그만 둬야지.' 그렇다면 꿈은 당신에게 이제 식사 초대 같은 것은 할 수 없다고 말해 주고 있는 것이므로, 친구가 살찌는 데에 도움이 되는 일은 하고 싶지 않다는 당신의 소망을 채워 주고 있는 것입니다. 만찬 모임에서 먹는 음식이 살을 찌게 한다는 사실은, 저녁 식사에 초대되더라도 살을 빼기 위해 거절하겠다는 당신 남편의 결심을 듣고 당신이 알게 된 것입니다." 이제 필요한 것은 이러한 해석을 증명해주는 내용들이다. 아직도 남아 있는 것은 꿈에 나온 훈제 연어다. "왜 훈제 연어 꿈을 꾸었을까요?" "그것은 그 여자 친구가 가장 좋아하는 음식이에요" 하고 그녀는 대답했다. 그런데 우연히 나는 그 여자 친구도 바로 내 환자가 상어알 젓을 비싸서 못 사먹었듯이 연어를 못 사먹고 있었다는 사실을 확인할 수 있었다.

이 꿈은 또 보다 미묘한 다른 해석도 가능하게 한다. 이러한 해석은 부차적인 상황들을 고려함으로써 필연적인 것이 된다. 이 두 해석은 서로 모순되는 것이 아니라 서로 보충하는 것으로서, 꿈과 일체의 정신 병리학적 형성물에서 일반적으로 나타나는 이중의 뜻을 보여 주는 훌륭한 예이다. 이미 보아온 대로, 나의 여자 환자는 소망 거부의 꿈을 꾸는 동시에 그 거부된 소망을 현실에서 얻으려고 노력했다(상어알 샌드위치). 여자 친구도 더 살이 찌고 싶다는 소망을 말했었다. 따라서 나의 여자 환자가 여자 친구의 소망이 실현되지 않는 꿈을 꾸더라도 조금도 이상할 것이 없다. 다시 말해 이 여자 친구의 소망, 바로 좀더 살이 찌고 싶다는 소망이 채워지지 않기를 바라는 것은 이 환자 자신의 소망인 것이다. 그러나 그녀는 그 소망 대신 자신의 소망이 채워지지 않는 꿈을 꾸고 있다. 그리고 만일 꿈속의 그녀가 자신이 아니라 그 여자 친구를 뜻하고 있다면, 다시 말해 그녀가 그 여자 친구 대신 꿈속에 나타난 것이라면, 즉 자신을 그 여자 친구와 '동일화(同一化, 同一親)'한 것이라면, 이 꿈은 어떤 새로운 해석을 얻게 된다.

나는 실제로 그녀가 이 동일화를 했다고 생각한다. 그녀가 거부된 소망을 현실에서 실현한 것은 바로 이 동일화의 증거가 된다. 그러나 이 히스테리성 동일화에는 어떤 의미가 있는 것일까? 이에 대해서는 더 자세히 설명하지 않으면 안 된다. 동일화는 이 히스테리 증세의 메커니즘에 있어서 극히 중요한 요소이다. 이 방법에 의해서 환자들은 자신의 체험뿐만 아니라 다른 사람들의 여러 체험들을 그들의 히스테리 증세 속에 재현하기 때문이다. 말하자면 한 무리의 인간 전부를 대신하여 고민하며, 어떤 연극의 모든 역할을 자기 혼자서, 자기의 개인적 수단으로 표현해 보일 수가 있다. 이렇게 말하면 혹시 반론을 받을지도 모른다. 이것은 누구나 다 아는 히스테리적인 모방이 아닌가. 자신에게 강한 인상을 주는 타인의 모든 증세를 모방하는 히스테리 환자 특유의 능력, 말하자면 재현 단계에까지 높여진 공감이 아닌가라고 말이다. 그러나 이 반론의 설명에서는 히스테리적 모방에 있어서 정신적 과정이 지나가는 길이 표시된 데에 지나지 않는다. 이 길은 조금 다르며, 이 길을 지나가는 심리적 행위도 조금 다른 것이다.

심리적 행위는 사람들이 흔히 생각하는 히스테리 환자의 모방보다 좀 복잡한 것이다. 그것은 하나의 예가 뚜렷이 보여 주겠지만, 무의식적인 추론 과정에 대응하고 있다. 어떤 독특한 경련을 일으키는 한 환자를 다른 환자들과 함께 병원의 한 방에 입원시킨 의사는, 다른 환자들이 이 독특한 히스테리 발작을 흉내낸 것을 아침에 알게 되더라도 그는 별로 놀라지 않는다. 의사는 이렇게 중얼거릴 따름이다. "다른 환자들이 이 발작을 보고 모방했다. 이게 바로 심리적 전염이라는 거지." 확실히 그렇다. 심리적 전염이란 대체로 다음과 같은 과정에 의해 일어난다. 다시 말해 환자들은 의사가 환자 한 사람 한 사람에 대해서 알고 있는 것보다도 대개는 서로에 대해 더 잘 알고 있어서 의사의 회진이 끝나면 서로를 걱정해 준다. 그러는 중에 한 환자에게 발작이 일어난다고 치자. 그리고 그 원인이 집에서 온 편지 또는 다시금 북받쳐 오른 사랑의 고민 등에 있다는 것이 순식간에 모두에게 알려져 버린다. 이때 모두들 동정하기 시작한다. 그러다가 무의식 중에 이렇게 추론해 버린다. 만일 이러이러한 원인 때문에 이런 발작이 일어난다면, 나에게도 똑같은 이유가 있으니 같은 발작이 일어날 것이라고 말이다. 만일 이것이 의식화될 수 있는 추론이라면, 이 추론은 아마 나에게도 같은 발작이 일어날지도 모른다는 '불안'으로 작용했을 것이다. 그러나 이러한 추론은 그렇지 않은 무의식이라는 심적인 층에서 이루어지기 때문에 환자들이 두려워하던 증세가 정말로 실현되어 버린다. 그러므로 동일화라는 것은 단순한 모방이 아니며, 같은 병리적 요구에 근거한 '동화(同化)'인 것이다. 동일화는 '마찬가지로'라고 표현하여, 무의식 세계의 내부에 머물러 움직이려 하지 않는 하나의 공통적인 요소와 관련된다.

동일화는 히스테리에서 어떤 성적 공통성을 표현하기 위해 가장 자주 이용된다. 여자 히스테리 환자들은 그들의 증세에서 자칫하면(언제나 그런 것은 아니지만) 자기와 성적 관계가 있었던 인물, 혹은 현재 성적 관계를 계속하고 있는 인물과 자기를 동일시한다. 우리의 언어는 바로 이 같은 견해를 잘 나타내고 있는데, 우리는 사랑하는 두 사람을 '하나(一心同體)'라고 말한다.

꿈에서와 마찬가지로 히스테리적 환상에 있어서도, 동일화(동일시)를 위해서는 성적인 관계가 반드시 실제로 있어야 할 필요는 없으며, 이에 대해 생각하는 것만으로도 충분한 조건이 된다. 그렇다고 해서 그 성적 관계가 꼭 현실의 것이어야 한다는 것은 아니다. 따라서 위에서 말한 환자가 그 여자의 꿈속에서 그 여자 친구 대신 자기 자신을 놓고 어떤 증세(실현할 수 없는 소망)를 만들어 냄으로써 자기와 그 여자 친구를 동일화하면서, 그 여자 친구에 대한 질투심(이 질투가 이유 없는 것임을 환자 자신도 인정하고 있다)을 표현하고 있는 것은 단지 히스테리적인 사고 과정의 법칙에 따랐을 뿐인 것이다. 이 과정은 또 다음과 같이 고쳐 말하여 설명할 수도 있을 것이다. 바로 환자가 꿈속에서 그 여자 친구 대신으로 자기를 놓은 것은 그 여자 친구가 자기 남편에게는 자기를 대신하는 위치를 차지하고 있기 때문이며, 또 자기가 남편의 가치 평

가 속에서 그 여자 친구의 자리를 차지하고자 바라기 때문이다.[*8]

내가 꿈을 주제로 하여 다른 환자들 가운데 가장 기지가 뛰어난 다른 여자 환자 한 사람도 나의 꿈 이론에 반대를 표명했다. 그러나 이 반대론도 앞의 경우보다 더 간단하게 '하나의 소망이 이루어지지 않는다는 것은 다른 소망이 이루어진다는 것을 뜻한다'는 도식에 따라 보기 좋게 해결되었다. 나는 어느 날 이 여자에게 꿈은 소망의 충족이라는 것을 설명했다. 다음날 그 여자 환자는 나를 찾아와서 간밤에 꾼 꿈 이야기를 해주었다. 그 여자는 시어머니와 함께 시골로 피서 여행을 떠났다. 그러나 나는 그 여자 환자가 여름을 시어머니와 함께 지내기가 싫어서, 출발 며칠 전에 시어머니의 거처에서 꽤 멀리 떨어진 곳에 피서할 집을 빌리게 되어, 그 싫은 동거를 운 좋게 피할 수 있었다는 사실을 알고 있었다. 그런데 이 꿈은 그 여자 환자의 소망대로 된 이 해결책을 취소하고 있다. 그러니 이것이야말로 꿈은 소망 충족이라는 나의 주장을 훌륭하게 부정하고 있지 않은가? 확실히 그렇다. 그런데 이 꿈을 해석하는 데는 이 꿈이 말하고 있는 것을 다시 추적해 가기만 하면 된다. 이 꿈에 의하면 내가 한 말에 잘못이 있다는 것이다. 즉 내가 한 말이 잘못이었으면 하는 것이 그 여자의 소망이었으므로 그 소망을 꿈이 그녀에게 채워준 것이었다. 그러나 내가 한 말이 잘못이기를 바라는 소망, 그리고 피서를 하기 위해 시골로 떠난다는 문제를 둘러싸고 충족된 소망이 실제로는 이것과 다른, 보다 심각한 일과 관련되어 있었던 것이다. 바로 그 무렵 나는 그 여자 환자를 분석해서 얻은 자료로부터 다음과 같은 추론을 내렸다. 즉 그녀 일생의 어떤 시기에 그녀의 병에 중대한 의미를 가질 만한 사건이 틀림없이 있었으리라는 것이다. 그 여자 환자는 전혀 그런 기억이 없다면서 이를 부정했다. 그러나 곧 내가 옳았음을 알 수 있게 되었다. 내가 틀렸으면 하는 그 여자 환자의 소망은 그녀가 시어머니와 함께 시골로 떠난다는 꿈으로 변형되어, 그때에야 비로소 어렴풋이 알게 된 사실들이 실제로 일어난 것이 아니기를 바라는, 이유 있는 소망과 일치하고 있었던 것이다.

[*8] 히스테리의 정신 병리학에서 이런 실례만을 따로 잘라 내어 단편적으로밖에 제시하지 못했기 때문에 사실의 해석과 설명에 어느 정도 효과가 있었는지 의심스러우나, 만일 이 실례들이 꿈과 정신 신경증(노이로제) 사이의 밀접한 관계를 암시할 수 있다면, 내가 이 실례를 택한 목적은 이루어졌다 말할 수 있으리라.

분석을 하지 않고 추측만으로 나는 어떤 친구의 신상에 일어난 조그만 한 사건을 해석한 일이 있었다. 김나지움을 다닐 때, 이 친구와 나는 8년간 같은 반이었다. 그는 언젠가 작은 모임에서 꿈은 소망의 충족이라는 나의 새로운 학설에 대한 강연을 듣고 돌아갔을 때, 그날 밤 모든 '소송(訴訟)에서 지는'(그는 변호사였다) 꿈을 꾸었던 것이었다. 그래서 나는 모든 소송에 이길 수는 없지 않느냐고 발뺌을 했지만, 사실은 속으로 이렇게 생각했다. 나는 김나지움을 다닐 때 8년간을 계속 수석으로 지냈다. 그런데 이 친구는 중간쯤에서 어물거렸기 때문에 소년 시절부터 내가 언젠가 한 번쯤 철저하게 창피를 당했으면 하는 소망이 그의 마음속에 도사리고 있었던 게 아니었을까?

더 어두운 성격의 다른 꿈으로, 마찬가지로 나의 견해를 반박하는 한 여자 환자로부터 들은 실례가 있다. 이 환자는 아직 젊은 처녀인데, 이렇게 이야기를 시작했다. "선생님도 잘 아시다시피 제 언니에게는 카를이라는 사내아이 하나가 있을 뿐입니다. 그 아이의 형이었던 오토는 제가 언니 집에 있을 때 죽었어요. 전 오토를 끔찍이 귀여워했습니다. 제 손으로 키우다시피 했으니까요. 카를도 귀엽긴 합니다만, 도저히 오토만큼은 귀여워할 수 없어요. 그런데 어젯밤에 이런 꿈을 꾸었습니다. 카를이 죽어서 내 앞에 있는 거예요. 조그만 관속에 두 손을 포개고 누워 있었습니다. 주위에는 촛불이 켜져 있고요. 꼭 그애 형 오토가 죽었을 때와 똑같았어요. 오토가 죽었을 땐 정말 얼마나 슬펐는지 모릅니다. 선생님, 이게 무슨 뜻일까요? 선생님은 저를 잘 아시니까 말씀 좀 해주세요. 하나밖에 없는 조카가 죽기를 바랄 만큼 제가 나쁜 인간일까요? 아니면 제가 좋아하는 오토 대신에 차라리 카를이 죽었더라면 하는 생각을 하고 있다는 뜻일까요?"

나는 두 번째의 해석은 전혀 문제가 되지 않는다고 그녀에게 단언해 주었다. 그리고 한참 생각한 뒤에 나는 그 꿈의 올바른 해석을 해줄 수 있었는데, 그녀도 그 해석을 긍정했다. 이 꿈 해석에 내가 성공한 것은 이 환자의 살아온 과정을 모두 알고 있었기 때문이다.

이 처녀는 어려서 부모를 여의고 나이 차이가 많은 언니 집에서 자랐다. 그 집에 찾아오는 사람들 가운데 한 남성을 알게 되어, 그에게서 잊을 수 없는 인상을 받았다. 한때는 이들의 관계가 결혼으로까지 이어지는 듯했으나 언니 때문에 그만 흐지부지되고 말았다. 언니가 그렇게 반대한 동기가 무엇인지 도무지 알 수가 없었다. 두 사람 사이가 틀어지고 난 뒤부터 그 남자는 언니의 집을 피하게 되었다. 처녀도 그토록 애지중지하던 오토가 죽고 얼마 안 되어 언니네 집을 나왔다. 그러나 처녀는 그 남자에 대한 사랑의 감정에서 빠져나올 수가 없었다. 그녀는 자존심 때문에 그 남자를 잊으려고 애썼다. 그러나 그녀는 자기를 좋아하는 남자가 잇따라 나타났지만 자기 마음을 새삼스레 다른 남자에게 돌릴 수는 없었다. 문학가였던 그 남자가 어딘가에서 강연한다는 것을 알기만 하면, 처녀는 반드시 들으러 갔다. 이 밖에도 먼발치에서라도 그 남자를 볼 수 있는 기회만 있으면 하나도 놓치지 않았다. 내가 기억하는 바로는, 그 꿈을 꾼 전날 처녀는 나에게 그 교수가 어떤 음악회에 나간다는데, 자기도 가서 멀리서라도 그의 모습을 보고 싶다고 말했었다. 그것은 그 꿈을 꾼 전날의 일이었다. 나에게 꿈 이야기를 해주던 날, 그 음악회가 열릴 예정이었다. 그래서 나는 쉽게 이 꿈의 올바른 해석을 내릴 수가 있었다. 그리고 그녀에게 오토가 죽은 뒤에 일어난 사건으로서 생각나는 것이 없느냐고 물었다. 처녀는 곧 대답했다. "네, 있어요. 아주 오랫동안 오지 않았던 그분이 오셔서 오토의 관 옆에 서 계셨습니다." 바로 내가 추측한 대로였다. 그래서 나는 이 꿈을 다음과 같이 해석해 보았다. "만일 지금 또 한 아이가 죽는다면 오토가 죽었을 때와 같은 일이 또 한 번 되풀이 되겠지요. 당신은 그날 언니 집에서 지내게 될 것이고, 그 교수도 틀림없이 조의를 표하러 올 것입니다. 그러면 오토가 죽었을 때와 똑같은 상황 아래서 당신은 그 사람을 만날 수 있게 되는 거지요. 그러니 당신 꿈은, 마음속으로는 거부하고 있는 그 사람을 또 만나고 싶다는 소망을 뜻하는 것입니다. 당신은 지금 그 주머니 속에 음악회 입장권을 가지고 계시지요, 그렇지요? 당신 꿈은 기다릴 수 없는 꿈입니다. 오늘 이루어질 재회를 꿈이 두세 시간 먼저 말해준 것입니다."

처녀는 분명히 자신의 소망을 감추기 위해서 그런 소망이 억제되는 한 상황을 선택했던 것이다. 즉 모두가 슬픔에 싸여 있으므로 연애 같은 것은 생각할 수도 없는 상황이다. 그러나 꿈이 충실하게 재현한 현실의 상황에서도, 처녀가 동생보다 훨씬 더 사랑한 큰 아이와 관 옆에서마저도 오랫동안 만나지 못한 연인에 대한 그리운 마음을 억누르지 못했으리라는 것만은 쉽게 추측할 수 있다.

또 한 사람, 다른 여자 환자의 이와 비슷한 꿈에는 전혀 다른 해석이 내려졌다. 이 부인은 소녀 시절에 머리가 좋은데다 명랑한 성격이었다고 알려졌다. 이 특성들은 적어도 내가 치료하는 동안에도 보는 것이고, 지금도 여전히 잘 돌아가는 머리 회전에서 그 평판이 거짓이 아님을 뒷받침해 주고 있었다. 이 부인은 꽤 긴 꿈의 연결 속에서 15세 된 외동딸이 상자 속에 죽어서 누워 있는 것을 보았다. 그녀는 이 꿈의 현상을 구실로 꿈의 소망 충족이라는 주장에 반론을 가하려던 것으로 보이나, 그녀도 이 상자라는 부분에서 틀림없이 이 꿈에 다른 해석의 길을 보일 수 있으리라고 대충 짐작하고 있었다.[*9] 이 꿈을 분석할 때에 그녀는 전날 밤의 모임에서 화제가 영어의 '박스(상자)'에 이르러 그것에 해당되는 여러 가지 독일어 번역들에 모아졌었다. 이를테면 상자(Schachtel)·관람석(Loge)·궤(Kasten)·손바닥으로 치는 것(Ohrfeige) 등이었다. 그런데 같은 꿈의 다른 부분에서 그녀가 영어의 '상자'는 독일어의 '작은 상자(Büchse)'와 발음이 비슷하며, 흔히 여성의 성기도 '뷔흐제'라고 불린다는 생각을 떠올렸다. 그녀의 국소 해부학 지식을 어느 정도 참작해 준다면, '상자' 속의 아이란 자궁 속의 태아를 뜻한다고 생각할 수 있다. 여기까지 해명되고 나니 이 꿈의 형상이 실제로는 그녀의 어떤 소망에 합치되는 것임을 그녀도 부정하지 않았다. 젊은 여인들 대부분이 그렇듯이 그녀도 임신이 시작되자 결코 행복하지가 않았다. 오히려 배 속의 아이가 차라리 죽었으면 하고 바란 일이 한두 번이 아니었음을 고백했다. 뿐만 아니라 심한 부부 싸움 끝에 홧김에 두 주먹으로 뱃속의 아이에게 죽으라고 복부를 친 적도 있었다. 죽은 아이는 사실상 하나의 소망 충족이었으며, 그것은 15년 동안이나 등한시되었던 소망 충족이었다. 이렇게 늦게 나타나서는 그것이 정말로 소망 충족인지 분별을 못할 경우가 있지만, 그래도 이상할 것은 없다. 그 동안에 그야말로 사정이 여러 가지로 변했기 때문이다.

가족의 죽음을 내용으로 하는 마지막의 두 꿈이 속하는 집단에 대해서는 유형적인 꿈을 논할 때에 한 번 더 생각해 보고자 한다. 그때에는 바라지 않는 내용임에도 불구하고 이 꿈들이 모두 소망의 꿈으로 해석되어야 한다는 것을 새로운 예를 통해서 나타낼 수 있을 것이다. 다음에 예를 드는 꿈은 환자가 꾼 꿈이 아니고 내가 알고 있는 법률학자에게서 들은 것이다. 그 역시 내가 꿈

[*9] 포기한 그 만찬회 꿈에 나오는 훈제 연어와 흡사하다.

은 소망의 충족이라는 견해를 조급히 일반화하려는 것을 막으려는 의도에서 이 꿈을 들려주었다. "내가 꾼 꿈은" 하고 나의 보증인인 그 법률가는 말했다.

"나는 한 부인의 팔을 잡고 우리 집 앞까지 왔습니다. 그러자 거기 포장마차가 서 있었는데 한 남자가 오더니, 자기는 형사인데 함께 가달라고 했어요. 나는 용무를 끝마칠 때까지 기다려 달라고 부탁했습니다."

꿈 이야기를 마친 법률학자가 물었다.

"어떻습니까, 이 꿈에서 체포되는 것이 나의 소망이라고 당신은 믿습니까?" 물론 그렇지 않다는 것을 인정하지 않을 수 없다.

"그런데 무슨 죄로 체포되었습니까?"

"아마 그게 영아 살해라는 죄목이었던 것 같습니다."

"영아 살해? 선생도 잘 아시다시피 그런 범행은 갓난아기를 낳은 어머니가 저지르는 죄가 아닙니까?"

"맞습니다."[10]

"그런데 선생께서는 어떤 상황에서 그런 꿈을 꾸신 건가요? 전날 밤에 무슨 일이 있었습니까?"

"말하고 싶지 않습니다. 말하기 거북한 일이니까요."

"하지만 그걸 말씀해 주시지 않으면 꿈 해석을 할 수 없습니다."

"그렇다면 말씀드리지요. 그날 밤은 어떤 여자한테 가느라고 집을 비웠어요. 내가 좋아하는 여자한테 말이죠. 아침에 깨고 나서 우리는 또 한 번 그 일을 치렀지요. 그러고 나서 다시 잠이 들어서 바로 그 꿈을 꾼 거랍니다."

"유부녀입니까?"

"그래요."

"그런데 선생께서는 그 여자가 아이를 낳는 걸 싫어하는 모양이지요?"

"그야 물론이지요. 그러면 두 사람 사이가 탄로나 버리게요?"

"그럼 안에서 사정(射精)은 안하셨군요?"

"조심해서 사정하기 전에 그만두기로 하고 있지요."

"이렇게 생각해도 좋겠군요. 선생께서는 그날 밤 그런 방법으로 여러 번 성

_____

[10] 꿈 이야기가 불완전해서 분석하는 동안에 탈락된 부분이 생각으로 떠오르는 일은 자주 있다. 나중에 첨가되는 이런 부분이 대개 꿈 해석의 열쇠를 숨기고 있는 법이다. 나중에 나오는 '꿈의 망각' 부분 참조.

교를 했다, 그러다가 아침에 또 한 번 하신 끝에, 정말 괜찮을까 하고 좀 불안한 생각이 들었단 말씀이지요."

"그럴는지도 모르지요."

"그렇다면 선생의 꿈은 틀림없이 소망 충족입니다. 선생은 그 꿈으로 아기를 만들지 않았다, 혹은 이와 거의 같은 것으로 아이를 죽게 해서 안심을 하게 된 거지요. 꿈과 이 결론 사이를 메우는 가운데 부분은 간단하게 입증됩니다. 기억하고 계시겠지요. 2, 3일 전에 우리는 최근의 결혼 위기에 대한 것과, 일단 난자와 정자가 만나서 태아가 만들어지면, 그것을 낙태시키다가는 죄로 처벌되는데, 수태되지 않도록 하는 성교는 허용되고 있다는 부조리한 사실에 관해 이야기했었지요. 이어서 또 어떤 시점에서 영혼이 태아 속으로 들어가느냐는 중세의 논쟁 문제도 언급했습니다. 살인이라는 개념은 그 시점 이후가 아니고는 성립되지 않는다고 해서 말이지요. 물론 선생께서도 레나우의 무서운 시(詩)를 알고 계시겠지요. 영아 살해와 피임은 같은 것이라고 말하는 그 시를 말입니다."

"그러고 보니, 오늘 오전에 우연히 레나우를 생각했어요. 묘한 일이지만."

"그것도 선생 꿈의 여운입니다. 그런데 또 한 가지, 선생의 꿈속에 나타난 어떤 부수적인 소망 충족을 증명해 드리지요. 선생께서는 그 부인의 팔을 잡고 집 앞까지 왔다고 하셨지요. 즉 선생께서는 그 사람을 데리고 댁으로 돌아오신 겁니다. 하지만 실제로는 당신은 상대방 부인 댁에서 묵으셨지요. 이 꿈의 핵심을 이루고 있는 소망의 충족이 이토록 불쾌한 형식 속에 감추어져 있는 데에는 아마 그 원인이 하나뿐이 아닐 것입니다. 불안 노이로제에 관해 논한 내 논문을 읽으시면 아시리라 믿습니다만, 나는 '중절 성교'를 절대적으로 노이로제적 불안 성립의 병리적 요소로 생각하고 있습니다. 이렇게 도중에 사정을 중지하는 일을 여러 차례 되풀이 한 끝에 불쾌한 기분이 남아 있다가, 그것이 이번에 선생의 꿈을 구성하는 요소가 된다면 나의 주장을 증명해 주는 것이 됩니다. 선생께서는 소망 충족을 은폐하기 위해서 사실은 이 불안한 기분을 이용하고 계시는 겁니다. 그러나 영아 살해에 대한 것은 아직 설명되지 않았습니다. 어째서 하필이면 여성들이 범하는 범죄를 꿈속에 끌어넣었을까요?"

"고백하지만, 사실은 몇 년 전에 한 번 그런 사건에 말려든 적이 있었습니다. 결국 내가 나빴지만, 어떤 처녀가 나와의 관계에서 생긴 태아를 낙태하려고 했어요. 그 낙태 계획에 나는 관여하지 않았지만, 나는 그 사건이 드러나면 어쩌나 싶어 굉장히 오랫동안 걱정을 했었지요."

"이제 알았습니다. 그 기억이 바로 선생께서 사정을 중도에서 그만둬도 피임이 제대로 안 될지 모른다는 의심 때문에 고통을 받고 있던 제2의 근거가 되어 있었던 것입니다."

이 꿈 이야기를 나는 강의 시간에 했다. 이것을 들은 어떤 젊은 의사는 이 말에 어지간히 감명을 받았던지 잇따라 이와 비슷한 꿈을 꾸고 나서 앞의 꿈의 사고 형식을 다른 주제에 적용했다. 이 의사는 전날 소득 신고를 했는데, 소득액이 빤한 것이라서 정직하게 신고해 두었다. 그런데 그는 이런 꿈을 꾸었다. 세무서에 있는 아는 친구가 와서 다른 사람들의 신고는 두말없이 접수되었는데, 그의 것만 의심을 받아 상당한 탈세 형벌이 가해질 것 같다고 알려 주었다. 이 꿈은 수입이 많은 의사로 알려지길 바라는 소망의 서툰 은폐다. 그리고 이 꿈은 예의 젊은 처녀의 이야기를 생각나게 한다. 이 처녀 구혼자라는 사람이 신경질적이어서, 결혼하면 틀림없이 손찌검을 할 테니 구혼을 거절하는 편이 낫다고 주위에서 권유한 것이었다. 그러자 처녀는 "맞아 보지도 않고 어떻게 때린다는 걸 알아요!"라고 대답했다고 한다. 결혼하고 싶다는 그녀의 소망이 너무 강해서 결혼하면 틀림없이 찾아올 그런 불안한 일도 참겠다는, 아니 그 불쾌한 일을 오히려 소망으로까지 높이고 있었던 것이다.

나의 주장에 직접 반대되는 꿈, 즉 어떤 소망이 이루어지지 않거나 혹은 무엇인가 바라지 않는 일이 일어나는 것을 그 내용으로 하는 꿈들이 매우 자주 나타난다. 그런 식의 꿈들을 '소망에 배반되는 꿈'으로 총괄한다면, 일반적으로 이 꿈들이 두 가지 원리에 귀착된다는 것을 알 수 있다. 그 두 원리 가운데 하나는 인간의 실생활에서나 꿈속에서나 큰 역할을 맡고 있는데도 이제까지 아직 한 번도 언급되지 않았다. 이런 꿈들은 보통 치료 과정에서 환자가 나의 제안을 받아들이지 않을 때 꾼 것이었다. 그리고 그 가운데 십중팔구는 내가 환자에게 꿈은 소망 충족이라는 주장을 처음으로 이야기해 준 뒤에 꾼 꿈이다.*11 그뿐만 아니라 이 책의 독자 여러분에게도 나의 환자들에게 일어난 것과 똑같은 일이 일어날 수 있다. 독자 여러분은 나의 주장이 틀렸으면 하는 소

---

*11 비슷한 '소망에 반대되는 꿈'을 요즘 나는 청강생들로부터 여러 번 보고를 받았는데, 이 것은 그들이 처음으로 '꿈의 소망 충족이론'을 알게 된 뒤의 반응으로 보인다.

망을 충족시키고자 기꺼이 꿈속에서 어떤 소망을 단념까지 할 것이다. 여기서 보고하려는 이런 종류의 꿈들 가운데 마지막 꿈, 즉 치료 중에 꾼 꿈도 역시 같은 것을 보여 주고 있다. 한 젊은 처녀가 가족들이나 담당 의사의 반대를 무릅쓰고 어떻게 해서든지 나의 치료를 받으려고 노력했는데, 그녀는 어느 날 이런 꿈을 꾸었다. '더 이상 나에게 치료받으러 다니는 것을 집에서 금지했다. 그 뒤에 그녀는 나를 찾아와서 내가 그녀에게 한 약속, 돈이 없으면 무료로 치료해 주겠다는 약속에 대해 말을 꺼냈는데, 나는 돈에 관해서는 고려할 수 없다고 했다.'

이 꿈에서 소망 충족을 입증한다는 것은 사실 쉬운 일이 아니다. 그러나 이런 경우에는 모두 하나의 수수께끼 외에 또 하나의 수수께끼를 보게 되는데 이 두 번째 수수께끼를 푸는 것이 첫째 수수께끼를 푸는 데 도움이 된다. 그녀에게 말했다는 나의 말은 어디에서 온 것일까? 물론 나는 그녀에게 그런 말을 한 적이 없다. 그러나 그녀의 형제들 가운데 한 사람, 더욱이 그녀에게 가장 큰 영향력을 가지고 있는 오빠가 친절하게도 나에 관한 이야기를 그런 식으로 했던 것이다. 그래서 이 꿈은 오빠가 한 그 말이 정말이기를 바란다는 소망을 표현하고 있다. 그녀는 꿈속에서만 이 오빠의 말이 무엇이든지 정말이기를 바라는 것은 아니었다. 오빠가 한 말이 틀림없다는 생각은 그녀의 생활 내용 바로 그 자체였으며, 이는 또 그녀가 앓고 있는 노이로제의 동기이기도 했다. 언뜻 보기에 꿈이 소망 충족이라는 견해에 특히 난점을 제공하고 있다고 생각되는 꿈을 어떤 의사(아우구스트 슈테르케)가 꾸고, 그 꿈을 스스로 해석한 적이 있다.

"나는 내 왼쪽 집게손가락 첫 마디에 매독 초기 증상이 나타난 꿈을 꾸었다."

이 꿈 내용은 전혀 바람직하지 못한 것임이 분명하니, 구태여 분석할 필요가 없다고 생각할 것이다. 그러나 분석의 수고를 아끼지 않는다면 단어 발음의 유사성에 의해 매독 초기 증상이 첫사랑과 동등하게 다루어질 수 있으며, 불쾌한 부스럼은 슈테르케 말에 따르면 큰 열정을 띤 소망 충족을 표현한다는 것을 알 수 있다.*12

---

*12 '정신분석 중앙 기관지' 제2권, 1911~1912년.

소망에 반대되는 꿈의 또 하나의 동기는 너무 잘 아는 빤한 일이어서 자칫하면 놓치기 쉽다. 우선 나부터도 꽤 오랫동안 이것을 놓치고 있었다. 대체적으로 인간의 성적(性的) 체질 속에는 공격적·사디즘적 요소는 물론, 이와 정반대로 작용하는 마조히즘적 요소도 존재한다. 인간이 자신에게 가해진 육체적 고통 속에서가 아니라 비굴과 정신적 가책 속에서 쾌락을 추구할 때, 우리는 그들을 '관념적' 마조히스트라고 부른다. 이런 사람들이 소망에 반대되는 꿈이나 불쾌한 꿈을 곧잘 꾸는데, 사실은 그 꿈들이 그들에게는 어떤 소망 충족이라는 것을 쉽게 알 수 있다. 한 예로서 다음과 같은 꿈을 들어 보자. 어떤 젊은이는 그가 어렸을 때 동성애적 경향을 느끼고 있던 형을 매우 괴롭혔다. 그 뒤 그의 성격이 근본적으로 바뀌었는데, 그 무렵 다음 세 가지 부분으로 구성된 꿈을 꾸었던 것이다.

① 형이 자기를 못살게 구는 장면. ② 두 어른이 동성애를 하는 장면. ③ 형이 자기에게 관리권을 양도하려던 사업을 다른 사람에게 팔아 버린 장면. 여기까지 꿈을 꾸었을 때 그는 고통스런 느낌과 함께 잠을 깼다. 그러나 이것은 마조히즘적 소망의 꿈이므로 번역하면 이렇게 될 것이다. 형이 전에 그로부터 받은 여러 가지 고통의 보복으로 그 사업체를 팔아 그를 곯려 준다 해도 전혀 무리가 아니다.

이상의 실례로서, 고통스러운 내용을 갖는 꿈이라도 소망 충족의 뜻을 갖는 것임을 충분히 알 수 있으리라 믿는다.[13] 이러한 꿈들의 해석이, 우리가 말하기 싫어하는 일이나 생각하기 싫어하는 주제들에 언제나 이르게 한다는 사실을 우연한 일이라고 보는 사람은 없으리라. 이런 꿈이 불러일으키는 고통스런 감정은 우리에게 그런 주제를 다루거나 고려하지 못하게 하려는(대개 이것은 성공한다) 혐오감과 완전히 같은 것이다. 특히 아무래도 그런 주제에 손을 대지 않을 수 없다는 사실을 알게 되는 경우, 우리는 누구나 그 혐오감을 극복하지 않으면 안 된다. 그러나 꿈속에 자주 되풀이되는 이 불쾌감은 결코 어떤 소망의 존재를 불가능하게 하는 것은 아니다. 사람은 누구나 남에게 말하고 싶지 않은 소망이나 자기 자신에게도 알리고 싶지 않은 소망을 지니는 법이다. 한편 우리는 이 모든 꿈들의 불쾌한 성격을 꿈 왜곡의 사실과 관련지어, 이 꿈

---

*13 주의해 두지만, 이 주제는 이것으로 완결된 것이 아니라 뒤에 다시 논의될 것이다.

들이 이렇게도 왜곡·변형되어 꿈속의 소망 충족을 눈에 띄지 않게 은폐하는 것은 틀림없이 그 꿈으로부터 예측할 수 있는 어떤 소망에 대한 혐오나 억압 의도가 있기 때문이라고 정당하게 말할 수 있다. 따라서 꿈 왜곡은 사실상 일 종의 '검열 행위'라는 것을 알 수 있다. 불쾌한 꿈들의 분석이 밝혀준 모든 것 을 고려하여, 꿈의 본질을 표현한다면, 다음과 같다. 즉 '꿈은 어떤 억압되고 억 제된 소망의 위장된 충족이다.'*14

이제 남은 것은 고통스러운 내용을 가진 꿈의 한 특수한 부류로서 불안한 꿈들이다. 불안한 꿈을 소망의 꿈으로 해석한다면, 일반 사람들은 틀림없이 이 에 반대할 것이다. 그러나 불안한 꿈도 매우 간단하게 다룰 수 있다. 불안한 꿈 이 우리에게 보여 주는 것은 꿈 문제의 새로운 일면이 아니다. 우리가 꿈속에 서 느끼는 불안은 꿈 내용에 의해 겉으로만 그렇게―'불안한 꿈'으로―설명되 고 있을 뿐이다. 꿈 내용에 해석을 가할 때 꿈의 불안이 겉으로 드러난 꿈의

---

*14 정신 분석이나 꿈 해석에 대하여 무관심한 어느―현재 살아 있는―유명한 시인은, 꿈의 본질에 대해 나와 거의 같은 정의를 말하고 있다. 바로 꿈이란 '억압된 소망이 거짓 이름과 얼굴을 가지고 함부로 떠오르는 것'이라는 것이다(R. 슈피텔러 《유년 시절의 체험》 남독일 월보 1913년 10월호).

좀 앞서는 것이지만, 여기에 오토 랑크가 위에서 말한 근본 정의를 다소 확대하여 수정을 가한 것을 인용해 둔다. '꿈은 보통 억압된 유아적·성적 자료를 바탕으로, 현재의 활발하고 도 에로틱한 소망들을 상징적으로 위장된 형태로 실현된 것으로 표현한다.'('자신을 해석하 는 꿈') 내가 이 랑크의 정의를 나 자신의 정의로 삼겠다는 말은 어디에서도 한 기억이 없 다. 본문에서 말한, 이보다 더 간결한 정의로 충분하다고 생각한다. 그러나 내가 랑크의 정 의에 대해 언급했다는 사실만으로도 정신분석이 '모든 꿈은 성적 내용을 갖는다'고 주장한 다는 수많은 비난들은, 이제까지 한없이 되풀이 된 비난들의 수준을 뛰어넘고도 남을 것 이다. 그러나 만일 비난의 말들을 정의대로 해석한다면, 그것은 다만 다음과 같은 것을 증 명하고 있을 뿐이다. 즉 비판론자들의 태도가 얼마나 비양심적인가 하는 것으로, 반대하 는 이들에게 전혀 오해할 여지가 없는 의견이라도 그들의 공격 욕구에 맞지 않을 때에는 얼마나 기꺼이 간과해 버리는 것인가를 증명하고 있다. 왜냐하면 나는 몇 페이지 앞에서 어린이 꿈의 복잡한 소망 충족(소풍놀이와 뱃놀이를 하는 것, 먹지 못했던 간식을 자기 손에 넣는 것 등)에 대해 썼으며 또 다른 곳에서는 배고픈 꿈, 목마름, 배설 등의 자극으로부터 비롯된 꿈, 순수하게 파괴적인 꿈 등에 대해서도 논해 두었다. 랑크도 자기주장을 절대적 인 것이라고 주장하고 있지는 않다. 그는 '대체적으로 성적인 소망'이라고 말하였으며, 이 또한 어른들의 꿈 대부분에서 훌륭하게 실증되고 있다. 만일 사람들이 '성적'이라는 말을 요즈음 정신분석학에서 사용되고 있는 '성애(性愛)'의 뜻으로 사용한다면 이야기는 또 다르 다. 그러나 반드시 모든 꿈이 '리비도적' 충동에 의한 것인가('리비도적'의 반대는 '파괴적'이 다)라는 흥미로운 문제에 대해서는 반대자들의 관심을 거의 끌지 못하는 듯하다.

내용만 보고는 바르게 설명되지 않는 것은, 이를테면 공포증의 불안이 그 공포증의 표면적 원인이 되고 있는, 겉으로는 드러난 관념들만으로는 설명이 되지 않는 것과 같음을 알게 된다. 간단하게 말해 창 밖으로 떨어질 수 있으므로 창가에서는 조심해야 한다는 것은 마땅하다. 그러나 똑같은 경우라도 공포증에 걸리면 환자들이 왜 창가에서 그토록 심한 불안을 느끼고 정도 이상으로 괴로워하는지 이해가 되지 않는다. 공포증과 마찬가지로, 꿈속의 불안에도 똑같이 설명할 수 있다. 불안은 우리가 '불안'이라고 부르는 일반적 관념에 어느 정도 '결합되어 있을' 뿐, 실제로 그 원천은 전혀 다른 곳에 있는 것이다.

이와 같이 꿈의 불안은 신경증적 불안(노이로제)과 밀접하게 관련되어 있으므로 꿈의 불안을 설명하려면, 여기서 신경증적 불안을 논해야 함을 지적해 둔다. 나는 전에 '불안 신경증'을 논한 소논문(〈신경증학 중앙 기관지〉 1895년, 《전집》 제1권)에서, 신경증적 불안은 성생활에서 비롯되며, 그 본래의 사명에서 벗어나 쓰이지 못한 리비도(인간에게 내재된 '성적 충동'을 뜻하며, 더 넓은 의미에서는 일종의 정신적 '에너지'로 봄)에 해당한다고 주장했다. 그 뒤부터 이 주장은 더욱더 근거가 있는 것으로 실증되었다. 우리는 여기서 다음과 같은 명제를 끄집어낼 수 있다. 즉 불안한 꿈은 성적 내용을 가진 꿈으로서 성적 내용에 속하는 리비도가 불안으로 변형된 것이다. 뒤에 기회를 봐서 노이로제 환자의 몇 가지 꿈을 분석함으로써 이 주장을 입증하기로 하겠다. 또 앞으로 꿈 이론을 세우고자 시도할 때, 나는 불안한 꿈의 조건을 다시 논하여 소망 충족이론과 모순되는 것이 아님을 설명할 생각이다.

제5장 꿈의 자료와 꿈의 원천

일마의 주사(注射) 꿈 분석에서 꿈이 소망의 충족(또는 성취)을 뜻한다는 것을 알았을 때, 우리는 이것으로 꿈의 일반적 성격이 밝혀졌는가의 여부에 관심을 두고 그 해석 작업을 하는 동안, 우리의 마음속에 일어났던 다른 학문적 호기심들을 잠시 억제하고 있었다. 하나의 길을 따라서 어느 정도 목적에 도달한 지금, 우리는 되돌아가서 꿈의 여러 문제들 사이를 섭렵하기 위한 새로운 출발점을 골라도 좋을 것이다. 그리고 소망 충족이라는 주제가 완전히 해결된 것은 아닐지라도 잠시 이를 접어두기로 한다.

꿈의 해석에서 우리의 독특한 방법을 적용함으로써 겉으로 드러난 꿈의 내용보다도 더 중대한 뜻을 갖는 '잠재'내용이라는 것을 발견해 낸 이후, 겉으로 드러난 꿈의 내용밖에 몰랐을 때에는 도저히 손을 쓸 수 없을 것같이 여겨졌던 수수께끼나 모순들을 충분히 해결할 수 있는가를 알아보기 위해, 개개의 꿈의 문제들을 새로이 검토해야 할 필요가 있다.

꿈과 깨어 있을 때 생활과의 관련 그리고 꿈 자료의 출처에 대한 연구가들의 견해는 앞의 제1장에서 꽤 상세하게 소개해 두었다. 누구나 종종 깨닫는 일이지만, 아직 설명되지 않은 꿈의 기억들에 나타난 3가지 특성을 여기서 다시 한 번 머리에 떠올려 보기로 하자.

① 꿈은 바로 최근의 인상들을 즐겨 다룬다(로베르트, 스트륌펠, 힐데브란트, 위드와 할램).

② 본질적이거나 중요한 게 아니라 부수적이거나 소홀히 한 것들을 꿈은 기억하고 있으므로, 꿈이 자료 선택을 할 때는 깨어 있을 때의 기억과는 다른 여러 원리들에 따른다.

③ 꿈은 우리가 아주 어렸을 때인 아동기의 인상들을 자유로이 그려내며, 꿈속에서 그것을 보는 우리에게 다시금 사소한 개꿈 정도로 느끼게 할 뿐만 아니라, 깨어 있을 때에는 까맣게 잊고 있던 어린 시절의 자질구레한 일까지

면 옛날로부터 끄집어낸다.[*1]

꿈 자료의 선택에 있어서 이러한 여러 특성들은 말할 나위 없이 여러 연구가들에 의해 겉으로 드러난—잠재된 내용이 아닌—꿈의 내용에 대해서만 관찰되었다.

A. 꿈속에 나오는 최근의 것과 사소한 것

꿈의 내용에 나타나는 여러 요소들의 출처에 대하여 나 자신의 경험에 비추어 본다면, 우선 이렇게 주장하지 않을 수 없다. 즉 어떤 꿈속에도 '전날'의 여러 체험들과의 결합이 발견된다. 다른 사람의 꿈이건 자신의 꿈이건 어떤 꿈을 살펴보더라도 나의 이 경험은 언제든지 실제로 증명된다. 이 사실을 알고난 뒤에 나는 무엇보다도 꿈속 이야기들의 계기가 된 전날의 체험을 가장 먼저 찾음으로써 꿈 해석을 시작한다. 대부분의 경우 이것이 가장 빠른 길이다.

앞 장(章)에서 상세하게 분석한 두 꿈(일마의 주사 꿈과 노란 수염을 기른 백부의 꿈)에서는 전날과의 관련성이 너무나 뚜렷해서 더 이상 특별히 설명할 필요가 없을 정도이다. 그러나 이 관계가 얼마나 규칙적으로 입증되는가를 나타내기 위해 나 자신의 꿈의 기록에서 실례를 끄집어내어 이 점에 대해 살펴보기로 하자. 단, 우리가 찾아내려는 꿈의 원천(출처)을 보여주는 데 필요한 범위 안에서만 꿈 이야기들을 하겠다.

① 어떤 집을 방문했는데, 까다로운 절차를 밟고서야 겨우 안으로 들어갔다. 그 사이에 한 부인이 나를 '기다리고' 있다.

출처—전날 저녁에 친척 부인과 이야기를 했는데, 그녀가 한 이야기는……더 기다려야만 한다는 것이다.

② 나는 어떤(뚜렷하게 기억이 나지 않는) 식물에 대해 한 권의 논문을 썼다.

출처—전전날 어떤 서점의 진열장에서 시클라멘과(科) 식물에 관한 한 권의

[*1] "꿈의 사명은 기억하지 않아도 될, 낮 동안의 가치 없는 인상들에 의한 부담을 우리의 기억으로부터 덜어내는 것이다"는 로베르트의 견해는, 꿈속에서 흔히 우리 아동기 시절의 사소하고 일상적인 기억들이 떠오르는 것으로 보아, 이미 지지될 수 없음은 명백하다. 로베르트의 견해를 긍정한다고 해도 꿈은 그 주어진 과제를 매우 불충분하게 수행한다는 결론에 이르게 된다.

책을 보았다.

③ 거리에서 두 여자를 보았다. '어머니'와 '딸'인데, 딸은 나의 환자이다.

출처—현재 나에게 치료를 받고 있는 여자 환자가 전날 밤, 자신의 어머니가 나에게 계속 치료받는 것을 자꾸 반대한다고 말했다.

④ S & R이라는 책방에서 나는 어떤 정기 간행물을 신청한다. 1년에 20굴덴이다.

출처—아내가 전날 생활비 20굴덴을 아직 안 받았다고 나에게 말했다.

⑤ 나는 내가 그 회원으로 있는 사회민주당위원회로부터 한 통의 편지를 받는다.

출처—나는 자유당선거위원회와 박애주의협회 본부(나는 실제로 이 협회 회원이다)로부터 동시에 '편지'를 받았다.

⑥ 바다 한가운데, 험한 바위 위에, '뵈클린의 그림같이' 한 남자가 서 있다.

출처—'악마의 섬에 있는 드레이프스', 동시에 영국에 있는 친척으로부터의 편지.

꿈은 반드시 전날 일어난 일들만 관련되는 것인가, 혹은 꿈의 관련성은 최근에 일어난 일들로부터 기억된 비교적 장기간에 걸친 여러 인상들과 연결되는 것인가 하는 물음을 던질 수 있다. 하지만 이 물음은 그다지 원리적인 중요성을 갖지 못한다고 생각한다. 그러나 나는 꿈을 꾼 전날의 사건이 우선적으로 꿈속에 나타난다고 본다. 며칠 전의 어떤 인상이 꿈의 원천이 되어 있다고 생각될 때가 종종 있는데, 그럴 때마다 더 자세히 관찰해 보면 역시 꿈을 꾼 전날 그 인상을 다시 떠올리고 있었다는 사실을 확신할 수 있었다. 즉 그 인상을 준 사건이 있었던 날과 꿈을 꾼 날 밤 사이에, 그 사건의 재현(再現)이 끼어 있는 것이다. 더욱이 비교적 오래된 인상을 상기시키는 일이 최근에 일어났음을 입증할 수 있었다. 이에 대하여 꿈을 생기게 만드는 낮 동안의 인상과 그 인상이 꿈에서 다시 나타나는 것 사이에 생물학적으로 중요한 뜻을 갖는 규칙적인 간격(H. 스보보다는 그 첫 예로서 18시간이라는 간격을 들고 있다)이 끼어 있다는 데에는 납득이 가지 않았다.* 2 H. 엘리스도 이 문제에 주목하고, 그

---

*2 제1장에서 보고한 바와 같이 스보보다는 23일과 28일이라는, W. 플리스가 발견한 생물학적 주기를 널리 심리학 사상 일반으로 옮기고, 특히 이 기간을 꿈의 여러 요소들이 꿈에 나타

나기 위해 꼭 필요한 결정적인 것으로 주장하고 있다. 만일 이런 것이 입증되었다 하더라도 꿈 해석 자체는 본질적으로 바뀌지 않을 것이다. 그러나 꿈 자료의 출처에 대해서는 어떤 새로운 원천이 생기게 될 것이다. 그런데 나는 최근에 주기설이 꿈 자료에 적용되는지의 여부를 검토하기 위해 나 자신의 꿈들을 조사해 보았다. 그리고 이 목적을 위해 실생활 속에 나타났을 때를 확실하게 결정할 수 있는 꿈 내용의 특히 현저한 여러 요소들을 골라보았다.

ⓐ 1910년 10월 1~2일의 꿈.

꿈의 일부—〈이탈리아의 어느 곳. 세 처녀가 마치 골동품 상점에라도 들어간 것같이 나에게 여러 가지 작은 골동품들을 보여 준다. 그러면서 처녀들은 나의 무릎에 앉는다. 내놓은 물건 하나를 보고 나는 말한다. "이건 내가 드린 것이 아닙니까?"그때 내가 본 것은 분명히 사보나롤라의 야무진 표정을 한 작은 가면이었다.〉

내가 최근에 마지막으로 사보나롤라의 초상을 본 것이 언제였던가? 여행 일기를 보면 9월 4일과 5일에는 플로렌스에 있었다. 이곳에 있었을 때 나는 함께 간 사람들에게 광신적 성직자인 사보나롤라가 화형에 처해졌던 피아차 시뇨라의 광장 보도 블럭에 새겨져 있는 그의 얼굴 모습을 보여 주려고 생각했었는데, 실제로 보여 준 것은 5일 오전이었던 것 같다. 이때의 인상에서 이것이 꿈속에 등장하기까지는 확실히 27일에서 하루가 더 지나고 있다. 이는 말하자면 여성의 주기이다. 그러나 이 실례의 증명력에 대해서 나는 불행하게도 다음 사실을 언급하지 않을 수 없다.

꿈을 꾼 바로 그날, 유능하기는 하나 음울한 눈매를 가진 동료가 내가 여행에서 돌아온 후 처음으로 찾아왔다. 수년 전에 이미 나는 그에게 '랍비 사보나롤라'라는 별명을 붙였었다. 그는 사고를 당한 환자 한 사람을 데리고 왔는데, 이 환자는 폰테바에서 열차 사고를 당했다. 그런데 그 1주일 전에 나 자신도 이 기차를 탔기 때문에 이 환자를 보자 나는 자연히 최근의 이탈리아 여행을 회상하게 되었다. 꿈 내용에 있어서 '사보나롤라'라는 현저한 요소의 출현은 꿈을 꾼 날 동료의 방문을 받은 것으로 설명이 되고, 28일이라는 주기는 이 요소의 유래를 설명하기 위해서는 아무 의미도 갖지 않게 된다.

ⓑ 1910년 10월 10~11일의 꿈.

〈나는 다시 옛날로 돌아가 대학 실험실에서 화학 연구를 하고 있다. L교수는 나에게 어디로 오라고 일러 놓고 앞장서서 복도를 걸어간다. 한쪽 손에는 램프인지, 아니면 무슨 기구 같은 것을 높이 쳐들고 날카로운 눈초리를(눈을 반짝거리며?) 하고서 머리를 앞으로 쑥 내민 기묘한 모습으로. 곧 우리는 활짝 트인 광장에 이른다(그 뒷부분은 잊어버렸다).〉

이 꿈 내용에서 가장 두드러지는 점은 살피듯이 눈을 먼 곳으로 향하면서 L교수가 램프(혹은 확대경)를 들고 있는 모습이다. L교수를 만나본 지도 오래 되었으나, 지금 내가 알고 있는 것은 그가 단지 다른 사람의 대용물에 지나지 않는다는 점이다. 즉 로마 포위군 쪽을 살피면서 오목 거울을 그런 식으로 들고 꿈에서와 똑같은 모습으로 서 있는 시라쿠사의 아레투사 분수 가까이 있는 아르키메데스 입상이다. 이 기념상을 처음으로(그리고 마지막으로) 본 것이 언제였을까? 내 수기에 의하면 그것은 9월 17일 저녁때라고 되어 있으므로 이 날부터 꿈을 꾼 날까지의 사이에는 사실 13일 더하기 10일, 즉 23일이 경과되고 있다. 이는 말하자면 '남성의 주기'이다.

자신의 꿈속에서는 이러한 재현의 주기성에 주의했음에도 불구하고 발견할 수 없었다고 말하고 있다. 엘리스가 보고한 꿈이란, 그가 스페인에서 다라우스, 바라우스, 혹은 차라우스라는 곳으로 떠나려고 마음먹은 것이었다. 꿈에서 깨었을 때 그는 아무리 생각해도 그런 고장 이름은 생각나지 않았다. 그래서 그 꿈을 내버려두었다. 그로부터 두서너 달 뒤에 그는 실제로 차라우스란 고장을 발견했다. 산 세바스치안과 빌보아 사이에 있는 정거장인데, 그가 이

유감스럽게도 이 경우도 꿈 해석을 해보니 이런 주기의 관련에 대한 불가결성의 일부가 사라져 버린다. 이 꿈의 계기는 그곳 교실에서 내가 외래 교수로서 강의를 하고 있는 대학 부속 병원이 머잖아 이전될 것이라는 소식을 꿈꾼 날에 들은 일이었다. 새로 옮기는 곳이 몹시 불편한 장소나 아닐까. 그렇다면 교실을 빌려 쓸 수 없게 될지도 모른다는 생각이 들었다. 거기서 나의 사념은 강사 시절 초기에까지 거슬러 올라간 게 틀림없다. 사실 그 무렵은 교실을 얻을 수가 없어서 어떻게 해서든지 교실을 얻고자 유력한 교수들 사이를 동분서주했지만, 아무데서도 그다지 환영을 받지 못했었다. 물론 L교수에게도 가보았다. 때마침 L은 학장을 지내고 있어서 나를 옹호해 주리라 믿고 나의 어려움을 호소했던 것이다.

L은 힘이 되어 주겠다고 약속은 했으나 그 뒤 아무런 소식도 없었다. 꿈속에서 그는 아르키메데스, 즉 저쪽으로 가라고 나를 다른 곳으로 안내해 주는 아르키메데스였다. 꿈의 관념에는 복수심도 과장 의식도 관련성 없지 않다는 것을 꿈 해석에 정통한 사람이면 쉽게 추측할 수 있을 것이다. 그러나 만일 이 계기가 없었다면 이날 밤 꿈에 아르키메데스가 나올 리는 없었으리라고 판단하지 않을 수 없다. 시라쿠사의 그 입상에서 받은 강렬하고도 생생한 인상이 다른 시간 간격을 두었더라도 꿈속에 나타났을 것인지의 여부는 나로서도 무어라고 말할 수 없다.

ⓒ 1910년 10월 2~3일의 꿈.

꿈의 일부―〈나를 위해서 일부러 메뉴를 만들어 준 오저 교수의 무엇인가가 나의 기분을 대단히 부드럽게 해준다(그 밖의 것은 잊어버렸다).〉

이 꿈은 이 날의 소화기 장해에 대한 반응으로서, 나는 식이요법을 겸하기 위해 동료에게 의논을 해야 하는지의 여부를 생각했다. 때문에 꿈속에서 선택한 사람이 그해 여름에 별세한 오저 교수였던 것은, 다른 또 한 사람 평소 내가 존경하던 교수가 바로 그전에(10월 1일이었다) 별세한 것과 결부되어 있었다. 그런데 오저 교수는 언제 사망했던가? 나는 그의 죽음을 언제 알았던가? 8월 22일자 신문 기사에 의해서였다. 그 무렵 나는 네덜란드에 있었는데, 빈 지역의 신문을 정기적으로 받고 있었기 때문에 8월 24일이나 25일에 오저 교수의 사망기사를 읽었을 것이다. 그런데 이 간격은 이미 어떤 주기에도 적용되지 않는다. 그것은 7일 더하기 30일 더하기 2일은 39일 또는 40일이 된다. 그 사이 오저 교수에 대해 이야기하거나 그를 떠올린 기억은 없다.

보다 더 자세한 연구를 하지 않는 한, 주기설에 있어서 이미 쓸모없는 이와 같은 간격이 규칙적인 간격보다 훨씬 자주 내 꿈속에서는 일어나고 있다. 꿈을 꾼 날의 한 인상에 대한 관계에서는 본문 속에서 주장한 관계만이 늘 발견될 것이라고 나는 생각한다.

꿈을 꾸기 250일 전에 기차로 지나간 일이 있었던 곳이었다(227면). 그래서 나는 이렇게 생각한다. 어떤 꿈에도 그로부터 '아직 하룻밤도 지나지 않은' 신선한 체험이 그 꿈을 일으키는 계기가 되어 있다고.

가장 가까운 과거(꿈꾼 날 밤의 전날을 제외하고)의 여러 인상들과 꿈 내용과의 관계는 제멋대로의 더 먼 과거의 다른 여러 인상들과 조금도 다를 것이 없다. 꿈을 꾼 날의 인상들('최근의' 여러 인상들)에서 더 먼 과거의 인상들로 어떤 생각의 실마리가 걸쳐져 있는 한, 꿈은 그 자료를 인생의 어떤 시기로부터도 골라 올 수가 있다.

그러나 최근의 인상들이 이런 식으로 특별히 선택되는 것은 무엇 때문일까? 위에서 말한 꿈들 가운데 하나를 다시 정밀하게 분석해 보면, 이 점을 더 밝힐 수 있을 것이다. 나는 여기에 식물학 연구서의 꿈을 선택하기로 하겠다.

〈나는 어떤 식물에 관한 연구서를 썼다. 그 책을 앞에 놓고 마침 삽입된 원색 삽화를 뒤적이고 있다. 견본마다 식물 표본관에 있는 것과 똑같은 그 식물의 건조 표본이 삽입되어 있다.〉

분석—그날 오전, 어떤 책방 진열장에서 《시클라멘과(科)》라는 제목의 신간 한 권을 보았다. 분명히 이 식물에 관한 연구 서적이다.

시클라멘은 아내가 '가장 좋아하는 꽃'이다. 아내가 시클라멘을 사다 달라고 했는데도 나는 좀처럼 '그것을 사다 주려고' 생각하지 않았으므로 자책감을 느끼고 있다. '꽃을 사다 준다'는 주제에 대해서는 한 가지 추억담이 있다. 나는 친구들이 모인 어떤 자리에서 그 이야기를 했다. 망각은 매우 빈번히 무의식적인 의도를 실행하므로 잊고 있는 사람의 은밀한 생각을 추론하게 해준다는, 내 주장의 증거로써 사용했던 것이다. 어떤 젊은 부인은 생일이면 언제나 남편으로부터 꽃다발을 받는 것이 습관으로 되어 있었는데, 어느 해의 생일에는 이 애정 표시를 받지 못해서 그녀는 울음을 터뜨리고 말았다. 마침 그때 남편이 돌아왔으나 그는 아내가 우는 까닭을 알지 못했다. 결국 아내가 "오늘은 제 생일이에요" 하는 말에 그제야 알아차리고 "아, 깜빡 잊어버렸군, 이거 정말 미안하게 되었소" 하고 용서를 빌며 곧 꽃을 사러 나가려 했다. 그러나 아내의 마음은 가라앉지 않았다. 왜냐하면 아내는 남편이 깜빡 잊어버렸다는 그 사실로 하여 자기가 남편의 마음속에 이제는 전과 같은 역할을 차지하고 있지 않음을 알아차렸기 때문이다. 이 L부인은 이틀 전에 내 아내를 만나 자기는 요즘 아주 건강해졌다고 말하고, 나의 안부를 물었다. 부인은 전에 나의 치료를 받았었다.

여기에 또 다른 새로운 단서가 있다. 나는 실제로 어떤 식물에 대해 '연구 논문' 비슷한 것을 쓴 적이 있다. 코카나무에 대한 것인데, 코카인의 마취 효과에 대해 K. 콜러의 관심을 끌었다. 나는 논문 속에서 알칼로이드를 그렇게 이용할 것을 암시해 두었지만, 이 점을 철저하게 연구하지는 못했다. 그리고 이 꿈을 꾼 다음날 오전에(이 꿈의 해석은 다음날 저녁에 여가를 내어 한 것이다) 일종의 백일몽 같은 공상 속에서 코카인을 생각하고 있음을 알았다. 이 백일몽이란 이런 것이었다. 만일 내가 녹내장에 걸린다면 베를린에 가서 그곳 친구가 추천해 주는 의사의 손을 빌려, 이름을 밝히지 말고 수술을 받자. 환자가 누구인지 모르는 그 의사는 코카인이 사용된 뒤부터 이 수술이 아주 쉽게 이루어지게 되었다는 것을 틀림없이 선전할 것이다. 그럴 때 안색을 바꾸거나 해서 내가 이 발견에 관련이 있다는 사실이 폭로되지 않도록 하자. 이 공상에 이어 또 이런 생각도 했다. 아무튼 의사인 내가 동업자인 다른 의사에게 진찰이나 치료를 부탁한다는 것은 불편할 것이다. 그래서 내가 누군지 모르는 베를린의 의사에게라면 보통 환자들처럼 보수를 지불할 수 있을 것이라고. 이 백일몽을 생각한 뒤에야 겨우 이 환상의 배후에 어떤 특정한 체험이 감추어져 있다는 사실을 나는 깨달았다. 다시 말해 콜러의 코카인 발견 직후에 나의 아버지가 녹내장을 앓았던 것이다. 아버지는 내 친구인 안과 의사 쾨니히슈타인 박사한테서 수술을 받았고, 마취를 담당한 콜러 박사는 코카인 마취를 해주면서 코카인 도입에 관계한 세 사람이 모두 이렇게 함께 모였다고 말했다.

나의 생각은 더 나아가, 이 코카인의 이야기를 마지막으로 생각해 낸 것이 언제쯤일까 하는 데 미쳤다. 그것은 바로 2, 3일 전 제자들이 연구 실장인 은사를 위해 기념 출판한 논문집을 받았을 때였다. 연구실의 업적표 가운데는 코카인의 마취 효과가 콜러 박사에 의해 발견된 것으로 되어 있었다. 그때 나는 갑자기 내 꿈이 그 전날 밤의 어떤 체험과 관련이 있음을 알았다. 바로 그날 나는 쾨니히슈타인 박사와 함께 집으로 와서 그와 어떤 일에 대해 이야기를 했다. 그 이야기를 하기만 하면 나는 언제나 몹시 흥분했다. 쾨니히슈타인 박사와 함께 현관에 있을 때, 게르트너 교수가 그의 젊은 아내를 동반하고 왔다. 나는 자신도 모르게 교수 부부를 보고 '꽃이 핀' 듯이 어여쁘다고 축하 인사를 하지 않을 수 없었다. 그런데 게르트너 교수는 예의 기념 논문집의 집필자 가운데 한 사람이었기 때문에 아마 내게 이 기념 논문집의 일을 생각나게 했으리라고 믿는다. 며칠 전에 아내와 만난, 자신의 생일날 매우 실망했던 L부인에 대한 이야기도 쾨니히슈타인과의 대화에서, 다른 이야기를 하다가 우연히 하게 된 것이다.

꿈 내용에 나타난 다른 여러 식물도감에서의 해석도 한번 해보기로 하자. 식물도감에서처럼 그 연구서에는 '건조 표본'이 곁들여져 있다. 식물도감에 대해서는 김나지움 시절의 추억이 있다. 어느 날 교장 선생이 상급생들을 모두 모아 놓고 학교에 있는 표본실을 점검하고 청소를 하도록 명령했다. 그때 작은 '벌레'가 발견되었다. 좀벌레였다. 교장 선생은 나의 능력을 그다지 믿지 않았던지 나에게는 겨우 두세 장의 표본밖에 맡기지 않았다. 그 표본이 십자화과 식물이었던 것은 지금도 뚜렷하게 기억하고 있다. 나는 식물학에는 한 번도 특별한 관심을 가져본 적이 없다. 식물학 예비시험 때 십자화과 식물을 식별하는 방법에 관한 문제가 나왔다. 나는 그것을 알 수 없었다. 이론 점수가 좋았기에 망정이지 그렇지 않았더라면, 시험에 실패했을 것이다. 십자화과 식물이라면, 나는 국화과 식물을 생각한다. 엉겅퀴도 본디 국화과 식물의 하나인데, 내가 '가장 좋아하는 꽃'이라 할 수 있는 것이었다. 아내는 나를 위해 곧잘 이 꽃을 시장에서 사다 주었다. 그런 점에서 나는 도저히 아내의 세심함을 따라갈 수가 없었다.

나는 내가 쓴 연구서를 앞에 놓고 있다. 이것 역시 아무런 관련성이 없는 것이 아니다. 어제 베를린의 친구에게서 편지가 왔는데, 이 친구는 미리 내다보는 예지력이 있다. "자네가 쓴 꿈에 관한 저서에 나는 여러 가지 생각을 하고 있네. 나는 완성된 그 저서를 앞에 놓고 책장을 넘기고 있지." 나는 이 친구의 예지력이 얼마나 부러운지 모르겠다. 나도 그 책이 완성되어서 내 앞에 놓여 있는 것을 볼 수 있다면!

'접혀진 원색 삽화들.' 의학도 시절에는 개별적인 '연구서'만을 근거로 공부하려고 노력했다. 그 무렵 돈도 별로 없으면서 의학연감 같은 종류의 책을 여러 권 가지고 있었다. 그 속의 원색 삽화들을 보는 것이 나로서는 무척 즐거웠다. 나는 자신의 이 철저한 버릇을 자랑으로 여겼다. 그 뒤 직접 책을 내게 되어, 자신의 논문에 내 손으로 삽화를 그려야 했는데, 그 삽화 가운데 하나가 형편없이 되어 호의적인 동료들의 웃음을 샀던 일을 기억하고 있다. 그리고 무엇 때문인지는 모르나 아주 어렸을 때의 추억이 이에 더해진다. 아버지가 어느날 농담 삼아 나와 큰 누이동생에게 〈원색 삽화들〉이 들어 있는 책(《페르시아 여행기》)을 주면서 찢어도 좋다고 말했다. 이것은 교육상 아무래도 좋은 일이 못 되었다. 그때 나는 다섯 살이고 누이동생은 세 살도 되지 않았다. 우리 둘이 정신없이 그 책을 찢고 있는(엉겅퀴 꽃잎을 하나하나 쥐어뜯듯) 광경이야말로 그 무렵의 뚜렷한 기억으로 지금 남아 있는 거의 유일한 것이다. 다음에 대학생이 되었을 때 나에게는 책을 수집하고 소유하는 이상한 버릇이 생겼다(이는 개별적인 연구서에만 의지하여 공부하려는 성향과 일치하는 것으로, 꿈의 사고 속에 이미 시클라멘과 엉겅퀴로 나타나 있는, 하나의 취미이다). 나는 '좀벌레'(책벌레)가 되었다(식물도감의 대목을 참조). 나는 스스로를 돌이켜 생각할 수 있게 되면서부터 내 생애에 있어서 이 최초의 열정을 언제나 이 어린 시절의 인상에 귀착시켰다. 도리어 나는 이 어린 시절의 한 장면이 뒷날 남다르게 책에 집착하는 경향의 '은폐 기억'임을 알았다.*3

물론 나도 일찍부터 사람이란 여러 가지 열정 때문에 쉽게 고통을 당하게 된다는 것을 알았다. 17세 때 나는 책방에 많은 외상을 졌는데, 그것을 갚을 길이 없었다. 그래서 나쁜 버릇 때문에 그런 것은 절대로 아니라고 말하면서 아버지에게 갚아달라고 아무리 변명을 해도 아버지는 좀처럼 이해해 주지 않았다. 이 소년 시절의 체험 회상이 바로 친구인 쾨니히슈타인 박사와의 대화로 나를 되돌려 놓았다. 왜냐하면 내가 너무 '취미'에만 빠져 있다는, 그때와 똑같은 비난이 꿈을 꾼 날 저녁의 대화에서도 있었기 때문이다.

이곳에서는 더는 관련성이 없으므로 나는 이 꿈의 해석을 이쯤에서 중단하려 한다. 꿈의 해석을 하는 과정에서 쾨니히슈타인 박사와의 대화를 떠올렸는데, 이는 한두 군데만이 아니었다. 이 대화에서 어떤 것이 문제가 되었는가를 떠올려 보면, 꿈이 뜻하는 바를 알게 된다. 모든 사고 과정, 즉 아내나 나 자신의 취미, 코카인, 동업자에게 치료받을 때의 번거로움, 개별적 연구에 대한 편

---

*3 나의 논문 《은폐 기억에 대해서》(《정신병학·신경병학 월간지》 1899년, 《전집》 제1권) 참조.

애, 식물학 같은 학과에 대한 나의 태만 등등, 이 모든 것들은 그 뒤에도 계속 실마리를 던져주고 있어서, 다방면에 걸쳐 대화의 어느 한 실마리로 이어지고 있다. 이 꿈도 역시 일마의 주사 꿈같이 자신의 정당함을 변명하거나 변호하는 성격을 띠고 있다. 뿐만 아니라 이 꿈은 일마의 꿈에서 시작된 주제를 이어받아 이 두 꿈 사이의 간격 속에 새로 첨가된 자료로 같은 주제를 논하고 있다. 따라서 얼핏 보기에 중요하지 않은 꿈의 표현 형태마저도 새로운 의미를 지니게 된다. 즉 나 자신이 (코카인에 관한) 귀중하고 유익한 논문을 쓴 당사자가 되어 있는 것이다. 책방에 외상을 졌을 때 나는 유능하고 근면한 학생이라고 나 스스로 자기 정당화를 했던 것과 마찬가지다. 다시 말해 이 두 경우에다, 나는 감히 그렇게 말할 만한 자격이 있다고 말하고 있는 것이다. 그러나 이 꿈의 해석은 여기에서 중단해도 좋을 것 같다. 왜냐하면 이 꿈 이야기를 한 것은 꿈 내용이 그 전날의 원인적 체험에 대해 갖는 관련성을 한 실례를 통해 검토하는 것이 목적이었기 때문이다. 내가 이 꿈에 대해서 겉으로 드러난 내용만을 알고 있을 때에는 나의 관심은 오로지 낮 동안의 인상과 꿈 사이의 관련성에만 있었다. 그러나 분석을 끝낸 뒤에는 같은 날의 다른 체험 속에 그 꿈의 제2의 원천이 있음을 알게 된다. 이 꿈이 관련된 여러 인상들 가운데 첫째 것은, 대수롭지 않은 부수적인 것이었다. 나는 진열장에서 책 한 권을 본다. 그 제목이 잠시 나의 주의를 끌지만, 그 내용은 도저히 내가 흥미를 느낄 만한 것이 아니다. 둘째 인상은 큰 정신적 가치와 의미를 지니고 있었다. 나는 친구인 안과 의사와 한 시간 이상이나 열심히 이야기를 하면서, 우리 두 사람의 마음에 영향을 줄 수 있는 아주 중요한 암시를 그에게 주었다. 그러자 내 안의 기억이 일깨워져 복잡한 감정의 움직임을 느낄 수 있었다. 그러나 도중에 아는 사람이 왔기 때문에 이 대화는 중단되었다. 그런데 낮 동안의 이 두 체험은 서로 어떤 관계에 있는가? 그리고 그날 밤 꾼 꿈과는 어떤 관계가 있는가?

나는 꿈의 내용에서 대수롭지 않은 인상들이 주는 암시만을 발견하게 되므로, 꿈이 일상생활 속에서 부수적인 것들을 그 내용으로 채택한다고 확언할 수가 있다. 그런데 꿈 해석에 있어서는 이 사소한 모든 것들이 중요한 것, 다시 말해 정당성을 지니고서 꿈을 불러일으키는 경험들이라는 것이다. 나는 꿈의 의미를 (유일하게 옳은 방법인) 분석에 의해 밝혀진 잠재 내용에 따라 판단할 때, 뜻밖에 새롭고 중대한 인식에 이르게 된다. 즉 이로써 꿈은 왜 단순히 낮 생활의 무가치한 단편들에만 관련되어 나타나는가에 대한 수수께끼가 풀린다는 것을 알게 된다. 또 나는 깨어 있을 때의 정신적 생활이 꿈속에 이어지지 않고, 그 대신에 꿈이 사소한 자료들만을 가지고 정신적 활동을 낭비하고 있다는 주장에도 반대하지 않을 수 없다. 진실은 그 반대이다. 낮에 우리의 마음을 차지했던 것은 또한 꿈의 사고도 지배한다. 그리고 우리는 낮에 우리에게 무엇인가 생각하는 계기를 제공한 자료에 관련된 꿈만을 꾸게 된다.

자극 원인이 되는 낮의 인상들이 나에게 꿈을 꾸게 했음에도 불구하고 겉으로 드러난 꿈의 내용이 꿈 왜곡의 현상에 작용하고 있다고 설명하는 게 마땅할 것이다. 그런데 이 꿈 왜곡을 우리는 앞에서 검열의 역할을 하는 정신적 힘으로 돌릴 수 있다고 말했다. 시클라멘과에 관한 연구서의 기억은 내 친구와의 대화에 의한 암시처럼 이용되고 있다. 마치 중지된 그 만찬회의 꿈에서 여자 친구의 말이 '훈제 연어'의 암시로 대체되어 있는 것과 같다. 그래서 문제는 도대체 어떤 연결 고리에 의해 연구서의 인상들이 안과의사와의 대화에 암시 관계로 작용할 수 있었느냐는 것이다. 처음에는 그 어떤 관련성이 전혀 보이지 않았기 때문이다. 그러나 중지된 만찬회의 예에서는 이 관계가 처음부터 존재하고 있다. 여자 친구가 좋아하는 훈제 연어는 바로 그 여자 친구가 꿈을 꾼 부인에게 불러일으킬 수 있는 관념에 속하고 있다. 그런데 우리의 새로운 실례에서는 그것들이 같은 날에 일어났다는 점 이외에 아무런 공통점도 갖지 않는 별개의 두 가지 인상이 문제된다. 연구서에 주의가 끌린 것은 오전 중의 일이고, 대화는 저녁 때 한 것이다. 분석에 의한 해답은 이렇다. 두 인상들 사이에 처음에는 없었던 이 공통성이 나중에 한쪽 인상의 관념 내용에서 다른 인상의 관념 내용으로 연결된다. 나는 분석을 기술할 때 이미 이 연결 고리를 강조해 두었다. 시클라멘에 관한 연구서의 관념에 다른 데로부터의 영향이 없다면, 아마 이 꽃은 아내가 가장 좋아하는 꽃이라는 생각 혹은 그 밖에 L부인이 받지 못한 꽃다발에 대한 기억으로만 연결될 것이다. 그러나 나는 이러한 배후의 사고들만으로 꿈을 꿀 수 있다고는 믿지 않는다.

전하, 이렇게 우리에게 알려 주기 위해
유령이 무덤에서 나올 필요는 없습니다.

이것은 《햄릿》에 나오는 말이다. 그러나 분석 도중에 생각난 것인데, 우리의 대화를 중단시킨 사람의 이름이 게르트너(정원사·원예사의 뜻이 있다)이며, 나는 그 부인을 보고서 '꽃이 핀' 듯이 아름답다고 말했었다. 그러고 보니 또 생각이 나는데, 내 환자 가운데 한 사람으로 플로라(꽃의 여신)라는 예쁜 이름을 가진 부인에 대한 이야기가 잠시 그 대화의 중심이 되었었다. 따라서 식물의 관념 범주에서 온 이연결 고리들을 거쳐서 무의미한 체험과 자극적인 체험이라는 낮의 두 체험이 결합된 것으로 생각된다. 그런 다음 그 앞의 여러 관계, 코카인에 대한 관계들이 들어온 것이다. 이 관계는 쾨니히슈타인 박사라는 인물과 내가 쓴 식물학상의 연구 논문과의 사이를 연결할 수 있는 것이므로, 이 두 관념 집단들을 결합하여 하나의 관념 집단으로 만든 결과, 이제 첫 번째 경험의 한 부분이 둘째 경험에 대한 암시로 이용된 것이다. 이렇게 설명하는 것을 제멋대로의 억지 이론이라고 말하는 사람도 물론 있을 것이다. 이를테면 게르트너 교수가 꽃이 핀 듯 예쁜 부인과 함께 오지 않았고, 대화의 화제가 된 그 부인환자의 이름이 플로라가 아니고 안나라는 이름이었다면 어떻게 되었을까 하고 반문할 것이다. 그러나 여기에 대답하는 것은 문제없다. 만일 이러한 관념의 여러 관계들이 생기지 않았다면, 아마 그것을 대신해서 다른 관념의 여러 관계들이 선택되었을 것이다. 이러한 관계를 만들어 내는 일은 참으로 쉽다. 보통 우리가 심심풀이로 하는 농담이나 수수께끼 질문과 마찬가지로, 번뜩이는 기지(機智)의 세계란 참으로 무한하다. 한 걸음 더 나아가 보자. 만일 낮의 두 경험 사이에 충분히 쓸모 있는 연결 고리가 만들어지지 않았다면, 그날 밤의 꿈은 다른 것이 되었을 것이다. 그래서 한꺼번에 우리에게 몰려왔다가 모조리 잊히는 대수롭지 않은 인상들이 꿈의 '논문' 자리를 차지하게 되고, 그 대화의 내용과 결부되어서 꿈 내용 속에 표현되었을 것이다. 이 운명을 담당한 것이 바로 연구서의 꿈 내용이었으므로, 틀림없이 이 꿈 내용이야말로 이러한 연결에 가장 적합한 것이었으리라. 레싱(Lessing)이 묘사한 교활한 작은 집과 같이, 왜 이 세상에서 부자만이 많은 돈을 가지고 있는가를 이상하게 여길 필요는 없다.

우리의 해석에 따라 아무래도 사소한 경험이 심리적 가치가 풍부한 경험을 대신하여 중요한 자리를 차지하게 되는 그런 심리적 과정이라는 것은 아직도 우리에게는 의문스럽고 불가해하게 여겨지지 않을 수 없다. 얼른 보아서 정확하지 않은 이 작업의 여러 특성을 더 잘 이해하는 문제는 뒷장(章)의 과제로 돌리기로 한다. 여기서는 다만 이 과정의 결과에만 관심을 갖기로 한다. 우리는 하여간 꿈 분석에 있어서 언제나 되풀이되는 무수한 경험들을 통해 이러한 과정의 존재를 인정하지 않을 수 없다. 그러나 이 과정은 그 연결 고리를 거쳐 가는 동안에 마치 어떤 '전이(轉移)'(심리적 강도의 전이라고 하는 편이 좋겠다)가 일어나므로, 처음에는 힘이 약했던 관념이 처음으로 강한 에너지를 가진 관념의 충전을 받음으로써 강도(强度)를 증가하고, 그 결과 의식 속으로 들어갈 만한 힘을 가지게 되는 듯하다. 감정의 크기, 또는 일반적으로 신체적 활동이 문제가 될 경우에는 이런 에너지의 이동이 일어나도 조금도 이상할 것이 없다. 혼자 사는 처녀가 동물을 좋아한다든가, 독신 남자가 열렬한 수집가가 된다든가, 또는 군인이 울긋불긋한 군기를 피로 지킨다든가, 서로 사랑하는 사람끼리는 몇 초라도 더 오래 손을 잡고 있으면 말할 수 없이 기쁘다든가, 혹은 《오셀로》에서 잃어버린 한 장의 손수건이 분노를 일으키는 원인이 된다는 등, 이것들은 모두 의심할 수 없는 심리적 강도가 이동한 실례이다. 그러나 무엇이 우리의 의식 속으로 들어올 수 있고 무엇이 의식 밖에 머무르는가, 즉 우리는 무엇을 생각하게 되는가에 관한 결정이 같은 길을 거쳐서 같은 원리에 따라 내려진다면, 이는 아무래도 병적인 인상을 준다. 그리고 이러한 현상이 깨어 있을 때의 생활에 나타날 경우, 이를 사고의 잘못(誤謬)이라고 부른다. 우리가 꿈의 이동 속에서 인정한 심리적 과정은 분명히 병적 장애가 있는 과정은 아니다. 그럼에도 정상적인 과정과는 다른 보다 '원초적'인 성질의 과정임을 알 수 있을 것이다. 여기서는 결론만으로 그치고 상세한 고찰은 뒤로 미루자.

이로써 꿈 내용이 경험의 부수적인 잔재들을 받아들인다는 사실은(전이에 의한) '꿈 왜곡'의 표현이라고 해석되기에, 우리는 여기서 꿈 왜곡이 두 개의 심리적 검문소(精神的 作因) 사이에 있는 통과 검열의 한 결과였음을 떠올리게 된다. 그때 우리는 꿈의 분석은 그 기억의 강도가 대수롭지 않은 기억으로 전위한 낮의 생활로부터 정신적으로 의미 있는 꿈의 원천을 찾아줄 것이라고 기대한다. 이렇게 파악함으로써 우리는 우리에게 쓸모없어진 로베르트의 이론과 정면으로 대립하게 된다. 로베르트가 설명하려던 사실은 틀림없이 존재하지 않는다. 그런 사실을 가정한다는 것은 완전한 오해에서 비롯된 것이며, 근본적으로는 겉으로 드러난 꿈 내용을 꿈의 참된 내용으로 대체하는 일을 게을리하고 있을 뿐이다. 뿐만 아니라 로베르트의 이론에 대해서는 다음과 같은 반론도 가할 수 있다. 만일 우리의 기억에 머물러 있는 낮의 기억의 '찌꺼기'들을 특수한 정신적 작업으로 제거하는 임무가 정말로 꿈에 있다면, 우리의 잠은 깨어 있을 때의 생활보다 더 고통스러우며 긴장된 일에 사용된다는 결과가 되지 않는가. 왜냐하면 우리가 우리의 기억을 그것으로부터 지켜 줘야 할 낮의 사소한 인상들의 수는 확실히 방대한 것이기 때문이다. 그 많은 수를 처리하려면 도저히 밤만 가지고는 시간이 모자랄 것이다. 오히려 사소한 인상들을 망각한다는 것은 우리의 정신적인 힘이 적극적으로 활동하지 않는 상태에서 행해진다고 하는 편이 더 진실에 가까울 것이다.

그럼에도 로베르트의 생각을 이대로 깨끗이 뿌리쳐 버릴 수는 없음을 느낀다. 낮의 사소한 인상들 가운데 한 가지, 더욱이 꿈을 꾼 전날의 대수롭지 않은 인상의 하나가 꿈 내용의 형성에 큰 역할을 하고 있다는 사실은 아직 설명되지 않았다. 이 인상과 무의식 세계의 본래의 꿈 원천과의 관계는 언제나 미리부터 있는 것은 아니다. 우리가 이미 본 바와 같이 이 관계는 나중에, 말하자면 의도된 전이(轉移)에 맞추어 꿈 해석 작업 과정에서 이루어진다. 그렇기 때문에 아무리 사소한 것이기는 해도 바로 최근 인상들의 방향으로 관념 연결을 가능케 해줄 일종의 강제가 틀림없이 존재한다. 즉 이 대수롭지 않은 사소한 인상들은 스스로를 이러한 목적에 특히 적합한 것으로 만드는 어떤 속성을 지니고 있음이 틀림없다. 그렇지 않다면 꿈의 사고들이 그 강도를 자기 자신의 관념 안에 있는 어떤 비본질적인 요소로 이동시키는 일이 쉽게 일어날 것이기 때문이다.

다음에 드는 여러 경험은 이 경우 문제의 설명에 도움이 되리라 생각한다. 낮에 우리가 둘 또는 그 이상의 꿈의 원천이 될 수 있는 경험을 하면, 꿈은 이 경험들을 하나의 전체로 결합한다. 다시 말해 꿈은 그 경험들을 그냥 두지 않고 하나로 만들어버리는 강제력에 복종한다. 예를 들면 내가 어떤 여름날 오후 기차에서 우연히 아는 사람 둘을 만난다. 그러나 이 두 사람은 서로가 모르는 사이이다. 한 사람은 꽤 유력한 의사이고, 또 한 사람은 내가 의사로서 드나들던 귀족 집안의 가족인데, 나는 그들을 서로에게 소개한다. 그러나 그들의 이야기는 긴 기차 여행을 하는 동안 내내 나를 통해서 계속 이어진다. 그래서 나는 두 사람과 번갈아 가며 이야기를 하지 않으면 안 되게 된다. 동업자인 의사에게는 그도 알고 있는 갓 개업한 어느 의사를 잘 돌보아 달라고 부탁한다. 그러자 상대방은 그 젊은이가 실력은 좋지만 그 풍채로는 좋은 가정에 드나들기 어려울 것이라고 대답한다. 그래서 나는 그러기에 잘 봐달라는 것 아니냐고 말한다. 그리고 곧 다른 한 사람을 보고, 그의 백모(나의 여자 환자의 어머니가 된다)의 건강 상태를 묻는다. 이 백모는 그 무렵 중병을 앓고 있었다. 이 여행을 한 날 밤에 내가 잘 돌봐 달라고 부탁한 그 젊은 친구가 지체 높고 돈 많은 사람들이 모여 있는 훌륭한 살롱의 사교 자리에서, 기차 여행 때 또 한 사람 쪽의 백모 뻘 되는 늙은 부인(꿈속에서는 이미 죽어 있었다)을 위해 아주 능숙한 태도로 조사(弔詞)를 낭독하고 있는 꿈을 꾸었다(솔직히 말해서 나는 이 늙은 부인과 그다지 사이가 좋지 않았다). 나의 꿈은 여기서도 낮의 두 인상을 결합하고, 그것으로 하나의 통일된 상황을 만든 것이다.

이와 비슷한 많은 경험들을 근거로 나는 이런 명제를 세울 수 있다. '꿈을 꾸는 일에는 존재하는 모든 꿈 자극 원인들을 꿈속에서 어떤 통일체로 만들어 갈 필요성이 있다.'[*4]

이번에는 다음 문제를 연구하기로 하자. 분석이 목표로 하는, 꿈을 일으키는 원천은 언제나 최근의 (그리고 중요한) 사건이 아니면 안 되는 것인가, 또는 내적인 체험, 즉 정신적으로 의미 있는 사건의 회상—하나의 사고 과정—이 꿈을 꾸게 하는 역할을 할 수 있는가 하는 문제이다. 수많은 분석에서 가장 뚜렷하게 밝혀진 해답은 후자를 옳은 것으로 간주한다. 꿈을 꾼다는 것은 하나의 내면적 과정으로서, 이는 말하자면 최근에 일어난 낮 동안의 사고 활동을 토대로 하는 것이다. 이쯤에서 꿈의 원천(또는 출처)이 되게 하는 여러 조건들을 하나의 방식으로 정리해 보자.

꿈의 원천이 될 수 있는 것은 다음과 같다.

ⓐ 꿈속에서 직접 나타나는, 심리적으로 중요한 최근의 경험.[*5]

ⓑ 꿈에 의해 하나의 통일체로 결합되는 몇 가지 중요한 최근의 경험.[*6]

[*4] 동시에 존재하는 흥미로운 것들을 하나로 융합시키는 꿈 작업의 이런 경향은 이미 여러 연구가들에 의해 주목받아 왔다. 예를 들면 들라주(41면), 델뵈프 〈강제적 접근〉(236면).

[*5] 일마의 주사 꿈. 나의 백부가 되어 있던 그 친구의 꿈.

[*6] 젊은 의사가 조사(弔詞)를 읽던 꿈.

ⓒ 사소하지만, 때를 같이하는 경험들이 꿈속에 대체되어 나타나는 하나 또는 그 이상의 최근의 중요한 경험.*7

ⓓ 꿈에서 사소한 최근의 인상들을 언급함으로써 추상적으로 나타나는 중요한 내면적 체험(회상. 사고 과정).*8

누구나 다 알다시피 꿈 해석에서는 예외 없이 다음과 같은 조건이 반드시 기억 속에 남겨져야 한다. 즉 꿈 내용의 한 요소로서 전날의 어떤 새로운 인상을 되풀이한다는 점이다. 꿈에서 어떤 다른 대체물로 나타나게 될 이 부분은 꿈을 꾸는 사람 자신의 관념의 범위 안에 속하든가(바로 그 관념의 본질적 요소나 지엽적 요소로서) 아니면 꿈을 불러일으키는 요소들과 많든 적든 결합함으로써 관련된 어떤 사소한 인상들의 범위 안에 있기 때문이다. 이 경우 얼른 보아서 조건이 많아 보이는 것은 '이동이 있었거나 혹은 없었거나' 둘 중의 하나에 의해 일어난 현상에 지나지 않는다. 우리는 여기서 이처럼 이동(또는 轉移)이 일어났는가 아닌가의 여부가 꿈에 관한 의학적 이론이 뇌세포의 부분적 각성으로부터 완전한 각성에 이르는 모든 계열을 설명할 수 있는 것과 마찬가지로, 꿈이 갖는 대조적 관계를 아주 쉽게 설명해 주는 것임을 알게 된다.

이 단계에 대해서는 또 다음과 같은 것도 인정된다. 즉 ① 꿈 내용이 최근의 경험과 연결되어 있다는 것 ② 꿈을 일으키는 자극이 정신적으로 의미 있는 과정이라는 것. 이 두 조건만 지켜지면, 정신적으로는 의미가 있으나 최근의 것이 아닌 요소(사고 과정·회상)는 꿈의 형성이라는 목적을 위해 어떤 최근의, 그러나 정신적으로는 사소한 요소로 대체된다. 위에서 ⓐ의 경우만이 두 조건 다 같은 인상에 의해 충족된다. 꿈을 위해 이용되는 똑같은 사소한 인상들이라도 하루 이틀 지나면(길어야 며칠 동안만) 이 꿈에 이용될 수 있는 능력을 잃어버린다는 사실을 고려한다면, 어떤 인상의 신선함이라는 것은 그만큼 꿈의 형성에 감정이 고조된 회상이나 사고 과정과 비슷한 정신적 가치를 부여하는 것으로 결론지을 수 있다.

그런데 꿈 형성에 대한 '최근의' 인상들이 갖는 이러한 가치가 어디에 근거하는지의 문제는 나중에 심리학적 고찰을 통해 비로소 밝혀지게 될 것이다.*9

---

*7 식물학 연구 논문에 관한 꿈.
*8 분석 중인 나의 환자들의 꿈은 대부분 이런 종류의 것들이다.
*9 전이(轉移)에 대해서는 제7장을 참조.

이와 관련하여 주의해 둘 것은, 밤중에 우리의 의식에는 알려지지 않은 채 기억 자료나 관념 자료에 중대한 변화가 생기는 수가 있다는 것이다. 따라서 어떤 일을 최종적으로 결정지으려 할 때, 하룻밤 푹 자라고 하는 것은 확실히 정당한 요구이다. 그러나 이 점에까지 이르면 우리는 꿈의 심리학에서 수면의 심리학으로 옮겨가 버리는 것이 되는데, 앞으로도 이런 지나침이 종종 일어날 것이다.*10

그런데 여기에 지금까지의 추론을 뒤엎을 염려가 있는 다른 한 가지 문제가 있다. 사소한 여러 인상들이 꿈 내용 속으로 전이된다면, 우리는 꿈 내용 속에 과거의 여러 요소들, 즉 이 요소들이 최근의 것이었을 당시에는 (스트륌펠의 말을 빌리면) 아무런 심리적 가치도 가지고 있지 않는 까닭에 과거에 잊어버렸다고 생각되는 여러 요소들이 발견되는 것은 무엇 때문인가, 즉 신선하지도 않고 심리적으로 중요하지도 않은 요소가 거기에서 발견되는 것은 무엇 때문인가 하는 이론(異論)이다.

정신신경증(노이로제) 환자에 대한 여러 정신 분석 결과를 근거로 말한다면, 이 반론은 완전히 해결된다. 즉 그 해답은 이렇다. 정신적으로 중요한 자료를 사소한 자료로(꿈을 꾼 데 대해서도, 사고하는 것에 대해서도) 대체시키는 이동 (또는 전이) 현상은 이 경우 이미 훨씬 오래전에 일어난 것이므로 그때부터 이 이동 현상은 기억 속에 정착되어 있는 것이다.

본디 사소한 것이었던 그 요소들은 그것들이 전이됨으로써 정신적으로 중

---

*10 꿈을 형성함에 있어서 최근 것의 역할을 논한 중요한 연구서로서 오토 푀츨의 논문이 있다(《간접 시각과의 관계에 있어서 실험적으로 야기된 꿈의 여러 형상들》(《신경병학·정신병학 월간지》 제37권 1917년 게재). 푀츨은 실험에 참여한 몇 사람에게 타히스트스코프(순간 노출기)로 노출된 영상을 의식적으로 파악하여 그리게 했다. 그런 다음날 밤 그 사람들이 꾼 꿈을 조사하고, 이 꿈이 낮에 보여 준 영상과 관계를 갖는 부분을 또 그림으로 그리게 했다. 그랬더니 다음 같은 점이 뚜렷해졌다. 즉 실험에 참여한 사람들 스스로에게 포착되지 않았던 낮 동안에 보여준 영상의 세부적인 부분들은 꿈 형성을 위한 자료를 제공하고 있는 반면, 의식적으로 지각되어 그림으로 그려진 부분은 겉으로 드러난 꿈 내용 속에 재현되어 있지 않은 것이다. 꿈 작업에 의해 채용된 자료는 이미 알려져 있듯이 자의적인, 더제대로 말하면 자주적인 방법으로 꿈 형성의 여러 경향에 따르게 가공되어 있었다. 푀츨의 연구가 포함하고 있는 문제 제기는 이 책에서 시도되고 있는 꿈 해석의 의도를 훨씬 넘는 것이다. 꿈 형성을 실험적으로 연구하려는 이 새로운 방법이 수면 방해의 자극을 꿈 내용 속에 도입하는 것을 본체로 삼는 과거의 조잡한 기술과 어떻게 다른가에 대해서도 한 마디 지적해 두고 싶다.

요한 자료적 가치를 지니게 된 뒤부터 이미 사소한 것이 아니게 된다. 정말로 사소한 것으로 머물러 있다면, 사실 그것은 꿈속에 재현될 리가 없다.

이상 논한 것에서 우리는 대수롭지 못한 꿈 자극물도 없거니와 악의 없는 꿈도 없다고 추론해도 무방할 것이다. 어린아이의 꿈과 밤에 주어지는 자극들에 대한 짧은 꿈 반응을 제외하면, 이상의 명제는 확실히 진실하다고 나는 생각한다. 그 이외의 꿈에서 사람들이 꾸는 꿈은 겉으로 드러난 것으로 또는 정신적으로 중요한 것으로 인정되든가, 혹은 왜곡되어 있어서 꿈 해석이 이루어진 뒤에야 비로소 이것도 역시 중요한 것이었음이 인정된다. 꿈은 결코 사소한 것에 관여하지 않는다.

또한 우리는 사소한 것에 의해 잠을 방해받지는 않는다.*11 얼핏 보아 단순한 꿈이라도 해석을 해보면, 결코 단순한 것이 아님을 알게 된다. 흔한 말로 표현한다면 꿈이란 '평범한 것'이 아니다. 그런데 이 견해는 또 반론을 당할 것 같은 논점일 뿐만 아니라 나 자신은 꿈 왜곡 작업의 과정을 증명할 수 있는 기회를 붙잡을 생각으로, 나의 꿈 수집 가운데에서 '단순한 꿈(harmlose Träume)' 몇 가지를 끄집어내어 분석해 보기로 하겠다.

(1)

아주 얌전하고 총명하며 지적인 젊은 부인으로, 흔히 말하는 '말수가 적은' 부류에 속하는 사람이 이렇게 말했다. 〈"이런 꿈을 꾸었어요. 시장에 가는 것이 너무 늦어버려서 정육점에서도, 채소 가게에서도 아무것도 살 수가 없었어요."〉

확실히 단순한 꿈임에는 틀림없다. 그러나 꿈이라는 것이 그렇게 간단할 리가 없다. 그래서 자질구레한 점까지 자세하게 이야기를 하게 했다. 그랬더니 그 보고는 이런 것이었다. 부인은 요리사와 함께 시장으로 갔는데, 요리사는 바구니를 들고 있었다. 정육점에서 자기가 바라는 것을 달라고 했으나 그건 이제 없다고 하며, "이건 어떻습니까?" 하고 다른 것을 권한다. 그 부인은 그것을 거절하고 채소 가게로 갔다. 그런데 채소 가게 주인이 어떤 이상하게 생긴

---

*11 이 저서 《꿈의 해석》에 호의적인 비평을 해준 H. 엘리스는 이렇게 말하고 있다. "이 견해가 바로 우리 대부분이 더 이상 프로이트를 따를 수 없게 되는 지점이다."(169면). 그러나 엘리스는 지금까지 전혀 꿈을 분석한 일이 없기 때문에, 겉으로 드러난 꿈 내용에 따라서 꿈을 해석한다는 것이 얼마나 잘못되어 있는가를 믿으려 하지 않는다.

시커먼 채소 다발을 팔려고 하기에 부인은 "그게 뭐예요? 그런 건 필요 없어요."라고 말했다는 것이다.

이 꿈이 낮의 일과 결부되어 있다는 사실은 간단하게 지적할 수 있다. 부인은 실제로 시장에 너무 늦게 가서 아무것도 못 샀던 것이다. '정육점은 벌써 닫혔다'는 흔한 말이, 이런 경험을 나타내는 말로써 누구나 머리에 떠오른다. 그러나 이 말은(혹은 그 반대의 닫혀 있지 않다는 말은) 남성이 앞단추를 잠그지 않았음을 가리키는 속된 표현이 아닌가? 그러나 이 꿈을 꾼 부인이 이런 말을 썼다는 것은 아니다. 오히려 이런 표현을 피했던 것이다. 이제 이 꿈에 내포되어 있는 세부적인 해석에 착수하자.

꿈속의 어떤 일이 하나의 대화의 성격을 가지고 있을 경우, 즉 단순히 생각만이 아니라 말을 하거나 듣는 과정이 있을 경우(이것은 대개 확실하게 구별할 수 있는데) 이는 깨어 있을 때 생활에서의 실제 대화에서 유래한다. 그리고 이 대화는 물론 꿈속 자료로 다루어지면서 잘게 찢기고 다소 변화되며, 특히 전체 내용과의 연관성이 떨어진다.*12 해석 작업을 할 때는 이러한 대화에서 출발해도 좋다. 그런데 "그것은 이제 없다"라는 정육점 주인의 말은 어디에서 온 것일까? 사실은 나 자신에게서 나온 말이다. 2, 3일 전에 나는 부인에게 "가장 오래된 유년 시절의 경험들은 그것 자체로서는 '이제 없으며' '전이(轉移)'와 꿈에 의해 대체되고 있다"고 말했던 것이다. 그러니까 정육점 주인은 바로 나 자신이다. 그리고 부인은 낡은 사고방식이나 느낌에 대한 현재의 이러한 전이를 부정하고 있는 것이다. "그게 뭐예요? 그런 건 필요 없어요"라고 하는 꿈속의 말은 어디에서 유래되는 것일까? 이 말은 분석의 필요상 세분해 보지 않으면 안 된다. 부인은 전날 요리사에게 몇 마디 나무랐는데, 상대방에게 "그게 뭐예요?" 하고는 덧붙여서 몸을 더 단정히 하라고 했던 것이다. 여기에는 누구나 다 알 수 있듯이 하나의 이동이 있다. 부인은 요리사에게 한두 가지 말 가운데 무의미한 쪽을 선택했지만, 몸을 단정히 하라는 말이 사실은 꿈 내용에 적합한 것이다. 음란한 공상을 하느라 정육점 문이 닫힌다는 것을 잊고 있는 사람들에게 해줄 수 있는 말이다. 우리가 이것으로 해석의 실마리를 잡았음은,

---

*12 꿈속의 대화에 대해서는 뒤에 나오는 꿈 작업의 장(章)을 참조. 델뵈우프는 꿈속에서의 대화를 '일상적인 말들'과 비교함으로써 꿈속 대화의 근원을 찾으려 한 유일한 연구가로 보인다.

채소 가게 여자와의 대화 속에 나타난 암시와의 일치를 통해 곧 증명할 수 있다. 어떤 이상하게 생긴(부인이 나중에 덧붙인 설명에 의하면 기다란 모양의) 시커먼 채소 다발이란, 꿈이 아스파라거스와 무(Rettig)를 하나로 만든 것이다. 아스파라거스가 무엇을 뜻하는가는 남성에게도 여성에게도 설명할 필요는 없을 것이다. 그러나 또 다른 채소를 통해 암시한 '검은 무, 사라져라'(이 말과 '무'는 독일어로 발음이 같다)라는 말은, 우리가 꿈 이야기에 포함시키려 했을 때 처음에 바로 눈치를 챘던 '정육점이 닫혀 있다'는, 그 성적인 주제를 지향하는 것으로 여겨진다. 지금 문제는 이 꿈의 뜻을 완전히 인식하는 데에 있지 않다. 그러나 이 꿈이 의미심장하며, 결코 단순한 내용이 아니라는 것만은 밝혀졌을 것이다.[13]

(2)

어떤 점에서 앞의 꿈과는 대조적인, 같은 여자 환자의 또 다른 단순한 꿈. 〈그녀의 남편이 물었다. "피아노를 조율하는 게 어떨까?" 아내가 대답했다. "필요 없어요. 어차피 헤머에 새로 가죽을 씌워야 하니까요."〉 이것도 전날 현실에서 일어났던 일의 되풀이다. 여자 환자의 남편은 실제로 그렇게 말했고, 아내도 그런 식으로 대답을 했었다. 그러나 아내가 그것을 꿈으로 꾼 것은 무슨 뜻일까? 하긴 아내는 그 피아노에 대해 '소리가 나쁜, 기분 나쁜' 싸구려 상자인데, 남편이 결혼하기 전부터 가지고 있던 것[14]이라고 말한 적이 있었다. 그러나 꿈의 수수께끼를 푸는 열쇠는 역시 "필요 없어요"라는 말에 숨겨져 있다. 이 말은 사실은 그 전날 여자 친구를 방문했을 때 한 말이다. 친구 집에서 그녀는 웃옷을 벗으라는 권유를 받았을 때, 고맙습니다만 곧 가야 하니까 벗을 '필요 없어요'라고 대답했던 것이다. 이 이야기를 듣는 도중에 생각난 일이지만,

---

*13 더 알고 싶어하는 사람을 위해서 말해 두겠는데, 이 꿈 뒤에는 나의 음란하고 도발적인 태도와 그 부인 쪽의 방어에 대한 공상이 감추어져 있다. 이 해석을 당치않다고 생각하는 사람은, 같은 공상이 왜곡되어 꿈으로 나타나는 것이 아니라, 현실에서 그대로 망상으로 나타나는 히스테리 부인 환자들의 비난을 듣는 의사들의 수많은 사례들을 떠올리기 바란다. 이 꿈을 꾼 것은 이 여자 환자가 정신 분석 치료를 받기 시작했을 때였다. 그녀가 이 꿈에 의해서 그 노이로제의 원인이 되어 있던 초기 외상(外傷)을 되풀이했다는 것을 나는 훨씬 나중에 알게 되었다. 그 뒤부터 나는 다른 사람들, 즉 유아기에 성적 폭행을 당하고, 말하자면 그 폭행이 지금 꿈속에서 되풀이되고 있는 사람들에게서도 같은 태도를 발견했다.
*14 이 꿈이 해석된 뒤에 밝혀지듯이 정반대로 대체한 경우이다.

그녀는 어제 한참 분석을 하고 있는 도중에 갑자기 단추 하나가 열려 있던 웃옷을 움켜쥐었다. 마치 '제발 보지 마세요, 보실 필요 없어요'라고 말하려는 것 같았다. 이래서 싸구려 상자(Kasten)는 흉곽(Brustkasten)이 된다. 그리하여 이 꿈 해석은 그녀가 자신의 모습에 불만을 갖기 시작한 지난날의 신체적 발달기로 우리를 이끈다. 그리고 우리가 '기분 나쁜'과 '소리가 나쁜'을 생각하면서 아울러 암시나 꿈에서 얼마나 자주 여성의 육체에서 작은 반구(유방을 뜻함)가 대체물로서 큰 신체 부분 대신으로 나타나는가를 생각해 본다면, 이 꿈은 더 먼 과거에도 통하고 있는 것이다.

(3)

여기서 이 일련의 꿈을 중단하고 어떤 젊은이의 짧고 단순한 꿈 이야기를 포함시키고자 한다. 젊은이가 꾼 꿈은 이렇다. 〈다시 겨울 외투를 입는데, 입기 싫어서 견딜 수가 없다.〉 얼른 보기에 이 꿈의 동기는 갑자기 추워진 데에 있다. 그러나 잘 검토하면 꿈을 만들고 있는 이 두 부분이 서로 어울리지 않음을 알 수 있다. 왜냐하면 추울 때에 무겁거나 두터운 외투를 입는 것은 결코 '싫은' 일이 아니기 때문이다. 이 꿈이 단순한 것이 아니라는 것은, 분석할 때 처음 생각난 것이 이런 기억이었다는 점에서 알 수 있다. 다시 말해 그는 어제 어떤 부인으로부터 그 부인의 막내둥이가 생긴 것은 콘돔이 찢어졌기 때문이라는 고백을 들었다. 그래서 그는 이것을 계기로 자기 생각을 종합해보았다. 그것은 이렇게 된다. 콘돔이 얇으면 위험하고 두터우면 좋지 않다. 콘돔은 바로 '외투(überziehar)'이다. 다시 말해 위에 뒤집어쓰는 것이다(überziehen), 독일어로는 가벼운 윗옷도 외투라는 말로 표현한다. 그 부인이 말해 준 사건은 미혼인 이 젊은이에게는 어쨌든 '싫은' 일이었을 것이다.

이제 다시 단순한 꿈을 꾼 여자 환자의 이야기로 되돌아가자.

(4)

〈그 여자는 촛대에 초 한 자루를 꽂는다. 그러나 그 초가 부러졌기 때문에 잘 서지 않는다. 학교 친구들이 "네가 서툴러서 그래"라고 말한다. 그러나 그녀는 "내 탓이 아니야"라고 대답한다.〉

이 꿈에도 현실의 동기가 있다. 그녀는 어제 실제로 촛대에 초를 꽂았다. 그러나 그것은 부러져 있지 않았다. 이 꿈에는 명백한 상징이 사용되고 있다. 초는 여자의 성기를 자극하는 물건이다. 따라서 그것이 부러져서 잘 서지 않았으니 그것은 남성의 발기 부전을 뜻한다(그것은 내 탓이 아니야). 다만 이 여성은 신중한 교육을 받고 음란한 것을 전혀 모르고 살아왔는데, 어떻게 초의 이런 상징적 뜻을 알고 있었을까? 그녀는 우연히 어떤 경험으로 자기가 이런 것을 알게 되었는가를 말해 줄 수 있었다. 작은 배로 라인 강을 건널 때 대학생들이 타고 있는 보트가 스쳐갔다. 학생들은 즐겁게 어떤 노래를 부르고 있었다. '스웨덴 왕비가 창의 덧문을 닫고, 아폴로의 양초로……'

끝 구절은 그녀가 듣지 못했거나 이해하지 못했다. 그래서 남편을 졸라 그 설명을 해 달라고 했던 것이다. 그 노래 구절은 이윽고 꿈 내용 속에서 그녀가 전에 기숙사에서 다른 사람의 부탁을 '서투르게' 처리한 순진한 추억으로 대체되고 있다. 특히 이 노래 구절과 이 기억은 '창의 덧문을 닫고'라는 공통된 요소를 지니고 있다. 자위행위라는 주제와 발기 부전의 결합은 설명할 필요도 없을 것이다. 꿈의 잠재 내용 중의 '아폴로'는 이 꿈을 더 먼 시기의 꿈과 연결시킨다. 그 전의 꿈에는 순결한 여신 팔라스가 나와 있었다. 이것은 모두 단순하고 순진한 꿈이라고는 말하기 어렵다.

(5)
꿈을 근거로 그 꿈을 꾼 사람의 실제 삶에 대해 너무 섣불리 결론을 내리지 않도록, 또 한 가지 역시 순진하고 단순해 보이는 같은 여자 환자의 꿈을 소개해 둔다. 〈나는 그날 낮에 실제로 했었던 일을 꿈꾸었다. 즉 작은 트렁크에 책이 너무 많이 들어 있어서 뚜껑을 닫느라 애를 먹었는데, 실제와 똑같이 꿈을 꾸었다.〉 이 꿈에선 꿈을 꾼 본인이 꿈과 현실과의 일치를 강조하고 있다. 그런데 꿈에 대한 이러한 모든 판단과 해석은 그 부분들이 깨어 있을 때의 사고 속에 자리를 잡고 있다 하더라도, 나중에 드는 실례가 우리에게 증명해 주듯이 반드시 잠재 내용에 속하는 것이다. 우리는 꿈속의 이야기는 그 전날 실제로 일어난 일이라고 말한다. 그런데 꿈을 해석하는 데 있어서 영어를 보조 수단으로 택한다는 착안을 하기까지, 대체 어떤 길을 지나서 도달했는가를 이야기하다가는 끝이 없을 것이다. 요컨대 여기서 문제는 다시 작은 상자('상자 속의 죽은 아이' 꿈을 참조)이다. 이 상자는 이미 아무것도 더 넣지 못할 만큼 꽉 차 있으니, 이만하면 별로 대단한 것이 아니다.

이런 모든 '순진하고 단순한' 꿈속에서는 성적 요소가 하나의 동기로서 매우 두드러지게 눈에 띈다. 그러나 이는 기본적인 의미를 갖는 주제이므로 지금 이에 대해서는 언급하지 않겠다.

B. 꿈의 원천으로서의 유아적인 것

꿈 내용의 특성들 가운데 세 번째 것으로서, 우리는 모든 연구가들과 함께 (로베르트를 제외한) 꿈속에서는 깨어 있을 때에는 기억하고 있지 못하던 인상들, 즉 어렸을 때의 인상들이 나타나는 수가 있다고 말해 두었다. 이런 것이 얼마나 자주, 또는 얼마나 드물게 일어나는가는, 마땅한 일이지만 매우 판단하기 어렵다. 왜냐하면 꿈에 나오는 그 여러 요소들은 깨고 나면 그 원천(또는 출처)을 알 수 없기 때문이다. 유아기의 인상들에 대한 증명은 객관적인 방법으로 얻는 수밖에 없는데, 이를 증명하기 위한 조건들이 갖추어지는 일은 극히 드문 경우로 한정되어 있다. A. 모리가 소개한 어떤 남자의 이야기는 가장 명확히 증명될 수 있는 것 가운데 하나이다. 이 남자는 어느 날 20년 동안이나 가보지 못한 고향에 가기로 결심했다. 떠나기 전날 밤 그는 이런 꿈을 꾸었다. 자기가 전혀 모르는 고장의 거리에서 낯모르는 신사를 만나 그 사람과 이야기를 나누는 것이었다. 그런데 고향에 가보니 꿈에서 본 그 모르는 고장이 고향 마을 바로 가까운 곳에 실제로 있었으며, 꿈속에서 만난 그 낯모르는 신사도 그곳에 살고 있는, 별세한 아버지의 친구였음을 알게 되었다. 이는 그가 어렸을 때 그 고장도, 그 신사도 이미 보아 알고 있었다는 사실의 움직일 수 없는 증거일 것이다. 말하자면 이 꿈은 음악회의 입장권을 주머니에 가지고 있었던 그 소녀의 꿈이나, 아버지로부터 하모로 데리고 가 준다는 약속을 받은 어린이의 꿈처럼 성급한 기대로 가득 찬 꿈이다. 꿈을 꾸는 본인에게 바로 이 유아기의 인상들을 재현시켜 보이는 동기들은, 분석을 해보지 않고서는 밝혀질 수가 없다.

내 강의를 듣는 사람들 가운데 자기의 꿈은 좀처럼 왜곡되지 않는다면서 자랑하는 사람이 있었는데, 얼마 전에 나에게 자기가 꾼 꿈에 대해 이야기해 주었다. 〈그의 가정교사가 유모의 침대에 누워 있다.〉 이 유모는 그가 11세 때까지 집에 있었다. 그는 꿈속에서 이 장면의 장소도 알 수 있었다. 너무나 생생하고 흥미로워서 그는 이 꿈 이야기를 형에게 했는데, 형은 웃으면서 그런 일이 실제로 있었다고 말했다. 그때 형은 6세였기 때문에 그것을 잘 기억하고 있었던 것이다. 가정교사와 유모는 주위의 상황이 자기들이 밤에 밀회를 즐기기에 적당하다고 생각하면 언제든지 형에게 맥주를 먹여서 취하게 했다. 그때 3세밖에 안된 동생은(이 꿈을 꾼 본인) 유모 방에서 자고 있었지만, 이들에게 별로 방해가 되지 않았던 것이다.

또 한 가지 다른 경우는, 꿈 해석의 도움을 빌리지 않더라도 꿈이 유아기의 요소들을 포함하고 있다는 것을 확실히 알 수 있게 해준다. 그것은 소아기에 처음으로 꾸었던 꿈이 그 뒤에 어른이 되어서도 때때로 되풀이되어 잠자는 동안에 나타나는, 이른바 '계속되는' 꿈이다. 누구나 다 아는 이런 꿈의 실례로서 내가 경험한 것 가운데 두세 가지를 덧붙여 둔다. 그러나 나 자신은 이러한 계속적인 꿈을 꾼 적이 없다. 한 30대 의사의 말에 의하면, 그는 어렸을 때부터 오늘에 이르기까지 종종 노란 빛깔의 사자가 꿈에 나타난다면서, 그 사자에 대한 것들을 아주 자세히 이야기해 주었다. 그런데 꿈속에서 낯이 익은 이 사자가 어느 날 실제로 눈앞에 나타난 것이다. 오랫동안 행방불명이 되어 있던 도자기의 사자였다. 젊은이는 그때 어머니로부터 그 도자기 사자가 그가 어렸을 때 가장 좋아한 장난감이었다는 말을 들었지만, 자신은 기억하지 못했던 것이다.

이제 겉으로 드러난 꿈의 내용들을 분석함으로써 비로소 밝혀지는 잠재된 생각들에 눈을 돌려 보자. 내용으로 보아 그러한 추측과는 거리가 먼 꿈들에서도 아동기의 경험들이 작용하고 있음을 발견하고 우리는 놀라게 된다. 나는 '노란 사자' 이야기를 들려준 이 존경하는 동업자로부터 이런 종류의 꿈 가운데에서도 특히 교훈적인 좋은 실례 한 가지를 듣기도 했다. 그는 난센의 북극 탐험기를 읽은 날 밤, 이 과감한 탐험가가 어떤 극지의 얼음 땅 위에서 고질병인 좌골신경통이 도져서 전기 치료를 하고 있는 꿈을 꾸었다는 것이다. 이 꿈을 분석할 때 그는 어린시절의 어떤 일이 떠올랐는데, 만일 이 일이 떠오르지 않았더라면 이 꿈을 이해할 수 없었을 것이다. 그는 서너 살 무렵 어느 날 어른들이 탐험여행 이야기를 하는 것을 옆에서 열심히 듣고 있었다. 그러다가 그는 아버지에게 그것은 중한 병이냐고 물었다. 그는 여행(Reisen)을 아픔(Reißen)으로 잘못 알았기 때문에 형과 누이들의 웃음거리가 되어 그 부끄러웠던 경험을 잊을 수 없었던 것이다.

시클라멘과에 관한 연구서의 꿈을 분석하는 과정에서, 아버지가 다섯 살 난 어린이였던 나에게 원색 삽화가 들어 있는 책을 주어 마구 찢게 했다는, 아직도 기억에 남아 있는 어린 시절의 추억에 맞닥뜨렸다는 사실은 이것과 매우 비슷한 예이다. 이 기억이 실제로 꿈 내용의 형성에 관여했을까, 아니면 오히려 분석 작업이 이루어지면서 비로소 어떤 관계가 만들어진 것이 아닌가 하는 의문도 생기겠지만, 풍부하고 복잡한 연상 결합은 첫 번째 견해를 취하게 한다(시클라멘—좋아하는 꽃—좋아하는 음식—엉겅퀴, 엉겅퀴 잎(책의 면수) 같은 것을 한 장 한 장 찢는다(이 표현은 그 무렵 중국의 분할로 인해 날마다 들은 이야기였다)—식물도감—책이 무엇보다 좋은 책벌레). 이 밖에 내가 여기에서 설명하지 않았던 이 꿈의 마지막 뜻이, 어렸을 때 본 어떤 장면의 내용과 가장 긴밀한 관계가 있음을 확언할 수 있다.

다른 일련의 꿈들을 분석해 보면, 꿈을 일으키며 그 충족(또는 성취)이 꿈에 의해 나타나는 소망은 아동기의 경험에서 유래되고 있음을 알 수 있다. 우리는 '꿈속에 옛 모습 그대로 여러 가지 충동을 가진 아이가 계속 살고 있음을 발견하고' 놀라게 된다.

여기서 나는 우리가 이미 한 번 새로운 교훈을 얻었던 꿈의 해석을 계속하겠다. 즉 친구인 R이 나의 백부가 되어 있던 그 꿈이다. 우리는 이 꿈을 교수로 임명되고 싶다는 소망 동기가 분명해진 데까지만 해석했다. 그리고 꿈속에서 볼 수 있는 R에 대한 친근감을, 꿈의 잠재 사고 속에 간직되어 있었던 두 동료들의 비방에 대한 거부감의 표현이라고 설명했다. 그 꿈은 내가 꾼 꿈이었다. 따라서 나는 나의 심정으로서는 그 정도의 해결로는 만족할 수 없다고만 하고, 이 꿈의 분석을 계속해도 되는 것이다. 꿈의 잠재사고 속에서 학대받고 있는 두 친구에 대한 나의 판단 평가는, 내가 깨어 있을 때에는 전혀 다른 것이었음을 잘 알고 있다. 교수 임명에 있어서 그들과 운명을 함께하고 싶지 않다는 소망의 힘만 가지고서는, 깨어 있을 때 내린 평가와 꿈속에서 내린 평가의 대립을 완전하게 증명할 수는 없는 것 같다. 교수라는 직함으로 불리고 싶다는 나의 욕구가 그처럼 강한 것이었다면, 이것은 병적인 명예욕이라는 말을 들어도 할 수 없다. 그러나 나는 그런 사람이 아닐 뿐더러 그런 명예욕과는 인연이 없는 사람인 줄 나 스스로 잘 알고 있다. 나라는 인간을 잘 안다고 믿고 있는 제3자가 이 점에서 나를 어떻게 판단하고 있는지는 나 자신도 모른다. 나에게도 어쩌면 남들이 갖는 명예욕이 있을지도 모른다. 그러나 그렇다고 한다면, 이 명예욕은 벌써 교수의 지위나 명성에 대해서가 아니라 다른 대상으로 향해져 있었을 것이다.

그렇다면 나에게 그런 꿈을 꾸게 한 명예욕은 어디에서 온 것일까? 여기서 떠오르는 것은 내가 어렸을 때 여러 번 들은 이야기이다. 맏아들인 내가 태어나자 너무나 기뻐하는 어머니에게 근처 농가에 사는 할머니가, 당신이 낳은 아기는 장차 세계적인 큰 인물이 될 거라고 예언했다는 것이다. 사실 이런 예언은 그리 대단한 것이 못 된다. 이 세상에는 자식의 장래에 모든 것을 걸고 있는 어머니가 수없이 많으며, 이미 여자로서의 힘을 잃어버렸기에 늘 미래에 대해 생각하는 농부 아낙네들이나 다른 늙은 여자도 얼마든지 있다. 예언이 맞지 않았다 해서 이런 예언을 한 여인들에게 무슨 해가 가는 것도 아닐 것이다. 명예를 얻고 싶은 나의 욕심은 바로 이 예언에 근원을 두고 있는 것일까? 그러나 바로 이때 나는 어렸을 때의 다른 인상이 떠올랐다. 아무래도 이 인상이 상황 설명을 더 잘해 주는 것 같다. 어느 날 저녁, 프라터 공원에 있는 어느 식당에서의 일이었다. 11세였는지 12세였는지 그 무렵 어린 나는 곧잘 부모님을 따라 이 식당에 갔었다. 그때 한 남자가 우리의 눈길을 끌었다. 그는 식탁을 누비고 다니면서 얼마 안 되는 돈을 받고, 손님이 내는 제목으로 즉흥시를 지어 낭독하는 거지였다. 나는 그 거지 시인을 우리 식탁으로 불러오라는 분부를 받았다. 그는 심부름한 나에게 고맙다는 말을 하고 나서, 무슨 제목으로 시를 지을까를 묻기 전에 나에 관한 시를 읊어 주고는, 자기의 영감으로 느끼기에는 내가 언젠가는 '장관'이 된다고 단언했다. 이 두 번째 들은 예언의 인상은 지금도 잘 기억하고 있다. 그 때는 마침 시민 내각 시대였고, 아버지는 바로 그 얼마 전에 시민 출신의 헤르프스트 박사, 기스크라 박사, 웅어 박사, 베르거 박사 등의 초상화를 집에 가지고 왔다. 우리는 이 신사들에게 경의를 표하고 그 액자를 벽에 장식했다. 그 가운데에는 유대인도 섞여 있었다. 그래서 근면한 유대인 소년들은 모두 미래에 장관도 될 수 있다는 희망에 가슴을 부풀리고 있었다. 내가 대학 수속을 하기 직전까지 법학과를 지망했던 것도 그 무렵의 인상과 관계가 없지 않다고 생각한다. 그런데 나는 마지막 순간에 갑자기 의학과로 바꾸었던 것이다. 의사가 되면 장관으로서의 길이 막힌다는 것은 말할 나위도 없다. 여담은 이쯤 해두고 나의 꿈 이야기로 돌아가자. 이제야 겨우 느낀 것이지만, 그 꿈은 나를 우울한 현재로부터 그 희망에 찼던 시민 내각시대로 되돌려 놓았으며, 나는 '그 무렵'의 소망을 온 힘을 다하여 성취해 나아갔던 것이다. 나는 존경하는 두 학자를 그들이 유대인이라는 점에서, 하나는 생각이 모자라는 사람으로서, 또 하나는 범죄자로서 몹시 학대함으로써 마치 내가 장관이 된 듯한 태도를 취하여 스스로를 장관의 위치에 올려 놓았던 것이다. 장관에 대한 이 얼마나 철저한 복수인가! 그는 나의 조교수로의 임명을 거절했고, 나는 꿈에서 장관의 그의 자리에 앉아 있었던 것이다.

꿈을 일으키는 소망은 그것이 현재의 소망이라 할지라도 먼 어린 시절의 기억 속에서 훨씬 강화되고 있다는 사실을 다른 경우에서도 인정할 수 있다. 지금 여기서 문제되는 것은 로마에 가고 싶다는 갈망이 원인이 된 일련의 꿈이다. 나는 이 갈망을 앞으로도 오랫동안 꿈을 통해서만 만족시켜야 할 것이다. 왜냐하면 여행할 여가가 있는 계절에는 로마에 머무르는 것이 건강상 불가능하기 때문이다.*15 그런 까닭에 나는 한 번 이런 꿈을 꾸었다. 차창을 통해 티베르 강과 천사의 다리를 바라보고 있는 동안 기차가 움직이기 시작하자, 나는 아직도 로마 거리에 발을 들여놓지 않았다는 것을 느꼈다. 꿈에서 본 로마의 경치는 그 전날 어떤 환자 집에서 잠깐 본 유명한 석판화와 똑같았다. 또 한 번은 누가 나를 언덕 위로 데리고 가서 반쯤 안개에 싸인 로마 거리를 가리켜 보였는데, 아주 먼 곳에서 보는데도 어쩌면 이렇게 또렷하게 보일까 하고 꿈속에서도 감탄했다. 사실 이 꿈은 내가 지금 여기에 소개하려고 하는 것보다 훨씬 내용이 풍부하다. 멀리서 바라본 '약속의 땅(창세기에 있는 가나안을 뜻함)'이라는 글귀가 여기서는 쉽게 이해된다. 내가 그렇게 안개로 싸여 있는 것을 처음으로 본 도시는 뤼벡이었는데 그 언덕은 마치 글라이헨베르크를 보는 듯했다. 또 다른 꿈에서는 마침내 내가 로마에 가 있었다. 그런데 조금도 대도시다운 조망이 아니어서 나는 크게 실망했다. 〈시커먼 물이 흐르는 작은 하천이 있고, 한쪽 둔치는 검은 바위로 되어 있었으며 다른 한쪽 둔치는 풀밭이었는데 큼직한 흰 꽃들이 피어 있다. 주커 씨(이 사람과는 안면이 조금 있을 뿐이다)가 있는 것을 보고 시내로 가는 길을 물으려고 마음먹었다.〉 깨어 있을 때에 보지 못한 도시

---

*15 그 뒤에 나는 오랫동안 이루지 못할 것 같은 이런 소망을 채우기 위해서는 약간의 용기가 필요하다는 사실을 깨닫고 열렬한 로마 순례자가 되었다.

를 꿈에서 보려는 것은 무리한 소망이다. 꿈속의 풍경을 여러 요소들로 분석해 보니, 흰 꽃은 내가 잘 알고 있는 라벤나시(市)를 가리키고 있다. 이 도시는 이탈리아의 수도로 한때는 로마를 능가했었다. 라벤나 주변의 늪에서 우리는 검은 하천 한가운데에 아름답게 피어난 수련을 본 적이 있었다. 꿈이 이 꽃을 오스트리아의 아우스 호수의 수선화같이 풀밭에 피어나게 한 것은 라벤나에서 이 꽃을 물속에서 따가지고 오느라 매우 힘들었기 때문이다. 물가의 검은 바위는 칼스바트 부근에 있는 테플 골짜기를 뚜렷하게 연상시킨다. 그런데 칼스바트는 내가 주커 씨에게 길을 물으려고 하는 기묘한 사건을 설명할 수 있게 해주었다. 이 꿈의 자료들 가운데 매우 흥미로운 유대인의 일화 두 가지가 연상된다. 이 일화는 매우 깊은 뜻을 가진, 신랄한 처세 지식을 감추고 있어서 우리가 회화나 편지 속에 즐겨 인용하는 것이다. 그 하나는 '몸' 이야기인데 이런 내용의 것이다. 어느 가난한 유대인이 차표도 없이 칼스바트로 가는 급행열차에 탔다. 그러나 차표 검사를 할 때마다 차장에게 발각되어 열차 밖으로 내쫓기기도 하고 나중에는 혹독한 취급을 받는다. 그러다가 또다시 발각되어 밖으로 내쫓겼을 때, 뜻밖에 아는 사람을 만났다. 어디로 가느냐는 친구의 물음에, "몸만 지탱하면 칼스바트까지"라고 대답했던 것이다. 또 한 가지 이야기로는, 프랑스 말을 모르는 유대인이 파리로 가거든 리슐리외 거리로 가는 길을 물으라는 말을 누누이 들어온 유대인에 대한 것이었다. 파리도 여러 해 동안 내 동경의 대상이었으므로 처음으로 파리 땅을 밟았을 때 나는 너무나 기뻐서 내가 품고 있던 다른 소망들도 틀림없이 이루어질 것만 같은 마음이 들 정도였다. 길을 묻는다는 것은 바로 로마를 연상케 한다. 왜냐하면 누구나 알다시피 '모든 길은 로마로 통한다'는 말 때문이다. 그 밖에 주커란 이름도 역시 칼스바트를 지향한다. 우리 의사들은 모두 체질이 문제가 되는 당뇨병을 앓고 있는 환자들에게 칼스바트로 가도록 권하기 때문이다. 이 꿈의 계기는 베를린에 있는 친구가 부활절에 프라하에서 만나자고 제안한 데에 있다. 내가 이 친구와 만나려고 계획한 데에는 다시 '주커'(설탕을 뜻하는 말)와 '당뇨병'과 관련된 이유가 있었을 거라고 생각한다.

　지금 말한 꿈을 꾼 직후에 넷째 번 꿈을 꾸었다. 이것 또한 로마에 간 꿈이다. 우연히 눈앞에 어떤 거리 모퉁이가 보이더니 거기에 독일어로 된 광고가 많이 붙어 있어서 이상하게 생각했다. 꿈꾼 전날 나는 베를린에 있는 친구에게 프라하는 독일인 관광객에게는 결코 안락한 체류지가 못될 것이라고 반쯤 예상한 편지를 썼다. 따라서 이 꿈은 프라하가 아니라 로마에서 만나고 싶다는 소망도 동시에 나타내고 있다. 그리고 프라하에서 독일어를 더 사용해 주었으면 좋겠다는, 더 거슬러 올라가 대학 시절의 관심도 나타내고 있다. 그 밖에 나는 슬라브인이 살고 있는 메렌의 작은 마을에서 태어났기 때문에, 아주 어렸을 때에는 체코어를 어느 정도 알고 있었을 것이다. 17세 때에 들은 어떤 체코의 동요를, 뜻을 전혀 모르면서도 지금도 암송할 수 있을 정도로 잘 기억하고 있다. 이 꿈들도 나의 어린 시절의 인상들과 복잡하고 다양한 관련성을 지니고 있다.

최근의 이탈리아 여행에서는 특별히 트라지메노 호숫가를 지나가 보았는데, 그때 티베르 강도 보았다. 로마에서 약 80킬로미터 떨어진 곳에서 여행의 정취를 느끼고 되돌아온 뒤에 이 영원한 도시에 대한 동경이 어린 시절의 인상에 의해 더욱 강화되어 있었다는 사실을 발견했다. 마침 나는 다음해에는 로마를 지나서 나폴리에 가려는 계획을 세우고 있었는데, 그때 독일 고전작가*16의 작품에서 읽은 듯한 어떤 구절이 머리에 떠올랐다. 이것은 부총장 빙켈만과 한니발 장군 가운데에서 누가 더 로마에 가려는 열망에 들떠서 방 안을 초조하게 오락가락했는가 하는 글이었다. 사실은 나도 한니발이 간 길을 걸었던 것이다. 그래서 한니발과 마찬가지로 나 역시 로마를 보지 못하고 있었다. 한니발도 로마에서 모든 이가 그를 기다리고 있었기 때문에 캄파냐로 진군했다. 이처럼 나와 비슷한 운명을 지녔던 한니발이야말로 내가 김나지움 시절에 가장 좋아한 영웅이었다. 그러한 소년 시절이면 누구나 그렇듯이 나도 카르타고 전쟁 동안에는 로마의 병사들이 아니라 카르타고의 영웅에 마음이 끌렸다. 그 뒤 김나지움의 상급생이 되고 나서 내가 유대인의 피를 타고났다는 데에서 겪게 될 어려움들을 비로소 알았고, 또 동급생들 사이의 반유대주의 감정을 보고 분명하게 각오를 해야 한다고 마음을 먹고부터는 이 유대인 영웅의 모습은 점점 더 훌륭한 사람으로 보였다.

청년 시절의 나에게는 한니발과 로마가 유대인의 끈기와 가톨릭교회 조직 사이의 대립을 상징하고 있었다. 그 뒤로 반(反) 유대주의가 우리의 정서 생활

─────────────

*16 이 구절을 읽었다는 그 고전 작가란 아무래도 장 파울이었던 듯하다.

에 있어서 곧 그 어린 시절의 생각과 감정을 더 단단히 고착시켜 주었다. 그리하여 로마를 방문하고 싶다는 소망이 나의 꿈속에서는 다른 여러 가지 열렬한 소망들에 대한 구실이나 상징이 되었던 것이다. 나는 그런 여러 가지 열렬한 소망들을 실현시키려면 한니발 같은 인내와 결심을 가지고 임해야 한다고 생각했다. 그리고 또 그 소망들의 충족은 로마 입성을 지향하는 한니발 필생의 소원처럼, 때로는 운명의 혜택이 아주 적은 것처럼 여겨졌던 것이다.

이렇게 하여 나는 이런 모든 감정이 내 꿈속에서 오늘날까지도 그 힘을 나타내고 있는 소년 시절의 한 경험에 맞닥뜨리게 된 것이다. 11세 혹은 12세 때의 일이었다고 생각된다. 아버지가 산책을 나가는 길에 나를 데리고 가게 되었는데, 가는 도중에 자신의 인생관을 나에게 들려주었다. 그러던 어느 날, 아버지의 시대보다 지금 세상이 얼마나 살기 좋게 되었는가 하는 하나의 예를 들려주었다.

"내가 젊었을 때의 일인데, 어느 토요일 내가 태어난 고장의 거리를 나들이 옷차림에 새털 모자를 쓰고 산책을 했었거든. 그랬더니 저편에서 한 그리스도교도가 오더니 다짜고짜 내 모자를 벗겨 진흙탕 속에다 처박더니 이렇게 고함을 지르지 않겠니. '유대인 놈아, 보도에서 내려가!' 하고 말이지."

"그래서 아버지는 어떻게 하셨어요?"

"나 말이야? 나는 차도(車道)로 내려가서 모자를 주웠지."

아버지는 태연히 대답했다. 그것은 어린 나의 손을 잡고 걸어가는 당당하고 훌륭한 사람답지 않게 비굴한 것으로 나에게 느껴졌다. 나는 이 불만스러운 상황을 나의 기분에 알맞은 다른 상황으로 바꾸어 보았다. 그것은 한니발의 아버지 하밀카르 발카스가 소년 한니발에게 집의 제단 앞에서 로마인에 대한 복수를 맹세하게 했던 그 장면이었다.[17] 이런 일이 있은 뒤로 한니발은 나의 공상들 가운데에서 한 자리를 차지하게 되었다.

카르타고의 영웅에 대한 이러한 나의 열광은 좀더 어렸을 때로 거슬러 올라가 볼 수 있으므로, 이 경우 역시 이미 형성되어 있던 정서적 관계가 새로운 매개물로 전이되었을 뿐이라고 생각한다. 처음으로 글을 배워 책을 읽게 되

---

*17 초판에서는 이 아버지의 이름이 하스드루발로 되어 있다. 스스로 생각해도 괴상한 잘못을 저지른 것 같다. 《생활 심리의 착오》(제11판, 1929년, 《전집》 제4권 243·245면)에서 이 실수를 바로잡았다.

었을 때, 내가 가지게 된 책들 가운데 티에르의 《집정(執政)과 제국(帝國)》이라는 것이 있었다. 내가 기억하는 바로는, 장난감 나무병정의 납작한 등에 조그만 종이쪽지를 붙이고, 거기에 제국 장군들의 이름을 써 넣었는데, 그때부터이미 나는 마세나(유대 이름으르 메나세)를 무척이나 좋아했다*¹⁸(이것은 꼭 1백 년 전 내 생일과 똑같은 날에 우연히 이 장군이 태어났기 때문이었다고 생각된다). 나폴레옹도 알프스를 넘었다는 점에서는 한니발과 같다. 아마도 이 영웅에 대한 이상의 발전은 더 어린 시절의 소망에까지 그 흔적을 더듬을 수 있을 것이다. 다시 말해 세 살까지 함께 놀던 한 살 위의 아이가 나보다 힘이 세었기 때문에, 그 아이와 소꿉장난을 하고 전쟁놀이를 했던 일들이 내 마음속에 불러일으켰으리라고 생각되는 소망이다.

꿈을 깊이 분석할수록 그만큼 자주 우리는 꿈의 잠재 내용 속에 꿈의 원천으로서 한 역할을 맡고 있는 아동기 체험의 흔적에 맞닥뜨리게 된다.

우리는 앞에서 기억이 생략이나 변화 없이 그대로 꿈의 내용을 형성할 만큼꿈이 그 기억을 사실 그대로 재현하는 일은 극히 드물다는 것을 알았다. 그러나 이러한 드문 현상이 일어나지 않는 것은 아니다. 나는 여기에 몇 개 새로운예들을 덧붙여 두겠는데, 이는 모두 아동기에 일어난 일들과 관련이 있다. 나의 환자 한 사람이 어느 날 어떤 성적인 사건을 거의 왜곡하지 않고 재현한 꿈을 꾸었다. 그의 꿈은 곧 과거에 있었던 일의 충실한 기억임이 밝혀졌다. 물론이 사건의 기억은 깨어 있을 때 아주 잊혀졌던 것은 아니지만 매우 희미해져있던 것으로, 그 기억이 새로이 되살아난 것은 이 꿈에 분석을 가한 결과였다.이 꿈을 꾼 사람은 12세 때 병석에 누워 있는 친구를 방문했다. 친구는 뒤척이다가 우연히 옷이 벗겨지며 알몸을 드러내고 있었다. 그렇게 음부를 드러내고 있는 것을 보고, 소년은 저도 모르게 자신의 음부를 드러내고 친구의 음경을 움켜잡았다. 그러자 친구가 싫어하는 표정을 짓는 바람에 소년도 난처해서그것을 놓았다. 그로부터 23년이 지난 뒤에 꿈이 이 상황을 그때의 세밀한 감정까지 고스란히 그대로 재현했다. 그러나 조금 변형이 가해져서 꿈을 꾼 본인은 능동적인 역할을 하지 않고 수동적 태도를 취하는 한편, 상대방 소년은 현재 있는 어떤 사람으로 대체되고 있었다.

---

*18 이 장군이 정말로 유대인이었는지의 여부는 의심스럽다.

물론 일반적으로는 겉으로 드러난 꿈의 내용에 있어서 어린 시절의 일들은 약간의 암시로만 나타나므로 해석을 통해 그 꿈속으로부터 끄집어내어야 한다. 이러한 실례의 보고가 그다지 신빙성을 갖지 못하는 까닭은 이런 아동기 경험에 있어서 대부분의 경우 증명할 수 없기 때문이다. 그 아동기 경험이 아주 어렸을 때의 것이라면, 기억에만 의존해서는 그 진실성은 용인될 수 없다. 꿈에서 그린 아동기 경험들을 추론하는 데 대한 정당성은, 정신 분석 작업에서 연관성을 가지고 함께 작용하는, 충분히 믿을 만하다고 생각되는 여러 요소들이 부여한다. 이처럼 아동기 경험으로 귀착시키는 일이 꿈 해석 과정에서 그 연관성을 벗어난다면, 아마 그런 방법에 대해 독자들은 충분히 납득이 가지 않을 것이다. 특히 나는 꿈 해석에 의거한 자료 모두를 이야기하고 있는 것은 아니기 때문이다. 하지만 그렇다고 해서 그러한 자료들에 대해 이야기하지 않을 수 없다.

(1) 나의 여자 환자 한 사람의 꿈은 모두 '성급한 사람'이라는 성격을 띠고 있다

　그녀는 시간에 늦지 않게 간다든가, 기차 시간에 늦지 않도록 한다든가 하는 것 때문에 언제나 마음이 조급하다. 어떤 꿈에서 〈여자 친구를 찾아가야 했다. 어머니가 걸어가지 말고 차를 타고 가라고 했으나, 그녀는 뛰어서 갔는데 몇 번씩이나 넘어졌다.〉 분석에 의해 떠오르는 자료를 보면, 어렸을 때 서로 재촉하며 뛰어놀던 기억이 드러났다(이는 바로, 빈 사람들이 '부추김'이라고 부르는 것의 실체 그대로이다). 그리고 특히 한 꿈은 아이들이 좋아하는 장난— '암소가 쓰러질 때까지 달렸다'라는 말을 마치 한 마디 말처럼 빨리 말하면서 노는 데에 대한 기억을 떠올려준다. 이 빠른 입 놀리기 장난도 '재촉하는' 것의 일종이다. 조그만 계집아이들의 이 모든 천진난만한 서두름들은, 다른 종류의 보다 덜 천진난만한 것들을 대체하므로 기억에 남아 있는 것이다.

(2) 다른 여자 환자의 다음과 같은 꿈

　〈그녀는 큰 방에 있다. 방 안에는 정형외과의 수술실을 연상케 하는 여러 가지 기계가 놓여 있다. 내가 시간이 없기 때문에 다른 다섯 사람과 함께 치

료를 받아야 한다는 말을 나로부터 듣게 된다. 그녀는 그것이 싫어서 자신을 위해 지정된 침대(혹은 침대 같은 것)에 누우려고 하지 않는다. 그녀는 방 한구석에 우뚝 서서 내가 한 말이 사실이 아니라고 하기를 기다리고 있다. 다른 환자들은 그녀를 보고 웃으며 "정말 바보구나, 너는" 이렇게 말한다. 그와 동시에 그녀는 자신이 무엇인지 조그만 사각형 같은 것들을 많이 만들고 있는 것 같았다.)

이 꿈 내용의 전반부는 치료와 관련되어 있으며, 나에게로의 감정 전이를 뜻한다. 후반부는 어렸을 때의 경험을 암시한다. 침대에 대한 기억이 이 두 부분을 연결해주고 있다. 정형외과의 수술실은 내가 그녀에게 치료 기간이 길다고 말한 것과 치료의 성질을 '정형외과'의 치료에 비교하여 설명한 사실에 그 원인이 있다. 치료를 시작할 때, "나는 당분간 당신을 위해 많은 시간을 낼 수가 없는데, 조금 지나면 날마다 한 시간씩 할애해 드릴 수 있을 것"이라고 말해 두었다. 이 사실이 신경질적인 아이였던 그녀의 옛 감수성을 자극한 것이었다. 이런 아이들은 애정에 굶주려 있다. 이 여자 환자는 6남매의 막내딸이었다('다른 다섯 형제와 함께' 살았다). 아버지로부터 많은 사랑을 받았지만, 그럼에도 아버지가 자기에게 시간도 주의도 거의 기울여 주지 않는다고 생각하고 있었던 것 같다. 내가 한 말이 사실이 아니라고 하기를 그녀가 기다린다는 것은 다음과 같은 사실에서 비롯된 것이다. 즉 의상실 점원이 그녀에게 옷 한 벌을 가지고 왔다. 그녀는 그 아이에게 돈을 주었다. 그러고 나서 남편을 보고, "저 아이가 돈을 잃어버리면 또 돈을 줘야 할까요?" 하고 물었다. 남편은 그녀를 놀려 줄 셈으로 "물론 그렇다"고 대답했다(꿈 내용 속의 '놀려댐'). 그러자 그녀는 같은 말을 여러 번 물었다. 그리하여 '남편이 마침내 그것은 사실이 아니라고 말해 주기를 기다렸던' 것이다. 이렇게 하여 꿈의 잠재 내용으로서, 만일 내가 그녀를 위해 시간을 배로 할애한다면 그녀는 갑절의 치료비를 내야 되지 않을까 하는 생각, 인색하다고 할까, '더럽다고' 할까 그런 생각이 만들어진 것이다(아이 때의 불결함은 꿈속에서 금전상의 인색함으로 종종 대체된다. '더럽다'는 말이 이 둘의 다리 구실을 하고 있다). 이 '더럽다'는 말이 꿈속에서는 내가 말할 때까지 기다린다 등등 하는 모든 말로 바꾸어 쓰인다면, '한쪽 구석에 우뚝 서 있다'와 '침대에 누우려 하지 않는다'는, 그녀가 침대를 더럽혔던 어린 시절 한 사건의 구성 요소와 일치한다. 그녀는 오줌을 싼 벌로 '방 한구석에 세워졌다.' 그리고 또 오줌을 싸면 아빠는 너를 예뻐해 주지 않을 것이라든가, 오빠나 언니들의 웃음거리가 될거라는 위협을 받았던 것이다. 조그만 사각형과 같은 것은 그녀의 어린 조카와 관계가 있다. 이 조카는 어디서 어떻게 더하여도 15가 될 수 있도록 9개의 사각형 속에 수를 써넣는 방법을 그녀에게 가르쳐 주었었다.

(3) 어떤 남자의 꿈

〈두 사내아이가 길거리에서 맞붙어 싸우고 있다. 주위에 흩어져 있는 도구로 미루어 보건대 통 가게의 아이들인 듯하다. 한쪽이 상대방을 쓰러뜨렸다. 쓰러진 쪽은 파란 보석이 박힌 귀고리를 달고 있다. 그는 막대기를 들고 상대방을 때려 주려고 쫓아간다. 상대방은 판자벽 앞에 서 있는 자기 어머니인 듯한 부인에게로 도망친다. 여자는 날품팔이꾼의 아낙인데 등을 돌리고 서 있다. 부인이 뒤돌아보고 무서운 눈초리로 이쪽을 노려보자 그는 놀라서 도망친다. 부인의 눈꺼풀 아래에 붉은 살점이 돋아 있다.〉

이 꿈은 전날 일어난 사소한 사건을 충분히 이용하고 있다. 그는 실제로 한 길에서 두 사내아이가 싸우다가 한 아이를 때려눕히는 것을 목격했었다. 그가 말리려고 급히 달려가자 두 아이는 달아나 버렸다. 통 가게 아이들은 다음에 이어지는 꿈으로 비로소 설명된다. 이 꿈을 분석할 때 그는 '나무 통을 쳐서 밑바닥이 떨어지게 했다'는 표현을 썼던 것이다. 그의 관찰에 의하면, 파란 보석이 박힌 귀고리는 대개 매춘부들이 끼는 것이다. 그래서 두 사내아이에 관해 읊은 잘 알려진 익살스런 시(詩) '또 하나의 사내아이, 그 아이의 이름은 마리(즉 계집아이)'라는 구절이 떠올랐다. 서 있는 부인에 관한 해석은 다음과 같다. 이 사내아이들이 싸우는 것을 본 뒤에 그는 도나우 강변을 산책했는데, 마침 인적이 없기에 그 틈에 '판자벽을 향해' 오줌을 누었다. 멀리서 단정한 차림새의 중년 부인이 웃음을 던지면서 그에게 명함을 주려고 했다.

꿈속의 부인은 그가 오줌을 누고 있을 때와 같은 모양으로 서 있는 것으로 보아 그녀 역시 소변을 보고 있음에 틀림없다. 그렇다면 그 소름끼치는 '광경', 돋아 있는 붉은 살점(이것은 쪼그리고 앉으면 벌어지는 여성의 성기와 연결을 지을 수밖에 없다. 아이 때 본 그런 여성의 성기가 훗날 기억 속에서는 '군살' '상처'

로 다시 등장한다)은 이 상황에 적합하다. 이 꿈은 두 가지 동기를 결합시키고 있다. 이 두 번째 동기에서, 즉 '쓰러뜨렸을 때'와 '소변을 본다'에서 작은 사내아이는 소녀의 성기를 볼 수 있었던 것이다. 그리고 또 다른 관련에서 알게 된 일이지만, 그런 기회에 나타낸 성적 호기심 때문에 아버지로부터 받은 훈계와 위협의 기억을 그는 계속 지니고 있다.

⑷ 아동기 한 중년 부인의 꿈 뒤에는 하나의 공상에 결합된 아동기의 기억들이 발견된다

〈그 여자는 허둥지둥 물건을 사러 나간다. 그러나 광장에서 고꾸라져 넘어졌다. 많은 사람들이 주위에 모여들었는데, 특히 마부들이 많았다. 그러나 아무도 부축해 일으켜 주지 않는다. 몇 번이나 시도한 끝에 겨우 일어난 그녀는 누군가의 도움으로 마차를 타고 집으로 돌아가게 되었다. 누군지 물건이 잔뜩 들어 있는 큰 바구니(시장바구니 같은)를 창문으로 던져주었다.〉

이것은 아이 때에 성급한 장난을 했듯이 꿈속에서 늘 시간에 쫓기고 있던 그 여자 환자의 꿈이다. 꿈의 첫 장면은 '넘어졌다'는 말이 경마를 연상시키듯이, 넘어진 말을 본 데에서 유래하고 있음이 분명하다. 그 여자 환자는 젊었을 때 말을 탔고 또 어렸을 때에는 '말'이 되어 누군가를 태우고 놀기도 했었다. 넘어지는 것에 관계가 있는 것은 문지기의 17세 난 아들에 대한 아주 어렸을 때의 기억이다. 이 아들은 길에서 간질병 발작을 일으키는 바람에 마차에 실려 집에 돌아온 적이 있었다. 물론 그것은 말로만 들었을 뿐이다. 그러나 간질병 발작, '넘어지는 사람'이라는 관념은 그녀의 공상을 강하게 지배해서 훗날 그녀 자신의 히스테리 발작의 형태에 영향을 끼치고 있다. 여자가 넘어지는 (fallen) 꿈을 꿀 경우, 대개 거기에는 성적인 뜻이 있는 것 같다. 즉 자기가 '타락한 여자(Gefallene)'가 되는 셈이다. 아마 틀림없이 이 해석이 이 꿈에도 적용될 것이다. 왜냐하면 그녀는 매춘부가 모이는 곳으로 유명한 빈의 광장 '그라벤'에서 넘어지고 있기 때문이다. 시장바구니는 여러 가지로 해석된다. 보통 바구니를 들면, 그것은 그녀가 자신에게 접근하는 남자들에게 준 많은 바구니(퇴짜를 놓았다는 뜻), 나중에는 그녀 스스로 말하고 있듯이 그녀 자신도 받았던 바구니(퇴짜를 맞았다는 뜻)를 떠올리게 한다. 그리고 '아무도 부축해서 일

으켜 주려 하지 않는다'는 것을 그녀 자신은 수치를 당했다고 해석하고 있는데, 이것도 역시 거부를 당했다는 것과 관련이 있다. 그리고 시장바구니는 신분이 낮은 남자와 결혼해서 자신이 시장으로 물건을 사러 간다는 분석에 의해 이미 밝혀진 공상을 떠오르게 한다. 끝으로, 시장바구니는 남을 섬기는 인간의 상징으로도 해석된다. 이것과 관련하여 도둑질하다 쫓겨난 '하녀'에 대한 추억 등 어린 시절의 기억이 떠오르게 된다. 이 하녀도 그처럼 '고꾸라지는 듯 무릎을 꿇고' 용서를 빌었던 것이다. 그즈음 그녀는 열두 살이었다. 그리고 집에서 부리는 '마부'와 눈이 맞아서 쫓겨나게 된 하녀(그들은 나중에 결혼했다)에 대한 기억도 있다. 따라서 바로 이 기억이 꿈속 '마부'의 출처였음을(그러나 꿈속의 마부들은 현실과는 반대로 넘어진 여자(타락한 여자)를 돌보지 않는다) 알 수 있다. 남은 것은 나중에 던져 넣어진 바구니인데, 더구나 그것은 창문을 통해 던져졌다. 이것은 그녀에게 기차로 짐을 부치는 일, 시골 창가에서 속삭이는 연애, 어떤 남자가 부인 방 창문으로 은행 열매를 던져 넣은 일, 지나가는 백치가 창문으로 들여다보았을 때 누이동생이 겁에 질렸던 일 등, 시골에 머물러 있었을 때의 사소한 인상들을 떠오르게 한다. 그러자 이 사건들을 배경으로 하여 열 살 무렵의 희미한 기억이 떠올랐다. 유모가 피서지에서 하인과 서로 좋아하는 사이가 되어 함께 지내는 것을 어린 그녀가 본 적이 있었다. 그리하여 이 유모는 애인인 하인과 함께 '운반되고(expediert)' '던져졌다(hinausgeworfen)'(꿈에서는 거꾸로 '던져 넣어졌다(hineingeworfen)'). 이것은 우리가 다른 경우에서도 종종 듣는 이야기이다. 빈에서는 하인의 짐 보따리를 멸시하여 '7가지 도구(道具)'(7개의 매실)라 부르고 있다. '당장 (7가지) 도구를 꾸려서 나가'라는 따위의 말이다.

환자들의 이러한 꿈을 분석한 결과, 너무 희미해서 거의 기억에서 사라져버린, 세 살 무렵까지의 인상들에 관련된 많은 꿈들을 나는 수집할 수 있었다. 그러나 이러한 꿈들로부터 일반적으로 꿈 전체에 타당한 결론을 끌어내려는 것은 좋지 못하다. 이 꿈과 관련된 사람들은 노이로제 환자, 특히 히스테리 환자들이다. 이러한 꿈에서는 아동기에 일어났던 일들이, 꿈의 본질(꿈의 성격)에 의해서가 아니라, 노이로제의 성격에 의해서 영향을 받을 수 있기 때문이다. 그럼에도 나는 내 꿈을 해석하다가(그렇다고 내가 뚜렷한 병적 증세가 있어서 내 꿈을 해석하는 것은 아니다) 꿈의 잠재 내용 속에서 돌연히 어렸을 적 기억에 맞닥뜨리는 일이 종종 있다. 그리고 어떤 연결되는 몇 가지 꿈이 한꺼번에 아동기 경험에서 유래되는 연상들 속으로 흘러드는 것을 경험했다. 이런 실례는 이미 들어 두었지만, 기회가 있을 때마다 다시 언급하기로 하겠다. 최근의 계기들과 오래전에 잊어버린 아동기 경험이 한데 뭉쳐서 꿈의 원천이 되어 나타난 내 꿈 몇 가지를 소개하면서 이 장(章)을 마치려 한다.

① 길을 떠났다가 너무 피곤해서 곯은 채 잠이 들었는데, 삶에서의 큰 욕구들이 꿈속에서 자신들의 존재를 알리기 시작했다. 〈나는 밀가루 음식을 먹으려고 부엌으로 갔다. 거기에 세 여자가 있었는데, 그 가운데 한 사람은 그 집 주부로 마치 떡이라도 만들고 있는 듯이 무엇인가를 반죽하고 있다. 그 주부는 나에게 "곧 끝나니 조금만 기다려 주세요"라고 한다(이것은 분명한 대화는 아니었다). 나는 기다릴 수 없어서 화를 내며 부엌에서 나왔다. 나는 외투를 꺼냈는데, 처음에 입어 본 것은 너무 길었다. 그것을 벗어서 보니 깃에 털가죽이 달려 있어서 놀랐다. 두 번째 입어 본 것에는 터키 무늬로 수놓은 긴 줄무늬가 있었다. 그런데 얼굴이 길고 수염을 짧게 기른 낯선 남자가 오더니 자기 외투라고 하며 못 입게 했다. 그래서 나는 그 사람에게 외투 전체에 터키 무늬로 수놓은 것을 보여 주었다. 그랬더니 남자는 이렇게 물었다. "도대체 당신한테 터키(자수, 줄무늬)가 무슨 관계가 있습니까?" 그러나 곧 우리는 아주 사이가 좋아졌다.〉

이 꿈을 분석하다 보니, 아마 13세쯤이었다고 생각되는데, 내가 처음으로 읽었던 소설이 머리에 떠올랐다. 나는 그 소설을 제1권의 뒷부분부터 읽기 시작했었다. 제목이 무엇이고 저자가 누구인지는 전혀 기억이 없지만, 결말은 잘 기억하고 있다. 주인공이 미쳐 버려서 줄곧 세 여자 이름만 부른다. 이 세 여인은 그의 생애에 있어서 최대의 행복과 불행을 가져왔다. 그 가운데 한 여인은 펠라기라는 이름이었다. 이 기억을 분석 속에서 어떻게 살려야 좋을지 나는 전혀 짐작이 가지 않았다. 그러나 이 세 여인에 대해 인간의 운명을 다스리는 세 여신이 머리에 떠올랐는데, 세 사람 가운데 하나는 생명을 주고, 때때로 나의 꿈속에서처럼 살아 있는 사람에게 첫 음식(유모를 뜻함)을 주는 어머니임을 알았다. 여인의 젖가슴에서 사랑과 굶주림이 만나는 것이다. 이런 이야기가 있다. 여성의 아름다움에 대한 찬미자인 어떤 젊은이가 우연하게도 어렸을 때 그에게 젖을 먹여준 아름다운 유모에게로 화제가 돌려졌을 때, 그 좋은 기회를 더 충분히 이용해 둘 걸 그랬다고 하며 유감스러워하더라는 것이다. 나는 정신 노이로제의 메커니즘에 있어 '뒤늦은 행위'의 계기를 설명할 때 언제나 이 이야기를 이용하고 있다. ─운명의 여신 가운데 한 사람이 마치 떡이라도 빚으려는 듯이 손바닥을 비비고 있다. 운명의 여신으로서는 이상한 짓이니, 이 것은 꼭 설명되어야 하리라. 그런데 이 설명은 다른 데서, 아주 이른 시기의 아동기의 기억에서 나온다. 나는 여섯 살 때 처음 어머니로부터, 우리 인간은 흙으로 만들어졌으므로 흙으로 돌아가리라고 배웠다. 그러나 나는 이런 말이 마음에 들지 않았으며 어린 나이에 어머니의 말에 의구심을 품었다. 그때 어머니는 손바닥을 비벼서(다만 손에 밀가루 반죽이 없을 뿐이지 떡을 빚을 때와 똑같은 시늉으로) 우리를 만든 그 흙의 견본으로서, 손을 비비는 바람에 생긴 거무스름한 '표피(表皮)'의 때를 보여 주었다. 이런 실물을 보고 나는 대단히 놀랐는데, 그 뒤부터는 죽으면 자연으로 돌아간다고 표현되는 말을 납득할 수 있었던 것이다.*[19] 어릴 때 흔히 배가 고파서 부엌으로 가면, 불 옆에 있던 어머니가 조금만 있으면 점심시간이 될 테니 그때까지 기다리라고 했는데, 그와 마찬가지로 내가 꿈에 부엌에서 만난 것은 실제로 운명의 여신들이었던 것이다. 그리고 떡에 관한 것인데, 바로 내가 대학 시절에 배운 은사, 특히 나에게 '조직학' 지식(표피)을 가르쳐주신 이 교수는 떡(Knödl)이라는 말을 맞닥뜨리기만 하면 떠오른다. 그 교수는 어떤 사람이 자신의 저서를 표절했기 때문에 고소했는데, 이름이 떡과 비슷한 크뇌들(Knödl)이었음을 떠올리곤 했다. 표절한다는 것, 즉 자기의 것이 아니라도 손에 넣을 수 있다면 자기 것으로 만든다는 주제는, 확실히 한때 대학 강당에 출몰했던 '외투 도둑' 같은 취급을 받는 이 꿈의 후반부로 이어진다. 나는 '표절(Plagiat)'이라는 말이 우연히 생각났기 때문에 다른 뜻 없이 그 말을 여기에 내놓았다. 그런데 지금, 이 말이 겉으로 드러난 꿈 내용들의 여러 부분을 연결하는 다리 구실을 할 수 있다는 것을 알았다.*[20] 펠라지(Pélagie)─표절(Plagiat)─상어(Plagiostomen)─물고기의 부레(Fischblase)로 이어지는 연상의 고리는 그 낡은 소설을 크뇌들의 표절 사건과

---

*[19] 이 아동기 상황에 속하는 두 가지 감정, 즉 놀라움과 피할 수 없는 것에 대한 굴종은, 아동기의 경험을 불러일으킨 나에게 처음 이 그 바로 전에 꾸었던 꿈속에 나타나 있었다.

*[20] 상어를 포함시킨 데에는 이유가 있다. 상어 때문에 나는 이 교수 앞에서 굉장히 창피를 당한 적이 있었다.

외투 사건들에 연결시킨다. 외투는 말할 것도 없이 하나의 성(性) 기구를 뜻하고 있다(킬로(Kilo)—로토(Lotto)에 관한 모리의 꿈 참조). 확실히 이것은 억지로 갖다붙인 비합리적인 연결처럼 보인다. 그러나 만일 이것이 꿈 작업에 의해 미리 만들어지지 않았더라면, 깨어 있을 때의 의식으로서는 도저히 만들 수 없는 것이다. 뿐만 아니라 결합 관계를 만들려는 강력한 욕구 앞에서는 어떤 일이라도 예사라는 듯이, 이번에는 존경하는 브뤼케(Brücke)라는 이름(말로 연결되는 다리에 대해서는 조금 앞 구절들을 보라)이 나에게 그의 제자로서 가장 행복한 나날을 지낸 그 연구소를 떠오르게 하는 역할을 하고 있다(^{Brücke는} ^{다리의 뜻}). 그 무렵 나는 연구에 여념이 없었다(그리하여 나는 날이 갈수록 지혜의 '젖가슴'을 탐하게 될 것이다). 그런데 이것과는 정반대로 이 꿈에서 나는 여러 가지 욕망에 '사로잡혀 있다.' 그리고 끝으로 다른 은사의 기억이 떠오른다. 이 은사의 이름 역시 음식물과 발음이 비슷하다(떡의 경우처럼 쇠고기와 비슷한 플라이슐(Fleischl)이었다). 그리고 손바닥 표피의 역할을 하는 슬픈 장면(어머니와 주부), 광기(소설의 주인공), 라틴어의 '부엌'(^{약국}_{을뜻함})에 있는 배고픔을 잊게 하는 약 코카인 등에 대한 기억이 떠오른다.

이렇게 나는 복잡한 사고 과정을 더듬어서 이 꿈의 분석에서 없는 부분을 완전히 해석하고 설명하려면 할 수 있으리라. 그러나 이 작업은 그만두어야겠다. 이로써 요구되는 개인적 희생이 너무 크기 때문이다. 따라서 여기서는 이런 복잡한 작업의 밑바닥에 있는 꿈의 관념(또는 생각)으로 직접 통할 수 있는 하나의 실마리만을 들기로 한다. 내가 외투를 입으려 할 때 못 입게 한, 얼굴이 길고 수염이 짧은 낯선 사람은 아내가 터키 옷감을 많이 산 스파라토의 상인 모습을 닮았다. 이 상인의 이름은 포포비크(Popovic)였다. 다시 말해 해학적인 시인 슈테텐하임에게 어떤 암시적인 말을 하게 한 야릇한 이름이다(^{푸른는 엉덩}_{이라는 뜻}) ('그는 자기 이름을 대고는 얼굴을 붉히며 악수했다'). 아무튼 이것은 위에 서술한 펠라기, 크뇌들, 브뤼케, 플라이슐 등에서와 같은 이름의 남용이다. 이처럼 이름을 가지고 희롱하는 것은 졸렬하다고 한다면 그렇다고 대답하는 수밖에 없다. 그러나 내가 그런 이름으로 장난을 하고 있는 것은 사실 일종의 복수 행위이다. 왜냐하면 나 자신의 이름이 지금까지 시시한 농담의 자료가 된 일이 몇 번이나 있었는지 모르기 때문이다(^{프로이트(Freud)라는 말에는}_{기쁨, 쾌락이라는 뜻이 있음}). 괴테(J.W. Von Goethe)는 일찍이 이런 말을 했다. "사람이란 자기 이름에 대해 참으로 민감하다. 이는 자기와 자기 이름을 마치 자기와 피부가 한 덩어리로 되어 있는 것처럼 느끼기 때문이다." 이것은 헤르더가 괴테의 이름을 가지고 다음과 같은 시를 지었을 때 한 말이다.

　자네 이름은 신들(Götter), 아니면 고트 종족(Gothe)으로부터, 아니 코텐 (Kote : 오물)으로부터 유래되었는가?
　너희 신상(神像)들 역시 쓰레기로구나.

이름의 남용으로 이야기가 빗나간 것은 다만 이 한탄을 말하기 위해서였음을 밝힌다. 이제 이 이름에 관한 것은 중단하기로 하겠다. 스파라토에서 물건을 산 일은 카타로에서의 일을 연상케 한다. 그때는 내가 너무 성격이 소극적이어서 굉장한 것을 손에 넣을 수 있는 모처럼의 기회를 놓쳐 버렸다(유모의 젖가슴을 즐길 수 있는 기회를 놓쳐 버린 것. 앞을 참조). 꿈을 꾸는 당사자에게 배고픔이 주는 꿈의 사고 가운데 하나는 이렇다. 〈우리는 어떤 일이라도 헛되이 놓쳐서는 안 된다. 부정(不正)이 조금 있더라도 무엇인가 가질 수 있는 것이라면 가져야 한다. 기회를 놓쳐서는 안 된다. 인생은 짧고 죽음은 피할 수 없는 것이다.〉 거기에는 또 성적인 뜻도 포함되어 있어서, 욕망은 부정(不正) 앞에서도 물러서려 하지 않으므로, 이 '기회를 잡으라'는 말에는 검열을 두려워할 이유가 있다. 그러기에 꿈 뒤에 몸을 숨겨야만 했던 것이다. 그런데 그 뒤에는 모든 반대 사고, 즉 '정신적 자양분'만으로 만족했을 때의 추억과 모든 억제, 그리고 혐오스런 성적 처벌의 위협 등이 고개를 쳐들게 된다.

② 이 꿈은 상당히 긴 '배경 설명'이 필요하다.

휴가 때 아우스제 호반으로 여행하려고 빈의 서부역으로 마차를 몰아, 먼저 떠나는 이슈얼 행 열차의 플랫폼으로 가보았다. 그랬더니 거기 툰 백작이 서 있었다. 백작은 이슈얼 황제에게 가는 길이었는데, 비가 오는데도 덮개 없는 마차를 타고 왔으며, 바로 교외선 출입구를 지나서 승강장으로 나갔다. 역무원이 백작을 알아보지 못하고 차표를 보여 달라고 요구했으나, 백작은 손을 흔들고는 아무 말 없이 역무원을 밀고 지나갔다. 백작이 이슈얼 행 열차에 올라 차가 떠나 버리자 역무원은 나에게로 오더니 승강장을 떠나 대합실로 가 있으라고 했다. 하지만 나는 고집을 부리면서 그 자리에 남아 있었다. 그리고 누군가 뒷배경을 이용해 역무원에게 좌석이라도 부탁하는 고약한 녀석이 오지나 않나 하고 은근히 살피면서 시간을 보냈다. 그리고 '만일 그런 녀석이 나타나면 소동을 일으켜 줄 테다.' 즉 나도 그와 똑같은 권리를 요구해야겠다고 생각했다. 그러다가 나도 모르게 노래를 흥얼거렸다. 흥얼거리다 보니 《피가로의 결혼》 가운데 나오는 아리아였다.

　백작이 춤을 추려면, 춤을 추려면
　그를 위해 나에게 한 곡 연주하라고
　말해야겠지.

(곁에 듣는 사람이 있었더라도 아마 이 노래가 무슨 노래인지 몰랐을 것이다.)

나는 그날 밤 내내 들뜨고 전투적인 기분이 되어 종업원이나 마부에게 심술을 부렸지만, 그래도 그들의 마음에 상처를 줄 정도까지는 하지 않았던 것 같다. 내 머릿속에는 모든 담대하고 반역적인 생각들이 오락가락했다. 그것은 바로 피가로의 대사나 파리의 '코메디 프랑세즈'에서 본 보마르셰의 희극에 대한 기억에 알맞은 것들이었다. 위대한 남자들이 탄생에 얽힌 고난들, 알마비바 백작이 수잔나에게 고집했던 귀족으로서의 특권, 비꼬아 심술궂은 반대파 신문기자들이 툰 백작의 이름을 니히츠툰 백작(^{tun은 행위·행동,}_{Nichtstun은 무위·무능})이라고 바꾸어 부르면서 한 농담 등이 머리에 떠오른 것이다. 사실 나는 툰 백작 따위가 조금도 부럽지 않았다. 지금 백작은 무거운 다리를 끌고 황제에게 문안을 하러 가야 하는데, 나야말로 진짜 니히츠툰 백작(아무것도 하지 않아도 되는 사람이라는 뜻)이었다. 그러니 나는 휴가로 심심풀이 여행도 할 수 있을 것이다. 더욱이 여러 가지 즐거운 휴가 중의 계획들도 있었다. 이때 한 신사가 왔다. 내가 의사가 되기 위해 국가시험을 치를 때 정부측 감독으로 들어왔었기 때문에 안면이 있는 사람이다. 그런 일을 맡았기 때문에 그 사람은 '정부의 동침자'라는 그럴 듯한 별명을 가지고 있었다. 그는 자기 관직을 빙자하여 1등실을 반값으로 요구했다. 그에게 이 말을 들은 역무원이 다른 역원에게 1등실 반표를 찾으시는데 어디가 좋을까 하고 의논하는 소리가 들렸다. 정말 부러운 대접이다. 나도 1

등실 요금을 내고 있다. 곧 나도 칸막이 객실을 지정받았으나 복도가 달려 있지 않은 열차여서 밤에 화장실에 갈 수가 없다. 역무원에게 잔소리를 해보았지만 아무 소용이 없었다. 그래서 나는 이에 대한 화풀이로, 손님들에게 일어날지 모를 만일의 사태를 생각해서 이 객실 바닥에 적어도 구멍 하나쯤 뚫어놓으면 어떠냐고 한 마디 해주었다. 사실 나는 새벽 2시 45분에 소변이 마려워 잠을 깼다. 그때 이런 꿈을 꾸었던 것이다.

〈사람들이 잔뜩 모여 있는 학생 집회. 한 백작(툰 혹은 타오페)이 연설한다. 독일 사람에 대해 말하라는 요구를 받자 백작은 조롱 섞인 몸짓으로 독일 사람이 좋아하는 꽃은 머위라고 말하고, 찢긴 잎사귀의 잎맥을 뭉쳐서 단추 구멍에 꽂았다. 그래서 나는 화가 났다. 화가*21 났지만, 이러한 자신의 생각이 이상하게 생각되었다.〉 그러고 나서 꿈은 더 불분명해진다. 〈강당 같은 곳. 출구가 닫혀 있다. 도망치지 않으면 안 될 것 같다. 깨끗이 정돈된 방들을 지나간다. 확실히 정부의 건물 안에 있는 방들인데, 가구는 갈색과 보라색의 중간색이다. 이윽고 뚱뚱한 중년 주부가 앉아 있는 복도에 이르렀다. 나는 이 여자와 이야기하는 것을 피한다. 여자는 내가 이곳을 지나갈 권리가 있다고 생각하는지 램프를 들고 안내해 드릴까요? 하고 묻는다. 나는 몸짓 아니면 말로 계단에서 기다려 달라고 한다. 이제야 겨우 감시의 눈을 빠져나왔구나! 하고, 참 잘했다고 생각한다. 이렇게 해서 아래로 내려가니 좁고 험한 고갯길이 있어서 이 길을 따라 올라간다.〉

다시금 희미해진다. 〈아까는 집에서 빠져나가야 했는데, 이번에는 동네에서 빠져나가야 할 것 같다. 말 한 필이 끄는 마차를 타고 역으로 가도록 이른다. 마부가 마치 나에게 혹사나 당한 듯이 불평을 하므로 나는 철길 있는 데서는 자네 마차로 가지 않겠다고 말해 준다. 어쩐지 보통 같으면 열차로 가야 할 곳을 마차로 달린 것 같은 기분이다. 역은 어디나 사람으로 가득 찼다. 나는 크렘스로 갈까, 즈나임으로 갈까 생각하다가, 그곳에는 궁정(宮廷)이 있다 싶어 생각을 돌려 그라즈나 이와 비슷한 다른 곳으로 가기로 마음먹었다. 벌써 기차 안에 앉아 있다. 어쩐지 시내 전차와 비슷하다. 단추 구멍에 묘하게 짠 긴 것이 꽂혀 있고, 거기에 딱딱한 자료로 만든 밤색 빛깔이 감도는 자색 오랑캐

---

*21 이러한 말의 반복은 부주의로 꿈의 내용 안에 들어온 것으로 보이나, 분석 결과 여기에는 또 그만한 의미가 있음이 밝혀져 그대로 두겠다.

꽃(제비꽃)이 달려 있어서 이것이 사람들의 이목을 끈다.〉여기서 일단 장면이 끊어진다.

〈다시 역 앞에 있는데, 이번에는 중년 신사와 나, 이렇게 둘이 있다. 다른 사람에게 들키지 않을 계획을 생각하는데, 이 계획이 벌써 실행되고 있음을 알았다. 사고와 경험은 하나이다. 함께 있는 신사는 장님이다. 적어도 한쪽 눈은 멀었다. 나는 그에게 남자용 소변기 병을 내밀었다(이 병은 마을에서 사야 했던 것이거나 아니면 산 것이다). 다시 말해 나는 간호사이고 그는 장님이므로 병을 내밀어 줄 수밖에 없는 것이다. 차장이 이런 장면을 보고도 못 본 체하고 지나갈 것은 틀림없다. 그때 장님 신사의 자세와 소변을 보는 그의 성기가 똑똑하게 보였다.〉여기서 소변이 마려워 잠이 깼다.

이 꿈 전체는 마치 내가 1848년 혁명의 해에 있는 것 같은 인상을 준다. 이 혁명의 추억은 1898년의 50주년 기념 축제, 그리고 바하우로 소풍을 가서 대학생들의 지도자 피슈호프가 은둔했던 엠머스도르프 마을을 구경한 부분*²²이 새로운 기억으로 떠오른 것이다. 더욱이 겉으로 드러난 꿈의 내용 가운데 몇 가지 특색이 혁명의 추억에 관계하고 있는 듯했다. 사고의 흐름은 거기에서 나를 영국에 있는 나의 형 집으로 이끌고 있다. 형은 언제나 걸핏하면 형수에게 농담조로 '50년 전에(Fifty years ago)'라고 한다. 이것은 테니슨 경의 시(詩) 제목인데, 그러면 아이들이 그것을 '15년 전에(Fifteen years ago)'라고 정정한다. 툰 백작을 보고 나서 떠오른 여러 관념들에 연결되는 이러한 공상은 비유적으로 말해 그저 이탈리아 사원(寺院)의 정면과 같이, 뒷건물과의 유기적 관련 없이 앞에 놓여 있을 뿐이다. 이는 이러한 공상에 틈이 많고 혼란스러워서 내부의 여러 요소들이 여러 군데에서 밖으로 튀어나온 데서 비롯된다. 이 꿈의 첫 상황은 여러 장면들의 합성으로 되어 있다. 나는 그 상황을 개개의 장면으로 분해할 수 있다. 꿈속에서 백작의 오만한 모습은 내가 '15세' 무렵 김나지움에서 있었던 어떤 광경을 모방해 보여주고 있다. 우리들은 실력없는 어느 교사에 대해 모반을 꾀한 적이 있었는데, 그 주모자였던 동급생은 그 뒤부터 자신을 '영국'의 헨리 8세로 자처하고 있었던 듯하다. 나에게는 공격을 주도하는 임무가

---

*22 이것도 잘못(또는 오류)이나 이번의 것은 심리학적인 착각 행위는 아니다. 나중에 안 일이지만 바하우의 엠머스도르프는 혁명가 피슈호프의 피난처가 아니었다. 우연히 이름이 같을 뿐이었다.

떨어졌다. 도나우 강이 오스트리아('바하우')에 대해 갖는 의의에 관한 토론이 이 소동을 표면화시킨 계기였다. 이 가운데 귀족 출신 학생이 한 사람 있었는데, 유난히 키가 커서 우리는 '기린'이라는 별명을 붙였다. 이 학생이 그 횡포한 '독일어' 교사에게 야단을 맞고 서 있는 모습이 꿈속의 백작과 꼭 같았다. '좋아하는 꽃'에 대한 설명과, 꽃임에 틀림없으나 단추 구멍에 꽂는다는 것은(이것은 내가 그날 어떤 여자 친구에게 갖다 준 난초와 예리코의 장미(^{안산수(安產}_{軸)를 뜻함})를 연상케 한다) '붉은' 장미와 '흰' 장미, 전쟁의 막을 올린 셰익스피어의 제왕극 가운데 한 장면을 뚜렷이 연상시킨다. '헨리 8세'의 일이 이 기억으로의 길을 열어준 것이다. 그리고 이 장미로부터 붉고 흰 패랭이꽃으로의 길은 그리 멀지 않다.

이 과정에서 노래 구절 두 가지가 분석된다. 하나는 '독일' 노래이며 또 하나는 스페인 노래이다. 독일 노래는 '장미·튤립·패랭이, 모든 꽃들은 시든다.'는 구절이고, 스페인 노래는 '이사벨리타여, 슬퍼하지 말라, 꽃이 시들어감을.'이라는 구절이다. 스페인어를 생각한 것은 '피가로'에서 온 것이다. 흰 패랭이꽃은 빈에서는 반유대주의, 붉은 패랭이꽃은 사회민주주의의 상징으로 되어 있다.

그 뒤에는 경치 좋은 작센 지방(앵글로색슨)을 기차로 지나갔을 때의 반유대주의 도전에 대한 기억이 숨겨져 있다. 첫 번째 꿈의 상황을 형성한 여러 요소들을 부여하는 세 번째 장면은 내 대학 시절의 초기에서 온 것이다. 어떤 '독일'의 학생 단체에서 자연 과학과 철학과의 관계라는 주제로 토론회가 열렸다. 아직 애송이 티를 벗어나지 못했던 나는 철저한 유물론자로서 극히 치우친 사상을 감히 대변했다. 그때 나이가 든 착실한 학생 하나가 일어나 반론을 펼쳤는데, 이 학생은 그 뒤에 사람들을 이끌면서 대중을 조직화하는 능력을 나타냈다. 이 사람의 이름도 역시 동물의 이름을 딴 것이었다. 그는 자신도 어렸을 때는 돼지를 길렀지만 그 뒤에 후회하면서 아버지의 집으로 돌아왔다고 하며 우리를 마구 비난했다. '나는 화를 냈다'(꿈속에서처럼). 그리고 '돼지처럼 무례한' 태도로 이렇게 대답했다. "자네가 '돼지'를 길렀다는 것을 알았으니, 이제는 자네의 그런 표현에 '그다지 놀라지 않게 되었네.'"(꿈에서 나는 나의 독일에 대한 애국심에 '놀란다.') 소란이 일었고, 여기저기서 나의 지금 발언을 취소하라고 야단들이다.

그러나 나는 완강하게 거부했다. 상대방 학생은 분별 있는 사람이어서, 모두

들 나에게 도전하라고 권했는데도 그 권유를 받아들이지 않고 나를 상대하지 않았다.

꿈 장면의 그 밖의 여러 요소들은 더 깊은 심층으로부터 나온 것이다. 백작이 '머위'라고 말한 것은 무엇을 뜻하고 있을까? 나는 여기서 연상 작용을 찾아본다. '머위'(Huflattich)—서양상추(lattice)—샐러드(Salat)—욕심 많은 개(Salathund). 여기에는 욕설의 말들이 들어 있다. 즉 '기린'($\frac{Giraffe의 affe는}{원숭이라는 뜻}$), 돼지, 암퇘지, 개, 그리고 또 멀리 돌아가기는 하나 당나귀라는 말에도 도달할 수 있으며, 이는 또 학교 선생에 대한 모욕도 된다. 그 위에(그것이 옳은지 어떤지도 모르나) 머위(Huflattich)를 프랑스어 '침대에서 오줌을 싼다.'(pisse-en-lit)로 번역한다. 이것은 에밀 졸라의 《제르미날》에서 유래한다. 이 소설에서 아이들은 그런 이름의 샐러드를 가져오도록 명령을 받는다. 개(Hund)를 뜻하는 프랑스어(chien)는 그 이름 속에 똥을 연상하게 하는 음을 가지고 있다(pisser가 '소변보다'의 뜻이듯이 chien은 '대변보다'의 뜻이다). 그래서 우리는 곧 이 세 가지 혼합 상태 속에서 망측한 것이 하나가 되어 있음을 보게 된다. 왜냐하면 미래의 혁명과 충분히 관계가 있는 《제르미날》 속에는 방귀라는 기체 상태의 배설물 생산에 관계되는, 아주 색다른 경쟁에 관한 것이 묘사되어 있기 때문이다.*23 그래서 나는 이런 점을 인정하지 않을 수 없다. 즉 이 방귀로 가는 길은 이미 오래전부터 준비되어 있었다. '꽃'에서 '스페인'의 노래 '이사벨리타'를 거쳐서 '이사벨라'와 페르디난드로, '헨리 8세, 영국 역사'를 거쳐서 영국에 대한 스페인 무적함대의 전쟁에 이르렀으며, 그 전쟁이 승리로 끝난 뒤에 영국인들은 폭풍우가 스페인 함대를 휩쓸어버렸기에 '바람이 불어 그들을 휩쓸고 가버렸다(Flavit et dissipati sunt)'라는 글을 새긴 메달을 만들었다.*24 그런데 나는 히스테리 해석과 치료에 대한 나의 상세한 보고를 완성할 단계가 되면, 이 보고 논문 가운데 '치료법' 한 장(章)의 표제로서 반 농담으로 이 유명한 문장을 선택할 생각이다.

---

*23 이것은 《제르미날》이 아니라 《대지》였다. 분석한 뒤에야 비로소 잘못을 알았다. 어쨌든 나는 Huflattich와 Flatus 두 단어 속에 포함된 같은 철자에 대해 독자들이 주의해주기를 바란다.

*24 내 전기 작가 플리츠 비텔스 박사는 위에 쓴 문구의 인용 속에 여호와의 이름이 빠졌다고 비난을 하고 있다. 위의 영국 메달에는 이 신의 이름이 히브리어로 새겨져 있으나, 구름 배경 위에 씌어 있기 때문에 그림의 일부로도 문구의 일부로도 해석된다.

꿈의 둘째 장면은 첫째 장면만큼 상세하게 풀어 나갈 수가 없다. 이것은 특히 마음의 검열을 고려해야 하기 때문이다. 다시 말해 나는 자신을 그 혁명 시대의 한 고관의 자리에 올려 놓고 있다. 이 고관은 '매'와 묘한 짓을 하기도 하고, 대변 실금증(大禁症)에 걸리기도 했다고 한다. 나는 이 이야기의 대부분을 어떤 추밀고문관으로부터 들었지만, 아마 여기서 검열에 '합격하지는 못하리라'고 믿는다. 꿈속에 나온 연결된 몇 개의 방들은 내가 잠깐 들여다볼 수 있었던 그 각하의 귀빈 열차의 찻간이 동기로 되어 있다. 그러나 방은 또 꿈에서 흔히 그러듯이 '여자(Frauenzimmer)'를 뜻한다. 가정부에 대해서 말하자면, 나는 어떤 총명한 중년 부인의 집에서 대접을 받으면서 여러 가지 좋은 이야기를 들은 일이 있는데, 꿈에서는 그 부인의 은혜를 원수로 갚은 것으로 되어 있다. 램프는 그릴파저의 영향으로 돌릴 수 있다. 그릴파저는 이와 비슷한 내용의 흥미로운 체험을 기록하여, 뒤에 그 체험을 《헤로와 레안더(Hero und Leander)》('바다의 파도'와 사랑의 파도—무적함대와 '폭풍우') 속에 쓰고 있다.*25

나머지 두 부분에 대한 세밀한 분석도 보류해야겠다. 그리고 내가 본디 이 꿈을 다루게 된 동기로서 어린 시절의 두 장면으로 이끄는 요소들만을 살펴보기로 하겠다. 내가 이렇게 보류하는 것은 이미 독자도 추측하리라 생각하는데, 성적인 내용 때문이다. 그러나 이 정도의 설명만으로 만족할 필요는 없다. 사람은 다른 사람 앞에서는 비밀을 취급해야 할 여러 가지 일이라도 자기에게는 비밀로 하지 않는 것들이 많은데, 더욱이 이 경우 문제는 내가 분석의 결과를 감추는 이유들에 있는 것이 아니라, 꿈 본래의 내용을 나 자신에게마저 감추는 내심의 검열이 여러 동기에 있기 때문이다. 그래서 나는 이 꿈을 분석해 볼 때, 이들 세 부분은 염치없는 허세이므로 내가 깨어 있을 때의 생활에서는 이미 오래전에 억압되어 있는 우스운 과대망상(誇大妄想)의 표현임을 알았을 뿐만 아니라 이 과대망상은 겉으로 드러난 꿈의 내용 곳곳에 드러나 있으므로('나는 내가 생각해도 아주 잘했다고 생각한다.') 꿈을 꾼 전날 저녁의 교만한

＊25 꿈의 이 부분에 대해서는 H. 질베러가 그의 내용이 풍부한 연구서 《공상과 신화》(1910년)에서 꿈 작업이 잠재 사고뿐만 아니라 꿈을 형성할 때의 정신적 과정들도 재현할 수 있음을 나타내려고 시도하고 있다('기능적인 현상'). 그러나 질베러가 꿈을 형성할 때의 정신적 과정들이 나에게는 다른 것과 마찬가지로 하나의 사고 자료임을 간과하고 있는 것으로 보인다. 이 오만한 꿈에서 나는 이 과정들을 발견한 것을 자랑스럽게 생각한다.

기분을 아주 잘 보여주고 있다고 하지 않을 수 없다. 참으로 모든 영역에서 허세가 엿보인다. 이를테면 그라즈라는 지명이 나오는데, 이것은 돈을 많이 가지고 있다고 생각하여 우쭐해 있을 때 쓰는 말 "그라즈가 어떻단 말이야?"와 관련되어 있다. 또 거장 라블레의 《가르강튀아와 그의 아들 팡타그뤼엘의 생애와 행적》이 뛰어난 글을 읽고 생각에 잠길 수 있는 사람이면, 이 꿈 첫 부분에 암시한 내용도 역시 허세의 일종으로 간주할 수 있을 것이다. 그런데 앞에서 약속한 아동기의 두 경험 장면은 다음과 같다.

나는 이번 여행을 위해 '새' 트렁크를 샀는데, 이 트렁크 빛깔은 '갈색이 섞인 보라색'으로, 이 색깔은 꿈속에 몇 번이나 나타난다('바람둥이'라 불리는 물건 옆에 단단한 자료로 만든 갈색 섞인 보라색 제비꽃—정부 건물의 방 안에 있는 가구들). 어떤 새 물건을 가지면 사람들의 주의를 끌고 싶어하는 게 아이들의 마음이다. 그런데 나는 나의 어린 시절에 일어난 다음과 같은 장면에 대해 전에 들은 적이 있는데, 그 장면의 회상은 나에게 다음과 같은 이야기의 회상으로 대체되고 있다. 나는 두 살 때쯤 자다가 곧잘 오줌을 쌌던 모양이다. 그때 야단을 맞으면 아버지에게 장차 N(가장 가까운 큰 마을)에 가서 빨갛고 고운 새 침대를 사서 드리겠노라고 약속하며 아버지를 '위로'했다는 것이다(이 때문에 꿈속에서 소변기를 이미 '마을에서 샀다' 또는 '사야 했다'는 부분이 나타나는 것이다. 약속은 지켜야 한다는 뜻이다).(그 밖에 남자용 소변기와 여자의 트렁크가 나란히 비유적으로 나온다는 사실에 주의하기 바람). 아이의 모든 과대망상은 이 약속 안에 포함되어 있다.

그리고 이런 오줌싸개 어린이가 꿈에 대해서 가지는 뜻은 앞에서 소개한 꿈 해석에서 이미 밝혀졌다. 또한 노이로제 환자의 정신 분석에서 우리는 다시 오줌싸개와 명예심이라는 성격상 특질과의 관련성도 이미 알고 있다.

또 다른 경험은 내가 7~8세 때에 집안에서 일어난 일이다. 이것은 지금도 또렷하게 기억하고 있다. 나는 밤에 부모님의 침실에서 부모님 앞에서 대소변을 해서는 안 된다고 들었으나 어느 날 밤 그만 이 금지를 어기고 말았다. 그래서 아버지로부터 너는 좋은 사람이 되기는 틀렸다고 마구 꾸지람을 들었다. 그때 나의 명예심은 몹시 손상되었던 것 같다. 왜냐하면 이 장면을 암시하는 것이 몇 번이나 꿈에 나타났고, 그럴 때면 반드시 나는 "어떻습니까, 이만하면 나는 의젓한 사람이 되지 않았습니까?"라고나 하는 듯이 나의 업적과 성공을 열거하고 있기 때문이다. 이 아동기 경험의 장면이 이 꿈의 마지막 영상 자료이다. 물론 꿈속에서는 복수 때문에 역할이 바꾸어지긴 했다. 한쪽 눈이 먼 것은 아버지의 녹내장을 뜻하므로 확실히 아버지로 생각되는 중년 남자는, 꼭 전에 내가 아버지 앞에서 그랬듯이 이번에는 그가 내 앞에서 소변을 본다.*26 녹내장을 끄집어 낸 것은, 아버지의 눈을 수술할 때 코카인으로 크게 효과를 보았으므로, 이로써 내가 마치 약속을 이행한 것처럼 아버지에게 상기시키기 위해서이다. 뿐만 아니라 나는 아버지를 웃음거리로 삼고 있다. 그는 눈이 멀었기 때문에 내가 대신 소변기를 받쳐 들어야 했고, 또 나의 자랑하는 히스테리에 관한 이론 지식을 암시하고 흐뭇해하고 있는 것이다.*27

---

*26 다른 해석도 가능하다. 그는 신들의 아버지 오딘과 같이 외눈박이이다. '오딘의 위로'— 새 침대를 사주겠다고 아버지에게 약속하는 아동기 장면에서의 위로.

*27 약간의 해석 자료를 덧붙여 둔다. 유리병을 내미는 것은 안경점에서 이 안경 저 안경을 써 보지만 결국 글을 읽을 줄 모르는 농부 이야기를 생각나게 한다.(농민들을 울리는 '사기꾼' —앞의 꿈 부분에서 바람둥이 즉 '처녀를 낚는 녀석'). 에밀 졸라의 《대지》에서 농부들이 머리가 이상해진 아버지에게 대하는 태도. 아버지가 늙어서 아이들처럼 오줌을 싸서 침대를 더럽힌다는, 비극적 형태의 명예 회복. 따라서 나는 꿈속에서 그의 간호인이 되어 있다. 생각과 경험은 하나라는 오스카 파니차의 지극히 혁명적인 드라마를 생각하게 한다. 이 작품 속에서 아버지인 신을 중풍에 걸린 노인으로 혹독하게 묘사한다. 거기에는 이런 구절이 있다. "신에게 의지와 행위는 하나이다. 그리고 신은 가니메데스라 할 수 있는 그의 대천사에게 모욕하고 저주하는 것은 그만두어야 한다. 왜냐하면 그 저주들이 곧 실현되기 때문이다." 계획을 세운다는 것은, 사물을 비판할 수 있게 된 뒤에 아버지에게 했던 비난이다. 일반적으로 반역적이고 권위를 모욕하며 뒷사람을 조소하는 꿈 내용은 모두 아버지에 대한 반항에서 근거를 찾을 수 있다. 군주란 국부(國父)라고 불리며, 아버지란 아이에게 있어 가장 오래된, 그리고 최초의 유일한 권위로서, 이 절대권력으로부터 인류 문화사(文化史)에서 그밖의 다른 사회적 권위가 생긴 것이다. 모권(母權)이 이 명제의 제한을 강제하지 않는 한은. 꿈속의 사고와 체험은 하나라는 표현은 남자용 소변기와 또 하나의 관계를 가지고 있는데, 꿈속에서 이는 히스테리 증세의 설명을 위한 것이었다. 빈의 사람이라면 새삼스럽게 '그슈나스의 원리'를 설명할 필요도 없을 것이다. 그것은 진귀하고 귀중한 외관을 가진 물건을 보잘것없는, 될 수 있으면 우스꽝스럽고 가치 없는 자료를 가지고 만든다는 것이다. 우리 미술가들이 즐거운 저녁을 보낼 때에 하듯이, 예를 들어 냄비라든가 짚이라든가 과자 등으로 무기를 만드는 따위가 그 실례이다. 그런데 나는 히스테리 환자들도 이렇게 한다는 것을 깨달았다. 그들이 실제로 경험한 일 이외에, 체험의 가장 단순하고 흔한 자료에서 만들어내는 기분 나쁜, 혹은 턱없는 공상 사건을 무의식적으로 구성한다. 그들의 증세는 우선 이 공상과 관련되어 있으므로 진지한 것이든 단순한 것이든 실제 사건의 기억과는 관련성을 갖고 있지 않다. 이 설명은 내가 여러 번 어려움을 극복하도록 도움을 주어, 나를 기쁘게 했다. 나는 이것을 '남자용 소변기'의 꿈 내용에서 암시할 수 있었다. 왜냐

어린 시절의 이 두 가지 소변 보는 장면들은 그렇지 않아도 나에게 있어 과대망상의 문제와 긴밀하게 결부되고 있지만, 아우스 호반으로 여행하는 도중에서 내가 탄 찻간에 화장실이 없어서 열차 안에서 당황하지 않도록 미리 각오하지 않으면 안 되었던 우연한 상황이 이 장면을 꿈속에 불러일으키는 데에 힘이 되었던 것이다. 그때 나는 소변이 마려워서 잠을 깼다. 사람들은 이 소변을 보고 싶은 욕구야말로 본래의 꿈 자극 원인이라고 보려는 경향이 있다. 나는 오히려 그렇지 않다고, 다시 말해 꿈속의 사고가 소변을 보고 싶은 욕구를 일으켰다고 생각하고 싶다. 적어도 새벽 2시 45분이라는 시각에 어떤 욕구로 수면을 방해받는다는 것은 나로서는 정말 있을 수 없는 일이다.

그래도 아직 인정하지 않는 사람들에게는, 나는 다른 여행 때 모든 일이 쾌적해서 아침 일찍 잠을 깨는 일이 있더라도 요의를 느낀 적은 없다고 대답해 주었다. 그러나 이 점은 분명히 결정을 내리지 않아도 별로 문제가 없으리라고 본다.

또 꿈의 원천과 소망의 자극 원인이 쉽게 증명될 수 있으므로 처음부터 완전하게 해석될 것같이 생각되는 꿈, 이러한 꿈에서조차 또한 매우 어린 시절에까지 이르는 중요한 관념의 실마리가 있다는 것을, 꿈을 분석하는 과정에서 얻은 경험들을 통해 더욱 주의하게 된 뒤부터, 나는 어쩌면 이런 특성 속에도 꿈을 꾼다는 것의 본질적인 하나의 조건이 주어져 있는 게 아닐까 스스로 묻지 않을 수 없었다. 이 생각을 일반화해도 좋다면, 어떤 꿈에도 그 겉으로 드러난 내용 속에는 가장 최근에 경험들과 연관성이 있다. 그러나 이에 반해 잠재 내용 속에는 가장 오래전의 경험들과 연관성이 있음에 틀림없다고 추론된다. 이 가장 오래전에 경험된 것에 대해서라면, 나는 히스테리 분석에 있어 실제로 그 경험이 현재에 이르기까지 최근의 것으로 보존되어 온 사실을 뚜렷이 지적할 수 있다. 그러나 지금 추론의 실증을 하기란 아직 매우 어렵다. 꿈 형성에 대하여 가장 이른 시기인 아동기 경험이 갖는다고 생각되는 역할에 대해서는 다른 것과 관련지어(제7장) 새로 논해야 할 것이다.

꿈 기억의 세 가지 특수성에 대해서는 서두에서 고찰했는데, 이것들 가운데 한 가지(꿈 내용 속에 부차적인 것들이 특별히 다루어진다는 것)는 그것을

하면 최근 '그슈나스의 저녁'에 병원에서 곧잘 쓰이는 남자용 유리 소변기로 만들어졌다는 루크레치아 보르지아의 독이 든 잔이 전시되었다고 들었기 때문이다.

'꿈의 왜곡'으로 귀착시킴으로써 충분히 설명되었다. 다른 두 가지 특성, 즉 최근의 것과 유아적인 것의 우월성은 확인은 했으나 이것들을 꿈을 꾸게 만드는 동기들로서 명확히 설명할 수는 없었다. 따라서 우리에게는 이 두 가지 특성을 해석 또는 평가할 일이 아직 남은 셈인데, 지금은 다만 그러한 두 가지 특성이 있다는 것만으로 기록해 둘까 한다. 그 해석 또는 평가는 수면 상태의 심리학 또는 심리적 장치의 구조에 대한 고찰 등, 다른 곳에 이것을 넘기기로 하겠다. 특히 심리적 장치의 구조에 대한 고찰은 마치 문틈으로 들여다보듯이 꿈 해석에 의해 마음의 내부를 들여다볼 수 있게 된 다음에야 시도하게 될 것이다.

이상의 꿈 분석에서 얻은 다른 결과 한 가지를 여기에 소개하려고 한다. 꿈에는 종종 여러 가지 뜻이 포함되어 있는 것 같다. 실례로써 알 수 있듯이 여러 소망의 충족이 꿈속에서 하나로 결합되어 있을 뿐만 아니라, 하나의 뜻, 하나의 소망 충족이 다른 뜻, 다른 소망 충족을 은폐하고 있기 때문에 그것을 계속 벗겨 나가다 보면 우리 마음속 가장 밑바닥에서 유아기의 한 소망 충족에 부딪치는 수가 있다. 그리고 이 경우에 꿈에는 여러 가지 뜻이 있다고 말한 구절에서 '종종'이라고 말했으나 이것은 아무래도 '반드시'라고 말을 바꾸는 편이 보다 정확하리라고 생각한다.*28

C. 신체적 꿈의 출처

교양은 있지만 전문가는 아닌 사람에게 꿈의 여러 문제에 대해 흥미를 갖게 하려는 의도에서, 꿈은 어디에서 나온다고 생각하느냐고 물으면, 대부분의 경우 그런 것은 뻔하지 않느냐는 표정을 짓는다. 즉 그 사람은 잠자는 동안에 소화 장애라든가 소화 곤란('꿈은 오장육부의 피로에서 온다') 또는 자면서 우연히 취하게 된 몸의 자세나 그 밖의 사소한 경험들이 꿈 형성에 주는 영향을 떠올린다. 그러나 그는 이러한 모든 것들을 고려하더라도 아직 설명되어야 할

---

*28 꿈의 뜻이 몇 개나 겹쳐진 층을 이루고 있다는 것은 꿈 해석에 있어서 가장 번거로운 반면, 또 가장 내용이 풍부한 문제 가운데 하나이다. 이런 일이 있을 수 있다는 것을 잊어버리는 사람은 잘못을 범하기 쉬우므로, 꿈의 본질에 대해서 근거 없는 주장을 하기 쉽다. 그러나 이 문제에 대해서는 아직도 거의 연구가 되어 있지 않은 형편이고, 현재까지는 겨우 오토 랑크가 소변 자극 꿈에 있어서 상당히 규칙적인 상징층 형성이 있음을 자세히 연구했을 뿐이다.

것이 남아 있다는 사실에 대해서는 전혀 깨닫지 못하는 듯하다.

신체적 자극이 꿈 형성에 어떤 역할을 담당하고 있는가 하는 문제에 대해서 학문적 문헌에서 볼 수 있는 견해는 이 책 첫 장(章)에서 상세히 설명해 두었다. 따라서 여기서는 앞에서 검토한 연구의 결과들을 떠올리기만 하면 된다. 다시 말해 우리는 이런 것을 알았다. 신체적 자극원은 세 종류로 구별된다. 첫째는 외부의 여러 대상에서 오는 객관적 감각 자극, 둘째는 주관적 이유밖에 갖지 않는 감각 기관의 내적 흥분 상태, 셋째는 신체의 내부에서 생기는 육체적 자극이었다. 그리고 꿈 연구가들이 자칫하면 이 신체적 자극 원인 외에는 없다고 단언할 수 없는 어떤 심리적인 꿈 원천을 불문에 붙이거나, 이것을 아주 제외하는 경향이 있다는 사실을 알았다. 우리는 신체적 자극 원천들을 지지하는 여러 견해를 살펴보고 나서, 객관적 감각 기관이 흥분한다는 것은 수면—중의 우연한 자극이든 또 부분적으로는 무시할 수 없는 수면 중의 정신적 상태로부터 비롯된 알 수 없는 자극이든—여러 관찰을 통해서 확인되고 또 실험에 의해서 확증되었으며, 주관적 감각 흥분의 역할은 잠들기 직전 반수면(半睡眠) 상태에서의 감각적 관념(또는 상징적 형상)들이 꿈속에서 설명되는 것처럼 보인다는 것을 알았다. 그리고 우리의 꿈 형상이나 꿈 관념이 내적 신체 자극에서 비롯된다는, 널리 받아들여지고 있는 이러한 이론은 전적으로 증명될 수는 없으나 소화기관, 비뇨기관, 생식기관이 우리의 꿈 내용에 끼치는 보편적인 영향에 의해 지지된다는 사실을 우리는 알았다.

이 이론에서는 꿈의 신체적 자극원, 즉 많은 연구가에 의해서 원래 꿈의 유일한 원천으로 지적이 될 수 있는 것은 '신경 자극'과 '육체 자극'이라는 것이 된다.

그렇지만 우리는 신체적 자극 이론의 정확성보다는 오히려 그것만으로 꿈을 설명하는 데에 충분한가 하는 약간의 의문에도 이미 주목해 왔었다.

신체적 자극 이론의 대표자들은 모두 이 이론의 사실상의 기초에 대해서는(특히 꿈 내용 속에 아무런 수고 없이 재발견될 수 있는, 우발적이고 외적인 신경 자극을 고려하는 한에서는) 아무런 불안도 느끼고 있지 않는 것 같으나, 그래도 단순한 외적 신경 자극에서만 꿈의 풍부한 관념들을 끄집어낼 수는 없다는 점을 간파하고 있었다. 메리 휘턴 캘킨스 양은 이런 관점에서 자신의 꿈과 제3자의 꿈을 6주간에 걸쳐서 조사하고, 거기에 외적 감각 지각의 요소가 입증될 수 있는 꿈은 전체의 13.2퍼센트 또는 6.7퍼센트에 지나지 않는다는 사실을 발견했다. 수집된 꿈의 실례 가운데 겨우 두 가지 예가 기관 감각의 영향이라는 결과가 나왔을 뿐이다. 이 통계는 우리가 자신의 경험으로 이미 추측한 것을 새로이 확증하고 있는 것이다.

연구가들 가운데에는 '신경 자극에 의한 꿈'을 이제까지 잘 연구되어 온 꿈의 종류로서 다른 꿈 형식보다 존중하는 사람도 있었다. 스피타는 꿈을 '신경 자극 꿈(Nervenreiztraum)'과 '연상 꿈(Assoziationstraum)'으로 분류했다. 그러나 신체적 자극원과 꿈의 표상 내용 사이의 연결이 입증되지 않는 한 이 해결이 불충분함은 명백한 일이다.

외적 자극원은 그리 자주 있는 게 아니라는 점이 첫째 비난이며, 이러한 종류의 꿈 출처를 끄집어낸다고 해서 꼭 그 꿈이 충분하게 설명될 수는 없다는 점이 둘째 비난이다. 이런 주장을 대변하는 사람은 우리들에게 꼭 다음 두 가지 점을 설명할 의무가 있다. 그 하나는 왜 외적 자극은 꿈속에서 그 실제의 성질대로 인식(認識)되지 않고 반드시 오인되는가 하는 점(자명종의 꿈 참조)이며, 또 하나는 이 오인된 자극에 대한 지각(知覺)하는 마음의 반응 결과가 왜 때에 따라서 이렇게도 다른가 하는 점이다. 이 문제에 대한 답으로서 스트륌펠은 마음은 수면 중에 외부 세계를 등지고 있기 때문에 객관적 감각 자극을 바르게 판단할 수가 없어서 여러 방향으로 동요하고 있는 흥분을 토대로 착각(錯覺)을 형성하게 되기 때문이라고 하는데, 그의 말을 인용해 두자(108면).

"잠자는 동안에 외적 또는 내적 신경 자극에 의해 마음속에 하나의 감각 또는 감각 복합체, 하나의 감정 같은 어떤 정신적 과정이 일어나 마음에 지각되자마자 이 과정은 깨어 있을 때부터 마음에 남아 있는 경험 범위에서, 또는 그대로의 여러 정신적 가치를 수반하여 이전에 지각했던 것들을 불러일으킨다. 이 정신적 과정은 말하자면 자기 주변의 신경 자극에서 유래하는 인상에게 그 정신적 가치를 지니게 하는 크고 작은 관념들을 언제나 불러일으킨다. 이 경우에도 역시 우리가 깨어 있을 때의 태도에 대해 보통 말하고 있듯이, 마음이 잠자는 동안에도 신경 자극에 의한 여러 인상들을 '해석'한다고 일반적으로 말한다. 이 해석의 결과로 '신경 자극 꿈', 즉 하나의 신경 자극이 재현(再現)의 여러 법칙에 따라 그 정신적 작용을 정신 생활 속에서 실행하는 것을 조건으로 삼는 여러 요소를 가진 꿈이다."

분트의 견해도 본질적인 점에서는 모두 이 주장과 일치한다. 분트에 의하면 꿈의 여러 표상(상징 또는 관념)들은 그 대부분이 감각 자극에서 일어나고 있다. 특히 그것들은 일반적 감각의 자극에서 일어나고 있으므로 대개 공상적 착각이며, 극히 일부만이 환각(幻覺)으로까지 높여지는 순수한 기억 심상(心像, 또는 관념)이라는 것은 극히 얼마 안 된다고 한다. 이 이론에서 비롯되는 꿈 자극에 대한 꿈 내용의 관계를 스트륌펠은 적절한 비유로 설명하고 있다. 이는 마치 전혀 음악을 모르는 사람의 열 손가락이 피아노 건반 위를 미끄러져 가는 것과 같다는 것이다. 이렇게 생각하면 꿈이라는 것은 심리적 여러 동기에서 생긴 마음의 현상이 아니라 생리학적 자극이 낳은 것이라는 말이 된다. 이 생리학적 자극은 자극을 받은 기관이 다른 어떤 표현 방법도 모르기 때문에 심리적 증세를 가지고 나타나는 것이다. 이를테면 이와 비슷한 전제 위에 세워진 이론이 마이넬트의 강박 관념에 대한 해석인데, 마이넬트는 개개의 숫자가 부조(浮彫)처럼 튀어나와 있는 시계의 문자판이라는 잘 알려진 이유를 사용해 설명하려고 했다.

신체적 꿈 자극이론은 일반적으로 널리 받아들여지고 있을 뿐만 아니라 아주 그럴듯하게도 여겨진다. 그러나 이 주장의 약점을 지적하기란 대단히 쉽다. 어떤 신체적 꿈 자극도 수면 중에 착각 형성에 의해 정신적 장치로 하여금 해석을 하도록 몰아세우기 때문에 그런 해석의 시도를 무수히 일으켜, 수없이 다양한 심상(관념)들을 일으킬 수 있다. 다시 말해 꿈에 나타나는 모든 상징들 속에 꿈 내용에 있어서 그 대리자를 등장시킬 수 있다.*29 그러나 스트륌펠과 분트의 이론은 외적 자극과 그 해석을 위해 선택된 꿈 속의 상징들과의 관계를 규제하는 어떤 요소들을 제시하지 못한다. 즉 자극이 참으로 빈번하게 그 재현 활동을 할 때에 행하는 기묘한 선택을 설명할 수 없다(T. Lipps 《정신적 생활의 기본적 사실》 170면). 착각설 전체는 마음이 수면 중에 객관적 감각 자극의 실제 성질을 인식할 수 있는 상태에 있지 않다는 것을 근본 전제

---

*29 독자들은 꼭 몰리 볼드가 두 권으로 엮은, 실험적으로 만들어진 꿈의 상세하고도 정확한 기록을 읽어 주기 바란다. 이것을 읽으면 뒤에 기록한 실험 조건 아래에서는 꿈 내용이 하나하나 자세히 밝혀지는 일이 얼마나 적으며, 또 실험이 꿈의 문제를 해결하기 위해 도움이 되는 일이 얼마나 적은가를 분명하게 확인할 수 있을 것이다.

로 하고 있으나, 이 근본 전제에 대해서는 지금 말한 것과는 다른 비난이 일고 있다. 옛 생리학자인 부르다흐가 입증하는 바로는, 마음은 비록 자고 있더라도 자기에게 도달하는 감각 인상에는 올바른 해석을 할 수 있으므로 이 해석에 따라 반응을 할 수 있다고 한다. 왜냐하면 개개인에게 중요하다고 생각되는 어떤 감각 인상이라면, 이것은 잠자는 동안의 무관심 속에서도 찾아낼 수 있다고 설명하고(유모와 아기), 또 중요하지 않은 어떤 청각적인 인상을 받았을 때에는 쉽사리 잠을 깨지 않는 사람이라도 자기 이름을 부를 때에는 확실하게 잠을 깬다고도 설명하는데, 이 사실은 말할 것도 없이 마음은 수면 중에도 여러 자극을 선별적으로 선택한다는 생각이 그 전제로 놓여 있다(제1장 55면).

이 관찰을 토대로 부르다흐는, 수면 상태에 있을 동안에는 감각 자극이 이를 해석하지 못하는 게 아니라, 그 '자극에 대한 관심이 결여'되어 있는 것으로 생각해야 한다고 결론을 내리고 있다. 부르다흐가 1830년에 사용했던 것과 똑같은 논거는 립스(T. Lipps)에 의해 1883년에 '신체적 자극 이론'을 반박하기 위해 사용되고 있다. 이에 따르면 마음은 일화(逸話)에 나오는 잠자는 남자 같은 것으로 생각된다. 이 잠자는 사나이는 "자고 있나?" 하고 물으면 "아니야"라고 대답하고, "그러면 10굴덴만 꾸어 주게" 이렇게 말하면 "나는 자고 있어"라며 핑계를 대는 것이다.

신체적 꿈 자극에 대한 이론이 불충분한 것임은 다른 방법으로도 증명된다. 자세히 관찰해 보면 꿈을 꾸는 동안이나 꿈꾸기 시작하는 즉시 외적 자극들이 꿈 내용에 나타나는 것은 사실이지만, 이 자극이 나에게 억지로 꿈을 꾸게 하는 것은 아니다. 예를 들면 수면 중에 나를 엄습해 오는 피부 자극이나 압박 자극에 대해 나는 자유롭게 반응할 수 있다. 그래서 그것을 무시해 버릴 수도 있을 것이다. 그럴 때는 나중에 눈을 떠보면, 이를테면 한쪽 발이 이불 밖에 나와 있다든가, 한쪽 팔이 깔려 있다든가 하는 사실을 알 수 있다. 병리학이 나타내는 여러 실례에 의하면 여러 종류의 감각 자극과 운동 자극이 잠자는 중에 아무런 작용도 하지 않는 수가 있기 때문이다. 나는 수면 중에 이러한 자극을 어렴풋이 느낀다. 대개 이것은 고통을 주는 자극일 경우에 느끼게 되지만, 그 고통이 꿈으로 나타나지 않을 수도 있다. 셋째로 나는 자극에 의해 잠을 깨는 수도 있다. 그러면 그 자극을 없애거나 하는 방법으로 반응하게 된다.*30 넷째로 생각할 수 있는 반응 방법은 내가 신경 자극 때문에 꿈을 꾸게 되는 것이다. 그러나 다른 세 가지 가능성도 넷째 번 실례인 꿈 형성의 가능성과 적어도 같은 빈도로 실현되고 있다. 만일 '꿈을 꾸는 동기가 신체적 자극 원천' 뿐이라면 이런 일은 일어날 수 없을 것이다.

신체적 자극에 의해 꿈을 설명하려는 이론에 이런 허점이 있음을 간파하고 이에 올바른 비평을 가한 다른 연구가들(셰르너 및 셰르너에 의거한 철학자 폴켈트)은 신체적 자극으로부터 다채로운 꿈들을 꾸게 하는 마음의 작용을 더 정확하게 정의하려고 했다. 즉 꿈을 꾼다는 것의 본질을 다시 마음에 관한 것으로 그리고 마음의 적극적 활동 속에서 구하려 했다. 셰르너는 꿈을 형성할 때에 전개되는 정신적 특징들을 문학적으로 생생하게 잘 묘사했을 뿐만 아니라, 마음에 주어진 자극들을 다루는 원칙까지도 찾은 것으로 믿었다. 낮 동안의 속박에서 해방된 공상의 자유로운 활동에 의해 꿈 작업은 자극이 나오는 기관의 성질과 이 자극 자체의 성질을 '상징적'으로 표현하려 노력한다고 셰르너는 생각한다. 이렇게 하여 꿈 해석의 안내자로서 일종의 꿈 해석 책이 가능해졌으며 이런 책에 의해 꿈의 심상(心像)들로부터 신체적 감각들, 기관(器官)의 상태나 자극 상태들이 추론될 수 있었다. "그래서 고양이의 형상은 가슴속에 서려 있는 불쾌한 기분을, 색깔이 연하고 부드러운 과자의 형상은 나체를 표현한다. 꿈의 공상에 의해서는 사람의 몸 전체가 집으로 상징되므로 개개의 신체 기관은 집의 일부로 나타난다. 치통의 꿈에서 구강은 높은 천장의 현관으로, 목구멍으로 통하는 식도의 경사진 부분은 계단으로, 두통에 관한 꿈에서는 방 천장이 기분 나쁜 두꺼비 같은 거미로 덮인 광경이 머리 높이를 표현하기 위해 선택된다(39면)." "이 상징들은 꿈에서 같은 기관에 대해 여러 가지로 선택되어 표현될 수 있다. 예를 들면 숨을 쉬고 있는 폐는 불꽃이 활활 타오르고 있는 난로로, 심장은 빈 상자나 바구니로, 방광은 둥근 포대 모양, 또는 그냥 속이 빈 오목한 물건에서 그 상징을 찾을 수 있다. 특히 중요한 것은 꿈의 결말에서 때때로 흥분된 기관, 또는 그 기능이 대개 꿈을 꾸고 있는 당사

---

*30 이에 대해서는 K. 란다우어의 《잠자는 사람의 여러 행동》(《신경병학·정신병학 잡지》 제39호, 1918년)을 참조. 어떤 관찰자에게도 잠자는 사람의 행동에는 명확한 것, 의미 있는 것이 있다. 잠자는 사람은 절대로 머리가 둔해져 있는 것이 아니며, 오히려 그 반대로 논리적으로 꿋꿋한 의지를 가지고 행동할 수 있다.

자의 몸과 관련되어 은폐함이 없이 그대로 나타난다는 것이다. 이를테면 이빨을 자극하는 꿈은 보통 이빨 하나를 뽑는 따위로 끝이 맺어진다(35면)." 꿈 해석의 이 이론이 꿈 연구가들에게 크게 존중되고 있다고 말하기는 어렵다. 이 이론은 오히려 엉뚱한 것으로 여겨지고 있다. 그러나 내가 볼 때 이 이론에도 정당한 부분이 전혀 없지 않을 것 같은데, 대부분의 연구가들은 부분적으로 인정하는 것마저도 주저하고 있다. 그러나 이 이론은 결국 누구나 다 알다시피 고대에서 몇 사람이 사용한 '상징'에 의한 꿈 해석을 부활시킨다. 다만 다른 것은 해석이 취해 올 수 있는 영역이 인간의 육체라는 범위로 국한되어 있는 점이다. 셰르너의 이론이 적용되기 어려운 것은, 그 해석에 과학적으로 이해될 수 있는 기술이 결여되어 있기 때문이다. 이런 종류의 꿈 해석이 제멋대로의 것이 아니라고는 결코 말하지 못할 것이다. 특히 이 경우에도 어떤 자극이 다양한 대체 방법을 취하여 꿈 내용 속에 나타나는 수가 있기 때문이다. 이를테면 셰르너의 지지자인 폴켈트는 꿈속에서는 신체가 집으로 나타난다는 셰르너의 이론을 실증할 수는 없었다. 이 이론을 근거로 한다면 마음은 마음을 작용시키는 자극에 대해 여러 가지로 공상하는 것만으로 만족하고, 그 자극을 처리할 가능성을 갖지 못하는 것이 되므로, 꿈의 작업은 여기서 또 마음에 대해 아무런 이익도 목표도 없는 불필요한 작업을 부과하는 것이 아닌가 하는 비난을 면치 못할 것이다.

그러나 꿈에 의한 육체 자극의 상징화라는 셰르너의 이론은 여기서 심한 반론에 부딪친다. 이 육체 자극들은 언제나 존재하고 있으므로 마음은 일반적 사고방식에 따르면 잠을 자는 동안이 깨어 있을 때보다 이 육체 자극들을 받기 쉬운 상태에 있다. 그렇다고 하면 왜 마음은 밤새도록 꿈을 꾸지 않는가? 더욱이 매일 밤 왜 신체 모든 기관의 꿈을 꾸지 않는 것인지 알 수 없게 된다. 꿈의 활동을 일깨우기 위해서는 눈, 귀, 이빨, 위장 등에서 각각 특수한 흥분이 일어나야 한다는 조건을 들어서 이 반론을 피하려고 시도해 보아도, 이러한 자극의 고양이 객관적인 것이라고 증명하기란 너무 어렵다. 따라서 그 곤란을 면하기란 어렵다. 자극의 앙양이 객관적인 것이라고 증명되는 경우는 아주 드물다. 하늘을 나는 꿈이 호흡할 때 폐엽(肺葉)의 상하 운동에 대한 상징화라면, 스트륌펠이 이미 말했듯이 이 꿈은 더 자주 꾸어지는가, 아니면 꿈꾸고 있는 동안 고양된 호흡 활동이 입증되든가 해야 할 것이다. 그런데 그 이상으로 세 번째의 경우가 가능하다. 즉 균등하게 존재하는 내장 기관들의 자극에 주의를 돌리기 위해 때때로 특수한 동기가 작용한다는 경우가 바로 이것으로, 이 점이 세 가지 중에서 가장 개연성이 많다. 그러나 이 세 번째의 경우는 이미 셰르너의 이론을 넘어서고 있다.

셰르너와 폴켈트 이론의 가치는, 이 두 사람이 해명(解明)을 필요로 하고 새로운 인식을 감추고 있는 듯이 보이는 꿈 내용의 여러 특성들에 대해 관심을 불러모았다는 점에 있다. 꿈속에 신체 여러 기관들과 기능들의 상징화가 내포되어 있다는 것으로, 꿈속의 물은 종종 소변의 자극을 뜻한다는 것, 남자의 성기가 꼿꼿한 지팡이나 기둥으로 표현되는 것 등은 옳다. 눈부시게 움직이는 시야나 선명한 빛깔을 나타내는 꿈은 다른 권태로운 꿈들과는 달리 '시각 자극의 꿈'으로 해석되는 것을 부정하지 못하며, 또 소음이나 사람 소리가 뒤섞인 꿈에서 착각이 일어날 수 있음을 부인하기 어렵다. 잘생긴 금발의 사내아이가 다리 위에 두 줄로 마주 서서 서로 맞붙어 싸우다가 다시 본래 자리로 돌아가고 나자, 나중에는 꿈을 꾸고 있는 당사자가 다리 위로 가서 자기 입에서 기다란 이빨 한 개를 뽑는다는 셰르너의 꿈이나, 이와 비슷하게 두 줄 서랍들이 어떤 역할을 하게 하는 가운데 역시 이빨 한 개를 뽑는 것으로 끝나는, 폴켈트가 보고한 꿈도 있다. 이 밖에도 이 두 연구가의 저서 속에 많이 보고되어 있는 이와 비슷한 꿈을 안다면, 셰르너의 이론이 갖는 강점을 음미하지도 않고 단순히 어리석은 주장으로 밀어내버릴 수는 없을 것이다. 그러나 이럴 경우에는 이른바 이빨 자극으로 생각되는 상징화에 대해 다른 설명을 가할 임무가 생기게 된다.

나는 지금까지 계속 신체적 꿈의 원천에 대한 이론에만 구애되어 우리의 꿈 해석에서 끄집어낼 수 있는 이론에 대해 전혀 언급을 하지 않았다. 우리는 다른 연구가들이 그들의 꿈 자료에 적용하지 않았던 어떤 방법으로 꿈은 정신적 행위로서 꿈의 독특한 가치를 가지고 있다는 것, 어떤 소망이 꿈 형성의 동기라는 것, 그리고 전날의 여러 경험들이 꿈 내용의 가장 가까운 자료를 준다는 것을 증명할 수 있었다. 따라서 이처럼 중요한 연구 방법을 등한히 하고, 꿈을 신체 자극에 대한 무익하고 수수께끼 같은 정신적 반응이라고 보는 다른 이론은 특별히 비판할 것까지도 없이 이미 비판이 끝난 것으로 생각해도 무방할 것이다. 만일 두 가지 모두 진심이라고 한다면, 어떤 꿈은 우리에게만, 또 다른 꿈은 우리 이외의 다른 연구자들에게만 속한다는 식으로 전혀 다른 두 가지 꿈이 있어야 할 터인데, 그런 우스운 일은 있을 리 없다. 따라서 남은 문제는 본래의 신체적 꿈 자극 이론이 의거하고 있는 여러 사실들을 우리의 꿈 이론의 내부로 어떻게 끌어들이는가 하는 것뿐이다.

그 첫걸음은 꿈의 작업이란, 동시에 존재하는 모든 꿈의 자극을 하나의 통일체로 가공하여 통합하도록 강요를 받는다(192면 참조)는 명제를 세웠을 때에 우리가 이미 내디뎠다. 전날의 인상적인 두 가지 또는 그 이상의 경험이 남아 있을 경우, 우리는 그 경험에서 비롯되는 소망이 하나의 꿈속에 통합된다는 사실을 알았으며, 마찬가지로 또 전날의 사소한 여러 경험들과 심리적으로 가치가 큰 인상이(이 둘 사이에 연결되는 관념이 만들어진다고 가정하면) 서로 합쳐져서 꿈 자료(내용)가 된다는 것도 알았다. 따라서 꿈은 잠자고 있는 마음속에서 동시에 활동하고 있는 모든 것에 대한 반응이라고 생각된다. 우리는 지금까지 꿈 자료를 분석하면서 그 자료가 심리적 잔재(殘滓)이고 기억된 흔적의 집합물이라고 인정했다. 이 심리적 잔재에는 우리가(꿈은 최근의 자료와 유아기의 자료를 특히 좋아하므로) 이제까지 정의내리기 어려웠던 현재성(現在性)이라는 특성이 있음을 인정하지 않으면 안 된다. 그런데 수면 상태에서 현재 이 기억 활동에 대해 새로운 자극 자료가 첨가되면 어떻게 되는가를 예측하기란 그다지 어렵지 않다. 이 감각적 흥분들은 활동적이라는 점에 있어 역시 꿈에 대해 하나의 중요성을 획득한다. 이것들은 다른 여러 정신적 활동들과 함께 꿈 형성에 대한 자료를 제공한다. 말을 바꾸면, 수면 중의 여러 자극은 하나의 소망 충족으로 가공되고, 이 소망 충족의 다른 여러 요소들은 바로, 우리가 알고 있듯이 낮 동안의 심리적 잔재이다. 이 통합은 '반드시' 이루어지지는 않는다. 그 까닭은 우리가 이미 본 바와 같이 수면 중의 신체적 자극에 대하여 여러 가지 반응들이 가능하기 때문이다. 이 통합이 이루어질 때 신체적인 것과 정신적인 것, 이 두 가지 꿈의 원천들에 해당하는 관념 자료를 성공적으로 발견할 수 있다.

정신적인 꿈 출처에 신체적인 자료가 첨가되어도 꿈의 본질에 변화는 일어나지 않는다. 소망 충족의 표현이 현재의 활동적 자료에 의해 규정되든 안 되든 꿈은 언제나 소망 충족이라는 데에는 변함이 없다.

나는 여기서 외적 자극에 대한 꿈의 의의를 여러 가지로 형성할 수 있는 특징들에 대해 언급해 두겠다. 나는 이렇게 생각한다. 개인적이고 생리학적인 요소들, 그리고 그때그때의 상황 속에서 주어지는 우연적인 요소들이 함께 작용하여, 수면 중에 꽤 강한 객관적 자극을 받은 개개인의 반응을 결정하는 것이다. 습관적이고 우연적인 수면의 깊이가 자극의 강도와 어떻게 결합하고 있는가에 따라서 어느 때에는 자극이 수면에 방해가 되지 않도록 그것을 억압할수 있고, 또 어느 때에는 잠을 깨지 않을 수 없게 되든가 또는 꿈속으로 끌어넣음으로써 자극(감각적 흥분 또는 각성 상태)을 극복하려는 시도에 도움이될 수 있을 것이다. 이 같은 상황의 다양함에 대응하여 외적이고 객관적 자극이 어떤 사람에게는 다른 사람의 경우보다 자주 꿈속에 표현되거나 드물게 표현되거나 한다. 나 자신에 대해 말한다면, 나는 아주 잘 자는 편이라서 일단잠만 들면 어지간해서는 잠에서 깨지 않는다. 따라서 외적인 흥분 원인이 꿈속에 섞여 들어오는 일은 좀처럼 없다. 그러나 반면 심리적 요인이 있을 때에는 아주 쉽게 꿈을 꾸게 된다. 어떤 객관적이고 고통스러운 자극원이 인식되는 꿈을 꾼 적은 지금까지 겨우 한 번밖에 없다. 그런데 이 꿈이야말로 외적자극이 꿈에 어떤 영향을 미치는가를 아는 데에 아주 적당한 자료가 되리라고 본다.

〈나는 회색 말을 타고 간다. 처음에는 겁이 나서 마치 말 위에 놓인 것같이서툴렀다. 그때 같은 의사인 P를 만났다. P는 털옷을 입고 말 위에 의기양양하게 앉아서 나에게 무언가 충고 비슷한 말을 했다(아마 말 타는 방법이 서툴다고 하는 듯하다). 그러다가 이번에는 내가 아주 영리한 말의 등에 제대로 앉는법을 익혔다. 그래서 잘 탈 수 있게 되어 말 잔등 위에 있는 것이 대단히 기분이 좋은 것을 알게 된다. 안장 대신에 헝겊 같은 것이 말의 머리 부분에서 허리까지 완전히 덮여 있다. 두 대의 짐마차 사이를 누비듯이 지나간다. 말을 타고 조금 가다가 되돌아와서 길에 접한 문을 열어 놓은 작은 교회 앞에서 내리려고 마음먹었으나, 실제로는 같은 길가에 있는 다른 교회 앞에서 내렸다. 그가까이에 호텔이 있다. 호텔까지 말을 타고 갈 수도 있지만 그냥 끌고 가는 편이 좋겠다고 생각했다. 말을 타고 호텔로 가는 것이 부끄러웠던 것 같다. 호텔앞에 직원이 서 있다가 나에게 쪽지를 보이며 나를 비웃었다. 쪽지에는 '먹을것이 없다'라고 씌어져 있었는데 밑줄이 두 줄이나 그어져 있었으며, 다음에는두 번째 문구(분명치 않다)인 '아무 일도 하지 않는다'라는 식의 글이 이어져

있었나. 이에 대해 나는 지금 아무 일도 하지 않고 낯선 도시에 있다는 희미한 생각이 떠오른다.〉

이 꿈이 어떤 고통스런 자극의 영향을 받아, 아니 그보다 그 자극의 강요에 의해 꾸게 된 것임을 처음에는 간파하지 못할 것이다. 그런데 나는 그 전날 부스럼 때문에 고생했다. 조금만 몸을 움직여도 아팠다. 나중에는 음낭(陰囊) 언저리까지 사과 크기만큼 부어서 걸을 때마다 못 견딜 정도로 아팠다. 열이 수반한 피로감, 식욕 부진, 그런데도 하지 않으면 안 되는 일들, 이것들이 고통과 겹쳐서 내 기분을 어지럽혔다. 의사로서 해야 할 임무를 도저히 완수할 것 같지 않았다. 그러나 이 병의 성질과 환부의 위치를 감안할 때, 걸음을 걷지 않고 어떻게 할 수 없을까 하는 생각이 떠올랐는데, 무엇보다도 말을 타는 행위는 나에게는 아주 적합하지 않은 일이었다. 그런데 꿈은 나에게 바로 이 행위를 하게 했다. 이것이야말로 상상할 수 있는 가장 강력한 병으로 인한 고통을 부정(否定)하는 것이다. 본래 나는 말을 탈 줄 모를 뿐만 아니라 평소에 그런 꿈을 꾼 적도 없다. 말을 탄 적은 꼭 한 번밖에 없었는데, 그때는 안장 없이 탔기 때문에 더욱 기분이 나빴다. 그런데 이 꿈에서는 마치 회음(會陰)에 부스럼 같은 것이 나 있지 않은 것처럼, '아니 바로 부스럼 같은 것으로 고통받기 싫었기에' 말을 타는 것이다. 꿈이 묘사하는 것에 의하면 안장은 그 덕분에 잠들 수 있었던 습포였던 것이다. 아마 이 습포 덕분에 처음 두세 시간은 아픔도 잊고 잠들었던 모양인데, 이윽고 또 고통을 느끼기 시작하여 잠이 깨려 했다. 이때 꿈이 와서 이렇게 위안의 말을 해주었다. "안심하고 잠을 자요. 잠을 깨지 말고! 부스럼 같은 것은 있지도 않아요. 부스럼이 나 있다면 어떻게 말을 탈 수 있겠어요!" 이리하여 꿈은 그 의도를 성취했다. 고통을 느끼지 않고 다시 계속 잠을 잤다. 그러나 이 꿈은 병의 고통과 이를 용납할 수 없는, 부스럼을 암시에 의해 없앤다는 관념을 완강하게 주장하는 것만으로는 만족하지 않았다. 이 경우 이 꿈은 아이를 잃은 어머니[31]나 재산을 날려 버린 상인의 환각적 광기 같은 작용을 하고 있다. 꿈은 또 부정된 자극과 이 자극을 억압하기 위해 사용된 관념의 세부적 부분들을 자료로 사용하여, 이를 현재 마음속에 작용하고 있는 것을 꿈의 상황에 결부시키는 표현 수단으로 삼고 있다. 나는

---

[31] 그리징어의 글에 있는 여기에 해당하는 대목과 〈신경병학 중앙기관지〉 1896년에 실린 나의 〈방어 신경정신병〉에 관한 제2논문(《전집》제1권)을 참조.

'회색' 말을 탄다. 이 말의 빛깔은 내가 최근 시골에서 P를 만났을 때 그가 입고 있던 양복의 '회색'과 일치한다. 향신료가 너무 많이 든 음식물이 내 부스럼의 원인이라고 들었다. 일반적으로 '설탕'이 그 원인으로 생각되고 있지만 그보다는 병리학적으로 이 편이 옳다. P는 내 대신 어떤 여자 환자를 봐주고 있는데, 그 뒤로 나에게 '우쭐'해져 있다(의기양양하게 말을 타고 있다). 이 환자에게 나는 큰 술책을 써본 적이 있었다(꿈속에서 나는 처음에는 엉거주춤하게 걸터앉아, 마치 곡예사가 말을 타고 있는 것처럼 보인다). 그런데 이 여자 환자는 마치 일화 속 서투른 승마 이야기에 나오는 말처럼 실제로 나를 자기 멋대로 끌고 다녔던 것이다. 따라서 말은 여자 환자를 상징적으로 뜻하는 것이다(말은 꿈속에서 '매우 영리하다'). '매우 기분이 좋다'는 것은 내가 P와 교대하기 전에 그 환자 집에서 누렸던 위치와 관계가 있다. 얼마 전에 빈의 훌륭한 의사들 중에서 얼마 안 되는 나의 후원자 가운데 한 사람이 이 환자와 나의 관계에 대해서 이런 말을 한 적이 있었다. "자넨 단단히 안장 위에 올라타고 있는 줄만 알았더니" 부스럼의 고통을 참아가며 날마다 여덟 시간에서 열 시간에 걸쳐 정신 치료를 한다는 것은 여간한 재주가 아니었다. 더욱이 내가 하고 있는 특히 번거로운 치료법은 몸이 완전히 건강하지 않으면 도저히 오랫동안 계속되지 못하는 것임을 잘 알고 있었기 때문에, 이 꿈은 그런 경우에 틀림없이 나타날 상황을 우울하게 암시하고 있다(신경쇠약증 환자가 가지고 있다가 의사에게 보여 주는 종이쪽지). '아무 일도 하지 않고 아무것도 먹지 않는다.' 다시 분석을 계속해 나가다 보니 말을 탄다는 소망 상황은 현재 영국에 있는 한 살 위인 조카와 나 사이에 있었을 어린 시절의 경험 장면에 연결되고 있음을 발견할 수 있었다. 그 밖에 이 꿈은 나의 이탈리아 여행에서 비롯된 여러 요소들도 끌어들이고 있다. 꿈속의 도시는 베로나와 시에나의 인상에서 합성된 것이다. 더 깊이 분석해 보니 성적인 꿈의 사고(思考)가 나타났다. 이탈리아에 가본 적이 없는 한 부인 환자에게 그 아름다운 이탈리아에 대한 꿈의 암시가 무엇을 뜻하고 있을 것인지는 나도 잘 알고 있으며(gen Italien은 '이탈리아를 향하여', Genitalien은 '성기'를 뜻함), 거기에는 동시에 또 친구 P가 가기 전에 내가 가 있던 환자 집이나 내 부스럼이 생긴 곳과의 관련성도 물론 있다고 생각한다.

또 하나 다른 꿈에서 나는 같은 방법으로 '이번에는' 어떤 감각 자극에 의한 수면 장애를 해결하는 데에 성공했다. 그러나 꿈과 우연한 자극 사이의 관린성을 발견함으로써 이 꿈을 이해할 수 있었던 것은 아주 우연한 일이었다. 한여름 티롤 산간 휴양지에서 일어난 일이었다. 어느 날 아침 〈교황이 죽었다〉는 꿈을 꾸고서 깨어났다. 짧으나 시각적이지도 않은 이 꿈의 해석은 잘 되지 않았다. 꿈의 단서라고 하면 며칠 전 신문에서 교황의 건강이 좀 나쁘다는 기사를 본 것뿐이었다. 그러나 오전 중에 아내가 "오늘 아침에 종소리가 시끄럽게 울리는 것을 들으셨어요?" 하고 물었다. 들은 기억은 전혀 없었지만 그것으로 꿈의 뜻을 알았다. 이 꿈은 신앙심이 깊은 티롤 사람들이 나를 잠에서 깨우려 하던 그 시끄러운 종소리에 대해 내 수면 욕구가 나타낸 반응이었다. 나는 그러한 주민들에게 꿈 내용을 이루는 〈교황이 죽었다〉는 추론으로 복수한 것이다. 그러고 나서 나는 종소리에 아무 관심도 나타내지 않고 계속 잠을 잔 것이다.

앞의 여러 장(章)에서 언급한 꿈들 가운데에는 신경 자극의 작업—가공과 변형—을 나타내는 실례가 될 수 있는 몇 가지 꿈이 이미 있었으리라고 생각한다. 꿀꺽꿀꺽 무엇인가를 마시는 꿈이 그것이다. 이런 꿈에서는 신체적 자극이 유일한 꿈 원천이므로, 자극으로 인해 생기는 소망(갈증)이 유일한 꿈의 동기이다. 신체적 자극 자체가 단독으로 소망을 형성하는 것은 다른 단순한 꿈들에서도 마찬가지이다. 밤중에 뺨의 습포를 던져버리는 부인 환자의 꿈은 소망 충족을 위해 고통 자극에 반응하는 특이한 방법을 보여주고 있다. 그녀는 자신의 고통을 타인에게 전가시킴으로써 자신의 고통을 무감각하게 하는 데에 일시적으로 성공한 듯하다.

내가 꾼 그 세 명의 운명의 여신이 나오는 꿈은 분명히 배가 고픈 꿈이다. 그런데 이 꿈은 먹고 싶어 하는 욕구를 어린이가 어머니의 젖을 그리워하는 데까지 소급시켜서, 너무 노골적으로 밖으로 나타나서는 곤란한, 좀더 심각한 욕구를 은폐하기 위해 그러한 순진한 소망을 사용하고 있는 것이다. 또 툰 백작이 나오는 꿈속에서 우연하게 주어진 신체적 욕구가 정신 생활의 가장 강한, 그러면서도 가장 강력하게 억압된 충동과 어떻게 결합하는가를 보았다. 또 가르니에(A. Garnier)가 보고한 경우에서와 같이 나폴레옹이 폭발하는 지뢰 굉음을 꿈속에서 들은 뒤에 눈을 떴다고 하면, 이로써 마음의 활동이 일반적으로 수면 중의 자극에 반응한다는 사실을 뚜렷하게 증명해주는 것이다. 처음으로 큰 파산 사건을 맡은 어떤 젊은 변호사가 마음이 잔뜩 부푼 채 낮잠을 자면서 꿈에 나폴레옹과 아주 비슷하게 행동을 하고 있다. 그는 어떤 파산 사건으로 알게 된 후지아틴(Husiatin)의 G. 라이히란 사람에 대한 꿈을 꾸었다. 그러나 꿈속에서 이 후지아틴이라는 명칭이 집요하게 계속 나타났다. 잠을 깨고 나서 기관지염에 걸려 있는 그의 아내가 심하게 기침을 하고 있는 소리를 들었다 (Hussiatyn은 기침을 한다는 독 일어의 husten과 음이 비슷하다).

보통 때는 아주 잠을 잘 자는 나폴레옹의 꿈과 "병원에 출근할 시간이에요" 하고 하숙집 주인 아주머니가 깨우는 소리를 듣고도 자기가 이미 병원 안에 있는 꿈을 꾸는 바람에 안심하고 다시 계속해서 잠을 잔 그 잠꾸러기 학생의 꿈 (만일 내가 병원에 와 있는 것이라면 구태여 병원에 가기 위해 일어날 필요는 없다)을 비교해 볼 때, 학생은 명백하게 편의적인 꿈으로서 꿈을 꾼 본인은 자기가 꿈을 꾼 동기를 숨김없이 드러내고 있다. 동시에 그것에 의해서 꿈을 꾸는 일의 전반적인 비밀 하나를 폭로하고 있다. 어떤 뜻에서는 모든 꿈은 '편의의 꿈' 이다. 꿈은 깨어나는 대신에 계속 자려고 하는 의도를 도와 준다. "꿈은 수면의 파수꾼이지 그 방해자는 아니다." 잠을 깨게 하려는 정신적 요소들에 대해서도 우리는 역시 이 견해의 정당성을 다른 곳에서 입증하게 될 것이다. 그러나 객관적인 외부적 자극의 역할에 대해 이 견해를 적용할 수 있다는 사실은 여기서 그 근거를 설명할 수 있다. 마음은 외적 자극의 강도와 그 자극이 주는 의미를 무시하기 위해 수면 중의 자극들에 전혀 주의하지 않든가, 오히려 꿈을 이용하기도 한다. 또 그렇지 않으면 정신이 이 자극들을 인정하지 않을 수 없을 경우에는 현재 작용하고 있는 그 자극을 어떤 바람직한, 그리고 수면과 잘 조화될 수 있는 상황의 일부로 볼 수 있는 해석을 구하든가 한다. 꿈은 현재 작용하고 있는 자극으로부터 '그 현실성을 빼앗기 위해' 그것을 자기 속으로 끌어들인다. 나폴레옹은 잠을 계속해서 잘 수 있다. 그의 수면을 방해하려는 것은 아르콜 싸움터의 대포 소리에 대한 꿈 기억에 지나지 않기 때문이다.[32]

"의지적 자아가 지향하는 것으로서 계속해서 자고 싶다는 소망은, 또 꿈의 검열과 나중에 기술할 '제2차 가공(架空)'과 함께 꿈을 꾸게 하는 데에 그 나름대로 기여하고 있으므로, 이 소망을 꿈 형성의 동기로 항상 고려하지 않으면 안 된다. 그리고 모든 성공한 꿈은 이 소망의 충족이다." 이러한 일반적인, 언제

---

[32] 내가 알고 있는 두 원전에서는 이 꿈 내용이 서로 다르게 나타난다.

나 변함없는 소망이 꿈 내용에 의해 때에 따라 다르게 충족되는 여러 가지 소망들과 어떠한 관련성을 갖는가 하는 문제에 대해서는 다른 기회에 논하기로 하겠다. 그러나 우리는 수면 소망 속에서 바로 스트륌펠과 분트 이론의 결합을 보충하고, 외적 자극의 해석에 나타난 잘못과 불규칙성을 올바르게 해명할 수 있는 계기를 발견한 것이다. 잠자고 있는 동안에도 우리의 정신은 올바른 해석을 내릴 수 있는 능력이 충분히 있으며, 그것은 아마도 확실한 관심을 환기시키고 우리에 대해서 잠자는 것을 중지하라고 요구해야 할 것이다. 이 때문에 수면에 대한 갈망은 모든 해석 가운데에서 수면 소망이 독재적으로 행사하는 검열과 조화될 수 있는 해석만을 인정하는 것이다. 예를 들면 '이것은 밤 꾀꼬리이지 종달새가 아니다'는 식의 해석이 그것이다. 왜냐하면 그것이 종달새라면 잠으로 지낼 수 있는 즐거운 밤에 종말을 고한다는 뜻이 되기 때문이다. 지금 자극에 대해서 허용되는 해석들 가운데에서 선택되는 것은 마음속에 도사리고 있으면서 기회를 엿보고 있는 소망 충동과 가장 잘 결부될 수 있는 해석이다. 이와 같이 모든 일은 명료하게 결정되어 있으므로 그 어떠한 것도 불규칙성에 맡겨져 있는 것이라고는 없다. 그릇된 해석은 착각이 아니라(감히 말한다면) 핑계이다. 꿈의 검열을 피하기 위해 '대체'라는 방법이 있듯이, 이 경우에도 역시 정상적인 정신적 과정을 굴절시킨 하나의 행위가 인정되어야 한다.

외적인 신경 자극과 신체 자극이 너무나 강력해서, 마음이 아무래도 그것에 대해 무관심하게 있을 수 없을 때에는 그 자극들은(그 결과가 계속해서 꿈을 꾸고 있는 상태이며, 잠에서 깨어나지 않는 경우) 꿈 형성에 대해 확고한 거점(據點)을 나타내며 꿈 자료(내용)의 핵심이 된다. 이는 어떠한 소망 충족이 마치 두 가지 심리적 꿈 자극 사이를 매개하는 관념이 탐구되는(위에 설명한 것을 보라) 것과 똑같은 방법으로 탐구된다. 꿈속에서는 신체적 요소가 꿈 내용을 결정한다는 주장 또한 위와 같은 뜻에서라면 많은 꿈에 있어 타당하다. 이런 극단적인 경우에서는 꿈을 형성하기 위해서 분명히 현실적이 아닌 소망마저도 환기된다. 그러나 꿈은 어떤 상황에 대한 소망을 충족된 것으로서밖에 표현하지 못한다. 말하자면 꿈은 이와 같은 임무를 지니고 있다 해도 과언이 아니다. 즉 현재 활동하고 있는 현실적 자극을 통해서 어떤 소망을 충족된 것으로 표현할 수 있는가를 탐구하는 일이다. 현재 주어져 있는 이 자료가 고통스럽거나 불쾌한 성질의 것일지라도 그것을 꿈 형성에 필요없는 것이라고는 말할 수 없다. 정신적 생활은 그 충족이 불쾌감을 불러일으키는 소망들도 있는데, 이는 모순된 것으로 보이나, 두 가지 심리적 검문소(정신적 作因)가 있다는 것과 이 사이에 있는 검열을 생각하면 충분히 이해될 것이다.

우리가 이미 보아왔듯이 정신적 생활에는 첫 번째 체계에 속해 있으면서 그 충족이 두 번째 체계에 의해 제한을 받는 억압된 소망들이 존재한다. 나는 그러한 종류의 소망들이 존재한다고 말하는 것이지, 전에는 존재했지만 나중에 파괴되었다는 식의 역사적 사실을 말하고 있는 것은 아니다. 오히려 정신 신경증학에서 필요한 억압 이론이 주장하는 것은 이렇다. 이러한 억압된 소망들은 계속 존재하는 동시에 이러한 소망을 내리누르는 억압 또한 존재한다고. 이러한 충동을 '억누른다(抑制)'라고 표현하는 게 정확할 것이다. 그러나 억눌린 소망을 충족시키는 심리적 수단은 없어진 것이 아니라 언제든지 사용하려고 마음만 먹으면 사용할 수 있다. 그러나 이 억눌린 소망이 충족되는 날에는 두 번째(의식이 가능한) 체계의 억제가 극복되면서, 이는 불쾌감으로 나타난다. 이상의 논의를 끝내기 위하여 요약하면 수면 중에 신체적 원천에서 나온 불쾌감의 성격을 띤 자극이 존재할 때에는, 이 상황이 꿈 작업의 과정 속에 이용되어서 그 결과 평소에 억눌려 있는 소망 충족이(많든 적든 검열의 구속을 받으면서) 꿈으로 표현된다.

이 때문에 불안한 꿈이 생기는 것이다. 그러나 한편 소망 이론에 적당하지 않은 다른 꿈의 관념들은 또 다른 심리적 메커니즘의 존재를 생각하게 한다. 꿈속의 불안은 정신 신경적 불안이므로 심리적으로는 성적 흥분에서 오는 수가 있다. 이때 불안은 억압된 리비도에 대응하는 것이다. 이 같은 모든 불안한 꿈들은 노이로제 증상의 뜻을 지닌다. 그리고 우리는 여기서 꿈의 소망 충족적 경향이 좌절되는 경계선에 서게 된다. 그러나 다른 불안한 꿈들에서는 불안 감각은 신체로부터 유래하는 것이므로(예를 들면 갑자기 호흡 곤란을 겪게 되는 폐결핵 환자나 심장병 환자의 경우처럼) 그런 경우에는 이 불안 감각은 그처럼 강력하게 억눌린 소망을 꿈으로 충족시키도록 이용된다. 그런 소망의 꿈을 꾸면 심리적인 동기에서 똑같은 불안으로부터의 해방이 올지도 모른다. 표현상으로는 별개인 이 두 경우를 통합하기는 어렵지 않다. 감정적 욕구와 관념적 내용이라는 밀접하게 관련된 두 심적 형성물 중에서, 적극적이고 활동적인 쪽이 꿈속에서도 다른 한쪽을 고양시키므로 어떤 경우에는 신체적으로 주어져 있는 불안이 억압된 관념을, 또 어떤 경우에는 억압에서 해방된 성적 흥분을 수반한 관념이 불안을 일으킨다. 첫째 경우에 대해서는 신체에 주어진 감정적 욕구가 정신적으로 해석된다고 할 수 있고, 둘째 경우에는 모든 것이 정신적으로 결정되나 억압된 내용은 불안에 해당하는 신체적 해석에 의해 쉽게 대체된다고 말할 수 있다. 이 경우 우리의 이해(理解)를 가로막는 여러 난점은 꿈 자체와는 거의 관계가 없다. 우리가 이상의 논의로 불안의 전개 과정과 억압의 여러 문제들을 접한 데에서 그 난점들이 생긴다.

신체적 자극에서 비롯된 모든 감정들은 몸 내부에서 생기는 주도적인 꿈 자극의 하나이지만, 그것이 꿈 내용이 된다는 뜻은 아니다. 이러한 감정들은 꿈의 사고(思考) 과정에서, 꿈 내용의 표현에 소용될 만한 자료를 취사선택할 것을 강요한다. 즉 신체적인 모든 기분은 이 자료의 어떤 부분을 자기 성질에 적합한 것으로서 추천하나, 그렇지 않은 부분은 물리쳐 버린다. 뿐만 아니라 낮의 기억들부터 남아 있는 이 일반적인 기분은 물론 꿈에 있어 중요한 뜻을 갖는 심리적 잔재와 결합되고 있다. 이때에 이 기분 자체는 꿈속에서 그대로 유지되기도 하고 사라져버리는 일도 있어서, 이 때문에 이러한 감정은 불쾌한 것이라 할지라도 꿈에서는 그 반대로 작용하는 수가 있다.

수면 중의 신체적 자극원(즉 잠잘 때의 자극)이 대단히 강한 것이 아닐 때에는 나의 의견으로는 그 자극원들은 꿈 형성을 위해 최근의 것으로서 남아 있지만, 사소한 것에 불과한 낮의 인상들과 비슷한 역할을 한다. 즉 내가 생각하는 바로는 그 신체적 자극원들이 심리적 꿈 원천의 관 내용과 결합하는 데 적합할 때에는 꿈 형성에 참여하게 되지만, 그렇지 않을 경우에는 참여하지 않는다는 것이다. 이것들은 언제든지 손에 넣을 수 있는 값싼 자료처럼 다루어지고 있다. 만일 값비싼 자료라면 그것을 사용하는 때에도 나름대로의 방법이 필요하겠지만, 이들은 아무 때나 쉽게 사용될 수 있는 자료로 생각되고 있다. 이는 예술 애호가가 조각가에게 진귀한 보석 같은 것을 가져와서 그것을 미술품으로 만들게 하는 것과 같다. 대리석이나 사암 같은 얼룩이 없고 풍부한 자료의 경우라면 조각가는 마음놓고 자기 솜씨를 자랑하겠지만, 귀중한 자료라면 어떤 두상을 새겨내느냐, 어떤 정경을 새겨내느냐 하는 것이 그 자료의 크기나 빛깔이나 얼룩무늬 등에 의해 미리 결정되지 않으면 안 된다. 우리의 몸에서 일어나는 대단히 강하다고는 할 수 없는 신체 자극이 제공하는 꿈 내용이 밤마다 모든 꿈속에 나타나지 않는 것은 아니라는 사실을 생각해 보고 비로소 나도 이해되는 것 같다.*33

아마도 하나의 실례가 내 견해를 잘 설명해 줄 것이다. 이 실례는 우리를 다시 꿈 해석으로 이끌어 준다. 그것은 매우 자주 꿈속에서 일어나는 불안에 가까운 감정인데, 한 자리에서 꼼짝 못하고 있다거나, 아무 일도 처리하지 못하고 쩔쩔매는 것과 같은 상황은 도대체 무엇을 의미하고 있는가? 어느 날 나는 그 뜻을 이해하려고 여러 가지로 생각해 본 일이 있다. 그날 밤 나는 이런 꿈을 꾸었다. 〈나는 단정치 못한 옷차림으로 아래층의 거실에서 위층으로 올라간다. 그럴 때마다 나는 반드시 계단을 세 개씩 뛰어올라갔는데, 이렇게 빠르게 올라갈 수 있다는 것이 기뻤다. 그때 갑자기 가정부가 위층에서 내가 있는 쪽으로 내려오는 것을 보았다. 부끄러워서 빨리 가려고 했으나 그때 바로 그 저지당한 듯한 상태가 되어 계단에 못 박힌 채로 꼼짝할 수가 없었다.〉

분석

이 꿈 장면은 평상시의 현실에서 취해지고 있다. 나는 빈에 한 건물 안에 두 채의 집을 가지고 있는데, 이 두 집은 바깥 계단으로만 연결되어 있다. 아래층에는 진료소와 서재가 있고 그 위층에 주택으로 사용하고 있는 몇 개의 방이 있다. 밤늦게 아래에서 일을 마치면 바깥 계단으로 올라가서 침실로 간다. 꿈을 꾼 전날 밤, 이 짧은 계단을 나는 실제로 좀 흩어진 차림새로 올라갔다. 칼라도 소매도 단추를 채우지 않고 넥타이도 푼 채였다. 그것이 꿈속에서 과장되어 꿈에 흔히 있듯이 막연하나마 단정하지 못한 차림새로 되어 있었다. 계단을 뛰어넘는 것은 계단을 오를 때의 내 버릇이다. 그러나 이것은 이미 꿈속에서 인정된 소망의 충족이다. 왜냐하면 쉽사리 계단을 뛰어넘어 오를 수 있음으로써 자신의 심장 상태를 확인하고, 이만하면 염려 없다고 스스로를 안심시키고 있었기 때문이다. 그리고 이렇게 해서 계단을 올라가는 것은 꿈의 후반부에서 저지되어 움직일 수 없게 되는 것에 대한 유력한 반대물이다. 그것은

---

*33 랑크는 일련의 연구에서, 기관(器官) 자극에 의해서 잠을 깨게 만드는 꿈(소변 자극 꿈이나 몽정 꿈)은 수면 욕구와 기관 욕구 사이에 일어나는 투쟁, 그리고 기관 욕구(수면 욕구 이외의 다른 생리적 욕구, 예를 들면 소변이 마려운 것)가 꿈 내용에 끼치는 영향 등을 설명하는 데 특히 적합하다는 것을 보여준다.

나에게 일부러 증명할 필요는 없겠지만, 꿈속에서는 운동 행위가 완전히 수행된 것으로 생각해도 아무런 지장이 없는 것을 표시해 주고 있다. 꿈속에서 하늘을 나는 일이 있다는 것을 생각하면 된다.

그러나 내가 올라간 계단은 우리 집 계단이 아니었다. 처음에는 어느 집 계단인지 몰랐는데, 위에서 가정부가 내려오는 바람에 겨우 그것이 누구네 집 계단인지를 알았다. 가정부는 하루 두 번씩 내가 주사를 놓기 위해 왕진하는 늙은 부인의 집 하녀였다. 사실 계단도 하루 두 번씩 드나드는 그 집 계단과 꼭 같았다.

그런데 어떻게 이 계단과 가정부가 나의 꿈속에 들어왔을까? 단정한 차림새가 아니어서 부끄럽게 생각하는 것에는 틀림없이 성적(性的)인 성격이 있으며, 내가 꿈에서 본 가정부는 나보다 나이도 많고 애교도 없으며 빈말로라도 매력적이라고는 할 수가 없었다. 이런 점들에 대해 나의 뇌리에 떠오르는 것은 다음과 같은 것이었다. 즉 이 환자의 집을 아침에 왕진할 때면 반드시 계단 위에서 기침을 하고 싶어진다. 가래는 계단 위에 떨어진다. 이 집에는 위에도 아래에도 쓰레기통이 하나도 없다. 그래서 나는 계단을 깨끗이 해두려면 쓰레기통을 비치하면 되는 것이지, 내가 구태여 기침을 참을 필요는 없다고 생각했다. 이 집 가정부도 꿈속의 하녀와 같이 나이 들고 애교 없는 여인이었으나, 보아하니 깨끗한 것을 좋아하는 것 같았다. 그러나 계단을 청결하게 해둔다는 점에서는 나와 다른 의견을 가지고 있었다. 그녀는 또 내가 침을 뱉지나 않을까 하고 숨어서 보다가 내가 침을 뱉는 것을 알면 들으라는 듯이 무엇이라고 종알댄다. 그런 때는 얼굴을 마주쳐도 그녀는 며칠 동안이나 아는 체도 않았다. 그런데 꿈을 꾼 전날 그 집 하녀가 나에게 주의를 준 일로 해서 이 가정부 쪽이 더 강한 입장이 되었다. 내가 여느 때와 같이 부지런히 왕진을 끝마치고 나왔을 때, 하녀가 현관에서 나를 붙잡고 이렇게 말했다. "선생님, 오늘 방에 들어가실 때 구두를 깨끗이 닦으실 걸 그러셨어요. 빨간 양탄자가 선생님 구두 때문에 엉망이 되어 버렸답니다." 이것이 계단과 하녀를 내 꿈속에 나타내기 위해 제기할 수 있었던 모든 요구였다.

계단을 몇 칸씩이나 뛰어서 올라가는 것과 계단 위에 침을 뱉는 것 사이에는 강한 연결이 있다. 인두염과 심장 장애는 모두 흡연이라는 나쁜 버릇에 대한 벌이라고 생각하고 있다. 이 흡연 습관 때문에 나는 아내에게도 깨끗하지

못하다는 말을 듣고 있는 터이므로, 이 점은 그 환자의 집과 내 집은 오십보백
보인지라 꿈은 이 두 집을 하나의 형성물로 융합시켜버린 것이다.

이 꿈을 더 이상 해석하는 것은 단정치 못한 복장이라는 유형의 꿈이 어디
서 생기는가를 논할 때까지 연기해 두지 않으면 안 되겠다. 다만 우선 결론으
로서 무엇인가에 저지당해서 움직일 수 없다는 꿈의 감각은 어떤 관련에 의
해 필요할 때는 언제든지 환기되는 점만을 말해 두겠다. 수면 중에 있어서 나
의 운동 능력의 어떤 특수한 상태가 이 꿈 내용의 원인일 수는 없다. 왜냐하
면 그 바로 직전에 나는 마치 이 인식을 확인이라도 하는 듯이 가볍게 계단을
뛰어 올라갔기 때문이다.

D. 전형적인 꿈

우리는 일반적으로 어떤 사람이 꿈 내용의 배후에 있는 무의식적인 사고를
알려 주려고 하지 않는다면 그 사람의 꿈을 해석할 수 없다. 따라서 우리의 방
법으로 꿈 해석을 할 때 실제적인 효력은 현저하게 떨어진다.*34 그러나 개인이
자신의 특수성 속에 스스로 꿈 세계를 자유롭게 구성함으로써 다른 사람들
은 그 꿈을 이해하기 어렵게 되지만, 이와는 반대로 거의 모든 사람에게 똑같
은 방법으로 나타나는 몇 가지 꿈들이 있다. 이런 꿈들에 대해서 우리는 그것
이 누구에게나 동일한 뜻을 가진다고 흔히 이야기한다. 이 전형적인 꿈들은 특
별한 관심을 끌고 있는데, 그 까닭은 이러한 전형적 꿈들은 누구에게나 똑같
이 하나의 원천에서 유래한다고 말할 수 있기 때문이다.

따라서 우리는 특별한 기대를 가지고 우리가 가진 꿈 해석의 기술을 이 전
형적인 꿈에 적용해 보려 하지만, 유감스럽게도 우리의 기술은 이 꿈에 대해서
별로 신통한 효력을 발휘하지 못함을 고백하지 않을 수 없다. 전형적인 꿈들을
해석할 때에 있어 대개의 경우 나는 이해의 실마리를 줄 만한 것을 생각해 내
지 못한다. 혹 생각이 떠올랐다 해도 불분명하고 불충분하기 때문에 그런 것

---

*34 꿈을 꾼 당사자의 연상 자료들을 자유로이 이용하지 못하면 우리의 꿈 해석 방법이 응용
될 수 없다는 명제는 다음과 같이 보충될 필요가 있다. 즉 꿈꾼 본인이 꿈 내용 속에 '상징
적' 요소를 사용하고 있을 경우에는 우리의 해석 작업은 이 연상 자료(내용)들에 의존하지
않는다. 엄밀히 말하자면 그럴 경우에는 두 번째 단계의 '보충적' 방법을 써서 꿈 해석을
한다(뒷장을 보라).

을 방법으로 해서는 우리의 과제를 풀 수가 없다.

어디 어떻게 해서 이런 일들이 일어나는가? 또 어떻게 하면 우리의 방법상의 결함을 수정할 수 있는가? 이에 대해서는 이 장(章)의 뒤에서 고찰하게 될 것이다. 그때가 되면 독자들도 왜 내가 여기서는 유형적인 꿈들 가운데에서 몇가지 예들만을 다루면서 그 밖의 전형적인 꿈들을 뒷장으로 미루는가를 알게될 것이다.

a. 나체로 당황하는 꿈

낯모르는 사람 앞에서 벗고 있다든가 단정치 못한 복장으로 있는 꿈, 그런데도 조금도 부끄럽게 생각되지 않는 느낌을 동반하는 경우가 있다. 벌거벗은 꿈은 꿈에서 수치심과 당혹감을 느끼고 도망치거나 숨으려고 하지만, 실제로 저지당한 것처럼 꼼짝도 할 수 없어서 이러한 난처한 상황을 변화시킬 수 없다고 느끼는 경우에만 우리의 관심을 끈다. 이런 모순된 관계가 결합되어 있을 경우에만 벌거벗은 꿈은 전형적인 꿈이 된다. 그러한 꿈 내용의 핵심은 그 밖의 많은 자료들과 관련을 맺고 있거나, 또 개인적인 첨가물을 갖고 있어도 관계없다. 자신의 나체를 대부분의 경우는 상황을 바꿈으로써 감추려 한다. 그런데 그것이 되지 않는다는 수치의 감정에서 오는 고통, 이것이 본질적인 것이다. 독자 여러분 가운데 거의 대부분이 꿈속에서 이런 상황에 놓인 경험이 있으리라 생각한다.

벌거벗은 상태나 정도는 대개 그다지 뚜렷하지 않은 것이 보통이다. 예를 들면 속옷을 입고 있었다는 말을 흔히 들으나, 이것이 뚜렷한 영상인 경우는 드물다. 대체로 옷을 입고 있지 않았다고 해도 그것은 매우 불분명해서 셔츠 아니면 팬츠를 입고 있었다는 식으로, 물어보면 이것인지 저것인지 이야기가 분명치 않다. 보통 복장을 갖추지 않고 있는 것은 그다지 부끄러워할 필요가 없으므로 그리 심한 것은 아니다. 군인의 경우에는 나체 대신 규칙에 위반된 복장이 곧잘 나타난다. 칼을 차지 않고 길에 서 있다가 저편에서 상관이 오는 것을 보았다든가, 깃에 휘장을 달지 않았다든가, 체크무늬로 된 평복 바지를 입고 있었다는 따위이다.

다른 사람에 대하여 부끄럽게 생각했었다고 말하지만, 그 사람이 어떤 표정을 지었던가를 물어보면 언제나 분명치 않다. 그 때문에 당황스럽게도 복장을 제대로 갖추지 못한 것이 상대방의 비난을 받는다든가, 상대방의 눈에 띈다든가 하는 것은 이 유형의 꿈에서는 절대로 일어나지 않는다. 반대로 타인은 모두 무관심하거나, 혹은 내가, 특히 어떤 명백한 꿈에서 인정한 것이지만 점잖게 무표정한 상태로 있다. 이것은 생각해야 할 문제이다.

꿈을 꾸고 있는 본인이 부끄러워서 당황해하는 감정과 그것을 보고 있는 사람들의 무관심은, 꿈속에 흔히 나타나는 모순이다. 꿈을 꾸고 있는 사람의 기분으로 말하자면 다른 사람들이 그런 모습을 보고 놀라서 자기를 바라보며 비웃든가, 자기를 보고 화를 내야만 이치에 알맞다. 내가 볼 때, 이 불쾌함은 소망 충족으로 제거될 수 있다. 그러나 이 두 가지 부분이 서로 조화를 이루지 못한다. 다른 한쪽의 수치스러워 당황해하는 점은 어떤 힘에 지탱되어 잔존하고 있기 때문에 양자 사이에 차질이 생긴다고 생각한다. 소망 충족 때문에 그 형태가 부분적으로 왜곡되어서 올바르게 이해되지 않는다는 꿈에 대한 흥미로운 증거가 하나 있다. 그것은 《임금님의 새옷》이라는 안데르센의 작품에 나오는, 누구나 잘 아는 동화의 기초가 되어 있는 꿈이다. 이 동화는 최근 풀다(Ludwig Fulda)의 《부적(符籍)》이라는 작품 속에서도 문학적으로 표현되고 있다. 안데르센의 동화에는 두 사기꾼 이야기가 나온다. 그들은 임금님을 위해 값진 옷 한 벌을 만들었는데, 이 옷은 착한 사람과 충성스러운 사람의 눈에만 띄도록 만들어진 것이다. 임금님은 이 눈에 보이지 않는 옷을 입고 외출한다. 그러나 백성들은 이 신비스러운 옷의 힘에 겁을 먹고 임금님의 나체를 모르는 척한다.

우리의 꿈 상황이 바로 이것이다. 이해할 수 없는 꿈 내용이 하나의 자극을 주어서 어떤 표현 형식을 만들어내고, 이 표현 형식을 사용하면 기억으로 떠올리기 이전에 일어났던 상황들이 뜻 깊은 것이 된다고 생각할 수 있으리라. 그때 이러한 상황들은 본래의 뜻을 빼앗기고 지금까지 관계없었던 여러 목표들을 위해 이용된다. 그러나 우리는 꿈 내용의 이러한 오해가 이차적(二次的) 신체계 정신체계의 의식적 사고 활동에 의해 자주 일어나며, 이것이 꿈 형성의 궁극적인 하나의 한 요인으로 인정된다는 것을 알게 될 것이다. 또 강박 관념이나 공포증의 형성에 있어 이것과 비슷한 오해 역시 개개인의 내면 세계에 있어 마찬가지로 주요한 역할을 하는 것을 보게 될 것이다. 꿈 해석에 있어서 변화를 위한 자료가 어디서 취해지는지는 위의 꿈에 대해서도 설명할 수 있다.

동화 속의 사기꾼에 해당하는 것은 꿈 자체라고 말할 수 있으며, 임금님은 꿈을 꾸고 있는 본인이므로 이 동화의 도덕적인 경향은, 꿈의 잠재 내용은 용납될 수 없는 억압된 소망이 바로 문제라는 막연한 자각을 암시적으로 나타내고 있다. 노이로제 환자를 분석하는 동안 나는 이런 꿈이 나타내는 관련성을 생각해 보았는데, 이 꿈의 밑바닥에는 아주 어렸을 때의 기억이 놓여 있음을 의심할 여지가 없었다. 우리가 가족이나 유모나 가정부, 또는 손님 같은 다른 사람들 앞에서 옷을 입지 않고도 태연할 수 있었던 것은 어린 시절에 한정되어 있었다. 그리고 그 무렵에는 자신의 나체를 조금도 부끄럽게 생각하지 않았다.*35 옷을 벗는 것이 아이들을 부끄럽게 하기는커녕 도리어 기쁘게 하는 것은 상당히 큰 아이들에게서도 흔히 볼 수 있다. 벌거벗은 아이들은 웃고 뛰놀며 자기 배를 두드리기도 한다. 그러면 어머니와 거기 있던 사람들이 모두 아이를 보고 "이게 뭐냐, 흉하게. 이러면 안돼요" 하고 나무란다. 아이들은 종종 노출 욕구를 나타낸다. 우리는 마을을 지날 때 사람들에게 인사를 하려는 뜻에서인지 두세 살 난 어린 아이들이 셔츠를 걷어올려 보이는 광경을 만난다. 내 환자 한 사람은 8세 때의 한 광경을 분명하게 기억하고 있었다. 자기 전에 옷을 벗고 속옷차림으로 옆방의 누이동생에게 가려고 하자 가정부가 그것을 말린 장면이다. 노이로제 환자의 소년기에는 이성(異性) 앞에서 몸을 노출시키는 것이 큰 역할을 한다. 편집증에서는 옷을 입거나 벗거나 할 때 사람들이 보고 있다는 망상을 이런 어린 시절의 체험에 귀착시킬 수 있다. 성 도착증 환자들 가운데에는 유아적 충동이 증세로 앙양되어 있는, 노출증 환자들이 있다. 우리는 과거를 회상할 때 부끄러움을 몰랐던 어린 시절을 천상의 낙원처럼 생각한다. 그러나 천상의 낙원 그 자체는 개개인의 어린 시절에 대한 집단적 환상일 뿐이다. 그렇기 때문에 또 천상의 낙원에서는 사람들이 벌거벗고도 부끄러워할 줄을 몰랐던 것인데, 수치와 불안의 눈을 뜨는 순간이 찾아와 낙원으로부터 추방되고, 이로써 남녀의 성생활과 문화적 활동이 시작된 것이다. 그런데 꿈은 밤마다 이 낙원으로 우리를 다시 데려가 준다. 우리는 이미 유아기(만 3세 무렵까지의 역사 이전의 시기)의 여러 인상들은 다만 그 자체로서, 그 본질적 내용과는 관계없이 재현되기를 바라고 있는 듯하다. 다시 말해 그 재현이

---

*35 그런데 또 그 동화 속에는 어린 아이가 등장한다. 거기서 한 작은 아이가 갑자기 "뭐야, 임금님은 아무것도 안 입었잖아"라고 외쳐서 사람들을 당황하게 만든다.

하나의 소망 충족이 아닐까 하는 추측을 앞에서 서술해 두었다. 벌거벗는 꿈은 따라서 '노출에 대한 꿈(Exhibitionstraum)'이다.[36]

노출 꿈의 핵심을 이루고 있는 것은 자기 자신의 모습과 복장을 갖추지 않고 있는 것이다. 자기의 모습이라고 해도 그것은 어린 시절의 모습이 아니라 현재 볼 수 있는 자기의 모습이다. 또 복장을 제대로 갖추지 못하고 있는 것은 유아 시절 이래 많은 기억들이 겹쳐져 있기 때문인지, 혹은 검열 때문인지 아무튼 모호한 상태에 있다. 여기에 자신들 앞에 있으면 부끄러움을 느끼게 될 사람들의 모습도 나타난다. 유아 시절 노출을 경험했을 때에 실제로 그것을 본 사람이 꿈속에 다시 등장하는 예를 나는 본 적도 들은 적도 없다. 꿈이란 결코 단순한 기억이 아니다. 유아기에 우리의 성적 관심을 끈 사람이 꿈이나 히스테리, 강박 노이로제의 재현 속에는 전혀 나타나지 않는다는 사실은 주목할 만하다. 편집증에서만 그런 노출을 본 사람이 다시 나타나서—눈에 보이지 않는데도 불구하고—거기 있다고 미친 사람 같은 확신을 가지고 단언한다. 꿈은 그런 사람들 대신, 그런 연극에는 아무런 관심도 없는 많은 낯선 사람들을 끌어들인다. 이것은 전에 그 사람 앞에서 몸을 노출시켜 보인 한 사람 한 사람의 잘 아는 사람에 대한 '소망의 대립물'일 뿐이다. '많은 낯선 사람들'은 이 밖에도 꿈에서는 다른 맥락들과의 관련 속에 우연히 나타나기도 한다. 그런 사람들은 언제나 소망의 대립물로서 '비밀스럽게' 암시되어 있다.[37] 편집증의 경우 일어나는 옛 상황의 부활이 또 얼마나 이 소망하는 대립물을 고려하고 있는지를 잘 알 수 있다. 나는 이미 혼자가 아니다. 남에게 관찰되고 있는 것이 분명하다. 그러나 관찰하고 있는 것은 '많은 낯선, 이상하게 모호한 사람들'이라는 것이다.

그 밖에 또 노출 꿈에 있어서는 억압이 표현된다. 이런 꿈이 갖는 고통스런 느낌은 노출 장면의 내용이 억압에 의해 거부되는데도 불구하고 관념화되었다는 사실에 대한 이 이차적 정신체계의 반응이다. 이런 고통스런 느낌을 겪지 않으려면 그 장면이 꿈속에 재현되어서는 안 되었던 것이다.

---

[36] 부인에게서 볼 수 있는 흥미 있는 나체 꿈의 대부분은 그다지 어려움 없이 유아적 노출 욕구로 환원할 수 있다. 그러나 많은 점에서 상기한 '전형적인' 나체 꿈과 다르다는 점에 대해서 페렌치의 보고가 있다.

[37] 꿈속에서 온 가족이 모인다는 것 또한 같은 의미를 가진다.

억압된 감정에 대해서는 나중에 다시 한 번 논하겠다. 이 감정은 꿈속에서 '의지(意志)의 갈등', 즉 '아니다'를 표현하는 데에 훌륭한 하나의 역할을 한다. 무의식적 의도에 따르면 노출은 계속되어야 하고, 검열의 요구에 따르면 중단되어야 한다.

동화나 그 밖의 문학적 소재와 우리가 말하는 전형적인 꿈들과의 관계는 확실히 그리 드문 것도 아니고, 또 우연한 것도 아니다. 예리한 시인의 눈이 이 변용 과정을(시인이야말로 보통은 이 과정의 도구이지만) 정신 분석적으로 인식하고 거슬러 올라가 추구하여, 결국 문학을 꿈으로 환원시킨 일도 종종 있다. 나는 한 친구로부터 고트프리트 켈러(Gottfried Keller)의 《녹색의 하인리히(Der grüne Heinrich)》속에 다음과 같은 구절이 있다고 들었다. "레에 씨, 호메로스의 작품에 오디세우스가 벌거벗은 채 흙투성이가 되어 나우시카와 그의 친구들 앞에 나타나는 부분이 있지요? 나는 당신이 이 오디세우스의 처지가 되어 이 독특하고 흥미로운 진리를 실제로 깨달아 알기를 바라는 것은 결코 아닙니다. 그렇지만 이것이 대체 무슨 뜻인지 알고 싶습니까? 호메로스가 묘사한 이 부분을 잘 검토해 봅시다. 만일 당신이 고향을 떠나서, 당신이 정들여온 모든 것들과 떨어져서 이국땅 하늘 아래를 방황하고 있다고 가정해 봅시다. 당신은 여러 가지를 듣고 보며 많은 것들을 경험하지만, 고된 이국 생활 속에 시름에 빠지게 되면 반드시 당신은 밤에 이런 꿈을 꿀 것입니다. 바로 당신이 한 걸음 한 걸음 고향에 가까이 가는 꿈을 말입니다. 꿈속의 고향은 더없이 아름다운 빛으로 빛나고 있고, 정답고 아름답고 그리운 사람들이 당신이 있는 곳으로 걸어옵니다. 그러면 갑자기 당신은 자기가 보기 흉한 모습을 하고 알몸으로 먼지투성이가 되어 걸어다녔다는 것에 생각이 미칠 것입니다. 무엇이라고 표현할 수 없는 수치심과 불안이 당신을 사로잡게 됩니다. 당신은 몸을 숨기기 위해 어딘가에 숨으려고 합니다. 바로 그때 당신은 땀에 흠뻑 젖은 채 눈을 뜨게 되는 것이지요. 이 세상에 인간이 존재하는 한, 이것이 고뇌로 가득한 세상에 내던져진 인간이 꾸는 꿈입니다. 이렇게 호메로스는 인간이라는 것의 가장 깊은 영원한 본성을 바탕으로 그 오디세우스의 이야기를 설정한 것입니다."

보통 시인이란 인간성의 가장 깊은 영원한 본질을 독자의 마음에 환기시키는 데에 공헌한다. 그러나 이 가장 깊은 영원한 본질이란 나중에는 역사 이전의 것이 되어 버리는 유아기에 뿌리박고 있는 심리적 생활의 여러 움직임일 뿐이다. 고향을 잃은 사람의 의식에 떠오를 수 있는 조금도 흠잡을 수 없는 소망 뒤에, 억압되고 용납될 수 없는 것이 되어 버린 유아기적 소망들이 고개를 쳐들고 꿈속에 나타난다. 이 때문에 나우시카의 전설을 객관화한 꿈은 보통 하나의 불안한 꿈으로 바뀌게 된다.

앞에서 소개한 나 자신의 꿈은 처음에는 바삐 계단을 올라가나 나중에 곧 계단 위에서 못 박혀 버리는 것같이 바뀌어 버린다. 이 꿈은 노출 꿈의 본질적인 여러 요소들을 나타내고 있으므로 역시 하나의 노출 꿈이다. 따라서 이 꿈은 유아기의 경험으로 귀착시킬 수 있다. 그러한 경험이 어떤 것인지 알게 되면 가정부가 나에 대해 가진 태도나, 내가 양탄자를 더럽힌 것에 대한 가정부의 비난을 통해, 꿈속에서 그녀가 하는 역할에 대해 나는 독자에게 설명해야 하리라. 그리고 나는 실제로 다음과 같이 설명할 수 있다. 정신 분석에서는 시간적 접근에서 구체적인 관련을 유추한다. 만일 두 가지 사고(思考)가 언뜻 보아서 아무런 관련 없이 직접 서로 이어 나타날 경우, 이 두 사고는 하나로 통합될 수 있다. 이는 마치 내가 ‘a’라 쓰고 그것과 나란히 b라 쓰면 ab라는 하나의 철자로 ‘압’으로 발음되는 것과 같다. 꿈의 전후 관계도 이와 같다. 위에 기록한 계단의 꿈은 하나로 연결된 꿈에서 끄집어낸 것이므로, 나는 이 꿈 이외의 부분들도 꿈 해석을 통해 이미 알고 있다. 그 꿈들에 둘러 싸여 있으므로 이 꿈은 그 하나로 연결된 꿈과의 관련에서 고찰되어야 한다. 그런데 그 꿈을 싸고 있는 다른 여러 꿈들의 밑바닥에는 어떤 음모에 대한 기억이 놓여 있다. 이 유모는 아기 때부터 두 살 반쯤까지 나를 돌봐 주었기 때문에 내 의식 속에는 이 유모의 기억이 희미하게 남아 있다. 최근에 어머니로부터 들은 바에 의하면 이 유모는 늙고 얼굴은 못생겼지만, 머리가 아주 좋고 착실했다고 한다. 내가 나의 꿈에서 끄집어낼 수 있었던 추론에 따르면, 유모는 언제나 나를 부드럽게만 대하지는 않았다. 깨끗하게 하라고 아무리 시켜도 내가 그 말을 지키지 않거나 하면 몹시 꾸짖었다는 것이다. 그렇다면 꿈속에서 가정부는 유모의 이 훈육 방법을 계속하려고 노력함으로써, 꿈속에서 나의 의식 이전의 늙은 유모의 화신(化身)으로서 나에게 다루어질 것을 요구하고 있는 것이다. 어린 나는 심한 꾸지람을 받아가면서도 이 유모를 좋아했다고 생각할 수 있다.*38

*38 이 꿈의 보충적 해석. ‘계단 위에 침을 뱉다(ayf der Treppe spucken)’는 ‘유령이 나타난다 (spuken)’가 망령의 활동을 의미하므로 그대로 번역하면 프랑스어의 ‘계단의 정신(기지, 機

b. 가까운 사람이 죽는 꿈

전형적인 꿈이라고 불러도 좋은 또 한 종류의 꿈은 소중한 가족, 부모라든가 형제자매라든가 아이 등이 죽었다는 내용의 꿈이다. 이런 꿈은 우선 두 종류로 구별해야 한다. 하나는 그런 꿈을 꾸어도 당사자가 꿈속에서 조금도 슬픔을 느끼지 않기 때문에 잠을 깬 뒤에 자신의 부정함을 의심하는 경우이고, 또 하나는 꿈속의 그런 죽음에 몹시 슬픔을 느끼고 잠을 자면서 뜨거운 눈물을 흘리는 꿈이다.

첫 번째 꿈에 대해서는 언급하지 않기로 하겠다. 그것은 이 꿈이 전형적인 꿈으로 보기 어렵기 때문이다. 이런 꿈을 분석해 보면 그 내용과는 다른 뜻을 가지므로 어떤 다른 소망을 은폐하는 역할을 지니고 있음을 알 수 있다. 자기 언니의 외아들이 관 속에 담겨져 있는 광경을 본 그 여자의 꿈이 바로 이런 종류의 꿈이다. 이 꿈의 뜻은 그녀가 어린 조카의 죽음을 바라는 것이 아니라 오랫동안 만날 수 없었던 애인과 다시 만나려는 소망을 감추고 있었던 것임을 우리는 이미 살펴보았다. 전에 다른 조카가 죽었을 때 그 관 옆에서 애인을 오래간만에 만날 수 있었기 때문이다. 이 소망이야말로 이 꿈의 본래 내용이었으므로 슬픔의 동기가 될 수 없는 것이다. 때문에 꿈속에서 전혀 슬픔을 느끼지 않았던 것이다. 이 경우에 인정되는 것은 꿈속에 포함된 감정은 겉으로 드러난 내용에 속하는 것이 아니라 잠재 내용에 속한다는 것, 그리고 꿈의 정서 내용은 관념 내용에 덧붙여진 왜곡을 받지 않는다는 사실이다.

사랑하는 가족이 죽어서 비통한 감정을 느끼는 꿈은 전혀 다르다. 이런 꿈은 그 꿈 내용이 증명하고 있는 것, 즉 그 사람이 죽었으면 좋겠다는 소망을 뜻하고 있다. 내가 이런 해석을 하는 데 대해 이와 비슷한 꿈을 꾼 적이 있는 독자 여러분께서는 그럴 리가 없다고 반대할 것이 틀림없다고 생각되므로, 여기서 나는 충분한 자료에 의거하여 내 견해의 증거를 보이려고 한다.

이미 우리는 어떤 꿈 하나를 설명하면서, 그 꿈속에 실현된 것으로 표현된 소망이 반드시 현재 작용하고 있는 소망은 아니라는 것을 알았다. 그것은 이미 오래전에 지나가고 처리된, 우리의 의식(意識) 밑바닥에 깔려 버린 억압된

智)(esprit d'escalier)'이 된다. '계단의 정신(기지)(Treppenwitz)'이란 대체로 눈치가 좀 부족하다는 것을 가리킨다. 나는 사실 나 자신에게 이런 눈치가 좀 부족하다는 것을 알고 있다. 그러나 이 유모에게 그런 눈치가 부족했는지의 여부는 잘 모른다.

소망일 수도 있다. 다만 그것이 꿈속에 다시 나타났기 때문에 우리는 그 소망이 아직 존재한다는 것을 인정하지 않을 수 없는 것이다. 그것은 우리의 개념(概念)에 따르면, 죽은 것이 아니라 피를 빨자마자 되살아나는 《오디세이아》 속의 망령과 같은 것이다. 그 상자 속 죽은 아이의 꿈에서는 15년 전부터 열렬히 간직해 온 어떤 소망이 문제였다. 나는 여기서 이 소망의 밑바닥에는 아주 이른 유아기의 기억이 깔려 있다고 부언해 두겠는데, 이 부가적인 의견은 아마도 꿈 이론과 결코 무관한 것은 아니라고 생각한다. 그 꿈을 꾼 부인은 자기가 어렸을 때(그것이 언제였는지는 확신할 수 없지만) 자기를 임신한 어머니가 몹시 기분이 언짢아서 뱃속의 아이가 죽었으면 좋겠다고 생각한 적이 있었다는 말을 들었다. 그러므로 그녀 자신도 어른이 되어 임신을 했을 때, 자기 어머니의 선례를 따른 것에 불과하다.

어떤 사람이 부모나 형제자매가 죽은 꿈을 꾸고 비탄에 잠겼을 경우, 나는 이 꿈을 가지고 그 꿈을 꾼 사람이 그 가족 중의 누가 죽기를 '현재' 바라고 있는 증거라고 말할 생각은 절대로 없다. 꿈 이론에는 그만한 권한이 없다. 꿈 이론은 그 사람이 어린 시절의 어떤 시기에 그 가족 가운데 누군가가 죽었으면 좋겠다고 바란 일이 있었다고 추론하는 것만으로 만족한다. 그러나 이렇게 꿈 이론에 제한을 해도 내 견해에 반대하려는 사람에게는 여전히 납득이 가지 않을 것이라고 생각한다. 그들은 여전히 집요하게 "나는 지금까지 한 번도 그런 것을 생각한 적이 없다, 하물며 현재 그런 소망을 품고 있다니 당치 않은 소리이다"라며 반대할 것이다. 따라서 나는 지금도 그렇다고 지적할 수 있는 증거에 따라 오래전에 소멸되어 버린 어린이의 정신 생활의 일부를 여기에 재구성하려 한다.[39]

우선 아이들의 형제자매 관계를 생각해 보기로 하자. 형제자매 사이를 무턱대고 정다운 것이라고만 생각할 수는 없다. 왜냐하면 어른들의 세계를 보아도 형제간 불화는 얼마든지 있으며, 또 형제자매간 불화의 씨가 어린 시절에서 비롯되거나 상당히 오래전부터 계속되고 있음을 쉽게 확인할 수 있기 때문이다. 그리고 지금 와서는 서로 사랑하고 돕고 있지만, 어른들 대부분이 어렸을 때

*39 이 점에 대해서는 〈정신 분석·정신 병리 연구 연감〉 제1권, 1909년(《전집》 제7권)에 실린 다섯 살 난 사내아이의 공포증 분석 및 노이로제에 관한 소론집 속편 가운데 유아의 성욕 이론에 대해서《전집》 제7권)를 참조.

는 늘 싸우면서 지냈다. 손위 아이는 손아래 아이를 집적거리거나 어른에게 일러바치고 장난감을 뺏거나 한다. 손아래 아이는 손위 아이에게 당해내지 못하기 때문에 화를 내고 이를 갈며, 손위 아이를 부러워하며 두려워하거나 또는 자유에 대한 강한 욕구나 정의감의 첫 움직임을 압박자인 손위 아이에게 돌렸던 것이다. 부모들은 우리집 아이들은 형제간에 사이가 나쁘다고 불만을 터뜨리지만, 그 원인을 찾아내지 못한다. 행실이 좋다고 인정되는 아이들도 그 성격을 자세히 관찰하면, 어른들이 기대하는 것과는 다르다. 아이들은 절대적으로 이기적이다. 아이는 자기의 욕구를 강력하게 느끼며, 특히 그 경쟁 상대인 다른 아이들, 첫째로 자기 형제자매에 대해서 어떤 일이 있더라도 그 욕구를 만족시키려 한다. 그렇다고 해도 우리는 아이들을 '못된 아이'라고는 말하지 않고 '버릇이 없는 아이'라고 한다. 어린 아이는 우리 스스로 판단하더라도, 또 법률 규정으로 말하더라도 자기의 나쁜 행위에 대해 책임이 없다.

그래도 아무런 지장이 없다. 왜냐하면 우리가 유아기라고 말하는 기간 동안에 이미 이 작은 이기주의자 속에는 이타적인 마음의 움직임이나 도덕심이 눈을 뜨고, 마이네르트의 2차적 자아가 1차적 자아를 덮고 1차적 자아의 움직임을 저지한다고 기대하여도 되기 때문이다. 물론 도덕심이 동시에 전면적으로 생기지는 않는다. 또 부도덕적인 유아기의 연속 기간도 아이에 따라 각각 다르다. 또 그런 도덕심이 언제까지나 나타나지 않는 아이를 보고 우리는 흔히 '퇴행(Degeneration)'이라는 말을 쓴다. 그러나 이 경우 분명하게 문제가 되는 것은 그런 도덕심의 발달에 대해 억제가 있느냐의 여부이다. 제1차 성격이 후기의 발달에 의해 이미 감추어져 있을 경우라도 히스테리에 걸리면 적어도 이 제1차 성격이 부분적으로 표면에 나타나는 수가 있다. 흔히 말하는 히스테리적 성격과 장난꾸러기 성격의 일치는 누구의 눈에도 뚜렷한 것이다. 이와 반대로 강박 노이로제는 다시 움직이기 시작하는 제1차 성격에 대해 무거운 부담으로 부과된 과잉 도덕심에 해당한다.

말하자면 지금은 형제자매를 사랑하고 있어서 그들이 죽거나 하면 말할 수 없는 슬픔에 잠기는 많은 사람들도 그들의 무의식 세계 속에서 옛적부터 형제자매에 대하여 나쁜 소망을 품고 있기 때문에 그 나쁜 소망이 꿈속에 나타나 자기를 실현할 수 있다. 특히 흥미 있는 것은 세 살 또는 세 살 조금 넘은 어린 아이가 손아래 누이나 동생에게 대할 때의 태도이다. 동생이나 누이가 태어나기 전까지는 그 아이가 혼자였는데, 지금 황새가 아기를 데리고 왔다는 말을 듣는다. 이 아이는 새로 태어난 아기를 보고 이렇게 말한다. "황새가 도로 데리고 가버렸으면 좋겠는데."[40]

언제나 진지하게 생각하는 것이지만, 아이는 새로 태어나는 동생 때문에 어떤 손해를 입게 되는가를 확실히 계산에 넣고 있다. 어떤 친한 부인에게서 들은 이야기이다. 이 부인은 지금은 네 살 아래의 여동생과 아주 사이가 좋으나 어렸을 때에는 여동생이 태어났다는 말을 듣고 "내 빨간 모자는 아기에게 주지 않을 테야"라고 했다는 것이다. 아이가 동생에 대한 적의를 분명히 의식하게 되는 것은 아주 나중의 일이라 할지라도, 이 적의가 눈 뜨는 것은 동생이 태어난 시점이다. 세 살이 될까 말까 한 계집아이가 요람 속에 있는 아기의 목을 졸라서 죽이려고 한 사건을 나도 알고 있다. 아기가 앞으로 계속 있다는 것은 결코 자기에게 이득이 되지 않는다고 생각한 것이다. 이 나이 또래 아이의 질투심은 참으로 강렬하고도 적나라하다. 작은 동생이 실제로 어디론가 사라져 버려서 자기가 다시 집안의 애정을 독차지하게 되었다. 거기에 또 다시 새로운 아기를 황새가 데리고 왔다고 하자. 그때 이 아이는 이번의 새로운 경쟁 상대 또한 먼젓번 아기와 같은 운명을 걸어서 부모의 사랑이 다시 자신에게만 향하기를 원한다고 생각하는 것이 틀린 것일까.[41] 물론 새로 태어난 아이에 대한 그 아이의 태도는 정상적인 상태에서는 나이 차이로 생긴 결과일 뿐이다. 나이 차이가 많으면 손위 계집아이의 마음속에는 가련한 아기에 대한 모성 본능이 작용할 것이다.

형제자매에 대한 적의의 감정은 우리 어른들의 둔한 관찰에 비치기보다도 더 자주 유년 시절에 나타났을 것이다.[42]

---

[40] 앞에서 서술한 논문에서 내가 그 공포증을 분석한 3년 반이 된 한스는 누이동생이 태어난 지 얼마 안 되었을 때, 열에 들떠서 이런 헛소리를 했다. "동생 같은 것, 난 필요 없어." 그 후 1년 반이 지나서 한스는 노이로제에 걸렸는데, 그때 그는 작은 누이동생이 죽어 버리도록 어머니가 누이동생을 목욕시켜 주다가 대야 속에 빠뜨렸으면 좋겠다는 소망을 뚜렷이 표명하였다. 바로 이 한스는 순하고 인정스런 아이여서 그 뒤 얼마 안 되어서 이 동생을 귀여워하고 특히 잘 돌보아 주었다.

[41] 아동기에 체험한 이런 죽었으면 좋겠다는 생각들이 가족들 사이에서는 곧 잊혀진다 하더라도, 정신 분석적 탐구에 의하면 이 생각들이 나중에 나타난 노이로제에 매우 중대한 뜻을 가진다는 것을 알 수 있다.

[42] 아이들이 형제자매나 부모 중 한쪽에 대해 나타내는 본래부터의 적대적인 태도에 대해 많

이어서 태어난 나 자신의 아이에 대하여 나는 이런 관찰을 할 기회를 잃었지만, 그 대신 작은 조카로 그것을 메우고 있다. 이 조카는 15개월 동안의 일인천하(一人天下)를 누이동생의 출현으로 잃어버렸다. 그러나 듣자 하니, 이 조카는 누이동생에 대해 의젓한 태도를 발휘하여 그 손에 입도 맞추고 머리도 쓰다듬어 준다고 한다. 그러나 나는 이 조카도 만 두 살이 될까 말까 해서 말만하게 되면, 틀림없이 자기로선 필요 없는 존재로 생각되는 누이동생에게 심술을 부릴 것이라 확신한다. 지금도 누이동생에 대한 것이 화제에 오르게 되면 이 어린 조카는 반드시 화제에 끼어들어서 기분 나쁘다는 듯이 외친다. "꼬마야, 꼬마야" 하고. 이 꼬마 아기가 순조롭게 성장해서 이 조카의 경멸을 벗어날 수 있게 된 두서너 달 동안, 그는 누이동생 따위는 그렇게 대단하게 주의를 끌 가치가 없는 존재라는 자기 의견을 다른 이유에서 근거를 찾게 되었다. 그 아이는 기회만 있으면 누이동생에게는 이빨이 없다고 한다.*43 또 나의 다른 누이의 맏딸은 여섯 살 때 30분 동안이나 곁에 있는 숙모들에게 "루이스는 아직 그런 것을 몰라요"라며 자기 의견에 동의하도록 떼를 쓴 사실을 우리 가족 모두 기억한다. 루이스란 두 살 아래의 경쟁 상대인 동생 이름이다.

예를 들어 내 부인 환자에 대해 생각해 보더라도 적대감이 커질수록 형제자매가 죽는 꿈을 꾸지 않은 사람이란 한 사람도 없다. 꼭 하나만이 예외가 있었으나, 이것도 조금만 해석을 달리하면 쉽게 원칙을 확인할 수 있는 성질의 것이었다. 전에 어떤 부인을 진찰했을 때, 그 환자의 증세로 보아서 설명해 줘야 하겠다고 생각한 이 부분, 즉 형제자매에 대한 적의를 설명했더니, 그 부인은 그런 종류의 꿈을 꾼 적이 없다고 대답하여 나를 놀라게 했다. 그러나 그 부인

은 탐구가 이루어졌고, 정신 분석학의 문헌 속에도 기재되어 있다. 이런 전형적인 아동기의 태도를 특히 현실적으로도 소박하게 그린 작가 가운데 스핏테러가 있다. "그 뒤에 또 아돌프라는 놈이 있었다. 조그만 녀석인데, 모두들 이놈을 내 동생이라고 말했다. 그러나 그 동생이 도대체 무슨 소용이 있는 것인지 나로서는 알 수가 없었다. 뿐만 아니라 무엇 때문에 모두들 나와 똑같이 애지중지하는지, 그것은 더욱 모를 일이었다. 나 하나면 충분할 텐데, 무엇 때문에 동생 같은 게 필요할까? 더욱이 이놈은 소용이 없을 뿐만 아니라 때로는 방해가 된다. 내가 할머니에게 어리광을 부리면 이놈도 똑같이 어리광을 부리려 한다. 내가 유모차를 타니까 그놈이 나타나서 자리의 절반을 차지해 버린다. 그래서 발과 발이 자꾸만 부딪쳤다."

*43 3년 반이 된 한스는 같은 말로 자기 누이동생에 대한 부정적 비판을 하고 있다(위에 기록한 해당 대목을 참조). 그는 누이동생에게 이빨이 없으므로 말을 못하는 줄로 알고 있다.

은 다른 꿈을 기억해 냈다. 언뜻 보기에 이 꿈은 지금 문제로 삼고 있는 꿈과는 아무 관계도 없는 것으로 보였다. 막내딸인 그녀는 네 살 때 처음으로 이 꿈을 꾸었는데, 그 뒤 여러 번 되풀이해서 꾸었다고 한다. 〈모두 그녀의 오빠, 언니, 사촌들인 많은 아이들이 풀밭에서 뛰놀고 있었다. 갑자기 아이들에게 모두 날개가 생겨서 어디론가 날아 가버렸다.〉 이 꿈의 뜻을 그 부인은 도무지 알 수 없었다. 그러나 이 꿈속에서 검열 때문에 조금 영향은 받았지만, 본래의 형태인 형제자매들이 죽는 꿈을 인정하기란 그리 어렵지 않을 것이다. 이것은 다음과 같이 분석할 수 있다. 그 아이들 가운데 하나가 죽었을 때, 아직 네 살도 채 되지 않았던 그 부인 환자가 한 어른에게 아이가 죽으면 어떻게 되느냐고 물었던 것이다. 그때 날개가 생겨서 천사가 된다는 대답을 들었을 것이 틀림없다. 이런 설명을 들은 뒤의 꿈속에서 형제자매들이 모두 천사 같은 날개를 가지고─여기가 중요한 점이다─어디론가 날아가 버리는 것이다. 다른 아이들을 모두 천사로 만들어 버리고 이 계집아이만 남는다. 이것은 조금만 생각해 보아도, 그 많은 아이들 가운데 혼자만 남은 그 아이로서는 얼마나 멋진 일인가를 알 수 있다. 아이들이 풀밭에서 뛰놀다가 이윽고 어디론가 날아가 버린다는 것은 나비를 암시하고 있다고 말해도 오해는 아닐 것이다. 고대인들이 마음의 여신 프시케에게 나비의 날개를 달게 한 것과 같은 관념 결합이 계집아이에게 일어나 그러한 생각을 하게 만든 것으로 보인다.

아이들이 형제자매들에게 적대적인 충동을 품는다는 것은 확실히 인정하나, 마치 모든 잘못은 오직 죽음의 형벌로만 배상된다는 듯 경쟁 상대나 자기보다 힘센 친구의 죽음을 바랄 만큼 나쁜 마음이 어떻게 아이들에게 일어날 수 있는가 의문을 던지며 반대하는 사람도 아마 있을 것이다. 그러나 이런 사람들은 아이들이 죽음에 대해 품고 있는 관념이 우리 어른들의 관념과는 달리, 죽음이라는 용어만 같을 뿐, 그 이외에는 거의 공통점이 없다는 사실을 생각하지 않는다. 아이들은 죽음 뒤의 보기 흉한 부패, 차가운 무덤, 영원한 허무의 공포 등에 대해서는 아무것도 모른다. 그러나 이 영원의 허무는 생각만 해도 죽은 뒤의 세계에 관한 모든 신화가 증명하듯이, 어른들에게는 죽은 뒤의 일이 견디기 어려운 것이다. 죽음에 대한 공포 따위는 아이들에게는 인연이 없는 것이다. 그렇기 때문에 아이들은 죽음이라는 무서운 말을 예사로 입에 담으며, 다른 아이들에게 "한 번만 더 해봐라, 그러면 저 프란츠처럼 너도 죽을 거야." 하고 위협한다. 그런 말을 들으며 가엾은 어머니들은 몸서리를 친다. 어머니는 아마 태어나는 아이들의 반 이상이 어려서 죽는다는 사실을 잊을 수 없기 때문이리라. 또 여덟 살 난 아이가 자연사 박물관을 구경하고 돌아오면서 어머니에게 이런 말을 하는 수가 있다. "엄마, 나는 엄마가 제일 좋아. 그러니까 엄마가 죽으면 박제로 만들어서 이 방에 장식해 둘 테야. 그러면 난 언제든지 엄마를 볼 수 있거든."*44 죽는다는 것에 대해서는 이처럼 아이와 어른 사이에 관념 차이가 크다.

그렇지 않아도 아이들은 사람이 죽기 전에 괴로워하는 광경을 직접 보는 일이 없기 때문에, 죽었다는 것이 '가버렸다', 뒤에 남은 사람들을 이제 방해하지 않는다 정도의 뜻밖에 없는 것이다. 왜 이제 없는가, 여행을 갔기 때문인가, 해고되었기 때문인가, 마음이 멀어져서인가, 또는 죽은 것인가, 아이들은 어떠한 방법으로 이러한 부재(不在)가 일어난 것인지 구별하지 않는다.*45 아이가 기억을 할 수 없는 어린 시기에 유모가 집을 떠나간 뒤 얼마 안 되어서 어머니가 죽으면, 분석에 의해 밝혀지는 그의 어린 시절의 기억에서 이 두 사건은 하나로 겹쳐져 있다. 아이는 자기 곁에 없는 사람에 대해서는 그다지 마음을 쓰지 않는다. 어머니가 몇 주일 동안 피서 여행을 갔다가 돌아와서 아이들에 대해 물으면, 아이들이 단 한 번도 어머니에 대해 묻지 않더라는 말을 듣게 되어 슬픔을 느낄 때가 적지 않다. 그러나 어머니가 정말로 '어떤 나그네도 돌아온 역사가 없는' 그 죽음의 나라로 떠나 버리면, 아이들은 처음에는 어머니를 잊은

---

*44 10세가 된 영리한 사내아이가, 아버지가 갑자기 죽은 뒤에 이런 말을 해서 나를 놀라게 한 일이 있다. "아버지가 죽었다는 건 나도 알지만, 아버지가 저녁 식사 때에 왜 집에 돌아오지 않는지 모르겠어요." 이 테마에 관한 이 이상의 자료는 후크 헬무트 박사 부인이 편집한 잡지 〈이마고〉의 '아동의 심리(제1권~제50권, 1912~1918년)' 부분에 실려 있다.

*45 정신 분석에 대한 지식이 있는 어느 아버지는 관찰을 통해, 지혜가 발달한 네 살짜리 딸이 '가버렸다'와 '죽어버렸다'의 구별을 안 순간을 파악하고 있다. 이 아이는 식사 때 투정을 부렸기 때문에 여관집 하녀가 기분 나쁜 눈초리로 자기를 보고 있는 것을 눈치챘다. 그러자 이 아이가 아버지를 보고 "요제피네 같은 건 죽어 버렸으면 좋겠어"라고 했기 때문에, 아버지가 타이르듯이 "죽어버리다니, 왜 그런 소릴 하느냐, 저리로 가버리면 될 텐데"라고 말했다. 그랬더니 아이는 "저쪽으로 가버리면 또 오잖아요?" 하고 대답했다. 아이의 한없는 자기애(나르시시즘)에 있어서는 어떤 장애도 최악의 범죄이므로 준엄한 드라콘의 법률처럼 아이의 감정은 이런 모든 죄들에 대해 참작할 여지없는 유일한 형벌인 사형을 선고하는 것이다.

것같이 보이다가 '나중에야' 비로소 죽은 어머니를 생각하기 시작한다.

따라서 아이가 어떤 동기에서 다른 아이가 없어졌으면 좋겠다고 바라면, 이 소망은 단도직입적으로 죽어 버렸으면 좋겠다고 하는 것이 되니, 죽음을 바라는 꿈에 대한 심리적 반응은 내용에 어떤 차이가 있더라도 아이의 소망은 결국 어른의 것과 같은 것임을 증명하고 있다.

아이가 형제자매에 대해 품는 죽음의 소망은 그 아이에게 형제자매를 경쟁상대로 여기게 하는 이기주의로 설명이 된다 하더라도, 부모에게 돌려지는 죽음의 소망은 어떻게 설명하면 좋을 것인가? 부모는 그 아이에게 아낌없이 애정을 쏟아 주는 사람이며, 그 욕구를 채워 주는 사람이므로 바로 이기주의적인 동기로 말하더라도 아이는 부모의 생존을 바라는 게 마땅하지 않을까.

이 어려움의 해결에 실마리를 던져 주는 것은 다음과 같은 경험이다. 바로 부모가 죽는 꿈에서 죽는 대상은 꿈을 꾸는 아이와 성(性)을 같이하는 쪽의 어버이임이 압도적으로 많다. 즉 사내아이라면 아버지가 죽는 꿈이고, 계집아이라면 어머니가 죽는 꿈을 꾼다. 나는 이것이 일반적인 법칙이라고는 말하지 않는다. 그러나 압도적으로 많은 것만은 분명하므로, 이는 일반적인 의미를 갖는 하나의 계기로 해명될 필요가 있는 것이다.*46 대체로 말하면 성적 편애 같은 것이 일찍부터 나타나서 사내아이는 아버지를, 계집아이는 어머니를 각각 연애의 경쟁상대로 보고, 아버지 또는 어머니를 없애 버리면 자기에게 이익이 된다고 생각하는 것 같다.

내가 이런 견해를 말하면 무슨 그런 당치 않은 끔찍한 소리를 하느냐고 비난하는 사람들도 있지만, 이 같은 생각을 거부하기에 앞서 부모와 아이 사이에 있는 현실 관계를 주시해주기를 바란다. 효도(孝道)라는 문화적 요구가 부모와 아이의 관계에서 요구하는 것과, 일상의 관찰을 통해 사실로 드러난 것을 구별해서 생각하지 않으면 안 된다. 부모와 아이 사이의 관계에는 아이가 부모에 대해 적이라는 생각을 품을 만한 계기가 얼마든지 숨겨져 있다. 검열을 통과하지 못할 소망이 일어날 수 있는 조건들은 얼마든지 있다. 우선 아버지와 아들의 관계를 잠시 보기로 하자. 생각하건대 우리가 모세의 십계명에 대해 승인해 온 신성(神聖) 때문에 우리의 현실 인식의 눈은 흐려져 있는 것이

---

*46 이 사태는 종종 도덕적 반응이라는 형태로 자기가 사랑하는 대상인 아버지가 죽을지도 모른다는 두려움으로 바뀌어 징벌의 형태로 나타나기 때문에 은폐되는 수가 있다.

다. 인류 대부분이 네 번째 계명을 따르지 않는다는 사실을 인정할 용기를 누구에게나 기대할 수는 없지만, 인간 사회의 각계 각층에서는 그 귀천을 막론하고 부모에 대한 효도가 다른 이해관계들 뒤로 밀려나는 것이 보통이 아닌가. 신화나 전설 속에서 원시 시대 이래 우리 인류에게 전해져 내려오고 있는 암울한 이야기들은, 아버지의 절대적인 권력과 그 권력이 행사될 때의 잔혹성에 관해 참으로 불쾌한 상념을 던져 준다. 크로노스는 마치 수퇘지가 암퇘지 배 속에 있는 새끼돼지를 삼켜 버리듯이 자신의 아이들을 삼켜 버리며, 제우스는 아버지를 거세하고*⁴⁷ 자기가 대신 지배자의 자리에 앉는다. 고대의 가족 관계에서 아버지가 무제한의 지배력을 휘두르면 휘두를수록 그 세습 후계자인 자식은 적의 위치에 놓이게 되므로, 아버지의 죽음으로 스스로가 지배자의 자리에 앉으려는 자식의 초조함은 그만큼 더 맹렬해졌을 것이다.

현대 사회의 가정에서도 역시 아버지는 자식에 대하여 자식이 자주적으로 자기 갈 길을 결정할 것을 용납하지 않고 자식의 독립에 필요한 생활 수단을 주기를 거부함으로써 이미 부자(父子) 관계에서 적대감이라는 자연적인 싹이 자라게 하는 수가 있다. 의사는 참으로 자주, 아버지를 잃은 자식의 슬픔이 가까스로 손에 넣게 된 자유에 대한 만족감을 억누르지 못하는 장면에 맞닥뜨리게 된다. 어떤 아버지건 예외 없이 현대 사회에서는 케케묵어 버린 가장권의 잔재에 필사적으로 매달려 있으려 한다. 입센처럼 아버지와 자식 사이에서 볼 수 있는 예로부터의 상극적인 갈등을 이야기의 전면에 내어 놓는 시인은 틀림없이 성공할 것이다. 딸과 어머니와의 사이에 일어나는 갈등은 딸이 성장하여 어머니를 자기의 감시인처럼 생각하기 시작할 때에 일어난다. 다시 말해 딸은 성적 자유를 열망하는데, 어머니는 딸이 성장하는 모습을 보고 성적 욕구를 단념해야 할 시기가 자기에게 왔음을 깨닫게 되는 시기가 바로 이때이다. 이 모든 상황은 누구나 잘 알 것이다. 그러나 이러한 상황도 효도를 예로부터 절대적으로 신성시해 온 사람들에게는, 부모가 죽는 꿈을 설명하려는 우리의 의도를 받아들이기가 어렵다. 그러나 우리는 앞에서 서술한 논의로 부모에게 돌

---

*47 적어도 두세 가지 신화에서는 그렇게 되어 있다. 다른 신화의 묘사에 의하면 크로노스만이 그의 아버지 우라노스를 거세한 것으로 되어 있다. 이 모티브의 신화적 의의에 대해서는 오토 랑크의 영웅 탄생 신화(《응용 심리학 논집》 제5호, 1909년) 및 같은 필자의 문학과 전설에서 볼 수 있는 근친상간의 모티프(192면, 제9장 제2절)를 참조.

려진 죽음의 소망이 매우 어린 시절과 관련되어 있으리라고 추측하고 있다.

이러한 추측은 노이로제 환자를 분석해 보면 확실하게 실증된다. 이 분석에 의해 우리가 알게 되는 것은 아이의 성적 소망이 눈뜨는 것은 매우 이른 시기라는 것(성적 소망이 싹트는 상태를 성적 소망이란 말로 불러도 좋다면), 또 여자 아이의 첫 애정은 아버지에게, 남자 아이의 최초의 유아적 성적 소망은 어머니에게 돌려진다는 것이다. 그리하여 남자 아이에게는 아버지가 여자 아이에게 어머니가 자신의 애정을 방해하는 경쟁 상대가 된다. 그리고 아이가 이런 느낌을 얼마나 쉽게 죽음의 소망으로 옮겨놓는가는, 우리가 형제자매의 경우에 대해서 이미 상세히 살펴본 바와 같다. 성적(性的) 선택은 보통 이미 아이들에 대한 부모의 태도 속에도 잘 나타나 있다. 아버지가 어린 딸을 귀여워하고 어머니가 아들에게 마음을 더 기울이는 것은 아무래도 자연스러운 모습이라 할 수 있을 것이다. 부모는 성(性)의 마력이 판단을 미혹시키기 전에 아이들을 엄격히 교육하려고 하나, 그래도 역시 그 편견은 면하기가 어렵다. 아이들이란 자기가 사랑받는 것을 잘 알기 때문에 자기를 사랑해 주지 않는 쪽 부모에게 특히 반항한다. 어른들에게 사랑받는다는 것은 아이들로서는 어떤 특별한 욕구의 충족일 뿐만 아니라, 그 외의 모든 점에서도 자기 마음대로 할 수 있게 됨을 뜻한다. 그러므로 아이는 자기 자신의 성적 충동을 따름과 동시에 자기와 부모 사이에 이루어지는 성(性)의 선택이 서로 조화를 이루는 관계라면, 부모에게서 온 자극을 새로이 하고 있는 것이 된다.

아이 쪽의 이런 유아적 애정 징조의 대부분은 놓치기가 일쑤이다. 그러나 그 가운데 일부는 최근의 유아 시절이 지나고 나서 겨우 어른들의 주의를 끄는 수가 있다. 내가 알고 있는 여덟 살 난 소녀는 어머니가 볼일이 있어서 식탁에서 떠나자 바로 이때라는 듯이 자기가 어머니의 후계자임을 선언했다.

"이제 내가 엄마가 되는 거야. 칼, 야채를 더 들어요. 자, 어서 들어요"라는 식이다. 특히 영리하고 활발한 4세 난 계집아이는 유아 심리의 일부를 유감없이 보여 주며 직접 이렇게 말한다. "엄마가 언제 어디로 가버릴지 알 수 없어. 그러면 나는 아버지와 결혼할래. 그래서 내가 아버지의 부인이 될래." 유아 생활에서는 이런 소망이 있다고 해서 아이가 그 어머니를 진심으로 사랑하는 데에 방해가 되지는 않는다. 아버지가 여행을 떠나자 그날 밤부터 어린 사내아이는 어머니 옆에서 잠을 잤는데, 아버지가 돌아오고부터는 다시 제 방으로 가서 어머니만큼 마음에 들지 않는 사람 곁에서 잠을 자야 하게 되면, 아버지만 어디론가 가버리고 없다면 자기가 그 대신 상냥하고 예쁜 어머니 곁에 있게 될 거라는 소망을 쉽게 품게 될 것이다. 그리고 이 소망을 이루기 위한 수단 가운데 하나는 분명히 아버지가 죽는 경우이다. 왜냐하면 그의 경험이 그렇다는 것을 아이에게 가르쳐 주고 있기 때문이다. 예를 들면 할아버지가 그랬듯이 죽은 사람은 언제나 그곳에 없고, 두 번 다시 돌아오는 일이 없기 때문이다. 어린 아이들에 대해 시도한 이러한 관찰이 내가 제안한 해석에 아무런 무리 없이 적용된다 하더라도 이 관찰들은 아직 충분한 확신을 주지는 못한다. 이러한 확신은 어른 노이로제 환자의 정신 분석을 통해 비로소 의사인 나에게 주어진 것이었다. 그래서 노이로제 환자들의 꿈을 보고함에 앞서 여기서 말해 둘 것은, 이들의 꿈은 소망 충족으로서의 꿈으로밖에는 해석되지 않는다는 사실이다.

어느 날 한 부인이 슬프게 우는 것을 보았다. 그 부인의 말에 의하면 자기는 이제 친척들을 만나고 싶지 않다고 한다. 모두들 자기를 보면 몸서리를 칠 거라고 그녀는 말했다. 그러다 갑자기 어떤 꿈을 떠올리더니 내게 이야기를 해주었다. 그 꿈의 뜻을 물론 부인은 모르고 있었다. 그 꿈은 4세 때 꾼 것인데, 이런 내용이다. 〈살쾡이인지 여우인지 모를 어떤 동물이 지붕 위를 걷고 있었다. 그리고 무엇인가 아래로 떨어졌다. 어쩌면 내가 떨어졌는지도 모른다. 그 뒤 어머니가 죽어서 집에서 운구되어 나갔다.〉 이렇게 이야기하면서 부인은 슬프게 울었다. 나는 부인에게 말해 주었다. 이 꿈은 그녀가 어렸을 때의 소망, 다시 말해 어머니가 죽는 것을 보고 싶다는 소망을 의미하는 것이며, 이 꿈을 꾸었기 때문에 친척들이 그녀를 보고 몸서리를 칠 거라고 스스로 생각하게 된 거라고 말이다. 그러자 그 부인은 내 말을 채 듣기도 전에 벌써 이 꿈을 설명할 수 있는 자료를 주었다. '살쾡이 눈'이란 그 부인이 어렸을 때 동네 아이들한테서 종종 듣던 별명이었다. 그녀가 3세 때, 지붕에서 기와 한 장이 떨어져 어머니가 머리를 맞아 피를 많이 흘린 일이 있었다.

나는 전에 여러 정신 상태들을 겪어 온 한 젊은 여자를 자세히 조사한 일이 있다. 이 환자의 병은 제정신을 잃고 분노를 나타내는 것으로 시작되었다. 그런데 이 상태에 빠지면 그 환자는 자기 어머니에 대해 특별한 증오를 나타내었고, 어머니가 침대에 가까이 가기만 해도 때리거나 욕설을 퍼부었다. 그런데도 나이 차이가 많은 언니에 대해서는 그런 상태일 때라도 순하고 얌전했다. 이런 단계가 지나가고 나면 수면 장애를 수반하는, 의식은 뚜렷하지만 다소 무감동한 상태가 계속되었다. 이런 단계에서 나는 이 환자를 치료하고 그 꿈을 분석했다. 꿈 대부분은 어느 정도의 차이는 있어도 어머니의 죽음을 은폐하고 있었다. 때로는 어떤 늙은 부인의 장례식에 참석하거나, 또는 자기와 언니가 상복 차림으로 테이블 앞에 앉아 있거나 하는 꿈인데, 이러한 꿈의 의미는 분명했다. 환자의 상태가 좀 나아질 무렵에 히스테리성 공포증이 나타났다. 그 증세 중에서 환자를 가장 괴롭힌 것은 어머니에게 무슨 일이 일어나지 않을까 하는 공포였다. 어디에 있든 간에 발작이 일어나면 그녀는 곧바로 집으로 돌아가서 어머니의 안부를 확인하지 않고는 견디지 못했다. 그런데 이 사례는 그밖의 내 경험과 비추어 보았을 때 매우 배울 점이 많았다. 즉 이는 동일한 자극적 표상(상징)에 대해 정신적(심리적) 장치가 대응하는 다양한 방법들을 여러 방법 여러 나라 말로 보여주고 있었다. 나는 평상시에는 억압되어 있는 첫 번째 심적 검문소(一次的 精神的 作因)가 두 번째 심적 검문소(二次的 精神的 作因)를 '제압'하는 것으로 해석했다. 그런데 이 상태에서는 어머니에게 돌려진 무의식적인 적대감이 자동적으로 강력해졌다. 그리고 제1차 안정기가 시작되어 마음의 소요가 진압되고 검열의 지배력이 회복되면, 이 적대감이 어머니의 죽음을 바라는 소망을 실현하기 위해 사용되는 것은 오직 꿈의 영역밖에 없었다. 보다 정상적인 상태로 돌아가면, 그것은 히스테리적 반작용과 방어적인 현상으로서 어머니를 지나치게 걱정하게 된 것이다. 이렇게 보면 히스테리적인 소녀들이 왜 그토록 때때로 어머니를 지나치게 걱정하는가를 잘 알 수 있으리라고 생각된다.

또 나는 젊은 남성의 무의식적인 정신 생활을 깊이 엿볼 수 있는 기회도 있었다. 이 청년은 강박 노이로제 때문에 거의 폐인처럼 되어 시내에 나오지도 못했다. 그는 자기가 길에서 엇갈리는 사람을 모조리 죽여 버릴 것 같다는 불안으로 괴로워하고 있었기 때문이다. 그래서 그는 혹시라도 시내에서 살인이 벌어질 때를 대비해서 그 알리바이를 꾸미면서 하루하루를 보내고 있었던 것이다. 이 청년이 도덕심도 있고 교양도 있는 사람이었음은 두말할 나위가 없다. 분석을 해보니 역시 이 견딜 수 없는 강박 관념의 원인은 지나치게 엄격한 아버지를 향한 살인 충동임이 드러났다. 이 충동은 환자가 7세 때 겉으로 드러나면서 본인을 대단히 놀라게 했다. 그리고 물론 이것은 더 이른 유년 시절에 발달한 것이었다. 그가 고통스러운 병에 걸렸다가 낫고 나서 아버지가 죽었다. 그 뒤 31세가 되었을 때 위에서 말한 강박 비난이 나타나서 공포증의 형태로 낯모르는 사람들에게 전이된 것이다. 친아버지를 산꼭대기에서 골짜기 밑으로 밀어 떨어뜨리고 싶은 심정이 되어본 사람이면, 자기와 아무 관계없는 다른 사람의 생명 따위는 손톱만큼도 생각하지 않는다는 것을 믿어도 좋을 것이다. 그러니 그런 사람이 자기 방에 틀어박히는 것은 당연한 일이다.

지금까지의 나의 수많은 경험에 의하면, 나중에 정신신경증(노이로제) 환자가 된 사람들의 아동기 정신 생활에 있어서는 부모가 중요한 역할을 하고 있으며, 부모의 한쪽에 대한 애정과 다른 쪽에 대한 증오는 어린 시절에 형성되고, 뒤에 노이로제 증세 형성에 있어 극히 중요한 뜻을 지니는 심리적 흥분의 필수적 구성 요소가 되고 있다. 그러나 나는 정신신경증 환자들이 절대적으로 새로운 것, 그리고 그들만이 고유한 것으로 만들어 낼 수 있으므로 이 점에서 다른 정상적인 사람들과 엄연히 구별된다고는 생각지 않는다. 정신신경증 환자들은 부모에 대한 사랑과 미움에 있어서 다만 확대하여 표현해 보이는 데에 지나지 않으므로, 대부분 아이들의 마음속에도 그처럼 명백하게도 강렬하게도 나타나지 않는다고 보는 편이 현실에 적합한 사고방식이라고 생각한다. 또 정상적인 아이들을 때때로 관찰해 보면 지당하다는 생각이 든다. 이 견해를 지지해 주는 전설을 고대 세계가 우리에게 제공해 준다. 이 전설의 소재가 널리 보편타당한 영향력을 보여 준다는 사실은 아동심리에 관한 전제의 보편타당성을 가짐으로써만 이해된다.

바로 오이디푸스 왕의 전설과 소포클레스의 같은 이름의 작품이 그것이다. 테베 왕 라이오스와 왕비 요카스테 사이에 난 아들 오이디푸스는 아직 태어나기도 전에, 이 아이가 아버지를 살해할 것이라는 신탁(信託)이 부왕에게 내려졌다. 이 때문에 그는 낳자마자 버려졌다. 그러나 오이디푸스는 구제되어 다른 나라 궁궐에서 왕자로 양육되어 자라났다. 그는 자신의 신분을 알고 싶어서 신에게 물었다. 그는 '너는 아버지를 죽이고 어머니를 아내로 맞아야 하게 될 테니 고향 땅을 피하라'는 신탁을 받는다. 오이디푸스는 고향으로 생각했던 나라를 떠나다가 도중에 아버지인 줄도 모르고 라이오스 왕을 만나게 된다. 그리고 우연한 계기로 심한 말다툼이 벌어져 그만 그를 죽여 버렸다. 이윽고 테베에 이르렀다. 이곳에서 길을 막는 스핑크스가 던진 수수께끼를 풀어 그것에 대한 감사로 테베 사람들로부터 왕으로 추대되었으며, 요카스테를 아내로 맞게 된다. 그는 오랫동안 평화롭게 나라를 다스리면서 친어머니인 줄도 모르고 요카스테와의 사이에서 2남 2녀를 얻었다.

그러던 어느 날 나라 안에 나쁜 병이 유행했기 때문에 테베 사람들은 이에 대해 신탁을 청했다. 소포클레스의 비극은 여기서 시작된다. 사자(使者)들이 신탁을 받아가지고 돌아온다. 라이오스를 살해한 사람이 이 나라에서 추방될 때 이 전염병이 그칠 것이라는 신탁이다. 그러나 그 살인자는 어디에 숨어 있을까?

> 살인자는 어디에 있는가?
> 그 해묵은 죄의 분간하기
> 어려운 어두운 흔적은.

(도너 역 109행)

연극의 줄거리는 (정신 분석 작업과 비슷하게) 점차 분위기가 고조되고 예술적으로 교묘하게 이어지면서 끝을 맺는다. 오이디푸스가 바로 라이오스 왕을 살해한 범인이며 더욱이 오이디푸스는 살해된 라이오스와 요카테스 사이에서 난 아들임이 폭로된다. 모르고 범했다고는 하나 자신이 저지른 끔찍한 죄악에 괴로워하다가, 마침내 오이디푸스는 자신의 눈을 찌르고 고향을 등진다. 이렇게 하여 신탁의 예언은 실현된다.

《오이디푸스 왕》은 이른바 숙명적(宿命的) 비극이다. 그 비극적 작용은 신들의 절대적 의지와 불행으로부터 도피하려는 인간의 헛된 저항 사이의 대립에서 기인한다고 본다. 이 극을 보고 깊이 감동된 사람은 이 비극 속에서 신의 뜻을 향한 귀의(歸依), 즉 인간의 무력함에 대한 깨달음을 얻어야 한다는 것이다. 근대 작가들이 이와 같은 대립 관계를 자기가 고안한 이야기와 섞어서 같은 비극적 효과를 거두려 하는 것도 타당한 이야기라 하겠다. 그렇지만 근대 작가들의 붓으로 이루어진, 죄 없는 인간들이 운명에 아무리 저항해도 그들의 몸에 저주나 신탁이 실현되는 이야기를 보고 사람들은 조금도 감동을 느끼지 못한다. 후대의 숙명적 비극은 모두 보는 이의 마음을 감동시키지 않는다.

오이디푸스 왕이 그 시대의 그리스인들을 감동시켰던 것에 못지않게 현대 사람들을 감동시킬 수 있다면, 그 이유는 이 그리스 비극의 효과가 결코 일반적으로 말하듯이 인간의 운명과 의지의 대립에 있는 것이 아니라 도리어 이 대립이 증명되는 소재(자료)의 특수성에서 구해야 한다는 점이다. 그릴파르처의 《할머니》, 또는 그 밖의 숙명적 비극에 그려져 있는 사건의 경과는 운명을 자의적인 것으로서 물리칠 수 있는 데에 반해, 오이디푸스 왕에서 볼 수 있는 항거하기 어려운 운명의 힘은 이를 스스로 받아들이려는 하나의 소리가 우리 마음속에 존재해 있음을 말해준다. 그리고 사실 오이디푸스 왕의 이야기 속에는 이러한 요소들이 포함되어 있다. 그의 운명이 우리의 마음을 사로잡는 것은, 그것이 또한 우리의 운명이 될지도 모르며 우리가 태어나기 전에 이미 내려진 이 같은 신탁은, 오이디푸스에게 그러했듯이 우리에게도 저주를 하고 있기 때문이다. 최초의 성적 충동을 어머니에게 돌리고, 최초의 증오와 폭력적인 소망을 아버지에게 돌린다는 것은 어쩌면 우리 인간들 모두의 섭리였는지도 모른다. 우리가 꾸는 꿈이 이 사실을 뒷받침하고 있다. 오이디푸스 왕은 아버지 라이오스를 살해하고 어머니 요카스테와 결혼했는데, 이것이야말로 우리의 어린 시절에 지녔던 소망의 충족인 것이다. 그러나 우리는 오이디푸스 왕에 비하면 다행스럽게도 노이로제 환자가 되지 않는 한, 성적 충동을 어머니로부터 해방시키고 아버지에 대한 질투심을 잊는 데에 성공하고 있다. 저 원시적인 유아 소망을 채워 준 인물 앞에서 이 소망들이 우리의 마음속에 존재하게 된 이래 오늘날까지, 우리 내면에서 받아들이지 않을 수 없는 전면적인 억압과 함께 겁을 먹고 물러난다. 시인 소포클레스는 작품 속에서 오이디푸스의 죄를 폭로하면서, 한편 억압되어 있다고는 하나 여전히 근친상간의 충동이 존재하고 있는 우리 자신의 마음을 우리로 하여금 인식하게 된다. 극의 마지막 부분에서 합창은 이 대립을 이렇게 노래한다.

　　보라, 저것이 오이디푸스이다.
　　어려운 수수께끼를 풀고, 그 권세 이를 데 없었던 사나이.
　　우리 모두 그의 행복을 찬미하고 부러워했으나
　　보라, 불행하게도 소름끼치는 파도의 물거품에 삼켜진 그를!

이 경고(警告)의 말은 우리 자신과 우리의 자부심 위로 던져지고 있다. 유년 시절 이래 스스로 현명해지고 힘이 세어졌다고 자부하고 있는 우리 자신 위에 말이다. 우리 역시 오이디푸스처럼 자연이 우리에게 강요한 도덕을 손상시키는 소망을, 그것인 줄 모른 채 살고 있다. 이 소망이 폭로되면 우리는 누구나 자기들 유년기의 여러 장면에서 눈을 돌리고 싶어진다.*48

오이디푸스 전설이 최초의 성적 충동 때문에 부모와 아이의 관계가 불쾌하게 어지럽혀진다는 것을 내용으로 한, 대단히 오래 된 꿈의 자료에서 비롯되었음을 명백하게 말해주는 암시는 소포클레스의 비극 대사 속에서 찾아볼 수 있다. 요카스테는 아직 사실을 똑똑히는 모르나, 신탁의 말을 생각하고 불안을 감추지 못하는 오이디푸스를 위로하기 위해 어떤 꿈 이야기를 하고는, 이런 꿈은 많은 사람들이 흔히 꾸지만 아무런 의미도 없다고 말한다.

(이제까지 많은 사람들이 꿈속에서)
어머니와 하나가 된 자신을 보았습니다. 그러나 이 모든 것을
아무것도 아닌 것으로 생각하는 사람은 인생의 무거운 짐을 덜 수 있습니다.

(제5막, 955행 이하)

어머니와 성교하는 꿈은 옛날의 그리스와 같이 요즘 세상에도 많은 사람들이 꾸기 때문에, 그들은 이 꿈에 분노하고 의아해하며 그것을 사람들에게 이야기한다. 이 꿈이야말로 명백하게 이 비극을 풀어 갈 열쇠이며, 아버지가 죽는 꿈을 보완(補完)하는 것이다. 오이디푸스 이야기는 이 두 전형적인 꿈에 대한 공상의 반응이며, 이 꿈들이 어른들에 의해 혐오감을 가지고 체험되듯이

---

*48 정신 분석 연구 가운데 무의식 세계에 존재하는 아동기의 근친상간적 충동에 대한 이 연구만큼 심한 반대와 우려, 그리고 우스꽝스럽고 엉뚱한 비판을 불러일으킨 것은 없다. 최근에 와서는 근친상간의 모든 경험 사례들을 무시하고 다만 상징적인 것으로서만 받아들이려는 시도마저 이루어지고 있다. 페렌치는 〈이마고〉(제1권, 1912년)에서 쇼펜하우어의 편지 한 구절을 바탕으로 오이디푸스 신화를 희한하게 고쳐 해석하고 있다. 이 《꿈의 해석》에서 처음으로 언급된 '오이디푸스 콤플렉스'는 그 뒤의 연구에 의해 인류사나 종교 및 도덕의 발전 등을 이해하는 데에 뜻밖에 중요한 의의를 가지게 되었다《토템과 터부(1913년)》 참조. 《전집》 제9권.

오이디푸스 전설은 공포와 자기징벌을 그 내용 속에 끌어들여야 한다. 이 전설에 대한 그 뒤의 또 다른 변형은, 종교적 목적에 유리하게 이용하려는, 오해하기 쉬운 두 번째 의미의 해석에 의거하고 있다(노출 꿈의 소재를 참조). 신의 전지전능함을 인간의 책임과 결합시키려는 시도는 마땅히 이 자료에서도 다른 자료에서와 같이 실패로 끝나고 말 것이다.

또 하나의 위대한 비극 셰익스피어의 《햄릿》도 《오이디푸스 왕》과 같은 토대에 근거하고 있다. 그러나 소재(자료)는 같아도 그 다루는 방법이 다르다는 점에서 서로 멀리 떨어진 두 문화적 시기에 있어서 인간의 정신 생활의 차이, 즉 인류의 정서생활(情緖生活)에 있어서 몇백 년에 걸쳐 쌓인 세속적인 억압의 모습이 유감없이 나타나 있다. 《오이디푸스 왕》에서는 어린아이에게 있는 소망적 공상이 꿈속에서처럼 밝혀져 실현되고 있다. 그러나 《햄릿》에서는 그것이 계속 억압되어 있어서 우리는 그 존재를(마치 노이로제의 경우처럼) 다만 그 소망 공상에서 비롯된 억압의 작용에 의해서만 알게 된다. 주인공 햄릿의 성격이 끝까지 뚜렷하게 드러나지 않는다는 것은 기묘한 일이기는 하나, 이 근대극의 압도적인 효과와 조금도 모순되지 않는다. 이 작품은 자기에게 주어진 복수의 임무를 다할 것을 햄릿이 우물쭈물 지연시킨다는 점에서 이루어진다. 원전은 망설임의 원인이나 동기가 무엇인지 밝히지 않는다. 또 수많은 《햄릿》 해석의 시도도 지금까지 이 점을 설명할 수는 없었다. 괴테가 말한, 오늘날에도 널리 받아들여지고 있는 견해에 따르면, 햄릿은 지나치게 생각을 많이 함으로써 행동력이 결핍된 인간의 전형을 표현한 것으로 되어 있다('생각에 의해 창백하고 허약해진'). 또 다른 견해에 따르면, 바로 셰익스피어 자신이 신경쇠약이라고 말해도 될 만큼 병적이고 우유부단한 성격이라고 한다. 그런데 이 극의 줄거리로 알게 되는 일이지만, 햄릿은 결코 행동할 수 없는 인간으로 보이지는 않는다. 우리는 그가 두 번 단호히 행동에 나서는 것을 본다. 한 번은 분노에 휩싸여 벽 뒤에서 엿듣는 사람을 찔러 죽인 때이며, 또 한 번은 계획적으로, 아니 교활하다 해도 좋을 만큼 르네상스 시대 왕자의 특유한 단호함과 태연한 태도로 자기의 생명을 노리는 신하 두 사람을 죽였을 때이다. 그러면 도대체 그를 저지하고 부왕의 망령이 그에게 과한 임무 수행을 방해하는 것은 무엇인가? 이 임무가 특히 실행하기 곤란한 것이었기 때문이라고 설명하는 사람도 있을 것이다. 햄릿은 무엇이든 하려고 마음만 먹으면 할 수 있었다. 다만 어머니 곁을 지키면서 죽은 아버지의 지위를 찬탈한 백부를 죽여 복수하는 일만은 하지 못했다. 이 백부는 햄릿의 억압된 아동기의 소망 충족을 나타내고 있다. 햄릿에게 복수를 하게 만들지 않으면 안 될 혐오감은, 이렇게 하여 햄릿의 마음속에서 자기 비난, 양심의 가책과 바뀌어져 버렸다. 그래서 이 양심의 가책은 그에게 사실 너 자신도 네가 죽이려는 그 천벌을 받을 백부보다 훌륭한 인간은 못된다고 책망하는 것이다. 햄릿의 마음속에서 무의식적으로 존재해 있던 것을 의식적인 것으로 번역하면 이렇게 된다. 햄릿을 히스테리 환자로 보려는 사람이 있다면, 나는 위의 해석에서 나온 추론으로서만 이것을 용인할 수 있다. 그리고 햄릿이 오필리어와의 대화 속에서 말하는 성적 혐오도 이상의 견해와 일치한다. 이 성적 혐오는 그 뒤에 셰익스피어 자신의 마음속에서 점차 강렬해져서 마침내 《아테네의 타이몬》에서 그 정점을 이루게 되었다. 햄릿이라는 인물이 우리에게 말해주는 것은 말할 것도 없이 셰익스피어 자신의 정신 세계이다. 게오르그 브란데스(George Brandes)는 그의 《셰익스피어론(1896년)》에서, 이 작품은 셰익스피어의 아버지가 죽은(1601년) 직후, 그러니까 아버지의 죽음을 애도하는 마음이 아직 가라앉지 않았을 무렵에 아버지에 의해 어린 시절에 품고 있었던 감정의 부활(이라고 생각해도 무방할 것이다)을 경험하면서 제작된 것이라고 말하고 있다. 또 어려서 죽은 셰익스피어의 아들 이름이 햄닛(햄릿과 같음)이었다는 것도 널리 알려져 있는 사실이다. 햄릿이 부모와 자식의 관계를 다룬 데 대하여 《햄릿》보다 나중에 쓴 《맥베스》는 자식이 없는 사람을 주제로 다루고 있다. 어쨌든 모든 노이로제적 증세, 아니 꿈마저도 다시 해석이 될 수 있듯이, 참으로 모든 예술적인 문학 작품도 작가의 마음에서 일어난 몇몇 동기와 자극에서 비롯되었을 터이므로 몇 종류의 해석이 허용될 것이다. 여기서 나는 창조하는 시인의 마음속에서 일어나는, 모든 움직임의 가장 깊은 층을 해석해 보려고 시도했을 뿐이다.*49

혈연관계에 있는 이의 죽음이라는 전형적인 꿈의 논의를 끝내기 전에 이런

---

*49 햄릿의 정신 분석적 이해를 위한 위의 암시는 그 뒤 어니스트 존스에 의해 철저하게 보완되어, 문헌에 기록된 다른 의견들 앞에서 이를 지키고 옹호했다(《햄릿 문제와 오이디푸스 콤플렉스》, 1911년). 셰익스피어 작품들의 저자가 스트랫포드 출신의 사람이었다는 전제를 나는 믿지 않는다. 《맥베스》를 분석한 그 이상의 연구에 대해서는 나의 논문 〈정신 분석적으로 연구된 몇 가지 전형적인 인물 유형〉(《이마고》 제10권 1916년, 《전집》 제10권)과 예켈스의 〈셰익스피어의 '맥베스'〉(《이마고》 제5권, 1918년)가 있다.

전형의 꿈이 꿈 이론에 대해 갖는 의의에 대해 약간의 말을 덧붙여서 밝혀 두고자 한다. 이런 꿈들이 우리에게 보여 주는 것은 억압된 소망에 의해 형성된 꿈 사고가 모든 검열의 눈을 피하여 아무런 변경도 없이 꿈속으로 들어간다는, 참으로 이상한 경우를 실현하고 있다는 점이다. 이러한 과정이 가능하려면 여기에 무슨 특별한 사정이 있어야 할 것이다. 나는 다음의 두 가지 요소가 바로 이러한 꿈을 불러일으키는 적합한 조건이라고 생각한다. 첫째, 우리에게 이보다 더 인연이 먼 소망은 없다고 믿고 있는 점이다. 그런 소망을 가진다는 것은 꿈에도 생각해 본 적이 없다고 우리는 말한다. 그렇기 때문에 꿈의 검열은 이 당치도 않은 것에 대해 준비가 되어 있지 않다. 말하자면 마치 솔로몬의 율법에는 부친 살해에 대한 형법이 규정되어 있지 않은 것과 같다. 둘째, 이 억압되고 예상하지 못한 소망은 이 경우에 특히 자주 소중한 사람의 생명에 관한 걱정이라는 형식으로 낮 동안의 잔재들과 결합된다. 이 걱정은 같은 소망을 이용하지 않고는 꿈속에 들어오지 못한다. 그러나 이 소망은 낮에 활동하던 걱정의 탈을 쓰는 수가 있다. 이 모든 것이 비교적 단순하게 진행되어 낮에 하던 것을 밤에도 (꿈속에서) 계속할 뿐이라고 생각한다면, 친척이 죽는 꿈은 꿈 해석과의 관련성을 모두 잃게 되는 것이므로 쉽게 풀릴 수수께끼도 언제까지나 풀지 못한 채 남게 될 것이다.

이런 꿈들과 불안한 꿈의 관계를 추적해 나가는 것도 대단히 유익하다. 친척이 죽는 꿈에서 억압된 소망은 검열의 눈을(그리고 검열 때문에 생기는 왜곡을) 피할 수 있는 하나의 길을 발견한다. 이 경우 필연적으로 생기는 부수적 현상은 꿈속에서 고통스러운 느낌이 감지된다는 점이다. 마찬가지로 불안한 꿈을 불러일으키는 것은 검열이 전면적으로 또는 부분적으로 정복될 때에만 한한다. 또 한편 불안이 신체적 원천에서 현실적인 자극으로 이미 주어졌을 때에는 검열을 정복하기란 더욱 쉽다. 이렇게 생각해 보면, 검열이 어떤 의도로 그 직책을 완수하며 꿈 왜곡을 일으키는가가 뚜렷해진다. 그것은 '불안 또는 그 밖의 고통스러운 감정의 전개를 미리 막기 위해' 행해진다.

나는 위에서 아이의 마음속에 있는 이기주의에 대해 말했다. 그러나 지금 여기서 한 번 더 아이의 이기주의에 대해 언급하고자 하는 것은, 꿈도 역시 그런 이기주의적 성격을 지니고 있다는 점을 알아주었으면 하기 때문이다. 꿈은 모두 극단적으로 이기주의적이다. 모든 꿈속에는 변장하고 있을지언정 사랑스러운 자기가 등장한다. 꿈속에서 채워지는 소망은 언제든지 틀림없이 자기의 소망이다. 타인에 대한 관심이 꿈을 불러일으킨 것같이 보일지라도 그것은 표면상의 일이다. 나는 여기에 이 주장에 반대되는 것 같은 실례 몇 가지를 들어서 이에 분석을 가해 보려 한다.

(1)

4세가 채 되지 않은 사내아이가 꾼 꿈. 〈그는 구운 고기와 야채가 담긴 큰 접시를 보았다. 구운 고기를 갑자기 자르지도 않고 그대로 누군가가 먹어버렸다. 그것을 먹은 사람의 모습을 그는 보지 못했다.〉*50

구운 고기를 먹어 버린 이 꿈속의 낯선 사람이란 누구일까? 꿈을 꾼 날의 경험이 그것을 우리에게 밝혀 줄 것이다. 이 아이는 2, 3일 전부터 의사의 지시로 우유만 마시고 있었다. 그런데 그날 저녁에는 말을 듣지 않아서 벌로 우유도 마시지 못했다. 전에도 한 번 이런 공복 치료법을 치른 일이 있었는데, 그때는 아주 잘 해냈다. 그는 자기에게 아무것도 주지 않으리라는 것을 미리 알고 배가 고프다는 말을 한마디도 하지 않았다. 교육의 효과가 이미 나타나기 시작한 것이다. 이것은 꿈 왜곡의 시작을 알려주는 무언가가 꿈속에 이미 나타나고 있었다는 말이다. 그 소망을 그런 풍부한 식사, 특히 구운 고기로 돌리고 있는 인물이 바로 그 아이 자신임을 의심할 여지가 없다. 그러나 그는 구운 고기는 먹지 못하게 금지되어 있다는 것을 알고 있었기 때문에 배를 곯은 아이가 꿈속에서 하듯이(나의 딸 안나의 딸기 꿈 참조) 자신은 밥상 앞에 앉으려고 하지 않았다. 따라서 구운 고기를 먹은 사람이 누구인지 모르고 있는 것이다.

(2)

나는 어느 때 이런 꿈을 꾸었다. 〈서점의 진열장에 언제나 내가 사들이는 총

---

*50 꿈속에 큰 것, 산더미같이 많은 것, 남아돌고, 과장된 것들이 나오는 것도 유아기의 한 특색일 것이다. 아이에게는 크고 싶다, 무엇이든지 어른 못만큼 받고 싶다는 소망만큼 절실한 게 없다. 아이는 좀처럼 만족을 할 줄 모르며, 이만하면 충분하다는 것을 모른다. 마음에 든 것이나 맛이 좋았던 것은 끝없이 탐을 낸다. 아이가 절도를 지키며, 분수를 알고 체념을 배우게 되는 것은 교육에서 기대해야 한다. 우리가 알고 있듯이 노이로제 환자 또한 절도와 절제를 모르는 경향이 있다.

서의 호화판 신간이 한 권 있는 것을 보았다(예술가 평전, 제목별 세계사, 저명한 미술사 등). 새로운 총서의 명칭은 《저명한 웅변가(혹은 웅변)》이고, 그 한 권에는 레허 박사의 이름이 있었다.〉

분석해 보건대, 의회에서 의사 진행을 방해하기 위해 길게 연설하는 작전 연설가인 레허 박사의 이름이 꿈속에 나오는 것은 아무래도 이상하다. 사정은 이렇다. 며칠 전 나는 새로운 환자 몇 사람의 정신 요법을 맡았다. 그래서 매일 10시간에서 11시간 동안 말을 해야만 했다. 말하자면 나 자신이 바로 그 지루한 연설가였다는 것이 된다.

(3)

또 어느 때 나는 이런 꿈을 꾸었다. 내가 알고 있는 대학 교수가 이렇게 말한다. 〈근시안인 내 아들이〉 여기서부터 짤막한 대화가 오가고, 그 다음에 나와 내 아들들이 나오는 꿈의 셋째 부분이 나타난다. 이 꿈의 잠재 내용으로서는 아버지라든가 아들, 교수 따위는 나와 나의 아들을 대신하는 인물에 지나지 않는다. 나는 이 꿈을 다른 한 가지 특색 때문에 뒷장에서 다시 한 번 취급할 예정이다.

(4)

다음 꿈은 상냥한 마음씨 뒤에 숨어 있는 참으로 비열한 이기주의적 감정이 나타내는 한 예이다.

〈친구 오토는 건강이 좋지 않아 얼굴이 누렇고 눈이 튀어나와 있다.〉

오토는 우리 집 주치의로서 몇 년 전부터 아이들의 건강을 돌보아 주고 있다. 아이들이 병이 나더라도 훌륭하게 치료해 줄 뿐만 아니라, 기회 있을 때마다 선물을 해주곤 해서 나는 그에 대해 어떻게 보답해야 할지 모르고 있다. 꿈을 꾼 날도 그가 우리 집에 왔었다. 그가 몹시 피로하고 지쳐 보인다고 아내가 말했었다. 그날 밤 나는 꿈을 꾸었다. 그 꿈속에서 그는 나에게 바세도우씨병(갑상선 기능항진증)의 두세 가지 증세를 보여 주고 있다. 꿈 해석에 있어서 나의 법칙을 무시하는 사람이면, 이 꿈을 내가 친구의 건강을 걱정한 나머지 그 걱정이 꿈으로 나타났다고 생각할 것이다. 만일 그렇다면 이것은 꿈은 소망 충족이라는 주장에 어긋날 뿐 아니라 꿈은 이기주의적 마음의 움직임밖에 모른다는 또 하나의 주장에도 어긋날 것이다. 이런 식으로 해석하는 사람은 겉보기엔 오토에게 바세도우씨병이라고 진단을 내려야 할 증세가 전혀 없는데, 왜 내가 그런 걱정을 하는지 설명해 주기 바랄 것이다. 이에 반해 나의 분석은 6년 전에 있었던 어떤 사건에서 다음과 같은 자료를 얻는다. 우리는 몇 안 되는 친구끼리, 그 중에는 R 교수도 있었는데 캄캄한 N 숲속을 마차로 지나갔다. 이 N은 우리의 피서지에서 두서너 시간 걸리는 곳에 있었다.

마차꾼은 술을 마신 취기가 조금 있었다. 그래서 그만 마차를 언덕 밑으로 전복시키고 말았다. 아무도 다치지 않은 게 천만다행이었다. 그러나 우리는 그날 밤 근처 여관에서 지내야만 했다. 여관에서는 우리의 사고 소식을 알고 모두들 대단히 동정해 주었다. 분명히 바세도우씨병의 증세를 보이고 있는 한 신사가(그러나 얼굴이 누런 것과 눈알이 튀어나온 점만이 꿈속의 얼굴과 같고, 갑상선종은 없었다) 나와서 필요한 것이 있으면 무엇이든지 말해 달라고 했다. 그러자 R교수가 언제나처럼 털털한 말투로 "잠옷을 빌려 주시면 좋겠습니다"고 대답했다. 이에 대해 상대방 신사는 "안됐습니다만, 그것만은 어쩔 수가 없습니다" 하고는 가버렸다.

분석을 계속하고 있는 중에 문득 생각난 일이지만, 바세도우는 의사의 이름일 뿐만 아니라 어떤 유명한 교육가의 이름이기도 했다. 깨어 있는 지금은 아무래도 이 사실이 좀 불확실한 느낌이 든다. 그런데 오토는 만일 나에게 무슨 어려운 일이 일어날 경우엔 나 대신 아이들의 신체적 교육, 특히 사춘기에 대한 (잠옷이란 말이 나온 것은 그 때문이다) 감독을 부탁받은 사람이다. 내가 꿈속의 오토에게 그 친절한 신사의 증세를 부여한 것은 그것으로 내가 분명히 이렇게 말하려는 것이다. 즉 나에게 무슨 일이 일어날 경우, 그때 L남작이 친절한 제의를 해주었는데도 불구하고 실제적으로는 나의 아이들에게 아무것도 해줄 수 없었던 것처럼, 오토도 내 아이들에게 아무것도 못해 주는 것이 아닐까 하는 것이다. 이제 이것으로 꿈의 이기주의적인 성격은 명백해졌으리라 믿는다.[51]

---

[51] 어니스트 존스가 어느 미국인 모임에서 학술강연을 했는데, 꿈의 에고이즘에 대해서 말했을 때 어느 교양 있는 부인이 이런 비과학적 일반화에 대해 항의를 하면서 "선생께서 오스트리아인의 꿈에 대해서는 어떻게 해석하시든 상관하지 않지만 미국인의 꿈에 대해서는 논할 자격이 없다고 생각합니다. 현재 제가 꾼 꿈은 모두 다 이타적이라고 생각하니까요"라

그러나 이 꿈에서는 어디에 소망의 충족이 숨어 있는 것일까? 내 꿈에서는 결국 오토가 나쁜 역할을 맡는 운명에 놓여 있다. 그러나 소망 충족은 그 오토에 대한 복수에 있는 것이 아니라 다음의 점에 있다. 바로 내가 오토를 L남작으로 표현함으로써 동시에 나 자신을 어떤 다른 인물, 즉 R교수와 동일화하고 있다는 것이다. 그것은 6년 전의 사건 때 R이 D남작에게 요청한 것처럼 나도 오토에게 무엇인가를 구하고 있기 때문이다. 이것이 바로 요점이다. 실제로는 감히 나 자신을 R 교수와 비교한다는 것은 생각도 못할 일이지만, R교수는 나와 마찬가지로 학교를 떠나서 독립의 길을 걷다가 상당한 나이가 된 뒤에 비로소 진작 받았어도 좋을 교수 칭호를 얻은 사람이다. 그러니 나도 언젠가는 교수가 되기를 바라고 있는 것이다. 아니 상당한 나이가 된 뒤라는 것도 하나의 소망 충족이다. 왜냐하면 이것은 내가 오래 살아서 아이들의 사춘기를 내 눈으로 직접 봐줄 수 있음을 뜻하기 때문이다.

기분 좋게 하늘을 날거나, 무서워하면서 높은 데서 떨어지는 다른 유형의 꿈에 대해서는 내가 직접 꾼 경험이 없기 때문에 모두 다른 사람의 정신 분석 결과에 힘입고 있다. 여기서 얻은 결론은 이 꿈들도 역시 아동기의 여러 인상의 되풀이다. 말하자면 이러한 꿈들은 아이들에게 굉장한 매력을 끄는, 몸을 움직이는 놀이들과 관련이 있다. 친척 아저씨들은 아이를 높다랗게 쳐들어 온 방안을 빙빙 돌리거나, 또는 무릎 위에 앉혀놓고 흔들다가 갑자기 다리를 뻗어 아이를 방바닥에 떨어뜨리는 시늉들을 한다. 또는 아이를 높이 쳐들어 훌쩍 던지는 것처럼 하여 아이를 깜짝 놀라게도 하지 않는가. 그러면 아이들은 소리를 지르면서 좋아한다. 그러고는 자꾸 해달라고 조른다. 특히 약간 무섭거나 현기증이 일어날 때 더 해달라고 졸라댄다. 그리고 나서 몇 년 뒤에 그들은 그것을 꿈속에서 되풀이하는데, 꿈에서는 전에 몸을 받쳐주던 손이 없어졌으

고 말했다.

이 인종 자랑을 하는 부인에 대한 변명으로서는 꿈은 어디까지나 이기주의적인 것이라는 명제를 오해해서는 안 된다고 말해 두고 싶다. 본래 전의식적 사고 속에 나타나는 모든 것은 꿈(내용 및 잠재 사고)에 나타날 수 있는 것이므로, 이타적 감정의 움직임도 역시 꿈속에 나타날 수 있는 것이다. 이와 같이 무의식 속에 존재하는 타인에 대한 다정함 혹은 그리움 같은 것도 꿈속에 나타날 수 있을 것이다. 따라서 뒤에서 든 명제는 꿈의 무의식적 충동 속에는 깨어 있는 생활에선 이미 극복되고 있었던 것처럼 보이는 이기주의적인 여러 경향들이 매우 자주 발견된다는 사실을 지적하는 것이다.

므로 하늘을 날거나 떨어지거나 하는 것이다. 어린아이들이 그네 타기나 시소 놀이를 특히 좋아한다는 것은 새삼스레 말할 필요도 없다. 그들은 서커스에서 아슬아슬한 재주를 보면, 지난날의 기억이 틀림없이 되살아난다.*52 어떤 사내 아이들에게는 히스테리적 발작이 그런 몸놀림의 재현으로만 이루어지기도 한다. 그들은 참으로 교묘하게 몸놀림을 한다. 그 자체로서는 순진하기만 한 몸의 움직임이 성적 감각을 일깨우는 수도 있다.*53 이들을 모두 포함해 우리가 일반적으로 사용하는 말로 표현하자면, 바로 아동기의 '쫓는 놀이'인데, 이것은 비행하는 꿈이나 추락하는 꿈이나 현기증 나는 꿈 등이 되풀이하는 것이므로 이 쫓는 놀이의 쾌감이, 어른이 된 지금은 불안으로 바뀌어 있는 것이다. 그러나 보통 어머니라면 누구나 다 알다시피, 아이들의 쫓는 놀이도 실제로는 싸움과 한바탕 울음으로 끝이 나는 수가 많다.

따라서 나는 수면 중 우리 피부의 감각 상태, 폐의 운동에서 오는 자극 등으로 말미암아 날거나 추락하는 꿈을 꾸게 된다는 의견을 받아들일 수가 없다. 이 자극들 자체가 기억에 의해 재생산되고 있는 것이므로 꿈은 이러한 기억과 관련성을 가진다. 말하자면 그 자극들은 꿈의 내용일지언정 꿈의 원천은 아님을 알게 된다.

그러나 솔직히 말해서 위와 같은 해석에 의해 일련의 전형적인 꿈들이 완전히 설명된다고는 나 자신도 생각지 않는다. 나의 자료들은 바로 이 시점에서 나에게 아무런 도움도 되지 못한다. 어떤 심리적 동기가 그것을 필요로 하자마자 이 전형적인 꿈들의 피부 자극이나 운동자극이 모두 일깨워지고, 또 이러한 필요가 없을 때는 그 자극들이 무시될 수 있다는 일반적 견해를 나는 고집

---

*52 정신 분석적 연구에 의해 우리는 아이들의 몸을 움직이는 표현을 좋아하고 히스테리 발작에 있어서 그것을 반복하는 경우, 기관(器官)의 쾌감 이외에 또 하나 다른 계기가 있음을 알게 되었다. 즉 사람이나 동물의 교미를 목격했을 때의(종종 무의식적인) 기억 형상이 바로 그것이다.

*53 이에 대해서 신경질 같은 것과는 전혀 인연이 없는 내 젊은 동료가 이런 말을 해주었다. "내가 직접 경험한 일이라서 아는 일입니다만, 어렸을 때 그네를 타는데, 높이 올라갔다가 확 내려가는 순간이면 성기 근처가 이상한 느낌이 들더군요. 사실 이 느낌이 나에게는 별로 기분이 좋지 않았지만, 그래도 역시 쾌감이라고 불러야 하겠지요." 남자 환자들로부터 종종 듣는 일이지만, 그들이 기억하고 있는 한 쾌감을 수반한 최초의 발기는 어린 시절 나무에 올라갔을 때에 일어났다고 한다. 정신분석의 결과로 말한다면, 첫 성적 충동은 어렸을 때 서로 밀어서 넘어뜨리는 놀이에 뿌리박고 있다고 단언할 수 있다.

하지 않을 수 없다. 유아기 경험들과의 관련성 또한 내가 노이로제 환자의 분석을 통해 확고하게 수립한 것으로 생각한다. 그러나 인생을 살아가는 동안에 다른 어떤 의미가 그 자극의 기억에 결부되었는지는 알 수 없는 노릇이다. 이 꿈들의 전형적인 표현 방법에도 불구하고 사람에 따라 각각 다른 의미가 결부되는 것일까. 이에 대해 나로서는 무어라고 말할 수 없다. 그래서 언젠가 적당한 사례를 신중하게 분석해서 이 틈을 메우고자 한다.

하늘을 나는 꿈, 떨어지는 꿈, 이를 빼는 꿈 등은 참으로 자주 꾸는 꿈인데도 불구하고 내가 자료 부족을 탄식하는 것을 보고 이상하게 생각하는 사람도 있을 것이다. 그렇지만 그런 사람에게는 사실 내가 꿈 해석이라는 주제에 주의를 기울이기 시작한 뒤로 나 자신이 그런 꿈을 꾼 적이 없기 때문이라고 설명하는 수밖에 없다. 한편 또 내가 입수할 수 있는 노이로제 환자의 꿈들도 반드시 모두 다 해독할 수 있는 것이 못 되며, 그 꿈들의 마지막 의도를 찾지 못하기도 한다.

노이로제 형성에 작용하고 있다가 그것이 나으려 하면 다시 활동을 시작하는 어떤 정신적 힘이 꿈 해석의 앞길을 가로막고, 마지막 수수께끼의 정체를 쉽게 구하지 못하게 하는 것이다.

c. 시험의 꿈

졸업 시험을 치르고 김나지움 과정을 끝낸 사람이면 누구나 시험에 낙제하고 유급하는 불안한 꿈을 꾸게 마련이다. 박사학위를 가진 사람이면, 이 전형적인 꿈은 형태를 좀 바꾸어서 자기가 구술시험에 합격하지 못한 것으로 나타난다. 그러면 그 사람은 잠을 자면서, 자신은 벌써 몇 년 전부터 개업하고 있다든가, 현재 대학의 무급강사(無給講師)로 근무하고 있다든가, 관청의 과장을 지내고 있지 않느냐고 하여 항의를 제출하나 아무 소용이 없다. 이 시험에 낙제하는 꿈은 우리가 어렸을 때 금지된 행동을 해서 받은 벌에 대한 없앨 수 없는 기억이므로, 우리 학창 시절의 중요한 두 교차점에서, 즉 엄중한 시험이라는 '심판의 날' 우리의 마음속에 다시 활발하게 되살아나는 것이다. 노이로제 환자의 시험 공포도 이 아동기 불안에 결부되어 강화된다. 우리가 학교 생활을 끝마친 뒤에 부모나 학교 선생님은 우리가 잘못을 저질렀다고 하여 처벌을 내리지는 않는다. 이후에 우리를 가르치는 것은 인생의 사정없는 인과의 연결 고리이다. 그래서 우리는 어떤 일을 제대로 하지 않았거나 마치지 못했기 때문에 그 대가를 치르게 되리라고 예상할 때마다, 또는 책임의 중압을 느낄 때마다(시험을 치를 때에 충분한 자신을 갖는 사람이란 흔치 않으므로) 김나지움의 졸업 시험 꿈이나 박사 과정의 구술시험 꿈을 꾸게 된다.

시험 꿈을 한층 깊이 설명할 수 있는 것은 사실 정신 분석에 통달한 동료의 소견에 힘입고 있다. 이 사람은 어느 때 학문적인 토론을 하다가 이런 것을 지적했다. 그것은 자신이 알고 있는 한, 김나지움의 졸업 시험 꿈은 그 시험에 합격한 사람에게만 나타나는 것이며 실패한 사람에겐 절대로 나타나지 않는다는 것이었다. 그 후에 점차 확인된 일인데, 다음날 어떤 책임져야 할 일이 있을 때, 그리고 그 일에 대해 비난 받을 가능성이 예상될 경우에 꾸는 불안한 시험 꿈은, 나중에 그러한 큰 불안이 부당한 것이었으며 그러한 불안이 모순이었음이 밝혀진 과거의 어떤 사건을 찾았는지도 모른다. 이것은 깨어 있을 때의 작인(作因)에 의해 꿈 내용이 실제와 다르게 나타날 수 있다는 뚜렷한 실례가 아니겠는가? 왜냐하면 나는 벌써 박사가 되어 있지 않으냐는 등 꿈에 대한 분개로 생각되는 항변은 사실 꿈이 주는 위안이다. 다시 말해 그 뜻은 이런 게 아닐까. 너는 내일 일을 두려워할 필요가 없어. 생각 좀 해봐. 너는 전에 김나지움 졸업 시험에 대해 매우 불안해했지만, 생각보다 쉬웠잖아. 그리고 지금 너는 이미 훌륭한 박사가 아니냐 하는 따위로. 그러나 우리가 꿈 탓으로 돌리고 있는 불안감은 낮 동안에 경험한 것의 잔재에서 나온다. 내가 나 자신에 대해, 또는 다른 사람에 대해 세울 수 있었던 이 같은 설명의 시도는 많지는 않으나 그 타당성이 증명되고 있다. 예를 들면 나는 법의학 구술시험에 대해서는 단 한 번도 꿈을 꾼 적이 없다. 이와 반대로 식물학, 동물학, 화학 시험 꿈은 몇 번을 꾸었는지 모른다. 이러한 분야에는 자신이 없어 불안한 마음으로 시험을 치렀던 것인데, 운이 좋았었는지 시험관 덕분이었는지 아무튼 무사히 합격했다. 김나지움 재학 시절의 시험에 대한 꿈에서는 나는 반드시 역사 시험 꿈을 꾸었다. 그때 역사 시험에는 무사히 합격했다. 그러나 그것은 친절한 역사 선생이(다른 꿈에 나왔던 그 애꾸눈의 구원자) 내가 답안지의 세 문제 중 가운데 문제에 손톱으로 줄을 그어서 '이 문제의 해답만은 너그럽게 보아 주십시오' 하고 암시한 뜻을 놓치지 않았기 때문이다. 김나지움의 졸업 시험을 치르지 않고 퇴학했다가 나중에 추가 시험에 합격했고, 그 뒤에 사관 시험에 떨어진 한 환자가 말한 바에 의하면, 그는 앞의 합격한 시험 꿈은 자주 꾸었으나 낙제한 사관 시험 꿈은 꾼 적이 없다고 했다.

시험 꿈도 내가 앞에서 전형적인 꿈들 대부분에서 특징적인 것으로 제시한 그 어려움을 해석에 안겨준다. 꿈을 꾼 당사자가 우리에게 제공하는 연상 자료는 꿈의 해석에 충분하지 않다. 이런 꿈을 더 잘 이해하려면 더 많은 실례를 수집해야 한다. 너는 이미 박사가 아닌가라는 식의 항변은 단순히 위로의 뜻을 포함하고 있을 뿐만 아니라, 거기에는 또 어떤 비난도 암시되어 있다는 확실한 인상을 나는 최근에 받았다. 이 비난이란 아마 이런 뜻일 거라고 생각된다. 나는 이제 나이도 지긋하고 인생 경험도 숱하게 쌓아왔으면서, 아직도 그런 어리석고 유치한 짓을 하는가 하고. 이러한 자기비판과 위안이 뒤섞인 복잡한 심리 상태가 바로 시험 꿈의 잠재 내용이 된다. 그렇다면 '어리석은 짓'이나 '유치한 짓'을 한다는 비난이 앞에서 분석한 몇 가지 예에서 비난받아야 할 성적(性的) 행위의 반복과 관련이 있음은 의심할 것이 못 된다.

W. 슈테켈은 '김나지움 졸업 시험 꿈'을 최초로 분석한 사람인데, 이러한 꿈은 반드시 성적(性的) 시도나 성적 성숙과 관련이 있다는 견해를 지닌다. 실제로 나의 경험으로도 이러한 사실을 수차례 확인할 수 있었다.

제6장 꿈의 작업

꿈의 문제를 해결하려는 이제까지의 모든 시도는 우리의 기억 속에 새겨진 꿈의 드러난 내용을 직접 다루면서, 이에 따라 꿈의 해석에 이르거나, 혹은 해석을 단념하게 되더라도 그 꿈에 대한 판단을 드러난 꿈 내용에 의해 증명하려고 애써왔다. 다만 우리만이 그것과는 다른 상황을 생각하고 있다. 다시 말해 우리는 꿈 내용과 우리가 관찰한 여러 가지 결과 사이에 어떤 새로운 정신적 자료를 포함시킨다. 이는 바로 우리의 방법에 의해 얻어진 꿈의 잠재 내용 또는 꿈의 사상을 이룬다. 우리가 꿈의 해석을 발전시킨 것은 바로 이 잠재 내용에 의해서이며, 겉으로 드러난 내용에 따른 것은 아니었다. 따라서 여기서 다시 우리는 새로운 과제에 부딪치게 된다. 즉 꿈의 잠재 내용과 겉으로 드러난 내용의 관계를 살피고, 어떠한 과정을 거쳐서 어떠한 변화가 일어나는지 밝히지 않으면 안 된다.

꿈의 사고(思考)와 꿈의 내용은 같은 내용을 두 가지 다른 언어로 표현하고 있는 것과 같다. 보다 적절하게 표현한다면, 꿈의 내용은 꿈의 사고(思考)가 다른 방식으로 표현된 것으로, 우리가 그 뜻을 알려면 꿈의 내용에 나타난 기호나 연결 법칙 등을 찾아내야 하는데—이때 꿈의 사고와 꿈의 내용은 '원본'과 그 '번역물'로 비유할 수 있다—우리가 이들을 알게 되면 꿈의 사고는 곧 쉽게 이해될 수 있다. 꿈의 내용은 기호가 개별적으로 꿈의 사고의 언어로 옮겨져야만 하는 회화문자와도 같이 제시된다. 만일 우리가 이 회화문자 기호들을 그 기호들의 관계에 따라 해석하려 하지 않고 그 회화적 가치에 따라 읽으려고 한다면, 미로에 빠져들 것이 틀림없다. 여기 한 장의 그림 수수께끼가 있다고 치자. 집이 하나 그려져 있고 그 지붕에 보트가 한 척 있다. 그리고 글씨가 쓰어 있고, 또 달리고 있는 인물이 하나 있는데, 이 인물은 머리가 없고 부호만 적혀 있다. 이것을 액면 그대로 받아들인다면 사물의 이와 같은 전체적 구성이나 구성 요소들은 전혀 무의미하다는 비평도 가할 수 있을 것이다. 보트가 지붕에 있다는 것도 우습고 머리가 없는 인간이 달릴 수 있을 까닭이 없다. 게다가 또 인간이 집보다 더 큰 것도 이상하고 전체를 풍경 묘사라고 친다면 뿔뿔이 흩어진 글자 같은 것은 자연계에서 볼 수 없는 것이므로 이런 곳에 씌어 있다는 것은 적합하지 않다. 그런데 이 그림의 전체 및 부분에 대해 이런 식의 흠을 잡지 말고 그려져 있는 형상(또는 관념)의 하나하나를 어떤 철자와 뜻에서든 표현 가능한 상황으로 대체하려고 노력하는 과정에서, 비로소 이 그림에 대해 올바른 판단을 할 수 있게 된다. 이렇게 하여 종합 정리된 표현들은 이미 무의미하지 않고 가장 아름다우며 가장 깊은 시의 한 구절을 써낼 수 있다. 이렇게 꿈은 그림 수수께끼와 같은 것인데, 꿈 해석에 있어서 우리 선인들은 그림 수수께끼를 고지식하게 올바른 그림으로 판단하려는 잘못을 범해 왔던 것이다. 올바른 그림으로 이것을 다룬다면 꿈이 무의미하고 무가치한 것으로 보일 것은 당연한 일이다.

A. 압축 작업

꿈 내용과 꿈 사고를 비교할 때 가장 먼저 깨닫게 되는 것은 거기에서 이루어지고 있는 대규모의 압축 작업이다. 꿈의 사고가 거대하고 내용이 풍부한데 비교한다면 겉으로 드러난 내용은 엉성하고 빈약하며 말수가 적다. 꿈은 종이에 쓴다면 고작 반 페이지 정도의 분량밖에 안 될지라도 여러 가지 꿈의 사고를 포함하는 분석은 그 2배, 6배, 8배의 페이지 수를 필요로 한다. 이 비율은 물론 꿈에 따라 다르지만, 내가 조사해 본 것에 한해서는 이 같은 경향은 한결같았다. 흔히 드러난 꿈 사고를 완전한 자료로 간주하고, 거기에서 이루어지고 있는 압축의 정도를 낮게 평가하기 쉽지만, 좀 더 분석 작업을 해나가면 꿈의 배후에 감추어진 새로운 사고가 얼마든지 드러나게 되는 것이다. 본래 어떤 꿈을 완전히 해석했다는 확신은 가질 수 없다는 것을 우리는 진작 말해 두었거니와, 이로써 해석은 충분하고 빠진 것이 없으리라고 생각되는 경우조차도 또 다른 의미가 똑같은 꿈속에서 나오는 일은 언제나 있을 수 있다. 그러므로 압축의 정도는 엄밀히 따져 정하기 어려운 것이다. 꿈 내용과 꿈 사고 사이의 불균형으로부터 꿈 형성 과정에서 정신적 자료의 충분한 압축이 이루어진다는 우리의 주장에 대해 얼핏 보아서는 매우 그럴듯한 다른 의견이 제시될 수 있다. 다시 말해서 우리는 흔히 밤새도록 숱한 꿈을 꾸었지만, 그 꿈을 다시 거의 잊어버렸다는 생각이 들기 때문이다. 그렇다면 깨어 있을 때에 기억하고 있는 꿈은, 만일 우리가 꾼 꿈을 그야말로 모두 고스란히 기억할 수 있다고 한다면, 아마도 꿈 사고와 같은 분량으로 여겨지는 꿈 작업 전체의 단순한 찌꺼기에 지나지 않지 않는다는 이론이다. 이 이론에는 일리가 있다. 사실 우리는 잠이 깬 직후에 꿈을 되살리려고 애썼을 때에만 그 꿈이 가장 충실하게 재현된다는 것, 그리고 꿈의 기억은 시간이 가면서 점점 허점투성이가 된다는 사실을 잘 알고 있기 때문이다. 그러나 반면 재현할 수 있는 것보다 훨씬 많은 꿈을 꾼 것 같은 기분이 든다는 느낌도 하나의 착각에서(이 착각이 왜 일어나는지는 더 뒤에 가서 설명하기로 한다) 비롯된다는 것도 대체로 인정된다. 더욱이 꿈 작업에 있어서의 압축이라고 하는 가설은 꿈을 잊어버리는 일이 있다는 사실로 인해서는 아무런 영향도 받지 않는다. 왜냐하면 이 가설은 꿈의 연관성 없는 잔존 부분에 속하는 관념들에 의해 입증되기 때문이다. 꿈 대부분을 사실상 잊어버렸다면 그 때문에 우리는 새로운 꿈 사고에 도달하는 길을 더듬을 수 없게 되어 버릴 것이다. 우리의 기억에 탈락된 꿈의 여러 부분들도, 분석을 통해 남아 있는 부분에서 알아낸 사고와만 관련이 있다는 생각은 전혀 입증할 수 없는 기대이다.[1]

분석을 하는 동안 드러난 꿈 내용 하나하나의 요소는 참으로 잡다한 관념을 불러일으키지만, 독자 여러분은 다음과 같은 원칙적인 물음을 던지게 될 것이다. 분석을 하는 동안 뒤에 생각나는 일의 전부를 꿈 사고로 간주하고 가정해도 좋을지, 이 모든 관념들이 과연 수면 중에 활동하여 꿈 형성에 작용했는지, 아니면 분석하고 있는 동안 꿈 형성에는 관련되지 않았던 새로운 관념의 결합이 일어나는 것이 아닌지 하는 물음이다. 나는 이 물음에 오직 조건부로밖에 찬성할 수가 없다. 분석하는 동안 하나하나의 관념 결합이 일어난다는 것은 옳다. 그러나 그와 같은 관념 결합은 이미 꿈의 사고 중에 다른 방법으로 결합된 관념들 사이에서만 일어난다는 것은 절대로 의심할 수 없다. 이 새로운 관념 결합은 보다 심층부에 있는 다른 결합 방법의 존재로 인하여 가능하게 된 샛길과 같은 것이다. 분석을 하는 동안 발견된 수많은 관념들에 대해서는 이들이 이미 꿈 형성에 작용하고 있다는 것을 인정하지 않을 수 없다. 왜

---

*1 꿈에서의 압축을 지적하고 있는 연구가는 많다. 듀 프렐은 어느 곳에서 "꿈에서 관념들의 압축 과정이 일어나고 있다는 것은 확실하다"고 쓰고 있다.

냐하면 꿈 형성과 관련이 없는 듯이 보이는 이들 관념의 사슬을 끝까지 더듬어 가면, 드러난 꿈의 내용 중에 나와 있고 꿈 해석에도 불가결하지만, 관념들의 연결 관계에서 단서를 찾지 않으면 안 될 어떤 관념들에 갑자기 부딪치기 때문이다. 이 점에 대해서는 앞에서 소개한 식물학 연구 논문의 꿈을 대조 비교하기 바란다. 나는 꿈을 여지없이 분석한 것은 아니지만, 그런 대로 꿈의 놀라운 압축 작업이 어떤 것인가를 명백하게 제시했다고 생각한다.

그렇다면 꿈꾸기에 앞서 수면 중의 정신적 상태에 대해서는 어떻게 이해해야 좋을까. 모든 꿈의 사고들은 동시에 병존하고 있는 것일까, 아니면 서로 앞뒤로 나타나는 것일까, 또는 몇 개의 사고 과정들이 갖가지 중심에서 동시에 형성된 뒤에 서로 결합하는 것일까. 여기서 꿈 형성에 있어서 정신적 상태를 아직은 꼭 밝혀야 할 필요는 없다고 생각한다. 다만 문제가 되는 것은 무의식적 사고로서, 이 사고 과정은 의식의 지배 아래에서 고의로 행하는 반성과 사색의 때에 우리가 인지하는 사고 과정과는 매우 다르다는 점을 잊어서는 안 된다. 그러나 꿈 형성이 어떤 압축의 과정을 거쳐서 일어나고 있다는 것은 확고한 사실이다. 그런데 이 압축은 어떻게 이루어지는가.

밝혀낸 꿈 사고들 중의 아주 적은 부분만이 관련 요소들에 의해 꿈으로 표현되고 있다고 생각한다면, 압축은 생략(Auslassung)의 과정에서 일어난다고 할 수 있다. 다시 말해 꿈이라는 것은 여러 꿈 사고의 충실한 번역 또는 원래 그대로의 투영도(投影圖)가 아니라 몹시 불완전하고 결함이 많은 재현이다. 이 견해가 지극히 불충분하다는 것은 곧 알게 될 것이다. 하지만 우선 이 견해에 입각하여 다시 이렇게 자문해 보자. 꿈 사고 중에서 아주 적은 부분만이 드러난 꿈의 내용에 다다른다고 한다면, 그때 이루어지는 선택을 결정하는 것은 어떤 조건들일까?

이를 알려면 겉으로 드러난 꿈의 내용 속 여러 요소들에 주의를 기울이지 않으면 안 된다. 이 요소들이야말로 지금 구하고 있는 조건을 충족시키고 있는 것임에 틀림없기 때문이다. 이 조건들을 연구하기 위한 가장 알맞은 자료는 관념 형성에 있어 특히 강한 압축이 이루어진 꿈일 것이다. 이로써 내가 선택한 것은 바로 식물학 연구에 관한 꿈이다.

1. 식물학 연구 논문 꿈

꿈 내용—〈나는 어떤 식물의 종류(그것이 무엇인지는 뚜렷하지 않다)에 대하여 연구 논문을 한 권 썼다. 그 책이 내 눈앞에 놓여 있다. 지금 나는 그 책을 뒤적여 원색 삽화를 들여다본다. 이 책에는 식물 표본이 하나 첨부되어 있다.〉

이 꿈의 가장 두드러진 요소는 식물학 연구 논문이라는 점이다. 이 연구 논문은 꿈을 꾼 날의 인상에서 비롯된다. 나는 어떤 서점 창문 너머로 실제로 시클라멘 속(屬)에 관한 연구 논문을 보았다. 겉으로 드러난 꿈의 내용에서는 다만 연구 논문과 그것이 식물학과 관계가 있다는 것만 나왔을 뿐 시클라멘에 대해서는 나오지 않는다. 식물학 연구 논문은 이윽고 내가 이전에 쓴 코카인에 관한 연구가 있다는 사실을 제시해 준다. 관념 결합의 방향은 코카인에서, 한편으로는 축하 논문집이나 대학 실험실 안의 여러 사건들 쪽으로 흐르고, 다른 한편으로는 코카인 이용에 관여한 바 있는 친구인 안과 의사 쾨니히슈타인 박사에게로 흐른다. 이 쾨니히슈타인 박사의 모습에는 내가 며칠 전 저녁 때 그와 교환한 이런 저런 대화와 의사끼리 서로 진찰을 받았을 경우 보수를 어떻게 해야 할까라는 등의 여러 생각들이 결부된다. 그런데 실제로 꿈을 유발한 것은 바로 이 대화였다. 시클라멘 연구 논문도 마찬가지로 현실성을 가지고는 있으나 부차적 성질의 것일 뿐이다. 그렇다면 꿈의 '식물학 연구 논문'은 낮에 겪은 두 가지 경험 사이의 공통분모임을 알게 된다. 즉 그것은 흔히 있는 낮의 인상들 중에서 변형 과정을 거치지 않고 그대로 꿈속에 채택되고 나서 자유로운 연상 작용을 통해 정신적으로 의미있는 경험들과 결합된 것이다.

그러나 '식물학 연구 논문'이라는 통합된 관념뿐만이 아니라 이를 구성하고 있는 '식물학'과 '연구 논문'이라는 각 요소 또한 저마다 몇 겹의 결합에 의해 더 깊숙이 꿈 사고의 얽힘 속으로 이끌려 들어가는 것이다. '식물학'이란 관념에는 게르트너 교수(원예사라는 뜻이 있다), 이 사람의 '활짝 핀 꽃 같은' 부인, 플로라(꽃이라는 뜻이 있음)라는 이름의 나의 여자 환자, 남편이 꽃을 사주는 것을 잊어버렸다는 이야기를 한 부인 등의 기억이 서로 얽히고 있다. 게르트너는 또 실험실이나 쾨니히슈타인과의 대화로 나를 이끌어 간다. 이 대화에서 두 사람의 부인 환자가 화제에 올랐다. 예의 생일날 꽃을 선물 받지 못한 부인의 일로부터 관념의 방향은 내 아내가 가장 좋아하는 꽃 쪽으로 갈라져 나가고, 다른 하나의 관념은 낮에 흘끗 본 연구서의 표제로 갈라져 나간다. 그 밖에도 식물학이라는 관념은 김나지움 시절의 일화나 대학 시절의 시험을 떠올리게 하고, 쾨니히슈타인과의 대화 가운데 나온 내 취미라는 새로운 주제는 내가 좋아하는 꽃이라고 떠들어 대는 엉겅퀴를 매개로 생일날 꽃 사는 것을 잊어버렸다고 하는, 꽃에서 비롯된 관념의 고리에 연결되는 것이다. '엉겅퀴' 뒤에는 한편으로 이탈리아의 추억이, 또 다른 한편으로 내가 책을 가까이하는 계기가 된 어린 시절의 한 장면에 대한 추억이 깃들어 있다. 이 같은 이유로 '식물학'이라는 것은 나에게, 꿈속에서 무수한 사고 과정이 교차하고 있는 접점인 것이다. 그리고 이 사고 과정들이 대화 속에서 정당하게 연결되었다고 나는 확언할 수 있다. 여기에 이르면 나는 마치 직조공의 훌륭한 솜씨를 보듯 어떤 관념 제작 공장 한복판에 서 있는 듯한 느낌이 드는 것이다.

한 발 디디면 수천 가닥의
실오라기가 움직이며
북실통은 빠르게 오고 간다.
눈에도 띄지 않게
실오라기가 흐르고
한 번 치면 수천 개의 교차가
이루어진다.

괴테 《파우스트》

꿈속의 '연구 논문'은 다시금 내 연구가 편파적이라는 것과 나의 책 취미가 돈이 드는 일이라는 두 가지 주제와 관련되고 있다.

이 최초의 고찰에서 우리는 '식물학'과 '연구 논문'이라는 두 요소가 겉으로 드러난 꿈의 내용으로 받아들여진 것은 이 두 요소가 꿈 사고들과 가장 많이 접촉할 수 있었기 때문이다. 이 요소들은 말하자면 꿈 해석에 대해 여러 뜻을 지니기 때문에, 대단히 많은 꿈 사고들이 서로 만나는 '교차점'을 이루고 있다는 인상을 받게 되는 것이다. 또 이 설명의 바탕에 깔린 사실은 이를 다른 방식으로 다음과 같이 설명할 수도 있다. 다시 말해 겉으로 드러난 꿈 내용의 요소들 하나하나는 꿈 사고 속에는 중복으로 결정되며 여러 번 표현되는 것으로 드러난다.

그 밖에 드러난 꿈 내용의 여러 요소들에 대해서는 이들이 꿈 사고 속에 왜 나타나게 되었는지를 검토하면 더 많은 것을 알게 된다. 내가 펼친 원색 삽화는 내 연구에 쏠린 동료들의 비평이라고 하는 새로운 주제나 이미 꿈속에서 표현된 내 취미라는 주제, 나아가 내가 원색 삽화가 들어 있는 책을 찢으며 놀았던 어린 시절의 추억과 연결되고, 식물 표본은 식물 표본과 관련된 김나지움 시절의 경험과 연결되어 이 기억을 특히 강조하는 것이다. 이렇게 해서 나는 꿈 내용과 꿈의 사고(思考) 사이의 관계가 어떤 성질의 것인가를 알게 되는 것이다. 즉 꿈의 요소들은 꿈 사고에 의해 많은 제약을 받을 뿐만 아니라 하나하나의 꿈 사고는 꿈속에서도, 또한 몇 가지 요소들에 의해 대체된다. 꿈의 한 요소로부터 연상의 길은 몇 개의 꿈의 요소들로 통하고 있으며, 하나의 꿈 사고로부터 마찬가지로 연상의 길은 몇 개의 꿈의 요소들로 통하고 있다.

따라서 주민들 가운데서 대의원이 선출되듯, 꿈은 하나하나의 꿈 사고, 혹은 한 무더기의 꿈 사고들이 꿈 내용에 생략된 형태를 제공하면, 이어서 그 다음 꿈 사고가 또다시 생략된 형태를 표현하는 식으로 형성되지 않는다. 그보다는 꿈 사고 전체가 어떤 가공(架空)의 대상이 된다. 그리고 이 가공에 의해 마치 후보자 명단을 두고 선거를 하는 것처럼 가장 많은 지지를 얻는 요소들이 꿈 내용 속에 들어갈 자격을 획득하는 것이다. 어떤 꿈이라도 이와 같은 방법으로 분석해 볼 때 언제나 동일한 원칙이 입증되는 것을 확인할 수 있다.

다시 말해서 꿈의 요소들은 꿈 사고 전체가 만들어 낸다는 것, 그리고 꿈 요소의 하나하나는 꿈 사고와의 관계에서 여러 번에 걸쳐 결정된다는 것이다.

이제 여기서 꿈 내용과 꿈 사고와의 이러한 관계를 새로운 사례에 비추어 입증해 본다는 일은 결코 헛된 일은 아닐 것이다. 다음 사례는 내가 폐쇄 공포증을 치료하고 있는 남자 환자의 꿈이다. 이 유달리 정교한 꿈에 내가 왜 다음과 같은 표제를 붙일 마음을 갖게 되었는지는 아마 곧 알게 될 것이다.

2. 어떤 아름다운 꿈

〈그는 친척들과 함께 X가(街)를 향해 마차를 달렸다. 이 거리에 아담한 음식점이 있다(이것은 사실과 일치하지는 않는다). 거기서는 연극을 하고 있다. 그는 구경꾼이 되기도 하고 배우가 되기도 한다. 나중에는 다시 거리로 나가야 한다면서 옷을 갈아입으라고 한다. 거기 있는 사람들 일부는 아래층 방으로, 다른 일부는 위층 방으로 가라는 명령을 받는다. 그러자 말다툼이 일어났다. 위에 있는 사람들은 아래 있는 사람들이 꾸물거리기 때문에 내려오지 못한다고 화내고 있다. 그의 형은 위층 편이고 그는 아래층 편인데, 너무 혼잡하다며 형에게 대들고 있다(이 부분은 분명치 않음). 어쨌든 여기 도착했을 때부터 위층 편과 아래층 편은 이미 결정되어 있었던 것이다. 다음에 그는 혼자서 시내 쪽으로 가게 되어 있는 언덕을 넘어갔다. 그런데 올라가기가 어렵고 힘들어 한 발짝도 옮겨 놓지 못할 지경이다. 한 중년 사나이와 길동무가 되었는데, 그는 이탈리아 왕을 흉보았다. 언덕 끝에 이르렀을 때는 먼저보다 훨씬 수월하게 걸음을 걸었다.〉

올라갈 때의 고통은 너무나 뚜렷하여 잠이 깬 뒤에도 이것이 꿈인지 생시인지 의심했을 정도이다.

겉으로 드러난 내용으로 말하면 이것은 그다지 즐거운 꿈은 아니다. 해석하기에 앞서 나는 늘 하던 방식과는 반대로 꿈을 꾼 당사자가 가장 뚜렷이 느낀 부분에서부터 시작하기로 한다.

꿈이었으나 꿈속에서도 실제와 똑같이 느껴졌을 호흡곤란은 이 환자가 수년 전에 실제로 보여 준 일이 있는 증상 가운데 하나로서, 당시 다른 현상과 한데 어울려(아마도 히스테리성) 결핵 때문인 것으로 밝혀졌다. 우리는 이미 노출 꿈으로 말미암아 꿈 특유의 '억제'된 감각을 알고 있으므로 여기서 다시금 이 호흡곤란이라는 감각이 다른 표현을 위해 언제나 준비되어 있는 한 자료로 이용되고 있다는 것을 알게 된다. 처음에는 오르기가 몹시 힘겨웠으나 언덕 끝에 이르러서는 수월해졌다는 부분은, 꿈 이야기를 듣는 내게는 알퐁스 도데가 쓴 《사포(Sappo)》의 유명한 첫 머리 부분을 떠오르게 했다. 《사포》에서는 한 젊은이가 연인을 안고 층계를 올라간다. 처음에는 사뭇 가볍게, 그러나 점차 올라가면서 품에 안은 연인이 무거워진다. 그리고 이 장면은 작가 도데가 상황 추리를 그려냄으로써, 젊은이들에게 신분이 낮고 의심스러운 과거를 가진 여자를 진지하게 사랑해서는 안 된다고 경고하는 대목이다.*2 이 환자가 최근 어

─────────────

*2 작가의 이 같은 표현을 평가하기 위해서는, 꿈의 상징성을 논한 장(章)에서 말한 '층계의 꿈' 부분 참조.

떤 여배우와 사랑하는 사이가 되었다가 다시 헤어졌다는 것을 알고 있었지만, 이 같은 나의 꿈 해석이 환자의 시인을 받으리라고는 생각조차 못했다. 게다가 《사포》에서는 상황이 이 꿈과 거꾸로 되어 있다. 이 꿈에서는 처음에는 올라가기가 힘들지만 나중에 수월해진다. 처음에는 수월하게 생각된 일이 나중에는 짐스럽게 여겨진다는 것은 소설에서는 다만 상징적 표현의 수단으로 사용되고 있을 뿐이다. 그런데 환자는 이 해석이 자기가 어젯저녁에 본 연극 내용과 완전히 일치한다고 했으므로 나는 깜짝 놀랐다. 그 연극은 '빈의 변두리'라는 제목으로, 처음에는 얌전한 처녀였던 아가씨가 이윽고 매춘부가 되어 고귀한 신분의 신사들과 관계를 맺고 '높이 올라'가지만, 나중에는 점차 '몰락해간다'는 이야기였다. 이 연극은 환자에게 몇 년 전에 본 또 다른 연극을 생각나게 했다. 그것은 '계단에서 계단으로'라는 제목인데, 그 광고지에는 많은 계단이 있는 층계 그림이 그려져 있었다고 한다.

해석을 계속해 보자. 이 환자가 최근 은근한 관계를 맺었다는 그 여배우는 지난날 X가에 살고 있었다. 그런데 이 거리에 음식점은 하나도 없다. 그가 이 여자와 함께 여름 한때 빈에서 지냈을 때, 그는 가까운 호텔에 머물렀다. 호텔을 떠날 때 그는 마부에게 "벌레가 없었으니 그나마 다행이었어"라고 말했다 (벌레도 그의 공포 가운데 하나였던 것이다). 그러자 마부는 "이런 곳에 어떻게 머무를 수 있습니까. 따지자면 호텔도 아니죠. 사실 음식점 겸 여관이니까요"라고 대꾸했다고 한다.

이 음식점 겸 여관이라는 말은 환자에게 어떤 시의 구절을 떠올리게 했다.

　갸륵하고 살뜰한 여관집 주인,
　나는 요즈음 그의 손님이 되었네.

울란트의 이 시에서 여관 주인이란 다름 아닌 한 그루의 사과나무다. 그러자 이번에는 다른 시의 한 구절이 환자의 머릿속을 계속하여 스친다.

　파우스트(아가씨와 춤추며)
　언젠가 꾸었네, 아름다운 꿈을.
　한 그루 사과나무가 있었지.

탐스럽게 빛나는 사과 두 개
갖고 싶어 나는 올라가 보았네.

아름다운 여인
그대들은 사과를 열망해 왔지,
그 옛날 에덴의 동산에서부터
나는 기쁨으로 감동하네
내 뜰에도 열렸구나.

사과나무라든가 사과가 무엇을 뜻하고 있는지는 새삼 설명할 필요조차 없을 것이다. 아름다운 가슴이야말로 그 여배우가 이 꿈을 꾼 환자의 마음을 사로잡는 매력들 가운데 첫째가는 것이었다.

우리는 이와 같은 분석의 연결로 인해 이 꿈이 유아기의 한 인상에 귀착하는 것이라고 생각할 충분한 이유를 갖게 되었다. 그렇다면 이 꿈은 이제 30고개에 다다른 이 남자의 유모와 관련이 있음이 틀림없다. 어린아이에게 있어 유모의 유방은 사실 포근한 안식처이다. 유모도, 도데의 《사포》도 바로 최근에 버린 여인에 대한 암시로서 꿈에 나타난 것이다.

꿈 내용에는 환자의 형도 나온다. 더욱이 형은 위층에 있고 그 자신은 아래층에 있다. 이 내용도 사실과는 반대였다. 왜냐하면 이 형은 내가 아는 바로는 사회적 지위를 잃어버렸고 환자 쪽은 그대로 유지하고 있었기 때문이다. 환자는 꿈 내용을 이야기할 때 형은 위층에 있고 자신은 아래층에 있었다고 말하기를 꺼렸다. 그렇게 하면 너무나 확연하기 때문이었을 것이다. 우리나라에서는 사람이 재산이나 지위를 잃어버리면 그 사람은 '아래층'으로 내려갔다고 하는데, 그 말은 '몰락했다'는 것과 같은 뜻으로 쓰이기 때문이다. 그런데 꿈의 이 대목에서 반대로 나타났다고 한다면, 무엇인가 거기에 의미가 있을 것이 틀림없다. 이와 같이 반대로 나타난 관계는 꿈 사고와 꿈 내용 사이에 있는 다른 관계에도 일치되지 않으면 안 된다. 이 거꾸로 된 관계를 어떤 의미로 받아들여야 하는가에 대해서는 그럴 만한 단서가 있다. 꿈의 끄트머리 부분이 확실히 그 실마리이다. 거기서는 이 환자가 언덕을 올라갈 때의 모양이 또한 《사포》의 경우와 반대로 되어 있다. 그렇게 되면 이 거꾸로 되어 있는 것이 어떤 의미인지는 쉽게 알 수 있다. 즉 《사포》에서는 남자가 성적 관계를 가진 여자를 안고 가지만, 꿈 사고에서는 거꾸로 여자가 남자를 안고 가는데, 이와 같은 경우는 유아기 때밖에 일어나지 않으므로, 이는 젖먹이를 무겁게 껴안고 있는 유모와 관계된다고 풀이되며, 이 꿈의 결말은 사포와 유모를 동일한 암시로 표현하는 데 있어 훌륭하게 성공하고 있는 것이다.

작가인 알퐁스 도데가 사포라는 이름을 사포의 출생지로 전해지는 레스보스 섬의 여성 동성애적 관습과 확실히 관련지어 선택한 것처럼, 사람들이 위와 아래에서 무엇인가 한다는 꿈 부분은 이 꿈을 꾼 환자의 마음을 사로잡는 억압된 소망으로서 그의 노이로제와 관계있는 성적 내용의 공상을 가리키고 있는 것이다. 꿈속에서 그처럼 표현되고 있는 것이 공상일 따름이며 사실상의 기억이 아니라는 것은 꿈 해석 자체로서는 알 수 없다. 꿈 해석은 우리에게 다만 사고 내용을 제공할 뿐, 그 사고 내용의 사실 여부는 우리에게 맡긴다. 현실적인 사건과 공상적인 사건 둘 다 꿈에서―그리고 꿈에서뿐만이 아니라 현실에서 더 중요한 심리적 소망을 창조하는 데 있어서도―처음에는 똑같이 가치 있는 것으로 나타난다. 동행하는 많은 사람들은 우리가 이미 알고 있는 바와 같이 비밀을 뜻하고 있다. 형은 유아기의 한 장면에 놓인, 나중에 맞닥뜨리게 될 모든 연적들을 대체하는 것임에 틀림없다. 이탈리아 왕의 흉을 보는 사나이의 삽화는 최근, 그 자체로서는 대단한 뜻이 없는 한 경험을 매개로 하여 신분이 낮은 인간이 상류사회에 끼어드는 일과 관련되어 있다. 이는 마치 도데가 젊은이에게 하듯이 그와 비슷한 경고를 젖먹이에게 하는 것과도 같다.[3]

꿈 형성 과정에서 이루어지는 압축을 말해주는 세 번째 사례로서, 정신 분석 치료를 받고 있는 어느 중년 부인이 꾼 꿈의 부분적 분석 결과를 살펴보기로 하자. 이 부인 환자의 심한 불안 상태로부터 짐작할 수 있듯이, 이에 대응하여 그녀의 꿈에도 성적인 사고(思考) 자료가 다분히 포함되고 있다. 이 사실을 알고 그녀는 처음에 놀라기도 하고 두려워하기도 했다. 이 꿈의 해석은 끝까지 계속할 수 없으므로 꿈 자료(또는 관념)가 뚜렷한 관련이 없이 몇 개의

---

*3 꿈을 꾼 당사자의 유모와 관련된 이 공상은, 유모는 이 경우 어머니였다는 것이, 객관적으로 입증되었다. 이는 유모의 젖을 먹고 있던 어린 시절의 상황을 좀 더 충분히 이용했으면 하고 아쉬워하던 젊은이의 일화를 떠올리게 하는데, 이 꿈의 원천 또한 틀림없이 이러한 후회이다.

그룹으로 나뉘어지는 듯이 보이는 것도 부득이한 일이다.

3. 딱정벌레의 꿈

꿈 내용
〈그녀는 상자 속에 딱정벌레 두 마리를 넣어 두었다는 사실을 떠올린다. 놓아 주지 않으면 숨이 막혀 죽을 것이다. 뚜껑을 열어 보니 딱정벌레들은 힘이 없다. 한 마리는 열려 있는 창문으로 날아갔으나 다른 한 마리는 창문을 닫을 때 문틀에 눌려서 그만 뭉개지고 말았다. 누가 창문을 닫으라고 했기 때문이다(혐오감의 표현).〉

분석
남편은 여행 중이고 열네 살짜리 딸이 옆 침대에 드러누워 있다. 잠들기 전에 딸이 엄마의 컵에 나방이 한 마리 빠져 있다는 사실을 일깨워 주었다. 그러나 그녀는 깜박 잊고서 그 나방을 꺼내 주지 않아 이튿날 아침 나방이 죽어 있는 것을 보고 안됐다고 생각한다. 그런데 잠들기 전에 읽은 책에 개구쟁이 아이들이 고양이를 끓는 물에 넣어 그 고양이가 뜨거워 버둥대는 이야기가 있었다. 이것이 그 자체로는 대단한 의미도 없는 두 가지 꿈의 계기가 되고 있다. '동물 학대'라는 주제가 계속 그녀의 마음을 사로잡는다. 몇 년 전 어느 피서지에 갔을 때 내 딸은 동물에게 매우 잔인했다. 딸은 그 당시 나비를 수집하고 있어 나비를 죽이도록 비소(砒素)를 달라고 졸랐다. 어떤 때에는 나방이 핀에 꽂힌 채 붕붕거리며 방 안을 한바탕 날아다니는 일도 있었다. 또 어떤 때에는 번데기가 되라고 넣어둔 애벌레가 굶어 죽은 것을 발견한 적도 있다. 이 딸아이가 더 어렸을 때에는 늘 딱정벌레나 나비의 날개를 찢으며 노는 버릇이 있었다. 지금이라면 그런 잔인한 짓은 생각조차 못할 것이다. 그만큼 온순한 아가씨가 되어 있었던 것이다.

딸의 이 성격적인 모순이 그녀의 마음에 달라붙어 떨어지지 않았다. 이 모순은 엘리엇(George Eliot)의 《아담 비드(Adam Bede)》에 그려지고 있는 것 같은 외모와 심성 사이에 있는 다른 모순을 떠올리게 했다. 여기에는 아름답고 허영심이 강한, 매우 어리석은 아가씨와 밉게 생겼지만 마음씨가 고운 아가씨가

대조되고 있다. 어리석은 아가씨를 유혹하는 귀족, 그리고 고귀한 마음씨에 고
귀한 행동을 하는 노동자. 사람들은 겉만 보고는 속을 알 수 없는 법이다. 그
녀가 관능적인 욕망으로 힘들어하고 있는 것을 누가 그 겉모습만 보고 짐작할
수 있겠는가.

딸이 나비 수집을 시작한 그 해에 그 지방 일대에는 풍뎅이(직역하면 '5월의
딱정벌레') 떼들이 몰려와 애를 먹었다. 어린 아이들은 신이 나서 풍뎅이를 마
구 붙잡아 무참하게 짓뭉개 버렸다. 그 당시 그녀는 풍뎅이의 날개를 떼고 몸
통을 먹어 버리는 사람을 보았다. 그녀 자신은 5월생으로 결혼도 5월에 했다.
결혼해서 사흘째 되는 날, 친정 부모에게 자기는 무척 행복하다는 편지를 보
냈다. 그러나 실제로는 결코 행복하다고는 할 수 없었다.

꿈꾸기 전날 밤 그녀는 해묵은 편지들(진지한 것도, 우스꽝스러운 것도 있었
다)을 끄집어내어 식구들에게 읽어 주었다. 처녀 시절에 호의를 보인 피아노 교
수의 아주 우스꽝스러운 편지도 있었고, 그녀의 숭배자였던 어느 귀족의 편지
도 있었다.[4]

그녀는 딸아이 하나가 모파상의 달갑지 않은 책을 은밀히 읽고 있다는 사
실을 알고 자책하는 마음에 사로잡혀 있었다.[5] 딸이 달라고 졸라댄 '비상'은
그녀에게 《르 나바브》에 나오는 모라 공작에게 청춘을 되찾아준 '비소 알약'을
떠오르게 했다.

'놓아 준다'(자유롭게 해준다)에 대해서 그녀는 모차르트의 《마적(魔笛)》에 나
오는 한 구절을 떠올렸다.

> 그대의 사랑 강요할 수는 없으나
> 그대를 놓아주지 않으리.

'풍뎅이'에 대해서는 또 클라이스트의 《작은 고양이》 한 구절이 떠올랐다.[6]

---

[4] 이것들이 꿈의 참된 자극 원천들이다.
[5] 이런 책을 읽는 것은 젊은 아가씨에게 해가 된다고 덧붙여야 할지 모른다. 그녀 자신도 젊
은 시절에 금지된 책을 열심히 읽었다.
[6] 그리고 다시 관념의 진행은 같은 시인의 '펜테실레이아(그리스 신화. 아마존의 여왕)'에 이르
고 있다. 이는 사랑하는 사람에 대한 잔인성을 보여준다.

당신은 풍뎅이처럼
나에게 빠져 버렸군요.

  꿈과 정신 장애 사이의 세부적 일치는 꿈 생활에 관한 의학적 이론을 가장 강력하게 뒷받침해 주고 있다. 이 의학적 이론에 따르면 꿈은 무익하고 방해적인 과정이며, 또 정신 활동이 저하된 상태를 나타낸 것이다. 그러나 꿈에 관한 최후의 결정적 해명이 정신 장애 속에서 이루어진다고 기대할 수는 없을 것이다. 이미 알려져 있는 사실이지만, 이 정신 장애 자체가 아직 잘 알려져 있지 않은 형편이기 때문이다. 그렇다 해도 꿈에 대한 다른 해석은 정신 장애의 내적 구조에 대한 우리의 견해에 반드시 영향을 끼칠 것이다. 이렇게 하여 우리는 꿈의 비밀을 해명하려고 노력하는 과정에서 동시에 정신병의 해명에 기여하게 되리라 말해도 좋을 것이다.

  그 사이에 《탄호이저》의 '그대는 잘못된 욕망에 사로잡힌 몸'이라는 문구가 끼어든다.

  그녀는 여행 중인 남편의 안부를 걱정하며 나날을 보내고 있다. 객지에서 뜻하지 않은 재난이 남편의 몸에 일어나지나 않을까 하는 공포가 갖가지 공상을 하게 했다. 얼마 전 일이지만, 그녀는 분석 중에 남편의 '늙음'에 대한 불만이 자신의 무의식 관념 속에 포함되어 있음을 알았다. 이 꿈이 은폐하고 있는 소망의 관념은 다음과 같은 이야기를 통해 어렵잖게 찾아낼 수 있을 것이다. 그녀는 이 꿈을 꾸기 며칠 전 일을 하고 있을 때 남편을 향해 목매어 죽어 버리라고 명령하는 말이 갑자기 떠올라 스스로도 깜짝 놀랐다. 뒤에 알았지만 그 몇 시간 전에 어떤 책에서 목을 매면 음경이 강력하게 발기한다는 내용을 읽었던 것이다. 이 스스로도 깜짝 놀란다는 위장 아래 일시적인 억압에서 다시 밖으로 얼굴을 내민 것은, 이와 같은 음경의 발기에 대한 욕망이었던 것이다. '목매어 죽어 버리라'는 것은 무슨 짓을 해서라도 음경을 발기시켜 달라는 의미인 것이다. 알퐁스 도데의 소설 《르 나바브》에서 젠킨스 박사의 비소 알약도 역시 같은 목적의 것이었다. 게다가 이 부인 환자는 가장 강력한 최음제 딱정벌레를 짓이겨서 만든다는 사실도 알고 있었다. 이 꿈 내용의 주요 부분은 확실히 이런 뜻을 가리키고 있는 것이다.

창문을 여닫는 일은 늘 남편과의 끊임없는 말다툼의 불씨가 되었다. 잠을 자는 동안 그녀는 창문을 열어 놓으려고 했고 남편은 닫아 놓으려고 했다. 무기력증은 요즘 그녀가 불만스럽게 생각하는 남편의 주요 증상인 것이다. 그런데 이 세 가지 꿈은 모두 끝까지 분석되지 않았으므로 꿈의 사고(思考)에 대한 꿈 내용의 다면적 관계를 입증하기 위해서는 그 상세한 분석이 기록된 꿈을 예로 드는 편이 아마도 좋을 것으로 생각된다. 그래서 나는 다시 한 번 그 일마의 주사 꿈을 끄집어내기로 한다. 이 꿈의 예로 꿈 형성의 압축 작업이 하나만이 아니라 몇 가지 방법을 쓰고 있다는 것이 쉽게 밝혀진다.

꿈 내용의 주인공은 나의 환자 일마로, 그녀는 현실에 나타난 일마 그대로의 모습으로 꿈속에 나타났으므로, 우선은 그녀 자신을 표현했다고 해도 좋다. 그런데 내가 창문가에서 진찰할 때의 상황은 다른 인물의 기억으로부터 따오고 있다. 꿈의 사고가 제시하듯이 내가 일마와 바꾸고자 생각하는 다른 여성이 그것이다. 일마의 목에 디프테리아 증상을 볼 수 있었는데, 그것은 내 큰딸 아이에 대한 걱정을 불러일으킨다는 점에서 일마는 내 딸을 표현한다고 하겠다. 내 딸의 뒤에는 이름이 같다는 관계로 연결되는, 중독에 빠졌던 다른 부인 환자가 감춰져 있다. 꿈이 다시 진전됨에 따라 일마라는 인물의 의미도 달라진다(꿈속에서 보인 그녀의 모습은 달라지지 않지만). 일마는 우리의 소아과 외래환자들 중에 다른 아이들과 구별되는 특수한 정신적 성향을 지닌 아이들 가운데 하나가 된다. 이는 분명 내 작은 딸을 매개로 가능하게 된 것이다. 입 벌리기를 싫어하는 것으로 일마는, 내가 전에 진찰한 다른 부인을 암시하는 동시에 다시 같은 연관성에 의해 내 아내도 암시하고 있다. 게다가 내가 그녀의 목에서 발견한 증상들로부터 그 밖의 다른 많은 인물에 대한 암시들을 찾았다.

'일마'를 추적하는 과정에 내가 부딪친 이 모든 인물들은 꿈속에서는 현실 그대로의 모습으로 나오지 않는다. 그들은 '일마'의 꿈의 모습 뒤에 감추어져 있으며, 이 때문에 일마는 모순투성이 특성들을 갖춘 하나의 집합적인 상(像)이 되었다. 압축 작업 과정에서 버려진 다른 몇몇 인물들과 관련하여 기억나는 일들은 모두 일마라고 하는 한 인물에게 부여된다.

나는 둘 또는 몇몇 인물들의 현실적 특성을 하나의 꿈 형상에 통합시킴으로써 꿈 압축(Traum verdichtung)을 위한 하나의 집합 인물(Sammelperson)을 만들어 낼 수 있다. 꿈에 나온 M박사는 이러한 방법으로 만들어진 인물인데, 그는 M박사라는 이름으로 M박사처럼 이야기하고 행동하지만, 그의 신체적 특징이나 병은 사실 다른 인물, 즉 내 맏형의 것이다. 오직 하나 창백한 얼굴빛이라는 특성만은 현실적으로 이 둘 모두에게 공통적이므로 이중으로 규제되고 있다. 내 '백부의 꿈'에 나오는 R박사도 역시 마찬가지로 혼합된 인물이다. 그러나이 경우 꿈속의 모습은 다른 방법으로 만들어졌다. 나는 한 인물의 어떤 특성을 다른 인물의 특성과 결합시킴으로써 그 때문에 각각의 인물에 대한 기억으로부터 어떤 종류의 특성을 깎아내지 않고 갈톤이 가족사진을 만들 때 쓴 방법, 즉 두 개의 모습을 포개는 방법을 택한 것이다. 이렇게 하면 둘 모두에게 공통되는 특징은 한결 강하게 나타나고, 둘에게 일치하지 않는 특징은 상쇄되어 모호한 모습이 되어 버린다. 이와 같은 관계로 '백부의 꿈'에서는 모호한 인상 중에서 블론드의 수염만 강조된 특성으로서 두드러진다. 더욱이 이 블론드 수염은 다시 백발이 된다는 관계를 매개로 나의 아버지 및 나 자신에 대한 암시를 포함하고 있는 것이다.

집합 인물, 혼합 인물의 제작은 꿈 압축의 주요 방법 가운데 하나이다. 이 문제를 다른 관련으로 논할 기회는 곧 있으리라 생각된다.

'주사 꿈'에서 이질(Dysenterie)이라는 생각도 또한 몇 겹의 규제를 받고 있는데, 한편으로는 디프테리아라는 말과 혼동을 일으키기 쉬운 비슷한 발음 때문에, 다른 한편으로는 그 히스테리 증상을 오진하여 동양으로 떠나게 한 환자와의 관계로 인하여 저마다 '이질'이라는 관념과 맺어지고 있다.

이 꿈속에 '프로필렌'이 나오는 것도 흥미 있는 압축의 한 예라는 것을 알게 된다. 꿈의 사고 속에 포함되어 있는 것은 '프로필렌'이 아니라 '아밀렌'이었다. 이 경우 꿈 형성에 있어서의 단순한 이동이 아니었던가 생각하는 사람이 있을지 모른다. 그러나 이 이동은 다음 꿈 분석의 보완이 나타내듯이 압축의 목적에 기여하고 있는 것이다. 내가 한참 동안 이 '프로필렌'이라는 말에 주의를 주고 있을 때, 나는 이것이 '프로필레엔'이라는 말과 음이 퍽이나 닮았다는 생각이 머리에 떠오른다. 그런데 프로필레엔이라는 건물은 아테네에도 있으려니와 뮌헨에도 있다. 뮌헨 거리에서 이 꿈을 꾸기 1년 전쯤에 나는 당시 중병을 앓고 있는 친구를 문병한 일이 있는데, 꿈속에서 프로필렌에 이어 트리메틸아민이라는 말이 나타났다는 것을 아울러 생각하면, 이 친구의 일이 꿈의 사고 가운데에 포함되었다는 것은 틀림이 없다.

이 꿈에서나 또 다른 꿈에서나 분석할 때에 여러 다양한 가치들을 지니는 연상(聯想)들이 마치 동등한 가치를 지니는 것처럼 사고 결합에 이용된다는 주목할 만한 상황이 있지만, 지금 여기서는 이 사정을 잠깐 접어두고, 꿈의 사고 중의 아밀렌이 꿈 내용에서는 프로필렌으로 대체될 때의 그 과정을 더 깊이 생각해 보기로 한다.

한편에는 나의 친구 오토를 중심으로 하는 관념들의 집단이 있다. 오토는 내 마음을 이해하지 못하고 내 잘못이라고 하면서 나에게 아밀렌 냄새가 나는 술을 선물했다. 다른 한편에는 베를린의 친구 빌헬름을 중심으로 하는 관념들의 집단이 있다. 빌헬름은 내 마음을 이해하고 나를 정당하다고 편들어 줄 것이다. 성적(性的) 과정들의 화학적 변화에 대해서도 나는 적잖게 이 사람에게서 많은 귀중한 보고를 얻고 있다. 이 두 관념 집단은 대체 관계로 인해 결합되고 있다. 오토의 관념들 가운데에서 특히 내 주의를 끌 만한 것은 이 꿈을 꾸게 한 최근의 계기로 규제되고 있으며, 아밀렌은 꿈 내용에 이용되게끔 예정된 특별히 적당한 여러 요소들 가운데 하나다. 풍부한 관념들의 집단인 '빌헬름' 쪽은 사실 오토와 대조적이라는 이유로 활기를 띠게 되고 그 관념들 가운데에서는 오토 속에서 이미 불러일으켜진 요소들을 생각나게 하는 듯한 요소들이 특히 강조된다.

이 꿈 속에서 나는 내게 불쾌감을 주는 인물에게서 떠나 내가 바라는 대로 이 인물을 대항해 낼 만한 다른 인물에게 의존하면서, 적에 대항하여 나의 친구들을 하나하나 불러내고 있다. 말하자면 오토 쪽 관념집단의 아밀렌은 빌헬름 쪽 관념집단의 화학분야에 관한 기억들을 불러일으켰다. 또 같은 방법으로 트리메틸아민도 여러 면에서 지지를 얻어 꿈 내용 속에 들어오게 된다. 아밀렌은 변형 없이 꿈의 내용으로 들어올 수 있는 터이지만, 빌헬름 쪽 관념 집단의 작용에 굴복하고 만다. 왜냐하면 빌헬름에 관련된 전체 기억의 영역 안에서 아밀렌에 대해 이중적(二重的) 결정을 규제할 만한 하나의 요소를 찾아낼 수 있기 때문이다. 아밀렌은 쉽게 '프로필렌'을 연상하게 한다. 빌헬름 쪽 관념집단에서는 이 프로필렌에 맞서서 프로필레엔이 있는 뮌헨이 나온다. 프로필렌―프로필레엔 속에서 위의 두 관념 집단이 서로 만나는 것이다. 그러면 이 중간적 요소가―예를 들면 타협한 것 같은 형태로―꿈 내용 속에 들어온다. 여기에서 다중적(多重的) 결정을 허용하는 중간 공통물이 만들어진다. 이렇게 생각하면 다중적 결정을 허용하는 일이야말로 꿈 내용으로 쉽게 들어올 수 있게 한다는 사실을 뚜렷이 알 수 있다. 이 중간물 형성을 목적으로 주의력이 본래 생각되고 있던 것으로부터 주저 없이 연상 쪽으로 이동할 수 있음(轉移)은 틀림이 없을 듯하다.

주사 꿈을 연구함으로써 우리는 이미 꿈의 압축 과정을 어느 정도 짐작할 수 있었다고 생각한다. 그리고 꿈 사고 속에서 여러 형태로 나타나는 다중적 요소의 선택, 새로운 통합체(집합 인물, 혼합형성물 등)의 형성, 중간 공통물의 생성이 꿈의 압축 작업 과정에 나타나는 세부적 특성들임을 인정하기에 이르렀다. 그런데 압축은 왜 일어나는가, 압축이 왜 필요한가 하는 문제는 우리가 꿈 형성의 심리적 과정을 총괄적으로 파악하고자 시도할 기회가 왔을 때에 생각해 보기로 하자. 지금으로서는 꿈 사고와 꿈 내용과의 사이에 주목할 만한 관계인 꿈의 압축을 확인하는 것만으로 만족하지 않으면 안 된다. 꿈의 압축 작업은 압축하려는 대상에 단어와 이름을 선택하여 부여해 줄 때 가장 쉽게 이해된다. 단어들은 꿈에서 흔히 사물과도 같이 취급되어, 사물의 표상(表象, 상징 또는 관념)과 마찬가지로 받아들여진 합성 작용을 경험한다. 우스꽝스러운 조어(造語)나 기묘한 조어는 그러한 꿈들의 결과이다.

① 어느 때 한 동료가 자기가 쓴 논문을 보내왔는데, 그 논문은 근대의 어떤 생리학적 발견을 내 견해로는 지나치게 높이 평가했을 뿐만 아니라, 무엇보다도 너무나 감정에 치우치고 있었다. 그날 밤 나는 분명 이 논문과 관계있는 한 문장을 꿈에서 보았다. 〈이는 완전히 노레크달(norekdal)한 문체이다.〉 처음에 나는 이 조어를 어떻게 분해해야 좋을지 몰랐다. 이것이 '굉장하다(kolossal)'나 '엄청나다(pyramidal)'의 극단적 표현을 패러디 형식으로 따랐다는 것만은 틀림없었다. 그러나 그것이 어디서 나왔는지는 쉽게 말할 수 없었다. 이윽고 이 난해한 조어는 입센의 유명한 두 희곡 가운데 노라와 에크달이라는 두 이름으로 분해되었다. 사실은 꿈속에서 내가 그 최근 논문을 비판했던 저자가 '입센론'을 써서 신문에 발표한 것을 얼마 전에 읽었던 것이다.

② 한 여성 환자가 짧은 꿈 이야기를 해주었다. 이 꿈은 무의미한 말의 결합

으로 끝나고 있다. 그 환자는 남편과 함께 어느 마을의 축제를 구경하면서 이렇게 말한다. "이제 곧 모두 마이스톨뮈츠(Maistollmütz)가 돼버릴 거예요." 그 순간 어렴풋이 그것이 옥수수(Mais)로 만든 과자, 일종의 폴렌타(Polenta : 이탈리아의)일까 하고 막연히 생각한다. 분석에 의하면 이 말은 옥수수(Mais)—떠들썩함(toll)—남자에 미친(mannstoll)—올뮈츠(Olmütz : 프로이트가가)로 분해되며, 이 말들의 각 부분은 모두 여성 환자가 친척들과 식사를 하면서 주고받은 대화의 토막 부분이었다는 것이다. 옥수수(Mais) 뒤에는 마침 그때 개최되고 있던 기념 박람회에 대한 암시 외에도 마이센(Meißen : 새 모양의 말), 미스(Miß. 그녀의 친척인 영국 부인이 올뮈츠를 향해 떠나고 있었다), 미이스(mies. 이것은 농담으로 쓰이는 유대인의 속어로 '기분 나쁘다'라는 의미) 등의 말이 숨어 있었다. 그리하여 일련의 사고(思考)와 연상(聯想)들이 이 기묘한 단어 덩어리의 각 음절로부터 나오고 있었던 것이다.

③ 한 젊은이가 밤늦게 아는 사람의 방문을 받았는데, 그는 벨을 누르고 명함을 놓고 갔다. 그리고 그날 밤 젊은이는 다음과 같은 꿈을 꾸었다. 〈전화공하나가 실내 전화기를 수리하기 위해 밤늦게까지 있었다. 그 전화공이 가버리고 나서도 전화기는 끊임없이는 아니지만 단속적으로 따르릉거리고 있다. 하인이 그 전화공을 다시 데려온다. 전화공은 말한다. "정말 이상한데요. 투텔라인(tutelrein) 사람들이 이런 고장을 고치지 못하다니?"〉

이 꿈의 부차적인 계기는 누가 보아도 알 수 있듯이 꿈의 여러 요소들 가운데 하나를 덮어 가리고 있는 데 불과하다. 처음 이 계기가 의미를 가질 수 있었던 것은 이 꿈을 꾼 당사자의 이전 경험과 연결되어 있기 때문이다. 그런데 이 경험이라는 것도 그 자체만으로는 아무래도 좋을 사소한 것이지만, 젊은이의 공상에 의해 어떤 것을 대체할 만한 의미를 부여받았던 것이다. 아버지와 함께 살았던 어린 시절에 그는 어느 날 자다가 컵에 담긴 물을 엎질렀다. 물은 실내 전화기의 줄을 적셔 전화기가 계속 울려 아버지의 잠을 깨웠다. 끊임없이 따르릉거리는 것은 젖는다는 일과 대응하고 있기 때문에 '간헐적으로 소리가 울린다는 사실'은 물방울이 떨어진다는 현상을 표현하는 데 사용되었던 것이다. 그런데 투텔라인이라는 말은 여러 방향으로 분해되어, 이에 따라 꿈 사고 중에 대체된 세 가지 물질을 지향하고 있다. 다시 말해 투텔(Tutel)은 쿠라텔

(Kuratel)과 같아 후견(後見)의 뜻이 있다. 또 투텔(Tuttel)은 여자의 가슴을 나타내는 속어이다. '청결한'이라는 의미의 rein은 방안이 깨끗한(Zimmerrein)이라는 말을 형성하기 위해 실내 전화기(Zimmertelegraph)의 첫 철자인 실내(Zimmer)와 연결된 것*7이며, 이것은 방바닥을 적신다는 일과 관계가 깊고, 또 이 젊은이의 가족 가운데 한 사람의 이름을 암시하고 있다.

④ 나는 선박 여행이 얼핏 주제로 보이는 상당히 길고 혼란한 꿈을 꾼 적이 있다. 꿈속에 다음 기항지는 히어징(Hearsing)이라 하고, 그 다음 기항지는 플리스(Flieβ)였다. 이 플리스는 B시에 사는 친구의 성(姓)으로, 나는 때때로 그를 찾아가곤 했다. 그러나 히어징 쪽은 빈 교외의 몇몇 지명, 즉 히칭이라든가 리징이라든가 뫼들링(Medelitz는 라틴어로는 meae deliciae로, '나의 기쁨'이라는 뜻이다. 즉 meine Freud가 된다)과 영어로 소문을 의미하는 'hearsay'가 합성된 것이다. 이 영어의 '히어세이'에는 비방이라는 뜻이 있어 낮의 조그마한 꿈 자극원과의 관련성을 보여준다. 다시 말해 이것은 〈플리겐덴 블레터〉 지(誌)에 실린 어느 시로서 자크터 하터게자크트(Sagter Hatergesagt)라는 이름의 난쟁이 비방가와 관련되어 있다. 어미의 철자 'ing'을 플리스(Flieβ)라는 이름과 연결하면 플

---

*7 철자를 이렇게 분해하고 합성하는 일은—진정한 철자의 화학이라고 말할 수 있는—깨어 있는 동안 우리가 여러 가지 농담을 할 때에 흔히 쓰인다. "실버(銀)를 가장 싸게 입수하려면 어떻게 해야 할까. 포플러(Silverpappeln인데, Silver는 은, pappeln은 잔소리를 늘어놓는다는 뜻인데, 두 개가 합치면 포플러가 된다)가 서 있는 길에 가서 잠자코 있으라고 명령한 다음, 수다가 끝나면 뒤에 남은 은을 가지고 오면 되잖나." 이 책의 첫 독자나 비평가는 내게 다음과 같이 이의를 제기했는데, 이러한 종류의 이의는 뒤의 독자나 비평가도 틀림없이 반복할 것이다. 즉 이 책에 나오는 '꿈을 꾼 사람은 아무래도 좀 기지(機智)가 지나친 것 같다'라는 것이다. 이것은 꿈을 꾼 사람에게만 한해서 말하는 것이라면 정당하다 하겠지만, 만일 그것이 꿈 해석자인 내게 대한 것이라면 그것은 까닭 없는 비난이라고 하지 않을 수 없다. 나라는 인간은 한평생 기지가 있어 본 적이 없다. 내가 꾼 꿈에 기지가 있어 보인다면 그것은 나 자신이 실제로 기지가 넘치기 때문이 아니고 꿈을 만들어 내는 독특한 심리학적 조건 탓이라고 하겠다. 그리고 이것은 기지에 넘치는 것, 우스꽝스러운 것의 이론과 밀접한 관계가 있다. 꿈이 기지에 찼다는 것은 꿈에 자기의 사고를 똑바로 손쉽게 표현할 길이 닫혀 있기 때문이다. 그래서 꿈은 부득이 기지를 말하지 않을 수 없는 것이다. 독자 여러분은 확신하겠지만, 내 환자들의 꿈은 내가 꾼 꿈과 마찬가지로, 아니 그 이상으로 기지에 넘친다는 농담 같은 인상을 준다. 어쨌든 그 비난이 계기가 되어 나는 기지의 기법과 꿈 작업을 비교하는 시도에 착수하여 1905년 《기지(機智)와 그 무의식의 관계》를 간행하기에 이르렀다.

리싱엔(Vlissingen)이라는 말이 만들어진다. 플리싱엔은 형이 영국에서 우리를 찾아올 때 기항하는 실제로 있는 항구 이름이다. 그런데 이 플리싱엔의 영어는 'flushing(얼굴을 붉힌다는 뜻)'이어서 내가 진료하고 있는 '얼굴이 붉어질까 두려워하는' 여성 환자를 연상시키고, 또 나를 화나게 한 베히테레프의 노이로제에 관한 최근 논문도 연상시키는 것이다.

⑤ 또 어느 날 나는 두 가지 다른 부분으로 이루어진 꿈을 꾸었다. 그 첫째 부분은 아우토디다스커(Autodidasker)라는 또렷이 기억에 남아 있는 말이고, 둘째 부분은 다음에 N교수를 만나면 "며칠 전에 그 병으로 의논드린 환자는 정말 선생님 말씀대로 노이로제에 걸린 것입니다"라고 말해야겠다는 내용의, 내가 이삼 일 전 단순한 공상과 꼭 들어맞는 것이었다. 이 신조어 '아우토디다스커'는 복잡한 의미를 내포하고 있거나, 아니면 복잡한 의미를 대신하고 있어서 어느 한 쪽의 요구를 만족시키지 않으면 안 될 뿐만 아니라, 그 말은 또 내가 잠에서 깬 뒤에 다시 N교수에게 앞에서 말한 것 같은 뜻을 나타내려고 하는 결심과도 보기 좋게 연결되는 것이 아니면 안 된다.

그런데 Autodidasker는 간단하게 Autor(저자 필자의 뜻), Autodidakt(독학자라는 뜻), Lasker(인명)로 분해된다. 또 이 라스커는 라살(Lassal)이라는 다른 이름과 연결된다. 이 말들의 앞부분은 꿈의(이 경우 중요한) 원인이 된다. 즉 나는 아내에게 어느 저명한 저자(J.J. David)의 책을 몇 권 갖다 주었는데, 이 저자와 나의 형은 친구이고, 또 들은 바에 의하면 이 사람과 나는 출생지가 같았다. 어느 날 밤 아내는 나와 다비드의 단편 소설에 그려지고 있는 한 재주 있는 사람의 감동적인 비화에서 받은 깊은 인상에 대하여 이야기했다. 그 다음 우리의 화제는 우리 아이들에게서 찾아볼 수 있는 재능이라는 문제로 옮겨졌다. 방금 읽은 소설에 깊은 감동을 받은 아내는 아이들의 일이 공연히 걱정된다고 푸념했으나, 나는 이러한 위험들이야말로 차라리 교육으로써 피할 수 있는 것이라고 말하여 아내를 위로했다. 그날 밤 나는 이 문제에 대해 계속 생각하면서 아내의 걱정과 또 다른 여러 가지 일들을 관련시켜 보았다. 다비드가 결혼에 대해 형에게 말한 의견은 내 마음에 어떤 길을 제시했는데 이것이 꿈속에 나타나게 되었던 것이다. 이 길은 우리가 아주 친하게 사귀고 있던 한 부인이 결혼 뒤에 간 브레슬라우로 이끌었다. 내 꿈 사고의 핵심을 이루고 있던, 여자 때문에 잘못되지나 않을까 하는 걱정에 대한 좋은 예로써 브레슬라우와 관련된 그 사나이들의 이름이 라스커와 라살이었던 것이다. 이 두 경우는 불행을 초래하는 이 같은 영향의 두 가지 형태를 동시에 내게 보여주었다.*8 이 생각들의 핵심이 되는 '여자를 가려서 사귀어라'라는 말은 다른 뜻에서 나에게 아직 결혼하지 않은 알렉산더라는 동생 일을 떠오르게 했다. 여기서 깨달았지만 알렉산더를 줄여서 말하면 알렉스가 되는데, 이 Alex는 Lasker의 철자를 바꾼 것과 발음이 비슷하다. 또 이 계기는 나의 사고에 브레슬라우로 통하는 길을 일깨워 주는 데 영향을 주었을 것이 틀림없다.

내가 여기서 이름이나 철자를 가지고 하는 장난에는 더 다른 의미가 포함되어 있다. 이는 동생의 행복한 가정생활을 원하는 소망을 대신하는 것이다. 더구나 다음과 같은 방법으로 내 꿈 사고와 내용적으로 가까울 것이 틀림없는 졸라의 소설 《창작》 가운데에서 작가는 역력히 자신과 그 가족의 행복을 삽화로 그리고 있는데, 작가 자신은 그 속에서 산도즈(Sandoz)라는 이름으로 등장하고 있다. 아마도 졸라는 이 이름을 다음과 같이 만들어 냈을 것이 틀림없다. 졸라(Zola)라는 이름을 거꾸로 하면(이것은 어린아이들이 곧잘 하는 짓이지만) Aloz가 된다. 그러나 이렇게 해서는 너무 환히 드러나므로 알렉산더라는 이름의 첫 글자이기도 한 Al을 셋째 철자인 Sand와 바꿨다고 생각된다. 이렇게 산도즈(Sandoz)가 만들어진 것이다. 즉 내 꿈에 나오는 아우토디다스커 또한 이런 방식으로 만들어졌다.

내가 N교수에게 우리가 진찰한 그 환자는 노이로제에 걸려 있을 뿐이라고 말하는 그 공상은 다음과 같은 방법으로 꿈속에 끼어들었다. 나는 인턴을 끝마치기 직전에 어떻게도 진단을 내릴 수 없는 환자와 부딪쳤다. 척추의 병적 변화로 생각되는 무거운 기관(器官) 질환으로 짐작되었으나 이를 증명해 내지는 못했다. 이 환자가 성적(性的) 병력을 그토록 집요하게 거부하지 않았다면, 노이로제로 진단을 내려 모든 어려움을 없애고 싶은 심정이었다. 그러나 환자는 완강하게 성적 병력 진술을 기피했으므로 노이로제라는 진단은 내릴 수 없었다. 그래서 생각 끝에 내가 인간적으로 너무나 존경하며(다른 분들과 마찬가지로) 그 학문적 권위에도 고개를 숙이게 되는 의사에게 도움을 청했다. 그

*8 라스켈은 진행성마비, 즉 여자에게 전염된 병(매독)으로 죽고, 라사레는 이미 알고 있듯이 여자 관계로 결투하다가 죽었다.

는 나의 말에 귀를 기울이고 있다가 걱정이 되겠다고 위로한 다음, "더 관찰을 계속해 보시죠. 노이로제일지도 모르니까요" 하고 덧붙였다. 노이로제의 원인에 대해서는 나와 그가 의견이 다르다는 것을 알고 있었으므로 그의 말에 이의를 제시하지는 않았지만, 아무래도 그의 말이 믿어지지 않는다는 태도를 나는 애써 감추려 하지 않았다. 그리고 며칠 뒤에 나는 환자에게 나로서는 도무지 자신이 없으니 다른 의사에게 진료를 받으면 어떻겠느냐고 잘라 말했다. 그러자 환자는 이제껏 너무나 부끄러워서 선생님을 속여 왔다고 사과하기 시작했다. 그리고 내가 예상한 대로 노이로제로 진단을 내리는 데 필요한 성적 병인의 요점을 남김없이 고백했던 것이다. 나는 한시름 놓았으나 동시에 부끄러운 생각이 들기도 했다. 내가 의논한 N교수가 환자의 병력 따위에는 구애되지 않고 상태를 보다 정확하게 간파했음을 인정하지 않을 수 없었다. 그래서 나는 다음에 N교수를 만나면 "당신의 말씀이 옳았고 내가 틀렸습니다" 하고 말하리라 생각했다.

그런데 바로 이 일을 나는 꿈속에서 했던 것이다. 자기 잘못을 인정하는 일이 어떻게 욕망 충족이 될 수 있는가 하고 독자는 생각할지도 모른다. 그렇지만 스스로 잘못을 인정하는 일이야말로 바로 내 소망의 충족이었던 것이다. 또 나는 자신의 걱정이 들어맞지 않으면 좋겠다고 생각하고 있었다. 또는 아내가 그러한 걱정을 품고 있었으므로 나까지 꿈 사고 속에서 그것을 걱정했던 것인데, 그 같은 아내의 걱정이 기우이기를 바라고 있었던 것이다. 꿈에서 옳고 그름과 관련된 주제는 꿈 사고에 있어 실제로 관심 있는 것으로부터 그다지 동떨어져 있지 않았던 것이다. 그것은 기관 장애와 여자 즉 성생활에 의한 기능 장애 그 어느 쪽인가 하는 양자택일의 주제이다. 다시 말하여 라스커의 경우와 같은 진행성 뇌연화증인가, 아니면 라살의 노이로제인가, 그 어느 쪽을 취할 수밖에 없는 것이다. 라살의 파멸 방식이 반드시 전자보다 후자에 가까운 것을 가지고 있다는 것은 아니지만 말이다.

이 튼튼하게 연결된(그리고 정성껏 해석해보면 명백한) 꿈속에서 N교수가 한 몫 끼어든 것은 단순히 이 유사성과 잘못이었으면 좋겠다는 내 소망 때문만이 아니라(또 브레슬라우와 브레슬라우에서 결혼 생활을 하고 있는 여자 친구의 가족에 대한 교수의 부차적 관계 때문도 아니고) 교수와 내가 진찰에 관련하고 있던 다음과 같은 사건 때문이기도 했다. 내가 의논했을 때 교수는 위에서 말한 것 같은 추측을 말하고는, 이윽고 그의 관심은 개인적 사정으로 돌려졌다.

"자녀는 몇입니까?"

"여섯입니다."(경의와 의구심이 뒤섞인 표정)

"아들입니까, 아니면 딸입니까?"

"꼭 셋씩입니다. 하기는 그것들이 내 자랑이기도 하고 재산이기도 하지요."

"하지만 힘들겠습니다. 딸아이는 별문제 없겠지만, 사내아이들은 교육시키기가 여간 어려워야죠."

나는 지금으로서는 퍽이나 순조롭게 되고 있다고 대답은 했지만, 내 환자가 노이로제 같다고 말한 N교수의 진단과 마찬가지로 내 아들들에 대한 이 두 번째 진단에 내심 대단히 불안을 느꼈던 것이다. 다시 말해 이 두 가지 인상이 그 근접 관계와 체험에 의해 하나의 것으로 결합되었던 것이다. 그리고 나는 노이로제의 이야기를 꿈속에 채택함으로써 아들의 교육에 대하여 주고받은 이야기를 대체하고 있는 것이다. 이 교육의 이야기는 뒤에 아내가 털어놓은 걱정과 지극히 가까운 관계가 있으므로, 이것은 꿈 사고와 가장 밀접한 연결을 가지고 있다. 그와 같은 관계로 아들아이의 교육에 대한 어려움이라는 문제에 있어서는 N교수의 의견이 옳을지도 모른다는 불안조차도, 자신의 그와 같은 의구심이 잘못이었으면 좋겠다는 소망 뒤에 숨어 버림으로써 역시 꿈 내용 속으로 들어와 있었던 것이다. 이 공상은 그대로의 형태로 앞의 양자택일의 대립적 2항의 표현에 힘을 더하고 있다.

⑥ 마르치노프스키에 의한 한 실례. 〈오늘 아침 나는 비몽사몽간에 어떤 굉장한 말의 압축을 경험했다. 거의 기억에 없는 지저분한 꿈을 꾸고 있는데, 나는 내 눈앞에 어쩌면 펜으로 쓴 것도 같은, 어쩌면 인쇄한 것도 같은 어떤 말을 보고 놀랐다. 그것은 '에르체필리시'(erzefilisch)라는 말로 아무런 관련도 없이 완전히 고립하여 내 의식의 기억 속에 미끄러져 들어왔는데, 그 문장은 이렇다. 〈그것은 성적 정서에 대하여 에르체필리시한 영향을 미친다.〉 나는 곧바로 그것은 사실 에르치에리시(erzieherisch)(교육적인 이란 뜻)가 아니면 안 된다고 생각했으나 어쩌면 에르치필리시(erzifilisch) 쪽이 더 옳은지도 모른다고 두어 번 망설였다. 그때 지필리스(Syphilis)(매독이 라는 뜻)라는 말이 떠올랐다. 그리고 나는 거의 수면 상태에서 분석을 시작하면서, 개인적으로도 직업상으로도 이런 질병과는 아무

런 관계도 없는데 어떻게 내 꿈에 이것이 들어왔을까 하고 고개를 갸웃했다. 그러자 대신 나온 e를 설명해 주는 에르첼레리시(erzehlerisch)라는 말이 떠올랐다. 동시에 이 낱말은 어제 저녁 집의 여자 가정교사(Erzieherin)가 계기가 되어 매춘 문제를 논했던 일도 떠올리게 했다. 사실 나는 그 여자 가정교사의 그다지 정상적으로 발달하지 못한 정서 생활에 '교육적인'(erzieherisch) 영향을 주기 위하여 매춘 문제에 대해 여러 가지로 설명해 준 뒤에 헤세의 《매춘 문제에 관하여》를 빌려 주었던 것이다. 이리하여 돌연 Syphilis는 글자 그대로 풀이할 것이 아니라 성생활에 대한 관계에 있어서 독(毒) 대신 쓰였다는 것이 분명해졌다. 그러므로 위의 글은 이를 번역하면 다음과 같이 완전히 이치가 통하는 것이 되는 것이다. "나는 내 이야기(Erzählung)로 여자 가정교사(Erzieherin)에게 그녀의 정서 생활에 교육적인(erzieherisch) 영향을 미치려고 했으나, 한편 그런 짓을 하는 것은 동시에 유해하게(vergiftend) 작용하지나 않을까 하는 걱정을 했다." 에르체필리시(Erzefilisch)는 에르체(erzäh)와 에르치(erzieh)에서 복합된 것이었다.〉

꿈에서의 낱말 결합은 편집증에서 볼 수 있는 익히 아는 낱말 결합으로서, 히스테리나 강박 관념에서도 찾아볼 수 있다. 어느 시기에 있어서 말을 물건이나 무엇처럼 취급하여 새로운 말을 생각해내고 인위적인 문장 구조를 발견하곤 하는 어린아이의 언어 기술은 꿈에 있어서나 노이로제에 있어서나 이 뜻에서는 공통된 원천을 이루고 있다.

꿈에서 엉뚱하게 형성된 낱말 결합의 분석은 꿈 작업의 압축 기능을 나타내는 데는 절호의 기회이다. 여기에는 아주 조금밖에 사례를 들지 않았다고 하여 이런 유의 자료는 드물게밖에 나오지 않는다든가 지극히 예의적으로밖에 볼 수 없다는 등으로 추론하지 말아주기 바란다. 오히려 대단히 자주 보는 현상이지만, 꿈 판단은 정신 분석 치료에 의존하고 있기 때문에 지극히 적은 사례들만이 주목되고 보고되고 있을 뿐이며, 그 보고된 분석들도 대개의 경우 노이로제 병리학의 전문가에게밖에 이해되지 않는 것이다. 의미가 없는 조어 '스빙눔 엘피'(Svingnum elvi)를 포함하고 있는 폰 카르핀스카 박사(Dr. Von Karpinska)의 꿈(〈국제 정신 분석학 잡지〉, 1914년)도 그러한 예이다. 그 밖에 그 자체로 의미 있는 낱말이 원래의 의미에서 떨어져나가 여러 다른 의미를 포괄하는 경우를 언급해야 한다. 이들 별도의 의미에 대하여 그 말은 마치 '의미 없는' 것처럼 보인다. V. 타우스크가 보고한 열 살 난 사내아이의 '범주'(Kategorie)의 꿈이 그것이다(유아 성욕의 심리학에 관하여, 〈국제 정신 분석학 잡지〉 제1권, 1913년). 이 경우 '범주'는 여성 생식기를 뜻하고 '범주에 들어간다'(Kategorieren)는 소변을 본다는 정도의 의미다.

분명하게 꿈 사고와 구별되는 대화가 꿈속에 나올 때는 그 꿈속의 대화는 꿈 자료 중에 기억되고 있는 대화에서 나오는 것이 일반적인 법칙이다. 대화의 문구는 고스란히 원형을 보전하고 있거나, 아니면 표현에 약간의 차이가 생겼든가 어느 한쪽이다.

또 꿈의 대화가 잡다한 대화의 기억 속에서 엮어지는 일도 흔히 있다. 그 경우, 말은 본래 그대로지만 의미 쪽이 흐리멍덩하게 되거나 다른 것이 되어 있는 일이 많다. 꿈속의 대화는 기억된 대화의 계기가 된 사건에 대한 단순한 암시로 쓰이는 일도 종종 있다.*9

B. 이동 작업

우리가 꿈의 압축 작용을 나타내는 실례를 모으고 있는 동안에 이와는 별도의, 어쩌면 이에 못지않게 의미 있는 관계를 틀림없이 이미 알아차렸을 것이다. 꿈 내용 중에서 본질적 성분으로, 특히 전면에 나오는 요소가 꿈 사고 중에서는 결코 같은 역할을 하고 있지 않다는 일에 대해서 우리는 앞에서 말해 두었다. 이에 대한 상관 개념으로서 이 명제를 거꾸로 해볼 수도 있다. 즉 꿈 사고 중에서 뚜렷하게 본질적 내용으로 보이는 것이 꿈속에 반드시 대치되어 있지 않으면 안 된다는 일은 없다. 꿈은 말하자면 꿈 사고와는 다른 중심점을 갖고 있다. 그 내용은 꿈 사고의 요소와는 다른 요소를 그 중심점으로 가지고 있다. 그러므로 예를 들어 식물학 연구 논문의 꿈에서는 꿈 내용의 중심점이 분명히 '식물학'이라는 요소이지만, 꿈 사고에서는 의사들 사이에서의 의무적

---

*9 나는 최근에 위에서 말한 통념에 대한 유일한 예외를 발견했는데 그것은 강박 관념에 쫓기고 있으나 그 외의 기능은 정상적이고 지능도 고도로 발달하고 있는 젊은이의 경우이다. 그의 꿈에 나오는 대화는 남에게서 들었거나 자기가 한 대화에서 유래하지 않고, 깨어 있을 때에 다만 변형되어서 들어온 그의 강박 관념의 왜곡되어 있지 않는 문구에 들어맞는 것이었다.

거래에서 생기는 번거로움이나 다툼, 그 결과로 다시 내가 자신의 책 취미에 너무나 많은 희생을 치른다는 비난이 문제였던 것이다. '식물학'이라는 요소는 만일에 그것이 일종의 대립성에 의해 막연히 그것과 결부되지 않았더라면 도무지 꿈 사고의 이 중심에 자리를 차지하는 일은 있을 수 없었을 것이다. 왜냐하면 식물학은 내가 좋아하는 연구 과목이 아니었기 때문이다. 내 남자 환자의 사포 꿈에서는 올라가고 내려오고 위층에 있고 아래층에 있는 것이 중심점을 이루고 있다. 그러나 꿈이 문제로 삼고 있는 것은 낮은 데 서 있는 사람에 대한 성적 관계의 위험이다. 그 결과 꿈 사고의 여러 요소 중의 하나의 것만이, 또한 이것이 부당하게 확대되어 꿈 내용 속에 들어간 것처럼 생각된다. 딱정벌레의 꿈은 대략 그와 같이 잔인성에 대한 성욕의 관계를 주제로 하고 있다. 잔인성이라는 계기는 꿈 내용 중에 다시 얼굴을 내밀고는 있지만 종류가 다른 결합 방식을 하고 있어 성적인 일은 나오지 않는다. 따라서 본래의 관련에서 밀려남으로써 아무런 관계도 없는 것으로 변형되고 있다. 그리고 백부의 꿈에서 중심점을 이루는 블론드의 수염은 우리가 꿈 사고의 핵심이라고 인정한 출세의 소망에 대한 의미 관계를 모두 잃고 있는 듯이 보인다. 그래서 이제까지의 꿈은 그 어떤 '이동된' 인상을 주는 것도 사실 당연하다고 말하지 않을 수 없다. 그런데 이 꿈들의 예와 정반대되는 것은 일마의 주사 꿈이다. 이 꿈에서는 꿈 형성의 때에 개개의 요소는 모두 꿈 사고 속에서 차지하고 있는 자리를 보전할 수 있는 듯이 보인다. 꿈 사고와 꿈 내용과의 사이에 있는 이 새로운, 그 의미에 있어서는 전혀 불안정한 관계를 알면, 우리는 처음에 이를 미심쩍게 생각하지 않을 수 없다. 우리가 정상적인 생활의 어떤 심리적 과정에 있어서 하나의 관념이 다른 몇몇 관념 중에서 끌어내어져 의식에 대하여 특별한 생동감을 갖기에 이른 사실을 발견할 경우, 우리는 이 결과를 갖고서 특히 그 존재를 두드러지게 한 이 관념에 특히 높은 심리적 가치(관심의 정도)가 있는 증거라고 보는 것이 일반적이다. 그리하여 꿈 사고에서 개개의 요소의 이와 같은 가치가 꿈 형성 과정에서 계속 보전되지는 않는다. 아니, 오히려 무시된다는 것을 알게 된다. 꿈 사고의 여러 요소 중 어느 것이 가장 가치가 높은 것인가에 대해서는 아무런 의혹도 없는 것이다. 우리의 판단이 직접 그것을 우리에게 말해 준다. 그런데 꿈 형성 과정에서 이들 본질적이고 강한 관심으로 강조된 여러 요소들이 마치 전혀 가치 없는 것이기라도 한 것처럼 취급되는 일이 있으며, 또 꿈속에서 그것들에 대신하여 꿈 사고 중에서는 어김없이 가치가 없었던 다른 요소들이 나타난다. 이 때문에 우리는 처음에 이런 인상을 받는다. 즉 개개의 관념의 심리적 강도*10는 대체로 꿈을 선택하는 데 있어서 조금도 고려되지 않고, 다만 그 여러 관념의 중복 결정만이 고려되는 듯이 생각된다. 꿈 사고 중에서 중요한 것이 꿈속에 들어오는 것이 아니라, 꿈 사고 중에여러 가지 형태로 포함되어 있는 것이 꿈속에 들어오는 것이라고 생각할 수 있다. 그러나 이렇게 가정하는 것만으로는 꿈 형성의 이해는 거의 도움이 되지않는다. 왜냐하면 몇 겹으로 규제된 계기와 독자적인 가치를 가진 계기 이 두요소들이 꿈 선택에 있어 같은 의미의 것으로 작용하지 못한다고는 믿을 수없기 때문이다. 꿈 사고 중에서 가장 중요한 관념들은 이들을 중심으로 개개의 꿈 사고가 방사(放射)되듯이 나타나는 것이므로 어쩌면 꿈 사고 중에서 가장 자주 나타나는 것임에 틀림없다. 그런데도 꿈은 특히 강조되고 여러 모로지지되는 여러 요소들을 거부하고, 후자의 특성밖에 갖지 못한 다른 요소를꿈 내용 중에 채택하는 일이 있다.

　이 난점을 해결하기 위하여 우리는 꿈 내용의 중복 결정을 음미했을 때 받은 다른 인상을 이용하려고 한 것이다. 아마도 이미 독자 중에는 꿈의 여러 요소의 중복 결정은 자명한 일이므로 결코 중대한 발견이 아니라고 판단한 분도 많을 줄 안다. 〈확실히 분석에 즈음해서는 꿈의 여러 요소로부터 출발하여이들 요소와 맺어지는 모든 착상을 기록하는 것이기 때문이다. 그러므로 이렇게 해 얻어진 사고(思考) 자료 가운데에는 이들 요소만이 특별히 자주 나타나는 것도 이상한 일이 아니라고 생각할 것이다. 나는 이 항의를 인정할 까닭은 없지만〉, 이 항의와 어느 정도 비슷하게 들리는 한 가지 것을 말해 두려고 한다. 즉 분석이 밝혀내는 사고 중에는 꿈의 해석에서 멀리 떨어져 있어도 어쩐지 그 어떤 종류의 목적을 위해 일부러 거기 삽입된 것처럼 두드러져 보이는사고들이 많이 있다. 이들 사고의 존재 목적은 쉽게 판명된다. 다시 말해 이 사고들이야말로 꿈 내용과 꿈 사고를 결부시키고 있는 것이다. 그리고 만일 이들요소가 분석에서 마구 내버려진다고 한다면, 꿈 내용의 구성 요소로서는 단순히 중복 결정뿐만 아니라 원래 꿈 사고에 의한 충분한 중복 결정조차도 탈

---

*10 어떤 표상(관념 또는 상징)의 심리적 강도, 가치도와 관심의 강조 등은 물론 감성적 강도와
　　표상된 것의 강도와는 다른 것이라고 생각하지 않으면 안 된다.

락해 버리는 일이 한두 번이 아닐 것이다.

그래서 우리는 이렇게 결론을 내리지 않을 수 없다. 즉 꿈 선택을 결정하는 중복 결정은 반드시 언제나 꿈 형성의 제1차적 계기가 아니라 우리에게 알려지지 않은 어떤 심리적 힘의 부차적인 소산이라는 것이다. 비록 그렇다고 할지라도 이 중복 결정은 꿈속에 개개의 요소가 들어오는 일에 대해서는 중대한 의의를 갖고 있을 것이 틀림없다. 왜냐하면 우리는 그것이 꿈 자료에서 원조를 받아 생겨나는 경우에라도 어느 정도의 노력을 치르고 만들어진다는 사실을 관찰할 수 있기 때문이다.

그렇다면 꿈의 작업에는 어떤 신체적인 힘이, 한편에서는 신체적으로 가치 높은 여러 요소에서 그 강도를 박탈하고 다른 한편으로는 중복적으로 규제한다는 방법으로 가치가 낮은 다른 요소를 새롭고 가치 있는 요소로 변화시킨 다음, 그 새로운 요소를 꿈 내용 속에 가져가는 작용을 한다고 생각할 수 있다. 만일에 그렇다고 한다면, 꿈 형성의 때에 개개 요소의 심리적 강도의 전이와 이동이 이루어지게 되고, 그 결과 꿈 내용과 꿈 사고의 주제 사이에는 차이점이 나타난다.

다시 말하여 이 과정은 꿈의 이동 작업이라고 불러도 좋을 것이다. 그리고 꿈의 이동 작용과 압축 작용은 우리가 그 힘으로 인해 꿈이 형성된다고 한다면, 능력 있는 두 직공과 같다.

꿈의 이동의 여러 사실 중에 발현하는 심리적인 힘은 이를 쉽게 인식할 수 있다. 꿈 내용이 꿈 사고의 핵심과 이미 서로 비슷하지 않고 꿈이 다만 무의식 세계의 꿈 소망의 왜곡만을 재현하는 것은 이와 같은 이동의 결과이다. 그러나 우리는 꿈의 왜곡에 대하여 이미 알고 있다. 우리는 꿈 왜곡을 관념 생활 중에 있는 하나의 심리적 검문소에 대하여 행사하는 검열에 귀착시켰다. 꿈의 이동 작용은 이 왜곡을 달성하기 위한 주요 수단 가운데 하나인 것이다. 그로 말미암아 이익을 얻는 자가 그것을 행했던 것이다. 꿈의 이동은 내부의 심적 방위인 검열의 영향에 의해 생긴다고 가정해도 좋을 것이다.*11

---

*11 꿈 왜곡을 검열에 귀착시키는 것이 내 꿈 이론의 핵심점이라고 할 수 있으므로, 나는 여기에 륜코이스의 《어느 리얼리스트의 공상》(빈 제2판, 1900년) 중에서 '꿈도 현실과 같이'라는 소설의 마지막 대목을 소개해 둔다. 거기서 나는 뜻밖에 내 꿈 학설의 주요 성격이 그려지고 있는 것을 발견한다.

꿈 형성의 때에 이동, 압축, 중복 결정 등의 여러 계기가 어떤 모양으로 얽혀 일하는가. 또 그 중의 어느 계기가 주도적 요인이고 어느 계기가 부차적인 요인이 되는가 하는 문제의 탐구는 다음 기회로 미루기로 한다. 우선은 꿈속에 끼어드는 여러 요소는 채우지 않으면 안 될 둘째 조건으로서, 저항의 검열을 뚫고 빠져나와 있지 않으면 안 된다는 것만을 말해 두겠다.

그러나 앞으로 꿈 해석에 있어 우리는 꿈의 이동이라는 것을 어김없는 사실로 고려하지 않으면 안 된다.

C. 꿈의 여러 가지 표현 방법

잠재적 사고 자료가 겉으로 드러난 꿈 내용으로 변화될 때 작용하는 것으로 알려진 꿈 압축과 꿈 이동이라는 두 가지 계기 외에, 이 연구를 진행시키는 도중에 꿈속으로 들어오는 자료의 선택에 어김없이 영향을 미치고 있는 다른 두 가지 조건과 부딪치게 된다. 그러나 이 문제에 들어가기 전에 우리의 논지

'결코 부조리의 꿈을 꾸지 않는다면 이상한 특성을 가지고 있는 사나이에 대해'—"깨어 있을 때와 같은 꿈을 꾼다는 그대의 색다른 특성은 그대의 덕, 선의, 공정, 진리애에 바탕을 두고 있는 것이다. 그대에 대해 전부를 알려주는 것은 그대 본성의 도덕적 명석성이다." 상대방은 대답했다. "하지만, 나의 생각에 잘못이 없다면 인간은 모두 나와 비슷하게 만들어져 있고, 누구나 황당무계한 꿈은 꿀 리가 없다! 열에 들뜬 꿈 따위가 아니라 나중에 분명하게 이야기할 수 있을 정도로 또렷이 기억하고 있는 꿈에는 언제고 반드시 의미가 있는 것이다. 그렇지 않다니 무슨 바보 같은 소리야! 서로 모순되는 것이 설마 전체로 통일될 까닭이 없지 않은가. 시간과 공간이 뒤죽박죽이 되어 있는 일은 흔히 있지만, 그렇다고 해서 꿈의 실제 내용은 조금도 변하지 않는다. 왜냐하면 시간도 공간도 꿈의 본질적 내용에 있어서 아무런 의미도 없기 때문이지. 우리는 잠이 깨어 있을 때에도 때로는 그렇게 되지 않는가. 동화라든가, 대담하고 의미가 깊은 공상의 일을 생각해 보라구. 그런 것에 대해 '말도 안 돼! 그런 건 불가능한 거라고!'하고 말하는 것은 머리가 모자라는 놈들뿐이라니까."

친구는 말했다. "정말로 말이야, 자네가 내 꿈에 대해 한 것처럼 세상 사람이 모두 올바르게 꿈을 풀이할 수 있다면야."

"그야 물론 쉬운 일이 아니지만, 그런대로 본인이 조금 주의하고 있으면 안 되는 의논은 아니지. 한데 대개의 경우 그것이 안 되는 것은 무슨 까닭일까. 즉 자네들 꿈속에는 뭔가 감춰져 있는 모양 아냐? 무슨 독특하고 복잡하고 불순한 것, 자네들 본성 안에 있는, 생각한 대로 붙잡기 힘든 어떤 비밀 말이야. 그러니까 자네들의 꿈이 대개의 경우 무의미하고 마치 바보스러운 것인 듯이 보이는 거야. 그런데 가장 깊숙한 안의 안은 결코 그런 것이 아니지. 그런 것일 까닭이 없는 거야. 왜냐고 하면 잠깨어 있는 것도 꿈꾸고 있는 것도 언제나 같은 인간이니까."

(論旨)가 정체할 우려가 있는 것을 각오하고 꿈 해석의 수행에 있어 여러 가지 과정을 전체적으로 훑어보고자 한다. 만일 여기서 내가 어느 것이든 하나의 꿈을 예로 들어 제2장에서 일마의 주사 꿈에 대해 제시했듯이 꿈 해석을 행하고, 거기서 내가 발견한 꿈 사고를 총괄한 다음 다시 꿈의 형성을 꿈 사고에서 재구성하는, 다시 말해 꿈의 분석을 꿈의 종합에 의해 보완한다고 하면, 갖가지 반론에 대해 그들 여러 과정을 명백히 하고 그 신빙성을 확증하는 일은 손쉬운 일일 것으로 생각된다. 나는 몇 가지 사례에 대해 그와 같은 방식을 취함으로써 사실 크게 얻는 바가 있었다. 그러나 여기서는 그런 방식을 취할 수가 없다. 무릇 공정하게 생각하는 사람이라면 무리가 아니라고 하겠지만, 이 증명에 필요한 심리적 자료를 다양하게 고려한다면 그렇게 설명 방식을 취하는 것을 허락하지 않기 때문이다. 심리적 자료를 이런 모양으로 고려하는 일은 꿈의 분석을 하는 동안에는 그다지 방해는 되지 않았다. 왜냐하면 분석은 불완전한 것이었어도 지장이 없었고, 아주 조금밖에 꿈의 복잡한 내부에 끼어들지 못했어도 어쨌든 그 분석은 무가치하지는 않았기 때문이다. 그런데 꿈의 종합이라고 할 경우 이야기는 달라지기 때문에, 독자 여러분을 납득시키기 위해서는 그것이 완전한 것이 아니면 안 될 것이다. 그런데 완전한 종합을 줄 수 있는 것은 독자 여러분께서 알지 못하는 사람의 꿈에 대해서뿐이다. 그렇지만 내게 그것을 위한 자료를 제공해 주는 것은 환자들, 즉 노이로제 환자들뿐이므로 내 꿈의 설명의 이 부분은(다른 장소에서) 우리의 주제와 접촉점을 만들어 낼 수 있어서 노이로제의 심리학적 해명을 할 수 있을 때까지 접어두지 않으면 안 되는 것이다.*12

꿈을 꿈 사고에서 종합적으로 구성하고자 시도한 경험에 의해 알게 되었지만, 꿈 해석을 할 때에 나오는 자료의 가치는 각양각색이다. 본질적인 꿈 사고는 그와 같은 가치의 일부를 이루고 있다. 만일 꿈에서 검열이라는 것이 없으면 본질적인 꿈 사고는 꿈을 완전히 대신하고 그것만으로 꿈의 대체물이 될 수 있었을 것이다. 그런데 우리는 자칫 다른 일부의 가치를 경시하기 쉽다. 그리고 또 이들 사고가 전부 꿈 형성에 참가하고 있었다는 주장에 귀를 기울이

---

*12 나는 그 뒤 두 개의 꿈의 완전한 분석과 종합을 《어떤 히스테리증 분석의 단편》 1905년(전집 제5권)에서 다뤘다. 비판적인 긴 꿈의 완전한 꿈 해석으로서는 O. 랑크의 《자기가 자기의 꿈 해석을 하는 꿈》의 분석을 들어야 한다.

지 않고, 오히려 그 사고(思考)들 중에는 실제로 꿈을 꾼 시점과 그 꿈을 해석하는 시점과의 사이, 꿈을 꾼 뒤의 여러 가지 체험에 결합되는 착상이 섞여 있는 일이 있다. 이 부분은 드러난 꿈의 내용이 잠재 사고로까지 통하고 있는 모든 결합의 길을 포괄할 뿐만 아니라, 해석 작업 사이에 이들 결합의 길을 알게 된 매개적이고 유사한 연상도 포괄하고 있다. 여기서 오로지 우리의 관심 대상이 되는 것은 본질적인 꿈 사고뿐이다. 이 꿈 사고는 대개의 경우 우리가 깨어 있을 때부터 익숙해져 있는 여러 가지 사고 과정의 특성 전부를 구비한, 지극히 복잡한 구조를 가진 관념이나 기억의 복합체임을 알 수 있다. 그것은 한 개 이상의 중심에서 시작하고 있으나 접촉점을 엄연히 가지고 있는 관념 계열인 경우도 드물지 않다. 하나의 사고 과정 곁에 대조 연상에 의해 그것과 결합한 그 반대물이 존재하고 있는 것이 거의 일반적인 것으로 되어 있다.

이 복잡한 구성물의 개개 부분은 물론 서로 지극히 복잡한 논리적 관계에 서 있다. 그들 개개의 부분은 전경(前景)과 배경을 이루고, 부언(附言)과 주석이 되고, 조건과 입증 과정과 이의가 되고 있다. 그리고 이들 꿈 사고의 모든 무더기가 꿈 작업의 압착에 걸려 개개의 부분이 떠다니는 얼음조각처럼 휘둘리고 뒤섞여지곤 하는데, 그것을 생각하면 다음과 같은 의문이 일어난다. 즉 이제껏 이 전체를 한데 묶어서 매어 두고 있던 유대는 어떻게 되었는가. 우리가 문장이나 이야기를 이해하기 위해서 없어서는 안 될 '만일'이라든가 '……니까'라든가 '마치 ……처럼'이라든가 '……라고 하지만'이라든가 '……가 아니면' 등의 말이나 그 밖의 모든 전치사 등은 꿈속에서 어떤 모양으로 표현되는가.

그것에 대해서는 우선 이렇게 대답하지 않을 수 없다. 꿈은 꿈 사고간의 논리적 관계를 표현하는 아무런 수단도 갖지 못한다. 대개의 경우 꿈은 이 전치사들을 전부 무시해 버리고, 꿈 사고의 실질적 내용만을 채택하여 가공하려고 한다. 꿈 작업이 파괴해 버린 관련을 복원하는 것은 꿈 해석에 맡겨져 있다고 봐야 하겠다.

이러한 표현 능력이 꿈에 없는 것은 꿈 작업이 이루어지는 심리적 자료 때문일 것이 틀림없다. 회화나 조각 같은 표현 예술은 말을 구사하는 문학과 비교하면 마찬가지로 표현 능력에 한계가 있으며, 이런 표현 예술의 경우도 그 능력 부족의 원인은 회화나 조각이 그것에 가공하여 무엇인가 표현하려고 하는 자료에 있는 것이다. 회화가 이용하는 표현 법칙을 알기 전까지는 어떻게 하든 이 단점을 메우려고 노력했다. 옛날 그림에는 그려진 인물의 입에서 조그만 종이쪽지가 드리워지고 거기에 화가가 그림으로는 도저히 표현하지 못한 상황을 나타내는 글씨가 적혀 있기도 했다.

아마도 먼저 어떤 반론이 제기되고 꿈도 논리적 관계를 표현하지 못한다는 법은 없지 않느냐고 할 것이다. 깨어 있을 때의 사고와 마찬가지로 거기서는 복잡다단한 정신 조작이 이루어져 증명되기도 하고 반박되기도 하고 대비되거나 하는 꿈이 존재하지 않는가. 이 경우에도 겉모습에 속아서는 안 된다. 이와 같은 꿈을 분석해 보면, 그것은 꿈의 자료일지언정 꿈에서의 지적 작업의 표현은 아니라는 것을 알게 된다. 꿈의 겉모습의 사고에 의해 재현되는 것은 꿈 사고의 내용일 따름이고 꿈 사고 상호간의 관계는 아니다. 점차 그 실례를 제시할 것이다. 그러나 가장 쉽게 확인할 수 있는 것은 꿈속에 나오는 말의 어구, 그리고 틀림없이 지껄이고 있는 어구라고 지적되고 있는 것은 모두 꿈 자료의 기억 속에서 발견되는 어구 그대로이든가, 혹은 그것을 아주 조금 변형시킨 것이다. 꿈속에 나오는 말의 어구는 꿈 사고 중에 포함된 사건의 암시에 지나지 않는 일이 흔히 있으며, 꿈의 의미는 전혀 다른 것이다.

물론 나로서도 꿈 사고 중의 자료를 다만 단순히 반복하고만 있지 않는 것 같은 비관적 사고 작업 또한 꿈 형성에 관여하고 있음을 부정할 생각은 없다. 이 요인의 영향에 대해서는 본론 끝머리에 가서 밝히지 않으면 안 될 것이다. 그때 비로소 이 사고 작업은 꿈 사고에 의해서가 아니라 어떤 의미에 있어서는 이미 완성된 꿈 그 자체에 의해 일깨워진다는 것을 알 수 있을 것이다.

그러므로 우선은 꿈 사고간의 논리적 관계는 꿈속에서 굳이 표현되는 일은 없다고 해두자. 예를 들어 꿈속에 모순이 있을 경우 그 모순은 꿈 그 자체에 대한 모순이든가, 아니면 꿈 사고의 하나의 내용에서 생기는 모순이다. 꿈에 있어서의 모순은 꿈 사고간의 모순에 지극히 간접적이고 매개적으로밖에 대응하지 않는다.

그러나 결국 회화에서 적어도 애정, 위협, 경고 따위와 같이 인물이 하고자 하는 말을 입에서 드리워진 종이쪽지 이외의 수단으로 표현하기에 성공한 것처럼, 꿈에서도 또 그 꿈 사고간의 논리적 관계의 하나하나를 본래의 꿈 표현에 가능한 변형을 함으로써 그런 대로 표현할 가능성이 생겨난 것이다. 그러나 이 점은 꿈에 따라 다르다는 사실을 알 수 있다. 그 자료의 논리적인 연결을 완전히 무시해 버리는 꿈도 있고, 그것을 되도록 완전하게 암시하려고 하는 꿈도 있다. 꿈은 이 점에서 이제부터 다루려고 하는 텍스트에서 약간의 차이는 있으나 떨어져 나가는 것이다. 꿈 사고의 시간적 연결이 만일 무의식 세계에서 만들어졌다고 한다면(예를 들어 일마의 주사 꿈에 있어서와 같이), 꿈은 꿈 사고의 이 시간적 연결에 대해서도 상술한 논리적 관계에 대하는 것과 마찬가지로 갖가지 태도를 취하는 것이다.

그러나 꿈의 작업이 꿈 자료 중의 표현하기 어려운 관계를 암시할 수 있는 것은 어떤 수단에 호소해서일까. 하나하나 예를 들어 보기로 한다.

첫째로 꿈은 이 자료를 상황 또는 과정으로서 총괄, 통합함으로써 꿈 사고의 모든 부분 간에 존재하는 부정하기 어려운 관련을 대체로 옳게 표현한다. 꿈은 논리적 관련을 다시 동시성으로 부여한다. 그 점에서 꿈은 실제로는 결코 아테네의 회당이나 파르나스 산꼭대기에 함께 있었던 것은 아니지만, 그 그림을 보는 사색적인 눈으로써는 한 무리의 철학자라든가 시인을 전부 아테네의 회당이나 파르나스 산의 그림 속에 한데 그려 넣는 화가와 같은 방식을 취하는 것이다.

이런 표현 방법을 꿈은 개개의 점에 이르기까지 계속하여 쓴다. 꿈이 두 개의 요소를 서로 근접 관계에서 제시할 때는 언제나 그것은 꿈 사고 중에서 그 대체물 간의 특히 긴밀한 관련을 보증하고 있는 것이다. 그것은 바로 우리가 쓰는 철자법 같은 것으로 ab는 그 두 글자가 한 음절로 발음되어야 하고, a 다음에 조금 간격이 멀어져서 b가 있으면 a는 앞의 말의 끝 글자이고 b는 다음 말의 첫 글자라는 것을 인정하게 된다. 따라서 꿈에서의 결합은 꿈 자료 임의의, 완전히 동떨어진 여러 성분으로 형성되는 것이 아니라 긴밀한 관련을 갖는 성분으로 형성되고 있는 것이다.

꿈은 '인과관계'를 표현하는 데 있어서 두 가지 방법을 쓰지만, 이 두 가지 방법은 본질적으로 같은 것이다. 꿈 사고가 가령 이것은 이러이러했으므로 이러저러한 일이 일어나지 않으면 안 되었다는 것일 경우에 좀더 자주 쓰이는 표현 방법은, '이것은 이러이러했으므로'라는 종속 문장을 예비적인 꿈으로 쳐들고 다음에 '이러저러한 일이 일어나지 않으면 안 되었다'는 주문장을 주요한 꿈으로 여기에 접속시킨다. 내가 올바로 해석한 거라면, 시간적 관계는 거꾸로 될 수도 있다. 그러나 주문장에 대응하는 것은 언제나 꿈의 상세한 주요 부분이다.

인과관계를 이와 같이 표현한 훌륭한 실례를 제공해 준 것은 어느 여성 환자의 꿈인데, 여기에 대해서는 뒤에 완전한 형태로 소개할 생각이다. 이 꿈은 짧은 서곡과 몹시 큰 꿈의 부분으로 이루어져 있고, 이 본론에 해당하는 꿈의 부분은 실로 훌륭하게 정돈되어 '꽃에 의하여'라고 제목을 붙였으면 좋을 꿈이다. 〈그녀는 주방의 두 가정부에게 가서 식사 조금 하는데 아직도 준비되지 않았느냐고 꾸중한다. 그때 볼썽사납게도 부엌 그릇을 말리기 위해 거꾸로 잔뜩 쌓아 놓은 것이 눈에 띈다. 가정부는 둘이 다 물을 길러 간다. 물을 길으려면 무슨 강 비슷한 곳에 들어가지 않으면 안 된다. 그 강 비슷한 것은 집 앞에까지, 혹은 마당 끝에까지 와 있다.〉

다음으로 꿈의 본론 부분이 계속되는데, 그것은 이렇게 시작된다. 〈그녀는 야릇한 구조의 난간에 의지하여 높은 곳에서 내려오고, 그 때 옷이 한 번도 어디 걸리지 않은 것을 기뻐한다.〉 꿈의 앞부분은 부인의 친정집과 관계되어 있다. 주방에서의 꾸중은 전에 몇 번이나 어머니가 그렇게 말하는 것을 들었던 것이다. 산더미처럼 쌓인 부엌 그릇들은 그녀의 주택과 같은 건물 안에 있는 조그만 그릇 가게에서 나온 것이다. 꿈속의 다른 부분은 자주 가정부를 범하고, 끝내는 홍수가 났을 때(집은 강과 인접해 있었다) 중병을 얻은 아버지에 대한 암시를 머금고 있다. 이 꿈 앞부분에 깔려있는 생각은 이렇다. "나는 이런 집, 이런 옹색한 환경에서 자란 인간이니까"라는 것이다. 꿈의 본론은 이 동일한 관념을 다시 쳐들어 소망 충족에 의해 변화된 형태로 그것을 내놓고 있다. 즉 "나는 좋은 집안에서 자랐다"는 것이다. 그러므로 본래는 "나는 이런 미천한 신분 출신이니까 내 생애는 이러이러했다"는 것이다.

내 견해에 의하면 꿈이 두 가지의 불균등한 부분으로 분할되었다는 것은 반드시 이 두 부분의 사고 사이에 인과관계가 있다는 것을 의미하지는 않는다. 그 양쪽 꿈속에서 동일한 자료가 마치 서로 다른 관점에서 표현된 것처럼 보이는 일도 흔히 있다. 확실히 이것은 신체적 욕구가 점차 명백한 표현을 취하지 않을 수 없게 되어, 결국 몽정으로 끝나는 밤의 꿈에 대해 적용된다. 그런가 하면 두 개의 꿈이 꿈 자료 중의 각기 다른 중심에서 나와 내용상으로 서로 교차하고, 그 결과 한쪽 꿈에서는 암시로 작용을 미치고 있던 것이 다른 한쪽 꿈에서는 중심점이 되어 있는 것 같은 일도 있으며, 그 반대도 있다. 그러나 몇몇 꿈에 있어서 비교적 짧은 앞의 꿈과 비교적 긴 뒤의 꿈으로 나누어져 있는 것은 사실 두 부분 사이의 인과관계를 의미하고 있다. 인과관계를 표현하는 다른 방식은 그다지 범위가 크지 않은 자료에 쓰이고, 사람이거나 물건이거나 간에 꿈속의 어떤 상이 다른 상으로 변해버린다는 형식을 취한다. 꿈속에서 이와 같은 변형이 일어나는 것을 볼 수 있는 경우에만은 거기에 인과관계를 열심히 주장할 수 있다. 어떤 상 대신 다른 상이 나타났다고 말하는 것만으로는 안 된다. 나는 앞에서 이 두 가지의 인과관계를 표현하는 방법은 결국 같은 것이라고 말했으나 두 경우 모두 거기에 표현되는 것은 하나의 전후 (前後) 관계에 의한 발생이라는 것이다. 다만 한쪽 경우는 두 개의 꿈의 계기에 의하지만, 다른 한쪽의 경우는 하나의 상이 다른 상으로 변형하는 일에 의해 이루어진다. 물론 가장 많은 것은 인과관계가 전혀 표현되지 않고 꿈 과정 중에서도 피할 수 없는 여러 요소의 전후 관계 중에 포함되어 버리는 경우다.

꿈은 '……든가 아니면 ……든가'라는 양자택일을 표현할 수는 없다. 꿈은 선택의 각 항을 동등한 것으로 하나의 관련 중에 채택하는 것이 일반적이다. 그 모범적인 예를 포함하고 있는 것은 일마의 주사 꿈이다. 그 꿈의 잠재 사고는 분명 다음과 같은 것이다. '일마의 고통이 여전히 계속되는 것은 내 책임이 아니다. 그 책임은 내가 제안한 해결 방책을 그 그녀가 거부한 일에 있거나, 아니면 내 힘으로는 도저히 변경시킬 방도가 없는 불리한 성적 조건 아래 그녀가 살고 있다는 일에 있다. 그것도 아니면 그녀의 고통은 원래 히스테리성의 것이 아니라 기질적 성질의 것이든가, 그 어느 것인가이다'는 점이다. 그런데 꿈은 이 모두의 거의 상호 배타적이라고 할 수 있는 가능성을 늘어놓은 위에 꿈 소망에서 제4의 이와 같은 해결책을 덧붙이는 일조차 마다하지 않는 것이다. 이 경우 '……든가, 아니면 ……든가'는 꿈 해석을 마치고 나서 내가 꿈 사고의 관련 속에 집어넣은 것이다.

그러나 꿈 이야기를 하는 사람이 꿈의 재현에 즈음하여 '그것은 정원이었든가 거실이었든가' 등등과 같이 '……든가 아니면 ……든가'를 쓰고 싶어 하는 것 같은 경우에는 꿈 사고 중에 그런 양자택일이 있다고 절대로 생각하지 말아야 하며, 그것은 '……와 ……', 즉 단순한 병렬로 보아야 할 것이다. '……든가 아니면 ……든가'가 있으면 우리는 대개의 경우 하나의 꿈 요소를 아직 해결 가능한 모호한 성격의 것으로 해석하는 것이다. 이런 경우의 해석 법칙은 이렇게 된다. 겉으로 보기에 양자택일의 각 항은 서로 동등한 것으로 보아야 하며, '……와 ……'로 연결되어야 한다. 예를 들어 내가 오랫동안 이탈리아에 체류하고 있는 친구의 주소를 알고자 하면서 그것을 알아내지 못하고 있던 중에, 이 주소를 알리는 전보를 받는 꿈을 꾸었다고 하자. 주소는 전보용지에 청색으로 인쇄되어 있다. 처음 말은 분명치 않았다

비아(Via)(경유의 뜻)든가, 빌라(Villa)(판 별장의 뜻)라든가, 카사(Casa)로 읽힌다. 둘째 말은 또렷이 세체르노(Secerno)였다.

이 둘째 낱말은 이탈리아 이름과 같이 발음되고 우리의 어원적 논의를 상기하게 하지만, 이 친구가 이탈리아의 자기 주소를 이렇게 오랫동안 내게 '비밀'로 했다는 일에 대한 내 분노를 나타내고 있다(세체르노는 이탈리아어의 '비밀'을 의미하는 Segreto와 음이 닮았다). 그러나 첫째 말에 대해 꺼낸 세 가지 말(앞서 말한 비아와 빌라와 카사. 카사는 집이라는 뜻)은 모두 분석 결과 관념 연쇄의 독립적이고 동등한 출발점이라는 것이 판명된다.

아버지의 장례식 전날 밤 나는 꿈에서 무엇인가를 인쇄한 종이를 보았다. 금연이라고 쓴 정거장 대기실에 걸려 있는 것 같은 게시판이든가 플래카드 같은 것으로서 그 위에는 이런 것이 씌어 있었다.

'두 눈을 감으시오.' 또는 '한 눈을 감으시오.'

나는 이런 경우 이것을 다음처럼 쓰고 있다.

한 눈/두 눈을 감으시오(Man bittet, ^{ein}/die Auge(n) zudrücken.)

이 두 문장은 각기 특수한 의미를 갖고 있어 꿈 해석에서는 저마다 다른 길로 인도한다. 장례식 절차에 대한 아버지의 생각을 잘 알고 있었으므로 나는 장례식을 되도록 간소하게 치르기로 했다. 그런데 가족들은 그런 청교도적인 간소화에 동의하지 않았다. 조객들에게 부끄럽다는 것이다. 그래서 꿈속의 '한 눈을 감으시오(ein Auge zudrücken)'는 '눈감아 달라' 또는 '너그럽게 보아 달라'는 뜻이다.

우리가 '……든가 아니면 ……든가'로 묘사한 애매 모호성의 의미는 이 실례에서 쉽게 파악될 것이다. 꿈 사고 때문에 통일적이면서도 다의적인 문구를 만들어 내는 것은 꿈 작업에서는 실패했다. 이와 같이 두 개의 주요 사고 계열은 꿈 내용 안에서 이미 갈라져 있는 것이다.

어떤 경우에는 꿈이 같은 크기의 두 부분으로 나뉘기 어려운 양자택일을 나타내고 있다. 특히 흥미로운 것은 '대립과 모순'의 범주에 대한 꿈의 태도이다. 이 범주는 완전히 무시되고 꿈으로서는 '아니다'라는 것은 존재하지 않는 듯이 생각된다. 꿈은 이상하게도 즐겨 대립물을 통일된 것으로 만들어 버린다든가 하나의 것으로 표현한다. 꿈은 이미 알고 있듯이 임의의 한 요소를 그 소망하는 것의 대립물로 표현하는 자유를 행사하므로, 그것이 꿈 사고 속에 긍정적으로 포함되고 있는지, 부정적으로 포함되고 있는지는 그 대립물을 성립할 수 있는 어떤 요소에 대해서도 처음에는 알 수가 없다.*13 뒤에 인용한 꿈에서는 서론 부분의 진의는 이미 해석한 것이지만('나는 그런 출신이니까') 꿈을 꾼 부인은 난간에 의지하여 내려오고, 그때 꽃이 달린 가지를 양손에 들고 있다. 이상에서 그녀가 생각해 낸 것은 성모 마리아의 수태 고지(受胎告知)의 그림으로, 그 속에는 천사가 손에 백합 가지를 들고 있는 것과(그녀의 이름도 마리아이다) 성체 행렬에 흰옷을 입은 소녀들이 참가하여 푸른 나뭇가지로 장식한 거리를 걸어가는 모양 따위가 있었는데, 그리고 보면 이 꿈속의 꽃이 달린 가지라는 것이 성적 순결의 암시임에는 틀림없다.

그런데 그 가지에는 동백과 비슷한 빨간 꽃이 가득 달려 있다. 길이 거의 끝날 때 꽃은 대부분 떨어졌다고 계속된 꿈은 말하고 있다. 다음에 확실히 월경을 암시하는 것이 나타난다. 거기서 소녀들의 손에 들려 있는 백합 비슷한 꽃

---

*13 K. 아벨의 저작 《원시어의 반대 의미》(1884년, 전집 제8권 수록의 '정신분석학연보' 제2권, 1910년 소재의 필자의 보고를 보라)로 나는 다음과 같은 놀라운 사실을 알았는데, 이 사실은 다른 언어학자들에 의해서도 확인되고 있는 것이다. 바로 최고의 언어는 이 점에 있어 꿈과 완전히 같다는 것이다. 고대 언어는 여러 가지 질적인 계열 또는 행위 계열의 양극에 있는 대립물을 처음에는 다만 하나의 말로 표현하고 있었다(강약, 노소, 원근, 결합 분리 등). 그리고 이 공통의 원시언어를 아주 약간 변형시킴으로써 두 개의 대립물을 따로따로 표현하게 된 것은 뒤에 이르러서의 일이다. 아벨은 이와 같은 관계를 고대 이집트어 속에서 대규모로 지적하고 있는데, 또 셈어나 인도, 게르만어계 속에도 잔존하고 있는 같은 발전의 명확한 흔적도 제시하고 있다.

이 달린 그 가지는 우리가 아는 대로 보통 때는 흰 동백을 가슴에 꽂고 있지만, 월경 때에는 그것을 빨간 동백으로 바꾸는 춘희(椿姬)를 동시에 암시하고 있다. 이것과 같은 꽃이 매달린 가지는(괴테의 《방아 찧는 여인》의 노래 중의 소녀의 꽃) 성적 순결을 나타내는 동시에 반대도 표현하고 있다. 순결한 몸으로 인생을 보내는 데 성공했다는 기쁨을 표현하는 이 꿈은 또 몇 군데(가령 꽃이 떨어지는 대목)에서는 자기는 성적 순결에 위배되는 갖가지 죄를 범해 왔다(특히 어린 시절에)는 반대되는 사고 과정도 아울러 보여 주고 있다.

우리는 이 꿈의 분석에 즈음하여 뚜렷하게 두 사고 과정을 구별할 수가 있다. 두 가지 중 위안하는 편은 표층에, 비난하는 편은 심층에 위치하고 있는 듯하다. 또 이 둘은 정면으로 대립하고 있으며, 균등하지만 정반대되는 여러 요소가 동일한 꿈 요소에 의하여 표현된 것이다.

꿈 형성의 메커니즘은 여러 논리적 관계 중의 오직 한 가지 것에만 지극히 소용되는 것이다. 이것은 유사, 일치, 접촉의 관계, 다시 말해서 '마치 …… 처럼'인데, 꿈속에서 이 관계는 다른 관계에서 볼 수 없을 정도로 다양한 방법으로 표현될 수 있다.*[14] 꿈 자료 중에 존재하는 일치, 또는 '마치 …… 처럼'의 경우는 확실히 꿈 형성의 최초의 계기이고, 꿈 작업의 대부분은 현존하는 일치 관계가 저항과 검열 때문에 꿈속에 들어갈 수 없을 때에는 그와 같은 일치 관계를 새로이 만들어 낸다. 꿈 작업의 압축 노력은 유사한 관계를 표현하는 데 도움이 된다.

'유사와 일치, 공통성'은 꿈에 의하며 꿈 자료 속에 이미 존재하고 있거나, 아니면 다시 새로 형성되는 통일로 집결시키는 일로 표현된다. 꿈 자료 중에 이미 존재하고 있는 경우에는 이것을 동일화라 부르고, 새로 형성되는 경우에는 이것을 혼합화라고 부를 수 있겠다. 동일화가 사용되는 것은 인간이 문제될 때이고, 혼합화가 사용되는 것은 사물이 통합 자료일 때지만, 인간의 혼합화라는 것도 만들어 내지 못하는 것은 아니다. 장소는 곧잘 인간과 같이 다루어진다.

동일화의 본질은 다음과 같은 점에 있다. 어떤 공통적인 것에 의해 결합되고 있는 인간 중의 오직 한 사람만이 꿈 내용에 표현되는 한편, 제2, 제3의 인물은 꿈에 억압되어 얼굴을 내밀지 않는다. 그러나 이 꿈속에 나오는 한 사람

---

*14 꿈을 풀이하는 이가 되는 자격에 대한 아리스토텔레스의 견해를 참조.

의 대표 인물은 자신이나 혹은 이 인물로 대표된 몇 명의 인물에 유래하는 모든 관계나 상황에 끼어들어간다. 혼합화가 인물에까지 미치는 경우에 있어서는 그들 인물에 고유한 것이기는 하지만, 공통된 것이 아닌 여러 특성이 이미 꿈 형상 중에 존재하고 있는 결과, 이들 여러 특질의 통합으로 인해 하나의 새로운 통일체인 혼합 인물이 만들어져 나타난다. 혼합 그 자체는 잡다한 방법으로 이루어진다. 꿈의 인물이 그 관계하고 있는 여러 인물 중의 한 사람에게서 이름을 빌려 오지만(그런 때는 우리는 깨어 있을 때의 지각과 전혀 같은 방식으로 '아아, 바로 그 인물이구나'라고 알게 된다), 시각적 특징은 다른 인물의 것이든가 또는 꿈 형상의 것이든가 실제로는 각각 시각적 특징들로 합성된다. 제2의 인물의 참가는 시각적 특징에 의해서가 아니라 그 제2의 인물의 것인 특정한 동작, 그 제2의 인물이 쓰는 말, 혹은 그 제2의 인물이 옮겨 놓은 상황 등에 의해 대리되는 일도 있다. 이 뒤의 특징 부여에 있어서는 동일화와 혼합 인물 형성과의 사이에 명확한 차별은 희박해지기 시작한다. 그렇지만 또 이와 같은 혼합 인물의 형성이 실패하는 것 같은 일도 있다. 그럴 경우에는 꿈의 장면은 한쪽 인물에 귀속시켜 다른 편 인물은(흔히 이것이 더 중요한 인물이다) 그 장면에 아무런 관계도 갖지 않는 방관자로 등장한다. 꿈을 꾼 사람은 이렇게 이야기한다. "어머님도 또 거기 계셨어요."(슈테켈) 꿈 내용의 이런 요소는 그때 발음되기 위해서가 아니라 다른 문자 기호를 설명하기 위해서 쓰이고 있는 상형 문자로 기록된 문장 중의 한정된 말에 비유할 수 있겠다.

두 인물의 합일을 정당화하는, 그 유인(誘因)이 되는 공통점은 꿈속에 표현되는 일도 있고, 나오지 않는 일도 있다. 일반적으로 동일화 내지는 혼합 인물 형성은 바로 이 공통점의 표현을 생략하는 데 필요한 것이다. A는 내게 적의를 품고 있는데 B도 또 그렇다고 하는 대신, 나는 꿈속에 A와 B를 한데 섞어 하나의 혼합 인물을 만들어 내든가 혹은 A를 B의 특징을 가진 모습으로 그려낸다. 이렇게 하여 얻어진 인물은 꿈속에서 어떤 유의 새로운 결합 속에 내게 나타난다. 그 인물이 A이기도 하고 B이기도 하다는 사정으로 말미암아 나는 꿈 해석의 해당 자리에서 두 인물에 공통적인 것, 즉 내게 대한 적대 관계를 끼워 넣는 권리를 취하는 것이다. 이렇게 하여 나는 종종 꿈 내용에 대한 비상한 압축을 이룩한다. 내가 어떤 인물에 대하여 다른 인물을 찾아내고, 이 다른 인물이 먼저 인물에 관련되고 있는 여러 가지 관계의 일부를 먼저 인물과 마찬가지로 갖고 있다고 하면, 나는 먼저 인물에 관련이 있는 몹시 뒤얽힌 관계를 직접으로 그리지 않아도 된다는 말이 된다. 동일화에 의한 이와 같은 묘사는 또 꿈의 작업을 지극히 엄한 조건 아래 두는 저항 검열을 피하는 데 있어서도 얼마나 작용을 미치는가를 쉽게 이해할 수 있을 것이다. 검열이 눈을 번득이는 까닭은 자료 중에 있어 그 인물과 결합되고 있는 여러 표상 속에 있는 것이다. 그런데 지금 나는 제2의 인물을 발견한다. 이 인물은 문제의 자료에 대해서 제1의 인물이나 마찬가지로 여러 가지 관계를 가지고 있지만, 그러나 그것은 그 자료의 오직 일부분에 대해서뿐이다. 검열을 면한 것이 아닌 점에서의 접촉이 이제야 내게 양쪽 면에 사소한 특성에 의해 성격 형성이 된 혼합 인물을 만들어 낼 권리를 부여해 준다. 이 혼합 인물 또는 동일화 인물은 거기서 검열을 면하고 꿈 내용 속에 채택되게 된다. 그리고 나는 꿈 압축을 이용하는 일로 꿈 검열의 갖가지 요구도 만족시켰던 것이다.

꿈속의 어디에 두 인물의 공통점이 표현되어 있든 간에 어쨌든 그것이 표현되고 있다는 것은 대개 그 표현이 검열에 걸려 불가능하게 된 다른 감춰진 공통점을 찾으라는 신호이다. 즉 어떻게 하든 표현의 가능성을 위하여 이 공통적 요소들과 관련된 이동이 이루어진 것이다. 사소한 공통점을 가진 혼합 인물이 꿈속에 제시된다는 것을 기초로, 별도의, 결단코 사소하다고 할 수 없는 공통점이 꿈 사고 중에 깃들어 있다고 추측해도 좋을 것이다.

따라서 동일화 또는 혼합 인물 형성은 첫째로 두 인물의 공통점의 표현, 둘째로 이동된 공통점의 표현, 셋째로 단순하게 소망하는 공통점의 표현을 도와준다. 두 인물 사이에 그 어떤 공통점이 있어 주었으면 좋겠다는 소망은 흔히 그 두 인물의 뒤바꿈과 일치하므로, 이 관계도 꿈속에서는 동일화에 의해 표현된다. 일마의 주사 꿈에서 나는 일마를 다른 여성과 바꿨으면 좋겠다고 바라고 있다. 즉 일마가 내 환자인 것처럼 다른 한 여성도 내 환자였으면 좋겠다고 소망한다. 그 꿈은 이름이야 일마로 되어 있지만, 또 다른 한 여성에서만 볼 수 있는 그런 위치에서 진찰을 받은 한 인물을 내게 제시해 줌으로써 이 소망을 이루고 있다. 백부의 꿈에서는 이 바꿈이 꿈의 중심에 놓여 있다. 나는 내 동료들을 평가하기를 장관 못지않게 함으로써 나와 장관을 동일화한다.

어떤 꿈이든 꿈을 꾸고 있는 당사자 자신을 다루고 있는 것은 예외 없는 사실이다. 꿈은 철저하게 이기적이다.*15 꿈 내용에는 나 자신이 아니라 오직 한 사람의 타인이 나올 경우라도, 나는 냉정하게 나 자신이 동일화에 의해 그 인물의 배후에 숨어 있다고 생각해도 좋다. 나는 거기서 나 자신을 보완해도 좋은 것이다. 또 나 자신이 꿈속에 나타나는 경우에라도 내가 놓인 상황은 내 배후에 다른 인물이 동일화에 의해 은근히 숨어 있다는 것을 내게 가르쳐 준다. 그런 때 꿈은 내게 꿈 해석 속에서 이 인물에 연결되어 있는 어떤 일, 즉 베일에 가려진 공통점을 내 위에 전이시켜 보라고 권하는 것이다. 내가 다른 인물들과 나란히 나오지만, 동일화의 해소로 그 인물들은 사실 나 자신이었다는 것을 표시하는 꿈도 있다. 그럴 때 나는 이 동일화의 길을 통해 나와 검열에 의하여 받아들여지기를 거부당한 여러 관념을 결부시켜 보지 않으면 안 된다. 다시 말해 나는 하나의 꿈속에서 나 자신을 몇 가지로, 다시 말하여 어떤 때는 직접, 또 어떤 때는 다른 인물과의 동일화라는 길을 통해 몇 가지로 표현할 수 있는 것이다. 이와 같은 몇몇 동일화로 인해 지극히 풍부한 관념 자료도 압축된다.*16 자신이 어떤 꿈속에는 몇 번이나 나온다, 혹은 갖가지 형태로 등장한다는 일은 예를 들면 '나는 얼마나 건장한 아이였던가를 내가 생각할 경우'라는 문장에서와 같이 의식적 사고에 있어서도 자기 자신이 몇 번이나, 그리고 갖가지 부위 내지는 다른 관계에서 포함되어 있는 것과 마찬가지로 결코 이상하게 생각할 일이 아니다.

고유 명사가 밝혀진 장소나 토지라면 꿈속에서 압도적인 힘을 휘두르는 '나'에 의한 방해가 없으므로 동일화의 해소는 인물의 경우보다 더 손쉬운 형태로 구성되고 있다. 나의 로마 꿈 가운데에서는 내가 있는 장소는 로마라고 되어 있는데, 어느 길모퉁이에 독일어 광고가 잔뜩 붙어 있는 데에 놀란다. 이 광고들은 나에게 즉시 프라하를 연상시키는 소망 충족인 것이다. 이 소망 자체는 지금은 극복한 젊은 시절 독일 국수주의적인 시기에서 온 것이다. 그 꿈을 꾸었을 무렵 나는 프라하에서 친구와 만나기로 되어 있었다. 그러므로 로마와 프라하의 동일화는 소망의 공통점으로 설명된다. 다시 말해 나는 되도록이면

＊15 이에 대해서는 제5장 '꿈의 재료와 꿈의 원천'의 260쪽 주 51 참조.
＊16 꿈속에 등장하는 여러 인물들 가운데 어느 인물 뒤에 나의 '나'가 숨겨져 있는지 망설일
　　경우, 나는 보통 다음과 같은 법칙을 따르기로 한다. 즉 꿈속에서 잠자고 있는 내가 느끼
　　는 어떤 감정에 속하는 인물이야말로 나의 '나'를 감추고 있는 것이다.

프라하보다 로마에서 그 친구와 만나고 싶었으므로, 이 해후를 위해서 로마와 프라하를 바꾸고 싶었던 것이다.

혼합 형성물을 만드는 가능성은 꿈에 그토록 자주 공상적인 성격을 부여하는 여러 특성 중에서도 첫째가는 것이다. 왜냐하면 이 가능성에 의해 결코 지각의 대상이 될 수 없었던 여러 요소가 꿈 내용 중에 도입되기 때문이다. 꿈에서의 혼합 형성에 있어 심리적 과정은 우리가 깨어 있을 때에 켄다우로스(반인반마)나 용을 상상하는 경우와 분명히 같다. 다른 점은 다만 꿈의 혼합 형성은 그 구성 밖에 존재하는 한 계기인 꿈 사고 중의 공통점에 의해 규제되는 데 반해, 깨어 있을 때의 공상적인 창조에서는 새로 형성된 것의 의도된 인상 자체가 결정력을 갖는다는 것뿐이다. 꿈의 혼합 형성은 참으로 각양각색의 방법으로 수행될 수 있다. 그것이 가장 다소곳이 이루어질 경우에는 어느 한 사물의 여러 특징만이 그려지며, 이 표현에는 다른 대상도 표현할 수 있다고 하는 것은 주지할 일이다. 더 기교적인 혼합 형성은 어떤 대상과 다른 대상과의 여러 특성들을 한데 섞어 새로운 형상(시간적 관념)을 만들어 내고, 그때 두 대상 간에 현실적으로 존재하는 유사점을 솜씨 있게 사용한다. 새로 형성된 것은 전혀 까닭 모를 것이 되어 버리는 일도 있고 성공을 보여 주는 일도 있다. 요컨대 합성에 즈음해서의 자료와 기지에 따르는 것이다. 하나의 통합된 것으로 압축될 여러 대상이 너무 동떨어진 것일 때 꿈의 작업은 핵심이 비교적 뚜렷하지만, 그다지 명료하지 못한 여러 규정이 결합된 것 같은 혼합 형성물을 만들어 내는 것으로 만족해버리는 일이 흔히 있다. 이런 경우는 하나의 형상에 대한 통합이 성공하지 못했다는 말이 되겠다. 양쪽 표현은 서로 상대방을 덮어 가리려고 하여 시각적인 모습 사이에 경쟁 비슷한 일이 일어나는 것이다. 시각적으로 지각할 수 있는 모습에서 어떤 개념을 형성하려고 하는 것일진대 그림 속에 그와 비슷한 것을 그릴 수 있을 것이 아니겠는가.

물론 꿈속에는 이런 혼합물이 우글우글 들끓고 있다. 몇몇 실례는 이제까지 분석한 꿈에서 이미 보고되었지만, 여기서 다른 예를 조금 더 덧붙이겠다. 어느 부인 환자의 살아 온 내력을 '꽃을 통하여' 혹은 '꽃으로' 그려낸 꿈에서, 꿈속의 '나는' 손에 꽃이 달린 가지를 들고 있었다. 그 가지는 이미 본 바와 같이 성적인 죄와 동시에 순결을 의미하는 것이었다. 그 가지는 꽃이 핀 모양으로 보아 벚꽃을 생각하게도 한다. 꽃 자체는 하나하나 쳐들어보면 동백인데,

그 전체는 무슨 이국적인 식물이라는 인상을 준다. 이 혼합 형성물에 있어 여러 요소의 공통점은 꿈 사고로 판단하는 것이다. 꽃이 핀 가지는 그녀를 기쁘게 해주려는, 혹은 그녀가 기뻐했을 여러 가지 선물에 대한 암시로 합성되고 있다. 어려서는 버찌가 그렇고, 자라서는 동백이 그것을 대신했다. 이국적인 것은 꽃 그림으로 그녀의 환심을 사려고 한 어느 자연 연구가, 사방을 두루 여행한 자연 연구가에 대한 암시이다. 또 다른 부인 환자는 꿈속에서 해수욕장의 탈의장과 시골 화장실과 도시의 아파트 지하실로 구성되는 중간물을 만들어 냈다. 최초의 두 가지 요소에 공통되고 있는 것은 인간의 나체와 육체의 노출에 대한 관계이고, 이것과 셋째 요소의 합성에서 그녀의 유아기에는 지하실도 또 육체를 노출하는 무대였다고 추론되는 것이다. 또 어떤 사람은 꿈에서 치료가 이루어지는 두 개의 장소, 즉 내 진찰실과 그가 처음으로 현재의 부인과 알게 된 장소에서 혼합된 장소를 만들어 냈다. 한 소녀는 상어 알젓을 사준다는 오빠의 약속을 받은 뒤, 이 오빠의 두 다리에 검은 상어 알이 잔뜩 붙어 있는 꿈을 꾸었다. 도덕적 의미의 감염의 요소와 두 다리에 꺼멓지는 않지만 붉은 구슬이 잔뜩 돋아난 것을 본 어린 시절의 발진에 대한 기억이 이 꿈에서 상어알과 한데 어우러져 '그녀의 오빠에게서 받은 것'이라는 새로운 개념이 만들어진 것이다. 인간 신체의 각 부분은 다른 꿈에서도 그렇지만 이 꿈에서는 물체인 양 다뤄지고 있다. 페렌치가 보고한 꿈에서는 한 의사와 한 필의 말이 합성되었는데, 그 혼합물은 잠옷까지 입고 있다. 이 세 가지 구성 요소의 공통점이 분석에서 판명된 것은 잠옷이, 꿈을 꾼 여자의 어린 시절의 한 장면에서 아버지에 대한 암시라는 것을 알게 된 뒤의 일이었다. 이 세 가지 경우 모든 문제는 그녀의 성적 호기심을 일으켰던 대상에 있었던 것이다. 그녀는 어려서 유모에게 이끌려 곧잘 육군 종마 사육장에 갔었다. 거기에서 그녀는(그 무렵에는 아직 아무런 억제도 없었지만) 자기의 호기심을 충분히 만족시킬 기회를 가졌던 것이다.

나는 앞에서 꿈은 모순과 대립의 관계, '부정'을 나타내는 수단을 갖지 못한다고 말했으나, 여기서 처음으로 이 주장과 반대되는 말을 하지 않으면 안 되겠다. '대립'으로 총괄될 경우 일부는 만일 바꿈, 즉 대신 둔다는 일이 대치와 결합할 수 있을 때는 우리가 보아온 바와 같이 손쉽게 동일화로 꿈속에 표현되는 것이다. 여기에 대해서는 몇 번이나 실례를 들어 두었다. 꿈 사고 중의 대립물의 다른 일부, 예를 들어 '거꾸로, 반대로'라는 범주에 들어가는 것은 다음에 설명하는 것과 같은 기묘한, 거의 기지(機智)라고도 해도 좋을 방식으로 꿈속에 표현된다. '거꾸로'는 꿈 내용 중에 끼이지 못하고 이미 형성되어 있는 꿈 내용의 다른 갖가지 이유들로 인해 자명한 부분이(말하자면 뒤로) 거꾸로 됨으로써 그것이 꿈 자료 속에 있음을 알린다. 이 과정은 실례를 들어 설명하는 편이 쉽겠다. '상과 하'의 저 아름다운 꿈에서 올라간다는 꿈 표현은 꿈 사고 중의 텍스트, 즉 도데의 《사포》 가운데 첫머리 장면과는 거꾸로 되어 있다. 그 꿈에서는 처음에 어렵고 나중에 편안해지는데, 텍스트인 《사포》의 장면에서는 처음에 올라가기는 수월하지만 점차로 힘들게 되는 것이다. 또 형에 관한 '상'과 '하'도 꿈에서는 거꾸로 표현되고 있다. 이것은 꿈 사고 중에서 자료의 두 부분 사이에 존재하는, 거꾸로 또는 대립의 관계, 꿈을 꾼 당사자의 유아기 공상에 있어서 소설의 주인공이 연인을 안는 것과는 반대로 자기의 유모에게 안긴다는 일에서 우리가 찾아낸 거꾸로 또는 대립의 관계를 나타내고 있다. M씨에 대한 괴테의 공격이라고 하는 내 꿈도 또한 꿈의 해석에 도달하기 전에 우선 제자리로 되돌려 놓고 보지 않으면 안 될 이런 '거꾸로'의 관계를 내포하고 있다. 이 꿈속에서 괴테는 M이라는 젊은이를 공격했던 것이다. 꿈 사고에 포함된 현실에서는 내 친구인 모 명사가 무명의 젊은 문필가의 공격을 받았던 것이다. 꿈속에서 나는 괴테가 사망한 해부터 계산하기 시작하고 있지만, 현실에서의 계산은 그 진행성 마비 환자가 태어난 해부터 시작되었다. 꿈 자료 중에서 결정을 내리고 있는 관념은 괴테를 무슨 미치광이 취급을 해서는 안 된다는 항의라는 것이 판명된다. 그런데 거꾸로 꿈은 이렇게 말하고 있다. 만일에 그대가 이 책을 이해하지 못한다면 저자의 머리가 아니라 그대의 머리가 나쁜 것이라고. 무릇 이와 같은 모든 거꾸로 꿈에서는 특히 경멸적인 언사('남에게 거꾸로면, 결점을 보인다')에 대한 그 어떤 관계를 머금고 있는 듯이 생각된다('사포의 꿈'에서 형에 관한 반대 관계). 그리고 또 주목할 만한 일로 억압된 동성애적 충동에 의해 일어난 꿈에서야말로 이와 같은 거꾸로 관계가 참으로 자주 사용되고 있다는 점을 지적해 두지 않으면 안 되겠다. 거꾸로 하여 대립물로 전환시키는 일은 어쨌든 간에 꿈 작업이 가장 즐기고 가장 다면적으로 이용할 수 있는 표현들 수단 가운데 하나이다. 그것은 당장 꿈 사고의 어느 특정한 한 요소에 대항하여 소망 충족을 가능하게 하는 데 힘을 미친다. '이것이 반대였다면 얼마나!'라는 것은 늘 무슨 고통스러운 기억에 대한 내 반응을 나타내는 최상의 표현이다. 그러나 거꾸로 된 관계는 꿈의 이해를 우선은 그야말로 불가능하게 만드는, 어느 정도의 표현물의 왜곡을 만들어 내는 일로 인해 검열에 봉사하는 특별히 귀중한 존재가 된다. 따라서 어떤 꿈의 의미가 아무래도 잘 이해가 되지 않을 경우에는 언제나 그 겉으로 드러난 꿈 내용의 특정한 부분을 시험 삼아 거꾸로 해보는 것이 좋다. 그러면 당장에 명료하게 되는 일이 종종 있을 것이다.

내용이 거꾸로 되어 있는 것 외에 시간이 거꾸로 되어 있는 일도 있으므로 주의해야 한다. 어떤 사건의 결말 또는 사고 과정의 결론을 꿈의 처음 부분에 갖다 놓고 꿈의 끄트머리에 그 결론의 전제나 사건의 원인을 덧붙이는 것은 꿈 왜곡이 자주 하는 수법이다. 꿈 왜곡의 이 수법에 생각이 미치지 못하면 꿈 해석에 직면하여 어찌할 바를 모르게 될 것이다.[*17]

뿐만 아니라 대개의 경우 여러 가지 관계에 따라 꿈 내용을 몇 번씩 거꾸로 해보고서 비로소 꿈의 의미를 파악할 수 있다. 예를 들어 한 젊은 강박 노이로제 환자의 꿈에서는 〈그가 늦게 귀가했다고 아버지가 몹시 꾸중한다〉는 내용 뒤에 너무나 무서웠던 아버지에 대한 유아적인 죽음의 소망이 감춰져 있다. 그런데 정신 분석적 치료의 관련과 이 꿈을 꾼 환자의 견해는, 그 꿈의 내용은 처음에는 그가 아버지를 미워하고 있으며, 다음에 아버지는 어쨌거나 너무나 빨리(즉 너무나 서둘러서) 집으로 돌아왔다는 것이 틀림없다는 것을 입증해 준다. 그로서는 아버지가 다시는 집으로 돌아오는 일이 없는 편이 좋았던 것이다. 이것은 아버지가 죽었으면 좋겠다는 소망과 같다(262면을 보라). 왜냐하면

[*17] 히스테리 발작이 종종 시간 관계를 거꾸로 한다는 이 수법을 쓰는 것은 그 진의를 감추기 위해서이다. 가령 어떤 히스테리 아가씨는 발작이 일어나면 으레 짧은 소설의 줄거리를 실연한다. 이것은 그녀가 전차 안에서 어떤 사람과 만난 것과 관련하여 무의식 중에 공상한 것이다. 상대방 사나이는 그녀의 각선미에 매료되어 무엇인가 읽고 있는 그녀에게 말을 걸고, 그것이 계기가 되어서 그녀는 그 사나이를 따라가 격렬한 사랑의 한 장면을 맛보는 것이다. 그녀의 발작은 신체 경련을 수반한 '사랑의 장면'의 묘사로 시작되며(그때 키스하는 것처럼 입술을 움직이고 포옹하듯이 두 팔을 들어 무엇을 껴안는다), 다음에 별실로 급히 들어가 의자에 걸터앉자 다리를 보이기 위해 옷을 치켜 올리고 책을 읽는 시늉을 한다. 그리고 내게 말을 거는(즉 대답을 해준다) 것이다. 이에 대해서는 알테미도루스의 다음과 같은 의견을 참조하기 바란다. "꿈 이야기를 해석하려면 우선 처음부터 끝까지 줄거리를 좇고, 다음에는 거꾸로 끝에서 첫머리 쪽으로 줄거리를 좇아야 한다."

이 꿈을 꾼 환자는 아직 어렸을 때 어머니에 대해 성적인 행동을 한 일이 있었던 것이다. 그리고 "안돼, 그런 짓 하면 아버지가 돌아오실 거야!"라고 몹시 야단맞았다.

꿈 내용과 꿈 사고와의 사이에 관계를 더욱 추구하고자 한다면, 이제 꿈 자체를 출발점으로 하고 꿈 사고에 대하여 꿈 표현의 어떤 종류의 형식적 특성은 무엇을 뜻하는가 하는 물음을 내세우는 것이 가장 좋다. 꿈을 꾸고 우리가 깨닫는 이들 형식적 특성의 하나로서, 우선 첫째로 들 수 있는 것은 개개의 꿈의 형성물에서 소유하는 감각적 강도에 있어서의 상위와 서로 비교된 개개의 꿈 부분 또는 그 꿈 전체의 명료성의 차이이다. 개개의 꿈 형성물의 강도상의 차이는 현실의 명석함 이상이라고 말하고 싶을(물론 보증할 수는 없지만) 정도의 지극히 명석하게 새겨진 것에서부터 우리가 때에 따라 현실의 대상에서 인정하는 불명료성의 정도와도 본래 비교하지 못하므로, 꿈의 특색이라 해도 좋을 짜증스러운 모호성에 이르기까지 지극히 광범위하게 미치고 있다. 더욱이 우리는 보통 꿈의 불명료한 대상에서 받는 인상을 '벙벙하다'는 말로 표현하고 있지만, 한편 비교적 명료한 꿈 형상에 대해서는 꽤 오랫동안 그것을 지각할 수 있었다고 생각하고 있다. 그런데 문제는 꿈 내용에서 개개의 부분이 감각적으로 선명한가 아닌가의 차이는 꿈 자료의 어떤 조건에 의해 나타나게 되는가 하는 일이다.

여기서 우선 불가피한 것인 듯이 품고 있는 어떤 종류의 예상을 지우지 않으면 안 된다. 수면 중의 실제적 자극도 꿈의 자료가 될 수 있는 것이므로 모름지기 다음과 같은 전제를 세울 수 있을 것이다. 즉 이들 꿈의 여러 요소들 또는 거기서 파생한 요소들은 꿈 내용 중에서는 특별한 강도로 두드러지게 나타난다. 혹은 거꾸로 꿈속에서 특히 두드러진 존재를 나타내는 것은 이와 같은 현실의 수면 중의 자극에 귀착할 수 있겠다는 전제이다. 그런데 내 경험에 비추면 그런 것은 실증되지 않는 것이다. 수면 중의 현실의 여러 인상(신경 자극)들에서 파생한 꿈의 요소들은 기억에서 나온 다른 요소들보다 감각적으로 선명한 것이 특징이라고 말하는 것은 잘못이다. 현실성이라는 계기는 꿈 정의에 강도를 규제하는 데 있어서는 무력하다고 해도 좋다. 또 개개의 꿈 형상의 감각적 강도(감각인 선명성)는 꿈 사고 중의 꿈 형상에 대응하는 여러 요소들의 심리적 강도에 관계하는 것은 아닌가 하고 추측하는 사람도 있을 것이다. 꿈 사고에 있어서 강도는 심리적 가치도와 일치한다. 가장 강력한 요소들이 꿈 사고의 중심점을 형성하고 있다. 우리는 바로 이와 같은 요소들이 검열 때문에 대개는 꿈 내용 속에 채택되지 않는다는 것을 알고 있다. 하지만 그와 같은 요소의 대리 역할을 하는 가장 가까운 파생적 요소는 꿈속에서 상당히 높은 강도를 지니며, 또 그렇다고 해서 반드시 꿈 표현의 중심을 이루고 있지는 않다. 이러한 추론도 꿈과 꿈 자료를 비교 고찰해 보는 일로 인해 가능해지는 것이다. 꿈 자료 측면에서 여러 요소들의 강도와는 아무런 관련도 없다. 꿈 자료와 꿈 사이에는 실제로 완전히 모든 심리적 가치의 가치 전도가 이루어지는 것이다. 훨씬 강력한 형상 때문에 가려지기 쉬운 아주 하찮은 꿈의 요소들 속에서 오히려 꿈 사고 중에 압도적으로 지배하고 있던 것의 직접적 파생물들을 발견해 내는 일은 결코 드문 일이 아니다.

꿈의 요소들의 강도는 꿈 사고 중의 강도와는 다른 규제를 받는 것이라는 사실을 우리는 안다. 더욱이 두 개의 서로 독립한 요소들에 의하여 규제되고 있다. 먼저 쉽게 볼 수 있는 것은 소망 충족을 나타내는 요소는 특히 강하게 표현된다는 일이다. 그러나 이어서 분석은 우리에게 꿈의 가장 선명한 요소에서 대개의 사고 과정도 시작한다는 것, 가장 선명한 요소는 동시에 가장 잘 규제된 요소임을 가르쳐 준다. 우리는 경험으로 얻어진 이 최후의 명제를 다음과 같은 형식으로 표현하려고 하는데, 그렇게 표현했다고 해서 의미가 달라지는 것은 아니다. 즉 최대의 강도를 나타내는 것은 그 형성을 위해서 가장 넉넉하게 압축 작업이 이루어지지 않으면 안 되었던 꿈의 요소이다. 그때 우리는 이 조건과 소망 충족이라는 다른 조건은 또 오직 하나의 공식 안에 표현할 수도 있다고 추측해도 좋다.

내가 지금 다룬 문제는 개개의 꿈 요소에 따라 강도 또는 명료성에 있어 크고 작은 차이들이 있는데, 그 원인은 무엇인가라는 것이며, 이 문제를 꿈 전체나 꿈의 부분들의 갖가지 정도의 명료성과 관련된 또 다른 하나의 문제와 혼동하지 않기를 바란다. 전자는 명료성과 애매성의 대립 관계이며, 후자는 혼란의 문제이다. 명백한 것은 이 두 기준에서는 질적(質的) 부분 상승, 하강이 서로 병행하여 나타난다는 것이다. 명료하게 보이는 꿈 부분은 대개의 경우 강도가 높은 요소들을 머금고 있고, 불명료한 꿈은 거꾸로 강도가 낮은 요소들로 구성되고 있다. 그런데 겉보기에 명료한 것에서 불명료하고 혼란한 것에 이르는 단계가 제기하는 문제는 꿈 요소의 선명도의 차이 문제보다 훨씬 복잡하다. 그뿐만 아니라 앞의 문제는 여러 가지 이유로, 여기서는 아직 논의할 수가 없다. 개개의 꿈에서는 어떤 꿈에서 받는 명료성과 불명료성이라는 인상은 원래 꿈 구조로서는 아무런 의미도 갖지 않으며, 꿈 자료의 한 구성 요소로서 꿈 자료에 연유하는 것이라는 사실을 알게 된다. 예를 들어 나는 이런 꿈을 기억하고 있다. 그 꿈은 잠이 깨어 생각해 보니 매우 훌륭하게 구성되어 빈틈도 없고 명료하다고 생각되었으므로, 나는 아직도 잠이 덜 깬 상태에서 압축이나 이동이 메커니즘에 지배되지 않고 오히려 '수면 중의 공상'이라고 불러도 좋을 만한 꿈의 새로운 범주가 수립되는 것이 아닌가라고 생각했을 정도이다. 그런데 더 세밀하게 검토한 결과 명료한 꿈도 다른 꿈과 마찬가지로 그 구성 중에 균열이나 이지러짐이 있다는 것을 알았다. 그래서 나는 꿈의 공상이라는 새 범주를 세우는 작업을 포기해 버렸다.*18 그런데 이 꿈의 환원된 내용은 내가 친구를 향해 일찍이 추구해온 난잡한 양성(兩性) 성욕설을 논한다는 일이며, 이 꿈의 소망 충족은 우리에게 이 이론이(이론이라고는 하지만 꿈속에서는 보고되지 않았다) 명료하고 결점이 없는 것으로 생각되게끔 하는 것을 보증하는 점에 있었다. 따라서 내가 완결된 꿈에 대한 판단으로 간주한 것은 사실 꿈의 일부, 그것도 꿈 내용의 본질적인 일부분이었던 것이다. 꿈의 작업은 이 경우 말하자면 최초의 각성 사고에까지 미치고 있어, 꿈속에서 꿈 자료의 정확한 표현은 성공하지 못한 꿈 자료의 일부분을 꿈 전체에 대해서의 판단으로 내게 전달한 것이다. 이와 정반대되는 실례를 나는 어떤 부인 환자에게서 얻었다. 이 환자는 분석에 필요한 꿈을 처음에는 전혀 이야기하려 들지 않았다. 이유는 '그 꿈은 아주 불명료하고 혼란했으므로'라는 것이었다. 여러 번 나와 실랑이를 한 끝에 그녀는 겨우 이런 말을 했다. 그 꿈속에는 여러 명의 인물이, 즉 그녀 자신, 그녀의 남편, 그녀의 아버지 등이 차례대로 나타난다. 그녀는 꿈에 나타난 사람들 가운데에서 남편이 아버지인지, 누가 도대체 그녀의 아버지인지를 전혀 모를 것 같은 마음이 들었다. 이 꿈과 진료 중에 그녀에게 떠오르는 생각들을 나란히 놓고 보면, 이 꿈은 사실 가정부를 에워싼 꽤나 흔해빠진 사건에 대한 것임을 알게 되었다. 이 가정부는 아기를 가졌는데 '누가 대체(그

---

*18 그것이 옳은 일이었는지 아닌지는 오늘날에 와서는 무어라 말할 수 없다.

아기의) 아버지인가*¹⁹ 본인도 잘 모르겠다고 고백했던 것이다. 그러므로 이 꿈이 보여준 불명료성은 이 경우에도 꿈을 일으키는 자료의 일부분으로서 이 내용의 일부분이 꿈 형식으로 표현되었던 것이다. 꿈의 형식 또는 꿈을 꾸는 형식은 실로 놀라울 정도로 자주 은폐된 내용을 표현하는 데 이용된다.

꿈에 관한 주석, 즉 꿈에 대한 얼핏 보아 아무 관련도 없어 보이는 생각들은 간혹 꿈 내용의 일부분을 참으로 교묘하게 은폐하는 데 도움이 되지만, 그와 같은 생각들이 꿈의 내용을 드러내는 것이다. 예를 들어 꿈을 꾼 사람이 "꿈이 여기서 지워져(훔쳐져) 있습니다"라고 하므로 분석해 보니, 이것은 용변 후에 뒤를 훔치고 있는 사람의 모습을 은근히 엿보고 있었던 어린 시절의 기억과 관련이 있었다. 다시 한 예를 들겠는데, 이것은 상세히 보고할 가치가 있을 것이다. 한 젊은이가 그 어린 시절의, 지금도 뚜렷하게 의식에 남아 있는 공상을 상기하게 하는 생생한 꿈을 꾸었다. 〈그는 밤에 피서지의 호텔에 있다. 번호를 잘못 알고 다른 방으로 들어가니, 거기서는 나이가 지긋한 어느 부인과 그녀의 두 딸이 잠자리에 들려고 옷을 벗고 있다. 그런데 그 대목에서부터 꿈에 약간의 구멍이 뚫려 무엇인가가 빠져 있다. 그리고 뒤에 한 사나이가 방에 있는데, 나를 밖으로 내몰려고 하므로 나는 그 사나이와 몸싸움을 한다.〉 젊은이는 그 꿈이 명백히 암시하고 있는 유년기의 공상의 내용과 의도를 생각해 내려 하지만 생각이 나지 않는다. 그러나 마지막 부분에 그 추구되고 있는 내용이 이 꿈의 불명료한 곳에 대해 서술한 말에 의해 이미 주어지고 있다는 것을 알았다. 꿈의 '구멍'은 자려고 벌거벗은 여자들에게서 볼 수 있는 성기의 균열이고, '그 곳은 비어 있다'는 여성 성기의 주요 특징을 묘사하는 문구이다. 이 사나이는 그 무렵 여자의 성기를 보고자 절실히 원했으며, 여자에게도 음경이 있다고 생각하는 유아적 성 이론에서 아직 탈피하지 못하고 있었던 것이다.

또 다른 꿈을 꾼 한 사나이의 이와 유사한 기억도 매우 비슷한 형식을 갖추고 있었다. 그가 꾼 꿈은 이러했다. 〈K양과 공원 안에 있는 레스토랑에 간다.〉 그 뒤가 흐릿하게 단절된다. 〈다음에 나는 술집에 있었는데, 두어 명 중의 한 여자는 팬티에 속치마만 걸친 모습이다.〉

---

*19 부수적인 히스테리 증상인 월경 정지와 심한 우울증이 이 부인 환자의 주요 증상이었다.

분석

K양은 젊은이의 전 주인 딸로 그 자신이 말하는 바로는 그의 누이의 대체 인물이다. 그는 K양과 말할 기회는 좀처럼 없었으나 어느 때 둘이서 한가하게 이야기한 적이 있었다. 그 대화 중에 마치 나는 남자이고 너는 여자라는 것처럼, 꼬집어 말해서 성욕을 느끼고 있는 것을 알았다. 꿈속의 레스토랑에는 꼭 한 번 매부의 누이동생과 함께 간 일이 있다. 이 여자에 대해서는 그는 전혀 관심이 없었다. 다른 때 그는 세 여자를 따라서 이 레스토랑 입구까지 간 일이 있었다. 이 세 여자는 누이동생과 아주머니와 앞에서 말한 매부의 누이동생으로, 세 사람 모두 그에게 전혀 관심 밖의 존재였지만, 그러나 모두 자매 관계였다. 술집에는 아주 드물게밖에는 가지 않는다. 아마도 두 번 아니면 세 번 정도였을 것이다.

해석은 꿈속의 '모호한 곳' '단절'을 단서로 이 젊은이가 어린이다운 호기심에서 두어 번, 그러니까 아주 어쩌다가 두어 살 아래인 누이동생의 성기를 유심히 바라본 일이 있음을 주장했다. 그리고 2, 3일 뒤에 꿈에 의해 암시된 누이동생의 성기를 훔쳐본 행위의 의식적 기억이 되살아났다.

같은 밤에 꾸는 몇 개인가의 꿈은 모두 그 내용으로는 같은 하나의 꿈이라고 보아야 할 것이다. 그것이 몇 부분으로 나뉘고, 또 그룹을 이루는 일이나 그 수(數) 등, 그것들은 모두 그럴 만한 의미가 있으며, 꿈의 잠재 사고의 일부가 보고되고 있는 것으로 보아도 좋다. 몇몇 주요 부분으로 이루어진 꿈이라든가 하룻밤에 꾼 몇 개의 꿈을 해석하려고 할 때는 이를 전후하여 일어나는 갖가지 꿈은 같은 것을 의미하고 있으며 동일한 마음의 움직임을 갖가지 자료에 의해 표현하고 있음을 잊어서는 안 된다. 그런 때 이같은 종류의 꿈 중에서 시간적으로 선행하고 있는 꿈은 뒤에 꾸는 꿈보다는 좀더 왜곡된 나약한 꿈이고, 나중 꿈은 좀더 대담하고 좀더 명료한 꿈일 때가 많다.

《구약성서》에 나오는 파라오의 '이삭과 암소'의 꿈, 요셉이 꿈 해석을 내린 그 꿈은 이런 종류의 것이었다. 이 꿈에 대해서는 요세푸스(Flavius Josephus)《유대의 고대사》제2권 제5·6장)에 성서보다 더 상세히 묘사되어 있다. 왕은 첫째 꿈을 이야기한 뒤에 이렇게 말한다. "이 꿈을 꾸고 나서 나는 불안한 나머지 눈을 뜨고 이 꿈은 어떤 의미일까 하고 생각해 보았으나, 이럭저럭 하다가 다시 잠이 들어 이번에는 먼저보다 더 기묘한 꿈을 꾸었다. 그리하여 나는 더욱

더 공포를 느끼고 마음이 산란해졌다." 꿈 이야기를 듣고 나서 요셉이 말한다. "임금님, 임금님께서 꾸신 꿈은 겉으로는 두 개의 꿈이 틀림없습니다만, 사실 그 두 꿈은 합쳐서 단 하나의 의미를 갖고 있는 것입니다."

융(C.G. Jung)은 그《소문의 심리학에 대한 기고》중에서 한 여학생의 은폐된 에로틱한 꿈이 그녀의 여자 친구들에 의해 꿈 해석을 거치지 않고 이해되어 형체를 변화시켜 계속 꿈꾸어졌다는 것을 이야기하고, 이 꿈 이야기 가운데 하나에 대하여 "꿈 형상의 긴 계열의 결론적 관념은 바로 이 계열의 첫째 형상 중에 이미 표현하려고 시도된 것을 포함하고 있다. 검열은 이 콤플렉스를 되도록 오래 되풀이하여 새로 시도되는 상징적 은폐, 전이, 단순한 것으로의 변화 등으로 전체를 조금씩 뒤로 밀어낸다"고 했다(《정신 분석학 중앙 잡지》제1권, 1910년 87면). 셰르너는 꿈 표현의 이 특성을 잘 알고 있어 이것을 그의 기관 자극설과 관련시켜 특별한 법칙으로 기술하고 있다(166면). "그러나 최후에는 공상을 특정한 정신 자극에 발하는 모든 상징적 꿈 형상에서 다음과 같은 일반적 법칙을 관찰할 수 있다. 즉 공상은 꿈의 발단에서는 지극히 간접적으로, 지극히 모호하게 자극 대상을 암시하여 그리는 데 불과하지만, 꿈의 최후에서는 그와 같은 회화적 표현 방법이 다해 버리면 자극 그 자체 또는 자극을 받는 해당 기관이나 그 기관의 기능을 적나라하게 들추어 보이고, 이로써 꿈은 그 기질적 동인(動因)을 스스로 표명하면서 끝나는 것이다."

오토 랑크는 그의《스스로 자기의 꿈 해석을 하는 꿈》속에서 이 셰르너 법칙을 보기 좋게 확증하고 있다. 그가 거기서 보고하고 있는 한 소녀의 꿈은 같은 날 꾸었지만 시간적으로도 들어맞지 않는 두 개의 꿈으로 합성되어 있는데, 두 개의 꿈은 오르가슴으로 끝난다. 이 오르가슴 꿈은 꿈꾼 소녀로부터는 거의 아무 말도 끌어내지 못했지만, 세부적인 것에 이르기까지 해석할 수 있었다. 그리고 두 꿈 내용 간의 풍부한 관계에서 첫째 꿈은 둘째 꿈과 같은 것을 나약한 표현으로 나타내고 있었기 때문에, 둘째의 오르가슴 꿈은 첫째 꿈을 완전히 설명하는 데 있어 크게 도움을 주었음을 인정할 수 있었다. 랑크는 이 실례에 따라 꿈을 꾼다는 일반적 이론에 대하여 갖는 오르가슴 꿈의 의의를 논하고 있다.

그러나 이와 같이 꿈의 명석함 또는 혼란을 꿈 자료의 확실성이나 불확실성으로 고쳐서 해석할 수 있는 경우라는 것은 내 경험으로 미루어 볼 때 지극히 드물다. 꿈의 이 질(質)의 정도를 본질적으로 좌우하는 영향력을 갖는 꿈 형성에 있어서 이제까지 언급하지 않은 요인에 대해서는 뒤에 충분히 이를 밝히지 않으면 안 된다.

적지 않은 꿈에서는 한참 동안 어떤 종류의 상황과 무대가 계속되나 이윽고 중단이 오는데, 이 중단은 다음과 같은 말로 서술된다. "그런데, 그러고 나서 뭔가 동시에 장소가 변경되고 그 새로운 장소에서 이러저러한 일이 일어난다." 이런 모양으로 꿈의 원래 줄거리를 중단시키는 것, 그리고 이 원래 줄거리는 다시 계속되는 것이지만, 이것은 꿈 자료 속에서는 하나의 부문장, 즉 삽입된 관념이라는 것이 드러난다. 꿈 사고에 있어서 '만일……이라면', '……의 때' 등의 조건은 꿈속에서는 동시성에 의해 표현된다.

꿈속에서 자주 몸이 말을 듣지 않아 그 때문에 불안에 사로잡히는 일이 있는데, 그것은 도대체 어떤 의미가 있는 것일까. 〈그 자리를 떠나려고 하지만 거기서 움직일 수 없다, 무엇인가 하려고 하는데 끊임없이 방해를 받는다, 기차는 떠나려고 하는데 도저히 따라갈 수 없다, 모욕의 앙갚음을 해주려고 팔을 쳐들어야겠는데 팔이 말을 듣지 않는다〉는 것 등이다. 우리는 이미 노출 꿈 항에서 꿈속의 이런 감각에 대해 언급해 두었으나 아직 진지하게 이것을 설명하는 일은 하지 않았다. 이런 감각에 의해 알게 되는 운동 마비가 수면 중 존재한다는 설명은 편리하지만 충분하지 않다. 만일에 그렇다고 한다면 왜 우리는 늘 이와 같은 꿈을 꾸지 않는가라는 의문이 일어나는 것도 당연한 일인데, 결국은 이렇게 생각하는 것이 좋을 것이다. 수면 중에 언제나 불러일으켜질 수 있는 이와 같은 감각은 그 어떤 표현 목적에 봉사하는 것이며, 꿈 자료 중에 주어지고 있는 이러한 표현에 대한 욕구에 의해서만 불러일으켜지는 것이다.

어떤 일을 할 수가 없다는 것은 꿈속에서는 언제나 감각으로 나타나는 것이 아니라 간단히 꿈 내용의 일부로서도 나타난다. 이런 경우에야말로 나는 이 꿈의 소도구의 의미를 확연히 아는 데 있어 특히 적합하다고 본다. 내가 절도 혐의를 받은 꿈을 얼마간 단축하여 보고하겠다. 〈장소는 어떤 사설 진료소와 몇 개의 다른 가게가 한데 어울려 있는 것 같은 곳이다. 직원 하나가 나타나 나에게 검사를 받으러 오라고 한다. 꿈속에서 나는 무엇인가가 분실되어 그 분실물을 착복하지 않았나 하는 혐의로 불린 것이라고 알고 있다. 분석은 검사가 두 가지 뜻으로 받아들여져야 한다는 것, 거기에는 의학적인 검사도 포함되어 있음을 보여주는 것이다. 내 무죄와 이 집에서의 진료의사로서의 기능을 의식하고 있으므로 조용히 직원을 따라갔다. 하나의 문 옆에 다른 직원이 우리를 기다리고 있다가 나를 가리키면서 "이분을 모시고 왔는가, 이분은 훌륭한 분이야"라고 말한다. 그리고 나는 하인과 떨어져 혼자 큰 방으로 들어간다. 거기에는 여러 가지 도구가 놓여 있어 인간의 죄를 다스리는 지옥을 생각나게 한다. 그 도구의 하나에, 나를 보살펴 주어야 할 한 동료가 묶여 있는 게 아닌가. 그리고 내가 온 일에 대해 아는 체도 않는다. 그런 다음 나는 이제 가도 좋단다. 그렇지만 모자가 보이지 않아 나가지 못한다.〉

내가 결백한 인간이라는 것이 인정되어 이제 가도 좋다고 하는 것이 분명이 꿈의 소망 충족이다. 그러니까 꿈 사고 중에 내가 결백하다는 일에 대한 반대를 머금은 여러 가지 자료가 존재하고 있지 않으면 안 되는 것이다. 내가 그만 가도 좋다는 것은 나에게는 죄가 없다는 증거이다. 그러므로 꿈에서 마지막으로 모자가 보이지 않는다고 하는, 내가 가는 것을 막는 것 같은 사건을 등장시킨 것은 이 특질로 인해 내 결백에 대한 반대의 억압된 자료가 자기주장을 하고 있다고 추론해도 잘못된 것은 아닐 것이다. 그렇다면 내 모자가 보이지 않는다는 것은, 너는 역시 결백한 인간이 아니라는 의미이다. 꿈속에서 '어떤 일을 할 수 없다'는 것은 반대의 표명, 즉 '아니다'라는 것이며, 따라서 꿈은 '아니다'를 표현할 수 없다고 한 앞에서의 주장은 수정하지 않으면 안 된다.[20]

몸이 움직여지지 않는다는 것을 단순히 상황으로서가 아니라 감각으로 포함하고 있는 다른 꿈에서는, 같은 반대가 움직임을 저지당하고 있다는 감각(동작억제감각)에 의해, 반대 의지에 거스르는 의지보다 더 강하게 표현되고 있

---

[20] 이 꿈을 완전히 분석해 보면 다음과 같은 일을 알게 되는데, 거기에 아동기 체험과 어떤 관계가 있다는 것을 알았다.—모르인은 해야 할 일을 완수했다. 모르인은 가도 좋다. 그리고 농담조의 질문. "그 모르인은 해야 할 일을 완수했을 때 몇 살이었던가. 한 살. 그렇다면 가도 좋다."(나는 몹시 곱슬거리는 검은 머리카락이 있으므로 젊은 어머니는 나를 어린 모르인이라고 불렀다고 한다)—모자가 보이지 않는다는 것은 여러 가지 의미로 이용되는 낮 동안의 경험 가운데 하나이다. 물건을 챙겨 넣은 데에는 천재적 소질이 있는 우리 집 가정부가 모자를 어디다 챙겨 넣었던 것이다.—이 꿈의 끄트머리 부분에는 또 슬픈 죽음의 관념에 대한 부정도 감추어져 있다. 즉 나는 아직도 자기가 할 일을 끝마치지 않았으므로 가서는 안 된다는 것이다.—바로 앞의 괴테의 꿈과 마비 환자의 꿈에서와 같은 생과 사의 주제가 다루어져 있다.

다. 말하자면 움직임을 저지당하고 있다는 감각은 의지의 갈등을 나타내고 있다. 좀 더 뒤에 알게 되지만, 수면 중의 운동 마비야말로 꿈꾸고 있는 동안의 심리적 과정에서 기본적인 여러 조건들 가운데 하나인 것이다. 그런데 운동 궤도에 옮겨진 충동은 바로 의지가 틀림없으며, 우리가 수면 중에 이 충동이 저지되고 있다고 느끼는 것은 틀림이 없는 것이므로 의지와 그 의지에 대항하는 '아니다'를 표현하는 이 전 과정만큼 정당한 것은 없다는 말이 된다. 내가 앞에서 서술한 불안의 설명에서 의지억제감각이 불안과 지극히 가까운 것이고, 꿈속에서는 흔히 불안과 결합하게 된다는 것은 쉽게 이해가 되는 일일 것이다. 불안은 무의식에서 출발하여 선의식(先意識)에 의해 억제되는 리비도적인 충동이다.[21] 그러므로 꿈속에서 저지의 감각이 불안과 결합되었을 경우에는 앞서 리비도를 발동시킬 수 있었던 의욕, 즉 성적 충동이 문제일 것이 틀림없다. 꿈이 계속되는 동안 곧잘 이것은 그냥 꿈에 불과하다고 판단하는 일이 있는데, 이것은 무엇을 의미하고 이와 같은 판단은 어떤 심리적 세력이 행하는 것일까, 이 점에 대해서는 다른 곳에서 논할 것이다. 여기서 앞질러 말하거니와 이와 같은 판단은 꿈에 나타난 것의 가치를 감쇠시킨다는 목적을 가지고 있다. 꿈 자체 중의 어떤 종류의 내용이 '꿈인데 뭘'이라고 할 경우, 그것은 무엇을 말하려 하는가는 가깝고도 흥미진진한 문제, 즉 '꿈속의 꿈'의 수수께끼에 대해서 슈테켈은 어느 정도 설득력이 있다고 생각되는 예를 분석했는데, 비슷한 의미로 풀이하고 있다. 꿈속의 '꿈꾸어진 것'은 다시금 그 가치가 감쇠되고 그 현실성은 자칫 빼앗기려고 한다. '꿈속의 꿈'에서 잠깬 뒤에 다시 계속하여 꿈꾸어지는 것, 이것을 꿈 소망은 없어진 현실성 대신 놓으려고 하는 것이다. 따라서 '꿈속의 꿈'은 현실성의 표현, 실제의 기억을 포함하며, 그 뒤로 계속되는 꿈은 거꾸로 단순히 그 꿈을 꾼 사람에 의해 소망된 것의 표현을 포함하는 데 지나지 않는다고 생각할 수 있다. 이로써 '꿈속의 꿈'에 어떤 종류의 내용이 포함되어 있다는 것은 그런 모습으로 꿈속에서, 또 꿈이라고 말하여지는 것은 본래 일어나지 말았으면 하는 소망과 동일시해도 좋은 것이다. 환언하면 어떤 특정한 사건이 꿈의 작업 그 자체에 의해 하나의 꿈으로 만들어진다고 하면, 이것은 이 사건의 현실성의 결정적인 확증, 가장 강력한 긍정을 의미한다. 꿈의

---

[21] 이 명제는 그 뒤 얻어진 견해에서 보면 이미 옳지 않다.

작업은 꿈을 꾼다는 일, 그 자체를 거부의 한 형식으로 이용하며, 그것으로 꿈은 소망의 충족이라는 견해를 뒷받침하는 것이다.

D. 표현 가능성에 대한 고려

우리는 이제까지 꿈은 꿈 사고들 사이의 관계를 어떻게 표현하는가 하는 문제의 연구를 해왔다. 그러면서 몇 번인가 원래 꿈 자료가 꿈 형성의 여러 목적을 위해 어떤 변화를 하는가라는 좀더 광범위한 주제에도 거슬러 올라가 언급했다. 꿈 자료는 그 여러 관계의 상당한 부분을 상실하고 압축되지만, 동시에 꿈 자료의 여러 요소들 사이의 강도 이동으로 말미암아 이 자료의 심리적 가치의 전환이 일어나지 않을 수 없다는 것도 알았다. 또 우리가 고려해 온 이동의 어떤 특정 관념을 연상 속에서 어떤 방법으로 그 관념 가까이에 있는 다른 관념으로 대체하는 일이라는 사실이 밝혀졌다. 그렇게 해서 두 요소 대신 그 두 요소 사이의 중간적 공통물이 꿈속에 받아들여짐으로써 이동은 압축을 돕는다는 사실이 밝혀졌다. 다른 또 한 종류의 이동에 대해서는 우리는 아직 한 마디도 언급하지 않았다. 우리는 분석으로 이와 같은 종류의 다른 이동이라는 것이 있어 그것은 문제가 되어 있는 사고의 '언어적 표현의 대리가 되어 나타난다'라는 것을 알고 있다. 이 두 경우 모두 어떤 면상의 고리에 따른 이동이 문제이지만, 같은 과정은 각양각색의 심리적 영역에 있어서 일어나며, 또 이 이동의 결과는 어떤 경우에는 한 요소에 의해 대치되는 데 반해 다른 경우에는 한 요소가 그 언어 표현을 다른 언어표현과 대체하는 일이 된다.

꿈 형성 과정에서 나타나는 이 둘째 종류의 이동은 단순히 이론적 흥미를 가질 뿐만 아니라 또 꿈이 그 분장에 쓰는 공상적이고 황당무계한 겉모습을 설명하는 데 있어 더없이 좋은 단서이기도 하다. 이동은 일반적으로 꿈 사고의 생동감 없는 추상적 표현이 구상적이고 구체적인 표현과 대체된다는 방향에서 이루어진다. 이 대체의 이점, 따라서 그 의도는 명백하다. 즉 꿈에서 구상적인 것이라면 표현 가능하다. 추상적 표현 방법이 꿈 표현에 여러 가지 곤란함을 주는 것은 마치 신문의 정치 논설이 그림으로 나타내기 곤란한 것과 마찬가지이지만, 그런 상황 속에도 구상적(具象的)인 것이라면 끼워 넣을 수 있다. 그러나 단순히 표현 가능성뿐만이 아니고, 압축과 검열의 이익도 이 교환으로 얻는 것이 있을 것이다. 추상적으로 표현되어서는 사용하기 불가능한 꿈 사고는 구상적인 언어로 형체가 바꾸어져야만 비로소 이 새로운 표현과 나머지 꿈 자료와의 사이에 꿈 작업이 필요로 하고 그것이 존재하지 않은 곳에서 그것을 만들어 내는 접촉점이나 동일성이 먼저보다 한결 쉽게 생겨난다. 왜냐하면 구체적인 용어는 개념적인 용어보다는 다른 것과의 접속 관계가 풍부하기 때문이다. 분리되어 있는 꿈 사고를 꿈속에서 되도록 간결하고 통일적인 표현으로 집약하려고 하는 꿈 형성에 있어서 중간 작업의 대부분은 이런 모습으로, 즉 개개의 사고(思考)들을 적당한 언어 형태로 바꾸는 일로 인해 추진된다고 생각할 수 있다. 다른 여러 가지 이유로 그 표현이 확정되고 있는 하나의 사고는 그때 분할하고 선택하면서 다른 사고의 표현 가능성에 작용을 미칠 것이다. 이것은 처음부터 시인의 작업과 같다고 하겠다. 운을 다는 시를 지으려면 둘째 압운구는 두 개의 조건에 구속된다. 그것은 그 구에 부여받은 의미를 표현해야 하고, 동시에 그 표현은 첫째 압운과 운이 들어맞아야 된다. 가장 좋은 시란 어쩌면 운을 맞춘다는 의도가 눈에 뜨이지 않으면서도 두 가지 생각들이 처음부터 서로 영향을 주고받으며 언어 표현을 선택하고 있어, 약간의 손질만 가하면 자연히 운이 맞게 되는 그런 시일 것이다.

　　몇몇 경우 표현의 대체(또는 置換)는 좀 더 지름길을 취하여 압축에 힘을 보탠다. 즉 표현의 대체가 모호한 한 개 이상의 꿈 사고에 허용하는 어구(語句)의 구조를 발견하게 하는 것이다. 이렇게 하여 말(言語)의 기지(機智)의 전 영역이 꿈의 작업에 동원된다. 꿈 형성 과정에서 말이 갖는 크나큰 역할을 이상하게 생각해서는 안 된다. 몇 겹의 관념의 교차점으로서의 말은 처음부터 그 다의성이 예정되어 있으며, 갖가지 노이로제(강박 관념, 공포증)는 말이 그와 같이 압축이나 위장을 위하여 제공하는 이점을 꿈과 마찬가지로 사양하지 않고 이용한다.*22 표현이 이동하면 꿈의 왜곡도 동시에 이득을 얻는다는 것을 보여주기란 쉬운 일이다. 의미가 명료한 두 말 대신에 모호한 의미의 말이 놓이면 아리송하게 될 것이다. 그리고 일상적으로 쓰이고 있는 감칠 맛 없는 표현 방법을 구상적 표현으로 대체하면, 우리의 이해는 제동이 걸린다. 더욱이 꿈이라는 것은 그것이 가져오는 여러 요소들을 글자 뜻대로 풀이할 것인지, 아니면 비유적인 의미로 해석할 것인지, 또 직접 꿈 자료에 관련지어야 할 것인지, 삽

＊22 《기지와 그 무의식과의 관계》(1905년 전집 제6권) 및 노이로제적 증상 해소에서의 '말(言語)의 다리(橋)'.

입된 문구를 매개로 하여 관계가 맺어져야 할 것인지, 그 언저리의 일은 하나도 말해 주지 않기 때문이다. 일반적으로 말해서 어떤 꿈 요소의 해석에서 모호한 것으로 다음과 같은 것들이 있다.

(a) 적극적 의미로 받아들일 것인가, 소극적 의미로 받아들일 것인가(대립관계)

(b) 과거의 것으로 풀이할 것인가(잔존 기억으로서)

(c) 상징적으로 풀이할 것인가

(d) 아니면 표현 그대로 이해해야 하는가

이와 같은 다면성에도 불구하고 이렇게 말해도 좋을 것이다. 이해되는 의도를 지니고 있지 않은 꿈 작업의 표현은 해석자에 대해, 옛날 상형 문자의 필자가 그 해독자에게 주고 있는 어려움보다 더 큰 곤란을 주는 것은 아니라고.

다만 표현의 모호성으로 버티고 있는 데 불과한 꿈 표현의 실례는 이미 몇 가지를 들었다('일마의 주사 꿈'의 '입이 잘 벌어진다'든가 혹은 '도저히 갈 수가 없다'는 꿈 등). 이제 여기서 한 가지 꿈을 보고해 두겠는데, 이 꿈의 분석에서는 추상적 사고(抽象的 思考)의 구상화(具象化)가 상당히 큰 역할을 하고 있다. 추상성에 의한 꿈 해석과 이런 꿈 해석과의 차이는 여전히 날카롭게 규제된다. 상징적인 꿈 해석에 있어서 상징화(Symbolisierung)의 열쇠는 꿈 해석자에 의해 임의로 선택된다. 언어의 위장이라고 하는 우리의 경우에는 이 열쇠는 일반적으로 알려져 있고 확립된 언어 습관으로 찾을 수 있다. 정당한 착상을 정당한 기회에 쓰는 것이라면, 이런 종류의 꿈은 그 꿈을 꾼 당사자의 진술과는 별개로 완전하게, 혹은 부분적으로 풀 수 있다.

다음은 어느 친한 부인의 꿈이다. 〈그녀는 오페라 극장에 있다. 바그너의 오페라 공연은 아침 7시 45분까지 계속되었다. 앞의 로얄석에도 일반석에도 테이블이 놓여 있고 모두 먹고 마시고 한다. 신혼여행에서 돌아온 사촌형이 신부와 함께 그와 같은 테이블 가운데 하나에 앉아 있고, 그 옆에 한 귀족이 있다. 이 귀족은 신부가 마치 신혼여행에서 모자나 뭐를 사가지고 돌아오듯이 공공연히 여행지에서 데리고 돌아왔다는 것이다. 관람석 한가운데 지휘자가 서게 되어 있는 높은 탑이 있고 탑 위는 편편하게 되었는데, 철책이 둘러쳐져 있다. 그 꼭대기에 한스 리히터처럼 생긴 지휘자가 있다. 그는 철책 안쪽을 쉴 새 없이 빙빙 돌고 있다. 그리고 무섭게 땀을 흘리고 있다. 그 높은 곳에서 탑 토대의 주위에 배치된 오케스트라의 지휘를 하고 있다. 그녀 자신은 한 여자친구

(저자와도 안면이 있는)와 관람석 의자에 앉아 있다. 그녀의 여동생이 앞의 로
얄석에서 그녀에게 커다란 석탄 덩어리를 건네주려고 한다. 이렇게 오래 걸릴
줄 몰랐다, 얼마나 추울까라고(좌석은 장시간의 상연 때는 난방이 되어야 한다
는 듯).〉

　이 꿈은 상황을 잘 표현하고 있지만, 아무런 의미도 없다. 관람석 한복판에
탑이 있고, 더욱이 그 탑 위에서 지휘자가 오케스트라를 지휘하고 있다니. 또
여동생이 앞의 로얄석에서 석탄을 건네주려고 했다니 말도 안 되는 소리이다!
나는 이 꿈의 분석은 일부러 접어 두었다. 이 꿈을 꾼 부인의 개인적 관계를
어느 정도 알고 있었으므로 꿈의 어떤 부분은 그녀의 설명을 듣지 않아도 풀
수 있었다. 내가 아는 바로는 그녀는 어떤 음악가를 사모했는데, 그 음악가는
일찍 정신병 증세가 나타나 음악가로서는 쓸모없게 되었다. 그리하여 나는 일
반석의 탑을 상황 그대로 받아들일 결심을 했다. 그러면 이렇게 된다. 그녀가
한스 리히터처럼 되기를 원했던 그 사나이는 오케스트라의 다른 멤버를 아득
히 눈 아래로 내려다보는 것이다. 이 탑은 첨가물에 의한 혼합 형성물이라고
해도 좋다. 탑은 그 토대로써 이 사나이의 위대성을 표현하고 있다. 또 이 사나
이가 죄수처럼, 혹은 우리 안의 짐승처럼(그 불행한 음악가의 이름을 암시하고
있다)*23 빙빙 돌고 있는 상부의 철책은 이 음악가 말년의 운명을 나타내고 있
다. 이 두 사고가 합류할 수 있었다고 생각되는 말은 예를 들면 '바보의 탑'*24
일 것이다.

　이렇게 이 꿈의 표현 방법을 찾아내고 보니, 두 번째 앞뒤 조리가 맞지 않는
사항, 즉 여동생이 건네주는 석탄도 같은 열쇠로 풀 수 있었다. '석탄'은 '은밀한
연정'을 뜻하고 있을 것이 틀림없다.

　　어떤 불도 어떤 석탄도
　　남모를
　　감춰진 연정처럼
　　뜨겁게 타지는 않으리.

＊23 휴고 울프를 이름(울프는 이리의 뜻이므로).

＊24 '바보'를 나타내는 독일어 Narr에는 '광인'의 뜻도 있으니 '바보의 탑', 즉 Narrenturm이란 '정
　　신 병원'을 말한다.

그녀 자신과 그 여자 친구와는 '걸터앉은 채로였다.' 이제 결혼하려고 하는 여동생은 '이렇게 오래 걸릴 줄 몰랐기 때문에' 그녀에게 석탄을 건네주려고 한다. 무엇이 이렇게 오래 계속되는지 꿈속에서는 언급되지 않았다. 이것이 보통 이야기라면 오페라 상연이라고 덧붙일 것이지만, 꿈의 경우에는 이 말 그대로를 주목하고 이 말은 모호하니 '시집가게 될 때까지'라고 덧붙여도 좋으리라. 그리고 '감춰진 연정'이라는 해석은 신부와 함께 앞의 로열석에 있는 사촌형이 나오는 것과 이 신부에게 뒤집어 씌워진 공공연한 정사로 뒷받침된다. 그녀의 불같은 연정과 신부의 냉정함이라는 대립 관계가 이 꿈을 지배하고 있는 것이다. 어쨌든 두 경우 모두 '높은 데 서 있는 사람'은 귀족과 전도가 크게 촉망되던 음악가와의 사이의 중간어로 존재하고 있다.

이상의 논의로 우리는 마침내 꿈 사고가 꿈 내용의 변화에 관여한다는 점에서 결코 얕잡아보아서는 안 될 제3의 계기를 발견한 것이다. 즉 꿈이 이용하는 독특한 심리적 자료(즉 대개는 시각적 형상에 있어서이지만)에 있어서의 표현 능력에 대한 고려가 이것이다. 본질적인 꿈 사고에 부차적으로 여러 가지 형태로 결합될 수 있는 것 중에 시각적 표현을 허락하는 것이 우선적으로 채택되어, 꿈의 작업은 비록 비정상적인 형식일지라도 그것으로 오직 표현이 가능하게 되고, 이렇게 죄어진 사고의 심리학적 궁박 상태가 종말을 고하게 되기만 하면 무엇을 제쳐놓고서라도 심오한 사고를 우선 다른 언어 형식으로 뜯어고치는 수고를 마다하지 않는 것이다. 사고 내용을 이런 모양으로 다른 형식에 옮겨 넣는 일은 동시에 압축 작업에도 협력하여 다른 사고에 대한 여러 관계를 만들어 내는 일도 된다. 그런 일이 없었다면 이와 같은 관계는 존재하지 않았을 것이다. 이 다른 사고도 아마 관계를 수용하기 위한 태세를 정비하기 위해 자진하여 미리 그 본래의 표현을 바꾸어 버렸는지도 모른다.

헤르베르트 질베러는 꿈 형성의 때에 이루어지는 사고의 형상을 향한 전환을 직접 관찰하고, 이렇게 꿈 작업의 이 한 계기만을 별개로 들어 연구할 수 있는 훌륭한 방법을 제시하고 있다.*25 그는 피로와 졸음이 엄습된 상태에서 군이 나름대로의 사고 노력을 기울이려고 하면, 몇 번이나 경험한 일이지만,

*25 브로일러 및 프로이트 《연감》 제1권, 1909년.

사고가 쭉 빠져나가고 그 대신 어떤 형상(시각적 관념)이 나타나 이 형상으로부터 앞에서의 사고의 대용물을 찾아볼 수 있었던 것이다. 이 대용물을 질베러는 '자동상징적(自動象徵的)'이라고 부르고 있으나 이 명명은 그다지 적절하지 않은 것 같다. 여기서 질베러의 연구 중에서 몇 가지 실례들을 인용해 두겠지만, 거기서 관찰되고 있는 약간의 특성에 관한 일로 나는 뒤에 다른 곳에서 다시 한 번 이 실례들에 대해 논하기로 하겠다.

사례 1.

나는 어떤 논문의 매끄럽지 못한 부분을 바로잡아야겠다고 생각했다.

상징 : 나는 내가 나무를 대패질하고 있는 모양을 본다.

사례 5.

나는 마침 이제 하려고 생각하고 있는 형이상학적 연구의 목적을 뇌리에 떠올리려고 한다. 이 목적은(하고 나는 생각한다) 여러 존재 근거를 추구하여 점차 고차원의 의식 형태 혹은 여러 존재층 속으로 돌진해 들어가는 일이다.

상징 : 나는 긴 칼을 작은 케이크 밑에 집어넣는다. 그 한 조각을 떼어 내려고 하는 듯이.

해석 : 칼을 든 내 행동은 문제되고 있는 '돌진한다'를 의미한다. 상징의 근거를 설명하면 다음과 같다.

나는 때때로 식탁에서 작은 케이크를 잘라 나눠 주는 역할을 한다. 이것은 길고 잘 휘어지는 칼로 꽤 신중하게 하지 않으면 안 되는 일이다. 특히 자른 케이크를 깨끗이 떼어내는 일은 상당히 어렵다. 칼을 조심조심 그 자른 케이크 밑에 집어넣지 않으면 안 된다(가장 밑에까지 도달하기 위해서는 서서히 '돌진한다'). 그런데 위의 형상에는 더욱 그 이상의 상징성이 포함되고 있다. 상징인 케이크는 몇 겹으로 포개진 케이크이고, 따라서 이것을 자르는 칼은 몇 층이나 뚫고 들어가야 하는 것이다(의식(意識)과 사고(思考)의 여러 층).

사례 9.

나는 어떤 일을 생각하고 있는 동안에 문득 생각의 가닥을 잃어버린다. 어떻하든 다시 그것을 찾아내려고 하지만, 정작 단서가 되는 것을 완전히 잃어버렸다는 것을 인정하지 않을 수 없다.

상징 : 인쇄된 문장의 단편, 마지막 한 줄이 빠져 있다.

교양 있는 사람들의 사고 생활 속에서 말의 기교나 격언이나 노래의 가사나 속언 등이 하고 있는 역할을 염두에 둔다면, 꿈 사고의 표현을 위해 그런 종류의 위장 수단이 참으로 자주 이용되고 있다고 해도 결코 예상 밖의 일은 아닐 것이다. 가령 꿈속에서의 한 대 한 대가 따로따로 야채를 싣고 있는 짐수레는 무엇을 의미하는가. 그것은 '캐비지와 순무'의 소망 대비, 즉 '뒤죽박죽'을 의미하고 따라서 '무질서'를 의미한다. 이 꿈이 단 한번밖에 보고되지 않은 것은 나로서는 이상할 정도이다.*26 익히 아는 것처럼 은유나 말의 대용에 바탕을 두고 있는, 광범위하게 적용되는 꿈 상징은 아주 약간의 자료에 대해서밖에 만들어지고 있지 않다. 그러나 꿈은 노이로제나 전설이나 민간 풍습과 더불어 그와 같은 상징성의 대부분을 공유하고 있다.

그뿐만 아니라 좀 더 자세히 살펴본 결과, 꿈 작업이 하는 이런 종류의 대치라는 것은 결코 독창적인 것은 아니라는 사실을 인정하지 않을 수 없다. 꿈 작업은 여러 목적을 달성하기 위해 이 경우에서 말하면 검열을 벗어나는 표현 가능성을 위해 이미 무의식적 사고 중에 개척되고 있는 길을 더듬는 데 불과한 것이며, 또 기지나 은유로 의식될 수 있고, 노이로제 환자의 온갖 공상을 충족시키고 있는 억압된 자료의 여러 가지 형태로 변경된 것을 즐겨 이용한다. 거기서 돌연 그 올바른 핵심을 내가 다른 곳에서 변호한 셰르너의 꿈 해석을 이해할 길이 열린다. 자신의 몸을 자료로 삼아 여러 가지 공상을 하는 것은 결코 꿈만의 일은 아니며, 또 꿈의 특색도 아니다. 분석이 내게 제시한 바로는 그와 같은 공상벽은 노이로제 환자의 무의식적 사고에서는 거의 예외 없이 일어나는 것이고, 성적 호기심에 귀착하는 것인데, 성적 호기심의 대상이 되는 것은 한창 나이의 소년, 소녀에서는 이성 또는 동성의 성기이다. 그러나 셰르너와 폴켈트가 참으로 적절하게 지적하고 있는 것과 같이 집은 육체의 상징화에 이용되는 유일한 표상(또는 心象) 범주는 아니다. 꿈에서도 그렇지 않고 또 노이로제의 무의식적 공상에서도 그렇지 않다. 내가 아는 환자 가운데 확

---

*26 이 표현은 사실 두 번 이상 보지 못했으므로 나는 이 해석을 맞다고 해야 할지 어쩔지 망설이고 있다.

실히 신체와 성기의 구조적 상징성(성적 관심은 외부 생식기의 영역을 넘어 광범위하게 미치는 것이므로)에만 의거하여 크고 작은 기둥을 다리로 알고(〈아가서〉에서와 같이) 문을 보면 신체의 '구멍'을 생각하며, 물이 흐르는 것을 보고 배뇨 기관을 생각하는 사람이 있다. 그런데 그와 마찬가지로 식물계 또는 부엌의 표상 범주도 즐겨 성적인 형상의 은폐에 선호된다.*27 식물계의 표상 범주에서 선택되는 경우에는 언어 관습, 옛 시대의 공상적 비교의 잔재로 이미 풍부하게 마련되어 있다(주님의 '포도원' '씨앗'(정자의 뜻이 있음) 〈아가서〉 가운데 소녀의 '동산' 등). 보기에 아무렇지도 않은 부엌일에서 은유에 의해 성생활의 가장 추악한, 가장 내밀한 세부적인 것이 생각되고 공상된다. 그리고 히스테리의 여러 증상들은 만일 일상적이고 눈에 잘 띄지 않는 것의 배후에 가장 좋은 은신처를 마련하여 성적 상징을 숨길 수 있다는 사실을 잊어버린다면, 그야말로 전혀 풀이할 수 없는 것이 되어 버린다. 노이로제가 있는 아이가 피나 날고기 보기를 싫어하고 달걀이나 마카로니 유를 먹이면 토하거나 할 경우, 또 인간이 가진 뱀에 대한 타고난 공포심이 노이로제 환자에게는 극도로 강하게 될 경우, 거기에는 숨길 수 없는 성적 의미가 있는 것이다. 노이로제가 그러한 장막을 이용할 경우 그것은 지난날의 낡은 문화 시대에 모든 인류가 걸어온 것과 같은 길을 걷는다는 말이 되는데, 그와 같은 길의 존재는 얼마간 모래 속에 묻혀 있긴 하지만, 오늘날에도 오히려 언어 관습이나 미신이나 습관으로 증명되고 있다.

그런데 어느 부인 환자의 전에 이야기한 꽃 꿈을 덧붙여 두지만, 이 아름다운 꿈도 그것을 꾼 당사자인 부인은 분석 후에는 아주 싫어하게 되었다.

ⓐ 서두 꿈
〈그녀는 주방의 두 가정부에게 가서 잠깐 식사하는 일이 아직도 끝나지 않았느냐고 야단친다. 그리고 그때 말리려고 엎어 놓은 숱한 그릇들을 본다.〉 〈싸구려 그릇들이 산더미처럼 포개져 있다.〉 뒤의 추가 내용 : 〈두 가정부는 물을 길러 간다. 그래서 강 비슷한 데 들어가지 않으면 안 된다. 강은 집 안, 혹

---

*27 이것에 대한 풍부한 증거 사례는 에드워드 폭스의 《그림 풍속사》 보유 3권 중에 있다(뮌헨, 알벨트 랑겐 서점 개인 소장판).

은 바로 마당 앞까지 와 있다.〉 *28

ⓑ 본꿈*29

〈그녀는 높은 곳에서 기묘한 난간 또는 울타리를 따라*30 아래로 내려온다. 그 울타리는 격자창 비슷한데, 조그만 네모꼴 구멍이 숭숭 뚫렸다.*31 거기는 원래 사람이 내려가게는 되어 있지 않아 그녀는 발을 디딜 자리가 편치 않아 애먹고 있다. 그리고 내려올 때 옷이 아무데도 걸리지 않아 흉한 꼴이 되는 것을 면했으므로*32 한숨을 길게 쉰다. 그녀는 손에 '커다란 나뭇가지'를 하나 들고 있다.*33 본래는 나무 비슷한 것으로 '빨간 꽃'이 잔뜩 매달려 있고, 작은 가지가 사방으로 뻗고 있다.*34 그때 벚꽃이라는 관념이 떠오른다. 그러나 그것은 또 활짝 핀 동백처럼도 보인다. 물론 나무에 핀 동백꽃이 아니다. 내려가는 동안 그녀는 처음에 '한 가지', 다음에 갑자기 '두 가지', 나중에는 다시 '한 가지'를 더 가지고 있다.*35 아래에 도착했을 때 가지의 아래쪽 '꽃'은 상당히 많이 '자고 있었다'. 그리고 아래로 내려와 보니 하인이 하나 있는데, 비슷한 나무를 빗질하는 것 같은 동작을 하고 있다. 그 나무에 이끼처럼 드리워져 있는 치렁치렁한 머리를 '나뭇조각'으로 뜯어내고 있다. 다른 노동자들은 마당에서 비슷한 '가지'를 잘라 내어 한길에 내던져서, 가지는 주변에 온통 널려져 있다. 그 때문에 여러 사람이 그 가지를 따서 가져간다. 그러나 그녀는 그렇게 해도 괜찮은지, 자기도 하나 가져도 좋은지*36 물어본다. 마당에 젊은이 하나가 서 있다(그녀의 친지, 외국인). 그녀는 그 사나이에게 다가가서 어떻게 하면 이런 '가지'를 '그녀 자신의 마당'에 옮겨 심을 수 있

---

*28 이 '인과적'으로 해석해야 할 앞 꿈의 해석에 대해서는 328면을 보라.

*29 그녀의 경력.

*30 고귀한 문벌 출신. 서두 꿈과는 대조되는 소원.

*31 그녀의 말년의 공상 대상인 남동생과 같이 놀던 아버지 집의 잠자리와, 늘 그녀를 놀려 준 좋지 못한 백부 집 안마당의 두 장소를 결합한 복합적인 심상.

*32 그녀가 드러누워 몸뚱이를 드러내놓는 버릇이 있었다는 백부 집 안마당의 실제 기억과는 대조되는 소원.

*33 수태를 알리는 그림의 천사가 백합 가지를 들고 있는 것처럼.

*34 이 복합적인 심상의 설명에 대해서는 앞에서 말한 순결, 월경, 춘희를 참조.

*35 그녀의 공상에 봉사하는 인물이 여러 명 있다는 암시.

*36 자기도 또 하나 꺾어도 되는가, 즉 자위행위를 해도 되는가.

는가 묻는다.*37 젊은이는 그녀를 껴안는다. 그녀는 그것을 뿌리치며 대체 무엇을 생각하고 남을 그렇게 껴안느냐고 묻는다. 젊은이는 '이것은 결코 나쁜 짓은 아니다, 허락된 일이다'라고 말한다.*38 그리고 그는 그녀와 함께 '다른 마당'에 가서 심는 법을 가르쳐 주어도 좋다는 것 같은 말을 하고, 다시 뭔가 그녀가 못 알아들을 말을 한다. 그렇잖아도 나는 3'미터'(뒤에 그녀는 평방미터라고 말했다) 혹은 3크라프터의 지면이 없다는 뜻의 말이다. 그는 자기의 그와 같은 호의에 대하여 그녀에게서 무엇인가 기대하는 듯하고, 그녀의 마당에서 보충하려는 생각인 듯하다. 혹은 그녀에게 손해를 입히지 않고 거기 무엇인가 이익을 얻으려고 하는 어떤 법칙을 '배반하려고 하는' 듯하다. 그리고 그 젊은이가 그녀에게 실제로 무엇인가를 보여 주었는지 그녀는 기억이 없다.〉

상징적인 여러 요소들로 강조된 위의 꿈은 '전기적(傳記的)'인 꿈이라고 부를 수 있겠다. 이런 꿈은 정신 분석을 하는 동안 자주 등장하지만, 정신 분석 이외의 경우에는 아마도 극히 드물게밖에 볼 수 없을 것이다.*39

물론 나는 이와 같은 자료는 많이 가지고 있지만, 그것을 소개한다는 것은 노이로제적인 여러 관계 논의에 지나치게 깊이 들어가는 일이 될 것이다. 결론은 동일하다. 즉 우리는 꿈의 작업에 있어 영혼이 특수한 상징화 활동을 한다는 등으로 생각할 필요는 없다. 오히려 꿈은 무의식적 사고 중에 이미 형성되어 포함되고 있는 상징화를 사용한다. 그리고 이와 같은 상징화가 그 표현이 가능하기 때문에, 대개의 경우 또 그 검열을 통과할 수 있기 때문에 꿈 형성의 여러 요청을 보다 잘 충족시키기 때문이다.

E. 꿈에서의 상징적 표현-유형적인 꿈
앞장에 서술한 전기적 꿈의 분석은 내가 처음부터 꿈에 있어서 상징 표현

---

*37 나뭇가지는 일찍부터 남성 성기를 대신하고 있는데, 그 밖에도 대단히 분명하게 그녀의 이름에 대한 암시를 머금고 있다.

*38 다음 사항과 마찬가지로 부부 생활에 있어 조심해야 할 것과 관계하고 있다.

*39 꿈의 상징성을 위한 실례 중에서 제3의 것으로 보고해 둔 꿈도 비슷한 '전기적인' 꿈이며, 또 랑크가 상세히 보고하고 있는 '자기가 자기의 꿈 해석을 하는 꿈'도 그렇다. '거꾸로' 읽어야 되는 다른 꿈에 대해서는 슈테켈의 485면을 보라.

을 인정해 왔다는 것을 증명하는 것임이 틀림없다. 그러나 내가 이와 같은 꿈 상징의 전모와 그 의의를 남김없이 평가할 수 있게 된 것은 나 자신의 많은 경험과 W. 슈테켈의 연구[*40]에 영향을 받아 차츰 그렇게 된 것이다. 슈테켈의 연구에 대해 여기서 잠시 언급하겠다.

정신 분석학에 대해서 많은 공헌을 한 반면 그 만큼 해악도 끼친 슈테켈은 예상 밖의 상징 해석에 있어 실례를 여럿 제시하고 있다. 이 예들은 처음 얼마 동안은 아무도 믿지 않았으나, 뒤에는 그 대부분이 신빙성이 인정되어 승인되기에 이르렀다. 슈테켈의 공적은 다른 꿈 연구가들의 회의적이며 조심스러운 태도가 부당한 것이 아니었다는 사실로도 결코 줄어드는 것은 아니었다. 왜냐하면 그의 해석을 뒷받침하고 있는 기초의 실례는 거의 설득적이 아니었으며, 또 그는 학문적으로 신빙성이 있다고는 보기 어려운 방법을 썼기 때문이다. 슈테켈은 직관이라는 수단으로 상징을 직접 이해하는 독자의 능력에 호소하여 해석했다. 그러나 이와 같은 기술은 아무에게나 기대할 수는 없는 것이고, 그 작업 능력은 비판 밖의 것이므로 거기서 생기는 갖가지 결과는 신빙성을 요구할 수도 없다. 임상 중에는 보통 사람에게 있어서는 대개 퇴화해 버린 후각이 유달리 예리하여 냄새를 맡기만 하고도 장티푸스 진단을 내릴 수 있는 사람도 없지는 않다. 그렇다고 해도 전염병의 진단을 환자에게서 나는 냄새의 인상에 따라 내린다는 것은 일반적으로 받아들이기 어려운 것과 마찬가지이다.

정신 분석학은 점차 그 경험을 쌓아가면서 꿈 상징의 그와 같은 직접적 이해를 보여 주어 우리를 놀라게 하는 환자와 자주 부딪치게 되었다. 더욱이 조발성 치매증(癡呆症) 환자에게 그런 경우가 자주 있었기 때문에 한때는 그와 같은 꿈의 상징 이해 능력을 가진 환자는 모두 조발성 치매증이 아닐까 하고 생각했을 정도였다. 그러나 그런 것은 아니고 문제는 개인적인 천성 또는 특성일 뿐, 거기에는 뚜렷한 병리학적 의의가 있었던 것은 아니다.

꿈속에서 성적 자료의 표현을 위해 상징이 풍부하게 사용되고 있는 것을 익히 알게 되면서, 이들 상징의 대부분이 속기술의 '기호'처럼 명백히 일정한 의미를 띠고 나타나는 것이 아닐까 하는 의문이 생겨난다. 또 암호 해독 방식의 새로운 꿈 해석에 관한 책을 만들어 보고 싶은 유혹에 빠지기도 한다. 그

---

*40 슈테켈《꿈의 말》.

런데 그 경우 주의해야 할 것은 이와 같은 상징 표현은 특히 꿈의 점유물은 아니며 무의식적인 표상(상징) 작용, 더욱이 일반 민중의 무의식적 표상(상징) 작용에서도 볼 수 있는 것이다. 그리고 민간 전설, 즉 어떤 민족의 신화나 전설, 속담, 격언, 말장난 등에서는 꿈에서보다도 더 완전하게 찾아볼 수 있는 것이다. 그러므로 만일에 우리가 상징의 의의를 정당하게 평가하고 상징의 개념에 맺어져 있는 무수한, 거의 미해결의 여러 문제를 논하려고 생각한다면, 아무래도 꿈 해석이라는 과제에서 크게 벗어나지 않을 수 없겠다.*41 거기서 우리로서는 문제를 한정하고 상징에 의한 표현은 간접적 표현법의 하나이지만, 거기에 존재하는 많은 차이점을 아직 개념적으로 명확히 파악하지 못하고 있는데, 상징 표현을 무차별하게 다른 여러 종류의 간접 표현과 혼동하는 것은 경계하지 않으면 안 된다는 것을 미리 말해 두는 데 그친다. 어떤 종류의 경우에는 상징과 상징되는 본래의 것 사이의 공통점이 명백하게 나타나 있으며, 또 다른 경우에는 그러한 공통점은 감춰지고 있다. 이런 때에는 왜 그 상징이 선택되었는지 이해하기 어려워 보인다. 그러나 이와 같은 공통점이 감춰져 있는 경우에야말로 상징 관계의 궁극적 의미를 명백하게 해줄 것이 틀림없다. 그와 같은 경우에는 상징 관계가 발생사적인 성질의 것이라는 사실을 이야기하고 있다. 오늘날 상징적으로 결합되고 있는 것도 아마 오랜 옛날에는 개념적 동일성이나 언어적 동일성을 통하여 결합되고 있었을 것이다.*42 상징 관계는 지난날의 동일성의 잔재이고 표지(標識)라고 생각된다. 그때 관찰되는 것은 상징 공동체는 약간의 경우에는 언어 공동체를 넘어 퍼져 있다는 일이다. 이것은 이미 슈베르트(1814년)가 주장하고 있다.*43 수많은 상징 중에는 본래 언

---

*41 상징 표현에 대해서는 브로일러 및 그 취리히의 문하생들(메다, 아브라함 등)의 연구, 그리고 그들이 관계를 가지고 있는 의사가 아닌 연구가들(크라인파울 기타)을 참조. 이 문제에 대한 가장 적절한 견해는 랑크, 작스 공저 《정신과학에 대한 정신 분석의 의의》(1913년) 제1장에서 볼 수 있다. 그 밖에 존즈 《상징표현의 이론》('국제정신 분석학 잡지' 제5권 1919년)을 보라.

*42 이와 같은 견해는 닥터 한스 슈펠버가 주장한 설로 훌륭하게 지지되고 있다고 생각한다. 슈펠버('언어의 발생 및 발달에 대한 성적 계기의 영향에 대하여' 《이미고》 제1권, 1912년)는 원시어는 전부 성적 사물을 나타내는 것이었으나 이윽고 같은 말이 성적 사물이나 행위와 비교되는 다른 사물이나 행위를 나타내게 됨에 따라 성적 의미를 잃어버리고 말았다고 생각하고 있다.

*43 가령 몇몇 헝가리인의 최면상태의 꿈에서는 물위를 달리는 배가 나타나고 있다. 하기야 헝

어가 만들어졌을 무렵에 형성된 것 같은 오래된 것도 있고, 또 현재 만들어지고 있는 것도 있는 형편이다(예를 들면 체펠린 비행선 등).

그런데 꿈은 잠재 사고를 은폐하기 위해 이 상징을 이용한다. 그런 모양으로 사용된 상징 중에는 규칙적이거나 거의 규칙적이라고 해도 좋을 만큼 동일한 것을 의미하는 상징도 물론 많이 있다. 다만 심리적 자료라는 것은 유연성을 갖고 있다는 것을 잊지 말아 주기 바란다. 어떤 상징이 꿈 내용 속에서 상징적으로 풀이될 것이 아니라 그 본래의 의미로 풀이되어야 할 경우도 드물지 않다. 또 다른 경우에는 꿈꾸는 사람이 특수한 기억 자료에서 일반적으로 그처럼 사용되지 않는 온갖 것을 성적인 상징으로 사용하는 권리를 만들어 내는 일도 있다. 한 내용을 표현하는 데 몇 개의 상징을 자유로이 선택할 수 있는 경우, 그 내용이 선택하는 상징은 그것에 의해 표현되는 것은 물론이거니와 그 이외에도 스스로의 사고 자료에 구체적인 여러 관계를 가질 수 있는 것, 즉 유형적으로 통용하는 동기 부여 외에 개인적 동기 부여를 허용한다.

셰르너 이후 최근의 꿈 연구는 꿈 상징을 기정 사실로 만들어 놓았다. H. 엘리스조차도 우리의 꿈은 상징으로 꽉 차 있다는 사실에는 의심의 여지가 없다고 고백하고 있다. 꿈 해석의 과제는 꿈속의 상징의 존재로 인해 쉬워졌을 뿐만 아니라 더 어려워졌다는 것도 인정되지 않으면 안 된다. 꿈을 꾼 사람의 자유 연상에 의해 행사하는 꿈 해석 기법에서는 대개의 경우 꿈 내용의 상징적 요소들의 해결은 얻지 못한다. 꿈 해석자의 자의를 허락한다는 고대에 행해진 방식으로 되돌아가는 경향은 슈테켈의 난해한 꿈 해석 중에 부활한 듯이 보인다. 그러나 이것은 학문적으로는 도저히 용인할 수 없는 것이다. 거기서 우리로서는 꿈 내용 중에 존재하는 상징적으로 파악되어야 할 요소라는 것을 염두에 두고, 한편으로는 꿈꾼 사람의 자유 연상에 의거하면서 다른 한편으로는 그 모자라는 곳을 해석자의 상징 이해로 보충한다는 종합적 기법을 구사하지 않으면 안 된다는 말이 된다. 상징을 풀이하는 데는 물론 비판적으로

가리어에서 '오줌을 누다'의 의미를 가진 독일어의 '배로 간다'(schiffen)에 해당하는 말은 없는데, 프랑스인이나 이외의 라틴 민족의 꿈속에서는 독일어의 '여자'(Frauenzimmer—본래 Frau는 여자, Zimmer는 방이라는 뜻인데 합성어가 되어 옛날에는 '여자의 방' 즉 '규방'의 의미로 쓰이다가 나중에는 그냥 '여자'를 의미하게 되었다)에 해당하는 말은 전혀 갖고 있지 않음에도 불구하고 방이 여자의 상징적 의미로 쓰이고 있다.

신중해야 하고, 아울러 특히 명료한 꿈의 실례에 따라 상징을 면밀히 연구하는 것이 아니면 그것은 자의적(恣意的) 꿈 해석이라는 비난을 물리치지 못한다. 지금 당장 아직 꿈 해석자로서의 우리의 활동이 불확실하다는 비난을 도저히 면치 못하는 것은 첫째, 우리의 꿈 인식이 불완전하기 때문이다. 이것은 점차 인식을 깊이 함으로써 서서히 제거될 것이지만, 또 한편 그와 같은 불확실성은 바로 꿈 상징의 어떤 종류의 특성 그 자체에도 의존하고 있다. 꿈 상징이라는 것은 흔히 타의적이다. 아니 지극히 애매하다. 그리하여 마치 한자에서와 같이 전후의 연결에서 비로소 그때그때의 올바른 의미가 포착되는 것이다. 그렇다고 한다면 과잉 해석을 허용하거나 성질상 몹시 다양하고 잡다한 사고 형성이나 소망 충동을 하나의 내용 중에 표현하거나 하는 꿈의 능력은 상징의 이와 같은 다의성과 결부되어 있다고 보인다.

이상 약간의 설명을 시도한 다음 꿈의 상징에 대해 쓰기로 한다. 황제와 황후(왕과 왕비)는 실제로 대개의 경우 꿈꾼 당사자의 양친을 나타내며, 왕자 또는 왕녀는 자기 자신이다. 황제에게 주어진 것과 같은 권위는 위대한 인물들에게도 주어진다. 그와 같은 관계로 많은 꿈에서는, 예를 들면 괴테는 아버지의 상징으로 사용된다(히치만(E. Hitschmann)의 《아버지의 상징으로서의 괴테 Goethe als Vatersymbol》(1913)). 길게 뻗은 모든 것, 예를 들어 지팡이, 나무 줄기, 파라솔(음경 발기에 비유되는 팽창성 때문인가!)이라든가 기다랗고 뾰족한 무기, 가령 나이프, 단도 또는 창 등은 남자의 성기를 대체하려고 한다. 손톱줄도 곧잘 남자 성기의 상징이 되는데, 이것은 그 이유를 잘 모르겠다(문지르고 비비고 하기 때문일까). 작은 곽, 상자(큼직한 상자), 장롱, 옷궤, 난로, 그리고 동굴, 배, 온갖 종류의 그릇들은 여체의 상징이다. 꿈속의 방(Zimmer)은 대개 '여자(Frauenzimmer)'를 나타내며, 방의 갖가지 출입구가 나와 있으면 이 해석은 더욱 의심의 여지가 없는 것이 된다.*44 방이 '열려 있다'든가 '닫혀 있다'는 등의 관심은 이러한 관련성으로 이해하는 게 쉬울 것이다(《어떤

---

*44 "하숙생인 한 환자가 꾼 꿈. 그는 가정부 한 사람을 만나 너는 몇 번이냐고 물었다. 14번이라는 대답을 듣고 그는 깜짝 놀랐다. 사실 그는 그 꿈에 나온 가정부와 관계를 맺고 그의 방에서 몇 번이나 밀회를 즐겼던 것이다. 가정부는 주인 아주머니에게 의심받을 것이 두려워 그 꿈 전날 어디 다른 방에서 만나자고 제의했다. 실제로 그 빈방은 14호실이었는데, 꿈속의 여자는 14번이었다. 여자와 방의 동일화에 대한 더 이상 명백한 증거는 생각할 수 없다."(어니스트 존스 《국제정신분석학 잡지》 제2권, 1914년)(알테미도로스 《꿈의 상징》 크라우스 역, 빈 1881년, 110면, 그와의 관계로 가령 침실은 부인이 있을 경우에는 부인을 뜻한다.)

히스테리증 분석의 단편)에서의 도라의 꿈 참조). 그 방의 문을 여는 것은 어떤 열쇠인지는 굳이 밝힐 것까지도 없다. 울란트는 《에버슈타인 백작》이라는 시에서 자물통과 열쇠의 상징적 표현을 지극히 품위 있는 음담에 사용하고 있다. 죽 늘어선 방을 지나가는 꿈은 술집의 꿈, 혹은 하렘(^{이슬람 국가에서—일반 남자들}
^{의 출입이 금지된—부인들의 방})의 꿈이었다. 그런데 이 꿈은 한스 작스가 훌륭한 예로 제시한 것처럼 부부 생활의 표현에도(대조물) 이용된다. 처음에 하나였던 방이 두 개로 나뉘는 꿈을 꿀 경우, 또는 자기가 잘 알고 있는 집의 방 하나가 두 개로 나뉘든가 혹은 그 반대의 꿈을 꿀 경우는 유아적인 성 탐구에 흥미 있는 관심이 생겨난다. 유아기에는 여자의 성기(궁둥이)를 오직 하나의 빈틈이라고 생각하는 법인데(유아적 배설구 이론), 조금 나이를 먹고서야 비로소 이 신체 부위에 두 개의 분리된 협곡과 구멍이 있음을 알게 된다. 층계, 사다리, 발판, 더욱이 그와 같은 장소 위를 오르내리는 일은 성행위를 상징적으로 표현한 것이다.*45 미끄러운 벽을 기어오르거나 집의 정면 벽을 흔히 대단한 불안감을 갖고 내려오거나 할 때, 그 벽은 똑바로 서 있는 인체의 상징으로 꿈속에서는 아마도 아주 어렸을 적에 엄마나 유모의 몸에 기어 올라갔던 일에 대한 기억의 재현일 것이다. '매끄러운' 담장은 남자이다. 꿈속에서는 곧잘 불안을 느끼고 집의 '돌출부'에 달라붙는다. 탁자, 식탁, 쟁반은 여자를 나타내는데, 아마도 그것은 이 경우 신체의 요철(凹凸)을 지워 없애는 대조성 때문일 것이다. '목재'는 일반적으로 그 언어적

─────────────

*45 여기에 대해서는 내가 다른 데서(정신분석 치료의 장래의 기회 〈정신분석학 중앙잡지〉 제1권, 1910년, 전집 제8권) 말한 것을 반복해 둔다. "바로 최근에 안 일인데, 우리와는 인연이 먼 한 심리학자가 우리 정신 분석의 가운데 한 사람을 향해 '누가 뭐래도 당신들은 꿈의 감춰진 성적 의의를 지나치게 높이 평가한다. 나는 참으로 자주 층계를 오르는 꿈을 꾸지만 거기에는 아무리 생각해도 F점의 성적은 아무것도 없다'고 힐문했다는 것이다. 이러한 이의에 따라 우리는 주의를 새롭게 하여 꿈속에 나오는 층계, 사다리 등을 주목하게 되었으며, 이윽고 층계(및 그것과 유사한 것)가 틀림없이 성교의 상징을 나타내고 있다는 것을 확인할 수 있었던 것이다. 그와 같은 비교의 기초를 찾아내기란 힘든 일이 아니다. 리드미컬한 간격을 두고 점차 숨을 몰아쉬면서 높이 올라갔다가 두어 번 급속한 비약을 보이면서 다시 내려온다. 그런 모양으로 성교의 리듬은 층계를 올라가는 일에서 재현되고 있는 것이다. 관용적인 언어를 창조하는 일도 잊어서는 안 된다. 그것은 우리에게 '오른다'는 말은 그냥 그대로 성행위의 대용어로 쓴다는 것을 제시하고 있다. 보통 남자는 오르는 자 뒤로 오른다고 하며, 프랑스어에서도 층계의 층단은 '마르쉬(la marche)'로 '나이 먹은 등반자(un veux marcheur)'로 독일어의 Ein alter Steiger(색골 할아범이라는 뜻이 됨)와 완전히 일치한다.

관계로 인해 여성적 소재(물질)를 대신하는 것처럼 생각된다.[*46] 마데이라라는 섬의 이름은 포르투갈어로는 '재목'의 뜻이다. '탁자와 침대'는 결혼 생활에 필수 불가결한 것이므로 꿈속에서는 흔히 탁자는 침대 대신 쓰이며, 또 가능한 범위 내에서는 성적 상징은 음식으로 전이된다. 몸에 지니는 것 중에서는 부인의 모자는 자주 또 확실하게 성기, 특히 남자 성기를 의미한다. 마찬가지로 외투도 남자 성기를 의미하는데, 그때 이 외투라는 상징 사용에 발음(音)이 어느 정도까지 기여하고 있는지(외투 'Mantel'은 남자 'Mann'과 음이 비슷하기 때문에)는 잠시 불문에 붙이기로 한다. 남성의 꿈에서는 자주 넥타이가 음경의 상징으로 쓰이는데, 그것은 넥타이가 기다랗게 늘어지고 남자만이 착용하는 것이기 때문이라는 이유뿐만 아니라 넥타이는 기호에 맞춰 고를 수 있기 때문이 아닐까 싶다. 그런데 이 상징의 근원인 음경의 경우는 그다지 자유롭게 고를 수 있는 것은 아니다.[*47] 이 상징을 꿈속에서 사용하는 남성은 실생활에서는 넥타이 수집 취미가 있는 사람으로 함부로 여러 가지를 사들이는 일이 흔히 있다. 꿈속에 나오는 복잡한 기계나 기구 등은 십중팔구는 성기(일반적으로 남성 성기)이며, 꿈 상징은 이 남자 성기를 말장난과 마찬가지로 갖가지로 수법을 달리하여 끈질기게 그려낸다. 또 모든 무기나 도구가 음경의 상징으로 쓰이는 것도 의심할 수 없는 사실이다. 괭이, 망치, 총, 피스톨, 단도, 샤벨 등. 마찬가지로 꿈에 나오는 풍경, 더욱이 다리 또는 숲에 덮인 산이 있는 풍경이 성기 묘사인 것을 인정하기란 힘든 일이 아니다. 마르치노프스키는 꿈을 꾼 당사자가 그 속에 나오는 풍경이나 장소를 나타낸다면서 그림을 그려서 자기가 꾼 꿈을 설명한 예를 몇 개 수집하고 있다. 이 그림들은 꿈에서 겉으로 드러난 의의와 잠재적 의의와의 차이를 실제적으로 뚜렷하게 보여 준다. 아무런 생각 없이 보면 무슨 약도나 지도 비슷한 것으로밖에 보이지 않지만, 좀 더 음미하면 인체, 성기 등의 그림이라는 것을 알게 되며, 그렇게 해석하고서야 비로소 그

[*46] '소재'는 '물질'이며 '물질'이라는 독일어는 라틴어에서 왔는데, 라틴어로는 '사물을 낳는 것' '어머니' 'Mater'의 의미가 있으므로.

[*47] 〈정신분석학 중앙잡지〉 제2권 675면 중의 19세 되는 여성 조울증 환자가 그린 그림을 참조. 소녀 쪽으로 머리를 돌리고 있는 한 마리의 뱀을 넥타이로 삼은 남자의 그림. 또 수줍음 타는 남자(《안트로뷔티아》 제6권 334면)라는 이야기에서는 욕실에 한 부인이 들어가니 거기 한 남자가 있었는데, 그는 와이셔츠를 입지 않은 상태이다. 그는 몹시 수줍어하며 와이셔츠 깃으로 목을 가리고 이렇게 말했다. "용서하십시오. 넥타이도 매지 않아서."

꿈의 의미를 알게 되는 것이다(이에 대해서는 피스터의 은유나 그림 수수께끼의 연구를 참조). 또 뜻을 알 수 없는 신조어도 성적 의미를 가진 요소들로부터의 합성어로 보아도 된다. 꿈속에 나오는 어린아이도 사실은 성기인 것이다. 그 증거로 성인 남녀는 자신의 성기를 애무하면서 '나의 작은 아이'라고 부르지 않는가. 슈테켈이 '작은 동생'이란 음경을 뜻한다고 말한 것은 옳다. 어린아이를 희롱하거나 때리거나 하는 것은 흔히 자위행위의 꿈 표현이다. 거세의 상징적 표현으로 꿈의 작업이 사용하는 것은 대머리, 머리를 자르는 일, 이빨이 빠지는 일, 목을 베이는 일 등이다. 꿈속에 잘 쓰이는 음경 상징이 둘 또는 몇 개씩이나 나오는 경우는 거세에 대한 항의로 보아야 할 것이다. 꿈속에 도마뱀이 나오는 것도(도마뱀은 꼬리가 잘려도 다시 생겨나는 동물이다) 같은 의미를 갖고 있다(26면의 도마뱀의 꿈 참조). 신화나 민간 전설 중에 성기의 상징으로 사용되는 동물 중 몇 가지 것은 꿈속에서도 같은 성적 역할을 한다. 물고기, 달팽이, 고양이, 쥐(음모 때문에), 그러나 가장 중요한 남근의 상징은 뱀이다. 작은 동물, 해충은 아주 어린아이들, 예를 들어 없었으면 좋겠다고 생각하는 동생의 상징이다. 벌레가 들끓는 상태는 흔히 임신과 동등하게 보아도 좋다. 또 남성 성기의 지극히 새로운 꿈 상징의 하나로 비행선을 들지 않으면 안 될 것이다. 비행선은 그 비행에 대한 관계로서나 때로는 그 형태라는 점에서도 남성 성기의 상징에 사용될 충분한 이유가 있다. 슈테켈은 부분적으로는 아직 충분히 증명되지 않은 약간의 다른 상징을 들어 실례를 들어 설명하고 있다. 슈테켈의 여러 가지 저서, 특히 《꿈의 말》에는 부분적으로는 예리한 추정을 수록하고 있다. 뒤에 연구한 결과 그가 행한 다양하고 많은 상징 해석이 정당했음을 인정받았다. 예를 들면 죽음의 상징을 다룬 장(章) 등이다. 그러나 이 저자의 비판 부족과 일반화시키려는 무리한 태도 때문에 그의 해석의 다른 것은 의심스러운 것이 되거나 사용할 수 없는 것이 되었다. 그 때문에 슈테켈의 연구 성과를 이용할 경우에는 신중을 기하게 하고 있다. 그와 같은 관계로 나는 극히 소수의 실례를 지적하는 데 그친다.

슈테켈에 의하면 오른쪽과 왼쪽은 꿈속에서는 윤리적 의미로 해석해야 한다는 것이다. '오른쪽 길은 언제나 정의의 길을 의미하고 왼쪽 길은 죄의 길을 의미한다. 그러므로 왼쪽 길은 동성애, 근친상간, 성 도착을 표현하고, 오른쪽 길은 결혼, 매춘부와의 성교 등을 표현하는 것이다. 꿈꾸는 당사자의 도덕적 입장에 의해 언제나 평가된다.'(466면). 친척은 꿈속에서는 대개 성기의 역할을 한다(473면). 여기서 나는 다만 아들, 딸, 누이동생에게만 그와 같은 의미를 인정할 수 있다. 다시 말해 작은 것이 적용되는 범위 내에서만 그와 같은 것을 말할 수 있는 것이다. 이와 반대로 확실한 실례에 의해 자매는 유방의 상징이고 형제는 대뇌반구(大腦半球)의 상징으로 인정된다. 차를 따라가지 못하는 것을 슈테켈은 도저히 따라가지 못할 연령 차이를 애석하게 생각하는 마음이라고 풀이한다(479면). 여행을 할 때 가지고 가는 짐은 사람이 그것으로 고심하는 죄의 압박감이다(같은 면). 그런데 바로 이 여행 짐이야말로 자신의 성기를 분명하게 상징하고 있는 것임을 알게 되는 일이 가끔 있다. 꿈에 자주 나타나는 숫자에도 슈테켈은 확고한 상징적 의의가 있다고 하지만, 이 해석은 충분히 확증되지는 않았고 또 광범하게 적용되지도 않는다고 생각된다. 그러나 개개의 경우에 진실성이 없다고도 하지 못한다. 3이라는 숫자는 어쨌든 남자 성기의 상징이라는 것은 여러 방면에서 확인되고 있다. 슈테켈이 행하고 있는 일반화 가운데 성기 상징의 이중적 의미에 관한 것이 있다. 무릇 상징이라고 불리는 것으로서(만일 공상이 어느 정도 이것을 허락만 한다면) 동시에 남성적·여성적, 즉 이중으로 쓰이지 않는 것이 과연 있을까.

'만일 공상이 어느 정도 허락만 한다면'이라는 삽입구가 있기 때문에 그의 이 주장의 확실성이 크게 줄어드는 것이다. 왜냐하면 공상은 언제나 허락하지 않기 때문이다. 그렇지만 나의 경험에 의하면 슈테켈의 일반적 명제는 좀 더 사태의 복잡성과 다양성을 인정하는 일에 앞서 물러서지 않을 수 없다고 말해 두는 것도 헛수고는 아닐 것이다. 남자 성기를 표현하기도 하고 마찬가지로 여자 성기도 표현하는 상징 외에 주로, 혹은 오로지 두 가지 성 가운데 한쪽만 나타내는 상징도 있다. 그런가 하면 다만 남성적 의의, 또는 여성적 의의밖에 알려지지 않은 상징도 있다. 길고 단단한 물체, 무기 등을 여자 성기의 상징으로 쓰거나 혹은 오목한 물체(상자, 곽, 단지 등)를 남성 성기의 상징으로 쓰거나 하는 일은 사실 공상이 이것을 허락하지 않는다.

꿈이나 무의식적 공상이 성적인 상징을 양성적으로 사용하는 경향에는 아주 오래 전 옛날의 특징이 나타나 있다고 하는 것이 옳다는 것은, 유아기에는 두 가지 성기의 차이가 아직 알려지지 않고, 유아는 사내아이도 여자아이도 같은 성기를 가지고 있다고 생각하기 때문이다. 그러나 많은 꿈에서 일반적인 성의 도착이 기도되고, 그 결과 남성 성기가 여성 성기에 의해 표현되거나 또 거꾸로 표현되거나 한다는 것을 잊어버린다면, 양성적인 성 상징을 오해하게 될 우려가 있다. 그와 같은 꿈은 차라리 남자였으면 하는 여성의 소망을 나타내고 있는 것이다.

또 남자의 성기가 손이라든가 발로 표현되고, 여자의 음부는 입, 귀, 눈으로 표현되는 일이 있듯이 꿈속에서 성기는 다른 신체 부분에 의해 표현되는 일이 있다. 인체의 분비물(가래, 눈물, 오줌, 정액 등)은 꿈속에서는 서로 대체하는 일이 있다. 슈테켈의 이와 같은 견해는 전반적으로 옳지만, R. 라이틀러의 근거 있는 비판에 제한되었다(《국제정신분석학 잡지》 제1권 1913년). 정액과 같은 중요한 분비물을 아무래도 상관없는 것으로 바꿔놓은 일이 있다는 것이 라이틀러가 수정한 근본적인 부분이다.

위와 같이 지극히 불완전한 암시 정도로밖에 꿈의 상징을 돕지 못했으나 이것만으로도 한결 면밀한 수집으로 연구에 대한 자극은 될 수 있을 것이다.*48 이보다 훨씬 자세한 꿈 상징의 서술을 나는 《정신분석입문》(1916~17년) 속에 해 두었다.

여기서 나는 꿈에서의 상징 이용의 실례를 좀 더 덧붙여 두겠는데, 이 실례로 나는 다음과 같은 것을 나타내려고 생각한다. 즉 만일 우리가 꿈 상징이라는 것을 외면한다면, 꿈 해석에 도달하는 일이 얼마나 어려워질 것인가, 한편 또 많은 경우 꿈 상징이 얼마나 불가피한 일로서 우리에게 다가올 것인가 하는 점이다. 그러나 같은 자리에서 또 나는 상징이 꿈 해석에 대해 갖는 의의를 과대평가해서는 안 된다고 말하고 싶다. 꿈 해석이라는 말은 상징 해석만으로 충분하다고 생각해서 꿈을 꾼 당사자의 연상을 이용하는 밥법을 포기하거나 하지 않도록 경고해 두고 싶다. 꿈 해석에서 이 두 방법은 서로 돕지 않으면 안 된다. 그러나 이론적으로도 실제적으로도 어디까지나 우위에 서야 할 것은 처음에 설명한 방법, 즉 꿈을 꾼 당사자의 자유 연상에 대해 결정적 의의를 인정하려는 기법이며, 우리가 시도한 상징 해석은 이에 대한 보조 수단이다.

---

*48 세르의 꿈 상징론과 여기서 전개한 꿈 상징론 사이에는 여러 가지 차이점이 있으나 세르야 말로 꿈 상징의 본래 발견자인 것을 인정하지 않으면 안 된다는 점, 정신분석학의 경험은 예전에 출간된(1861년), 황당무계하다는 세평을 받은 그의 저서의 명예 회복을 이룩했다는 점을 역시 지적해 두지 않으면 안 된다.

1. 남자(성기)의 상징으로서의 모자*49
(유혹불안의 결과 광장공포증에 걸린 어떤 젊은 여자의 꿈의 일부)

〈한여름에 나는 야릇한 모양의 밀짚모자를 쓰고 한길을 거닐고 있다. 그 모자의 중앙부는 위쪽으로 꼬부라져 양쪽 부분은 아래로 처져 있다(진술은 여기서 더듬기 시작). 게다가 한쪽이 다른 한쪽보다 더 늘어졌다. 기분은 차분하다. 젊은 사관들 곁을 지나쳐가지만 이 사람들은 모두 내게 손을 절대 내밀지 못한다고 생각한다.〉

그녀는 꿈속의 모자에 대해 아무런 연상도 하지 못하므로 내가 이렇게 말한다. "그 모자는 가운데 부분이 위쪽으로 뻗치고 양쪽 부분이 아래로 늘어진 것을 보니 아마도 남성 성기일 것입니다." 모자가 남성이라고 하면 이상하게 들릴지 모르지만 세상에서는 시집가는 것을 '모자 밑으로 들어간다'고도 하지 않는가. 양쪽 부분이 불균등하게 드리워졌다는 자질구레한 점이야말로 해석의 결정적인 길을 지시하는 것이 틀림없으나, 이 세부적인 분석은 일부러 사양한다. 그리고 계속 이렇게 말한다. "다시 말해 당신이 이런 훌륭한 성기를 가진 남자를 남편으로 가졌다면 사관들을 두려워할 것이 없다. 즉 그 사관들에게서 아무것도 바랄 필요가 없다. 원래 당신은 유혹을 받는다는 공상 때문에 호위를 받지 않고서는 나다닐 수 없을 것이기 때문이다." 그녀의 불안에 대한 이와 같은 설명은 벌써 그때까지 몇 번이나 다른 자료를 사용해서 했던 것이다.

이렇게 판단한 뒤에 그 꿈을 꾼 부인이 어떤 반응을 보였는지는 지극히 주목할 만한 일이다. 그녀는 앞에서 한 모자 묘사를 그만두었다. 그리고 양쪽 부분이 아래로 처졌다고 말한 기억은 없다고 주장했다. 그러나 나는 분명 그렇게 들었으므로 자신의 설명을 취소할 마음은 일어나지 않았다. 그러자 그녀는 한참 가만히 있다가 이윽고 용기를 내어 이렇게 물었다. "남편의 고환 한쪽이 다른 쪽보다 늘어진 것은 무슨 뜻일까요. 남자는 다 그렇게 돼 있을까요?"라고. 이것으로 그 모자의 야릇한 모양은 명백해져서 이 꿈 해석 전체가 그녀에 의해 인정받기에 이르렀다.

이 부인 환자가 자기 꿈 이야기를 해주었을 무렵 나는 모자 상징에 관한 것

---

*49 꿈 해석(《정신분석학 중앙잡지》 제1권 제5·6호, 1911년)에서.

을 벌써 알고 있었던 것이다. 이것과 비교하면 더욱 불명료한 다른 몇 가지 경우에 모자는 또 여자 성기도 상징할 수 있다는 결론을 얻을 만하다고 믿게 되었다.[50]

2. 작은 것은 성기이다─차에 치이는 것은 성교의 상징이다
(앞의 광장공포증 부인 환자의 다른 꿈)

〈그녀의 어머니가 어린 딸을 혼자 걷게 하기 위해 밖에 내놓는다. 그리고 그녀는 어머니와 같이 기차를 타고 가는데, 어린 딸이 금방 철로를 향해 걸어오는 것을 발견한다. 딸은 기차에 치일 것이 틀림없다. 뼈가 으스러지는 소리가 들린다.(정말 기분 나쁘지만 실제 경악은 아니다). 그리고 그녀는 기차 창 밖으로 머리를 내밀고 몸뚱이의 일부분이 뒤에서 보이지 않을까 하고 언저리를 둘러본다. 다음에 그녀는 어머니에게 딸을 혼자 밖에 내놓았기 때문이라고 힐책한다.〉

분석

여기서 이 꿈의 분석을 완전히 하기란 쉽지 않다. 이것은 많은 꿈의 계열 가운데 하나이므로, 그와 같은 다른 꿈의 연계 속에서만 완전히 이해될 수 있기 때문이다. 상징의 존재를 증명하기 위해 필요한 자료를 알맞게 분리하여 꺼낸다는 것은 그야말로 쉬운 일이 아니다. 환자는 처음에, 꿈에 기차를 타고 간 일을 과거의 실제로 있었던 기차 여행, 즉 정신병원 요양원에서 돌아올 때의 기차 여행을 암시하는 것으로 해석할 수 있다고 생각했다. 이 요양원 원장에게 그녀는 완전히 열을 올리고 있었던 것이다. 어머니가 마중하러 오고 원장도 역까지 나와 작별의 꽃다발을 건네주었다. 사나이가 이렇게 하는 장면을 어머니에게 보인다는 것은 결코 유쾌한 일이 아니었다. 그와 같은 이유로 이경우 어머니는 그녀의 연애에 있어 방해자로 나타나고 있다. 사실 또 그녀의 처녀 시절에 엄격한 어머니는 늘 이와 같은 역할을 해왔다. 그 다음의 착상은

---

[50] 킬히그라버의 보고(〈정신분석학 중앙잡지〉 제3권, 1912년, 95면) 중의 이와 같은 일례를 참조. 슈테켈(연감 제1권, 475면)은 한복판에 비스듬히 선 깃털 달린 모자가 '성적 불능'의 남자를 상징하고 있는 꿈을 보고하고 있다.

몸뚱이 부분이 뒤에서 보이지나 않을까 하고 언저리를 둘러본다는 장면에 있다. 꿈의 정면에서 살피자면 물론 기차에 치어 산산조각이 난 어린 딸의 몸뚱이 부분이어야 할 것이다. 그런데 환자의 착상은 전혀 다른 방향을 가리키고 있다. 그녀는 지난날 욕실에서 아버지의 알몸을 뒤쪽에서 본 일을 생각해 내고, 또 성의 차이라는 이야기가 되어 남자의 경우에는 뒤로도 성기가 보이는데 여자는 보이지 않는다는 것을 지적했다. 이 관련으로 이제야 그녀는 스스로 그 작은 것이 성기이고 그녀의 어린 딸(그녀에게는 네 살이 된 딸이 있었다)은 자신의 성기라고 해석하기에 이르렀다. 그녀가 어머니를 힐책하는 것은 어머니가 자기에게 성기가 없기나 한 것처럼 살아갈 것을 요구한 데 대해서이고, 이 비난을 꿈의 처음 부분, 즉 어린 딸을 혼자 걷게 하기 위해 밖에 내놓는다는 장면에서 다시 발견했던 것이다. 그녀의 공상으로는 한길을 혼자 거닌다는 것은 사나이가 없다, 즉 성적 관계를 갖지 못한다(Coire는 '같이 걸어간다'는 의미)는 것을 의미하고, 그것이 그녀로서는 못마땅한 것이다. 그녀의 진술에 의하면 그녀는 사실 처녀 시절에는 아버지에게 특히 귀염을 받아 어머니의 질투를 사기까지 했던 것이다.

　이 꿈의 더욱 깊은 분석은 같은 밤에 꾼 다른 하나의 꿈에 의한다. 이 다른 꿈에서 그녀는 자신을 남동생과 동일화시키고 있다. 사실 그녀가 사내아이 같은 소녀로서, 잘못되어 여자로 태어났다고 자주 놀림을 받았다고 한다면, 남동생과의 동일화에 대해서는 '작은 것'이 성기를 의미한다는 것은 더욱 명확하게 된다. 어머니는 그(그녀)를 거세한다고 을러댄다. 거세는 음부를 애무하는 일에 대한 벌임이 틀림없다. 그러고 보면 이 남동생과의 동일화는 그녀가 어려서 수음에 탐닉했다는 것을 나타내고 있다. 이제껏 그녀는 남동생만이 수음을 했다고 기억하고 있었다. 남자 성기에 대한 지식은 그 뒤 그녀에게서 사라져 버렸지만, 이 둘째 꿈이 제시하는 바에 의하면 당시 어려서 획득하고 있었을 것이 틀림없다. 다시 둘째 꿈은 계집아이는 사내아이가 거세되어 형성되는 것이라는 유아적 성 이론을 가리키고 있다. 내가 이 유아적인 사고를 그녀에게 이야기하니, 그녀는 즉시 어떤 이야기를 안다고 하면서 이 생각이 옳다는 것을 실증했다. 그 이야기란 이렇다. 사내아이가 계집아이에게 "잘라냈니?" 하고 물으니 계집아이는 '아냐, 전부터 이래' 하고 대답하는 것이다.

　첫째 꿈에서의 어린 딸, 즉 성기를 혼자 걸으라고 밖에 내놓는 것은 결국 어머니가 자기를 사내아이로 낳아 주지 않은 데 대한 그녀의 분노인 것이다.

'차에 치이는 일'이 성교를 상징하고 있는 것은 이 꿈에서는 명백하게 되지 않는다. 그것을 확실히 알려면 무수한 다른 자료를 들춰보지 않으면 안 된다.

3. 건물, 층계, 수직굴에 의한 성기의 표현
(아버지 콤플렉스 때문에 억압받고 있는 한 젊은이의 꿈)

〈그는 아버지와 함께 어떤 장소를 거닐고 있다. 원형 건물이 보이고 이 건물 앞에 작은 돌출부가 있어 거기에 고무풍선을 매달아 놓은 것으로 보아 빈의 프라터 공원이 틀림없다. 그런데 고무풍선은 상당히 늘어져 보인다. 아버지가 여기 있는 것이 모두 무엇인지 아느냐고 묻는다. 그는 이상하다고 생각하지만, 일단 아버지에게 설명한다. 그리고 부자는 한 장의 큰 함석판이 가로놓인 안마당으로 들어간다. 아버지는 그 함석판 한 조각을 떼어내려고 하는데, 그에 앞서 주위를 둘러보고 사람이 있는지 없는지 확인한다. 그는 아버지에게 "감시인에게 한 마디 양해만 얻으면 됩니다, 그렇게 하면 문제없이 떼어낼 수 있어요" 하고 말한다. 이 안뜰에서 층계가 하나 수갱으로 통하고 있다. 그 갱도의 벽은 가죽 팔걸이의자처럼 부드럽게 발라져 있다. 이 갱도 안쪽에는 꽤 길고 편편한 지면이 있고, 거기서 다시 새 갱도가 시작되고 있다.〉

분석
이 꿈을 꾼 젊은이는 치료하기 힘든 타입의 환자 가운데 한 사람으로, 어느 점까지는 분석에 아무런 저항도 하지 않지만 그 점을 넘으면 갑자기 분석에 저항하기 시작한다. 이 꿈의 분석은 환자가 거의 혼자서 해냈다. 그가 말한 바에 의하면 원형 건물은 자신의 생식기이고 그 앞의 고무풍선은 자기의 음경인데, 자기는 음경이 늘어져 있기 때문에 애먹고 있다고 했다. 더 상세히 설명하면 원형건물은 궁둥이(어린아이는 대개 이것을 성기로 알고 있다)이고, 그 앞의 작은 돌출부는 음낭인데, 꿈속에서 아버지가 이것이 뭔지 아느냐고 묻는 것은 성기의 목적과 기능에 대한 질문이라는 것이다. 이 상태와 거꾸로 젊은이가 아버지에게 물어본다는 것은 분명하다. 현실에서는 아버지에게 그런 것을 묻는 일은 없었으므로, 이 꿈의 사고는 소망이라고 풀이하지 않으면 안 되며, 또는 다음과 같이 조건법적으로 보지 않으면 안 될 것이다. '만일에 내가 아버지에게 성적인 설명을 구했다고 한다면.' 이 사고의 계속은 곧 다른 데에서 찾아낼 수 있을 것이다.

함석판이 펼쳐져 있는 안마당은 무엇보다도 상징적으로 해석할 것이 아니라, 차라리 아버지의 작업장과 관계된다고 보아야겠다. 비밀을 지킨다는 이유에서 나는 '함석'을 그 아버지가 감시하고 있는 다른 자료 대신 예로 들었지만, 그것으로 이 꿈의 줄거리가 변할 걱정은 없다. 꿈을 꾼 젊은이는 아버지의 일을 돕고 있는데, 많지는 않지만 부당한 이익을 올리는 방법에 크게 반발을 느끼고 있었던 것이다. 그러므로 위에서 보여준 꿈 사고의 계속은 이렇다고 보아도 좋겠다. '(만일 내가 아버지에게 물었다고 한다면) 아버지는 나를 속였을 것이다. 마치 손님을 속이는 것처럼.' 상업상의 부정을 표현하기 위한 말 '뜯어내다'는 그 젊은이 자신이 다시금 수음이라고 설명하고 있다. 이것은 우리로서는 벌써 알려져 있는 해석일 뿐만 아니라, 수음의 비밀이 그 반대되는 사물에 의해 표현되고 있는(공공연히 해도 상관없으므로) 것과 부합한다. 이것은 또 최초의 꿈 장면에서의 질문과 마찬가지로 수음 행위가 아버지에게 떠맡겨진다는, 누구나 하는 예상과 일치하고 있다. 젊은이는 수직굴을 서슴지 않고 부드럽게 바른 벽이라는 점을 들어 질이라고 해석했다. 내려오는 일은 올라가는 일과 마찬가지로 질 내에서의 성교를 묘사하고자 한다는 것은 다른 지식에서 보조적으로 부연 설명해 둔다(《정신분석학 중앙 잡지》 제1권 제1호에서의 의견을 참조. 위에서 서술한 363면, 주 44를 참조).

최초의 굴에 상당히 길고 편편한 지면이 계속되고 거기서 새 굴이 시작되고 있다는 것은 젊은이가 자기의 생활에서 이것을 설명해 주었다. 그는 어떤 기간 동안 계속 성교를 하고 있었으나, 그 뒤 여러 가지 장애로 이것을 단념하고 현재 치료로 다시 성교를 하게 되기를 바라고 있는 것이다. 그러나 이 꿈은 끝에 가서 한층 모호하게 되어 전문가에게 다음과 같은 추정을 내리게 한다. 즉 이 꿈의 둘째 장면에는 이미 어떤 다른 주제의 영향이 나타나 있어 아버지의 장사, 아버지의 사기적인 행동, 굴로 표현된 첫 번째 질 등이 이 주제를 암시하고 있으므로 우리는 거기에 어머니에 대한 어떤 관계를 상정할 수 있는 것이다.

4. 남자 성기는 여러 가지 인물로, 여자 성기는 풍경으로 상징된다

(경찰관을 남편으로 둔 어떤 서민 계층 여자의 꿈, B. 다트너의 보고)

〈……그리고 누가 침입해 들어와 그녀는 무서워서 경찰을 불렀다. 그런데 경찰은 두 사람의 '불량배'와 정답게 교회*51에 들어갔다. 교회는 여러 층의 계단*52을 올라간 데 있었다. 교회 뒤에 산*53이 있고 산꼭대기는 울창한 숲*54이 되어 있었다. 경찰은 헬멧을 쓰고 가슴 보호대를 대고 외투*55를 걸치고 있었다. 그리고 갈색 턱수염을 기르고 있었다. 경찰과 정답게 어울려 간 두 불량배들은 허리에 자루같이 된 앞치마를 두르고 있었다.*56 교회 앞에는 산으로 통하는 길이 있었다. 이 길은 양쪽이 풀과 덤불에 덮여 있고 올라감에 따라 숲이 짙어지는데, 산꼭대기에서는 실제 삼림이 되어 있었다.〉

5. 아이들이 꾸는 거세 꿈

(a) 〈3년 5개월 되는 남아. 이 아이는 아버지가 들에서 돌아오는 것을 무척 싫어한다. 어느 날 아침, 잠이 깨어 흥분된 얼굴로 몇 번이나 같은 질문을 되풀이한다. "왜 아버지는 머리를 접시에 담아 가져온 거야? 엊저녁에 아버지는 자기 머리를 접시에 담아서 가져왔잖아."

(b) 〈현재 중증 강박 노이로제에 걸려 있는 학생이 여섯 살 때 몇 번이나 이런 꿈을 꾼 일을 생각해 낸다. 그는 이발하러 이발소에 간다. 그러자 무서운 얼굴을 한 큰 여자가 그에게 성큼성큼 다가와 그의 목을 쳐서 떨어뜨린다. 그 여자가 어머니라는 것을 알았다.〉

6. 소변 배설의 상징

여기 삽입한 그림(다음 면을 참조)은 페렌치가 어느 헝가리의 만화 잡지(〈피

---

*51 혹은 예배당으로서 질(膣)을 의미한다.

*52 성교의 상징.

*53 Mons veneris(陰阜).

*54 Crines Pubis(陰毛).

*55 어느 전문가의 설명에 의하면 외투와 두건을 쓴 모습의 정령은 남근의 성질을 지닌 것이라고 한다.

*56 양쪽 음낭.

디부스》에서 발견하고 꿈 이론 설명에 도움이 된다고 생각한 것 중의 한 장이다. O. 랑크는 〈프랑스 보모의 꿈〉이라는 이 그림을 잠을 깨우는 꿈에서의 상징에 관한 연구 중에서 이미 쓰고 있다(99면).

어린아이의 울음소리에 유모가 잠이 깨는 장면을 그린 제일 끝의 그림을 보고 비로소 앞의 7장의 꿈이 몇 개의 단계를 나타내고 있다는 것을 알게 된다. 첫째 그림은 유모의 잠을 깨우는 계기가 되는 자극을 인지시킨다. 사내아이는 오줌이 마려워 "쉬쉬" 외치고 있다. 그러나 꿈은 침실에서의 상황을 산책 중의 상황으로 바꿔 놓고 있다. 둘째 그림에서 유모는 그 아이를 이미 어느 길모퉁이로 데리고 갔으며, 아이는 오줌을 누고 있으므로 그녀는 그냥 자도 되는 것이다. 그러나 잠을 깨우려는 자극은 지속되고, 아니 오히려 강해진다. "쉬야 지켜주지 않아." 어린아이는 더욱더 울부짖는다. 유모가 잠을 깨어 오줌을 뉘어줄 것을 아이가 격렬하게 요구하면 할수록 유모의 꿈엔 벌써 쉬야를 시켰으니 굳이 일어나지 않아도 된다는 확신이 더욱더 굳어져 간다. 꿈은 그때 잠을 깨우는 자극을 상징의 차원으로 풀이한다.

오줌을 누는 아이가 흘리는 물은 점점 양이 불어나 넷째 그림에서는 이미 보트를 띄울 수 있을 정도가 되고, 다섯째 그림에서는 돛배가 되고 일곱째 그림에 이르러서는 대형 기선이 되는 것이다! 이기적인 수면 욕구와 끊임없는 각성 자극 사이의 투쟁이 익살스런 만화가의 손에 의해 참으로 재미있게 그려져 있는 것이다.

7. 층계의 꿈
(O. 랑크가 보고 분석한 꿈)

뒤에 인용하는 이빨 자극 꿈을 이야기해 준 친구가 의미가 명료한 다음의 몽정 꿈을 이야기해 주었다.

〈나는 층계참에서 어떤 어린 소녀의 뒤를 쫓아 층계를 내려간다. 그 아이가 내게 장난을 쳤으므로 벌을 주려고 생각했다. 아래의 층계 끝에서 누군가가 (어른 여자?) 그 아이를 붙잡아 주었다. 거기서 나는 그 아이를 움켜잡았는데 때렸는지 어쩐지는 기억하지 못한다. 갑자기 나는 층계 한가운데서 그 계집아이와 (마치 공중에 뜬 것처럼 되어) 성교하고 있었기 때문이다. 하기는 진짜 성

교가 아니라 나는 음경을 그녀의 외음부에 마찰시켰을 뿐이었다. 그렇게 하면서 그녀의 성기와 비스듬히 뒤로 젖힌 머리가 또렷이 보였다. 성교 중 왼쪽 위에(이 또한 공중에 뜬 것 같았다) 두 장의 작은 그림이 걸려 있는 것을 보았다. 초록에 에워싸인 한 채의 집을 그린 풍경화였다. 작은 쪽 그림에는 보통 화가의 사인이 있는 자리에 마치 그것이 내 생일 선물이기나 한 것처럼 내 이름이 씌어 있었다. 다시 그 그림들 앞에 종이가 한 장 매달려 있는데, 거기에는 '더 싸구려 그림도 있습니다.'라고 씌어 있었다(나는 그리 똑똑하지는 않지만 위의 층계참에서 침대에 누워 있는 것이다). 그리고 촉촉한 느낌이 들었는데, 어느 사이엔가 몽정하고 있었던 것이다.〉

해석
꿈을 꾼 당사자는 전날 저녁 어떤 서점에서 기다리고 있는 동안, 거기 늘어놓은 그림들을 보고 있었다. 그 그림들은 꿈속에 나온 것과 비슷한 것이었다. 특히 마음에 드는 자그마한 그림 곁으로 다가가 그린 사람의 서명을 살펴보았으나 전혀 모르는 이름의 화가였다.

그날 밤 늦게 그는 보헤미아 출신의 가정부와 함께 지냈다. 그 가정부는 자기가 낳은 사생아는 '층계에서 만들어졌다'고 뽐내면서 말을 했다. 거기서 그는 이 기이한 사건의 세세한 점을 캐어묻고 다음과 같은 것을 알았던 것이다. 즉 이 가정부는 자기를 쫓아다니는 사나이와 자기 부모의 집으로 갔다. 그런데 성교할 기회를 얻지 못해 흥분한 사나이는 층계 위에서 성교를 했다는 것이다. 꿈을 꾼 당사자는 여기에 대해 밀주를 만드는 데 흔히 쓰이는 욕설을 장난 비슷하게 암시하면서 그 가정부에게 이렇게 말해 주었다. "그럼 그 아이는 그야말로 진짜 '지하실 층계에서 만들어진 것'이군."

이상이 꽤 집요하게 꿈 내용에 끼어들어 당사자가 수월하게 기억에서 되살릴 수 있었던 낮의 체험과 결합되는 사건이다. 그런데 그는 또한 마찬가지로 간단하게 유아 기억의 낡은 한 조각을 생각해 내고 있다. 이것도 또 꿈속에 쓰이고 있었던 것이다. 꿈속의 층계참은 그가 어린 시절의 대부분을 지내고 더욱이 성의 여러 가지 문제를 최초로 알게 된 집의 층계참이었다. 이 층계참에서 곧잘 놀았고 그럴 때 난간을 타고 미끄럼을 탔는데, 그때 성적 흥분을 느꼈다. 그런데 꿈속에서도 그는 마찬가지로 무서운 속력으로 층계를 달려내려 오고 있다. 그 자신도 분명하게 말하듯이 하나하나의 계단에 발도 대지 않고 '날 듯이 내려간다.' 이 꿈의 처음은 유아 체험에 관계되어 성적 흥분의 계기를 표현하는 듯 생각된다. 충계참이나 그것에 이어진 집안에서 꿈을 꾼 당사자는 이웃 아이들과 다분히 성적인 장난질을 친 일이 있고, 그때 그는 꿈속에서 일어난 것과 같은 방식으로 성적 만족을 얻었던 것이다.

성적 상징에 대한 프로이트의 연구(《정신분석학 중앙 잡지》 제1호, 2면)에서 꿈속에 나오는 충계나 충계의 오르내림이 대개 성교를 상징하고 있다는 것을 알게 되면 위의 꿈의 의미는 일목요연하게 된다. 이 꿈의 원동력은 그 결과인 몽정이 나타내듯이 순전한 리비도적인 성질의 것이다. 수면상태에 있을 때 성적 흥분이 자각되고(꿈에서는 충계를 급하게 내려온다는 것이 미끄러져 내린다는 것으로 표현된다) 이런 성적 흥분의 사디즘적인 특질은 씨름놀이에 의지하여 그 여자아이를 쫓아가 쓰러뜨린다는 점에 암시되고 있다. 리비도의 흥분이 고조에 달하여 성 행위에 돌입한다(꿈속에서는 그 여자아이를 붙잡아 충계 한가운데로 마구 끌고 간다는 것으로 표현되고 있다). 여기까지의 이 꿈은 순수한 성 상징적인 것으로서 그다지 숙련을 쌓지 못한 꿈 분석가로서는 완전하게 풀이하기는 힘들 것이다. 그러나 너무도 강한 리비도의 흥분으로서는 이 상징적 만족만으로는 불충분하며, 이 정도의 상징적 만족이라면 꿈이 깰 일도 없었던 것이다. 흥분은 사정을 초래하고 이리하여 모든 충계 상징은 성교의 대용이었다는 것이 폭로되는 것이다. 프로이트는 충계 상징이 성적으로 이용되는 이유 가운데 하나로 충계의 오르내림과 성행위의 리드미컬한 특징을 지적하고 있다. 이 꿈은 특히 명료하게 그것을 증명하고 있다고 생각된다. 왜냐하면 이 꿈을 꾼 당사자가 분명하게 진술하는 바에 의하면, 그의 성행위의 리듬, 상하로 문지르는 일은 이 꿈에서도 가장 명료하게 각인되어 표출된 요소였기 때문이다.

그 실제의 의미는 별도로 하고 상징적 의미에서도 '여성상'으로 간주되는 두 장의 그림(이것이 꿈 내용 속에 큰(어른) 여자와 작은 계집아이가 나타나는 것과 마찬가지로 큰 그림과 작은 그림이 문제된다는 사실로 이미 아는 것이지만)에 대해 한 마디 말해 두겠다. '더 싸구려 그림도 있습니다'는 매춘부 콤플렉스와 통하며, 한편 또 작은 쪽 그림에 꿈을 꾼 당사자의 이름이 씌어 있어 이것은 자기의 생일 선물인 모양이라고 생각하는 대목은 부모 콤플렉스를 가리키고 있다(층계 위에서 태어난다. 성교로 생겨난다). 꿈꾼 당사자가 위층 층계참에서 침대에 드러누워 젖은 것을 느낀다는, 결말이 불명료한 이 장면은 유아 수음을 넘어 다시 유아기까지 거슬러 올라가서 어쩌면 동정과도 흡사한, 자면서 싸는 오줌의 쾌감을 느낀 장면을 본보기로 하고 있는 듯이 생각되는 것이다.

8. 층계 꿈의 수정

내 환자중에 중증 금욕가가 있다. 그의 공상은 어머니에게 고착되어 있어, 어머니와 같이 층계를 오르내리는 꿈을 몇 번이나 꾸었다. 나는 그 환자에게 적당한 수음이라면 무리한 금욕보다 해롭지 않다고 말해 주었다. 이 말의 영향을 받아 그는 다음과 같은 꿈을 꾸었다.

〈피아노 선생님이 피아노 연습을 게을리 하고 있다. 모셸레의 에튀드와 클레멘티의 라틴어 운율도 연습하지 않고 있었느냐고 야단치셨다.〉

그는 이 꿈에 대해 운율은 두말할 필요 없이 계단이기도 하고, 피아노 건반 자체는 거기 음계가 포함되고 있으므로 역시 층계라고 했다. 그러므로 성적 사실이나 소망은 그것의 표현을 거부할 어떤 표상 범주도 갖지 못한다고 말할 수 있다.

9. 현실감과 반복의 표현

현재 35세가 되는 남성이 네 살 때 꾼 꿈이지만 똑똑히 기억하고 있다고 주장하는 그 꿈 이야기를 해주었다. 〈부친의 유언을 맡고 있던 공증인이(이 사나이가 세 살 때 그의 아버지가 죽었다) 커다란 배를 두 개 갖다 주어서 그 중의 하나를 먹었다. 다른 하나는 거실 창틀 위에 올려놓았다.〉 그는 잠에서 깨어 나서도 꿈이 현실인 줄 알고 어머니에게 남은 하나를 마저 달라고 졸랐다. "창틀에 올려놓았잖아" 하고 말했던 것이다. 어머니는 웃고 상대하지 않았다.

분석

이 공증인이라는 것은 명랑한 노인으로, 그가 기억하고 있다고 믿는 것에 의하면 사실 한 번 배를 갖다 준 일이 있다. 창틀도 그가 꿈에 본 그대로의 것이었다. 이렇다 할 생각이 달리 나지 않았다. 굳이 말한다면 어머니가 최근 그에게 이런 꿈 이야기를 해준 일이 있었다. 새 두 마리가 어머니 머리 위에 날아와 앉았으므로 언제 날아갈 것인가 생각하고 있었는데, 날아가기는커녕 한마리가 입언저리로 날아와 입을 빨았다고 한다.

꿈을 꾼 본인이 생각이 떠오르지 않는다고 하므로 우리로서는 당연히 상징 대용에 의한 해석을 시도해도 좋을 것이다. 두 개의 배(Pommes ou poires(사과 또는 배))는 그에게 젖을 물린 어머니의 두 젖가슴이다. 창문틀은 집 꿈에서의 발코니나 마찬가지로 가슴의 융기이다. 잠깬 뒤 그의 현실감이 옳다고 할 수 있는 것은, 어머니는 실제로 그에게 젖을 먹이고 더욱이 이유기가 지나서까지도 먹이고 있었기 때문에 지금도 어머니의 젖가슴을 자기가 차지할 것으로 생각하고 있었던 것이다. 그러니 이 꿈은 풀이하면 이렇게 될 것이다. "어머니, 젖가슴을 한 번 더 주세요(보여 주세요, 옛날에 내가 빨아먹은 그 젖가슴을)." 이 '옛날'은 한 개의 배를 먹은 일로 그려지고 '한 번 더'는 남은 한 개의 배를 졸라대는 일로 표현된다. 어떤 행위의 시간적 반복은 꿈속에서 대개 어떤 물건의 숫자적 증대가 된다.

상징이 4살 된 어린아이의 꿈속에서 어떤 역할을 했다는 것은 물론 대단히 주목할 만한 사실이지만, 이것은 예외가 아니라 일반적인 법칙이다. 꿈을 꾸는 인간은 애당초 상징 표현을 쓰는 법이라 해도 좋을 것이다.

인간은 꿈 생활 밖에 있어서도 얼마나 일찍부터 상징 표현을 쓰고 있는가는 다음에 소개하는, 27세 되는 부인의 숨김없는 기억이 잘 보여준다. 〈그녀는 세 살과 네 살 사이이다. 아기 보는 아가씨가 그녀와 그녀보다 11개월 어린 남동생과 이 두 사람의 중간 나이인 사촌 여동생을 화장실에 데리고 가서 산책 전에 소변을 보게 한다. 그녀는 가장 나이가 많으므로 보통 변기에 걸터앉고, 나머지 둘은 아기용 변기에 눈다. 그녀는 사촌 여동생에게 "너도 지갑을 갖고 있니? 발터가 갖고 있는 건 소시지야. 난 지갑인데." 그러자 사촌 동생은 이렇게 대답한다. "응, 나도 지갑이야." 아기 보는 아가씨는 웃으면서 이 말을 듣고 있었는데, 그대로 아이들의 어머니에게 말하니 어머니는 그것을 엄하게 꾸짖었다.〉

10. 건강인의 꿈에서의 상징 표현의 문제*57

정신 분석에 대한 반대자들의 흔한 반박에(최근에는 H. 엘리스도 그렇다)*58 다음과 같은 것이 있다. 즉 꿈 상징은 아마도 노이로제에 걸린 마음의 산물이기는 하겠지만, 정상인에게는 적용되지 않는다고 하는 것이다. 그런데 정신 분석적 연구는 정상적인 마음 생활과 노이로제에 걸린 마음 생활과의 사이에 본래 원리적인 차이를 두지 않고 다만 양적인 차이를 인정할 뿐이다. 건강한 사람에게나 병자에게나 마찬가지로 억압된 콤플렉스가 작용하고 있는 꿈의 분석 결과가 제시하는 바로는, 상징 표현 같은 메커니즘은 건강한 사람과 병자에게 있어 완전히 동일한 것이다. 그럴 뿐더러 건강한 사람의 자연스러운 꿈에는 흔히 노이로제에 걸린 사람들보다도 훨씬 간단명료한, 그리고 더 특징 있는 상징 표현이 포함되고 있다. 노이로제 환자의 꿈에서의 상징 표현은 보통 사람보다 좀 더 강하게 검열이 작용한다. 그 결과 꿈 왜곡이 대규모가 되기 때문에 난삽하고 모호하여 분석이 곤란한 일이 참으로 많다. 다음에 열거하는 꿈은 지금까지의 사실을 설명하기에 족한 것이다. 이 꿈은 새침하고 조심스러운, 그리고 노이로제에는 걸리지 않은 아가씨가 꾼 것으로, 이야기하는 동안 그녀는 약혼 중이지만 결혼을 지연시키는 여러 가지 장애가 있다는 것을 알았다. 그녀는 그 꿈 이야기를 들려주었다.

〈나는 테이블 중앙에 생일 축하 꽃을 장식한다.〉 내 질문에 답하여 그녀는 자기는 꿈속에서 어쩐지 내 집에 있다는 그런 느낌으로(당시 그녀는 아직 가정을 갖지 않았다) 어떤 행복감을 느꼈다고 털어놓았다.

이 '평범한' 상징에 의해 이 꿈의 풀이가 가능하게 된다. 꿈은 빨리 결혼하고 싶다는 이 여성의 소망의 표현이다. 중앙에 꽃을 장식한 테이블은 그녀 자신과 성기의 상징이다. 그녀는 이미 아기의 탄생이라는 관념을 안음으로써 자신의 장래의 소망이 채워진 것으로 표현하고 있다. 즉 꿈속에서는 이미 결혼해 버린 것으로 되어 있는 것이다.

'테이블 한복판'이라는 것은 그다지 보통 표현은 아니라고 말했더니 그녀도 그것을 인정했다. 그러나 이 경우 물론 그 이상 직접적인 질문으로 할 수는 없었다. 나는 그녀에게 상징의 의미를 암시하는 것 같은 일은 신중히 피하고 다

---

*57 알프레트 로비체크의 보고(《정신분석학 중앙잡지》 제2권, 1911년, 340면 소재).
*58 《꿈의 세계》 런던, 1911년, 168면.

만 꿈의 개개의 부분에 대해 어떤 생각이 떠오르는가에 대해서만 물었다. 분석을 진행시켜감에 따라 그녀의 소극적인 태도는 점차 해석에 대한 분명한 관심으로 바뀌어 진지하고 솔직한 대화를 나눌 수 있었다. "그건 무슨 꽃이었던가요?" 하고 물으니 처음에 "값비싼 꽃입니다. 사려면 돈이 많이 들어요"라고 대답했으나 이윽고 "그건 은방울꽃, 제비꽃, 패랭이꽃 아니면 카네이션이었습니다"라고 대답했다.

이 꿈에 나오는 백합이라는 말은 평범한 의미로 순결일 것이라고 생각했는데, 그녀도 '백합'에 대해서는 '순결'을 연상한다면서 내 생각에 찬성했다. '골짜기'는 자주 쓰이는 여성의 꿈 상징이다. 그런 관계로 은방울꽃의 영어명인 '골짜기의 산나리'는 우연히 그 속에 두 개의 상징을 동시에 포함함으로써 꿈 상징으로, 즉 그녀의 귀중한 처녀성('귀중한'을 의미하는 독일어의 kostbar는 '돈이 드는'이라는 뜻도 된다. 값이 비싼 꽃입니다, 사려면 돈이 많이 들어요)을 강조하는 데 쓰였고, 자기 미래의 남편이 자기의 가치를 올바르게 평가해 주면 좋겠다는 기대도 아울러 나타내고 있는 것이다. 값이 비싼 꽃이란 뒤에 알게 되지만, 세 가지 꽃 상징에 의해 각기 다른 의미를 가지고 있다.

나는 얼핏 보아 전혀 성적이라고는 할 수 없는 '제비꽃(violets)'의 은밀한 의미는(자기로서도 상당히 과감한 설명이라고 생각하지만) 프랑스어의 violate(강간)에 무의식적으로 관련시켜 설명하려고 했다. 그런데 그녀 스스로 여기에 '강간한다'는 의미의 영어 violate를 연상한 데는 나도 놀라지 않을 수 없었다. '제비꽃'의 violet과 '강간한다'의 violate가 우연하게도 몹시 닮았다는 것(영어 발음으로는 두 단어는 다만 ㄲ트머리 액센트가 다르다는 것으로밖에 구별되지 않는다)을 이 꿈은 이용하여(꽃에 의해) 처녀를 범하는 폭력이라는 관념을(이 말 Defloration도 꽃 상징을 이용하고 있다. Defloration은 본래 '꽃을 꺾는다'는 의미이므로), 어쩌면 또 이 아가씨의 마조히즘적 성격 특질을 표현하고 있는 듯하다. 이것이야말로 무의식 세계로 통하는 말의 다리를 표시하는 훌륭한 한 예가 아닐까.

사려면 돈이 든다는 것은 이 경우 그녀가 어엿한 남의 아내가 되고 어머니가 되기 위해 치르지 않으면 안 될 인생의 경험을 의미하고 있다.

'패랭이꽃'(pinks '분홍빛'이라는 의미가 있다)이라고 말하고 나서 다시 또 그것을 카네이션이라고 고쳐 말했는데, 나는 이 carnation이라는 낱말이 '육체적인 것'에 관계하고 있다는 것을 생각해냈다(carnation에는 '색욕'이라는 의미가 있다). 그러나 이 말에 대해서 그녀가 착상한 것은 '색(color)'이었다. 또 덧붙여서 카네이션은 그녀의 약혼 상대에게서 자주 선물로 받은 꽃이라고 말했다. 그만 이야기를 끝내려고 할 때, 돌연 그녀는 내게 진실을 말하지 않았다고 자진해서 털어놓았다. 사실은 색이 아니라 '육체화(incarnation)'라는 말이 떠올랐다는 것이다. 이 '육체화'라는 말은 내가 예상했던 것이었다. 그렇더라도 '색'이라는 것도 착상으로서는 어긋나 있는 것은 아니고 '살빛'이라는 의미에 의해, 따라서 콤플렉스에 의해 규제되고 있다. 그녀의 이 작은 거짓말은 이 부위에서 저항이 가장 컸다는 것을 말해 주고 있으며, 그것은 또 상징이 이 점에서 가장 명백하다는 것, 즉 리비도와 억압 사이의 투쟁이 이 성적 주제에 있어 가장 치열했다는 상황에 부응하고 있다. 이 꽃이 약혼자에게서 자주 보내진다는 말은 carnation이라는 말의 이중적인 의미 외에 꿈속에서 이 말의 성적인 의미도 지시하고 있다. 꽃을 선사한다는 낮의 체험 계기는 '나는 나의 처녀성을 바칩니다. 그 대신 풍부한 사랑의 생활을 기대합니다'는 성적인 선물과 그 보답이라는 관념을 표현하기 위해 이용되는 것이다. 여기서도 또 '값비싼 꽃, 사려면 돈이 드는 것'은 있다. 아마도 현실의 경제적 의미를 갖고 있다고 해도 좋을 것이다. 그와 같은 관계로 꿈의 꽃 상징은 여성의 처녀성 상징과, 남성의 상징, 힘으로 처녀를 빼앗기는 일에 대한 관계를 포함하고 있다. 꿈 이외에서도 광범위하고 일반적인 성적인 꽃 상징은, 식물의 생식기라고도 할 만한 꽃으로 인간의 성적 기관을 상징하고 있다는 것을 지적해 두고 싶다. 연인끼리의 꽃 선물에는 어쩌면 처음부터 이와 같은 무의식적인 의미가 있는 것이 아닐까 싶다.

그녀가 꿈속에서 생일 준비를 하는 것은 아마도 아기의 탄생을 의미하고 있는 것 같다. 그녀는 자신을 약혼자인 사나이와 동일화하고 그녀에게 아기를 낳게 만드는, 즉 성교해 주는 그를 표현한다. 잠재의식은 이렇다. "만일 내가 그이라면 우두커니 기다릴 것이 아니라 마구 처녀를 빼앗고 억지로라도 성교해 버릴 것이다." violate라는 말도 이것을 암시하고 있는 것이다. 이렇게 함으로써 또 사디즘적인 리비도 요인도 거기 표현되고 있다. '나는 테이블을 장식해요. 등등'은 꿈의 심층부에서는 자기 성애적인, 따라서 유아적인 의미를 가지고 있는 것이리라.

그녀는 또 자기의 육체가 빈약하다는 것을 꿈속에서만은 인식하고 있다. 그녀의 몸은 마치 테이블처럼 편편하다('가슴이 편편하다'는 뜻일까, 따라서 성적 매력이 결여되었다). 그러니만큼 '한복판'(다른 데서 그녀는 '꽃의 한복판'이라고도 말하고 있다)의 귀중함(값비싸다는 뜻)을, 즉 처녀성을 강조한다. 테이블이 수평인 것도 상징에 대한 하나의 요소의 역할을 한다고 보아도 좋다. 주목할 것은 이 꿈의 집중성이다. 쓸데없는 것은 하나도 없고 어느 말이나 하나의 상징이다.

그녀는 뒤에 이르러 이 꿈을 보충하여 이런 말을 하고 있다. "나는 꽃을 오글오글한 녹색 종이로 장식하는 것이었어요." 그리고 그것은 보통 화분을 포장하는 예쁜 종이라고 덧붙이고, 다시 "보기에 깨끗지 않고 불결한 것, 찢긴 데라든가 꽃과 꽃 사이의 적은 틈을 감추기 위해, 그 종이는 벨벳이나 이끼처럼 보입니다"라고도 했다. '장식한다(decorate)'에 대해 그녀는 내가 예상한 대로 '감미로움, 애교(decorum)'라는 말을 연상했다. 녹색이 주가 되었다는 것에 대해서는 '희망'을 연상했는데, 이 말은 또한 임신과 관련되고 있다('희망'이라는 영어는 독일어로는 임신 중이라는 뜻이 있다). 꿈의 이 부분에서는 사나이와의 동일화는 지배하고 있지 않고 수치와 솔직함이라는 관념이 나타나 있다. 그녀는 사나이를 위해 내 몸을 깨끗하게 하고 자신이 부끄럽게 생각하고 있는, 어떡하든 이것을 고치려고 애쓰는 육체적 결함을 스스로 자백하고 있는 것이다. 벨벳, 이끼라는 착상은 분명히 그것이 음모임을 가리키고 있다.

이 꿈은 그 아가씨가 깨어 있을 때 사고에서는 거의 지각되지 않는 관념의 표현인 것이다. 그것은 관능의 사랑과 성적인 여러 기관에 관련되는 관념이다. 그녀는 "생일을 위해 준비한다." 즉 성교하는 것이다. 처녀성을 잃는 일에 대한 두려움, 어쩌면 또 쾌락을 강조한 고통도 거기 표현되고 있다. 그녀는 스스로 자신의 육체적 결함을 자백하고 자기의 처녀성을 과대평가함으로써 이런 결함을 숨기려고 한다. 육욕이 얼굴을 내민 것을 부끄럽게 생각하여 이것도 사실상 아기를 갖고 싶어서라고 얼버무리고 있다. 연애하는 여자로서는 인연이 없는 물질적인 고려도 꿈속에 나타나 있다. 단순한 꿈의 정서인 행복감은 꿈속에서 강렬한 감정적 콤플렉스(Affktive Komplex)가 만족을 얻고 있다는 것을 알려주고 있다.〉

페렌치는 '아무런 선입감도 갖지 않은 사람들의 꿈'이야말로 오히려 얼마나 쉽게 상징의 의의와 꿈의 의미를 드러내고 있는가에 대해 주의를 촉구하고 있는데(〈국제 정신분석학 잡지〉 제4권), 과연 옳은 말이다.

여기서 다음과 같은 현대의 역사적 인물의 꿈 분석을 삽입한다는 것은, 이 꿈에서는 꿈 이외에서도 음경을 대신하기에 적당하다고 생각되는 어떤 물건이 그것에 부가된 규정에 따라 아주 명백하게 성적 상징으로 특징지어져 있기 때문이다. 승마용 채찍이 '무한히 길게 되는 일'은 성기의 발기를 의미하는 데 꼭 들어맞지 않는가. 더욱이 이 꿈은 성적인 것과는 거의 무관한, 지시한 관념이 유아적 성적 자료에 의해 표현되는 것에 대한 다시없는 좋은 사례이다.

11. 비스마르크가 꾼 꿈
(한스 작스 박사에 의함)

비스마르크는 그의 《수상과 추억》(염가판 제2권 222면) 중에 1881년 12월 18일에 독일 황제 빌헬름에게 띄운 편지를 게재하고 있다. 이 편지에 다음과 같은 한 구절이 있다.

〈폐하의 말씀에 용기를 얻어 이와 같은 꿈 이야기를 말씀드릴 마음이 생겼습니다. 그 꿈은 1863년 봄에 내가 비상한 난국에 처하여 진퇴유곡에 빠졌을 무렵에 꾼 것입니다. 이 꿈을 꾸고 이튿날 아침 즉시 아내와 여러 사람에게 꿈 이야기를 했던 것입니다. 나는 말을 타고 오른쪽은 낭떠러지, 왼쪽은 절벽을 낀 알프스의 험로를 지나고 있었습니다. 산길은 점점 좁아져 말은 움직이려고 하지 않았습니다. 되돌아서지도, 말에서 내리지도 못할 형편이었습니다. 거기서 나는 왼손에 든 채찍으로 절벽을 치면서 신의 이름을 불렀습니다. 그런데 채찍이 갑자기 마구 길어지고 암벽이 마치 무대의 배경처럼 갈라지더니 한 줄기 넓은 길이 트였습니다. 그 길을 통해 보헤미아의 언덕과 숲, 군기를 받든 프로이센 부대가 보였던 것입니다. 거기서 나는 아직 꿈을 꾸면서도, 이것을 어떻게 신속하게 보고해야 좋은가 하고 생각에 잠겼습니다. 꿈은 이것으로 끝나고 나는 기운차게 잠이 깨어 완전히 기력을 회복하게 되었던 것입니다.〉 이 꿈은 두 부분으로 나뉜다. 그 제1부에서 비스마르크는 궁지에 빠지고 이어서 제2부에서는 불가사의한 방법으로 그 궁지에서 구원된다. 사람과 말이 더불어

봉착한 난국은 이 정치가의 위기적 상황의 꿈 표현이라는 것은 쉽게 인정되는 것이다. 그는 꿈을 꾸기 전날 밤에 자기 정책의 여러 문제를 이리저리 생각하면서 마침내 위기에 직면한 것을 통감했을 것이 틀림없다. 꿈속에 표현되기에 이른 비유적인 언사로 비스마르크 자신의 처지에 대해 쓴 편지의 한 구절에 당시 상태의 절망적 상황을 그리고 있다. 그러므로 꿈의 절망적 상태는 그로서는 익히 아는 바의 것이고 명백한 것이었다. 그 밖에도 또 이 꿈은 질베러가 말하는 '기능적 현상'의 훌륭한 일례이기도 하다. 곰곰 생각해 본 그 어느 해결책에도 뛰어넘지 못할 장애가 있는 것을 알았지만, 그러나 그렇다고 하여 그들 문제를 버려둘 수도 없는 비스마르크의 심중의 과정은 말을 타고 진퇴유곡에 빠진 모습으로 아주 적절하게 표현되고 있다. 적어도 양보하거나 후퇴하거나 하는 것을 금하는 자존심은 꿈속에서는 되돌아설 수도 내릴 수도 없다는 말로 잘 표현되고 있다. 타인의 복지를 위해 고민하고 항상 긴장 상태에 있는 행동인인 비스마르크가 자신을 말에 비유한다는 것은 있을 법한 일이다. 그리고 사실 그는 기회 있을 때마다 자기를 말에 비유했다. 그 좋은 예가 '용기 있는 말은 마구를 지닌 채 죽는다(훌륭한 인간은 일터에서 순직하는 것이라는 뜻)'는 유명한 말이다. 이렇게 해석하면, '말이 움직이려 하지 않았다'는 대목은 극도의 난국에 처한 그가 현재의 고민에서 벗어나고 싶다는 욕구를 느끼고 있다는 것을 의미하는 게 틀림없다. 또는 표현을 바꾸면 그는 지금 수면과 꿈에 의해 현실성 원리의 질곡에서 벗어나려고 한다는 의미이다. 다음에 제2부에 이르러 그토록 강하게 진행되고 있는 소망의 충족은 제1부에서도 이미 알프스의 험로라는 말로 전주(前奏)되고 있다. 비스마르크는 그때 이미 다음 휴가는 아마도 알프스에서(즉 거슈타인에서) 지내게 되리라고 생각하고 있었던 것이다. 비스마르크를 알프스로 데리고 간 꿈은 그러므로 그를 단번에 현실의 시끄러운 정치적인 업무에서 해방시켜 주었던 것이다.

제2부에서 꿈을 꾼 비스마르크의 소망은 이중의 방법으로(너무나 명백한 모양으로, 그와 동시에 상징적으로) 충족된 것으로 그려진다. 앞길을 가로막는 절벽이 사라지고 그 대신 한 줄기 넓은 길이(즉 가장 쾌적한 형태에 더할 나위 없는 진로가) 나타나는 점은 상징적이고 또 전진하는 프로이센의 부대가 보이는 점이 명백히 드러난 형태라는 것이다. 이 예언적 환상을 설명하는 데 있어서 신비적 연관성을 생각할 필요는 없다. 프로이트의 소망 충족론으로 충분한 것

이다.

비스마르크는 당시 이미 프로이센의 내분에서 벗어나는 최선의 길은 오스트리아와 싸워 이를 무찌르는 일이라고 판단하고 열렬히 대 오스트리아 전을 원하고 있었다. 그가 꿈에 프로이센의 부대가 보헤미아, 즉 적국 가운데를(보헤미아는 당시 오스트리아 관할이었다) 군기를 받들고 행진하는 것을 보았다는 것은, 꿈은 프로이트의 요청대로 이 소망을 충족시켜 묘사하는 것이다. 다만 개인적으로 중요한 것은, 우리가 여기서 논하고 있는 꿈을 꾼 당사자인 비스마르크는 꿈에서의 소망 충족에 만족하지 않고 그 소망을 현실에서도 충족시키지 않고서는 참지 못했다는 점이다. 정신 분석의 해석 기법을 이해하는 정도의 사람이라면 반드시 주목할 것이 틀림없는 특징은 '마구 길어지는' 채찍이다. 채찍, 지팡이, 창 등은 음경의 상징이라는 것은 잘 알려져 있다. 그러나 이 채찍이 더욱더 길게 뻗는 힘이라고 하는, 음경의 가장 두드러진 성질을 가지고 있을 경우 더 이상 의심을 개재시킬 여지는 없다고 해도 좋다. '마구 길게' 뻗는다는 것으로 인한 현상의 과장은 유아적 과잉 에너지를 뜻하는 것으로 생각된다. 채찍을 손에 드는 것은 분명 수음을 암시하는 것이다. 물론 그것은 꿈을 꾼 비스마르크의 현실적인 관계가 생각되어야 할 것은 아니고, 아득히 먼 유아기의 쾌락에서 비롯된다고 생각되어야 한다. 이 경우 꿈속의 왼쪽은 부정, 금단의 일, 죄악을 의미한다는 슈테켈의 해석은 대단히 귀중한 것이다. 이것은 금지를 배반하고 이루어지는 유아 수음에는 썩 잘 들어맞을 것이다.

이 가장 깊은 유아적 층과 정치가의 일상의 여러 계획에 몰두하는 가장 표면의 층 사이에는, 이 두 층이 관계하고 있는 또 하나의 중간층이 있다는 것이 지적된다. 신의 도움을 청하면서 절벽을 침으로써 기적적으로 궁지에서 벗어난다는 과정은 성서의 한 장면을 연상시킨다. 바로 모세가 목이 말라 애쓰는 이스라엘 백성을 위해 바위를 쳐서 물이 솟아나게 하는 것이다. 성서 신앙이 두터운 신교도 가정에서 장성한 비스마르크는 이 장면을 잘 알고 있었다고 생각해도 될 것이다. 곤경에서 허덕이던 시기의 비스마르크는 쉽게 자기를 민중의 지휘자 모세와 견줄 수 있었을 것이다. 모세도 자기가 해방시키려고 하는 민중의 반항과 증오와 배신을 받았으니 말이다. 따라서 이것에 의해 현실의 소망에 대한 단서가 주어지고 있는 것이리라. 한편 또 성서의 이 장면은 수음 공상에 썩 알맞게 이용할 수 있는 개개의 점을 적잖게 포함하고 있다. 신의 율법을 어기고 모세는 지팡이를 들었고, 이 위배에 대해 신은 모세를 벌했는데, 모세가 약속의 땅을 밟는 일 없이 죽지 않으면 안 된다고 고한다. 지팡이(꿈속에서 어김없이 남근적인 의미를 가지는 지팡이를 금단을 무릅쓰고 붙잡는 일, 지팡이로 쳐서 체액이 흘러나오게 하는 일, 게다가 죽음의 위협) 이상으로 유아적 수음의 주요 계기는 모두 갖추어졌다. 하나는 전제적인 정치가의 마음에서, 다른 하나는 태초의 유아적 영혼의 충동으로부터 나온다. 이 두 이질적 형상을 성서의 한 구절을 매개로 결합시키고, 더욱이 그에 즈음하여 고통스러운 계기는 모두 깨끗이 지워 버리고만 그 가공, 각색 솜씨는 참으로 흥미를 자아낸다. 지팡이를 잡는 일이 금단의 반역 행위인 것은 그것이 이루어지는 왼손으로 한층 더 상징적으로 암시된다. 그러나 겉으로 드러난 내용 중에서는 마치 금단이라든가 비밀에 대한 관념을 전혀, 그야말로 명백하게 거부하려고나 하는 듯이 신의 이름을 부르는 것이다. 모세는 약속의 땅을 볼 것이지만, 그러나 그 땅을 밟는 일은 없으리라는 신이 모세에게 준 두 가지 예언 중 하나는 명료하게 실현된 것으로 그려지고(언덕과 숲이 있는 토지가 보이는 일), 다른 한편의 몹시 고통스러운 예언은 전혀 묵살된다. 물은 모름지기 이 장면과 그 먼저 장면을 알맞게 하나로 합치려는 2차적 가공의 희생이 되었던 것인데, 물이 솟아나오는 대신 암벽 자체가 무너진다. 금지의 모티브가 대체되고 있는 유아적 수음의 결말은 어린아이가 자기 주위의 권위적인 인물에게 수음을 한 사실이 전혀 알려지지 않았으면 좋겠다고 원하는 것이라고 예상하지 않으면 안 되겠다. 꿈속에서는 그 대립물, 즉 이 소망은 사건을 황제에게 즉시 보고하고자 하는 소망으로 대치되고, 이 전도는 꿈 사상의 최상층과 겉으로 드러난 꿈 내용의 일부분에 포함되고 있는 승리의 공상에 교묘하고 자연스럽게 결합되고 있다.

이와 같은 승리나 정복의 꿈은 흔히 에로틱한 정복 욕망의 베일이다. 예를 들어 침입하는 자가 어떤 저항과 맞닥뜨린다든가 길게 늘어나는 채찍을 이용한 뒤에 한 줄기 넓은 길이 나타난다는 따위 꿈의 개개의 특색은 그와 같은 해석을 허락하는 모양이다. 그러나 그것을 기초로 이 꿈을 가로지르고 있는 특정한 관념 방향이나 소망 방향을 찾아내기에는 충분하다고 하지는 못한다. 우리는 여기서 보기 좋게 성공한 꿈의 왜곡에 대한 전형적인 한 예를 보는 것이다. 불쾌한 것은 교묘히 수정되어 보호막으로 그 위에 펼쳐진 직물 위에는 아무 데도 그런 불쾌한 것은 얼굴을 내밀고 있지 않다. 그 결과는 불안의 방출은 모두 저지할 수 있었던 것이다. 이야말로 검열로 상처입지 않은, 훌륭하게 성공한 소망 충족의 이상적인 케이스인 것이니, 비스마르크가 기운차게 잠에서 깨어 꿈의 영향으로 기력을 되찾은 것도 수긍이 가는 일이라 생각된다.

마지막으로 하나 더 다음과 같은 꿈을 예로 들겠다.

12. 어느 화학자의 꿈
이 젊은이는 여성과의 교제를 통해 자위행위의 습관을 고치려고 애쓰고 있었다.

일러두기
꿈을 꾼 전날 그는 한 대학생에게 그리냐르 반응에 대해 설명했다. 이 반응은 마그네슘이 요오드의 촉매 작용 아래 순수한 에테르로 용해되는 것이다. 이틀 전에 이 반응을 하고 있을 때 폭발 사고가 나서 인부가 하나 손에 화상을 입었다.

꿈 1
〈그는 페닐마그네슘 브롬화물을 만들지 않으면 안 된다. 특별히 정신 차려 그 장치를 주목하고 있다가 자신을 마그네슘으로 대치해 버렸다. 그리하여 묘하게 동요하는 심적 상태에 빠졌는데, 끊임없이 자신에게 "괜찮아, 잘 될 거야. 내 다리는 벌써 용해하기 시작하고 있어. 이것 봐. 무릎이 부드러워졌네" 하면서 팔을 뻗쳐 다리를 어루만진다. 그러다가 '어떻게 그랬는지 모르지만' 자기의 두 다리를 플라스크에서 꺼내고 다시 자신에게 "이거 안 되겠는데. 안 되겠어, 됐어"라고 타이르면서 반쯤 눈을 떴다. 그리고 이 꿈 이야기를 내게 하려고 꿈의 줄거리를 반복해 보았다. 그는 꿈이 사라지는 것이 두려워서 이 가수면 상태가 계속되는 동안 몹시 흥분하여 줄곧 '페닐, 페닐'을 되풀이했다.〉

꿈 2
〈그는 가족 모두와 함께 잉(ing)에 있었다. 11시 반에 어떤 부인과 쇼텐토어에서 밀회하기로 되어 있어서, 눈을 뜨니 벌써 11시 반이었다. 거기서 "이미 늦었구나. 거기 가게 되면 12시 반은 될 게 아닌가"라고 혼잣말을 한다. 다음 순간 모든 가족이 식탁을 에워싸고 모여 있는 것이 보인다. 특히 어머니와 수프 그릇을 든 가정부의 모습이 또렷하다. 그리고 그는 혼잣말을 한다. "그러니 식사하고 나면 더 나갈 까닭이 없잖나"라고.〉

분석

이미 첫째 꿈이 밀회 상대 부인과 관계를 가졌다는 것은 확실하다(이 꿈은 밀회할 예정이던 전날 밤에 꾸었다). 그가 설명해 준 대학생은 특히 불쾌한 놈이었다. 그는 이 대학생에게 "마그네슘은 아직 전혀 접촉을 받고 있지 않았으니 그래서는 안 된다"라고 말했다. 그러자 그 학생은 자기로서는 그까짓 거 대단치도 않다는 듯한 어조로 "이래선 전혀 안 되겠군요"라고 대답했다. 이 학생이 그 자신일 것이 틀림없다. 그는 마치 이 학생이 합성에 대해 냉담했던 것과 같이 자기의 분석에 대해 냉담한 것이다. 실험을 하고 있는 꿈속의 그는 내(프로이트)가 아니면 안 된다. 그리고 결과에 대해 냉담한 태도를 보이는 그(꿈속의 대학생)는 나(프로이트, 꿈속에서는 그)의 입장에서 보면 실로 불쾌한 놈이다.

다른 한편 그는 그것으로 분석(종합)이 이루어지는 바의 것이다. 문제는 치료의 성공 여부에 달려 있다. 꿈속의 다리는 전날 밤의 어떤 인상을 상기시킨다. 그는 댄스 교습소에서 한 부인과 만나 어떻게 했으면 좋겠다고 생각했다. 그는 이 부인을 너무 꽉 껴안았기 때문에 한 번 소리를 질렀을 정도였다. 그가 그 부인의 넓적다리를 압박하기를 그쳤을 때, 그녀가 자기의 무릎 상부를 세게 압박하는 것을 느꼈다. 꿈속에서 만져지고 있는 그 부위이다. 즉 이 상황에서 그 여자는 겨우 성공한 플라스크 속의 마그네슘이다. 그는 나에게는 여성적이지만 여자에 대해서는 남성적이다. 부인 쪽이 잘 되면 치료 쪽도 잘될 것이다. 몸이 만져지고 무릎 언저리의 느낌은 자위행위를 의미하며 전날의 피로감과도 대응한다. 밀회는 사실 11시 반으로 예정되어 있었다. 늦잠을 자서 밀회는 어그러지고 어설픈 성적 대상으로(즉 수음으로) 참아두자는 그의 소망은 그의 저항에 부응한다.

'페닐, 페닐' 하고 되풀이해서 부른 일에 대해서 그는 이렇게 보고한다. 자기는 항상 '일(—ᵞᵉ)'이라는 어미로 끝나는 원자 무리를 아주 좋아한다. 벤질도 그렇고 아세틸도 그렇고 쓰기가 여간 편리하지 않다고. 그런데 이것은 아무런 설명도 되지 않지만, 내가 "그럼 슐레밀(Schlemihl)이란 명칭은 어떤가"라고 하니 그는 마구 웃음을 터뜨리고 이번 여름에 프레보의 책을 읽었다면서 그 속의 '사랑에 외면당한 사람들'이란 장에서 '불운한 사람들'이 화제가 되는데 그것을 읽으면서 나도 역시 마찬가지라고 푸념했다고 말했다. 그가 밀회 시간에 늦었다면 이것 역시 불운이라고 말해도 좋을 것이다.

성적인 꿈 상징은 이미 직접 실험으로 확인된 듯이 보인다. 철학 박사 K. 슈뢰터(Schrötter)는 1912년에 H. 스보보다의 시사에 의해 깊은 최면술에 걸린 사람에게 꿈 내용의 대부분을 규제할 만한 암시를 걸어 꿈을 꾸게 했다. 정상적인 혹은 비정상적인 성교를 꿈꾸라는 암시가 걸리자, 꿈은 이 암시를 다하는 데 있어 성적인 자료 대신에 정신 분석적 꿈 해석으로 잘 알려져 있는 것 같은 상징을 삽입했다. 이렇게 하고, 여자 친구와 동성애적 성교의 꿈을 꾸라는 암시 뒤에 이 여자 친구는 꿈속에 낡은 여행용 가방을 들고 나타났다. 이 가방에는 '부인 전용'이라고 인쇄한 종이가 붙어 있었다. 이 꿈을 꾼 부인은 꿈 상징이라든가 꿈 해석에 대해서는 아무런 지식도 갖지 않은 사람이었다. 이 유익한 연구의 평가는 슈레터 박사가 그 뒤 자살해버렸다는 슬픈 사실 때문에 하지 못하게 되었다. 그가 행한 꿈 실험에 대해서는 〈정신분석학 중앙 잡지〉 중에 잠정적인 보고가 게재되고 있을 뿐이다.

1923년에 G. 로펜슈타인(Roffenstein)이 비슷한 결과를 발표하고 있다. 그런데 특히 흥미롭게 생각되는 것은 베틀하임과 하르트만이 행한 최면술 없는 실험이다. 이 두 연구가는(〈코르사코프씨병에 있어서 착오 반응에 대하여〉 〈정신의학논총〉 제72권, 1924년) 환자들에게 여러 가지 노골적인 성적 이야기를 들려주고, 그 이야기를 복창시키면서 그때 나타난 왜곡에 주의를 기울였다. 그랬더니 거기에 꿈 해석에서 잘 알려져 있는 상징(성교의 상징으로서의 층계를 올라가는 일과 찌르는 일, 쏘는 일, 또 음경 상징으로서의 나이프와 시거)이 나타난 것을 알았다. 층계 상징의 출현에 특별한 가치가 주어지는 것은 이 둘이 정당하게 서술하는 바와 같이 '이와 같은 상징화는 의식적인 왜곡소망(歪曲所望)의 손이 미치지 않는 것'이기 때문이다.

우리는 꿈 상징의 가치를 안 뒤에야 비로소 앞에서 중단한 유형적인 꿈의 고찰을 계속할 수 있다. 나는 유형적인 꿈을 크게 두 종류로 분류해도 좋다고 생각한다. 하나는 실제로 언제나 같은 의미를 갖는 것이고, 다른 하나는 내용이 동일하거나 또는 비슷한 것일지라도 다른 종류의 해석을 하지 않으면 안 되는 것이다. 실제로 늘 같은 의미를 갖는 유형의 꿈 중에서 우리는 다른 시험의 꿈을 이미 자세히 논해 두었다.

기차 시간에 늦는 꿈은 이와 비슷한 정서적인 인상을 갖는 것이므로 시험의 꿈과 같은 맥락으로 생각해도 된다. 이 둘을 잘 음미해 보면 서로 유사하다고 하는 일이 잘못이 아니라는 것을 알게 된다. 그것은 수면 중에 느낀 불안 충동, 즉 죽는 것이 아닌가 하는 불안에 대한 위안의 꿈이다. '여행'은 가장 자주 볼 수 있으며, 또 가장 정체가 잘 규명된 죽음의 상징 가운데 하나다.

그와 같은 관계로 기차 시간에 늦은 꿈은 "안심하십시오. 당신은 죽지는 않을 것입니다(여행을 떠나지는 않을 것입니다)" 하고 위로의 말을 해주고 있는 것이다. 마치 시험 꿈이 "걱정하지 마. 너는 이번에도 문제없을 테니"라고 안심시켜 주는 것과 비슷하다. 이 두 종류의 꿈의 이해가 곤란한 것은 붙인 감각이 다름 아닌 위안의 표현과 결합되고 있는 것에서 오고 있다.

환자의 분석을 맡아 하고 있으면서 내가 자주 부딪치는 '이빨 자극 꿈'의 의미는 오랫동안 포착하지 못했으니 그 원인은 이것을 해석하려고 하면 놀랍게도 으레 엄청나게 큰 저항과 맞부딪쳤기 때문이다.

이제야 겨우 다음의 사실이 한 점의 의혹도 허락하지 않을 정도로 명백하게 되었다. 즉 남성에게는 이 꿈들의 원동력은 사춘기의 자위행위에 대한 욕망임이 틀림없다는 사실이다. 이 종류의 꿈을 두 가지 예를 들어 분석하기로 한다. 그중의 하나는 동시에 '비행 꿈'이기도 한 것이다. 양쪽 다 동일 인물, 즉 강한 동성애의 소유자이지만, 현실의 생활에서는 그것이 저지되고 있는 한 젊은 사나이가 본 것이다.

〈그는 오페라 극장 아래층 칸막이 관람석에서 L과 나란히 앉아 〈피델리오〉의 상연을 보고 있다. 그는 L에게 정을 느껴 어떡하든 친해지려고 생각한다. 돌연 그는 칸막이 좌석을 비스듬히 날아가 입안에 손을 넣어 이를 두 개 뽑는다.〉이 날아간 모양을 그 자신은 마치 공중에 '던져진 것' 같았다고 진술하고 있다. 〈피델리오〉가 상연되었다고 하니 당연히 이런 작자의 시구를 연상할 것이다.

아리따운 여인을 얻은 자는…….

그러나 제아무리 아리따운 아가씨를 얻었다고 하더라도 그것은 이 꿈을 꾼 젊은이가 바라는 것은 아니다. 이 사나이의 소망에는 다음의 두 시구가 더 적합하다.

한 친구와 벗이 되는
위대한 업적을 거둔 자는……*59

그런데 이 꿈은 그와 같은 '위대한 업적'을 포함하고 있지만 이것만이 소망의 충족은 아니다. 그 배후에 감춰지고 있는 것은 그가 동성 친구와 친해지려고 애쓰다가 벌써 몇 번이나 실패한, 즉 '내던져진'(내쫓겼다) 일이 있다고 하는 통절한 마음이고, 또 지금 나란히 앉아 〈피델리오〉를 관람하는 L이라는 젊은이에게도 이와 같은 꼴을 당하지는 않을까 하는 공포이다.

그리고 계속하여 이 감수성이 강한 젊은이는 자기가 지난날 친구에게서 거절당한 뒤 그리운 나머지 성욕이 치솟아 연이어 두 번 자위행위를 했다고 부끄러운 듯이 고백했던 것이다.

다른 하나의 꿈은 이렇다. 〈그의 친지인 대학 교수 두 사람에게 나(프로이트) 대신 그를 진찰하게 한다. 한 교수는 그의 페니스를 주무른다. 그는 수술하게 되지는 않나 하고 겁을 먹는다. 다른 한 교수는 철봉으로 그의 입을 쑤신다. 그래서 치아가 두어 개 빠진다. 그는 넉 장의 비단 천으로 묶여 있다.〉

이 꿈의 성적인 의미는 거의 의심할 여지가 없다. 비단 천은 그의 친지인 동성연애를 하는 사나이와의 동일화를 말해 준다. 여성과 성교한 일도 없고 또 실제로는 남자와 성적으로 교합하려고 한 적도 없는 이 꿈을 꾼 본인은 사춘기에 곧잘 하던 자위행위를 본보기로 성교라는 것을 상상하고 있는 것이다.

가령 남에게 이를 뽑힌다는 것 같은 전형적인 치아 자극 꿈이 자주 나타나는 변형도 같은 설명으로 이해할 수 있으리라 생각한다.*60 그러나 왜 '치아 자

＊59 여기서 업적이라고 번역한 Wurf에는 '크게 내던짐'의 뜻이 있음.

＊60 타인에 의해 이를 뽑히는 것은 대개의 경우 거세 상징으로 풀이한다(슈테켈은 이발사에게 머리를 깎이는 것도 마찬가지라고 했다). 가령 B 코리어(《정신분석학 중앙잡지》 제4권, 440면) 가 보고한 것 같은 치과의사에 관한 일반과 이러한 치아 자극에 관한 꿈은 명백하게 구별하여 생각하지 않으면 안 된다.

극 꿈'이 이와 같은 의미를 가질 수 있는지 잘 모르겠다는 사람도 있을지 모른다. 여기서 나는 성 억압에 봉사하는, 아래에서 위로의 이동이 아주 자주 일어난다는 것에 주의를 촉구해두고 싶다. 그리고 이 이동에 의해 히스테리에서 본래 성기에서 이루어져야 할 모든 종류의 감각이나 의향이 적어도 다른 지장이 없는 신체 부분으로 실현될 수 있는 것이다. 무의식적 사고의 상징 표현에 있어 성기가 얼굴로 대치되는 경우도 이와 같은 이동의 한 케이스이다. 언어의 관용어적인 사용도 이 경우 힘을 보태고 있다. 왜냐하면 '엉덩이'라는 말은 뺨의 유사어로 인정되며 입의 균열을 에워싸고 있는 입술과 나란히 '음순(陰脣)'이라고도 일컬어지기 때문이다. 코는 무수한 암시에서 페니스와 동일시되며 코 밑과 페니스 밑에 털이 있어 둘의 유사성은 한층 강화된다. 이와 같은 대비가 안 되는 것은 오직 하나 이빨인데, 이 일치와 배치(背馳)의 공존이야말로 치아에 있어 성 억압 아래서의 표현이라는 목적에 알맞은 것이 되고 있다.

이제 치아 자극 꿈을 자위행위로 해석하는 일의 정당성을 나로서는 조금도 의심할 수 없으나, 이 해석이 완벽하다고 주장하지는 않는다.[61] 설명할 수 있는 것만을 하고 나머지는 미해결로 그냥 둘 수밖에 없다. 그런데 언어 표현 중에 포함되고 있는 또 다른 하나의 관련도 여기서 지적해 두지 않으면 안 되겠다. 오스트리아에서는 '한 대 뽑는다'든가 '한 대 훑는다'는 자위행위를 나타내는 천박한 말이 있다.[62] 이 표현이 어디서 왔는지, 그 근저에 어떤 비유 과정을 근거로 하고 있는지에 대해서는 뭐라고 말할 수 없지만, 첫째 표현은 '치아'와 아주 잘 어울리는 것 같다.

민간 신앙에서 치아를 뽑거나 치아가 빠지거나 하는 꿈은 집안사람의 죽음을 의미한다고 되어 있지만, 정신 분석은 이와 같은 해석에 대해 고작 위에 암시한 것 같은 모방적 의미로밖에 그 의의를 인정할 수 없다. 그러므로 나는 여기 오토 랑크가 제공한 '치아 자극 꿈'을 하나 덧붙인다.

치아 자극 꿈이라는 주제에 대해 얼마 전부터 꿈 해석의 여러 문제에 대해

---

*61 C.G. 융의 한 보고에 의하면, 부인이 꾸는 이 자극 꿈은 출산의 꿈을 의미한다고 한다. 존즈는 이 주장을 입증했다. 위의 견해와 이 해석의 공통점은 두 경우 모두(거세-출산) 몸전체에서 일부분이 이탈된다는 점에 있다.
*62 이 점에 대해서는 앞서 서술한 '전기적인' 꿈을 참조.

활발한 관심을 보이기 시작하고 있는 어느 동료가 보고해 준 다음 꿈을 게재한다. 〈나는 치과에 가서 아래 어금니의 뿌리를 치료받는다. 너무 오래 주물러 이가 망가졌다. 그리고 의사는 핀셋으로 그 이를 집게에 물려 아주 쉽게 뽑아낸다. 내가 감탄할 정도다. 그러자 그는 "이건 안 돼, 지금 치료하고 있는 이가 아니라니까" 하면서 그 이를 테이블 위에 올려놓으니 그 이(짐작컨대 위쪽 앞니인 모양이다)는 여러 층으로 부수어졌다. 나는 치료대에서 내려와 호기심에 쫓겨 그 곁으로 다가가 어떤 의학적인 질문을 했다. 치과의사는 묘하게 희부연 치아 부분을 골라내어 기구로 그것을 짓부수면서(분말로 만들면서) "이건 사춘기와 관계가 있죠. 사춘기 전이 아니면 이는 이렇게 수월하게 빠지지 않으니까요. 부인네들에게는 이렇게 쉽사리 이가 빠지는 결정적 계기는 아기의 출산이라는 거죠"라고 설명해 주었다.〉

나는 다음에(가수면 상태였다고 생각하지만) 꿈꾸면서 몽정하고 있었다는 것을 알아차렸지만, 꿈의 어느 근처에서 몽정했는지는 분명치 않았다. 어쩌면 이가 뽑아질 때가 아니었나 생각한다.

〈그리고 다시 어떤 사건을 꿈꾸었으나, 더 이상 생각이 나지 않는다. 다만 끝날 무렵에 나는 누가 옷을 나중에 갖다 주려니 하고 모자와 윗도리를 아무데나(어쩌면 치과의 의자인가) 내던지고 외투만 걸친 채 차 시간이 임박한 역을 향해 서둘러 갔다. 간신히 뒤 차 칸에 올라탔는데, 거기에는 이미 누군가 사람이 서 있었다. 나는 더 이상 차 안으로 들어가지 못하고 옹색한 자세로 여행을 계속하지 않으면 안 되었다. 어떡하든 몸을 편안하게 하려고 애쓴 끝에 그런 대로 편해졌다. 이윽고 터널로 들어갔다. 그러자 반대 방향에서 기차가 두 대나 달려와 마치 우리가 탄 기차가 터널이거나 한 듯 그 속을 지나쳐 간다. 나는 밖에서 안을 엿보듯이 차창 안을 들여다보았다.〉

이 꿈을 해석하기 위한 자료로는 다음과 같은 전날의 체험이나 관념을 들수 있다.

① 나는 사실 얼마 전부터 이 치료를 받고 있어 이 꿈을 꾸었을 때는 아랫니가 늘 아팠다. 이 이가 꿈에 뿌리가 파헤쳐졌다. 현실에서도 치과 의사는 진절머리가 날 지경으로 오래 그 이를 주무르고 있었던 것이다. 꿈꾼 날 오전 중에도 그 이가 아파서 치과를 찾아갔다. 그러자 의사는 내게 설명하기를 "아마도 지금 통증이 일어난 이는 같은 아래턱이지만, 치료 중인 이와는 다른 것인

모양이니, 이것도 뽑지 않으면 안 된다"고 말했다. 이 이는 지금 나고 있는 사랑니였다. 나는 이것을 기회로 이 일에 관한 그의 의학적인 양심에 대해 다시 어떤 질문을 했다.

② 같은 날 오후 나는 어떤 부인에게 이가 아파 기분이 내키지 않는다고 변명하지 않으면 안 될 일이 있었다. 여기에 대해 그 부인은 자기도 치관(齒冠)이 다 낡아 이를 뽑아야 한다고 할까 봐 겁내고 있는 중이라고 말했다. 이를 뽑는 것은 특히 송곳니가 더 아프고 위험하다지만, 잘 아는 여자가 말하는 바에 따르면 윗니(그녀의 경우도 윗니였다)는 아랫니보다 더 아프다고 말했다. 잘 아는 여자는 또 그녀에게 지난날 마취하고 다른 이를 뽑힌 적이 있다고 말했다. 그 이야기를 들으니 이 뽑는 일이 더욱 두려워졌다고 말했다. 그리고 그녀는 나에게 어떤 것이 송곳니이고, 송곳니에 대해 아는 것이 있는지를 물었다. 또 이런 이에 대해 어떤 이야기가 있는가 등등을 물었다. 나는 그녀에게 일반적으로 전해지는 이야기 중에는 상당히 미신에 속하는 것이 많다고 주의를 주었다. 또 이와 같은 미신적인 생각 중에도 한편으로는 진리가 있다는 것을 강조하기를 잊지 않았다. 그러자 그녀는 자기가 아는, 아주 옛날부터 일반에게 잘 알려져 있는 미신이 있다고 말했다. 그것은 임신한 여자가 이를 앓으면 아들을 낳는다는 것이었다.

③ 이 속담은 프로이트의 《꿈의 해석》에 보고된 치아 자극 꿈의 유형적인 의의는 자위행위의 대용이라는 설을 고려해 넣으면 여간 나의 흥미를 끄는 것이 아니었다. 왜냐하면 흔히 이가 남성 성기와 어떤 종류의 관계가 있다고 믿고 있기 때문이다. 따라서 나는 같은 날 밤에 《꿈의 해석》의 그 대목을 다시 읽어 보니, 거기에는 특히 다음에 인용하는 것 같은 설명이 붙여져 있었다. 이 설명이 나의 꿈에 영향을 주었다는 것은 앞서 서술한 두 체험의 영향과 마찬가지로 손쉽게 인정된다. 프로이트는 치아 자극 꿈에 대해 이렇게 쓰고 있다. "남성에게 있어 이 꿈들의 원동력은 사춘기의 자위행위에 대한 소망임이 틀림없다." 다시 프로이트는 계속한다. "예를 들어 남에게 이를 뽑힌다는 것 같은, 전형적인 치아 자극 꿈이 자주 나타나는 변형도 또 같은 설명으로 이해할 수 있으리라 생각한다. 그러나 왜 치아 자극 꿈이 이와 같은 의미를 가질 수 있는지 잘 모르겠다는 사람도 있을지 모른다. 여기서 나는 성 억압에 봉사하는 아래에서 위로의 이동(위의 꿈에서는 아래턱에서 위턱으로의 이동)이 지극히 자

주 일어난다는 것에 주의를 촉구해 두고 싶다. 그리고 이 이동으로 히스테리에 있어 본래 성기에서 이루어져야 할 모든 종류의 감각이나 의향이 적어도 다른 지장이 없는 신체 부분으로 실현될 수 있는 것이다." "그런데 언어표현 중에 포함되고 있는 또 다른 하나의 관련도 여기서 지적해 두지 않으면 안 되겠다. 오스트리아에서는 '한 대 뽑는다'든가 '한 대 훑는다'는 자위행위를 나타내는 천박한 말이 있다."

이 표현이 자위행위를 나타내고 있다는 것은 나의 어린 시절부터 이미 잘 알려져 있고, 이런 점으로 숙련된 꿈 분석가는 이 꿈의 근저에 있는 유아기 자료에 통하는 길을 발견하는 일은 힘들지는 않을 것이다. 나는 다만 한 가지만 더 언급해 두겠다. 즉 뽑힌 뒤 위쪽 앞니로 변하는 이가 참으로 수월하게 뽑힌 것은 내게 자신의 유아기의 어떤 사건, 즉 마구 흔들리는 위의 앞니를 아프지도 가렵지도 않게 쉽게 혼자 뽑은 일을 생각나게 하는 것이다. 오늘날에도 그처음부터 마무리까지 생생하게 기억하고 있는 이 사건은 내가 처음 의식하고 자위행위를 시도한 것과 같은 유아기이다(은폐 기억).

프로이트가 G. 융의 치아 자극 꿈은 부인에게는 출산의 꿈의 의미를 갖는다는 보고를 인용한 것과 임신한 여자에게 있어서 치통의 의미에 대해 말한 항간의 미신은 꿈속에서의 남자의(사춘기) 의미에 대해 여자의 의미를 대치하는 유인이 되었다. 여기에 대해 나는 옛날에 꾼 꿈을 기억하고 있다. 그것은 현실에서 이 치료를 마친 직후에 꾼 꿈으로, 애써 끼운 금관이 금방 빠져 버려 힘들게 치른 막대한 비용이 허사가 되었구나 하고 꿈속에서 속이 상했다. 이 꿈은 현재 나로서는 어떤 하나의 체험과 관련하여, 어떤 형태든 경제적으로는 돈이 드는 대상에 대한 사랑과 대비하면 자위행위는 경제적으로 싸게 먹힌다고 떠들어 댄 것으로 이해할 수 있다. 또 임신한 여자의 치통의 의의에 관한 그 부인의 이야기는 이와 같은 사고방식을 다시금 내 마음속에 불러일으킨 것이라고 생각한다.

이상이 내 동료가 꾼 꿈 및 그 자신이 그것에 가한 해석의 대강이다. 극히 명료하고 반론의 여지도 없다고 생각한다. 그렇지만 내가 그것에 덧붙인다면 둘째 꿈 부분에 포함되어 있다고 생각되는 의미를 약간 지적할 정도이다. 그것은 치아(치아 'Zahn'–뽑다 'ziehen'–열차 'Zug'. 뽑는다는 독일어인 ziehen은 또 줄지어 간다는 뜻이 있어 열차의 어원으로도 되어 있다. 또 잡아뽑다 'reißen', 여행하다 'reisen'. 이것은 발음상의 유사일 것임)라는 언어 연상을 매개로 꿈을 꾼 당사자가 곤란을 무릅쓰고 완수한 자위행위에서 정상적인 성교(몇 개의 열차가 다른 방향에서 들어갔다 나갔다 하는 터널)에 대한 이행과 성교에 수반하는 갖가지 위험(임신, 외투―콘돔을 가리키기도 함)을 표현하고 있는 것이다.

그런데 이 꿈의 케이스에 나는 이론적으로 두 가지 방향에서 흥미를 가진다. 하나는 꿈속에서의 사정이 이를 뺀다고 하는 행위 때에 일어난다는 일이 프로이트에 의해 발견된 관련을 뒷받침하고 있는 점이다. 몽정이라는 것은 어떤 형태로 일어나든 기계적인 자극의 도움을 받는 일이 없이 성립되는 자위행위적인 만족이라고 간주하지 않을 수 없기 때문이다. 더욱이 이 경우에는 몽정에 의한 만족은 자위행위의 경우와는 달리 가공의 것에 불과할지라도 어쨌든 대상에 의해 얻어지는 것이 아니고 대상 없이, 다시 말해서 순수하게 자기 성애적인 것이고, 고작해야 아련한 동성애적 특징(치과의사)을 인정하게 할 뿐이라는 것이다.

둘째 부분은 특히 강조할 가치가 있다고 생각되는데, 그것은 다음과 같은 한 대목이다.

우리가 이 꿈 내용을 이해하는 데는 전날의 체험만으로 충분한 것이므로 프로이트의 견해를 드는 것은 이 경우 전혀 군더더기가 아니겠느냐는 이론이 나올는지 모른다. 전날 치과에 간 일, 어떤 부인과 주고받은 대화, 《꿈의 해석》을 읽은 것 등은 밤에 자리에 누운 뒤에까지 치통으로 시달린 인간이 이런 꿈을 엮어낸 것을 설명하고도 남음이 있지 않은가. 뿐만 아니라 수면을 방해하는 고통을 제거하기를 원할 때 (기억되는) 고통 감각을 리비도로 소멸시키면서 다른 일면으로 그 아픈 이를 제거한다는 표상(상징)을 만들어 냄으로써 이 같은 꿈을 꾼다는 것은 충분히 생각할 수 있다는 것이다. 그러나 이와 같은 이론을 참작하더라도 설마 다음과 같은 주장을 고지식하게 내세우지는 못할 것이다. 즉 이 꿈을 꾼 당사자가 고백하고 있듯이(한 대 뽑는다) 이를 뽑는 일과 자위행위의 관련이 아득한 유아기에 이미 그 본보기가 없었다 해도, 프로이트의 설명을 읽기만 하고서도 그 관련이 이 사람의 뇌리에 새겨지고 혹은 또 작용하게끔 되었을 것이라고 말이다. 차라리 그 부인과의 대화나 무엇이 이를 뽑는 일과 자위행위의 관련을 활발하게 의식하게 했다고 생각되는가는, 그가 《꿈의 해석》을 읽고 치아 자극 꿈의 이와 같은 유형적인 의의를 믿고 싶지 않아

(거기에는 나름대로의 이유는 있었던 것이지만) 프로이트가 하는 말이 어떤 종류의 꿈에도 적용되는지를 알고자 하는 소망을 품었다는 것을 뒤에 자기가 말한 것으로 판명되는 것이다. 그런데 이 꿈은 적어도 그 자신에 관한 한은 이 일을 확증시켜 주었으며, 또 그렇게 함으로써 왜 그가 이것을 의심하지 않을 수 없었는가를 아울러 제시해 주었다. 즉 이 꿈은 이 점에서도 또 하나의 욕망의 충족, 즉 프로이트의 견해가 지니는 유효 범위와 신빙성을 믿고자 한다는 욕망의 충족인 것이다.〉

유형적인 꿈의 제2군에 속하는 것은 날고 공중에 뜨고 추락하고 헤엄치고 하는 꿈이다. 이 꿈들은 무엇을 의미하는가. 이것은 일반적으로는 대답할 수 없다. 우리가 뒤에 보게 되듯이 그 의미는 매번 다르지만, 다만 그들 유형적인 꿈에 포함되고 있는 감정 자극의 자료만은 언제나 같은 원천에서 나오고 있다.

정신 분석으로 얻어지는 지식에서 결론짓지 않을 수 없는 것은 이들 유형적인 꿈도 역시 유아기의 인상을 반복한다는 일, 즉 어린아이가 가장 재미있어하는 운동의 놀이와 관계된다는 일이다. 어른은 두 팔을 높이 쳐들어 어린아이를 안고 방안을 빙빙 돌아 나는 시늉을 하기도 하고, 무릎 위에 올려놓고 흔들다가 갑자기 다리를 벌려 아기를 아래로 밀어뜨리거나 또는 아주 높이 쳐들었다가 갑자기 놓아 버릴 듯이 하거나 하는 행동을 한다. 그럴 때 어린아이는 깔깔거리고 좋아하며 몇 번이라도 그렇게 하고 싶어하며 그만두었으면 하는 일이 없다. 더욱이 약간의 두려움과 어지러움이 수반될 정도라면 더욱 좋아한다. 이윽고 성인이 되어 꿈속에서 그 반복을 만들어 내는데, 꿈에서는 어려서 자기를 떠받치던 어른의 손이 없기 때문에 자기들의 몸뚱이가 멋대로 공중에 뜨고 추락하고 하는 것이다. 그네나 시소 등의 놀이를 어린아이들이라면 예외 없이 좋아한다는 것은 누구나 알고 있다. 뒤에 그들이 서커스에서 곡예를 구경하거나 하면 어린 시절의 기억이 새삼 되살아난다. 대부분의 사내아이의 경우, 히스테리 발작이 지극히 교묘하게 해내는 그와 같은 곡예의 재현으로만 성립되고 있다. 그 자체로는 아무런 뜻이 없는 이런 종류의 운동놀이에 즈음하여 성적 감각이 불러일으켜지는 일도 드물지 않을 것이다.

그러므로 수면 중의 우리의 피부 감각 상태, 폐 등의 움직임의 자극 등이 날고 있는 꿈이나 추락하는 꿈을 불러일으킨다는 설명을 거절할 만한 이유가 나에게는 있는 것이다. 내가 보는 바로는 이들 자극 자체가 꿈이 관계하고 있

는 기억에서 재현되고, 따라서 그 자극들이 꿈 내용이기는 하더라도 꿈의 원천은 아닌 것이다.*[63]

　동일한 원천에서 유래하고 있는 이 동질적인 운동 감각의 자료는 참으로 다양한 꿈 사고의 표현을 위해 사용된다. 날고 공중에 뜨는 꿈은 대개 쾌감을 수반하는 것으로 다양한 해석이 이루어지지 않으면 안 된다. 어떤 사람의 경우에는 완전히 특별한 해석이 필요하고, 또 다른 사람들의 경우에는 유형적이라고도 할 수 있는 성질의 해석이 필요하다. 내 여성 환자 중에, 한길 위의 어느 높은 공중에 떠서 결코 땅에 몸이 닿지 않는 꿈을 자주 꾸는 사람이 있다. 그녀는 몹시 키가 작고, 사귀고 교제함으로써 생기는 모든 불결함을 싫어하고 있었다. 그녀의 떠다니는 꿈은 발이 땅에서 떨어져 뜨고 머리가 높은 곳에 위치함으로써 두 가지 소망을 동시에 이루어준다. 하늘을 나는 꿈은 어떤 부인들에게는 새가 되고 싶은 동경의 의미를 가지고 있다. 또 다른 여자들은 천사라는 말을 듣고 싶어했기에 밤마다 꿈속에서 천사가 되었다. 난다는 일이 새라는 관념과 밀접하게 맺어지고 있음으로써, 남성이 나는 꿈은 대개의 경우 야비한 관능적 의미를 갖는다는 것을 이해할 수 있다. 사람에 따라서는 꿈속에서 자기가 날 수 있는 것을 대단히 자랑스럽게 생각한다는 말을 들어도 우리는 이것을 거의 이상하게는 생각하지 않을 것이다(새 Vogel과 같은 계의 동사인 vögeln은 '교접하다'는 의미).

　파울 페더른(Paul Federn)(빈) 박사는 썩 흥미로운 추측을 들고 있다. 이와 같이 나는 꿈은 대부분 음경 발기의 꿈으로 생각된다는 것이다. 그 이유로 발기라고 하는, 인간의 상상력을 끊임없이 작동시키는 주목할 현상은 중력의 지양으로 우리에게 일종의 감명을 주고야 만다는 것을 들고 있다(이 점에 대해서는 고대의 날개가 있는 음경을 참조).

　몰리 볼드는 무릇 공상 따위와는 연관이 없는 꿈 해석 등은 모두 기피하고 있는 냉정한 꿈의 실험가이지만, 이 사람조차도 나는 꿈에 에로틱한 해석을 내리고 있는 것은 주목할 만하다. 그는 성애를 '떠다니는 꿈의 가장 중요한 계기'라고 부르고, 이들 꿈에 수반하는 신체 내의 강한 진동, 그리고 이 종류의 꿈 발기 혹은 몽정과 자주 결합하고 있는 것을 지적하고 있다.

---

*63 이 움직임에 관한 꿈 부분은 논지의 관련성 때문에 여기서 반복한다.

추락의 꿈은 나는 꿈에 비해 한층 더 불안을 수반한다. 여성의 경우 추락의 꿈 해석은 매우 간단하다. 여성들은 추락하는 꿈을 이용해 유혹에 굴복하는 것을 묘사한다고 대부분 인정하기 때문이다. 우리는 추락하는 꿈의 유아적 원천에 대해서는 아직 충분히 규명하지는 못했다. 아기는 거의 전부 어쩌다 뒹굴면 안아 일으켜지고 보살핌을 받았다. 밤에 침대에서 굴러 떨어지면 어머니나 유모의 손에 의해 침상에 뉘어졌던 것이다.

자주 헤엄치는 꿈, 예를 들어 유유히 파도를 헤치는 것 같은 꿈을 꾸는 사람은 대개 어려서 오줌을 싸는 버릇이 있었다. 이미 오랫동안 단념하고 있는 그 쾌감을 이제 꿈속에서 반복하는 것이다. 헤엄치는 꿈이 어떤 표현을 흔히 취하게 되는가는 곧 몇 가지 실례로 알게 될 것이다.

화재의 꿈 해석은 아이들에게 밤에 오줌을 싸지 않도록 '어린아이가 불장난을 해서는 안 된다'는 예절상의 금지 명령의 정당성을 증명한다. 즉 이 종류의 꿈의 근저에도 유아 시절 야뇨증의 잔존 기억이 가로놓여 있는 것이다. 나는 《어떤 히스테리증 분석의 단편》*64 속에서 이런 종류의 화재 꿈의 완전한 분석과 종합을 그 꿈을 꾼 부인의 병력과의 관련 속에서 행하고, 이 유아적 자료가 성년이 된 뒤 어떤 충동의 표현에 이용되는가를 제시해 두었다.

만일 우리가 여러 가지 다른 꿈에서 겉으로 드러난 동일한 내용이 자주 되풀이되는 사실도 아울러 유형적인 꿈의 부류에 넣어 생각한다면, '유형적인' 꿈은 아직도 얼마든지 들 수 있겠다. 예를 들어 좁은 골목길을 지나가는 꿈이라든가, 방이 잔뜩 늘어선 사이를 지나는 꿈이라든가, 신경질적인 사람이 취침 전에 여러 가지 예방 조치를 취하는 데서 보는 도둑이 드는 꿈이라든가, 짐승(황소, 말)에게 쫓긴다든가, 나이프나 단검이나 창 등으로 위협당하는 꿈이라든가, 그런 종류의 것이다. 특별히 이 자료를 다루어보는 연구도 할 만한 일이라고 생각한다. 그러나 지금은 그것을 하는 대신 두 가지 것을 말해 두지 않으면 안 되는데, 이것은 반드시 유형적인 꿈에만 관한 일이 아니다.

꿈의 풀이를 하는 일이 많으면 많을수록 성인 꿈의 대다수가 성적인 자료를 취급하고 성애적인 소망을 표현하고 있다는 사실을 용인하지 않을 수 없게 된다. 꿈을 정말로 분석하는 사람, 즉 겉으로 드러난 꿈의 내용에서 잠재 사고로 돌진하는 사람만이 여기에 대해 약간의 판단이나마 할 수 있을 것이며, 겉으로 드러난 꿈의 내용을 기록하는 것만으로 만족하는 사람에게는 그런 자격이 없다(예를 들어 성적인 꿈의 연구에 있어서 네케와 같은 사람). 성인의 꿈이 대부분 성적인 자료를 다루고 있다는 사실에 우리는 결코 놀라움을 느끼지 않고, 그것은 차라리 우리 꿈 해명의 원천과 완전히 일치하고 있다는 것을 여기서 확인해 둔다. 유아기 이후 무수히 많은 성분을 가진 성적인 충동만큼 많은 압박을 받은 충동은 없으며,[65] 그만큼 강렬한 무의식적인 소망을 남긴 충동도 없다. 이 소망은 이제 수면 상태에서 꿈을 만드는 일을 한다. 꿈 해석을 하는 동안 성적인 콤플렉스가 갖는 이와 같은 의의를 절대로 잊어서는 안 되지만, 그렇다고 또 그것만을 생각한다는 식의 과장된 방식에 빠져서도 안 된다.

대개 꿈은 조심하여 분석하면 그 자체는 두 가지 성으로 이해된다는 것을 확인할 수 있을 것이다. 왜냐하면 그들 꿈이 동성애적인 충동, 즉 그 꿈을 꾸는 인물의 정상적인 성 행위와는 거꾸로의 충동을 실현하는 그 어떤 거부하기 힘든 제2차적 해석이 생기기 때문이다.

그러나 W. 슈테켈[66]이나 알프레드 아들러[67]가 주장하는 바와 같이, 꿈을 모두 양성적으로 해석해야 한다는 것은 헛된 일반화로 논증하기 힘들기도 하려니와 또 실제로 있을 수 없는 것으로 생각되므로 나로서는 찬성하기가 어렵다. 나는 무엇보다 먼저 성애적인(가장 넓은 의미에 있어서의) 욕구 이외의 욕구를 만족시키는 꿈도 배고픔의 꿈, 목마름의 꿈, 편리한 꿈 등 많이 있다는 명백한 사실을 외면할 수는 없다. '모든 꿈의 배후에는 죽음의 약속이 숨어 있다.'(슈테켈)는 주장이나, 어떤 꿈이나 '여성적인 선에서 남성적인 선으로의 전진'을 인정하게 하는(아들러) 것 같은 의견 등도 나로서는 꿈 해석에 허락된 범위를 아득히 일탈하고 있는 듯이 생각된다. 꿈 문헌 중에서 끊임없이 반론이 가해지고 있는 주장, 모든 꿈은 성적인 해석을 요구한다는 주장은 나의 저서 《꿈의 해석》으로서는 관여할 바가 아니다. 이와 같은 주장은 이 책의 일곱

---

[65] 졸저 《성에 관한 세 개의 논문》(1905년 전집 제5권).

[66] 《꿈의 말》 1911년.

[67] 현실 생활의 노이로제에 있어서의 심리적 양성체('의학의 진보' 1910년, 제16권) 및 〈정신분석학 중앙잡지〉 소재(제1호, 1910~1911년)의 후기 논문.

가지*68 판(版)의 그 어디에서도 발견되지 않으며, 또 그와 같은 견해는 이 책의 다른 내용과 명백히 모순된다.

특별하지 않은 꿈이 참으로 노골적이고 에로틱한 소망을 감추고 있다는 것은 이미 다른 곳에서 주장한 것이지만, 새 사례를 통해 이것을 확증하지 못할 것은 아니다. 그러나 어느 모로 보나 지극히 평범한, 그리고 특징 없는 많은 꿈을 분석해보면 가끔 뜻밖의 성적 소망 충동에 귀착된다. 다음에 예를 드는 꿈은 분석 작업 전에는 거기에 성적인 소망이 있으리라고는 아무도 추측하지 못할 것이다. 〈두 개의 당당한 궁전 사이에 조금 들어가 작은 집이 하나 서 있는데, 그 문은 닫혀 있다. 아내가 나를 안내하여 한길을 조금 걸어가서 그 집 앞까지 데리고 가더니 문을 밀어 열었다. 거기서 나는 재빨리, 편안하게 비스듬히 경사진 안마당으로 미끄러져 들어간다.〉

어느 정도 꿈 해석 경험이 있는 사람이라면 좁은 장소에 밀고 들어간다는 일과 닫힌 문을 여는 일이 가장 흔한 성적인 상징에 속한다는 것을 알아차리고, 이 꿈에서 쉽게 등 뒤에서의 성교의 표현(여체의 당당한 둔부 사이로부터의)을 찾아낼 것이다. 좁고 비스듬히 경사진 통로는 두말할 것 없이 질(膣)이다. 이 꿈을 꾼 사람의 아내가 도와주었다는 점에서, 현실적으로는 아내에 대한 고려에서 이와 같은 등 뒤로부터의 성교를 단념했다는 해석을 하지 않을 수 없다. 그리고 본인에게 들어서 안 일이지만, 꿈을 꾼 날에 젊은 아가씨가 이 사람의 집에 고용되어 왔다. 이 아가씨가 첫눈에 마음에 들어 이 아가씨라면 그가 앞에서 말한 것 같은 형태의 성교를 제의해도 그다지 싫어하지는 않으리라는 인상을 받았던 것이다. 두 궁전 사이의 작은 집은 프라하의 흐라트신(프라하의 유명한 지구의 명칭)에 대한 기억에서 온 것으로, 따라서 역시 프라하 출신의 젊은 아가씨를 가리키고 있다.

내가 환자들에게 자기 어머니와 성적으로 교합하는 오이디푸스 꿈(Ödipustraum)은 참으로 자주 볼 수 있는 것이라고 강조하면 으레 이런 대답을 듣는다. "나는 그런 꿈을 꾼 적이 없습니다." 그러나 그 직후에 다른 흐리멍덩한, 아무래도 좋을 그런 꿈의 기억이 떠오른다. 이 꿈은 그 사나이가 몇 번이나 되풀이해서 꾼 꿈이다. 분석을 해보면 이 꿈은 동일한 내용의 꿈, 즉 오이디

---

*68 이 역서의 원본으로 쓴 런던판에 수록된 《꿈의 해석》은 제8판.

푸스 꿈인 것이다. 어머니와 성교하는 것을 위장한 꿈 쪽이 노골적으로 어머니와 성교하는 꿈보다 몇 곱이나 자주 볼 수 있다는 것을 나는 여기에 단언해도 좋다.*69

---

*69 이와 같은 위장된 오이디푸스 꿈의 전형적 사례를 나는 〈정신분석학 중앙잡지〉 제1호에 발표했다. 또 이 잡지 제4호에는 오토 랑크가 다른 일례에 대해 자세한 해석을 가하고 있다. 눈의 상징 표현에 나오는 다른 위장된 오이디푸스 꿈에 대해서는 랑크를 참조하라(〈국제정신분석학 잡지〉 제1권, 1913년). 같은 잡지의 같은 권에는 또 에더, 페렌치, 라이트러의 '눈의 꿈'과 눈의 상징 표현에 대한 연구도 싣고 있다. 오이디푸스 전설에 있어서의 설명은 다른 경우의 것과 마찬가지로 거세 대용으로 본다. 어쨌거나 고대인은 노골적인 오이디푸스의 상징적 해석도 모르지 않았던 것이다(O. 랑크 연감 제2권, 534면 참조). "이처럼 줄리어스 시저가 모친과 성교한 꿈을 꾸었다고 전해지고 있다. 이 꿈을 꿈 해석가들은 대지의 영(어머니 대지. Mutter-Erde)의 길조로 해석했다. 타르퀴니 거리의 사람들에게 주어진 신탁도 마찬가지로 잘 알려져 있다. 타르퀴니 사람 중 가장 먼저 어머니에게 키스하는 자에게 로마 지배권이 주어지리라는 신탁인데, 이것을 브루투스는 어머니인 대지를 가리키는 것으로 해석했던 것이다." 여기에 대해서는 헤로도토스 제6, 107에 있는 히피아스의 꿈을 참조. "그런데 히피아스는 오랑캐들을 마라톤으로 데리고 갔으나, 그 전날 밤 그는 다음과 같은 꿈을 꾸고 있다. 즉 히피아스는 생모와 같이 자는 것 같은 기분이 들었다. 그리하여 그는 이 꿈에서 자기는 고향 아테네로 돌아가 다시 그 지배권을 장악하고 노년에 태어난 거리에서 죽을 것이라고 추론했다." 이와 같은 신화나 해석은 어떤 정당한 심리학적 인식을 가리키고 있다. 어머니의 특별한 총애를 받은 사람은 실제 생활에 있어서 흔히 영웅으로 보이고, 또 실제적인 성공을 획득하는 특별한 자신, 어쩔 수 없는 낙천주의를 나타낸다는 것을 나는 알았던 것이다.

위장된 오이디푸스 꿈의 전형적인 일례. 어떤 사나이가 꾼 꿈.
'나는 한 부인과 은밀한 사이가 되었다. 이 부인은 다른 사나이가 결혼하려고 생각하는 상대다. 그래서 이 다른 사나이에게 둘의 사이가 알려지지나 않을까, 그 때문에 다른 사나이와의 결혼이 무위로 돌아가지나 않을까 하고 걱정한다. 그러므로 그 다른 사나이에게 퍽 다정하게 군다. 그는 그 사나이에게 몸을 기대고 키스한다.'
이 꿈을 꾼 자신의 실제 생활상의 사실이 꿈 내용과 합치되고 있는 것은 오직 한 부분뿐이다. 즉 그는 어떤 기혼 부인과 은밀한 관계를 갖고 있었는데, 이 부인의 남편은 그의 친구다. 어느 날 이 남편이 뱉은 애매모호한 말에서 두 사람의 사이가 발각되지나 않았는가 하는 의심을 품게 된다. 그러나 현실에는 또 하나 다른 일이 연결되어 있는데, 이것은 꿈속에서는 다뤄지지 않고 있으나 이것이야말로 이 꿈을 푸는 열쇠이다. 그 사나이는 병으로 목숨이 경각에 달려 있었다. 사나이는 남편의 죽음을 각오하고 있고 꿈을 꾼 사나이는 이 친구가 죽으면 젊은 미망인과 결혼하려고 진심으로 벼르고 있었다. 이런 성적 상황 때문에 그는 오이디푸스 꿈의 상황 아래에 놓여 있는 것이다. 즉 그의 소원은 이 부인을 아내로 삼기 위해 남편을 죽일 수 있는 것이다. 그리고 그의 꿈은 이 소원에 위선적인 왜곡을 가한 표현을 주고 있다. 그 부인이 이미 다른 사나이와 결혼한 기혼녀라는 것 대신에 그 풍경이라든가 여러 가지 장소의 꿈 가운데, 이곳은 벌써 전에 한 번 온 일이 있다고 또렷이 꿈속에서 강조되는 것이 있다. 그러나 '이미 와 봤다는 느낌'은 꿈속에서 특별한 의미를 갖고 있다. 그 장소는 언제나 어머니의 성기이다. 사실 '거기에는 진작 한 번 있었던 적이 있다'는 것을 어머니의 성기 이외에 그토록 명확하게 주장할 만한 장소가 있을까. 꼭 한 번이지만 나는 강박노이로제 환자의 꿈 이야기를 듣고 어리둥절한 일이 있다. 이 꿈은 그 환자가 전에 두 번 간 일이 있는 집을 방문한다는 내용의 것이었다. 그런데 바로 이 환자는 꽤 오래 전에 내게 여섯 살 때의 한 사건을 이야기해 준 적이 있다. 어느 날 그는 어머니와 침대에 함께 눕게 되었는데, 잠든 어머니의 음부에 손가락을 집어넣은 일이 있었다는 것이다. 흔히 불안감에 싸인 수많은 꿈, 예를 들어 좁은 장소를 지난다든가, 물속에 있다는 등의 내용의 꿈의 근저에는 자궁 내에서의 생활, 모태 내에 머물고 있는 일, 출산 등에 관한 공상이 가로놓여 있다. 다음에 소개하는 한 젊은이의 꿈은 부모의 성교를 엿보기 위해 공상 속에서 자궁 내 존재의 기회를 이용하고 있다.

〈그는 깊은 구덩이 속에 있다. 그 구덩이에는 쩸머링 터널처럼 창문이 하나 있다. 이 창문 밖으로 처음에 공허한 경치가 보인다. 다음에 그는 그 창문 안에 하나의 광경을 그려 넣어 본다. 그 광경은 홀연 나타나 공허한 경치를 채운다. 그 광경은 밭을 표현하고 있으며, 밭은 경작 도구로 깊이 파헤쳐지고 있다. 싱그러운 공기, 그 밭에서 이루어지는 정성스러운 작업이라는 생각, 검은 흙덩이는 아름다운 인상을 불러일으킨다. 그리고 다시 구덩이를 전진해 가니 교과서가 하나 펼쳐져 있다. 그는 그 책에(어린아이의) 성적 감정에 대해 자세히 기록되어 있는 것을 보고 이상하게 생각한 나머지 나(프로이트)를 생각하지 않을 수 없었다.〉

치료 과정에 특히 요긴하게 이용된 한 부인 환자의 물의 꿈도 있다.

〈어느 호수에서 피서 중 그녀는 검푸른 물속에 빠졌다. 물속엔 희푸른 달그림자가 비치고 있었다.〉

다른 사나이가 지금 이 부인과 결혼하려고 한다는 모양으로 변경하고 있지만, 이 부인을 아내로 맞으려고 하는 것은 사실 그 자신의 은근한 의도인 것이다. 그리고 그녀의 남편에 대한 적대적인 소원은 고운 마음씨를 과시하는 일의 배후에 감춰지고 있다. 이 같은 배려는 그의 어린 시절 아버지와의 관계에 대한 기억에서 온다.

이런 종류의 꿈은 출산을 하는 꿈이다. 꿈속에서 고해진 사실을 뒤집어 거꾸로 하면 풀이된다. 물에 빠지는 대신 물에서 나온다, 즉 태어난다는 것이다.[70] 프랑스어의 '달'이라는 말이 갖는 장난스러운 뜻(궁둥이라는 뜻)을 생각하면 사람이 태어나는 장소라는 것을 알게 된다. 그러므로 희푸른 달은 아기가 방금 거기서 태어났다고 생각되는 흰 궁둥이다. 그런데 이 부인 환자가 그 피서지에서 '태어나고 싶다'고 소망한다는 것은 대체 어떤 방향으로 풀이해야할까. 내가 그것을 질문하니 그녀는 주저하지 않고 이렇게 대답했다. "어머, 선생님. 선생님의 치료를 받은 덕택에 말하자면 전 새로 태어난 거나 마찬가지 아네요?" 이리하여 이 꿈은 치료를 그 피서지에서도 계속하는, 즉 그녀를 피서지로 방문해 달라는 초대가 된다. 어쩌면 자기 자신이 어머니가 되고 싶다는 욕망을 지극히 은근하게 표시한 것이기도 하리라.[71]

또 다른 하나는 출산 꿈과 그 해 E. 존스의 연구에서 차용하기로 하자.

〈그녀는 해변에 서서 자기의 아이인 듯한 어린 사내아이가 혼자 물속을 건너가는 것을 바라보고 있었다. 그 아이는 마구 걸어가 완전히 물에 잠겨 이제 머리밖에 보이지 않는다. 그 머리가 물 위에 떠올랐다 잠겼다 한다. 다음에 경치는 완전히 바뀌어 어느 호텔의 사람들이 들끓는 로비가 되었다. 남편이 그녀 곁을 떠나고 그녀는 어떤 낯선 사나이와 이야기를 나누었다.〉

〈이 꿈의 후반부는 분석하는 동안 어렵지 않게 그녀가 남편 곁을 떠나 제3자와 내밀한 관계를 맺는다는 일의 표현이라고 판명되었다. 전반부는 명백한 출산 공상이었다. 신화에서나 꿈에서나 양수에서의 유아 분만은 보통 거꾸로되어 어린아이가 물속으로 들어가는 것으로 표현된다. 아도니스, 오시리스, 모세, 바쿠스의 출생은 그 밖의 무수한 예와 아울러 그것에 대한 주지의 케이스를 제공하고 있다. 수면에 머리가 떠올랐다 잠겼다 하는 것은 그녀가 겪은 단한 번의 임신에서 알게 된 태아의 움직임 느낌을 바로 생각나게 한다. 물속으

---

*70 수중 탄생의 신화적 의미에 대해서는 랑크의 《영웅 탄생 신화》(1909년)를 참조.
*71 모태 내 생활에 관한 공상과 무의식적 사고가 가지는 의미는 내가 뒤에 이르러 비로소 정당하게 평가할 수 있게 된 것이다. 그와 같은 공상이나 사고는 산 채로 묻힌다는, 많은 인간이 품는 기묘한 불안을 해명할 실마리를 갖는다. 동시에 또 탄생 이전의 음울한 생활의 미래에 대한 투영을 나타내는 데 지나지 않는, 사후의 생명에 대한 신앙을 가장 깊이 무의식중에 갖게 하는 일도 포함하고 있다. 어쨌든 출산 행위는 최초의 불안 체험이며, 따라서 불안 감정의 원천이고 모범이다.

로 들어가는 사내아이란 관념은 어떤 환상을 불러일으켜 그 속에 그녀 자신이 등장하여 사내아이를 물속에서 끌어내 방으로 데리고 가고, 몸을 닦고 옷을 입히고 결국에는 자기 집으로 데리고 갔다.

그러므로 꿈의 후반부는 은폐된 꿈 사고의 전반부에 관계하고 있는 '도망친다'는 관념을 표현하고 있다. 꿈의 전반부는 후반부의 잠재 내용인 출산 공상에 조응한다. 앞에서 말한 거꾸로 된 일 외에도 이 꿈의 전반과 후반의 각 부분에는 다시 몇 가지 일이 거꾸로 되어 있다. 전반부에서는 어린 아이가 물속으로 들어가고 다음에 그 머리가 움직인다. 그 근저에 있는 꿈 사고에서는 먼저 태아가 떠오르고 이어서 그 아이는 물에서 떠나는 것이다(이중으로 거꾸로 되는 일). 후반부에서는 그녀의 남편이 그녀에게서 멀어져간다. 꿈 사고에서는 그녀가 남편에게서 떠난다〉(오토 랑크 역).

아브라함은 초산을 앞둔 한 젊은 부인에 대해 다시 출산 꿈을 하나 보고하고 있다. 방바닥 어느 부위에서 하나의 지하수로가 직접 수중으로 통하고 있다(출산로―양수). 그녀가 방바닥의 침대를 들어 올리자 황갈색 모피에 싸인 생물이 모습을 나타낸다. 바다표범과 흡사하다. 이 생물의 정체는 이 꿈을 꾼 부인의 남동생이라고 판단된다. 그녀는 옛날부터 이 남동생의 어머니 같은 위치에 있었던 것이다.

출산 꿈이 소변 자극 꿈과 같은 상징 표현을 사용한다는 것을 랑크는 이제까지의 꿈에서 제시했다. 에로틱한 자극은 이 꿈들에서는 소변 자극으로 표현된다. 이들 꿈에서 의미가 중첩되고 있는 것은 유아기 이후 상징의 의의의 반전에 대응하고 있는 것이다. 그러면 이쯤에서 앞에서 일시 중단한 주제, 즉 수면을 방해하는 기관의 자극이 꿈 형성에 있어서 어떤 역할을 하는지에 대한 문제로 되돌아가도 좋을 것이다. 이 영향 아래 성립된 꿈은 다만 단순히 소망 충족 경향과 편의의 성격을 명확하게 제시할 뿐만 아니라 지극히 자주 완전히 명백한 상징 표현도 아울러 제시한다. 왜냐하면 '어떤 자극의 만족이 상징적 위장에 의해 이미 꿈속에서 시도되어 효과를 보지 못한 것 같은' 그런 자극이 사람을 잠에서 깨게 하는 일은 드물지 않기 때문이다. 이것은 몽정 꿈에도, 또 소변 욕구나 대변 욕구로 환기되는 꿈에도 적용된다. 몽정 꿈의 독특한 성격은 이미 유형적인 것으로 인정되고 있으나, 더욱이 격렬한 반론이 가해지고 있는 어떤 종류의 성적 상징의 가면을 직접 벗겨내는 일을 우리에게 허락할 뿐만 아니라 우리에게 다음과 같은 것을 확신하게 한다. 즉 얼핏 보기에 무의미한 듯한 꿈 상황의 거의 모두는 어떤 적나라한 성적 장면의 상징적인 서곡에 불과한 것이다. 이 성적 장면은 한편 대부분 오직 상대적으로 드문 몽정 꿈 중에서만 직접 표현되고, 그 성적 장면이 불안으로 변하여 그 때문에 마찬가지로 잠이 깨는 것이다.

소변 자극 꿈의 상징 표현은 특히 명료하여 옛날부터 알려져 있다. 이미 히포크라테스는 분수나 샘물 꿈을 꿀 경우 그것은 방광의 장애를 의미한다는 견해를 주장했다(H. 엘리스에 의함). 셰르너는 소변 자극의 상징 표현이 얼마나 다양한지를 연구하고, 이 또한 이미 "어느 정도 강한 소변 자극은 항상 성기 국부의 자극과 그 자극의 상징적 형성물로 변화한다. 소변 자극 꿈은 흔히 동시에 성적인 꿈을 대신한다"고 주장하고 있다.

나는 여기서 오토 랑크의 《잠을 깨우는 꿈에서의 상징층과 신화적 사유 속의 그 재현》에 따르고 있는데, 랑크는 소변 자극 꿈의 대다수는 본래 성적 자극에 의해 일깨워진 것이며, 성적 자극은 옛날로 거슬러 올라가 요도 성애의 유아적 형태에서 만족을 얻으려고 노력하는 것이라는 사실을 수긍시키고 있다. 그렇다고 하면 그렇게 만들어진 소변 자극이 잠을 깨우고 배뇨하게 하는데, 그럼에도 불구하고 그 뒤 꿈이 계속되어 그 욕구가 이번에는 어김없는 에로틱한 형상이 되어 나타나는 경우는 특히 시사적이라는 말이 된다.[72]

매우 비슷한 방식으로 장(腸) 자극 꿈은 이것에 필요한 상징 표현을 찾아내고, 그때 '황금'과 '똥'이라는 민중 심리학적으로도 충분히 증명된 관련을 확인한다.[73] "예를 들면 한 부인은 장 질환으로 치료를 받고 있을 때 보물을 캐는 꿈을 꾸었다. 이 보물을 캐는 사람은 시골 '화장실'처럼 보이는 오막살이 근방에서 '보물'을 캐고 있다. 꿈의 제2부에서는 똥을 흘려서 엉덩이가 더러워진 자기의 어린 딸아이의 '엉덩이를 닦아 주고 있는 것'이 그 내용이다."

---

[72] '유아적 의미에서 소변을 보는 꿈의 근저에 깔려 있는 비슷한 상징 표현은 최근의 의미에서는 성적인 의의를 띠고 나타난다. 물=오줌=정액=양수, 배=오줌을 누다의 뜻인 배타다=자궁(상자), 젖다=오줌을 싸다, 성교=임신, 헤엄치다=방광, 충만=미생아의 모태내 생활, 비=오줌을 누다 및 포태 상징, 여행 떠나다(차타고 가다=차에서 내리다), 침대에서 일어나다=성교하다('가다' 신혼여행), 오줌누다=정액을 내다(遺精)'(랑크의 같은 책을 보라).

[73] 프로이트 《성격과 항문 성애》, 랑크 《상징을 이루는 층》, 다트너 〈국제정신분석학 잡지〉 제1권.

출산 꿈과 연결되는 것에 '구조'의 꿈이 있다. 구조, 더욱이 물속에서의 구조와 같은 꿈을 부인이 꿀 경우에는 출산과 같은 뜻이고, 꿈을 꾸는 사람이 남성이면 의미가 달라진다(피스터 《정신분석적 수양과 마음의 병의 치료의 일례》 〈복음교회의 자유〉에 있어서 이와 같은 꿈 참조). '구조'의 상징에 대해서는 저자의 강연(정신분석적 치료의 미래)(정신분석학 중앙잡지 제1호 《전집》 제8권) 과 〈연애 생활의 심리학에 대한 기여〉 중의 〈첫째 남성에 있어서의 대상 선택의 특수한 타입에 대해서〉 (《정신분석학 연감》 제2권 《전집》 제8권)를 참조하기 바란다.*74

도둑, 야간 강도, 유령은 사람들이 취침 전에 두려워하고 또 때로는 잠자는 사람을 습격하는 일도 있으나, 이와 같은 꿈은 하나의 동일한 유아적인 잔존 기억에서 유래하는 것이다. 그것은 아이가 오줌을 싸지 않도록 깨워서 오줌을 누게 하는 밤의 방문자나 잠자는 동안 아이가 두 손을 어떻게 하고 있는가를 살펴보려고 이불을 살그머니 쳐드는 밤의 방문자이다. 이와 같은 불안 꿈을 두엇 분석해 본 결과, 나는 이 밤의 방문자가 어떤 자였던가를 인지시킬 수 있었다. 도둑은 언제나 아버지였고, 유령은 대개 흰 잠옷 차림의 여자인 것이다.

F. 실례-꿈에서의 계산과 대화

꿈 형성의 지배적 계기 중의 넷째 계기를 알맞은 자리에 놓고 논하기 전에, 이미 우리가 아는 세 가지 계기의 공동 작용을 설명함과 동시에 이제껏 입증하지 않은 채 접어둔 몇몇 주장에 대한 증명을 보충하기로 한다. 또 거기서 부정하기 어려운 추론을 행할 수 있는 약간의 사례를 내 꿈 수집 중에서 발췌해 두겠다. 내가 얻은 결론을 사례에 따라 입증한다는 것은 이제까지의 꿈 작업의 서술 중에서는 참으로 곤란한 일이었으므로, 개개의 명제에 대한 사례는 하나의 꿈 해석의 관련 중에 있어서만 증명 능력이 있는 것이며, 그 관련에서 벗어나면 그것은 훌륭한 사례는 아니다. 게다가 꿈 해석이라는 것은 어쩌다 좀 깊이 파헤치려고 하면 공연히 범위만 넓어져, 본래 그 설명을 위해 봉사해야 할 논의의 실마리를 잊어버리는 것이다. 따라서 나는 앞의 장과의 관계에

---

*74 O. 랑크의 구조 공상의 여러 증거 자료(《정신분석학 중앙잡지》 제1권, 1910년 331면). 라이크의 '구조 상징 표현에 대하여'(동지, 499면), 랑크의 《꿈과 문학》 중의 조산(助産) 공상(《국제 정신분석학 잡지》 제2권, 1914년).

의해서만 연결되는 것을 여러 가지로 늘어놓지만, 이것도 위에서 서술한 기술적 동기에서 온다는 것을 알아주기 바란다.

나는 우선 꿈에 있어 특히 독특한 표현 방법이라든가 비정상적인 표현 방법을 제시하는 사례를 몇 가지 들고자 한다. 어떤 부인의 꿈이다. 〈가정부가 창문 유리라도 닦으려는 모양인지 사다리에 올라가 있다. 그리고 침팬지와 고릴라, 고양이(뒤에서 앙골라 고양이로 정정됨)를 한 마리씩 안고 있다. 가정부는 그 짐승들을 그녀에게 던진다. 침팬지는 그녀에게 몸을 갖다 대는데, 그것이 어쩐지 불쾌하다.〉 이 꿈은 지극히 간단한 방법으로 그 목적을 달성하고 있다. 다시 말해 어떤 말을 글자에 따라 표현하는 방법에 의해서이다. 동물의 이름이 일반적으로 그렇듯이 '원숭이'도 사람을 욕하는 말로서 이 꿈 상황은 바로 '닥치는 대로 욕을 퍼붓는다'는 것을 의미하고 있다(침팬지는 독일어로 Schimpanse이고 '매도하다'는 schimpfen인데, '치는 대로 욕을 퍼붓는다'는 mit Schimpfworten um sich werfen이다). 이 같은 꿈 수집은, 꿈 작업 동안 이 간단한 기교가 사용되는 실례를 앞으로 몇 개 더 제시할 것이다.

이것과 대단히 비슷한 또 다른 하나의 꿈이 있다. 〈머리 모양이 몹시 못생긴 아기를 가진 어느 부인이 있다. 배 속에 있었을 때의 위치가 좋지 않았기 때문에 아기의 머리가 이렇게 된 것이라고 이 부인은 듣고 있었다. 의사는 압축하면 머리 모양도 좀 나아지겠지만, 그것은 뇌에 해가 미친다고 한다. 그녀는 속으로 생각한다. '아직 어린아이니까 대단한 해도 없을 텐데.'〉 이 꿈은 꿈꾼 부인이 정신 분석 치료에 관한 설명에서 들은 '유아의 여러 인상'이라는 추상적 개념의 그림풀이인 것이다('유아의 여러 인상'은 독일어로 Kindereindrücke로 eindrücken은 '눌러 찌그러뜨린다', 즉 '압축한다'는 의미).

다음 예에서는 꿈 작업은 약간 다른 길을 취하고 있다. 이 꿈은 그라츠 근방의 힐름타이히로 소풍갔던 기억을 포함하고 있다. 〈밖은 몹시 날씨가 나쁘다. 초라한 호텔은 벽에서 물이 흐르고, 침대는 젖어 있다〉 (이 내용의 끝부분은 내가 여기 쓴 것보다 꿈속에서는 더 흐리멍덩했었다). 이 꿈은 '여분의'라는 말의 의미를 나타내고 있는 것이다(überflüssig는 '여분의'로 über와 액체를 뜻하는 flüssig의 합성어이다.).

꿈 사고 중에 발견된 '여분의'라는 이 추상어는 처음에는 다소간 억지로 모호하게, 가령 '물에 잠기다'(überfließend)라는 말로 대치되든가 혹은 '흐르고 또

넘쳐 흐르다'(flüssig und überflüssig)로 대치되었으나, 다시 동질적 인상의 중첩으로 표현되었다. 밖의 빗물, 안의 벽의 물, 젖은 침대의 물, 모두가 흐르고 또 '여분으로' 흘러넘치고 있다(überflüssig). 꿈 표현의 여러 목적에 있어 정자법(正字法)은, 말의 울림 뒤에 물러서는 것은 운이 비슷한 자유를 전적으로 누리고 있는 것을 생각하면 이상하다고 할 것도 없다. 랑크는 한 젊은 아가씨의 긴 꿈을 상세히 분석한 결과를 보고하고 있다. 그것은 이런 줄거리다. 그녀는 들을 산책하며 보리와 밀의 아름다운 '이삭'(Ähre)을 자른다. 젊은 남자 친구가 저쪽에서 온다. 그녀는 그를 피하려고 한다. 분석이 제시하는 바로는 문제는 '경의를 나타내기'(in Ehren) 위한 키스에 있다(《정신분석학 연감》 제2권, 491면). 이삭은 집어 뜯어서는 안 되고 자르지 않으면 안 되지만, 그것은 이 꿈속에서는 그와 같은 의미의 이삭으로서, 또 '경의'(Ehre), '경의를 표하는 일'(Ehrungen)과 한데 어울려 다른 관념의 표현에 쓰이고 있는 것이다.

이와 반대로 말이 꿈 사고의 표현을 아주 즐겁게 해주는 경우가 있다. 언어는 원래 형상적이고 구체적인 의미로 표현되었지만, 현재로는 구체성을 잃고 추상적인 의미로 쓰이는 말이 얼마든지 있기 때문이다. 꿈은 이 언어에 그냥 옛날의 완전한 의미를 돌려주든가, 또는 언어의 의미 변천사를 조금 앞으로 거슬러 올라가기만 하면 되는 것이다. 비슷한 예로 누군가 자기 동생이 상자 속에 들어 있는 꿈을 꾸었다고 하자. 분석 작업에서 상자는 장롱으로 대치되고, 그 결과 꿈 사고는 자기가 아닌 동생 쪽이 모든 일에 '절제한다'는 것을 의미한다. '조심스럽게' 해야 하며, 다시 말해 자기는 아니라는 것이다. 또 산에 올라가 천하의 절경을 조망한다는 꿈에서는, 그 꿈을 꾼 사람은 극동 지방을 취급하고 있는 〈전망〉이라는 잡지를 간행하고 있는 형과 자기를 동일화하고 있다.

켈러의 《녹색의 하인리히》 중의 어떤 꿈에서는 고삐 풀린 말이 잘 익은 귀리를 마구 짓밟는다. 그 귀리 한 알 한 알은 '맛있는 감복숭아나 포도, 새 동전이며, 빨간 비단에 한데 싸여서 한 가닥의 돼지털로 붙잡아 매었다'. 시인(혹은 꿈을 꾼 당사자)은 당장 이 꿈 표현을 분석한다. 즉 말은 간지러워 너무나 기분이 좋아서 '귀리가 날 찌른다'고 외친다('귀리가 날 찌른다'는 것은 '나는 우쭐해진다'의 뜻)는 것이다.

헨첸에 의하면 고대 북방의 전설 문학은 특히 성구나 재치 있는 대화의 꿈을 많이 써서, 이 전설문학 중에는 이중의 의미나 언어의 재치가 없는 꿈의 예는 거의 없다고 한다.

이와 같은 표현 방법을 모아 그 근저에 깔린 원리에 따라 정리하는 일은 특수한 하나의 연구일 수 있겠다. 이들 표현은 유머러스하지 않은 것이 거의 없을 정도이며, 만일에 꿈을 꾼 사람이 가르쳐 주지 않으면 절대로 헤아리지 못했으리라는 인상을 받는다.

1. 어떤 사나이의 꿈. 〈그는 누군가의 이름을 들었으나 그 이름을 생각해낼 수가 없다〉. 그 자신의 설명에 따르면, 그것은 꿈속에서도 생각나지 않는다는 뜻이다.

2. 한 부인 환자가 이야기한 꿈. 〈그 꿈에 나오는 사람들은 유독 컸다.〉 그녀는 덧붙이기를, 어린 시절 자기 눈에 비치는 어른들은 모두 엄청나게 크게 생각되었기 때문에 이것은 아무래도 자기의 아주 어렸을 적의 한 사건이 문제가 되어 있는 모양이라고 했다. 그녀 자신은 이 꿈 내용에 등장하지는 않았었다.

유아기로 되돌아가는 일은 다른 꿈에서는 시간이 공간으로 해석됨으로써 다른 표현을 취하고 있다. 한 줄기 기다란 저쪽 끝에 문제의 인물이나 장면이 보인다든가 오페라 관람용 안경을 거꾸로 들고 본다는 그런 유의 것이다.

3. 술에 취하거나 하면 곧잘 농담을 하면서 깨어 있을 때에는 추상적이고 애매한 말솜씨가 되는 사나이가 어떤 관련으로 〈마침 열차가 도착했을 때 어느 역으로 갔다. 그런데 다음에는 플랫폼이 움직여 정지하고 있는 열차로 다가갔다〉는 꿈을 꾸었다. 즉 현실의 우스꽝스러운 뒤바뀜(顚倒)이다. 이러한 세부적인 내용은 어떤 다른 일이 꿈 내용에서는 거꾸로 되어 있을 것이라는 점을 일깨워주는 암시임이 틀림없다. 이 꿈의 분석 결과는 물구나무서기를 하고 손바닥으로 걸어가는 사나이들이 그려져 있는 그림책 기억과 연결되고 있었다.

4. 3과 같은 사나이의 다른 꿈. 이 꿈은 거의 수수께끼 그림의 기교를 연상시킨다. 〈백부가 자동차(Automobil) 안에서 그에게 키스했다.〉 나로서는 도저히 생각하지 못할 해석, 즉 '자기 성애'(自己性愛 Autoerotismus)라는 해석을 당사자는 바로 덧붙였다. 깨어 있을 때의 농담으로도 무색할 정도이다.

5. 한 사나이가 〈침대 뒤에서 여자 하나를 끌어내는〉 꿈을 꾸었다. 그 의미는 그가 그녀를 우대한다는 것이다(우대를 뜻하는 독일어 Vorzug에는〈끌어내다〉

의 뜻이 있다).

6. 어떤 사나이가 〈사관(士官)이 되어 황제와 식탁에 마주 앉아 있는〉 꿈을 꾸었다. 즉 그는 아버지와 '대립'하고 있는 것이다.

7. 한 사나이가 〈다른 사람의 골절을 치료하는〉 꿈을 꾸었다. 분석 결과, 골절은 파혼의 표현임을 알았다('골절'은 Knochenbruch이고 '파혼, 이혼'은 Ehebruch이다).

8. 하루의 시간은 꿈 내용에서는 흔히 유아기의 생활 시기를 대신하고 있다. 가령 어떤 꿈을 꾼 사나이의 경우에는 오전 5시 15분은 아우가 태어났다고 하는, 그로서는 중대한 의미를 갖는 시점인 5세 3개월의 나이를 의미하고 있었다.

9. 꿈에서의 생활 시기의 다른 표현. 〈부인이 연령 차이가 1년 3개월인 어린 두 딸을 데리고 간다.〉 이 꿈을 꾼 부인의 친지 중에는 여기에 해당하는 가족은 없다. 그녀 자신은 이렇게 해석하고 있다. 두 아이는 자신을 나타내고 있다. 다시 말해 이 꿈은 그녀의 유아기의 두 번의 외상(外傷)이 이 꿈과 같은 시간의 간격을 두었다는 것을 그녀에게 상기시킨다고 했다(다시 말하여 3년 6개월 때와 4년 9개월 때).

10. 정신 분석 치료를 받고 있는 사람들이 정신 분석의 꿈을 꾸고 분석이 불러일으키는 관념이나 기대를 모두 꿈속에서 표현하고야 만다는 것은 별로 의심할 일이 아니다. 치료를 나타내기 위해 선택된 형상은 보통 차를 타고 간다는 것, 그 중에서도 가장 많은 것이 최신식이고 복잡한 교통 기관인 자동차로 달린다는 것으로 나타난다. 그때 '자동차'의 스피드에 대한 지적 중에는 환자가 자기의 계산에 대해 터뜨리는 조소가 나온다. 깨어 있을 때 사고의 요소로서의 '무의식'이 꿈속에서 표현되려고 할 경우 '지하의' 장소로 대치되는데, 이것은 실로 합리적인 일이다. 그런데 이 지하의 장소는 다른 경우에는 정신 분석 치료와 전혀 관계없이 여체나 모태를 의미한다. 꿈속의 '아래'는 자주 '성기'와 관련되고, 그 반대인 '위'는 얼굴, 입, 가슴과 연결된다. 꿈속의 야수(野獸)는 보통 꿈을 꾸는 당사자가 두려워하고 있는 자기 자신 및 타인의 정열적 충동을 상징하고 있다. 또 아주 조금 이동시켜 이와 같은 정열의 소유자인 인물 자신을 상징하는 일도 있다. 이것과 오십보백보인 것은 맹수, 개, 성난 말 등으로 상징화되어 나타나는 무서운 아버지의 표현이다. 이것은 토테미즘을 연상시킨

다. 요컨대 야수는 '내'가 두려워하고 있으며 억압으로 극복된 리비도의 표현에 이용된다고 해도 좋을 것이다. 또 노이로제 자체, 말하자면 '병이 든 사람'도 흔히 꿈을 꾸는 사람에게서 분리되어 꿈속에 독립된 한 인물로 나타난다.

11.(H. 작스에 의함) 〈우리는 프로이트의 《꿈의 해석》에서 알게 되었지만 꿈의 작업은 어떤 말이나 어법을 감성적, 구상적으로 표현하기 위한 여러 가지 종류의 길을 알고 있다. 가령 표현한 언어나 어법이 애매하다는 사정을 꿈 작업은 역이용하여 그 모호한 의미를 방향 전환기로 이용하면서, 꿈 사고 중에 나타나는 제1의 의미 대신 제2의 의미를 겉으로 드러난 내용 중에 채택할 수 있다.

다음에 드는 짧은 꿈에서는 이것이 실제로 이루어지고 있으며, 더욱이 그것에 소용되는 최근의 낮의 인상을 표현 자료로 교묘하게 이용하고 있다. 내가 이 꿈을 꾼 날은 감기 기운이 있어, 밤에 잠자리에 들면 되도록 온밤을 숙면하려고 결심하고 있었다. 이 꿈은 얼핏 보면 나의 낮의 일을 계속하는 듯이 생각되었다. 즉 나는 그날 낮에 신문을 오려 스크랩했다. 그 하나하나를 알맞은 자리에 붙이느라고 무척 애썼다. 그런데 꿈은 이렇다. 〈나는 신문지 오린 것 한 장을 스크랩북에 붙이려고 한다. 그런데 그 종이가 적절하게 그 스크랩북에 올라가지 않는다. 그것이 여간 고통스럽지 않았다.〉

잠에서 깨어나서도 꿈속의 고통이 실제의 복통으로 계속되었기 때문에, 온밤을 숙면하려던 자신의 계획을 바꾸지 않으면 안 되었다. 이 꿈은 나에게 수면의 파수병으로 침대에 계속 있고 싶어하는 내 욕망의 충족을 그 종이가 적절하게 책에 올라가지 않는다는 말의 표현으로 속였던 것이다.

꿈의 작업은 꿈 사고를 시각적으로 표현하기 위해 자기의 손이 닿는 방법이라면 어떤 것이거나 이용한다고 말해도 좋을 것이다. 그와 같은 방법이 우리가 깨어 있을 때 비판에 견뎌낼 만한 것이든 그렇지 못한 것이든 개의치 않는다. 그리고 그 때문에 꿈 해석이라는 것은 그냥 귀로 듣기만 하고 자신이 해본 일이 없는 모든 사람들의 의혹과 조소를 받게 되는 것이다. 슈테켈의 《꿈의 언어》라는 책에는 특히 이런 예가 많다. 그런데 내가 이 슈테켈의 저서에서 증명 자료를 채용하는 것을 피하는 이유는 저자의 태도가 무비판적인데다가 기술상으로 자의적인 데가 있어 편견에 사로잡히지 않은 사람조차도 불안하게 만들기 때문이다.

12. V. 타우스크의 〈꿈 표현에 쓰이는 의류와 색채〉 (《국제 분석학 잡지》 제2권, 1914년)에서 인용한 사례이다.

ⓐ A라는 사나이가 꾼 꿈. 〈그는 옛날의 여자 가정교사가 검정 빛깔의 얇은 무명 옷(LüsterKleid)을 입고 있는 것을 본다. 옷은 궁둥이에 착 달라붙어 있었다.〉 이것은 이 사나이가 꿈에 나온 여자를 '음탕(lüstern)하다'고 말하는 것을 뜻하고 있다.

ⓑ C라는 사나이는 그 꿈에서 〈X 국도에서 한 소녀를 본다. 그 소녀는 하얀(weiβ) 빛에 둘러싸이고 흰 블라우스를 입고 있다〉.

이 꿈을 꾼 사나이는 그 X국도에서 바이스 양(Fräulein Weiss)과 처음으로 정답게 말을 건넸던 것이다.

ⓒ D부인은 이런 꿈을 꾸었다. 〈노(老) 블라젤(den alten Blasel, 빈의 80세 난 배우)이 '완전 무장하고' 긴 의자에 드러누워 있다. 그리고 그는 테이블과 의자를 뛰어넘어 칼을 뽑아들고 거울에 자기 모습을 비춰보면서 마치 가상의 적과 싸우기나 하는 것처럼 칼을 휘두른다.〉

분석 : 이 여성은 옛날부터 방광에 고질병(ein altes Blasenleiden)이 있었다. 그녀는 정신 분석을 할 때 긴 의자에 드러눕는다. 그리고 또 거울에 자신을 비춰 볼 때마다 자기는 늙고 병이 들었어도 아직도 충분히 원기 왕성하다(sehr rüstig)고 은근히 생각하고 있다.

13. 꿈속에서의 위대한 행위

이 꿈을 꾼 사람은 남자인데, 자기가 임신한 여자가 되어 침대에 드러누워 있다. 그로서는 이런 상태가 여간 역겹지 않다. 그는 "이럴 테면 차라리"(분석에서 그는, 한 보모에 대한 기억에 따라 '돌을 깨주겠다'고 외친 것이라고 보충하고 있다) 하고 절규한다. 침대 뒤에 한 장의 지도가 걸려 있는데, 아래 가장자리는 나무틀로 고정시켰다. 그는 이 나무틀 양끝을 붙잡고 아래쪽으로 잡아당겼다. 이때 나무틀은 부러지지 않고 두 개로 길고 가늘게 찢어졌다. 이것으로 마음이 가라앉아 해산도 수월해졌다.

그가 남의 손을 빌리지 않고 '나무틀'(Leiste)을 아래쪽으로 잡아당기는 일을 하나의 '위대한 행위'라고 해석하고 있다. 이 행위를 통해서 여자의 위치에서 자신을 끌어냄으로써 불쾌한 상황(치료에 있어서의)에서 벗어난다. 나무틀이 가로로 부러지지 않고 세로로 찢긴다는 야릇한 부분은, 그가 파괴와 두 배가 되는 것의 조합은 거세를 암시한다는 것을 생각나게 함으로써 설명이 된다. 꿈은 두 개의 페니스 상징의 존재로 인해 반항적인 욕망 대립물의 형태로 거세를 표현하는 일이 참으로 많다. '나무틀'(Leiste)에 또 '서혜부'의 뜻이 있고 서혜부는 물론 성기에 가까운 인체의 부분이기 때문이다. 이상을 종합한 끝에 그는 자신을 여자의 상태에 놓은 거세 위협을 극복했다고 해석했다.[75]

14. 내가 프랑스어로 정신 분석을 할 때 어떤 꿈을 해석한 일이 있다. 이 꿈속에서 내가 코끼리로 등장하는 것이다. 물론 나는 어째서 내가 그런 모양으로 표현되었는가 묻지 않을 수 없었다. 그러자 그 꿈을 꾼 환자는 '선생님은 나를 속이고 계시다'고 대답했다.

꿈 작업은 간혹, 또 퍽이나 동떨어진 관계를 무리하게 써서, 예를 들어 고유명사와 같은 지극히 다루기 힘든 자료를 교묘하게 표현하는 일이 있다. 나는 어떤 꿈속에 〈브뤼케 선생님이 낸 문제를 받았다. 나는 표본을 만들어 형편없이 구겨진 은종이처럼 보이는 무엇인가를 집어냈다〉 (이 꿈에 대해서는 좀 더 뒤에 상술한다). 여기에 대한 연상은 쉽사리 되지 않았으나 나중에야 '은박(銀箔 Stanniol)이라는 것을 깨닫고 마침내 내가 생각하고 있었던 것은 스탄니우스(Stannius)라는 저술가의 이름임을 알았다. 이 이름은 내가 젊어서 크게 경외심을 갖고 지켜보던, 물고기의 신경 조직에 관한 연구 논문의 필자 이름이었다. 선생님이 내게 내준 최초의 학문상의 과제는 사실 어떤 물고기, 다시 말해 칠성장어의 신경 조직에 관한 것이었다. 이 칠성장어(Ammocoetes)라는 명칭은 수수께끼 그림 속에서는 분명 전혀 쓸모가 없었던 것이다.

여기서 또 하나 기묘한 내용의 꿈을 소개하고자 한다. 이 꿈은 또 어린아이의 꿈으로서 흥미로운 것이고, 분석으로 그 의미는 지극히 쉽게 해명된다. 어떤 부인이 이야기해 준 것인데 그녀는 어려서 늘 〈하느님이 끝이 뾰족한 종이 모자를 머리에 쓰신〉 꿈을 꾸었다. 즉 그런 모자를 식사 때면 자주 그녀는 써야 했던 것이다. 다른 아이들이 자기 것과 같은 요리를 얼마나 많이 받았는지 그 접시를 들여다보지 못하게 하기 위해서였다. 그녀는 평소에 하느님은 전능하시다고 들었으므로, 이 꿈의 의미는 그런 모자를 씌웠어도 자기는 뭐든지 다 알고 있다는 것을 의미한다고 했다.

---

[75] '국제 정신분석학 잡지' 제2권, 1914년.

꿈 작업의 정체 및 꿈의 작업이 그 자료인 꿈 사고를 어떻게 다루는가를 알려면, 꿈속에 나오는 숫자나 계산을 보는 것이 가장 좋다. 더욱이 꿈의 숫자는 미신에 있어서는 특히 예언적인 것으로 간주된다. 이 종류의 실례를 내 수집 중에서 몇 개 들기로 한다.

(1) 치료가 끝나기 직전의 한 부인의 꿈. 〈그녀는 무엇인가 대금을 치르려고 한다. 딸이 그녀의 지갑에서 3플로린 65크로이차를 꺼낸다. 그녀는 딸에게 "아니 어쩔 셈이니? 21크로이차면 될 텐데"라고 한다.〉 이 꿈의 단편은 이 꿈을 꾼 환자의 처지를 잘 알고 있었으므로 환자 쪽에서 애써 설명하지 않아도 나는 바로 알 수 있었다. 이 부인은 외국인인데, 딸을 빈의 어느 학교에 입학시켰으므로, 딸이 빈에 있을 동안은 자신도 내 치료를 계속 받게 되었던 것이다. 3주일 뒤에 딸의 학교는 끝난다. 따라서 치료도 끝난다. 이 꿈을 꾼 전날 그녀는 교감 선생에게서 1년 더 딸을 자기에게 맡겨달라는 청을 받았다. 이것이 계기가 되어 그녀는 교감 선생 말대로 하면 자기도 1년 더 치료하게 될 것이라는 생각이 들었다. 그런데 꿈은 이 점에 관계하고 있다. 왜냐하면 1년은 365일, 딸의 학교가 끝나고 따라서 치료도 종료되기까지의 3주일은 날수로 21일이다(하기는 21일을 하루도 빼지 않고 치료하는 것은 아니지만). 꿈 사고에서 관계를 가지는 숫자는 겉으로 드러난 꿈의 내용 중에서는 금액이 되는 일이 많은데, 그렇다고 해서 거기에 어떤 깊은 의미가 있는 것은 아니다. '시간은 돈'이기 때문이다. 365크로이차는 어쨌든 3굴덴 65크로이차이다. 꿈속에 나오는 금액이 적은 것은 명백한 욕망 충족이다. 욕망은 치료비 및 학비를 축소시켜 주고 있는 것이다.

(2) 또 다른 하나의 꿈의 숫자는 좀 더 복잡한 관계를 나타내고 있다. 나이는 젊지만 벌써 몇 년 전에 결혼한 부인이 자기와 거의 동년배 친구 엘리제 L이 바로 얼마 전에 약혼했다는 말을 들었다. 그 뒤 그녀는 이런 꿈을 꾸었다. 〈그녀는 남편과 같이 극장에 있다. 아래층 일반 좌석은 한쪽이 텅 비었다. 남편이 이야기하는 바에 의하면 엘리제 L과 그 약혼자도 오려고 했으나, 1플로린 50크로이차인 3등석(나쁜 좌석)밖에 없어서 그들은 그만두었다는 것이었다. 그녀는 생각했다. '3등석이라도 그 가격이면 결코 나쁘지 않은데.'〉

이 1플로린 50크로이차는 어디서 왔는가. 꿈꾼 전날의 참으로 사소한 계기에서이다. 그녀의 시누이가 남편에게서 150플로린의 용돈을 얻어 그것으로 장

신구를 샀다. 150플로린은 1플로린 50크로이차의 백배이다. 3등석이라는 3의 숫자는 어디서 왔을까. 그것에 대해서는 엘리제 L이 자기보다 3세 늦게 태어났다는 연결이 하나 있다. 여기서 이 꿈을 해결로 이끌어 주는 것은 아래층 좌석 한쪽이 텅 비었다는 꿈 특징이 무엇을 의미하는가를 살피는 일뿐이다. 이것은 남편이 그녀를 놀리기에 충분한 이유를 준 어떤 사건을 그대로 암시하고 있다. 그녀는 먼저부터 예고된 그 주(週)의 공연을 꼭 보아야겠다고 결심했으므로 용의주도하게 며칠 전에 예매권을 사두었던 것이다. 예매권은 별도로 예약료를 치르지 않으면 안 된다. 그런데 마침 극장에 와보니 한쪽이 텅 비었다는 사실을 알았다. 사실 '그다지 서두를' 필요는 없었던 것이다.

지금 나는 이 꿈을 다음의 꿈 사고로 바꾸어 놓아 보겠다. 〈그렇게 일찍 결혼한 것은 아무래도 '바보스러운 일'이었다. 뭐 그리 서두를 필요가 없었던 것이다. 엘리제 L을 보아도 알듯이 나도 지금쯤 시집가도 될 만큼 충분히 젊다. 내가 기다리기만 했다면(시누이가 서두른 것과 반대로) 지금의 남편보다 백 배나 훌륭한 남자(재산)를 얻을 수 있었을 것이다. 내가 갖고 있는 돈(즉 지참금)으로 그런 따위 사나이 셋은 살 수 있었을 거야!〉 이 꿈에서는 앞의 꿈에서보다 숫자가 훨씬 의미와 관련을 변화시키고 있다는 것에 주의를 기울여 주기 바란다. 꿈의 개조 및 왜곡 작업은 여기서는 상당히 활발하게 이루어지고 있다. 그러나 우리는 이것을 해석하여 이들 꿈 사고가 그런 모양으로 표현되기까지는 상당한 내적 저항을 극복하지 않으면 안 되었다고 본다.

또 이 꿈에는 두 사람이 세 몫의 좌석을 차지하지 않으면 안 된다는 이해할 수 없는 한 요소가 포함되고 있다는 것도 함부로 보아 넘겨서는 안 된다. 꿈 내용의 이 이해할 수 없는 한 요소는 꿈 사고 중 가장 강조되고 있는 사고, 즉 그렇게 일찍 결혼한 것은 바보스러운 짓이었다는 것을 나타내는 것이라고 말한다면, 꿈에서의 불가해성의 해석에 간섭하는 일이 된다. 다른 한편의 대비된 두 인물의 전혀 부차적인 관계 중에 포함되고 있는 3이라는 수(나이 차이가 3개월)는 이 꿈에 필요한 바보스러운 점을 만들어 내는 데 교묘하게 이용된 것이다. 현실의 150플로린이 1플로린 50크로이차로 축소된 것은 이 꿈을 꾼 부인의 억압된 사고 중의 남편(혹은 재산) 경시와 대응하고 있다.

(3) 꿈같은 것은 믿을 수 없다는 세상의 견해를 만들어 내는 데 크게 기여한 꿈의 계산술을 보여주는 다른 하나의 꿈. 〈그는 B집에 있다(전에 알고 지내

던 가족). 그리고 이렇게 말한다. "당신이 마리에 양을 내게 주지 않은 건 바보 짓이었어요." 그런 뒤로 그는 그 아가씨에게 "당신은 그래 몇 살이죠?" 하고 물으니 "1882년생이에요"라고 대답했다. "아, 그럼 스물여덟 살이 되는 셈이군요"라고 그는 말한다.〉

이 꿈은 1898년에 꾸었으니 그 28세라는 것은 분명 계산 착오이다. 꿈을 꾸는 사람의 이와 같은 계산상의 약점은 달리 설명이 되지 않으면 진행성마비 환자의 계산 능력 부족과 맞먹는 것이리라. 이 꿈을 꾼 내 환자는 어떤 여자와 만나든 금방 반해 버리는 타입의 사나이였다. 그는 내 진찰실에 부인 한 사람이 규칙적으로 이삼 개월 동안 드나들기 때문에 그와 전후하여 얼굴을 마주 대하게 되었는데, 그는 이 부인에 대해 자주 물으며 그녀와 친해지고 싶다는 뜻을 비쳤다. 이 여인의 나이를 그는 '28'세로 짐작했던 것이다. 28이라는 틀린 계산을 해명할 단서는 이 정도밖에 없다. 그런데 '1882'년이라는 해는 그가 결혼한 해였다. 그는 또 내 진찰실에서 다른 두 여인과도 몹시 교제하고 싶어한 일이 있었다.

그녀들은 결코 그다지 젊은 아가씨는 아니고 언제나 그를 위해 서로 문을 열어 주었다. 그리고 그는 이 두 아가씨가 크게 호의를 베풀지 않자 그녀들이 자기를 상당히 지긋한 나이의 '아저씨' 정도로 아는 모양이라고 자신을 타이르고 있었다.

(4) 명백한 제약, 아니 복잡한 제약을 특색으로 하는 또 다른 하나의 숫자의 꿈은 그 분석도 포함하여 B. 다트너가 보고하고 있다.

〈내 하숙 주인인 시청 근무 보안 경찰관이 꾼 꿈. 〈그는 한길에 감시를 할 겸 서 있다(이것은 욕망 충족이다). 그때 한 감독관이 그에게로 다가왔다. 감독관은 휘장에 22, 62 혹은 26의 숫자를 달고 있었다. 확실하지는 않지만 2262란 숫자가 몇 개 있었다.〉 꿈 이야기를 했을 때에 2262라는 숫자를 분할하고 있다는 일이 이미 이 분할된 요소는 각기 다른 의미를 갖고 있다는 것을 추측하게 한다. 그는 전날 근무처에서 자기들의 근무 연한을 화제로 삼은 일을 생각해 냈다. 그 계기가 된 것은 62세로 퇴직한 한 감독관이었다.

꿈을 꾼 경찰관은 겨우 재직 22년이므로 9할의 연금을 받으려면 앞으로 2년 2개월 더 근무하지 않으면 안 된다. 이 꿈은 또 그에게 다년간 품어온 소망의 실현, 즉 감독관이라는 지위를 보여주고 있다. 휘장에 2262라는 숫자를 붙인

상관은 실상 그 자신이다. 그는 이 또한 늘 바라던 길거리 근무를 하고 있고, 이제 문제의 2년과 2개월의 근무를 마치고 저 62세의 감독관처럼 완전히 연금을 받고 퇴임할 수 있는 것이다.[76]

이와 같은 예와 유사한(뒤에 드는 것 같은) 예를 총괄해 보면 이렇게 말할 수 있겠다. 꿈 작업은 본래 맞거나 틀리거나 간에 결코 계산 같은 것은 하지 않는다. 꿈 작업은 꿈 사고 중에 나타나 표현해야 할 자료에 대한 암시로 이용될 만한 숫자를 다만 계산이라는 형태로 연결하는 데 불과하다. 그 경우 꿈은 이름이나 언어 표상(상징)으로 인정되는 대화도 포함시켜, 다른 모든 관념과 같은 방식으로 숫자를 자기의 의도 표현의 자료로 다루는 것이다.

왜냐하면 꿈 작업은 대화의 문구를 새로이 창조하지는 못하기 때문이다. 꿈 속에 어떤 대화의 단편이 나오는 그 자체로 뜻이 통하는 것도 있겠고 그렇지 못한 것도 있겠으나, 분석이 늘 우리에게 제시해 주는 바로는 꿈은 그때 실제로 이루어진 대화나 얼핏 들은 문구를 꿈 사고에서 언어내어 그것들을 자료로 쓰는 것이다. 꿈은 그것들을 맥락 중에서 떼어내어 일부분을 채택하고 다른 부분을 내버릴뿐더러, 흔히 또 그것을 새로이 짜 맞추기도 한다. 그래서 연관성이 있는 듯이 보이는 꿈의 대화 문구를 분석해 보면 3내지는 4의 블럭으로 분해되기도 한다. 이 새로운 이용에 즈음하여 꿈은 늘 그 언어가 꿈 사고 속에서 갖고 있던 의미를 버리고 그 대신 전혀 새로운 의미를 그 언어에서 언어내는 일[77]도 있다. 더 자세히 관찰하면 꿈의 언어에는 비교적 명료한 짜임

---

[76] 다른 숫자의 꿈 분석은 융, 말지, 노프스키 기타에서 보기 바란다. 이들 꿈은 흔히 몹시 복잡한 수의 조작을 전제로 하고 있는데, 뜻밖에도 그와 같은 꿈을 꾼 사람들은 놀라울 정도의 성실성으로 그것을 해내고 있다. 존즈의 '무의식적인 수 처리에 대하여'(〈정신분석학 중앙잡지〉 제2권, 1911년, 241면 이하)도 아울러 참조하기를.

[77] 노이로제도 꿈과 비슷한 짓을 한다. 노래나 노래 문구의 단편을 자신은 들으려고도 않고 또 싫은 데도 귀에 들리는(환청한다) 일로 고민하고 있는 한 부인 환자를 알고 있다. 물론 그 노래가 그녀의 심리적 생활에 있어 어떤 의미를 가지고 있는지 도무지 모르는 것이라고는 하지만, 이 부인은 확실히 편집증은 아니다. 분석해 보고 그녀가 그와 같은 노래의 가사를 어떤 종류의 이유에서 멋대로 남용하고 있다는 것이 판명되었다. '고요하고 고요한 조심스러운 노래여'(leise, leise, fromme Weise.) 이 말은 그녀의 무의식 세계에 있어서는 '조심스러운 고아여'(fromme Waise)라는 의미가 된다. 즉 그녀는 고아였다는 것이다. '오오 그대 성스러움이여, 오오 그대 즐거움이여'(O du selige, O du fröhlich)는 크리스마스 노래 첫머리의 일절인데, 그녀는 이 가사를 '크리스마스의 시절'이라는 데까지는 계속하지 않고 이것을 신부의 노래로 변조한 것이다.—같은 왜곡의 메커니즘은 환청 따위가 없어도 그냥 착상

새 있는 요소와 다만 결합 수단으로 사용되어, 우리가 무엇을 읽을 경우에 탈락한 글자나 철자를 보충하듯이 모름지기 보완되었다고 생각되는 요소를 구별할 수 있다. 그리하여 꿈속의 대화 부분은 각력암(角礫岩) 같은 구조를 가졌다고 할 수 있어서, 여러 가지 잡다한 자료의 상당히 큰 블럭이 단단한 중간물질에 의해 엉겨 붙고 있는 것과 같다.

이상의 설명은 물론 꿈속의 대화 문구가 다소나마 감각적 성격을 갖고 '언어'로서 기술될 만한 대화와 문구에만 한정되어 적용되는 것이다. 이를테면 듣고 말하는 것으로 느껴지지 않는(즉 꿈속에서 어떤 청각적 또는 운동적인 액센트를 갖지 못한) 대화와 문구는 시실 우리가 깨어 있을 때의 사고활동 중에 나타나고 그대로의 형체도 여러 꿈속에 끼어드는 것 같은 관념에 지나지 않는다. 대단한 의미도 없다고 생각되는 꿈의 대화 자료의 풍부한 원천으로는 독서를 들겠지만, 이것은 그 자취를 더듬기가 어려운 모양이다.

그러나 여하튼 꿈속의 대화와 문구로 두드러진 것은 모두 꿈꾼 사람이 직접 말했거나 또는 남에게서 들은 현실의 이야기에서 근거를 찾을 수 있다.

이와 같은 꿈속에서의 대화 출처에 관한 실례를 우리는 이미 다른 목적을 위해 소개한 몇몇 꿈의 분석 동안에 발견했던 것이다. 예를 들어 '어이없는 시장의 꿈'이 그것인데, 그 속에서 '그건 벌써 품절입니다'라는 말은 자신을 도매상과 동일화시키기 위해 사용된다. 그러나 "그런 건 몰라요, 그건 필요없어요"라는 말은 바로 이 꿈을 어이없이 단순한 것으로 만든다는 임무를 수행하고 있다. 이 꿈을 꾼 부인은 전날 여자 요리사가 저지른 일에 대해 "그런 거 난 몰라. 좀더 예절답게 해요"라고 꾸중을 했다. 이 말 중에 별반 모진 데 없이 들리는 전반부가 꿈속에 채택되어 이 꿈의 근저를 이루고 있던 공상에 참으로 적

속에서도 잘 움직이고 있는 일이 있다. 내 남자 환자 가운데 한 사람은 젊어서 익혔을 것이 틀림없는 시로 '밤이 되면 부젠토(Busento)와 속삭이니'라는 대목의 기억으로 고민했는데, 그 이유는 그의 공상이 인용시의 일부분인 '밤이 되면 부젠토'로 만족했기 때문이다('부젠토'는 이탈리아의 강 이름인데, '부젠'은 독일어로 '젖가슴, 유방'의 뜻).

비유와 재치가 자칫하면 이런 종류의 잔재주를 부리기 쉽다는 것은 이미 알고 있는 것이다. '프리겐데 프레터'지는 일찍이 독일 '고전 작가'의 시에 대한 그림 해설을 게재한 중에 실러의 《승리의 축제》에 한 장의 삽화를 첨가했는데, 그 원시의 인용은 꽁지 잘린 잠자리가 되어 있었다.

'이리하여 아트레우스의 아들은 이제 얻은 여자를 기뻐하여 감아 안았다'에서 끊어졌으나 원시는 이렇게 계속된다. '감격에 겨워 그 팔을 그 고운 몸의 둘레에.'

절하게 들어맞기는 했으나, 그 공상의 비밀을 자칫 폭로할 기세인 후반부를 그 전반부로 암시했던 것이다.

같은 것을 나타내는 예는 많이 있지만 비슷한 것을 하나만 들겠다.

〈시체가 소각되는 커다란 안마당. 그는 말한다. "이런 곳에는 있지 못해(weggehen). 보기도 싫은데(Das kann ich nicht sehen)."(뚜렷한 문구로는 되어 있지 않다).

그리고 그는 두 명의 정육점 심부름꾼을 만나 "맛있었니?"라고 묻는다. 심부름꾼 중의 하나가 대답하기를 "뭘요, 맛있긴요. 꼭 사람 고기 같던걸요(Na, nöt gut war's)"라고 한다.〉

이 꿈의 우스운 계기는 이렇다. 그는 저녁 뒤에 아내와 함께 이웃집을 방문했다. 이 집 사람들은 모두 호인이었으나 결코 입맛을 돋우는 친구들은 아니었다. 사람 좋은 노부인은 때마침 저녁 식사 중이었는데, 그에게 같이 좀 들자고 강요했다(이 '강요한다' nötigen는 말 대신 남자들 사이에 성적인 의미의 합성어가 농담조로 쓰인다). 배가 부르다고 거절하니 "뭘 그래요, 이 정도(Aber gehen S' weg)는 더 먹을 수 있잖아요"라고 한다('못 먹겠다'와 '뭘 그래요, 이 정도'와는 같은 동사 weggehen의 다른 의미다). 그는 할 수 없이 먹고 나서 "정말 맛있었습니다"라고 그 요리를 칭찬했다. 아내와 단둘이 되었을 때 그 노부인의 극성스러움과 먹은 요리의 맛없음을 욕하기를 "그런 것 보기도 싫어(Das kann ich nicht sehen)"라고 했다. 이 문구는 꿈속에서는 본래의 형태로는 나오지 않았는데, 사실상 자기를 부른 그 노부인의 육체적 매력에 관계된 관념이다. 즉 자기는 그런 할머니를 보는 것도 질색이라고 번역할 수 있는 사상이다.

좀 더 배울 점이 많은 다른 꿈의 분석을 들겠다. 내가 이것을 여기에 소개하는 것은 이 꿈의 중심점을 형성하고 있는 대화의 문구가 지극히 명료하기 때문이다. 이 꿈 전체의 해명은 뒤의 꿈에 있어서의 감정 평가에 양보하기로 한다. 나는 너무나 또렷하게 이런 꿈을 꾸었다. 〈밤에 브뤼케의 실험실에 있었다. 문을 두드리는 사람이 있어 열었더니(이미 고인이 된) 플라이슐 교수였다. 그 교수는 너댓 명의 낯선 사람들과 같이 들어와서 몇 마디 말하고 나서는 자기의 책상에 걸터앉았다.〉 그리고 제2의 꿈이 계속된다. 〈친구 F1이 7월에 남몰래 빈에 왔다. 나는 한길에서 그가 역시 내 친구인(이미 고인이 된) P와 이야기하고 있는 것을 보고 있다. 그런 다음 그들과 같이 어디론가 가서 조그만 테이블 비슷한 것을 사이에 하여 그들은 마주 앉고, 나는 그 작은 테이블의 좁은 쪽 전방에 걸터앉았다. F1은 자기 누이동생의 이야기를 하면서 말한다. "그녀는 45분 만에 죽었다네." 그런 다음 이와 비슷한 말을 덧붙인다. "이건 문지방이구면." F1은 P가 자신의 말을 이해하지 못하자, 나에게 자신의 일에 대해 P에게 어느 정도나 이야기했는지 물었다.

그러자 나는 어떤 묘한 감정에 사로잡혀서는 "아무것도 알 까닭이 없잖아. 그는 이미 살아 있지 않으니까"라고 대답하려고 했다. 그런데 나는 자기의 잘못을 알면서도 "살고 있지 않았다."(Non vixit)고 말해 버렸다. 그리고 내가 P를 뚫어지게 처다볼 동안, 그의 얼굴은 새파랗게 질리고 몽롱해지면서 눈길은 병적으로 파랗게 되어, 나중에는 그 모습이 사라져 버렸다. 그것이 나로서는 여간 기쁘지 않아 이제야 에룬스트의 플라이슐도 망령에 지나지 않고 환상에 불과하다는 것을 알았다. 그리고 이런 인간은 다른 사람이 원하는 동안만 살아 있는 것이며, 타인의 소망에 따라 이 세상에서 사라져야 한다는 일도 있을 수 있음을 알았다.〉

이 꿈은 그 내용에 따르게 마련인 이해할 수 없는 성격을 몇 가지 겸하고 있다. 가령 '내가 살아 있지 않다'(Non vivit)고 하지 않고 '살아 있지 않았다'(Non vixit)고 말해 버리는 잘못을 스스로 꿈속에서 깨닫는 자기비판이라든가, 꿈 자체가 죽은 것으로 인정하고 있는 고인과 자유로이 담소한다든가, 논증의 황당무계함이라든가, 그 논증이 내게 주는 고도의 만족감이라든가 등등. 그리하여 나는 '무슨 짓을 해서라도' 이 꿈의 수수께끼의 완벽한 해명을 보고하려고 한다. 그러나 실제로는 내가 꿈속에서 하고 있는 것 같은 일은 지금 여기서 할 수는 없다. 다시 말해 내가 존경하는 분들을 자신의 명예심의 희생으로 삼고 싶지는 않기 때문이다. 그러나 나 자신은 잘 알고 있는 이 꿈의 참뜻을 조금이나마 은폐하려고 하면 반드시 그 진위는 손상될 것이다. 그러므로 나로서는 우선 여기서, 그리고 뒤에 가서도 이 꿈의 약간의 요소를 들어 분석하는 것으로 만족하기로 한다.

이 꿈의 중심을 이루고 있는 것은 내가 P를 뚫어지게 쏘아보아 그 모습을 사라지게 하는 장면이다. P의 눈이 참으로 불가사의하고 야릇한 빛을 띠며, 이윽고 그의 모습은 사라진다. 이 장면은 실제로 체험한 성경의 어김없는 모방이다. 나는 전에 생리학 연구소의 실험 설명관이었는데, 이른 아침부터 근무가 있었다. 브뤼케 교수는 내가 여학생들의 실험에 두어 번 지각한 것을 알고 있었으며, 그래서 어느 날 연구실이 열리는 정시에 와서 나를 기다리고 있었다. 그가 내게 한 말은 간단한 내용의 것이었다. 그런데 그 말 같은 것은 전혀 문제가 아니었다. 지금도 뇌리에 달라붙어 있는 것은 나를 쏘아본 그의 푸른 눈동자였다. 이 푸른 눈을 보는 순간 나는 금방이라도 꼭 꿈속의 P처럼 흔적없이 사라지는 듯 했다. 꿈에서는 이 역할이 바뀌어서 한숨 놓았다. 그 정도 고령이 되었어도 그토록 아름다웠던 위대한 교수의 눈을 기억하고 있고, 또 한 번이라도 교수님이 화내는 것을 본 일이 있는 사람은, 당시 젊은 내가 나쁜 짓을 하고 어떤 기분이었는지 잘 알 것이라고 생각한다.

그런데 내가 그 꿈에서 자기비판을 가한 '살아 있지 않았다'(Non vixit)가 어디서 온 것인지 오랫동안 생각이 나지 않았다. 겨우 이 두 말이 꿈속에서 그토록 또렷했던 것은, 들은 것도 아니고 말한 것도 아니며 본 것이기 때문이라는 점을 생각해 냈다. 그러자 그 출처를 곧 알게 되었다. 빈 왕궁의 요제프 황제 기념비 밑 부분에 이런 아름다운 글이 새겨져 있다.

조국의 행복 위해 '살았네'
길지 '않으나' 마음과 몸을 바쳐*[78]

이 비문에서 나는 자기의 꿈 사고 중의 악의 있는 관념의 계열에 꼭 들어맞는 것을 훔쳐냈던 것이다. 다시 말해 그 말하려고 하는 바는 "저런 놈을 떠들게 가만두지는 못해. 이미 살아 있지도 않으니까"라는 것이었다. 이제야 나는 이 꿈은 대학의 알카테스에 있는 플라이슐 교수의 기념상 제막식 바로 며칠 뒤에 꾼 꿈이라는 것을 생각해 낼 수 있었다. 그때 나는 다시 브뤼케 교수의 기념상을 보고(무의식 중에) 우수한 두뇌의 소유자이고 학문이라는 외길에만 몰두한 친구 P도 만일 요절만 하지 않았더라면 틀림없이 여기 동상이 세워

---

*78 비명(碑銘)은 바로 이렇다.
Saluti publicae(백성의) vixit
non diu sed totus.
왜 publicae를 patriae라고 했는가. 그 동기에 대해서는 비텔스가 대체적으로 적절한 설명을 하고 있다.

졌을 터인데, 라고 생각하고 애석한 마음이 되었을 것이 틀림없다. 거기서 나는 꿈속에서 P를 위해 기념상을 세웠던 것이다. 내 친구 P의 이름은 오스트리아 황제와 같은 요제프였다.[79]

꿈 해석의 법칙에 따르자면, 내게는 여전히 자기가 필요로 하는 '살아 있지 않다'를 요제프 황제 기념비의 기억에서 취한 '살아 있지 않았다'로 대치할 만한 적당한 이유가 있다고는 말할 수 없을 듯하다. 꿈 사고 중의 다른 한 요소가 분명히 힘을 빌려주어 이것을 가능하게 했을 것이 틀림없다. 여기서 나는, 꿈의 그 장면에는 친구 P에 대한 악의와 우정의 관념 흐름이 합류하고 있어 악의는 표면에 나오고 우정 쪽은 은폐되어 양자가 동일한 문구인 '살아 있지 않았다'에 표현되어 있다고 생각한다.

P는 학문적으로 큰 공적이 있었으므로 나는 그를 위해 동상을 세우지만 반면 그는 나쁜 소망을 품고 있었다고 생각했으므로(이 소망은 꿈의 끝 부분에 표현되고 있다) 그를 죽어 없어지게 한다. 그 경우 나는 일종의 독특한 억양을 갖춘 문장을 만들어 냈는데, 거기에는 어떤 본보기가 내게 영향을 미쳤을 것이 틀림없다. 대체 이와 유사한 대립 명제, 동일 인물에 대한 정반대의 반응, 그 양쪽 모두 완전한 정당성을 요구하고, 그러면서도 서로 방해하지는 않는 그와 같은 반응의 공존은 어디서 찾아낼 것인가. 꼭 한 군데에서만 찾아볼 수 있으니 그 대목은 독자에게 깊은 감명을 주는 한 구절이다. 바로 셰익스피어의 《줄리어스 시저》 중의 브루투스의 변명 중에 나온다. "시저는 나를 사랑했기에 나는 그를 위해 울었고, 시저가 행복했기에 나는 그를 위해 기뻐했다. 시저가 용맹했기에 나는 그를 존경했지만, 그가 권력욕에 사로잡혔기에 나는 그를 죽였다." 이것은 내가 발견한 꿈 사고 중의 것과 같은 문장 구조이고 사고 대립이 아닌가. 즉 나는 꿈에서 브루투스가 되었던 것이다. 이 뜻밖의 부차적 결합을 뒷받침할 만한 다른 흔적을 꿈 내용에서 하나 더 찾아낸다면, 그것은 다음과 같은 것이 아닐는지. 친구 F1은 7월에 빈에 오게 되어 있지만, 현실에서는 그가 7월에는 절대로 오지 않았다. 이 친구는 내가 아는 한에 있어서 7월에 빈에 온 적이 없다. 그런데 7월(Juli)이라는 것은 율리우스 카이사르(Julius Cäsar)(줄리어스 시저)를 따서 만든 것이고, 따라서 내가 브루투스 역할을 한다

---

[79] 참고로 말해 두지만 내가 늦게 도착하는 이유는, 야간에 장시간 일을 하고 나서 이튿날 아침에는 카이저 요셉에서 베링가까지 먼 거리를 다녀야 했기 때문이라 썼다.

는 중간 사고에 대한, 찾고 있던 암시를 표현하고 있다고 충분히 생각할 수 있는 것이다.*80

그런데 흥미로운 것은 나는 실제로 지난 날 브루투스 역을 해낸 일이 있었다. 실러의 시에 의한 브루투스와 시저의 장면을 조무래기 구경꾼들 앞에서 연기한 일이 있었던 것이다. 그때 나는 14세였다. 그때 영국에서 우리 집에 와 있었던 한 살 손위의 조카가 시저 역을 맡았다. 그러므로 이것 역시 하나의 유령이었다. 왜냐하면 이 조카로 인해 나의 아주 어린 시절의 소꿉친구들의 모습이 떠올랐기 때문이다. 만 3세가 되기까지 조카와는 낮이나 밤이나 붙어 있으면서 사이좋게 놀고 또 곧잘 싸우기도 했다. 그래서 어려서의 관계가 이미 한 번 암시한 바와 같이 후에 동년배 사람들과 사귈 즈음의 내 마음에 결정적인 영향을 미쳤던 것이다. 조카 존은 그 후 갖가지 모습으로 변화하여 꿈속에 나타났다. 그래서 내 무의식의 기억 속에 깊이 새겨진 그의 본성의, 어떤 때는 그 일면을, 또 어떤 때는 다른 일면을 재현했다. 존은 나를 몹시 골렸던 모양이다. 그리고 나는 그의 횡포에 대해 용기를 내어 저항했을 것이 틀림없다. 그 증거로 존의 조부인 내 아버지가 "왜 존을 때리니?"라고 나를 꾸짖었을 때 내가 대답했다는 짧은 변명의 말을 뒤에 듣곤 했기 때문이다. 그것은 2세도 채 되지 않은 내가 뱉은 말로 "저 아이가 날 때렸으니까 난 저 아이를 때렸어"라는 것이다. 이 어린 시절의 정경이야말로 '살아 있지 않다'를 '살아 있지 않았다'로 바꾸게 한 까닭임이 틀림없다. 왜냐하면 유아 시기의 끝 무렵의 '친다'(schlagen)는 말은 구두약을 칠한다, 갈긴다, 모양낸다, 자위행위를 한다는 의미의 말(wichsen)과 통하기 때문이다. 꿈 작업은 주저하지 않고 이와 같은 관계를 이용한다.

여러 가지 점에서 나보다 우수하고 또 어린 시절 소꿉친구의 변신일 수 있었던 친구 P에 대한, 현실적으로는 까닭 없는 내 적의는 존에 대한 복잡한 유아적 관계에서 비롯된 것임에 틀림없다.

그러므로 이 꿈은 뒤에 다시 다루기로 한다.

---

*80 그것에 보태어 시저, 카이저(황제)라는 관계도 아울러 생각해 볼 수 있다.

G. 황당한 꿈-꿈에서의 지적 활동

우리는 이제까지 여러 가지 꿈 분석을 해오는 동안 몇 번이나 꿈 내용에서의 황당함에 마주쳤다. 이와 같은 터무니 없음이 어디에서 오는지, 그리고 무엇을 의미하는지에 대한 규명을 더 이상 미룰 수는 없게 되었다. 꿈의 이 황당무계함이야말로 꿈을 경시하는 이론가들에게 꿈이란 정신 활동의 감퇴와 붕괴의 무의미한 산물임에 틀림없다는 유력한 논거를 제공하고 있었다는 점을 유의해 주기 바란다.

우선 몇 가지 실례를 들겠다. 이들 꿈에서는 꿈 내용의 황당함은 그야말로 겉보기에 지나지 않고, 좀 더 깊이 분석해 보면 꿈의 의미 속에 금방 사라져 버린다. 다음에 드는 것은(얼른 보기에 우연히) 죽은 아버지를 제재로 한 몇몇의 실례이다.

(1) 6년 전에 아버지를 여읜 어떤 환자[*81]의 꿈

〈아버지 신상에 커다란 불행이 일어났다. 아버지는 야간열차를 탔다. 그 기차가 갑자기 탈선하여 좌석이 서로 부딪치는 바람에 아버지의 머리가 모로 찌그러져버렸다.

다음에 그는 아버지가 침대에 누워 있는 것을 보았다. 왼쪽 눈썹 가장자리 위에 수직으로 찢긴 흉터가 있다. 아버지가 재난을 만난 것이 이상해 견딜 수 없다. "글쎄, 아버지는 진작 돌아가셨으니 말이오"라고 그는 꿈 이야기를 할 때 덧붙여서 말했다. 아버지의 눈은 몹시 맑았다.〉

보통이라면 이 꿈 내용은 이렇게 풀이될 것이다. 이 환자는 처음에 아버지의 재난을 묘사하고 있을 동안은 아버지가 이미 오래 전에 돌아가셨다는 것을 잊고 있었으나, 꿈의 진행에 따라 아버지의 죽음에 대한 기억이 되살아나 그 결과 그는 자기의 꿈을 스스로도 이상하게 여기게 된 것이다. 그런데 분석은 이와 같은 설명에 따르는 것은 헛수고라고 다른 방식으로 가르친다. 이 꿈을 꾼 환자는 어느 예술가에게 아버지의 흉상을 주문했었는데, 이 꿈을 꾸기 이틀 전에 그것이 실현되었던 것이다.

이 흉상이 그로서는 재난을 만났다고 생각된 원인이었다. 조각가는 그의 아

[*81] 이 '1' 번호는 런던판에 빠져 있음.

버지를 본 일이 없었으므로 사진을 보고 흉상을 제작했다. 꿈을 꾼 전날에 이 효자는 오래전부터 집안일을 해 온 가정부를 조각가의 아틀리에에 보냈다. 그 것은 이 가정부도 아버지의 흉상에 대해 자기와 같은 판단을 하는지 알기 위해서였다. 다시 말해 흉상에서는 이마의 옆넓이 폭이 좀 좁다고 생각되었기 때문이다. 그리고 또 하나, 이 꿈의 구조에 크게 기여한 기억 자료가 있다. 아버지는 생전에 사업상의 걱정이라든가 집안일로 고민거리가 생기면 으레 두 손으로 관자놀이를 누르는 버릇이 있었다. 마치 머리가 점점 크게 불어나는 것을 꽉 죄기라도 하는 것 같았다.

또 환자는 4세 때 장전한 권총이 발사되어 아버지의 눈을 꺼멓게 한 사건을 목격했다. (눈은 몹시 맑았다.) 꿈속의 아버지 이마의 흉터에, 생전의 아버지는 걱정이 있거나 슬픔에 잠기거나 하면 세로로 깊은 주름을 잡았다. 이 주름이 꿈에서 흉터로 대치된 것은 이 꿈의 제2 계기를 암시하고 있다. 환자는 지난날 자기 어린 딸의 사진을 찍은 일이 있었다. 건판이 손에서 미끄러져 떨어졌고, 주워들고 보니 금이 가 있었다. 그 금은 마치 수직의 주름처럼 딸의 이마를 세로로 달려 눈썹에까지 이르고 있었다.

그러자 그는 어쩐지 불길한 예감이 들어 견딜 수가 없었다. 왜냐하면 어머니가 죽기 전에 어머니를 찍은 건판이 쪼개진 일이 있었기 때문이다. 그러므로 이 꿈의 황당함은 단순히 언어 표현의 조잡성으로 말미암은 결과이다.

즉 언어 표현이 조잡하여 아버지의 흉상과 사진을 구별하려고 하지 않은 것이다. 우리는 누구나 "아버지를 꼭 닮았군" 하는 말을 듣는다. 물론 겉으로 드러난 이 꿈의 황당무계함은 쉽게 피할 수 있었을 것이다. 단 한 번의 경험으로 감히 판단을 내려도 좋은 것이라면, 황당무계함의 이 겉모습은 허용되어야 할 겉모습 또는 욕구된 겉모습이라고 말해도 상관없을 것이다.

(2) 위의 것과 비슷한 내가 꾼 꿈(내 아버지는 1896년에 죽었다)
〈아버지는 죽은 뒤에 마자르 족 사람들 사이에서 어떤 정치적 역할을 하여 그들에게 정치적 통일을 가져다주었다. 이에 대해 나는 어떤 분명하지 못한 정경을 본다. 다시 말해 마치 국회라도 열린 것처럼 사람이 많이 모이고 있다. 한 인물이 하나 또는 두 개의 의자 위에 서고, 다른 무리들이 에워싸고 있다. 나는 임종 때 아버지가 가리발디와 매우 닮게 보였던 일을 생각해 낸다. 그리고

이 기대가 사실로 된 것이 기뻤다.〉

이것은 정말 이만저만 황당한 것이 아니다. 이 꿈을 꾼 것은 바로 의회의 '의사 방해(Obstruktion)' 때문에 헝가리가 무법 상태에 빠지고, 콜로만 젤(Koloman Széll)이 위기를 타개한 그 시대였다.

꿈에 본 정경이 몇 개의 작은 장면으로 구성되었다는 사실은 사소한 일이기는 하지만 이 요소의 해명을 위해 전혀 의미가 없지도 않다. 일반적으로 우리의 꿈에서 사고를 시각적으로 표현할 때는 실물의 크기와 같다는 인상을 줄만한 화면을 만들어 낸다.

그런데 내 꿈에 나타난 화면은 삽화를 곁들인 오스트리아 역사책의 본문 중에 삽입된 목판화의 재현이었다. 이 목판화라는 것은 프레스부르크 제국 의회에서의 마리아 테레사를 그린 것, 즉 '우리의 왕을 위해 죽으리'의 유명한 장면이다.*82 이 그림의 마리아 테레사와 같이 아버지는 꿈속에서 군중에 에워싸이고 있다.

그러나 아버지는 하나 또는 두 개의 의자(Stuhl) 위에 서 있다. 다시 말해 '의자 위에 앉은 재판장(Stuhl richer)'이 되었다.(그는 그들에게 통일을 안겨 주었다. 여기서 중개 역할을 하고 있는 것은 '우리는 재판관(Richter) 같은 것은 필요 없을 것이다'는 표현이다). 아버지가 임종 때에 가리발디와 비슷하게 보였다는 것은 주위 사람이 다 같이 실제로 인정한 것이다. 아버지는 사후에 체온 상승 때문에 그 빰은 점차로 붉어졌다. 무심코 우리도 이렇게 계속한다.

'그리하여 그의 배후에는 실체 없는 빛 속에 우리 모두를 묶어 매는 평범한 것이 드러누워 있었다'

우리 상념의 이와 같은 앙양은 바로 이 '공통의 것'에 우리가 반드시 애먹게 된다는 문제에 대해 마음에 각오를 다지게 한다. 죽은 후에 체온이 상승하는 것은 꿈 내용의 '아버지의 사후'라는 말과 맞아 떨어진다. 아버지의 생명을 앗

---

*82 누구였는지 바로 생각이 나지 않지만 이상스레 작은 인간의 모습이 우글거리는 꿈에 대해 쓴 저자가 있었다. 그리고 그 꿈의 원천은 이 꿈을 꾼 사람이 낮에 본 작크캐로의 동판 한 장이라는 것을 알았다. 이 동판에는 확실히 몹시 작은 것이 그려져 있었는데, 그 동판화는 30년 전쟁의 참상을 그리고 있다.

아간 병의 원흉은 죽기 전 몇 주 동안의 완전한 장폐색(腸閉塞)(Obstruktion에는 이 '장폐색'과 앞에서 말한 '의사 방해'의 두 가지 의미가 있다)이었다.

그런데 여기에는 여러 가지 좋지 못한 관념이 결부되고 있다. 나와 나이가 같은 사람으로 김나지움 재학 중에 아버지를 잃은 사람이 있었는데, 그때 나는 깊이 감동하여 그에게 동정을 베풀었다. 이 사나이가 어느 날 내게 자기 친척 아가씨의 슬픔을 비웃으면서 이야기해 준 일이 있다. 그 아가씨의 아버지는 길거리에서 죽어 집으로 옮겨졌다. 그때, 시체의 옷을 벗겨 보니 절명의 순간엔지 혹은 죽은 후인지 배변(독일어로는 Stuhlentleerung인데 Stuhl에는 '의자, 변기, 변통'의 뜻이 있다)을 한 사실이 드러났다. 딸은 이 때문에 몹시 충격을 받았고, 이 일로 인해 아버지에 대한 추억이 더럽혀진 모양이었다. 이제 여기까지 더듬어 왔으니 우리는 거의 앞에 든 꿈속에서 구현되고 있는 소망의 정체를 붙잡게 된 셈이다. 자식으로서는 아버지가 사후 자기들 앞에 깨끗하고 또 위대한 모습으로 보이는 것을 바라지 않을 자가 있을까. 그렇다면 이 꿈의 황당무계함은 어디론가 사라져 버리지 않았는가.

황당함의 겉모습은 한낱 다음과 같은 일로 생겨난 데 불과한 것이다. 즉 우리가 그 구성 요소 사이에 존재하는 듯이 생각되는 황당무계함을 무시하는 일에 익숙해진, 전혀 아무렇지 않은 말이 꿈속에 표현된다는 점이다. 이 꿈의 경우, 황당무계한 겉모습은 꿈을 꾼 당사자가 욕구하고 의도하여 불러일으킨 겉모습이 틀림없다는 인상을 물리칠 수 없다.

꿈속에서는 죽은 사람이 살아 있는 것처럼 나타나 행동하고 우리와 교제를 하는 일이 빈번하기 때문에, 자칫 우리는 그것을 필요 이상으로 이상하게 생각하고 기묘한 설명을 가한다. 그렇지만 이와 같은 설명이야말로 꿈에 대한 우리의 몰이해성을 여실히 드러내놓은 것이다. 오히려 이와 같은 꿈의 해명이야말로 지극히 간단하다. 만일 아버지가 아직 살아계셨다면 거기에 대해 뭐라고 하셨을까 하고 상상하는 것 같은 상황에 우리는 흔히 빠지는 법이다.

이 '만일……다면'을 꿈은 어떤 현재의 특정 상황에 의해 표현하는 방법밖에 모른다.

예를 들어 할아버지의 막대한 재산을 상속받은 젊은 사나이는 돈을 함부로 쓴다고 남들이 비난하면, 할아버지가 살아서 자기에게 해명을 구하는 꿈을 꾼다는 식이다.

우리가 그 꿈에 대한 항의라고 생각하는 것, 즉 꿈에 나온 그 사람은 벌써 옛날에 죽지 않았느냐는 양심에서 나온 항의는, 실제로는 그 죽은 사람은 이런 일은 경험하지 않아도 된다는 의무의 관념이든가, 그 사람은 죽었으니 이제 아무런 참견을 할 수 없다는 만족감이다.

꿈속에 죽은 가족이 나타나는 것과는 다른 종류의 황당무계함은 비웃음이나 욕설을 표현하고 있는 것이 아니라 극단의 거부, 즉 도저히 생각할 수 없는 일이라고 규정짓고 싶어하는 억제된 사고의 표현에 봉사하는 것이다. 꿈은 욕구된 것과 현실의 것 사이에 차별을 두지 않는다는 것을 상기할 때에만 이런 종류의 꿈은 풀이되는 듯이 생각된다. 가령 앓는 아버지를 계속 간호해 왔으나, 그 보람도 없이 세상을 떠나 버려 비탄에 빠진 사나이가 그로부터 얼마 후에 이런 무의미한 꿈을 꾸었다. 〈아버지는 살아 있을 때와 같이 건강한 모습으로 그와 이야기를 했다. 그러나(여기가 재미있다) 아버지 역시 죽은 것이고 다만 아버지 스스로 그것을 알지 못할 뿐이다.〉

이 꿈은 '역시 죽은 것이고'의 뒤에 '이 꿈을 꾸고 있는 본인의 소망의 결과'라는 말을 넣고, '다만 그렇다는 것을 모를 뿐이다'의 뒤에 '꿈꾼 본인이 그런 소망을 갖고 있었다'는 말을 보충해 보면 잘 알게 된다.

아들은 간호하는 동안 몇 번인가 아버지가 차라리 죽어 주었으면 좋겠다고 생각했다. 즉 죽음이 어서 아버지의 고통에 결말을 가져다주었으면 좋겠다는 소망의 마음을 가졌던 것이다. 아버지의 사후, 슬픔 중에 있으면서도 마치 자기가 그와 같은 생각을 품었기 때문에 아버지의 생명을 단축시키거나 한 것처럼 무의식 중에 양심의 가책이 되었던 것이다. 아버지에 대한 가장 이른 유아적 충동을 일깨움으로써 이 자기 비난을 꿈으로 표현하는 일이 가능하게 된 것이다. 꿈을 일으키게 한 원인과 낮의 관념과의 사이에 너무나 동떨어진 대립성이 있기 때문에 이 꿈은 이렇게 황당무계한 것이 된 것이다(여기에 대해서는 《정신분석연감》 제3권, 1919년, 전집 제8권에 수록된 〈심적 과정의 2 원칙에 관한 정식〉 참조).

세상을 떠난 사랑하는 이에 대한 꿈은 일반적으로 꿈 해석에 대해 곤란한 문제를 제기하며, 이 과제의 해결은 반드시 만족할 만큼 성공하고 있지 않다. 그 이유는 꿈을 꾼 당사자와 죽은 사람에 대한 관계를 지배하는 감정이 특히 강하기 때문이다. 이와 같은 꿈에서는 죽은 사람은 처음에 살아 있는 것으로 다루어지고, 다음에 돌연 죽어 있고, 다시 꿈이 계속되면서 살아 있다고 되는 것이 보통이다. 이것이 우리를 혼란에 빠뜨린다. 이처럼 죽었는가 하면 살아 있다는 모양으로 변하는 것은 그 꿈을 꾸는 사람의 무관심을 표현하는 것이 아닐까 하고 나는 추측하게 되었다('그 사람이 죽었거나 살았거나 자기로서는 마찬가지이다').

물론 이와 같은 무관심은 결코 현실의 무관심이 아니라 욕망된 무관심이다. 그것은 꿈꾸는 사람의 지극히 강렬한, 흔히 정반대의 감정 태도를 부정하는 데 도움이 되도록 하려는 것이다. 이렇게 하여 그 무관심은 꿈꾸는 사람의 이율배반을 표현하는 것이다. 죽은 사람과 교제를 하는 꿈에서는 종종 다음과 같은 규칙을 따르는 것들이 있다.

만일 꿈속에서 죽은 사람이 죽어 있다는 일이 상기되지 않을 경우에는 꿈을 꾼 본인은 자신을 죽은 사람과 동일화한다. 즉 그는 자기 자신의 죽음에 대한 꿈을 꾸는 것이다. 돌연 꿈속에 나타나는 반성이나 의혹의 관념을 보여 주는 '그런데 이 사람은 벌써 옛날에 죽었을 터이니'는 이 동일화에 대한 항의이고, 꿈을 꾸는 당사자로서는 죽음의 의의를 거부하는 것이다. 그러나 나는 꿈 해석은 이런 종류의 내용을 가진 꿈의 비밀을 아직도 완전히 해명해 내지는 못했다는 인상을 지워버릴 수 없다.

(3) 이제부터 드는 예에서는 꿈 자료 중에 전혀 그 계기가 없는 것 같은 황당무계함을 꿈 작업이 어떻게 만들어 내는가를 확연하게 포착하리라 생각한다. 내가 휴가 여행 전에 툰 백작과 만났기 때문에 만들어진 꿈이다. 〈나는 한 필의 말이 끄는 마차에 올라 앉아 역으로 가자고 명령한다. 마부는 마치 내 시중을 들어서 지치거나 한 것처럼 불평을 늘어놓았으므로, 나는 마부에게 "물론 선로 위를 자네와 같이 달릴 수는 없지" 하고 말한다. 그때 보통이라면 전차로 갈 구간을 이미 마차로 온 것 같은 마음이 들었다.〉 이 혼란하고 무의미한 경로를 분석하면 다음과 같은 해명을 준다. 나는 그날 마차를 얻어 도른바흐를 향해 어떤 시골길을 가 달라고 말했다. 그런데 마부는 그 길을 잘 알지도 못하면서, 이런 호인에게 흔히 있는 일이지만 무작정 달리는 것이었다. 나는 문득 정신을 차려 길은 이쪽이라고 말했다. 그때 두어 마디 잔소리 비슷한 말을 하지 않을 수 없었다. 관념 결합은 이 마부에게서 귀족들에게로 뻗어나

가지만, 이 귀족들에 대해서는 좀 더 뒤에 언급하기로 하겠다. 우선은 다만, 우리 평민의 눈으로 볼 때 귀족이라는 것은 무슨 일이든 간에 마부의 위치에 앉고 싶어한다는 것만 암시해 둔다. 툰 백작으로 말하더라도 오스트리아 제국이라는 마차를 부리고 있지 않는가. 꿈속의 다음 명제는 내 동생과 관련되어 있다. 즉 나는 이 동생을 마차의 마부와 동일화시키고 있다. 그 해에 나는 이탈리아로 함께 여행하자는 그의 요청을 거절했다('물론 선로 위를 너와 같이 달릴 수는 없다').

그리고 이렇게 거절한 것은 동생이 평소에 여하튼 여행을 떠나면 내가 그를 지나치게 지치게 만든다(이것은 그냥 그대로 꿈에 나와 있다)고 불평한 데 대한 일종의 복수였다.

다시 말해 내가 하루에 너무 많이 구경하고 또 너무 빨리 여기저기로 옮기는 것이 딱 질색이라는 불만이었다. 그날 밤은 동생이 역까지 바래다주었는데, 바로 역에 있는 시내 전차의 정류장에 내려 전차로 푸르커스도르프로 갔다. 전차가 아니라 서부선 철도로 가면 한참 더 나와 함께 갈 수 있지 않느냐고 나는 동생에게 말했다.

이 사건이 꿈속에서 보통이라면 전차로 갈 구간을 마차로 왔다고 하는 형태로 나와 있다. 현실은 이와 반대였다(그리고 '마차로 왔다는 것도 거꾸로다'). 나는 동생에게 이렇게 말했던 것이다. "네가 전차로 가는 구간을 또 나와 같이 서부 철도로 갈 수 있다." 이 꿈은 아주 복잡한데, 그와 같은 혼란은 전부 내가 '전차' 대신 '마차'를 꿈속에 끌어넣었기 때문에 일어나고 있었다.

그리고 그 일이 물론 마부와 동생을 동일화시키는 일에 크게 기여하고 있다. 또 나는 이 꿈속에 거의 설명하는 것이 불가능하게 보이고, 내 앞의 말('선로 위를 너하고 같이 갈 수는 없다')과 모순되는 어떤 무의미한 것이 들어 있다는 것을 알아차린다. 그렇지만 내가 전차와 마차를 혼동할 이유가 전혀 없기 때문에, 이 수수께끼 같은 이야기는 전부 꿈에서 의도적으로 만들어낸 것이 틀림없다.

그러면 어떤 의도에서일까? 이것을 알려면 꿈에서의 황당무계함이 무엇을 의미하는지, 그리고 어떤 동기에서 그러한 무의미한 황당무계함이 허용되고 만들어지고 하는가를 알지 않으면 안 된다. 지금 문제 삼고 있는 이 경우, 비밀의 수수께끼 풀이는 이렇다.

즉 나는 이 꿈속에서 어떤 황당무계함과 '탈 것으로 간다'는 것과 결합된 어떤 불가해한 것을 필요로 하고 있다. 왜냐하면 나는 꿈의 사고 중에 어떤 종류의 해석을 갖고 있어서 그것이 꿈 내용 중에 나타날 것을 원하고 있기 때문이다. 같은 꿈의 다른 장면에 '가정부'로 등장하는, 손님 치르기를 좋아하고 머리가 좋은 부인 집에서 지난밤에 나는 두 가지 수수께끼를 들었으나 내 힘으로는 이것을 풀지 못했다. 거기 있는 다른 사람들은 해답을 알고 있었으므로 어떻게 해서든지 풀어 보려고 애쓰는 내 모양이 퍽 우스꽝스러웠을 것이 틀림없다. 그것은 '뒤로 온다'(Nachkommen, 자손, 후예의 뜻이 있다)와 '앞서 타고 간다'(Vorfahren, 조상의 뜻이 있다)라는 두 가지 의미가 있는 애매모호한 말이었다. 대략 이런 내용이라고 생각한다.

주인이 명령한다.
마부는 행한다.
누구나 갖고 있다.
무덤 속에 쉬고 있는 건 뭘까요.
(앞서 타고 가는 것, 조상)

둘째 수수께끼는 전반부가 첫째 것과 완전히 같다는 점이 오히려 혼란을 더했다.

주인이 명령한다.
마부는 행한다.
아무도 갖고 있지 않다.
요람에서 자고 있는 건 뭘까요.
(뒤로 오는 것, 자손)

그런데 툰 백작이 그토록 당당하게 앞서 타고 가는 것을 보고, 나는 문득 피가로적인 기분이 되었다. 즉 귀족이고 위대하다 해도 그것은 다만 귀족 가문에 태어났다는 것(자손)뿐이 아닌가라는 기분이 되었을 때, 위의 두 수수께끼는 꿈의 작업에 있어 중간적인 사고가 되었던 것이다. 귀족은 쉽게 마부와 혼동될 수 있고, 더욱이 오스트리아에서는 마부를 옛날에는 '형님'이라고 부르는 것이 관습이었으므로 꿈의 압축 작업은 내 동생을 동일한 표현 안에 끌어들일 수 있었던 것이다.

그 배후에 작용하고 있는 꿈의 사고는 이렇다. '자기 조상을 자랑하는' 것은 상식을 벗어난다. 차라리 '나는 자신이 앞서가는 자(조상)이고자 한다.' 이 '그런 것은 상식 밖이다'라는 해석이 있었으므로 꿈속에 무의미한 것이 나왔던 것이다. 이렇게 하여 나는 마부와 '벌써 미리 마차를 달리고 있었다.' 즉 이미 마부와 함께 '앞서 타고 갔다'는 모호한 꿈 대목의 마지막 수수께끼도 풀이가 된다.

그리고 보면 꿈이 말도 안 되는 황당무계한 것으로 만들어지는 것은 꿈 내용의 여러 요소 가운데 하나로서 '그건 말도 안 된다'라는 판단이 나타날 경우, 즉 일반적으로 조소와 비평이 그 꿈을 꾸고 있는 사람의 무의식적인 사고 과정의 하나가 동기가 되는 경우이다. 따라서 꿈속의 황당무계함은 꿈 사고와 꿈 내용과의 사이의 자료 관계를 뒤집어 거꾸로 한다든가, 신체 운동의 억제 감각을 이용한다든가 하는 것처럼 꿈 작업의 모순을 표현하는 데 쓰는 방법 가운데 하나이다. 그렇다고는 하지만 꿈의 부조리는 단순한 '부정'으로 해석될 수 있는 것이 아니며, 동시에 그 모순을 들어 비웃고 또는 웃어주는 꿈 사고의 겉 모습도 함께 재현하려고 하는 것이다. 이와 같은 의도에서만이 꿈 작업은 그 어떤 웃음을 자아낼 만한 우스꽝스러운 것을 만들어 낸다. 꿈의 작업은 이 경우도 또 잠재 내용의 일부분을 겉으로 드러나는 어떤 형식으로 바꾸는 것이다.*83

사실 우리는 부조리한 꿈이 갖는 이와 같은 의의를 명료하게 깨닫게 해주

---

*83 꿈 작업은 어떤 우스꽝스럽다고 생각되는 관념이 있으면 그것과 관련지어 다른 우스꽝스러운 것을 만들어 내고, 이렇게 함으로써 앞의 우스꽝스러운 관념을 야유한다. 하이네가 바이에른 왕의 떼먹지 않은 시를 깎아 내리쳤을 때 이와 같은 방식을 취했다. 그는 왕의 시보다 더 서투른 시를 지어 왕의 원시를 조롱했던 것이다.

　　루드비히님은 대시인
　　루드비히님의 시를 보고는
　　위대한 아폴로도 무릎 꿇고
　　'그만두어, 그만 내가 미치겠도다'

는 한 가지 실례와 마주치고 있다. 아침 7시 45분까지 계속 지휘자가 지휘대에서 오케스트라의 지휘봉을 휘두른다는 '바그너의 오페라 장면의 꿈'이 그것이다. 분석 없이 풀이가 되는 이 꿈은 또렷이 '세상은 거꾸로다. 모두 정신이 돌았다'고 말하려고 한다. 그것을 마땅히 받아야 할 자는 받지 못하고, 그렇지 못한 자가 그것을 차지한다(이런 생각에 의해 그 꿈을 꾼 부인은 자신의 운명을 그 사촌동생의 운명과 비교하여 생각하고 있다). 부조리한 꿈의 실례로 우선 죽은 아버지에 대한 몇 가지 꿈을 예로 들게 된 것은 사실 결코 우연은 아니다. 그 꿈에는 부조리한 꿈을 만들어 내는 데 필요한 여러 조건이 전형적으로 모여 있다. 아버지가 갖는 권위는 일찍부터 자식의 비판을 일깨운다. 그가 내세우는 엄격한 요구에 자식은 어떻게든 자기 마음을 편안하게 하려고 아버지의 약점을 찾기에 이른다.

그러나 특히 아버지가 죽고나면 아버지를 따르는 마음이 강하게 형성된다. 이 마음이야말로 꿈의 검열을 예리하게 하고 아버지에 대한 비판의 외적인 모습을 억압하여 의식하지 못하게 한다.

(4) 죽은 아버지에 관한 또 다른 부조리 꿈

〈나는 1851년 어떤 발작 때문에 입원할 필요가 생겼다. 이때 그 입원료 지불에 대해서 태어난 고향의 시 참사회에서 발송한 한 통의 편지를 받았다. 그것이 재미있다. 왜냐하면 나는 1851년에는 태어나지도 않았으며, 이와 관계가 있을 성싶은 아버지는 이미 죽었기 때문이다. 나는 옆방의 아버지에게 가서 그 일을 이야기했다. 그러자 놀랍게도 아버지는 1851년에 한 번 술이 취해 보호검속을 받은 일이 있다는 것을 생각해 냈다. 그것은 아버지가 T가를 위하여 일하고 있을 때의 일이었다. 그때 나는 물었다. "그럼 아버지도 술에 취했었군요. 그 뒤 바로 결혼하셨나요?" 계산해 보니 과연 1856년에 태어났으며 그것은 이 일이 있는 직후인 듯이 생각되었다.〉

이 꿈은 그 부조리를 사뭇 드러내놓고 있으나, 이와 같은 노골적인 부조리는 이제까지의 논의로 미루어 꿈 사고 중에 있는 격하고 열렬한 반감의 표시라고 풀이될 수 있을 것이다. 그러나 그러니만큼 우리는 이 꿈 속에서는 반감이 적나라하게 나와 있는 데다가, 아버지가 조소의 목표가 되는 인물로 제시되고 있는 사실을 확인하고 점점 더 이상한 마음이 드는 것이다. 이와 같은 노골성은 꿈 작업시의 우리의 꿈 검열에 관한 전제와 모순되고 있는 듯이 보인다. 그러나 해석은 이 꿈에서 아버지는 다만 방편으로 쓰이는 인물에 불과하고, 싸움의 상대는 꿈속에서는 단 하나의 암시로 존재를 나타내고 있는 다른 인물이라는 것을 알 수 있다. 보통이라면 꿈은 어떤 인간에 대한 반항을 취급하더라도 그 인간의 배후에는 사실 아버지가 감춰져 있는 것이지만, 이 꿈에서는 그것이 거꾸로 되어 있다. 즉 아버지는 다른 인간을 감추기 위한 대용물이 되어 있어, 여기서 지목되고 있는 것은 실제로는 아버지가 아니라는 암묵의 양해가 작용되고 있기 때문이다. 따라서 이 꿈은 보통으로는 신성시되고 있는 아버지라는 인물을 이 정도로까지 적나라하게 희롱하듯 다루는 일이 허락되어 있다. 이런 사정은 꿈의 유인으로 설명할 수 있다. 즉 이 꿈을 꾼 것은 그 판단이 절대시되고 있는 어느 선배가, 내 환자 가운데 한 사람이 5년이나 정신분석 치료를 받고 있는데도 아직도 결말이 나지 않는다는 것은 이상한 일이라고 나를 비난한다는 말을 들은 뒤였다. 이 꿈의 첫머리 부분은 은폐되고 있지만, 이 선배가 한때는 그 아버지가 이미 다하지 못하게 된 의무(비용의 지불·입원)를 인수한 일을 명료하게 가리키고 있다. 그리고 우리 사이의 우정이 금가기 시작했을 무렵, 나는 아버지와 아들 사이가 원만하지 못할 경우에 흔히 보이듯 지난날의 행위로 인하여 일어나는 그런 감정상의 갈등에 빠졌던 것이다. 그리하여 꿈 사고는 문제의 환자의 치료에서 발단하여 다른 일에까지 미치는 비난, 즉 내 치료 방식이 제대로 되지 않았다는 비난에 대해 분격하고 반항하는 것이다. 도대체 그는 나보다 더 성심성의껏 치료할 만한 의사를 알고 있다는 것인가. 이런 종류의 병은 보통 불치의 병이고, 죽지 않고서는 치유되지 않는 것이라는 사실을 모르고 있는가. 한 인간의 일생이라는 것을 생각하면 고작 4년이나 5년이 뭐가 길다는 말인가. 더욱이 치료를 받는 동안은 이 환자의 그날그날이 퍽 편안한 상태에 놓여 있는데 말이다.

이 꿈에서의 부조리의 인상은 대부분 꿈 사고의 온갖 영역에서 나와 있는 명제가 중개적인 연결고리 없이 나란히 줄지어 있는 데에서 생겨난 것이다. 예를 들어 '나는 옆방 아버지에게 간다'는 명제는 그 앞의 명제가 다루던 테마를 버리고 내가 이미 멋대로 정한 약혼을 아버지에게 보고했을 때의 상황을 충실하게 재현하고 있다. 그렇다고 한다면 이 명제는 그때 아버지가 보여준 기풍 있는 공정한 태도를 상기시켜 다른 새로운 인물의 태도와 아버지의 이 태도를 대조하려고 한다. 여기서 말해 두겠는데, 나는 아버지가 꿈 사고 중에서 남들이 모범적인 인물로 극구 찬양하기 때문에 꿈은 감히 아버지를 비웃을 수 있었던 것이다. 입 밖에 내어서는 안 될 일에 대해서는, 진실은 안 되지만 진실이 아닌 것이라면 말해도 상관없다는 것은 모든 검열의 본질에서 오고 있다. 아버지가 '지난날 술에 취해 검속된 일이 있는 것을 생각해 냈다'는 다음의 명제는 현실적으로 아버지와 관계있는 것은 이미 아무것도 포함하고 있지 않다. 아버지가 대체물이 되고 있는 그 인물은 여기서는 바로 위대한 마이네르트(Theodor Meynert)이다. 나는 대단한 존경심으로 마이네르트가 걸은 길을 답습하려고 했다. 그런데 이 사람의 나에 대한 태도는 얼마 동안은 호의적이었으나, 이윽고 적나라하게 적대적인 것으로 변했다. 이 꿈은 나에게 그가 한 말을 상기시킨다. 그는 젊어서 클로로포름으로 자기를 마비시키는 습관에 중독되어 그것 때문에 한동안 치료를 받지 않으면 안 되었다고 한다. 그리고 이 꿈은 마이네르트가 죽기 직전에 그와의 사이에 일어난 한 사건을 생각나게 했다. 남성 히스테리라는 문제에 대하여 이를 부정한 그와 나는 격한 논쟁을 벌였다. 그리고 임종이 가까운 그를 찾아가 용태를 물으니, 그는 자신의 병세를 자세히 이야기하고 이런 말로 끝을 맺었다. "실은 나야말로 남성 히스테리의 완전한 한 케이스였소." 그가 그렇게 오랫동안 완강하게 반대해 오던 일을 이런 모양으로 승인한 것은 나로서는 놀라움인 동시에 만족스럽기도 했다. 그러나 내가 꿈의 이 장면에서 아버지를 마이네르트의 대체물로 할 수 있었던 것은, 이 두 사람 사이에 볼 수 있는 유사점에 의한 것이 아니라, 꿈 사고 중에 있는 하나의 조건 문장의 간결하나마 정성을 다한 표현에 의한 것이다. 이 조건 문장이라는 것은 자세히 말하면 이렇다. "그래요. 만일에 내가 대학 교수나 추밀 고문관의 자식이기라도 했다면 물론 좀 더 빨리 출세했겠지." 이렇게 하여 나는 꿈속에서 자기 아버지를 추밀 고문관으로 만들고 대학 교수로 만드는 것이다. 이 꿈에서 가장 두드러지게 눈에 거슬리는 부조리는 1851년이라는 연호의 취급에 있다. 나는 1851년과 1856년의 차이를 전혀 무시하고, 마치 이 두 해 사이에 있는 5년의 차이 정도는 전혀 의미가 없는 듯이 다루고 있다. 그런데 이것이야말로 바로 꿈 사고 중에서 이 꿈이 표현하려고 한 것이다. 4년에서 5년의 기간이야말로 내가 처음에 언급한 마이네르트에게서 지원을 받고 있던 기간인 반면 내가 약혼한 여자에게 결혼을 기다리게 한 기간이고, 다시 꿈 사고에 의해 즐겨 이용된 우연한 보호로 내가 지금 가장 친한 환자를 완전히 치유하기까지 필요하다고 상정하는 기간이기도 하다. "5년이 어떻다는 거냐?"고 꿈은 반문한다. "그런 것은 내게 있어서는 길다고 할 만한 것은 아니다. 그런 건 안중에 없다. 내게는 앞으로 얼마든지 시간은 있다. 당신이 믿으려 들지 않았던 일도 결국 그렇게 되었으니까. 그것이나 마찬가지로 이 일도 꼭 성취시킬 것이다."

그러나 이 외에 연호에서 떼어낸 51이라는 숫자는 좀 더 다른 의미, 더욱이 아주 반대의 의미로 규제되고 있다. 그렇기 때문에 이 수가 또 몇 번이나 꿈속에 나오는 것이다. 51은 남자에게는 위험한 숫자이다. 나는 동료들이 51세에 갑자기 죽는 것을 몇 번이나 경험했다. 그 중에는 오랫동안 고대하던 교수직에 겨우 임명된 뒤 그 영광의 날을 2, 3일 앞두고 어이없이 죽어 버린 사람도 있었다.

(5) 숫자를 다루는 또 다른 부조리한 꿈

〈친지 가운데 한 사람인 M씨는 다른 사람도 아닌 바로 괴테의 맹렬한 공격을 받았다.(어떤 논문 중에서도) "이건 좀 부당하지 않은가?"라고 우리 모두가 생각했을 정도이다. M씨는 물론 이 공격으로 완전히 녹초가 되었다. 그는 어느 회식석상에서 이 일을 크게 한탄했다. 그러나 그가 갖고 있던 괴테에 대한 존경심은 이와 같은 개인적인 경험으로 없어지지는 않았다. 나로서는 시간적인 관계가 이상하게 생각되었으므로 스스로 그것을 해명해 보려고 했다. 괴테는 1832년에 죽었다. 따라서 M에 대한 괴테의 공격은 그 이전이 아니면 안 된다는 것은 물론이므로, M은 당시 아직도 퍽 나이가 어렸을 것이다. 18세 정도가 아니었을까. 그런데 현재 기원 몇 년인지 분명하지 않아 계산 전체가 애매모호하다. 여하튼 공격이 가해진 것은 괴테의 유명한 에세이 《자연(Natur)에 대하여》에서이다.〉

이 꿈의 말도 안 되는 허무맹랑함은 쉽사리 찾아낼 수 있다. M씨는 어느 회식 석상에서 알게 되었는데, 바로 얼마 전에 그의 동생을 보아달라는 부탁을 받았다. 진행성 마비에 의한 정신장애 징후가 보인다는 것이다. 진찰해 보니 M씨의 예측대로였다. 이 진찰에 즈음하여 뜻하지 않은 불쾌한 일이 일어났다. 환자는 그야말로 불쑥, 형인 M씨의 젊은 시절의 실수를 암시하는 듯한 말을 하여 형을 몹시 당황하게 만들었던 것이다. 나는 환자에게 생년월일을 묻고,

또 기억력 감퇴를 분명하게 하기 위해 몇 번이나 간단한 계산을 시켜보았다. 이 시험은 어쨌든 그런대로 무사히 넘겼다. 여기서 나는 재빨리 자신이 이 꿈에서 진행성 마비 환자인 것처럼 행동하고 있다는 것을 깨달았다('그러나 현재 몇 년인지 나는 분명하지 않다'). 또 하나의 자료는 최근의 다른 원인에서 오고 있다. 나와 친분이 있는 어느 의학 잡지의 편집자가 베를린에 있는 내 친구 Fl의 최근 저서에 대하여 '여지도 없이 부정적인' 비평을 그 잡지에 게재했다. 필자는 아직도 나이 어린, 남의 것을 비평한다느니 하는 좀 건방진 사나이였다. 나는 이 건에 개입할 권리가 있다고 믿고 친구인 편집자에게 해명을 구했다. 편집자는 그와 같은 북 리뷰를 게재한 일에 대해 크게 유감의 뜻을 표현하기는 했으나, 어떤 조처를 취한다는 약속까지는 하지 않았다. 거기서 나는 그 잡지와의 관계를 끊고 그 뜻을 밝힌 편지에서 '우리의 개인적 관계가 이번 사건 때문에 해를 입는 일은 없을 것이다'라는 기대를 강조해 두었던 것이다. 이 꿈의 셋째 원천은 바로 그 무렵에 어느 부인 환자에게서 금방 들은, 남동생이 정신병에 걸렸다는 이야기이다. 이 남동생이 '자연, 자연'이라고 절규한 것은 아름다운 괴테의 에세이를 읽은 데서 왔으며, 환자가 자연 철학을 연구하느라고 과로한 탓일 것이라는 것이 모든 의사들의 의견이었다. 나는 차라리 성적 의미를 생각해 보아야 한다고 생각했다. 현대의 교양이 없는 층의 사람들도 '자연'에 대해 이야기할 때는 거기에 성적 의미를 포함시키고 있으며, 더욱이 이 불행한 환자가 뒤에 자신의 음경을 잘라버렸다는 사실은 적어도 내 생각이 틀리지 않았다는 것을 뒷받침해 주는 것이라고 생각했다. 이 환자가 미친 것은 18세 때였던 것이다.

그토록 혹평을 받은 내 친구의 저서(다른 비평가는 "저자가 미쳤는지 아니면 우리 자신이 미쳤는지 자문하고 싶어진다"라고도 말하고 있다)는 생명의 시간적 관계를 논한 것으로, 괴테의 수명도 생물학적으로 중대한 의미를 갖는 수의 몇 배나 된다고 했다. 그렇지만 이것을 덧붙여 말한다면 내가 그 꿈속에서 친구의 대리가 되어 있는 사실이 쉽게 이해된다('나는 시간적 관계가 있는 어떤 설명을 찾으려 한다'). 그러나 내가 진행성 마비 환자처럼 행동하고, 꿈이 부조리를 멋대로 드러내고 있다는 것은 분명 꿈 사고는 아이러니컬하게도 이렇게 말하고 있는 것이다. "물론(이 '물론'은 독일어로는 natürlich인데 '자연'인 Natur에서 오고 있다) 그놈은 바보이거나 미친놈이다. 그리고 당신들은 천재적인 인간으로 사물을 잘 분별하고 있다. 아니 어쩌면 그 반대일까." 그리고 이 반대인 것은 꿈 내용에 충분한 이상으로 표현되고 있다.

다시 말해 괴테는 그 젊은이를 공격하고 있지만 이거야말로 부조리한 일로서, 오히려 사실은 새까만 애송이가 불멸의 괴테를 공격하려 들지 모른다. 또한 꿈에서 나는 괴테가 죽은 해로부터 계산하는데, 진행성 마비 환자에게는 그의 출생 연도를 기준으로 계산하게 했던 것이다.

그런데 나는 어떤 꿈도 이기적인 충동 이외의 것으로 생겨나는 일은 없다는 점을 제시하겠다고 약속했다. 내가 이 꿈에서 친구의 일을 나 자신의 일로 하고 자신을 친구 대신으로 한 것을 그 점에서 시인하지 않을 수 없다. 깨어 있을 때의 내 비관적 확신은 이것을 설명하기에는 충분하지 못하다. 그런데 18세 환자의 이야기와 그가 절규한 '자연'이라는 말의 갖가지 해석이란 내가 정신 노이로제의 병인에 대해 성적인 것을 지적한 일로 많은 의사들과 대립하게 된 그 대립 관계를 암시하고 있다. 나는 스스로를 향해 이렇게 말할 수 있다. "너의 친구에게 가해진 것 같은 비평은 너 자신에게도 가해질 것이다. 아니 부분적으로는 이미 가해지고 있다."

거기서 나는 꿈 사고 중의 그를 '우리'라고 바꿔 놓아야 좋은 것이다. "그렇다. 당신들은 옳고 우리는 바보이다." 괴테의 유례없이 아름다운 에세이가 꿈속에 나온 일은 나에게 바로 mea res agitur(중요한 것은 나 자신의 일이다)라는 것을 상기시킨다.

왜냐하면 어느 공개 강연에서 이 에세이의 이야기를 들었는데, 김나지움을 마치고 장차 어떤 길로 나갈 것인가 헤매고 있던 나에게 자연 과학으로 나갈 결의를 하게 한 계기이기 때문이다.

(6) 나 자신은 나오지 않는 나의 다른 꿈 하나에 대해서

그 꿈이 이기적이라는 것을 제시할 의무가 남아 있다. 나는 앞에서 M교수가 '내 아들, 그 근시안이……'라고 한 짧은 꿈을 언급하고 이 꿈은 내가 한몫 끼어 있는 다른 꿈의 앞선 꿈에 불과하다고 말했었다. 여기서 그때 건드리지 않은 본론적인 꿈을 소개하겠다. 이 꿈은 우리에게 부조리하고 이해할 수 없는 여러 가지 형성이 왜 이루어지는가를 밝혀 준다.

〈로마 거리에서 무슨 사건이 일어나 아이들을 안전한 곳으로 대피시켰다.

그리고 장면은 고풍의 이중문 앞으로 바뀌었다(나는 계속 꿈꾸면서, '아아, 시에나의 포르타 로마나로구나' 하고 생각했다). 나는 분수 옆에 앉아 있었다. 몹시 슬프고 자칫 울음이 터질 것만 같았다. 한 여자가(보모 아니면 수녀) 사내아이를 데리고 와서 아버지에게 건네주었다. 단 그 아버지는 내가 아니다. 두 사내아이 중 큰 쪽은 분명히 우리 집 장남이고 다른 한 아이의 얼굴은 보이지 않는다. 그 아이를 데리고 온 부인은 헤어질 때 그 아이에게 키스하려고 한다. 부인은 코가 몹시 붉다. 그 아이는 키스하기를 거부하고 작별 인사로 부인에게 손을 내밀면서 '아우프 게제레스'(독일어로는 보통 '안녕'이라고 할 때 Auf Wiedersehen이라고 한다. Auf Geseres는 '게제레스를 기념하여'라는 뜻)라고 하고, 우리에게는(혹은 둘 중의 한 쪽에게) '아우프 운게제레스(Auf Ungeseres)'라고 했다. 나는 나중 것이 더 진심이 깃들었다고 생각했다〉.

이 꿈은 극장에서 본《새로운 유대인 거리》라는 연극에 자극받아 생긴 여러 관념 덩어리 위에 구성되고 있다. 유대인 문제, 조국을 갖지 못한 아이들의 장래에 대한 걱정, 아이들이 자유 이주권을 가질 수 있도록 교육하고 싶다는 배려 등이 이 꿈에 속하는 꿈 사고 중에 쉽게 인정된다.

'우리 모두 바빌론의 물가에 앉아 울었노라'——시에나는 로마나 마찬가지로 수많은 아름다운 분수로 세상에 그 이름이 알려져 있다.

나는 로마를 대신할 유명한 장소를 찾아내지 않으면 안 된다. 시에나의 포르타 로마나 근방에서 우리는 밝게 불빛이 비치는 커다란 집을 보았다. 그것이 마니코미오, 즉 정신병원인 것을 알았다. 이 꿈을 꾸기 직전에 들었는데, 역시 유대인인 한 의사가 고심 끝에 얻은 어느 국립 정신병원에서의 지위를 포기하지 않으면 안 되었다고 한다.

꿈속에서 확인할 수 있는 상황으로는 '아우프 비더제엔'이 아니면 안 될 '아우프 게제레스'와 그 반대의 '아우프 운게제레스'(Ungeseres, Un은 부정을 뜻한다)라는 말이 우리의 흥미를 끈다.

유대인 법률학자에게 물어 확인한 바에 의하면, 게제레스는 조금도 어김없는 헤브라이어로 동사 goiser에서 파생했고, '명령된 고뇌, 재난'으로 번역하면 '가장 적당하다'는 것이었다. 은어적 사용이라면 그것은 '비탄과 신음'을 뜻한다고 보아도 되겠다. 운게제레스 쪽은 독특한 나의 신조어로, 처음에는 내 주의를 끌었으나 당장에 무엇이라고 해석해야 좋을지 모르겠다. 운게제레스 쪽이 게제레스에 비하여 진심이 깃들어 있다는 꿈의 끝부분의 생각은 여러 가지 착상에 따라서 이해의 문을 열어준다. 이와 비슷한 관계는 상어알 젓에서도 볼 수 있기 때문이다. 소금 절임이 아닌(ungesalzen) 상어알 젓은 절인(gesalzen) 상어알 젓을 더 높이 평가한다. 일반사람에게는 상어알 젓은 '값비싼 진미'이다.

이 일 중에 내 신변의 한 인물에 대한 농담조의 빈정거림이 있다. 나는 나보다 젊은 그 사람이 우리 아이들의 장래를 돌봐 줄 것을 기대하고 있다. 그리고 이 또한 다른, 역시 우리 집에 있는 어떤 인물, 즉 강인하고 똑똑한 보모가 꿈 속에서 또렷이 표시되어 있다는 사정과 일치한다. '소금으로 절인 것—소금으로 절이지 않은(gesalzen-ungesalzen) 것'과 또 한 가지 게제레스와 운게제레스(Geseres-Ungeseres)라는 한 쌍의 말 사이에는 하나의 매개하는 과정이 빠져 있다. 이 중간 대목은 '효모가 든, 효모가 들지 않은'이라는 말인 모양이다. 이스라엘의 후예들은 이집트에서 도망치듯이 떠날 때에 빵에 넣은 효모를 발효시킬 시간적 여유가 없었다. 그래서 오늘날에도 부활제에는 그것을 기념하여 효모가 들지 않은 빵을 먹는다. 여기서 나는 또 이 부분을 분석하고 있는 동안 머리에 떠오른 갑작스러운 착상을 채택할 수 있다. 즉 나는 얼마 전의 부활제 때에 베를린의 친구와 함께 알지도 못하는 거리 브레슬라우를 두루 산책한 일을 생각해 냈던 것이다. 그때 한 소녀가 어떤 거리로 가는 노선을 내게 물었다. 나는 안됐지만 모른다고 대답하고 옆의 친구에게 이렇게 말했다. "저 아가씨는 후일 인생의 길목에서 남의 가르침을 받으려고 할 경우, 좀 더 상대를 선택하는 눈이 있어야겠는데?"

그리고 조금 더 가니 '헤로데스 박사 진료 시간'이라는 간판이 눈에 띄었다. 거기서 나는 또 이렇게 말했다. "이 동업자 선생은 소아과가 아니었으면 좋겠군."(유대 왕 헤로데스는 예수 탄생 소식을 듣자 베들레헴 일대의 두 살 이하 사내아이들을 모조리 죽였다) 한편 그동안 내 친구는 좌우 대칭의 생물학적 의의에 대한 의견을 피력했다. "만일에 우리 인간이 외눈박이 괴물 키클로페스처럼 얼굴 한복판에 눈이 하나만 박혔더라면……." 그런데 이것이 앞의 서두 부분의 꿈 중의 M교수의 "우리 아들, 저 근시인(Myop)이……"라는 말이 된 모양이다. 그러니 이제야 겨우 우리는 게제레스의 본거지에 당도한 셈이다. M교수의 이 아들은 지금은 훌륭한 사상가가 되었지만, 먼 옛날 학교의 학생이었을 때 안

질에 걸려 의사에게 세심한 주의를 들었다. 의사의 의견은 한쪽 눈으로만 끝나면 대단할 것은 없겠지만 다른 한쪽 눈으로 옮으면 큰일이라는 것이었다. 다행히 그때는 한쪽 눈만으로 거의 완치되었으나 얼마 뒤에 다른 눈에 실제로 병적 증후가 나타났다. 이에 깜짝 놀란 어머니는 즉시 그 의사를 외진 시골의 피서지로 왕진을 청했다. 그런데 안과의는 이번에는 전혀 딴 소리를 했다. "뭘 그리 야단법석(Geseres)하시나요(게제레스는 앞에서 말한 바와 같이 비탄과 신음의 뜻). 한쪽이 회복되었으니 다른 쪽도 곧 나을 겁니다." 그렇게 오히려 어머니를 야단친 것이다. 그리고 사실 그대로 되었다.

자, 이번에는 이 꿈이 나와 내 가족들에게 무슨 관계가 있는지 살펴보자. M 교수의 아들이 처음 ABC를 익힌 책상(Schulbank)은 교수 부인의 호의로 내 장남에게 보내왔다. 나는 위의 꿈속에서 이 장남에게 작별의 인사말을 하게 했다. 그런데 이 소유권 이전과 관계가 있는 소망 가운데 하나는 쉽사리 짐작할 수 있다. 반면 또 이 책상은 아이가 근시안이라거나 자세가 한쪽으로 쏠리지 않도록 연구하여 만들어져 있었다. 꿈속에 근시안(Myop)(또 그 배후에 외눈박이 괴물 키클로페스. Zyklop)이 나오고 좌우 균형의 논의가 나오고 한 것은 그 때문이다. '한쪽으로 쏠리지 않도록'이라는 염려에는 몇 가지 의미가 있다. 그것은 신체적 자세가 한쪽으로 쏠리는 일 이외에 지적 능력의 발달이 한쪽으로 쏠린다는 의미도 포함하고 있다. 그뿐인가. 꿈의 그 장면은 바보스런 황당무계함에서 이 염려를 부정하고 있는 것처럼 보이지는 않는가. 그런데 아이는 한쪽을 향해 작별의 인사말을 하고서 이번에는 다른 쪽을 향해 마치 균형을 되찾으려는 듯이 그와는 반대의 말을 한다. '아이는 이를테면 좌우 균형에 주의하면서 행동하고 있을 것이다.'

그와 같은 이유로 꿈이라는 것은 그것이 가장 바보스럽게 보일 때 흔히 가장 의미가 깊은 일이 된다. 무엇인가 말하지 않으면 안 되는데, 그것을 입 밖에 내어 말하면 몸에 재난이 닥칠 우려가 있는 상황에 놓인 사람은 자주 광대의 가면을 쓰는 버릇이 있다. 차마 입 밖에 내지 못한 그 말을 마침내 듣게 된 상대방 사람은, 그 달갑지 않은 우스꽝스러운 말을 바보 같은 소리라고 판단하고 마음을 가라앉힐 수 있다면 광대의 가면을 보고도 결코 화를 내지 않는다. 실제로 꿈도 그와 마찬가지이다. 바로 시늉을 해 보여야 하는 연극의 왕자나 마찬가지로 행동한다. 그러므로 꿈에 대해서도, 본래의 조건을 까닭 모를 익살로 바꿔놓고 시침을 뗄 때는 햄릿이 "나는 북북서풍이 불 때는 아주 완전한 미치광이지만, 남풍이 불기만 하면 솔개와 매의 구별을 할 줄 안다"고 내뱉는 말은 그대로 들어맞는다.[*84]

나는 내 꿈의 황당무계성이라는 문제를 이렇게 해석하고 있다. 즉 꿈의 사고라는 것은 절대로 말도 안 되는 부조리한 것은 아니라는 사실을, 적어도 건전한 정신의 인간의 꿈에 대해서는 그렇게 단언할 수 있다. 그리고 꿈의 작업이 꿈의 사고 중에서 비평이나 비웃음이나 욕설을 원래 갖고 있는 표현으로 하려고 할 경우에 꿈의 작업은 전체가 황당무계한 꿈이나, 개개의 요소가 터무니없는 꿈을 만들어 대는 것이라고 말이다. 여기서 이번에는 나에게 중요한 것은 꿈의 작업은 일반적으로 이미 언급한 세 가지 요소와 앞으로 다룰 넷째 요소와의 협동 작업으로 이루어진다는 사실, 또 꿈의 작업은 규정된 이 네 가지 조건을 소중하게 지켜 꿈 사고를 해석하는 것 이외의 일은 아무것도 하지 않는다는 사실, 그리고 인간의 마음은 꿈속에서 모든 정신 능력을 다하여 일하는가, 아니면 그 능력의 일부분만 가지고 일하는 데 지나지 않는가 하는 문제 설정은 진정한 문제 설정이라고는 하기 어렵고, 실제 관계를 옳게 포착하지 못하고 있다는 사실이다.

꿈의 내용이 판단되고, 비평되고, 인정되고, 그리고 꿈의 개개의 요소에 대한 놀라움이 나타나고, 설명이 시도되고 논의가 펼쳐지는 꿈들은 얼마든지 있으므로 나는 몇가지 사례를 들어 증명해야 될 것이다.

나는 이렇게 대답한다. 꿈속에 볼 수 있는, 얼핏 보기에 비판 기능의 활동인 듯한 것은 전부 꿈 작업의 사고 활동으로 간주할 것이 아니고 꿈 사고의 자료에 속하고 있는 것이다. 또 꿈 사고로부터 겉으로 드러난 꿈의 내용 중에 완성된 형성물로 들어 있는 것이다. 나의 이 명제는 당장 좀 더 폭을 넓혀 표현하지 못할 것도 아니다. 즉 잠깬 뒤에 기억하고 있는 꿈에 대해서 내리는 여러

[*84] 이 꿈은 또 같은 밤에 꾼 여러 가지 꿈이 비록 기억 속에서는 가닥 가닥이지만 동일한 사고 자료에서 생긴 것이라는 보편타당한 명제를 입증하는 좋은 예이다. 내가 아이들을 로마의 거리에서 도망치게 한다는 꿈의 상황은 어찌되었든 간에 내 유아기에 있어서 비슷한 사건에 대한 근원적 관계로 인해 왜곡을 받고 있는 것이다. 나는 이미 몇 년 전에 그 아이들을 다른 고장에 이주시킬 기회를 갖게 된 친척을 부러워했었다.

가지 판단, 그 꿈의 재현이 우리 안에 불러일으키는 갖가지 감정 등도 그 대부분은 꿈의 잠재 내용에 속하고 있는 것이며, 꿈 해석의 한 부분에 넣어 생각하지 않으면 안 된다고도 할 수 있다.

① 이에 대한 뚜렷한 사례는 이미 앞에서 인용했다. 어떤 부인 환자는 그다지 또렷하지 않다고 자기의 꿈을 이야기하려고 하지 않았다. 그녀는 꿈에 어떤 인물을 보았으나, 그것이 자기 남편인지 또는 아버지였는지 잘 모른다. 다음에 꿈의 둘째 부분이 계속되고, 그 속에 한 대의 '비료 운반차'가 나타났다. 이에 대해서는 다음과 같은 기억이 연결되고 있다. 그녀가 시집 와서 얼마 되지 않았을 무렵의 어느 날, 자주 집에 드나드는 친척 젊은이에게 자기의 지금 당장의 걱정은 새 비료 운반차를 지키는 일이라고 농담조로 이야기해 준 일이 있었다. 그러자 이튿날 아침 새 비료 운반차가 한 대 배달되었다. 그리고 그 차 안에는 비비추가 잔뜩 들어 있었다. 꿈의 이 부분은 '자기가 생각해낸 일이 아니다'(직역하면 '자기 자신의 비료 분뇨로 자란 것은 아니다'가 된다)라는 말을 표현하려고 한다. 분석을 최후까지 해보니, 꿈 사고의 중심 문제는 이 부인 환자가 젊어서 들은 이야기, 즉 한 아가씨가 아이를 낳았는데 '아버지가 대체 누구인지 분명하지 않았다'라는 이야기에 근거를 두고 있음을 알았다. 그러므로 이 경우 꿈 표현은 깨어 있을 때의 사고 속에까지 미치고 있어 꿈 사고의 요소 가운데 하나를 그 꿈 전체에 내려진 깨어 있을 때의 판단으로 대신하게 한다.

② 비슷한 경우. 내 환자 가운데 한 사람이 꾼 꿈이다. 스스로도 참으로 흥미로운 꿈이라고 생각했다. 왜냐하면 그는 꿈에서 깨어나자 바로 "이것은 꼭 선생님께 얘기해야지" 하고 혼잣말로 중얼거릴 정도였기 때문이다. 이 꿈은 분석해 보니, 그가 나의 치료를 받고 있을 동안에 맺기 시작한 어떤 관계, 그리고 여기에 대해서 내게는 아무 말도 하지 말자고 결심하고 있는 어떤 관계에 대한 더할 나위 없이 명료한 암시를 내포하고 있었다.[*85]

③ 내가 꾼 꿈에서의 세 번째 예. 〈P와 같이 집과 마당이 있는 지역을 지나 병원으로 간다. 그때 이 언저리는 이미 몇 번인가 꿈에서 본 적이 있는 것 같은 생각이 든다. 나는 이 장소를 잘 모른다. P가 길 하나를 가리켰다. 그 길은

[*85] 정신분석 치료를 받는 동안에 꾸는 꿈으로 "이거야. 선생님께 말해야지"라는 경고 또는 결심이 포함되었다는 것은 보통 꿈을 고백하는 일에 대한 큰 저항을 말해 주는 것으로서, 그 같은 꿈은 어김없이 뒤에 가서는 깨끗이 잊혀지는 것이다.

모퉁이를 하나 돌아서 한 채의 레스토랑으로 통하고 있다(홀은 있으나 마당은 보이지 않는다). 거기서 나는 도니(Doni) 부인에 대해서 물었더니, 세 아이와 함께 안방에 있다는 것이었다. 그래서 그리로 가려고 하자 나의 어린 딸 둘을 데리고 오는 누군지는 분명하지 않은 인물과 마주쳤다. 한참 나는 딸들과 거기서 있다가 딸을 데리고 갔다. 아내가 딸들을 그런데다 내버려 둔 일에 대해 비난하는 것 같은 마음.〉

그리고 잠에서 깨어 '만족감'을 느꼈다. 만족한 것은 지금 이 꿈을 분석해 보면 틀림없이 '전에도 이것을 꿈에서 본 일이 있다'라는 관념이 무엇을 의미하는가를 알 수 있으리라는 동기에서였다.[86] 그런데 분석은 그것에 대해 아무것도 가르쳐 주지 않았다. 알 수 있는 것은 다만 만족감은 꿈의 잠재 내용에 대한 판단에 속하고 있는 것은 아니라는 것뿐이었다. 즉 그것은 내가 결혼 생활에서 몇 명의 아이를 얻은 것에 대한 만족이다. P는 얼마동안 나와 같은 인생 항로를 걸었으나, 이윽고 사회적으로나 물질적으로나 훨씬 나를 능가하게 된 인물이다. 그러나 그에게는 아이가 없었다. 이 꿈의 두 계기는 완전한 분석에 의한 총명을 대신하여 준다. 그 전날 나는 신문 지상에서 '도나'(여기에서 나는 이 이름을 '도니'라는 이름으로 만들었다)라는 한 부인이 '산욕열'로 죽었다는 사망 기사를 읽었다. 그리고 아내에게서 우리가 아이 둘을 낳을 때 도와주었던 산파가 죽은 부인을 간호했다는 이야기를 들었다. 도나라는 이름이 내 주의를 끌었던 것은 조금 전에 내가 영국 소설에서 처음으로 이 이름을 발견하고 있었기 때문이다. 이 꿈의 다른 하나의 계기는 이 꿈을 꾼 날에서 오고 있다. 이 꿈을 꾼 것은 글재주가 있는 듯 싶은 장남의 생일 전날 밤이었다.

④ 아버지가 사후에 마자르 족 사람들 사이에서 정치적 역할을 했다는 저 말도 안 되는 황당무계한 꿈에서 깬 뒤에도 만족감을 느꼈다. 이 만족감이 일어나고 있는 것은 그 꿈의 마지막 부분, 즉 '그가 임종 때에 가리발디와 꼭 같게 보인 것을 생각해 내고, 이것이 사실이 된 것을 기쁘게 생각했다'(이것은 계속되었지만 잊어버렸다)에 얽히는 감정의 지속에 의한 것이다. 분석 결과, 지금 나는 이 꿈에서 구멍이 뚫린 부분을 메울 수 있다. 그것은 우리 둘째아들의 일인데, 이 아이에게 나는 역사상의 위대한 인물의 이름을 따다가 붙였다

---

[86] '철학 잡지'의 최근 몇 호에 전개된 대규모 전쟁 주제(꿈에서의 기억 착오)가 그것이다.

(차남의 이름은 올리버. 이것은 크롬웰의 이름이다). 나는 소년 시절, 더욱이 영국에 체류한 뒤로 이 인물을 지극히 흠모했다. 이번에 태어나는 아이가 사내아이면 다 제쳐놓고 이 이름을 붙이리라고 은근히 결심하고 기다렸다. 1년이 지나 바라던 사내아이가 태어나자 크게 만족하여 바로 그 이름을 붙였다. 아버지의 억압된 출세욕이 어떻게 관념 속에서 자식들 위에 옮겨 놓이는 것인가는 쉽사리 파악된다. 아니, 즐겨 이렇게 믿기도 하리라. 이 일이야말로 실생활에서 부득이했던 출세욕의 억제가 이루어지는 방편의 하나라고. 이 아이가 이 꿈의 관련 중에 낄 수 있는 권리를 획득한 것은 그 무렵 비슷한(아이거나 죽음을 앞둔 환자에게는 너그러이 보아주지 않으면 안 되지만) 실수, 속옷을 더럽히는 실수를 저지른 데에 기인한다. 이것에 대해서는 앞서 서술한 '재판관'(독일어의 Stuhlrichter의 Stuhl은 앞서도 말한 대로 '의자'의 뜻 외에 '변기', '변통'의 뜻도 있다)이라는 암시, 또 자식들 앞에서 위대하고 순결하고 싶다는 꿈의 소원을 참조하기 바란다.

⑤ 이번에는 꿈 그 자체 안에 머물러 있어서 깨어 있을 때로 이어지거나 하는 일이 없는 판단의 표명을 찾아보려고 하는데, 전에 다른 의도로 보고해 둔 몇몇 꿈을 여기에 이용할 수 있으므로 퍽 다행스럽게 생각한다. M씨를 공격한 괴테의 꿈은 이와 같은 판단 행위를 많이 포함하고 있는 듯이 생각된다. '나는 어쩐지 이상하다고 생각되는 시간적 관계를 조금 밝혀 보려고 한다.' 이 부분은 괴테가 내 친지인 젊은 사람에게 공격을 가했다는 따위의 부조리에 대한 비판적인 마음의 움직임이라고는 볼 수 없을까. '그가 겨우 18세 정도가 아니었을까 하고 나는 생각했다.' 이 부분은 역시 어쨌든 간에 어리석은 계산 결과라고밖에 생각되지 않는다. 그리고 '현재가 몇 년인지 잘 모르겠다'는 꿈속의 불확실함 또는 의혹의 한 예로 보아도 좋을 것이다.

그런데 나는 이 꿈의 분석에서 비로소 행해지는 듯이 보이는 판단 행위가 그 말대로 받아들이면 다른 해석이 가능하다고 생각한다. 그리고 이 다른 해석에 의해 이들 판단 행위는 꿈 해석에서 불가결한 것이고, 동시에 모든 부조리가 없어진다. '시간적 관계를 조금 밝혀 보려고 한다'라는 데에서 나는 실제로 인생의 시간적 관계를 밝히려고 하는 내 친구를 대신해 나 자신을 둔다.

그렇게 함으로써 이 대목은 선행하는 부분의 부조리에 대해 반론할 판단의 의의를 잃어버린다. '어쩐지 이상하다고 생각되는'이라는 삽입 부분은 뒤에 계속되는 '아니었을까 생각했다'와 서로 관련된다. 내게 그 남동생의 병력을 이야기해 준 부인을 향해 나는 대체적으로 비슷한 말로 대답했던 것이다. "자연, 자연이라고 외치는 일이 괴테와 무슨 관계가 있다고 하는 것은 '어쩐지 이상하다고 생각된다.' 그 절규는 차라리 당신도 잘 아는 성적인 의의를 갖고 있었던 것은 '아닐까 하는 생각이 든다.'"

여기에는 확실히 비평 또는 판단이 내려지고 있는 터이다. 그러나 그것은 꿈속에서가 아니라 꿈 사고로 인해 기억되고 이용되는 어떤 유인에 즈음하여 현실 속에서 내려진 것이다. 꿈 내용은 이 판단을 꿈 사고의 다른 단편들과 마찬가지로 자기 것으로 한다.

꿈속의 판단이 무의미하게 결합되고 있는 18이라는 숫자는 현실의 판단이 찢겨온 관련의 흔적을 여전히 유지하고 있다. 마지막으로 《현재가 기원 몇 년인지 잘 모르겠다》는, 진행성 마비 환자와 나와의 동일화를 표시하려는 것 이외의 아무것도 아닐 것이다. 그 진찰에서 환자는 하나의 계기를 실제로 주었던 것이다.

표면상의 꿈의 판단 행위를 해석하는 경우 우리는 꿈 해석 작업을 위해 처음에 만든 법칙, 즉 꿈속에서 만들어 낸 꿈의 구성 요소의 관련을 비본질적인 외관이라 하여 제거하고, 하나하나의 꿈 요소의 근원을 따로따로 탐색하는 법칙을 상기하지 않으면 안 된다. 꿈은 여러 가지 것의 집합체이므로 꿈의 분석을 하기 위해 그것을 다시 분해하지 않으면 안 된다. 그러나 한편 또 꿈속에는 어떤 심리적인 힘이 나타나 이것이 그와 같은 외관만의 관련을 만들어 낸다. 즉 꿈의 작업에 의해 얻어진 자료에 제2차적 가공을 치르는 사실에 유의해야 한다. 여기서 비로소 우리가 꿈 형성에 참가하고 있는 여러 요소 중의 네 번째 것으로 뒤에 논할 예정인 심리적 힘이 나타나 있다는 점을 알게 된다.

⑥ 이미 소개한 꿈속에서 판단 작업을 하고 있는 다른 예를 찾아보자. 시참사회에서 서신이 발송되어온 저 황당한 꿈속에서 나는 이렇게 물어보고 있다. 〈그러고 나서 곧 당신은 결혼했나요? 나는 내가 1856년생이라는 것을 계산해 보았다. 이것은 그 직후의 일인 듯이 생각되었다.〉 이것은 완전히 추론 형식을 취하고 있다. 아버지는 그 발작이 있은 직후, 1851년에 결혼하고 있다. 1851년에 나는 장남으로 태어났으니 계산은 맞다. 그런데 이 결론은 소망 충족에 의해 위조되었고, 꿈 사고 중에 지배하고 있는 명제가 '4, 5년 정도의 세월이

뭐야, 그런 건 문제가 아냐'라는 것을 우리는 알고 있다. 그러나 이 추론의 각 부분은 내용이나 형식으로 보아 꿈 사고에서 다른 내용으로 규제할 수 있다. 즉 그것은 동료 의사가 인내심이 없다고 불평하고 있으며, 치료가 끝나면 즉시 결혼할 작정으로 있는 그 환자인 것이다. 꿈속에서 내가 아버지와 응대하는 모양은 심문 또는 시험을 생각나게 하며, 따라서 어떤 대학 교수를 생각나게 했다. 이 교수는 학생이 강의 등록을 할 때 철저히 신원 조사를 하는 버릇이 있었다. 생년월일은? 1856년. 아버지(여기는 Patre라고 라틴어로 되어 있다)는? 이에 대해 아버지의 이름을 라틴어 어미를 붙여 대답했다. 그리하여 우리 학생들은 이 추밀 고문관인 교수는 등록 학생의 아버지 이름에서 그 학생의 이름을 미루어 짐작하는, 반드시 항상 알 수 없는 추론(그 학생이 유대인인가 아닌가의 추론이겠지만)을 끌어내려고 하는 것이라고 생각했다. 그러므로 꿈의 추론을 내린다는 자료의 한 부분으로 꿈 사고 중에 나타나는 《추론을 내린다》는 일의 되풀이에 지나지 않는다고 보겠다. 이 사실에서 우리는 어떤 새로운 사실을 알게 된다. 꿈 내용 중에 있는 추론이 나올 경우, 이 추론은 어김없이 꿈 사고에서 오는 것이다. 그런데 이 추론은 꿈 사고 중에 기억된 자료의 일부분으로 포함되어 있든가, 이 추론의 논리적 접착제로 일련의 꿈 사고를 서로 이어주고 있어야 한다. 어쨌든 꿈속의 추론은 꿈 사고로부터의 추론을 나타낸다.[87]

여기서 이 꿈의 분석을 좀 더 계속하기로 한다. 그 교수의 심문에는(나의 것은 라틴어로 썼었다) 대학생 명부와 또 나의 수강 과정에 대한 기억이 이어진다. 의학 습득에 충당되는 5년은 이 또한 나로서는 너무나 짧았다. 나는 별 상관없이 예정한 5년을 넘겨 공부를 계속했다. 그리하여 친지들 사이에서는 내가 그냥 막연히 대학에 남아 있는 것이라고 알려졌고, 도대체 학업을 '마칠' 작정인지 아닌지 모르겠다는 평이 돌았다. 그리하여 나는 갑자기 결심하고 시험을 치르기로 하고, 졸업 연기에도 불구하고 좌우간 학교는 마쳤다. 내가 비평가들에게 반항적으로 들이대고 있는 꿈의 사고는 여기에 이르러 새로이 강조된다. 〈내가 시간을 오래 끄니까 당신들은 믿으려 들지 않지만, 반드시 끝

---

[87] 이와 같은 여러 귀결은 얼마간에 있어서 내 이전의 논리적 관계의 표현에 관한 견해를 정정한다. 나는 꿈 작업의 일반적인 방식을 기술했으나 꿈 작업의 가장 미묘한, 가장 용의주도한 작업은 고려하지 않았다.

장은 낼 거요(학교를 '마친다'는 의미의 fertig를 진척이 없는 분석 치료를 '끝마친다'. '끝장낸다'는 뜻으로 쓰고 있다). 곧 끝내 보일 거요('끝내 보인다' Zum Schuβ Kommen 중의 Schluβ, 즉 '끝'이라는 말은 본문 중에 자주 나온 바 있는 '추론'의 뜻도 있다). 이제까지 몇 번이나 이렇게 해왔으니까.〉

이 같은 꿈에는 그 처음 부분에 논증의 성격을 전적으로 부인할 수 없는 명제가 두엇 포함되고 있다. 그리고 이 논증은 말도 안 되는 황당한 것이 아닐뿐더러 깨어 있을 때의 것이라고 해도 무방할 정도이다. 〈나는 꿈속에서, 시 참사회에서 보내온 서신을 정말 우습다고 생각했다. 왜냐하면 나는 1851년에는 아직 태어나지 않았으며, 이와 관계가 있는 듯한 아버지는 그때는 이미 죽었기 때문이다.〉 이 두 가지 일은 그 자체가 잘못이 없을 뿐만 아니라 설령 내가 그와 같은 서신을 받게 되면 역시 그렇게 말했으리라고 생각되는 현실의 논증과도 완전히 일치하고 있다.

우리는 앞의 분석에서 이 꿈이 격렬한 분개와 조소를 띤 꿈 사고의 지반 위에 생긴 것이라는 사실을 알고 있다. 더욱이 검열의 동기를 지극히 강한 것으로 가정해도 된다면, 꿈의 작업은 꿈 사고 중에 포함되고 있는 본보기에 따라 '무의미한 추측'을 '여지없이 논박할' 만한 충분한 이유를 갖고 있다는 점을 이해할 것이다. 그런데 분석이 우리에게 제시하는 바로는, 이 경우 꿈의 작업에는 어디까지나 자유로운 모방이라는 것 같은 임무는 부과되지 않아 그것에 대해서는 꿈 사고 중의 자료를 사용하지 않으면 안 되었던 것이다. 그것은 마치 어떤 대수 방정식 중에서 숫자 외에 플러스, 마이너스의 부호, 제곱 기호나 근부호 표시가 있는 방정식을 베끼는 사람이 그 기호나 부호를 전혀 이해하지 못하고 연산 기호를 숫자나 마찬가지로 옮겨 쓸 뿐만 아니라 이것저것 한데 뒤틀어 버리는 것과 같다. 그 두 가지 추론은 다음 자료에 귀착시킬 수 있다. 내가 정신 노이로제에 있어 심리학적 해석의 근저에 두고 있는 대부분의 전제가 일반에 널리 알려지게 되면 틀림없이 불신과 비웃음을 불러일으키리라고 생각하는 것은 결코 기분 좋은 일이 아니다.

여기서 나는 이렇게 주장하지 않을 수 없다. 생후 2년째의 인상, 때에 따라 이미 1년째의 인상이 후년의 환자의 정서 생활에 지속적인 흔적을 남기고, 또 (기억에 의해 갖가지로 일그러지고 과장되었다 하더라도) 히스테리증상 최초의, 그리고 가장 깊은 기초를 만들어 줄 수가 있다고 말이다. 이것을 내가 적당한 자리에서 환자들에게 설명해 주면, 자기들이 아직 태어나지 않았을 때의 기억을 찾아보아야겠다고 하면서 나에게서 새로 얻은 설명을 농담으로 받아들이는 경우가 보통이다. 내 예상으로는 부인 환자들에 있어, 부친이 최초의 성적 충동 중에서 연출되는 예상 밖의 역할을 설명해줄 때도 아마 이와 비슷한 태도로 받아들일 것이다. 그럼에도 불구하고 지금 말한 두 가지 것은 진실이 틀림없다는 것을 나는 충분한 근거에서 확신하고 있다. 이상의 주장을 더욱 굳히기 위해 다시 한두 가지 예를 들 수 있다. 이 예에서는 아이가 아직 어릴 때 아버지가 죽고 보통이라면 설명이 성립되지 않는 후년의 어떤 사건으로 인해 그 아이가 그토록 일찍 자기 앞에서 자취가 사라져 버린 인물의 기억을 무의식중에 간직하고 있었다는 것이 입증된다. 나의 이 두 가지 주장은 그 타당성이 논란될 만한 추론에 입각하고 있다. 그것은 나도 알고 있다. 여기에 이의가 제기되는 것을 두려워하고 있는 그 추론의 자료야말로 꿈의 작업으로 이의를 말할 도리가 없는 추론을 끌어내는 데 사용한다면, 그것은 소망 충족이 이룩한 업적이다.

⑦ 이제까지 대강 언급했지만 상세하게 설명하지 않은, 꿈의 첫머리에서 떠오르는 테마를 수상쩍게 생각하는 의아심이 분명하게 드러난다.

〈브뤼케 교수가 내게 어떤 과제를 낸 것이 틀림없다. '정말 기묘한 일이지만' 그 문제는 나의 하반신, 골반과 두 다리의 표본 제작과 관계가 있다. 마치 해부실의 것처럼 나 자신의 하반신이 눈앞에 놓여 있다. 그런데도 나는 하반신이 없어진 것 같은 느낌도 들지 않고 기분 나쁜 일도 없다. 루이제 N이 곁에 있어 나와 함께 일한다. 골반에서 내장이 꺼내지고 있다. 골반 위가 보이기도 하고 아래가 보이기도 하면서 그것이 뒤죽박죽이 된다. 두꺼운 살 빛깔의 덩어리(그것을 보고 나는 꿈을 계속 꾸면서 치질을 생각한다)가 보인다. 더욱이 마구 구겨진 은종이 비슷한 것*[88]이 있으니, 그것이 신중하게 제거되지 않으면 안 된다. 다음에 다시 다리가 몸뚱이에 붙어 거리를 걷다가(피곤해서) 마차를 불렀다. 그 마차는 놀랍게도 어떤 저택 안으로 들어갔다. 문은 열려 있어 마차는 한 줄기 길을 가다가 이윽고 길이 끊기고 최후에 확 트인 야외로 나간다.*[89] 그

---

*[88] 은박(Stanniol)－스타니우스(Stannius)의 어류의 신경조직에 대한 암시.
*[89] 내 아파트 현관 근처의 상황. 거기에는 같은 아파트 주민의 유모차가 놓여 있다. 그리고 그 밖에도 여러 가지 관계들이 여기 뒤섞여 있다.

러다가 나는 등에 짐을 진 알프스의 안내자를 데리고 차례차례로 변하는 경치 속을 걸어갔다. 어느 구간에서 안내자는 내 다리의 피로를 염려하여 나를 업어 주었다. 땅바닥은 늪지 같아 우리는 가장자리 쪽을 걸었다. 사람들이 땅바닥에 앉아 있었다. 그 속에 인디언이나 집시로 보이는 아가씨가 하나 있다. 혼자 앞서서 나는 이 늪지를 성큼성큼 걸었다. 골반과 다리를 절단했는데도 이렇게 잘 걸어갈 수 있다고 이상하게 생각하고 있었다. 이윽고 조그마한 오막살이에 도착했다.

그 집 저쪽 끝은 열어젖힌 창문으로 되어 있었다. 안내자는 나를 거기 내려놓고 미리 준비했던 나무판자 두 장을 문지방 위에 놓았다. 창문에서 건너가지 않으면 안 될 깊은 골짜기에 걸기 위해서이다. 그때 다리의 일이 걱정되기 시작했다. 그런데 예상한 대로 골짜기를 건너가지 않고 나무 벤치에 두 사나이가 드러누워 있는 것이 눈에 보인다. 이 벤치는 오막살이의 벽 쪽에 있고 사나이들 곁에 또한 두 아이가 잠들어 있다. 판자가 아니라 이 아이들이 골짜기를 건너게 해주는 것 같았다. 나는 그 생각에 깜짝 놀라 잠에서 깨어난다.〉

단 한 번이라도 꿈의 압축 작용의 변화를 익히 겪은 사람이라면, 이 꿈을 상세하게 분석하는데 얼마나 많은 종이를 없애야 하는가를 쉽게 상상할 것이다. 그런데 다행히 지금 이 관련에 대해서는 '참으로 기이한 일이지만'이라는 삽입구 중에 표시되고 있는 꿈속의 의아심을 설명하기 위한 하나의 예로, 이 꿈을 빌리면 되니 안심이다. 이 꿈의 계기는 무엇일까. 그것은 꿈속에서도 나의 일을 도와주고 있는 부인 루이제 N의 내방이다. "무슨 읽을 거라도 빌려 주십시오"라고 하므로 나는 라이더 하갈드의 《그녀》라는 소설을 주었다.

"묘한 책이지만 그 내부에 여러 가지 의미가 깔려 있죠. 영원한 여성상, 우리 감정의 불멸성……"이라고 설명하기 시작하자 그녀는 나의 말을 가로막았다. "어머, 이 책은 이미 읽었어요. 뭐 다른 거, 선생님이 쓴 건 없어요?" "아니, 나의 불멸의 저서는 아직 쓰지 않았습니다." "그럼 선생님의 마지막 해설은 대체 언제쯤 나오는 거죠? 우리들도 읽을 만한 것이라고 말씀하신?" 그녀는 약간 빈정대는 투로 물었다.

그때 나는 그녀가 아닌 다른 사람이 그녀의 입을 빌려 독촉한다는 것을 알고 입을 다물어 버렸다. 나는 자신의 은밀한 것을 여러 가지로 드러내놓지 않으면 안 될 꿈에 관한 연구를 세상에 공포하는 일만도 여간한 어려움이 아니라는 점에 생각이 미쳤다. '그대가 아는 최선의 것은 여자들에게 말하지 말라.' 이 꿈에서 내게 부과된, 자기 자신의 몸뚱이를 박제 표본으로 만드는 일은 꿈의 보고에는 불가피한 자기 분석이다. 브뤼케 교수가 나오는 데에는 그럴 만한 이유가 있다. 내가 학문 연구를 시작한 그때에 벌써 어떤 발견을 방치해 두고 교수의 회초리로 얻어맞고서야 겨우 세상에 발표한 일이 있었다. 그러나 루이제 N과의 이야기에 연결되는 그 앞의 여러 가지 관념은 너무나도 깊은 곳에 미치고 있기 때문에 이것을 모두 의식에 올려놓을 수는 없다. 그 관념들은 마침 라이더 하갈드의 소설 《그녀》를 언급했기 때문에 내 심중에 불러일으켜진 자료에 의해 옆으로 밀려났다. '정말 묘한 일이다'라는 판단은 이 책과, 그리고 같은 저자의 세 번째 작품 《세계의 심장》에 관계하고 있는 점으로 보아, 이 꿈의 무수한 요소는 공상적인 이 두 소설에서 얻어지고 있다. 내가 업혀서 건너간 늪지, 가지고 온 판자로 건너려는 깊은 골짜기 등은 소설 《그녀》에서 비롯된 것이며, 인디언, 아가씨, 오막살이는 《세계의 심장》에서 유래한다.

두 소설 모두 한 여자가 주인공인데, 모두 위험한 도보 여행에 얽힌 이야기이다. 《그녀》에서는 아직 사람의 발길이 미치지 않은 미지의 미개지에 대한 모험이 다뤄지고 있다. 지친 다리는 이 꿈을 꾸었을 당시의 메모에 의하면, 그때의 실제 느낌이었다. 아마도 그것은 피로한 기분과 내가 얼마나 걸을 수 있을까 하는 의문을 나타내고 있는 모양이다. 소설 《그녀》에서는 여주인공이 자신과 다른 사람들에게 늙지도 않고 죽지도 않는 불멸의 삶을 가져오는 대신 신비로운 땅 속의 불꽃에 타서 죽는 것으로 끝난다. 이와 같은 불안이 어김없이 꿈 사고 중에 작용하고 있었던 것이다. '오막살이'는 틀림없이 관, 바로 무덤이기도 하다. 그러나 모든 사고 중 가장 바람직하지 못한 이 죽음의 관념이 어떤 소망 충족에 의해 표현된다는 어려운 재주를 꿈의 작업이 부렸던 것이다. 나는 전에 한 번 무덤 속에 들어가 본 일이 있다. 그런데 그것은 오리비에토 근방에서 발굴된 에트루리아인의 무덤으로 벽 쪽에 벤치가 두 개 놓여 있는 좁은 방이었다. 그 벤치에는 어른의 해골 두 개가 놓여 있었다. 꿈속의 오막살이의 내부는 이 무덤 내부와 똑같아 보였다. '네가 무덤 속에 있지 않으면 안 된다고 하면, 그것은 에트루리아인의 무덤일 것이다.'

그리하여 이 바꿔치기로 꿈은 가장 슬픈 예상을 실로 바람직한 예상으로 변경시키고 있다. 아깝게도 꿈은(이것은 뒤에 설명하겠지만) 감성에 수반하는 표상으로 그 반대의 것으로 변경시킬 수는 있어도 반드시 감정 그 자체까지 변경시킬 수는 없는 것이다. 이렇게 하여 나는, 아버지는 거부당하고 있던 것을 어쩌면 자식들이 달성할지도 모른다는 생각이 억지로 표현된 뒤에 이 '생각에 소스라쳐' 잠을 깨었던 것이다. 그런데 이 생각이라는 것은 한 인물의 동일성이 2천 년에 걸친 여러 세대를 통하여 확보된다는, 기묘한 소설에 대한 새삼스러운 암시인 것이다.

⑧ 다른 꿈의 관련 중에 꿈속에서의 체험을 의아하게 생각하는 감정의 표현을 볼 수 있는데, 그 표현에는 몹시 두드러지고 억지스러운, 기발하다고 할 정도의 설명이 시도되고 있다. 그러므로 그것만으로도 이 꿈 전체를 분석해보지 않을 수 없다. 하기야 이 꿈에는 우리의 흥미를 끄는 다른 점이 두 가지 더 포함되어 있다. 〈7월 18일에서 19일에 걸친 밤에, 나는 남부선 열차를 타고 잠을 자며 가는데 '홀트후른까지 10분'이라고 외치는 소리를 들었다. 나는 즉시 홀로튜리엔(해삼)(어느 자연 박물관의)을 생각했다. 또 홀로튜리엔은 용감한 사나이들이 영주의 우세한 군대에 저항했지만 패배한 토지라는 것도 생각해 냈다.(그렇다, 오스트리아의 반종교 개혁 운동!) 슈타엘 마르크나 티롤 어디이기나 한 것처럼. 그러자 이윽고 작은 박물관이 어슴푸레하게 보이고 그 박물관 안에는 용감한 사나이들의 해골과 전리품이 보존되어 있다. 내리고 싶었지만 주저한다. 승강장에는 과일을 든 여자들이 서 있다. 여자들은 땅바닥에 쪼그리고 "자, 사세요" 하며 바구니를 내민다. 아직 시간이 있는지 몰라 나는 망설였다. 좌석이 아주 좁아 등이 등받이에 바로 닿는다.*90 좀 이상하다고 생각하지만, 아무래도 잠든 채 차를 바꿔 탄 모양이다. 숱한 사람이 있는데, 그 속에 영국인 남매도 있다. 벽 선반에 책이 꽂힌 것이 또렷이 보인다. 《국부론》 《물체와 운동》(맥스웰 저)이 있다. 두꺼운 책으로 갈색 장정이 된 것이다. 남자 쪽이 여동생인 듯한 여자에게 실러의 책에 대해 묻고 "너 그거 잃어버리지 않았니?"라고 한다. 내 책인 것 같기도 하고 남매의 책인 것 같기도 하다. 나는 남매의 대화에 끼어들어 그것을 확인하든가 증명하든가 했으면 좋겠다고 생각했다.〉

잠을 깨니 온 몸이 땀에 축축하게 젖어 있었다. 하기야 창문이라는 창문이 모조리 닫혀 있었으니까. 기차는 말부르크에 정거하고 있었다. 이 꿈을 메모하

---

*90 이 기술은 나 스스로도 이해하기 곤란하지만, 쓸 때 떠오르는 말로 꿈을 재현한다는 원칙을 지키기로 한다. 말투 자체가 꿈 표현의 한 부분이다.

고 있는 동안 기억이 거의 지나쳐 버리게 된 꿈의 한 부분이 생각에 떠올랐다. 〈나는 그 남매에게 어떤 종류의 저서에 대해 영어로 '그것은……에서'라고 하려다가 '그것은……에 의해'라고 고쳤다. 오빠는 여동생에게 "저분이 말한 대로이다"라고 주의를 주었다〉.

　이 꿈은 역시 이름으로 시작되고 그 이름이 나를 불완전하게 잠깨게 했을 것이 틀림없다. 말부르크라는 이 역의 이름은 홀로튀리엔으로 대치되고 있다. 역원의 맨 처음의, 혹은 어쩌면 더 뒤의 목소리로는 말부르크라고 들었다는 것은 꿈속에 실러가 나오는 것으로 증명된다. 실러는 분명히 슈타이어의 말부르크는 아니지만, 말부르크에서 태어났기 때문이다.[*91] 그런데 이번에는 1등석을 탔는데, 몹시 불쾌한 상황 아래 여행하고 있다. 기차는 초만원이고 찻간에서 신사와 숙녀를 만났다. 신분은 퍽 높은 듯한데 '나'라는 침입자를 역력히 불쾌하게 생각하는 모양이었다. 그런데 그들은 감출 만한 예의범절을 갖추지 못했든가 혹은 굳이 그렇게 할 필요도 없다고 생각하는 모양이었다. 이쪽에서 정중하게 눈인사를 했는데도 모른 체하고 있었다. 이 남녀는 나란히(진행 방향으로) 앉아 있었다. 그들은 내가 들어서는 것을 보자 급히 파라솔을 펴서 자기네 맞은편 좌석을 막았다. 도어는 곧 닫혔다. 창문을 열면 큰일이라는 말을 들으라는 듯이 주고받았다. 내가 얼마나 갑갑했는지는 아마도 누구나 다 알았을 터이다. 무더운 밤으로, 온 사방에 열린 데라곤 없으니 찻간은 질식할 것만 같았다. 내 여행 경험에 비추어 보건대, 이런 모양으로 오만불손하게 구는 측들은 분명 무료승차권 아니면 반액표 소지자가 틀림없다. 차장이 왔으므로 나는 비싼 요금을 치르고 산 승차권을 보였을 때, 그녀의 입에서 거의 위협적으로 이런 말이 흘러나왔다. "우리 집 양반은 무료 패스를 소지하고 계시거든요" 맵시는 훌륭한데 이상한 생김새의 그 여자는 아름다움이 쇠퇴하기 시작한 나이로 짐작되었다. 남편 쪽은 거의 말도 않고 움직이지도 않는다. 나는 잠을 청했다. 그리고 꿈속에서 이 비위에 맞지 않는 동승자들에게 따끔한 맛을 보여 주었다는 생각이 들었다. 꿈의 전반부의 도막난 부분의 배후에 얼마나 많은 욕설과 비방이 감춰져 있는지 잘 모를 것이다. 이 욕설과 비방의 욕구가 충족된

[*91] 실러는 말부르크가 아니라 말바흐에서 태어났다는 것 정도는 중학생도 다 알고 있으며 나도 알고 있다. 그러므로 이것도 고의적인 변조 대신으로 다른 부위에 끼어드는 오류 가운데 하나이다. 이 종류의 설명은 졸저 《생활심리의 착오》에서 시도한 것이다.

다음, 찻간을 변경하여 두 번째 욕구가 얼굴을 내밀었다. 꿈은 자주 장면을 바꾸고 있는데, 그와 같은 장면의 변화에 조금도 반발이 느껴지지는 않으니까, 설령 내가 동승한 손님들을 자기가 기억하고 있는 좀 더 바람직한 사람으로 대치했더라도 조금도 우스꽝스럽지는 않았을 정도이다. 그런데 여기에 어떤 일이 장면의 변경에 이의를 제기하고 그 변경 이유를 설명할 필요가 있다고 생각한 듯한 한 가지 사정이 일어나고 있다. 어떻게 갑자기 다른 찻간으로 갔는지, 나는 바꿔 탄 기억이 전혀 없었다. 그래서 설명은 꼭 하나밖에 없다. 다시 말해 나는 자면서 무의식적으로 그 찻간에서 나온 것이 틀림없었다. 정말 드문 일이지만 신경 병리학자라면 그런 예는 몇 가지 알고 있을 것이다. 몽롱한 상태로 그 이상 상태를 남에게 알리는 일도 없이 기차여행을 했다. 도중에 어딘가의 역에서 완전히 바른 정신으로 되돌아와서 내 기억에 구멍이 뚫렸다는 사실에 새삼스럽게 놀란다. 즉 나는 아직 꿈을 꾸고 있으면서 내 꿈의 경우를 이러한 '몽유증'의 경우라고 설명한다.

분석을 하다 보니 다른 해석을 내리는 것도 허용된다. 위의 설명의 시도를 꿈의 작업 탓으로 돌리지 않을 수 없다고 하면 나로서는 오직 놀랄 수밖에 없지만, 이 설명의 시도는 독창적인 것이 아니라 내 환자 가운데 한 사람의 노이로제를 모방한 것이다. 나는 이미 다른 데서 대단히 교양이 있고 실생활에서는 정에 겨운 한 남자에 대해서 이야기했다. 이 사나이는 양친이 돌아가신 얼마 뒤에 자기에게는 살인의 우려가 있다고 스스로를 책하기 시작하고, 이 경향을 지키기 위해 강구하지 않으면 안 되었던 경계 조치로 고심했다. 이것은 충분히 분별이 보전된 상태에서의 중증 강박 관념의 한 케이스였다. 처음에 환자는 밖에 나가서도 강박 증상에 시달려 오가는 모든 사람에 대해 그 사람이 어디로 사라졌는가를 확인하지 않으면 안심하지 못했다. 누군가의 모습이 돌연 그것을 쫓고 있는 그의 시야에서 사라지면 자기가 그 사람을 죽인 것이나 아닐까 하는 마음이 들어 고통이 가슴을 저몄다. 이 강박 관념의 배후에는 그런 중에서도 카인의 환상이 있었다. 왜냐하면 모든 인간은 동료이기 때문이다. 이 문제를 해결할 수가 없으므로 그는 산책하기를 단념하고 자기 방에서 한 발짝도 밖으로 나가지 않고 사는 형편이 되었다. 그러나 아무리 방에서 나가지 않더라도 신문에는 끊임없이 밖에서 일어난 살인사건 기사가 눈에 띄었다. 그리고 자기가 그 살인범일지도 모른다는 의혹이 그의 양심을 괴롭혀 견딜 수 없었다. 자기는 분명히 몇 주일이나 한 발짝도 방 밖으로 나가지 않았다는 확실한 사실이 한동안은 이러한 양심의 가책에서 보호해 주는 것이었으나, 그러던 어느 날 문득 이런 일도 있을 수 있지 않을까 하는 마음이 들었다. 즉 자기는 무의식 상태로 외출하여 자기 자신으로서는 전혀 알지도 못하는 사이에 살인을 범하고 있는지도 모른다고 말이다. 그때부터 그는 현관문을 잠그고 그 열쇠를 늙은 가정부에게 맡긴 다음, 설사 자기가 그 열쇠를 내놓으라고 명령하더라도 절대로 건네주어서는 안 된다고 엄하게 분부했다.

다시 말해 내가 무의식 상태로 기차를 바꿔 탔다고 설명한 것은 여기서 유래한다. 이 설명의 시도는 꿈 사고의 자료 중에서 만들어진 것으로, 그냥 그대로 꿈속에 옮겨져 꿈속에서 분명히 나를 그 환자와 동일화시키는 일에 도움을 받으려고 한다. 이 환자의 기억은 명백한 연상으로 내 마음속에 불러일으켜졌다. 이 환자와는 몇 주일 전에 마지막 밤 여행을 함께 한 일이 있었다. 그는 일단 병이 치유되었으므로 내 진찰을 받고 싶다는 그의 시골 친척에게 나를 안내하는 길이었다. 우리는 단둘이서 찻간 하나를 독점하고 밤새도록 창을 전부 열어젖힌 채 내가 잠들지 않은 동안은 유쾌한 담소로 시간 가는 줄 몰랐다. 그의 발병 원인이 아버지에 대한 그의 유아기부터의 적대적인 충동, 더욱이 성적인 관련을 가진 적의에 있었다는 점을 알고 있었다. 그러므로 나는 자신을 이 사나이와 동일화함으로써 그의 것과 비슷한 어떤 일을 자신에게 고백하려고 했다. 사실 또 그 꿈의 두 번째 장면은 부당한 공상, 즉 〈우연히 동승자가 된 그 중년 부부는, 밤중이 되면 성교하려고 계획하고 있었으나, 내가 들어가 방해를 받았으므로 그렇게 퉁명스런 태도를 취했다〉는 공상으로 해소된다. 그런데 이 공상은 아주 어린 시절의 한 정경으로 환원된다. 그 정경이라는 것은 어린아이가 성적 호기심에 이끌려 부모의 침실에 몰래 들어갔다가 아버지에게 호통을 듣고 거기서 쫓겨난 것을 말한다.

더 이상의 예증은 필요 없다고 생각한다. 또 사례를 든다고 해도 다만 꿈 사고 중의 사례를 되풀이하는 것에 지나지 않는다는 사실을 확증하는데 불과할 것이다. 그것들은 대개 부당한 관련 중에 끼어든 볼품없는 반복에 지나지 않지만, 또 때로는 최후에 든 몇 가지 사례에서처럼 지극히 교묘하게 반복이 이용된 결과 처음에는 그것이 꿈속의 독자적 사고 활동인 듯한 인상을 받는 일이 없지도 않다. 여기서 우리는 관심을 심리적 활동, 즉 반드시 꿈 해석에 참가

한다고 보이지는 않지만, 그것이 참가하고 있을 경우 그 유래를 달리하는 꿈의 여러 요소를 모순 없이 융합시키려고 힘쓰는 그런 심리적 활동에 돌릴 수 있을 것이다. 그러나 그보다 앞서 우리는 꿈속에 나타나는 감정의 발현을 끄집어내고 그것을 분석하여 꿈 사고 중에 발견되는 감정과 비교해 보는 일이 급선무라는 생각이 든다.

H. 꿈속의 감정

스트리커의 예리한 고찰은, 우리에게 꿈속의 감정 표현은 우리가 항상 잠에서 깨어 꿈 내용을 털어 버리는 때와 같은 홀가분한 처리 방식을 허락하지 않는다는 점을 가르쳐 주었다. "만일 꿈속에서 도둑을 무서워한다고 하면 그 도둑은 확실히 공상적 존재임이 틀림없으나 그 공포감은 현실의 것이다." 스트리커는 이렇게 말하고 있지만, 꿈속에서 기쁨을 느낄 경우도 사정은 같다. 우리 감각이 증언하는 것에 의하면 꿈속에서 체험된 감정은 깨어 있을 때에 체험된 같은 강도의 감정과 비교하여 결코 가치가 떨어지는 것이 아니다. 또 꿈은 그 표상 내용에 의해서보다 그 감정 내용에 의해 더 힘차게 우리 마음의 현실적인 체험 속에 채택되기를 요구한다.

그런데 우리가 이와 같은 연결을 평소 깨어 있을 때에 행하지 못하는 것은 어떤 감정을 심리적으로 평가하려면 아무래도 어떤 종류의 표상 내용과 결합시키지 않으면 안 되기 때문이다. 감정과 표상이 그 종류와 강약의 점에서 서로 적합하지 않을 경우 우리가 깨어 있을 때의 판단은 혼란을 일으키지 않을 수 없다.

꿈의 표상 내용은 우리가 깨어 있을 때의 사고 속에 필연적인 것으로 기대되는 감정 활동을 수반하지 않기 때문에, 꿈은 언제나 불가사의하다고 생각되어 왔다. 꿈에서는 표상이 그 심리적 가치를 박탈당하고 있기 때문이라고 스트륌펠은 말하고 있다. 반면 또 꿈에는 강한 감정의 발현이 그와 같이 감정 환기의 계기를 제공하지 않는 듯이 생각되는 내용에도 일어나는, 반대 현상도 없는 것은 아니다. 나는 꿈속에서 어떤 끔찍하고 위험천만한, 소름끼치는 상태에 있으면서 공포감도 혐오감도 전혀 느끼지 않는다. 또 반면에 다른 꿈에서는 대단치도 않은 일에 놀라기도 하고 하찮은 일에 기뻐하기도 한다.

꿈의 이 수수께끼는 겉으로 드러난 꿈의 내용에서 잠재 내용으로 옮길 경우에는 아마도 다른 어떤 꿈의 수수께끼에서도 볼 수 없을 정도로 돌연히, 또 완전히 사라져 버릴 것이다. 우리는 이 수수께끼의 해명에 참여하는 일은 다시는 없을 것이다. 왜냐하면 이 수수께끼는 이미 존재하지 않기 때문이다. 분석이 우리에게 가르치는 바로는, '감정은 언제나 본래 그대로이나 표상 내용 쪽이 이동과 대치를 겪게 된다.' 꿈 왜곡 때문에 변화된 표상 내용이 먼저대로의 형태의 감정에 이미 적합하지 않다는 것은 전혀 이상할 것이 없다.

그러나 분석이 올바른 내용을 본래의 위치에 배치했다 해도 이 또한 이미 불가사의할 것도 없다.*92

저항 검열의 영향을 받는 심적 콤플렉스에서 감정이야말로 그에 항거하는 성분이며, 이것만이 우리에게 올바른 보충의 계기를 줄 수 있다. 이 관계는 꿈에서보다 정신 노이로제에서 좀 더 명료하게 나타난다. 정신 노이로제의 경우, 감정은 적어도 그 질(質)에 관한 한 언제나 옳다. 그 강도는 노이로제적인 주의력의 이동으로 높여지기 때문이다. 히스테리 환자는 자기가 하찮은 것을 무서워한다는 것을 이상하게 생각하고, 또 강박 관념에 쫓기는 사람 역시 자기가 사소한 일을 그토록 통렬한 자기 비난의 계기로 삼는 점을 미심쩍게 여기지만, 이 둘이 다 표상 내용(하찮은 일, 사소한 일)을 본질적인 것으로 간주하고 있는 점에서 오류를 범하고 있다. 그리고 그런 오류를 범하지 않으려 해도 안 된다.

그들은 이러한 표상 내용을 사고 작업의 출발점으로 하기 때문이다. 이런 때 그들에게 올바른 길을 가르쳐 주는 것이 정신 분석이다. 왜냐하면 정신분석은 거꾸로 감정을 정당한 것으로 인정하고, 대체물에 의해 억압된 표상을 찾아 헤매기 때문이다. 그럴 경우 전제가 되는 것은 감정의 환기와 표상 내용과는 불가분한 유기적 통일을 형성하고 있는 것은 아니라는 것이다. 우리는 보통 감정 환기와 표상 내용을 그와 같은 유기적 통일로 취급하고 있지만, 이 둘은 서로 접합되기도 하고 또 분석에 의해 서로 떼어놓을 수도 있는 것이다. 꿈

---

*92 내 착각이라면 내가 생후 20개월의 손자에 대해 알 수 있었던 최초의 꿈은 그것에 속한 감정이 수면 상태에서도 변하지 않은 채 일관하고 있는데, 꿈 작업은 그 소재를 어떤 소망 충족으로 변경시키는 일에 성공했다는 사실을 나타내고 있다. 이 아이는 부친이 출정하기로 된 예정일 전날 밤에 몹시 보채면서 "파파 파파―베비"라고 불렀다. 이것은 바로 이런 의미일 것이다. "파파와 베비는 언제나 같이 있을 거야"라고. 그런데도 우는 것은 눈앞에 닥친 이별을 인정하고 있는 것이다. 그 아이는 당시 이별의 개념을 충분히 표현할 수 있었던 것이다.

해석은 이것이 실제의 경우임을 제시하고 있다.

나는 우선 한 사례를 들어 그 속에서 분석이, 감정 환기를 시키고야 마는 표상 내용이 있는데도 감정이 외관상 나타나지 않는 까닭을 해명해 보일 것이다.

I

〈그녀는 사막에서 세 마리의 사자를 본다. 그 중 한 마리는 웃고 있다. 그녀는 사자가 조금도 무섭지 않다. 그러나 그녀는 무서워 도망쳤는지도 모른다. 왜냐하면 주위의 나무 위에 오르려고 했기 때문이다. 나무 위에는 그녀의 사촌동생인 프랑스어 선생이 이미 올라가 있었다.〉

이 꿈에 대한 분석으로 다음과 같은 자료가 나왔다. 이 꿈의 사소한 계기는, '길가는 라이온의 장식이다'라는 그녀의 영어 문장이었다. 그녀의 아버지는 수염을 기르고 있었는데, 수염이 갈기처럼 얼굴에 테를 두르고 있었다. 그녀의 영어 선생의 이름은 라이온즈(Lyons)이다. 잘 아는 사나이가 그녀에게 뢰베(Loewe는 인명이지만 같은 발음의 Löwe는 사자의 뜻)의 시를 보내 왔다. 즉 이것이 세 마리 사자였다. 왜 그녀는 이 사자들이 무서워서 도망치지 않으면 안 되었던가. 그녀가 읽은 어떤 이야기에 한 흑인이 다른 축들을 부추겨 폭동을 일으키게 했는데, 자기가 사냥개에 쫓겨 나무에 올라가서 살아났다는 이야기다. 그리고 몹시 좋은 기분일 때는 다음과 같은 기억의 단편이 차례차례로 떠올랐다. 그 하나는《플리겐덴 블레터른》지에 실린 '사자를 잡는 법'이라는 이야기로, 우선 사막을 퍼서 손에 들고 체에 친다. 그러면 체 안에 사자들만 남는다는 것이다. 또 하나는 어떤 관리에 얽힌 몹시 우스꽝스럽고 그다지 고상하지 못한 삽화로, 그 관리는 "왜 자네는 상사에게 아부하여 총애를 받으려고 하지 않느냐?"고 묻자, "나도 어떻게든지 해서 기어오르려고 했지만 자기보다 높은 동료가 이미 위에 올라 앉아 있었다"고 대답했던 것이다. 이 꿈을 꾼 부인이 그날 남편 상사의 방문을 받았다는 것을 알게 되면, 자료의 의미를 이해할 수 있다. 이 상사는 그녀에게 지극히 정중하여 그 손등에 입을 맞추었다. 그 상사는 몹시 '큰 짐승'으로서 그녀의 나라의 수도에서는 '사교계의 사자'로 통하고 있었는데, '그녀는 그 사람이 조금도 무섭지 않았던 것'이다. 그러므로 이 사자는 이윽고 목수 슈노크로서 정체를 나타내는《한여름밤의 꿈》중의 사자에 비교할 수 있다. 그런 까닭으로 이 꿈의 사자는 세 마리 모두 조금도 무섭지 않은 것이다.

II

두 번째 예로 언니의 어린 아들이 시체가 되어 관 속에 드러누운 것을 보았다는 한 소녀의 꿈을 들기로 하자. 그것을 보면서도 그녀는 전혀 고통도 슬픔도 느끼지 않았다는 것을 여기에서 부언해 둔다. 그 이유는 분석으로 알 수 있다. 즉 이 꿈은 좋아하는 사나이를 또 만나고 싶다는 그녀의 소원을 은폐하고 있다. 감정은 그 소원에 부합되는 것이나, 소망을 은폐재물에 조화시키지는 않았기에 전혀 슬퍼할 까닭은 없었던 것이다. 몇몇 꿈에서는 감정은 적어도 그 감정에 더 적합한 표상 내용을 대신하는 다른 내용과 결합된 채 있는 경우가 있다. 또 다른 꿈에서는 콤플렉스의 이완이 진행된다. 감정은 그것이 본래 속하고 있던 표상에서 완전히 이탈해 버린 것처럼 보이고, 꿈속의 어딘가 다른 장소에 옮겨 놓이며 그 다른 장소에서 꿈의 여러 요소의 새로운 배열 중에 끼워졌다는 경우도 있다. 그때는 우리가 꿈의 판단 행위에서 알았던 것과 비슷한 사정이 된다. 꿈의 사고 중에 있는 중요한 추론이 발견되면, 꿈 자체도 그와 같은 추론을 하게 된다. 그러나 꿈속의 추론은 전혀 다른 자료 위에 이동되고 있는 경우가 많다. 게다가 이 이동 대립성 원리에 따라 이루어지는 경우가 적지 않다는 것이다.

이 대립성 원리에 따라 이루어지는 이동의 가능성을 다음 꿈의 실례에서 설명하겠다. 이것은 내가 가장 철저하게 분석해 본 예이다.

III

〈바닷가에 성이 하나 있다. 나중에 이 성은 바다 바로 곁이 아니라 바다로 흘러들어가는 좁은 운하 옆에 서 있다. P씨는 사령관이다. 나는 이 사람과 같이 창이 셋 있는 넓은 살롱에 서 있다. 이 살롱 앞에는 벽의 돌출부가 성의 첨탑처럼 튀어나와 있다. 나는 해군 지원 사관 비슷하게 이 수비대에 배속되어 있다. 우리는 적함의 내습을 두려워하고 있다. 전쟁 상태에 있기 때문이다. P씨는 이 성을 떠날 생각을 하고 있다. 그는 내게 적함의 내습이 있을 경우에 취할 조치에 대해 지시를 내린다. 그의 병든 아내도 아이들과 같이 이 위기에 처한 성 안에 있다. 포격이 시작되면 이 넓은 살롱에서 철수해야 한다는 것이다. P씨는 숨도 크게 쉬지 못하고 방에서 나가려고 한다. 나는 그를 붙들고 일단 유사시에 어떤 방법으로 그에게 정보를 알리면 될지 물어본다. 그러자 그는 뭐라고 중얼댔으나 이내 쓰러져 죽어 버린다. 내가 그런 질문을 하여 그에게 충격을 주었는지도 모른다. 그가 죽은 일로 특별히 당황하지는 않았으나, 앞으로 미망인이 계속 성에 남아 있을 것인지, 총사령관에게 P씨의 죽음을 보고하고 내가 대신 성의 지휘권을 장악할 것인지 등의 일을 생각한다. 지금 나는 창가에 서서 지나쳐 가는 선박을 감시한다. 혼탁한 수면을 비상한 속도로 가로질러 가는 것은 상선뿐이었다. 연통이 몇 개나 있는 배도 있고 갑판이 불룩하게 된 배도 있다(이 갑판은 여기서는 생략한 서두 부분인 꿈의 건물과 같다). 그러자 형이 옆에 서 있고 우리는 함께 창밖의 운하를 내려다본다. 한 척의 배를 보고 나는 깜짝 놀라 외쳤다. "저기 군함이 온다." 그러나 그것은 내가 이미 알고 있는 배가 돌아오는 것이라고 한다. 거기에 작은 배 하나가 온다. 중간 부분이 묘한 모양으로 잘려 있어 선체가 우스꽝스러운 배였다. 갑판 위에는 이상한, 술잔인지 작은 상자인지, 아무튼 그런 모양의 물건이 보인다. 우리는 이구동성으로 "저것은 아침 식사 배다" 하고 외친다.)

배의 급속한 움직임, 수면의 혼탁한 푸른 빛, 굴뚝의 갈색 연기, 이 모든 것이 한데 어울려 어쩐지 극도로 답답하고 암울한 인상이다.

이 꿈속의 장소는 몇 번에 걸쳐 아드리아 해에 여행한 인상과 합성되고 있다(모라체, 두이노, 베네치아, 아퀼레아 등).

형과 함께 했던 아퀼레아의 부활제 여행은 짧았으나 즐거워 지금도 생생하게 기억에 남아 있다. 아메리카와 스페인의 해전, 그와 관련하여 아메리카에 체류 중인 친척의 신상에 대한 걱정 등도 꿈속에 한데 얽혀 있다. 감정의 활동은 이 꿈의 두 군데에 나타나고 있다. 그 한 군데에서는 당연히 일어나야 할 감정이 일어나지 않았다. 즉 사령관의 죽음에서 아무런 인상도 받지 않았다는 일이 분명하게 지적된다. 다른 한 군데는 내가 군함을 보았다고 생각하는 대목이다. 여기서 나는 깜짝 놀라면서 경악의 감각을 느끼고 있다. 감정의 배치는 이 빈틈없이 짜인 꿈에서는 눈에 띄는 모순을 피하도록 이루어지고 있다. 내가 사령관의 죽음을 보고 놀라지 않으면 안 될 까닭은 없다. 또 내가 성의 지휘관으로서 군함의 모습을 발견하고 놀라는 것도 분명코 지당한 이야기이다.

그런데 분석은, P씨는 나 자신의 대체 인물에 불과하다(꿈속에서는 내가 그의 대체 인물이다)는 것을 입증해준다. 즉 내가 급사하는 사령관인 것이다. 꿈의 사고는 나의 불의의 죽음 뒤의 가족의 장래를 문제로 삼고 있다. 꿈 사고 중에서는 달리 고통스러운 관념은 존재하지 않고 있다. 내가 군함을 보는 일에 연결되고 있는 경악은 이 군함의 모습을 본다는 일에서 풀려나 가족의 장래를 걱정한다는 일로 옮겨지지 않으면 안 된다. 분석은 거꾸로 군함이 나온 꿈 사고의 영역이 명랑한 기억으로 가득 차 있다는 것을 제시해 준다. 그것은 1년 전의 베네치아에서의 일이었다. 우리 부부는 맑게 갠 어느 날, 리바 스키아보니의 호텔 방 창가에 서서 여느 때보다 많은 사람이 웅성거리고 있는 푸른 포구를 바라보고 있었다. 영국 군함이 온다고 들떠 있다는 것이다. 그런데 돌연 아내가 마치 어린아이처럼 환성을 올렸다. "저기 영국 군함이 와요." 꿈속에서 나는 이와 같은 말을 듣고 놀란다. 우리는 여기서 다시 꿈속의 대화는 낮 생활의 대화에서 나온다는 것을 알게 된다. 이 말 중의 '영국의'라는 요소도 꿈의 작업에서는 결코 불필요한 것이 되어 있지 않다는 점에 대해서는 곧 제시하겠다. 즉 여기서 나는 꿈 사고와 꿈 내용 사이에서 즐거운 일을 경악으로 전도하고 있는 것이다. 그리고 이 변경 자체에 의해 꿈의 잠재 내용의 일부분을 표현하고 있다. 나는 이것을 다만 암시하는 데 그친다. 그러나 이 실례는 감정의 계기를 그 꿈 사고 중의 결함에서 떼어내어 임의로 꿈 내용의 다른 부위에 끼우는 일은 꿈 작업이 자유로 할 수 있는 일임을 실증하고 있다. '아침 식사 배'라는 것이 나타났기 때문에 그때까지 합리적으로 진행되고 있던 상황이 몹시 무의미한 형태로 되었지만, 이 배를 이 기회에 좀 더 자세히 분석해 보기로 하자.

이 꿈 대상을 더욱 유심히 살펴보면 뒤늦게나마 이런 일이 생각난다. 그 배는 검고 배 허리의 가장 폭이 넓은 한가운데서 잘라져 있다. 그 잘린 부분이 에트루리아의 박물관에서 우리의 흥미를 끈 적이 있는 물건과 몹시 닮았다. 이 물건이라는 것은 손잡이가 둘 달리고 검은 흙으로 만든 네모진 접시로, 그 위에 커피나 홍차의 찻잔 비슷한 것이 올려져 있었다. 그것은 우리가 오늘날 '아침식사용'으로 사용하고 있는 식기류의 하나와 비슷하다.

물어 보니 그것은 에트루리아의 한 부인의 화장도구였던 것으로, 위에 올려놓은 것은 화장대였다. 거기서 우리는 농담조로 이런 물건을 아내에게 선물로 갖다 주는 건 나쁘지는 않다고 이야기했다. 그러므로 꿈속에 나온 배는 검은 화장(상복)(Schwarze Toilette)을 뜻하고 사람의 죽음을 직접 암시하고 있는 것이다. 이 배의 다른 한쪽 끝은 언어학자인 친구가 가르쳐준 바에 의하면 그리스어의 '시체'라는 낱말에서 유래한 '작은 배(Nachen)'를 생각나게 한다. 아주 오래 전 옛날에는 그런 작은 배에 사자를 태우고 바다에 띄워 수장(水葬)했다. 꿈속에서 왜 배가 돌아오는가는 다음의 것과 연결된다.

조용히, 구원받은 작은 배에 실려 노인은 항구에 돌아오다.

그것은 난파 뒤의 귀항이다. 그 아침식사 배는 배 허리가 싹둑 잘린 것처럼 되었기 때문이다. 그런데 '아침식사 배'라는 호칭은 어디서 왔을까. 여기에는 전에 내가 베네치아에서 본 군함을 말할 때에 남긴 말, 그 '영국의'라는 요소가 들어 있다. 아침식사는 영어로 breakfast로, 즉 '단식을 깨뜨리는 자'(Fastenbrecher)이고, 이 말 중에 포함된 '깨뜨린다'(brechen)는 거꾸로 '난파'(Schiffbruch—Schiff는 '배', Bruch는 '깨뜨린다'에서 나온 명사로 '찢어지는 일')에 속하고 '단식'(Fasten)은 검은 화장과 연결된다.

그러나 이 아침식사 배에 대해서는 다만 그 아침식사라는 호칭만이 꿈에 의해 새로 만들어진 데 불과하다. 배 자체는 현존하는 것이고, 최근 여행의 가장 즐거웠던 시간 가운데 하나를 생각나게 한다. 아퀼레아에서는 먹을 만한 음식이 없을 줄 알고 우리는 식료품을 가지고 갔는데, 거기서 고급 에스트리아 포도주 한 병을 샀다. 소형 정기 증기선이 텔류메 운하를 천천히 지나 그라드를 향해 한적한 포구를 통통거리며 가는 동안 유일한 승객인 우리는 유쾌한 기분으로 갑판 위에서 아침식사를 했다. 이렇게 맛있는 아침식사는 아직 해본 일이 없었다. 이것이 바로 '아침식사 배'인데, 이 지극히 쾌적했던 생활 향수의 잔존 기억의 배후에 꿈은 미지의, 섬뜩한 미래에 대한 암울한 상념을 감추고 있는 것이다.

감정을 환기한 표상에서 그 감정이 이탈하는 것은 꿈이 형성되는 동안 감정 위에 일어나는 가장 현저한 현상이다. 이것은 그와 같은 감정이 꿈 사고에서 겉으로 드러난 꿈의 도상에서 받은 변화의 유일한 것도 아니고 가장 본질적인 것도 아니다. 꿈 사고 중의 감정을 드러난 꿈 중의 감정과 비교하면 다음과 같은 일이 즉시 명백하게 된다. 즉 겉으로 표현된 꿈 중에 있는 감정이 발견되는 경우, 그 감정은 꿈 사고에는 존재하지만, 그 반대의 경우는 성립하지 않는다. 꿈은 일반적으로 그것을 가공하여 꿈을 만들어 내는 심리적인 자료에 비해서 감정이 뒤진다. 나의 꿈 사고를 재구성해 보았을 경우, 꿈 사고 중에서도 보통 가장 강한 심리적 움직임이 꿈속에 나타나려고 애쓰며, 더욱이 거기에 대립해 오는 다른 심리적 움직임과 싸우고 나타나고자 노력하는 것을 내다볼 수 있다. 그런 뒤에 꿈을 돌아다보면 그 꿈이 생기가 없는, 아무런 감정의 악센트도 갖지 못할 것이라는 사실을 발견하는 일도 드물지 않다. 내 사고의 내용뿐만 아니라, 자주 그 감정의 톤까지도 꿈의 작업에 의해 신통치 못하게 되어 버린다. 그리하여 꿈의 작업으로 감정의 억제가 이루어진다고 해도 좋을 것이다. 예를 들어 그 식물학 연구 논문의 꿈을 들어 보자. 이 꿈의 사고 중에는 자기 생각대로 행동하고 절대적으로 옳다고 생각하도록 자기의 생활을 해나가는 내 자유에 대해 격렬한 변호의 움직임이 대응하고 있다. 그러나 이 사고에서 생겨난 꿈은 마치 아무래도 좋다는 듯한 경향을 갖고 있다. 다시 말해 나는 한 편의 연구 논문을 썼다. 그 논문은 눈앞에 있는데 원색 삽화가 들어 있고 건조 표본이 어느 식물에도 붙어 있다. 그야말로 시체가 더미로 쌓인 전쟁터의 고요라고나 할까. 이미 격렬했던 전투의 기색은 전혀 느껴지지 않는다.

또 다른 결과로 끝나는 일도 있다. 꿈 그 자체 속에 활발한 감정의 표출이 들어오는 일도 있다. 그런데 우리는 당장 꿈 사고 중에 몸을 두어 보면 깊은 감동 없이는 있을 수 없는데, 대단히 많은 꿈이 아무렇지도 않은 것으로 보인다고 하는 부정하지 못할 사실을 강조하려고 생각한다. 그러나 꿈 작업 사이의 이와 같은 감정 억제를 완전히 이론적으로 해명하는 일은 여기서는 할 수 없다. 그것을 해명하려면 감정 이론과 억압의 메커니즘에 신중하게 개입하는 일이 전제가 될 것이다. 나로서는 다만 두 가지 생각을 언급하는 것으로 그치고자 한다. 하나는 감정의 환기를(다른 몇 가지 이유로) 운동 및 분비의 신경 지배 과정과 서로 닮은, 신체 내부로 돌려진 한 원심적 과정이라고 상상하지 않을 수 없다. 그런데 수면 상태에서는 운동 자극의 외부 세계로 향한 방출이 중지된 듯이 보이는데, 그와 마찬가지로 감정의 원심적 각성도 수면 중의 무의식적 사고 때문에 곤란을 당한다고 생각할 수 있겠다. 그러므로 꿈 사고의 경과 사이에 생겨나는 감정의 움직임을 그것만을 예로 들어 생각하면 미약한 것이다. 따라서 꿈속에 들어오는 감정의 움직임은 이 또한 그 이상으로 강할 까닭이 없다. 이렇게 생각해 보면 '감정의 억제'는 결코 꿈 작업의 성과가 아니다. 수면 상태의 한 결과라는 말이 되겠다. 이것은 가능성 있는 생각이지만 반드시 그런 것은 아니다. 그리고 좀 더 복잡한 구성의 꿈은 모두 사실은 심리적인 힘이 항쟁하여 얻은 타협적인 결과의 산물이기도 하다는 점을 생각하지 않을 수 없다. 한편에서 소망을 형성하는 사고는 검열을 하는 검문소의 이의에 대해 싸우지 않으면 안 되고, 다른 한편에서 무의식적 사고 그 자체 안에서는 어떤 사고의 움직임도 그것과 서로 용납하지 않는 반대 사고의 움직임과 하나로 만들어지는 것을 우리는 흔히 보아왔다. 이 모든 사고 경향은 감정을 나타낼 능력을 갖고 있는 것이므로, 만일 우리가 감정의 억제에 상반되는 사고의 움직임을 상호간 서로 행사하고, 또 검열이 그 검열 때문에 억제된 지향(志向)을 향해 행사하는 억제 작용의 결과라고 해석해도 대체적으로 틀림없을 것이다.

그렇다면 감정의 억제는 꿈 왜곡이 꿈 검열의 첫째 성과였던 것과 마찬가지로 꿈 검열의 둘째 성과라는 말이 되겠다.

다음에 짧은 사례를 삽입하겠는데, 이 가운데서는 꿈 내용의 두드러지지 않는 감정의 톤이 꿈 사고 중의 대립성으로 해명된다.

이 꿈을 읽는 독자는 누구나 혐오감을 느낄 것이다.

IV

'어떤 언덕이 보이고 그 위에 야외용 화장실 같은 것이 있다. 대단히 긴 벤치 저쪽 끝에 커다란 배변구가 입을 벌리고 있다. 훨씬 뒤의 가장자리는 오물덩어리로 가득 찼다. 큰 것, 작은 것, 오래된 것, 금방 눈 것 등. 벤치 뒤는 풀밭이다. 나는 벤치를 향해 소변을 본다. 소변의 긴 줄기가 모든 것을 깨끗하게 씻어 내린다. 말라붙은 오물도 쉽사리 밀려서 밑으로 떨어진다. 그래도 결국은 뒤에 뭔가 남아 있는 모양이다.'

이와 같은 꿈을 꾸고 왜 나는 혐오감이 일지 않았던가?

그 까닭은, 분석이 알려주는 바로는 이 꿈이 생기기까지는 가장 쾌적한, 가장 만족스러운 사고가 관여하고 있었기 때문이다. 분석 중에 문득 생각난 것은 헤라클레스가 청소한 아우게이아스의 외양간이었다. 나는 그 헤라클레스이다. 언덕과 풀밭은 우리 집 아이들이 현재 체류하고 있는 아우스제에 있는 것들이다. 나는 노이로제 환자의 소아기 병인을 발견한 덕택에 내 아이들은 이 병에 걸리지 않게 했다. 벤치는(물론 배변구는 빼고) 나를 따르는 어느 부인 환자가 보낸 가구를 충실히 모사한 것이다. 이 벤치는 내 환자들이 얼마나 나를 존경하고 있는가를 생각나게 한다. 그뿐만 아니라 그 인분 덩어리조차 사람의 마음을 기쁘게 만드는 해석이 된다. 실물이라면 몹시 혐오감을 느낄 텐데, 꿈속에서는 그것은 아름다운 이탈리아의 추억이었고, 이탈리아의 작은 거리에서는 이미 알고 있듯이 화장실은 이 꿈의 것과 조금도 다르지 않은 모양을 하고 있다.

모든 것을 깨끗이 씻어 내리는 소변 줄기는 틀림없이 위대성에 대한 암시이다. 이런 모양으로 걸리버는 소인국에서 큰 화재를 껐다. 하기야 걸리버는 그 때문에 소인국 여왕의 미움을 샀다. 그러나 거장 라블레가 그린 거인 가르강튀아도 노트르담 사원을 타고 앉아 파리의 거리에 자기의 소변을 끼얹어 줌으로써 파리 사람들에게 복수한다. 나는 전날 취침하기 전에 가르니에가 그린 라블레의 작품의 삽화를 보고 있었다. 그러므로 이 또한 내가 초인임을 증명하고 있다. 노트르담 사원의 높은 난간은 파리에 있을 때 내가 즐겨 찾아간 곳이다. 오후 한가할 때는 언제나 이 사원 탑에 올라가 거기서 꼽추 사나이와 흉측한 얼굴의 악마 사이를 돌아다녔던 것이다. 대변이 모두 소변 줄기 때문에 한꺼번에 없어져 버리는 것은, 다시 말해 내가 언젠가 '히스테리의 치료'라는 1장의 첫머리에 써넣으려고 하는 구절, '바람이 불어 그들을 흩날리게 했다' (Afflavit et dissipati sunt)이다.

그런데 이 꿈을 불러일으킨 원인은 무엇일까? 더운 여름날 오후였다. 나는 저녁나절의 강의에서 히스테리증과 성도착과의 관련에 대해 이야기했으나 도무지 말이 잘 되지 않아 하고자 하는 말의 반도 못하고 스스로에게 불만을 느꼈다. 자기의 곤란한 일에 조금도 만족을 느끼지 못하고 지쳐서, 인간의 더러움 속을 이런 모양으로 휘젓는 일을 그만두고, 아이들이 있는 곳으로 가고 싶었고 아름다운 이탈리아에라도 가버리고 싶은 마음뿐이었다. 이런 기분으로 나는 강당에서 나와 어느 커피숍에 가서 그 정원에서 뭐 좀 가벼운 것을 먹을까 했다. 이 무렵 식욕이 통 없었기 때문이다. 그런데 청강생 하나가 따라와서 내가 커피를 마시고 빵을 몇 조각 먹을 동안 굳이 동석한다는 것이었다. 그리고 계속 아첨의 말을 늘어놓았다. '선생님은 참으로 여러 가지 것을 가르쳐 주셨다. 지금은 덕택에 모든 것을 전혀 다른 눈으로 보게 되었다. 선생님은 노이로제 이론의 오류와 편견인 아우게이아스의 외양간을 청소하셨다는 등등,' 요컨대 내가 큰 인물이라는 속이 훤히 들여다보이는 말을 늘어놓았던 것이다. 내 기분은 도저히 이런 따위의 아첨을 따라가지 못했다. 나는 혐오감을 애써 누르고 바삐 귀가했다. 그래도 자리에 들기 전에 라블레의 저서를 뒤적이고, 또 C.F. 마이어의 단편 《소년의 고민》을 읽었다.

이 자료가 바탕이 되어 그 꿈이 생겨난 것이다. 마이어의 단편은 여기에 다시 몇몇 유아기 장면의 추상을 보태었다(툰 백작 꿈의 마지막 광경을 참조). 혐오와 권태감이라는 낮의 기분은 꿈 내용에 대한 거의 모든 자료를 갖춘 범위 안에서 그대로 꿈속에 들어와 있다. 그런데 밤이 되자 그와는 반대의, 강하고 도가 지나칠 정도로 자기 강조의 기분이 움직이기 시작하여 낮의 기분을 물리쳐 버렸다. 그 결과 꿈 내용은 동일한 자료를 놓고 열등감과 자기 과대평가라는 상반되는 것을 표현하도록 구성되었다. 이 타협의 결과로 모호한 꿈 내용이 되어 버린 터이지만, 반면 또 상반되는 것의 상호 저지로 인해 담담하고 무감동한 톤도 생겨났다.

과대망상이라는, 억제되고는 있으나 쾌감을 가지고 강조된 반대 사고의 특질이 혐오감이라는 사고의 특질에 덧붙여지지 않았더라면, 소망 충족의 이론으로 인하여 이 꿈은 생겨나지 않았을 것이다. 그 이유는 고통스러운 것은 꿈속에서 표현될 까닭이 없기 때문이다. 우리들의 낮의 사고 중 고통스러운 것은 그것이 동시에 어떤 소망 충족의 가면이 될 수 있는 경우 외에는 꿈속에 끼어들지 못한다.

꿈의 작업은 꿈 사고의 감정을 그대로 허락하든가 완전히 변형시켜 버리는 것 이외의 처리 방법을 취하는 일도 있다. 즉 꿈 작업은 감정을 '그 반대되는 것으로 변화시키는' 일도 있는 것이다. 꿈의 모든 요소는 분석의 경우 액면 그대로 받아들여도 좋을 경우가 있고, 또 전혀 반대로 받아들여야 하는 일도 있다는 분석 법칙을 우리는 이미 알고 있다. 그러나 미리 그 어느 쪽 경우라도 작정하고 들어갈 수는 없는 것이며, 전후의 연결에 따라 이것은 비로소 결정되는 것이다. 이러한 사정은 세상 사람들이 익히 알고 있는 모양으로, 이른바 꿈 해석은 대조의 원리에 따르는 일이 대단히 많기 때문이다. 이와 같은 대립물로의 변화는 우리들의 사고 중에서 어떤 사물의 표상을 그 대립물의 표상에 붙들어 맨다. 긴밀한 연상의 고리에 의해 가능하게 되는 이런 변화는 그 이외의 모든 이동과 마찬가지로 검열에 봉사하는 것이지만, 또 그것이 소망 충족의 행위인 일도 흔히 있다. 이것은 소망 충족의 본질이 어떤 바람직하지 않은 것을 바로 그 대립물로 대치한다는 점에 있기 때문이다. 그러므로 사물의 표상과 같이 꿈 사고의 감정도 꿈속에서 그 대립물로 바꾸어져 나타나는 일이 있는 것이고, 이 감정 변화는 대개의 경우 검열에 의해 성취되는 것인 듯하다. '감정 억제'와 '감정 전도'는 일반적으로 꿈의 검열과 비슷한 사회생활에서, 특히 위장(눈속임)의 수단으로 쓰이는 것이다. 예를 들어 내가 어떤 사람과 이야기할 경우, 그 사람을 공격하는 말을 하고 싶어도 그 사람에게 양보한다는 마음에서 내 생각을 애써 부드럽게 표현하기보다는, 감정의 표현을 그 사람 앞에서 감추는 편이 더 중요하다고 말해도 좋다. 그 사람에게 건네는 내 말투는 결코 무례하지 않지만, 그 말에 증오나 경멸의 눈길이나 태도를 나타내면 그 사람에게 가하려고 의도했던 결과는 정면으로 경멸의 말을 퍼부은 경우와 별반 다르지 않을 것이다. 그래서 검열은 무엇보다도 나에게 감정을 억제하라고 명령한다.

그리고 내가 위장의 명수라면, 교묘하게 자신을 속이고 정반대의 감정을 보여줄 것이 틀림없다. 화날 때 웃고, 죽이고 싶을 때에 살뜰하게 대한다는 식으로 말이다.

꿈 검열 때문에 꿈속에서 이와 같은 감정 전화를 감행한 훌륭한 사례를 이미 하나 알고 있다. 그 '백부의 수염'의 꿈 사고는 친구 R이 조금 머리가 나쁘다고 흉을 보았는데, 아니 흉을 보기 때문에 나는 드러난 내용 중에서는 그에게 대단한 친애감을 느끼고 있는 것이다. 감정이 전화된 이 실례로 우리는 비로소 꿈 검열의 존재라는 것을 깨닫게 되었다. 이 경우도 또 이런 종류의 대립되는 감정은 꿈의 작업에 의해 완전히 새로 만들어진다고 생각할 필요는 없을 듯하다. 꿈 작업은 보통 꿈 사고 자료 중에 그 반대 감정이 이미 만들어져 있는 것을 발견하는 것이며, 다만 방어 동기의 심리적 힘으로 이를 높이고, 이 반대 감정이 꿈 형성에 대해 유력한 것이 되기만 하면 좋다. 이제 말한 백부의 꿈에서는 반대 감정인 친애감은 짐작컨대 유아적인 원천에서 유래하고 있는 듯하다(꿈의 계속이 이것을 명시하고 있지만). 왜냐하면 백부와 조카의 관계는 가장 이른 유아적인 체험의 특수한 성질 때문에(167면 분석 참조) 자기의 마음속에서 모든 우정과 증오의 원천이 되고 있기 때문이다.

페렌치가 보고한 어떤 꿈은 이와 같은 감정 전화의 참으로 훌륭한 예를 제시하고 있다.*[93] 한 중년 남자가 밤중에 아내가 깨워서 잠을 깬다. 남편이 자면서 큰 소리로 마구 웃어대므로 아내가 기분이 언짢았기 때문이었다. 뒤에 그 사나이는 사실은 이런 꿈을 꾸었다고 이야기했다. '내가 침대에 드러누워 있는데 안면이 있는 신사가 들어왔으므로 불을 켜려고 했지만, 그것이 잘 되지 않는다. 몇 번이나 해보았으나 역시 안 된다. 그러자 아내가 침대에서 나와 나를 도우려고 했으나 아내도 결국 하지 못했다. 사실 아내는 자기의 잠옷 입은 모습을 부끄럽게 생각하여 도로 침대에 들어가 버렸기 때문이다. 이런 일 모두가 정말 우스꽝스러워 마구 웃지 않을 수 없었던 것이다. 아내는 "뭐가 우스워요? 뭐가 우습다고 그러는 거예요?"라고 하지만, 나는 계속 웃음이 나와 마침내 잠이 깨었다'. 그 이튿날 이 사나이는 몹시 의기소침하여 머리가 아파서 견딜 수 없다고 불평했다. "너무 웃어서 분명 뭐가 어떻게 된 모양이야"라고 말하는 것이었다.

정신 분석적으로 보면 이 꿈은 그다지 유쾌한 꿈은 아니다. 침실에 들어온 안면이 있는 신사는 잠재적인 꿈 사고에 있어서는 '위대한 미지의 것'인 죽음의 신의 모습이다. 이 죽음의 신의 모습은 전날 일깨워진 것으로, 이 중년 사나이는 동맥경화증에 걸려 있었으므로, 전날 문득 죽음을 생각하게 되었던 것이다. 끊이지 않는 웃음은 자기가 죽는다고 생각했을 때의 통곡을 대치하고 있다. 따라서 그가 켜려고 해도 켜지 못했던 것은 바로 생명의 등불이다. 이 슬픈 생각은 바로 최근에, 마음은 있으나 뜻대로 되지 않은 성교와 결부되고 있는 듯하다. 잠옷 바람의 아내의 도움도 이 성교의 시도를 성공으로 이끌지는 못했다. 자기가 이미 그 점에서 소용이 없어졌다는 것을 인정하지 않을 수 없었다. 꿈의 작업은 성적 불능과 죽음이라는 슬픈 생각을 우스꽝스러운 정경으로 바꾸고, 통곡을 웃음으로 변하게 했던 것이다.

세상에는 '위선적'이라고 해도 좋을, 그리고 소망 충족 이론을 그 토대로부터 뒤흔들리게 하는 종류의 꿈이 있다. M. 힐페루딩 부인이 '빈 정신분석학협회'에서 다음과 같은 로제거의 꿈 보고문을 토론용으로 제출한 것을 보고, 나

---

*[93] 〈국제정신분석학 잡지〉 제4권, 1916년.

는 이 종류의 꿈에 주목하게 되었다. 로제거는 '인연을 끊는다.'(《숲의 고향》 제2권, 303면)라는 이야기 중에서 이런 것을 이야기하고 있다.

"나는 보통은 깊은 잠을 자는 편이지만 때로는 잘 자지 못하는 밤이 죽 계속되는 일도 있었다. 즉 나는 검소한 학생 생활과 문인 생활 외에 오랫동안 해온 재단사 생활의 그림자를 뿌리칠 수 없는 망령처럼 질질 끌고 왔던 것이다.

내가 하루 종일 자기의 과거 일만을 줄곧 생각하며 지냈다고 하면 거짓말이 되겠지. 속세를 벗어나 세계와 우주를 향해 뛰어든 개혁자에게는 달리 할 일이 있다. 자유분방했던 젊은 시절에는 밤마다 꾸는 꿈같은 것은 거의 돌아다보지도 않았다. 후년에 이르러 비로소 여러 가지 일을 돌이켜보는 습관이 붙게 되고, 혹은 또 내 안의 속인이 다시 움직이기 시작하여 내가 으레 꿈을 꾸기만 하면 언제나 옷가게의 견습생으로 되돌아가 있는 것은 어쩐 일일까. 또 자기는 그런 모양으로 그토록 오랜 동안 주인 밑에서 공짜로 일해 왔다는 것을 깨달았던 것이다. 주인 곁에 앉아서 옷을 꿰매고 다리미질을 하면서도 '나는 본래 이런 세계의 인간이 아니다, 도시인으로서 다른 일을 하지 않으면 안 될 인간이다'라는 것을 뚜렷이 의식하고 있었다. 휴가는 자주 있었고, 또 피서도 곧잘 갔었는데, 꿈에서는 역시 주인의 일을 거드는 자기밖에 나타나지 않았다. 그것이 때로는 몹시 불쾌하고 더 어엿한, 더 유익한 일을 할 수 있는데도 시간을 허비하고 있는 점이 애석하여 견딜 수 없었다. 물론 간혹 옷본대로, 치수대로 되지 않아 주인의 모진 꾸지람을 들었다. 그런데 급료에 대해서는 전혀 비치지도 않는 것이다. 나는 어두운 작업장에서 등을 구부리고 일을 하다가도 차라리 이런 일을 집어치우고 나가 버릴까 하는 마음이 자주 일어났다. 한 번은 정말 그렇게 말해 보았으나 주인은 마이동풍으로 흘려들었고, 나는 다시 주인 옆에 앉아 바느질을 하고 있었다.

이런 지루한 시간이 계속된 후에 꿈에서 깨면 얼마나 홀가분한지! 거기서 나는 결심한다. 만일 앞으로 또 다시 이런 끈덕진 꿈을 꾸게 되면, 마음먹고 그것을 뿌리치고 큰 소리로 이렇게 외치리라. "이런 따위 속임수가 어디 있어. 나는 침대에 누워 잠이나 자련다!" 그러나 다음날 밤에 다시 나는 옷가게 작업장에 앉아 있는 꿈을 꾸는 것이었다.

이렇게 기분 나쁜 꿈이 반복되면서 몇 년인가 지났다. 어떤 때는 이런 꿈을 꾼 일도 있었다. 주인과 나는 내가 머슴으로 산 일이 있는 알펠호퍼 집에서 일하고 있다. 주인은 내가 일하는 꼴이 마음에 들지 않는 모양이었다. "너, 대체 뭘 생각하니!" 하며 무서운 눈초리로 나를 흘겼다. 나는 '벌떡 일어나서 "나는 다만 호의로 당신 곁에 있을 뿐입니다." 하고 내뱉고 뛰어나가면 될 텐데' 하고 생각한다. 그러나 실제로는 그렇게 하지 않았다. 주인이 견습생을 새로 고용하고 그 아이에게 의자 자리를 좀 비켜 주라고 하자, 나는 그 말에 따랐다. 그리고 한쪽 구석에 쪼그리고 앉아 바느질을 계속했다. 같은 날에 또 하나 직공을 고용했는데, '맙소사, 그는 19년 전에 여기서 일하다가 술집에서 돌아오는 길에 개울에 떨어진 일이 있는 그 보헤미아 인이 아닌가.' 이놈이 앉으려고 했으나 자리가 없었다. 나는 묻는 듯한 눈길로 주인을 쳐다보았다. 주인은 이렇게 말했다. "너 같은 놈은 도저히 재단사가 못돼. 썩 나가라구. 그만 인연을 끊자." 그 말을 듣고 나는 놀란 나머지 잠이 깼다.

새벽녘의 엷은 햇빛이 창문을 통해 내 방을 비쳤다. 갖가지 슬픔이 나를 에워싸고 있다. 우아한 서가에서는 영원한 호메로스, 위대한 단테, 견줄 바 없는 셰익스피어, 영광에 찬 괴테 등 불멸의 위인들이 나를 기다리고 있다. 옆방에서는 잠이 깨어 모친과 같이 떠들고 있는 아이들의 밝은 목소리가 울려 나온다. 나는 이 목가적인 감미로운 생활, 평온하고 시적이며 명랑한 정신에 잠긴 생활, 은근한 인간적 행복을 그토록 깊이 느끼게 해준 생활을 지금 새삼스럽게 발견한 것 같은 기분이 들었다. 그럼에도 불구하고 화가 치밀어서 견딜 수 없었다. 자기 쪽에서 먼저 나가겠다고 선수를 치지 못하고 주인에게서 해고당하다니.

그런데 이상한 것은 주인이 '인연을 끊자'고 선언한 그날 밤 이후로 죽 편안하게 자게 되고, 그 먼 옛날 일인 재단사 시절의 꿈을 꾸는 일도 없어져버렸던 것이다. 그러고 보니 그 한가로웠던 재단사 시절은 참으로 즐거운 날이었는데, 어째서 내 후년의 생애에 그토록 오랫동안 그림자를 던지고 있었던 것일까?"

젊어서는 재단 직공이었던 시인 로제거의 이 일련의 꿈에서 소망 충족의 지배를 인정하기는 곤란하다. 쾌적한 것은 모두 낮의 생활 속에 있고, 이에 반하여 꿈은 겨우 극복해 낸 불쾌한 생활의 망령과도 같은 그림자를 질질 끌고 있는 것같이 보인다. 나는 내가 꾼 이와 비슷한 몇몇 꿈으로, 이런 종류의 꿈에 대해 어느 정도 해명할 수 있게 되었다. 나는 아직 젊고 박사가 갓 되었을 무렵, 꽤 오랫동안 화학 연구소에서 일한 적이 있었다. 그런데 거기에 필요한 기능을 제대로 익히지 못했다. 깨어 있을 때에는 이 소용도 없는, 진정 수치스러운 학구 생활의 한 시기를 결코 즐겁게 회상한 일이 없다. 그런데 그런 내가 이 실험실에서 일하고 여러 가지 분석도 하며 갖가지 경험을 쌓는 꿈을 되풀이하여 꾸는 것이다. 이 꿈은 시험을 치는 꿈과 마찬가지로 즐거운 것이 아니고, 또 언제나 뚜렷하지 않은 것이었다. 이 꿈들을 해석하다가 마침내 나는 '분석'이라는 말에 주의가 끌렸다. 이 말이야말로 내게 이해의 열쇠를 가져다주었던 것이다. 그 뒤 나는 보는 바와 같이 '분석가'가 되었다. '정신분석'이라는 것이기는 하지만, 아무튼 세상에서 좋은 평판을 받는 분석을 하고 있다. 여기서 나는 이런 것을 알았던 것이다. 다시 말해 나는 이 종류의 분석을 깨어 있을 때의 생활에서 자랑으로 생각하고 '어때, 나도 마침내 위대한 학자가 되지 않았느냐?' 하고 스스로 오만한 마음이 되어 있었다. 밤이 되면 꿈은 도저히 자랑할 만한 것이 못되는, 다른 실패한 분석을 내 앞에 내놓았다. 유명한 시인이 된 재단 직공의 꿈과 마찬가지로 이름을 얻은 자를 벌하는 꿈이 그것이다. 그러나 벼락부자의 자기 자랑과 자기비판 사이의 갈등에서 자기비판에 봉사하고 허용되지 않은 소망 충족 대신 의젓하지도 못한 경고를 내용으로 선택하는 것이 어떻게 꿈에서는 가능한 것일까. 이 물음에 대답하기 어렵다는 것은 이미 말해 두었다. 대체적으로 이렇게 추론할 수 있을 듯하다. 즉 처음에는 불손한 명예심의 공상이 꿈의 근저를 형성하는 것이지만, 그러나 그것이 꿈 내용에 끼어드는 것이 아니라 그 공상을 지워버리고, 그것을 부끄러워하는 생각이 꿈 내용이 되는 것이다. 인간의 심리적 생활 속에는 이와 같은 전화를 야기한다고 보아도 좋은 마조히즘적 경향이 있는 것을 상기할 수 있을 것이다. 이런 종류의 꿈을 '형벌 꿈'이라 하여, '소망 충족 꿈'과 구별한다 하더라도 나로서는 그것에 이의를 말할 근거는 별반 없다. 그것으로 말미암아 이제까지 말해온 꿈 이론의 타당성이 한정된다고는 생각하지 않는다. 사실 대립물이 합치하는 현상을 기이하게 생각하는 견해를 언어상으로 받아들인 데 지나지 않는다고 하겠다. 그러나 이 꿈들을 좀 더 자세히 관찰하면 또 다른 것이 인정된다. 내가 꾼 화학 실험실의 꿈 가운데 하나에는 뚜렷하지 않은 내용을 가지고 의사로서의 내 경력 중에서 가장 암울한, 가장 참담한 나이였던 그 연령으로 돌아간 내가 나온다. 아직 이렇다 할 지위도 없고 어떻게 생활을 꾸려가야 할지 계획도 서지 않았는데, 갑자기 몇 명의 부인 중에서 결혼 상대를 고른다는 꿈이다. 그러므로 나는 다시 젊은 시절로 돌아가 있고, 무엇보다도 그녀, 즉 고생스러웠던 세월을 나와 더불어 해온 아내도 아직 젊다. 이리하여 다가오는 늙음을 탄식하는 남자의 마음을 끊임없이 괴롭히는 소망 가운데 하나가 무의식적인 꿈을 불러일으킨 원흉이라는 것을 알았던 것이다. 확실히 꿈 내용을 규정한 것은 허영심과 자기비판 사이의 싸움으로서, 이것은 다른 심층 속에서 광란하는 것이다. 그렇지만 좀 더 뿌리가 깊은 청년 시대의 소망이 이 내용만으로 꿈을 만들어 냈던 것이다. 사람들은 깨어 있을 때에도 자주 또 이렇게 말하지 않는가. "지금이야말로 모든 일이 순조롭지만 옛날에야 어려웠지. 그러나 그 시절은 보람찼었다. 어쨌든 아직 젊었었으니까."*94

내가 자주 꾸는 꿈으로 '위선적'이라고 규정지은 다른 한 그룹의 꿈은 그 사람의 우정 관계가 벌써 소멸해 버린 사람들과의 화해를 내용으로 하고 있다. 그때 분석은 으레 이전의 친구들에 대한 고려의 마지막 잔재를 깨끗이 버리고, 그들을 아무 관계없는 남이나 적으로 취급하라고 내게 요구하는 것 같은 어떤 계기를 발견하고 있다. 그런데 그 꿈은 그와는 반대 관계를 그려내고 만족하고 있는 것이다.

무릇 시인이 그리는 꿈을 판단할 때에는 그 시인이 방해가 된다고 느끼고 본질적이 아니라고 보는 그런 꿈 내용의 세부적인 것은 그 묘사에서 제쳐놓았다고 생각해도 좋은 경우가 대단히 많다. 그와 같은 이유로 시인이 그리는 꿈은 만일 내용이 정확하게 재현되었더라면 어렵지 않게 풀었으리라고 생각되는 수수께끼를 우리에게 주는 것이다.

O. 랑크는 그림의 동화 《용감한 작은 재단사》나 《일격에 일곱》 중에 밑바닥에서 입신한 자의 비슷한 꿈 이야기가 있다는 것을 나에게 일러 주었다. 영웅이 되고 임금님의 양자가 된 그 재단사는 어느 날 밤 왕녀, 즉 그의 아내와 나란히 드러누워 자면서 재단 일을 하는 자신의 꿈을 꾼다. 의심을 품은 부인은 다음 날 밤에 무장한 부하에게 명령하여 남편이 꿈속에서 한 말을 확인시킨다. 남편의 과거를 알아내려는 것이다. 그러나 재단사는 그것을 눈치채고 이번

---

*94 정신분석학이 인격을 자아와 초자아로 분리한 뒤(집단 심리와 자아의 분석 1921년, 전집 제13권) 이와 같은 형벌 꿈을 초자아의 소망 충족으로 보기란 쉬운 일이다.

에는 교묘하게 꿈을 정정한다.

폐기, 감소, 전화 등의 여러 과정이 뒤섞인 힘으로 결국은 꿈 사고의 감정에서 꿈의 감정이 생기는 것이지만, 이 문란한 여러 과정은 완전히 분석된 꿈을 적당히 종합하면 어김없이 확인할 수 있다. 여기서 몇 개 더 꿈에서의 감정의 움직임을 나타내는 예를 들어 보겠다. 이 꿈들은 위에서 논한 사례들 중의 몇 가지를 구체적으로 실현하고 있다.

V

연로(年老)한 브뤼케(Brücke) 교수가 내 골반을 박제로 만들라는 과제를 부여한 기묘한 일이 꿈에서 '나는 꿈속에서는 당연히 느껴야 할 공포를 느끼고 있지 않다.' 그런데 이것은 여러 가지 뜻에서의 소망 충족이다. 표본 제작은 자기 분석을 의미한다. 이 자기 분석을 나는 이 꿈 연구서를 출간하는 일로 행하는 것이지만, 나로서는 여간 어려운 일이 아니어서 원고가 완성된 뒤에도 인쇄에 붙이는 것을 1년 이상이나 미뤘을 정도이다. 그런데 나의 심중에는 이와 같은 억제적인 기분을 극복하고자 하는 소망이 움직였다. 그래서 이 꿈속에서 조금도 '공포(Grauen)'를 느끼지 않은 것이다. 다른 의미의 Grauen(이 말에는 '공포' '전율'의 뜻 외에 '머리가 희어진다'는 의미도 있다)도 일어나지 않았으면 더 이상 좋은 일은 없겠으나, 실제로는 벌써 흰 머리카락이 꽤 많이 보이기 시작하고, 또 이 머리의 '잿빛(Grau)'이 또한 더 이상 미루지 말라고 경고하고 있다. 그와 같은 관계로 이 꿈의 마지막 부분에서 귀찮은 여행을 하여 목적지에 도달하는 일은 아이들에게 맡겨야겠다는 생각이 표현되었던 것이다.

충족의 표현을 잠깬 직후에 순간으로 옮기고 있는 그 두 꿈에서는 충족은 두 가지 방식으로 동기가 부여되고 있다. 즉 한쪽 꿈은 '벌써 꿈꾸어 버렸다'란 무엇을 뜻하는가. 지금이야말로 자기는 그것을 알게 되리라는 기대가 동기로 되어 있다. 다시 말해 이 충족은 사실은 첫 아이들의 출생과 관계하고 있다. 또 하나의 꿈은 '전조(前兆)에 의해 알려진 것'이 이제야 현실이 되리라는 확신이 그 동기가 되어 있다. 그리고 이 충족은 그 옛날 차남이 태어났을 때에 맛본 그 충족이다. 이 꿈들에서는 꿈 사고 중에서 가장 지배적이었던 여러 감정이 그대로 꿈 내용 중에 나오고 있다. 그러나 어떤 꿈이나 다 그렇게 간단하게 되는 것은 아니다. 이 두 꿈의 분석을 좀 더 깊이 파고들어가 보면, 검열에 승복하지 않는 이 충족은 검열을 두려워하지 않으면 안 될 어떤 원천에서 지원을 받고 있으며, 또 이 원천의 감정은 만일 그것이 검열 통과를 허락받은 원천에서 오는 같은 종류의(이의 없이 통과될 만한 충족 감정으로 은폐되는, 말하자면 그 배후에 몰래 끼어드는) 것이 아니면 검열과 충돌을 일으킬 것은 틀림없다. 이것을 꿈의 실례 자체로 입증하지 못하는 것이 애석하지만, 그런대로 꿈이 아닌 다른 영역의 한 예가 내 소견의 정당성을 보여줄 것이다. 다음과 같은 경우를 가정해 보자. 내 신변에 있는 어떤 인물을 나는 미워하고 있으므로, 이 인물에게 어떤 불행한 일이 일어났으면 좋겠다는 마음이 활발하게 움직인다. 그러나 나의 본질 안에 있는 도의심은 그와 같은 마음의 움직임을 용서하지 않는다. 그러므로 나는 그 불행을 비는 마음을 밖에 내비치지 않으며, 그 사람의 신상에 우연히 무슨 일이 일어나더라도 충족감을 억누르고 억지로나마 위로의 말을 나타내려 한다. 어떤 사람이라도 이와 같은 경험은 있을 것이 틀림없다. 그런데 이 미운 인물이 무슨 부정을 저지르고 당연한 벌을 받게 되는 일이라도 일어나면, 그때야말로 나는 그가 정당하게 벌을 받은 데 대한 충족감을 거리낌 없이 밖에 나타내고, 그에 대해 공평한 입장을 취하는 다른 많은 사람들과 그 점에서 일치하는 의견을 말한다. 하지만 내 충족감이 다른 사람들의 것보다 한결 강한 것이라는 것은 스스로도 잘 안다. 내 충족감은 증오의 원천에서 지원을 얻었던 것이다. 이 증오는 그때까지 마음속의 검열에 의해 감정을 제공할 것을 훼방당하고 있었으나, 이제야 사정이 변하여 그와 같은 방해가 없어져 버렸다. 이러한 케이스는 세상에 흔히 있는 것으로서 남의 호감을 사지 못하는 인물이라든가, 보기 싫은 놈들이라는 말을 듣는 소수의 그룹에 속하는 인간이 어떤 종류의 죄를 범하는 경우가 그렇다. 이런 때 그들 인간이 받는 형벌은 그들이 범한 죄에 상응하지 않는 것이 보통인데, 본래의 죄에 앞으로밖에 나타나지 않았던 못만큼 가중되고 있다. 그러므로 벌을 주는 쪽 사람들은 그것에 의해 어김없이 부정을 범하는 것이다. 그러나 자기들이 부정을 범하고 있다고는 인식하지 못한다. 그것은 오랫동안 굳게 지켜온 억제가 풀리고 그들의 마음에 일순간 충족감이 생겼기 때문이다. 이와 같은 경우 그 감정은 그 성격상 확실히 당연한 것이기는 하지만 그 정도는 정당하다고는 못한다. 그리고 첫째 점에서 안심하고 충분히 이뤄지는 자기비판은 그 뒤에 따르는 둘째 점의 검토를 실로 간단하게 무시해 버린다. 만일 문이 열리면 처음 입장을 허락하려고 생각한 것 이상의 인간이 간단하게 몰려 들어오는 법이다.

노이로제 성격의 두드러진 특징, 즉 그와 같은 성격에서 감정을 환기시킬 수 있는 계기가 질적인 면으로 보아서는 당연하지만 양적으로 보아 도를 넘는 결과가 되기 쉽다는 것은, 처음부터 거기에 심리학적 설명을 가하려고 하는 한에 있어서는 이런 모양으로 설명되는 것이다. 그런데 이와 같은 양적인 과잉 현상은 이제껏 눌리어 무의식 상태였던 감정이라는 원천에서 오고 있다. 그리고 이들 감정의 원천은 현실적인 동인과 연상적 결합 관계를 만들어 낼 수 있는 것이고, 또 감정의 방출에 있어서는 반격을 가할 여지가 없는, 검열에서도 허용된 감정 원천이 바라는 대로의 길을 열어 주는 것이다. 그리하여 우리는 억제를 받은 심리적 검문소와 억제를 가하는 심리적 검문소 사이에 반드시 상호저지의 관계만을 보아서는 안 된다는 점에 주의를 기울여야 한다. 이 두 검문소가 협동하여, 즉 서로 도와 어떤 병적인 결과를 낳게 하는 것 같은 경우도 또한 마찬가지로 주목할 일이다. 꿈의 감정 표출을 이해하기 위해서 마음의 메커니즘에 관한 이상의 암시적 의견을 이용할 수 있다. 물론 꿈속에 나타난 즉시 꿈 사고 중의 그릴 만한 장소에서 찾아볼 수 있는 충족감은 이 논증만으로는 완전히 해명되지는 않는다. 보통 꿈 사고 중에 있는 제2의 원천을 찾아내야 한다. 이 제2의 원천에는 검열의 압박이 내리누르고 있고, 이 압박 때문에 충족감이 아니라 그와 반대되는 감정이 그 원천에서 생겨난다. 그렇지만 제2의 꿈 원천이 엄연히 존재하고 있기 때문에 그 충족이라는 감정을 억압에서 벗어나게 하여 다른 원천에서 발하는 충족을 강화시킬 수 있게 되는 것이다. 이렇게 꿈속의 여러 감정은 여러 가지 주입물이 합성된 것, 또 꿈 사고의 자료에 대해서는 다면적으로 규제된 것으로 생각된다. '동일한 감정을 공급할 수 있는 여러 가지의 감정 원천은 꿈 작업 동안 동일한 감정을 형성하기 위해 협력한다.[95]

Non vixit('살아 있지 않았다')가 중심점이 되고 있는, 훌륭한 꿈의 분석에 의해(171면 참조) 이들 복잡한 관계를 어느 정도 통찰할 수 있다. 그 꿈에서는 갖가지 원천에서 오는 감정 표출이 겉으로 드러난 내용의 두 군데에 몰리고 있다. 적대적인 마음이나 고통스러운 마음의 움직임(그 꿈 자체에서는 '묘한 감정

---

[95] 저의가 깔린 농담의 유달리 강렬한 쾌감 효과를 나는 이것과 유사한 방식으로 설명해 두었다.

에 쫓겨'라고 되어 있다)은 내가 적의를 품고 있는 친구를 두 마디로 긁려주는 대목에 중첩되었다. 꿈의 끝 무렵에 가서 나는 몹시 만족하여 깨어 있을 때라면 도리에 맞지 않는 하나의 가능성, 즉 다만 그렇게 소망하는 것만으로 쫓을 수 있는 망령이 존재하고 있다는 가능성에 대해 승인하는 판단을 내리고 있다.

그런데 그 꿈의 유인에 대해서는 아직 보고하지 않았지만, 그것은 참으로 본질적인 유인이며 이 꿈을 깊이 이해하게 해주는 성질의 것이다. 나는 베를린에 사는 친구에게서(꿈속에서 F1이라고 말해 두었다), 수술을 받게 될 것 같은데, 수술 뒤 자기의 용태에 대해서는 빈에 있는 친척이 알릴 것이라는 통지를 받았다. 수술 직후의 경과보고는 그다지 좋은 것이 아니어서 나도 걱정했다. 되도록이면 직접 친구에게 가고 싶었으나 공교롭게도 마침 그 무렵 나도 어떤 병에 걸려 있어 약간만 몸을 움직여도 몹시 통증이 일어났다. 그래서 나는 꿈 사고에서 친구의 생명을 걱정하고 있다는 것을 안다. 나는 만나보지는 못했지만, 친구의 단 하나뿐인 누이동생이 젊은 나이에 갑작스러운 병으로 세상을 떠났다는 것을 알고 있었다(꿈속에서 F1은 누이동생의 이야기를 하면서, 누이동생은 단 15분만에 죽었다고 말했다). 나는 아마 그도 누이동생처럼 건강하지 못하다고 상상하고 있었던 것 같다. 그리고 이제 가망이 없다는 소식을 듣고서야 베를린을 향해 떠난다. 그러나 이미 때는 늦었다. 그렇게 되면 나는 한평생 양심의 가책을 받겠지 등등 생각하고 있었을 것이 틀림없다.*96 이 뒤늦었기 때문에 느끼는 가책이 꿈의 중심점이 되어 있는데, 이 비난은 어떤 장면 중에 표현되고 있었다. 즉 내가 연구생 시절에 존경하던 브뤼케 교수가 그 푸른 눈으로 흘기며 힐책하는 장면이다. 이런 모양으로 장면을 다른 방향으로 돌리는 원인이 무엇이었던가는 곧 판명된다. 어쨌든 꿈은 장면 그 자체를 내게 실제로 체험한 대로 재현시킨다는 일은 있을 수 없다. 꿈은 푸른 눈을 브뤼케 교수에게 그대로 남겨 둔다. 그러나 꿈은 나에게 나를 무찌르는 역할, 즉 확실히 소망 충족의 결과가 되는 뒤바뀐 행동을 하게 한다. 친구의 생명에 대한 걱정, 문병 가지 않은 일에 대한 비난, 나의 부끄럽기 그지없는 마음(그는 '살그머니' 빈

---

*96 non vixit '살아 있지 않았다' 대신 non vivit '살아 있지 않다'를 엉뚱하게 요구하고 있는 것은 무의식적 꿈 사고에 유래하는 공상이다. '당신은 뒤늦었다, 이미 그는 살아 있지 않다.' 겉으로 드러난 꿈의 상황도 또 non vivit를 지향하고 있다는 것은 앞에서 지적해 두었다.

의 내게 찾아왔었다), 자신의 병을 구실로 변명하려는 속셈 등 모든 것이 한데 어울려 감정의 소용돌이를 만들어 내고, 이 감정의 소용돌이는 잠자면서도 또렷이 느껴지며 꿈 사고의 연역 속에서 광분하고 있는 것이다.

그런데 꿈의 유인으로 생각되는 것은 이 밖에도 있다. 그것은 내게 전혀 반대의 영향을 미쳤다. 친구의 수술 뒤 처음 며칠 동안의 좋지 못한 보고에는 그에 대해서 아무에게도 말하지 말아 달라는 부탁이 있었다. 그와 같은 부탁은 내가 사뭇 입이 가벼운 사나이로 취급당하는 것 같은 마음이 들어 몹시 기분이 언짢았다. 물론 나로서는 이런 부탁을 친구가 한 것이 아니라 그 친구가 용태를 알려준 사람의 쓸데없는 걱정에서 나온 것이라는 것쯤은 짐작하고 있었으나, 그래도 이 완곡한 비난에는 몹시 불쾌한 기분이 들었다. 사실 이 비난이란 것은 반드시 들어맞지 않는 것도 아니기 때문이다. '어느 정도 그럴듯한 점이 있는' 비난이 아니면 다 아는 바와 같이 결코 마음에 걸리는 것이 아니며 자극적인 힘을 갖지도 못한다. 이 친구에 관한 것은 아니지만, 내가 훨씬 젊었을 때 두 사람의 친구가 있었다. 이 두 사람 쪽에서도 나를 친구로 알아주어서 나로서는 명예로 알았는데, 어쩌다가 한 친구가 다른 친구를 비평한 말을 공연스럽게 일러바친 일이 있었다. 그때 당한 비난을 지금도 잊지 않고 있다. 당시 내가 사이를 갈라놓았던 두 사람 중 한 사람은 프라이젤 교수이고, 다른 한 사람은 요셉이라는 이름으로 대신할 수 있는 사람이다. 꿈속에 나오는 친구이고 적이기도 한 P도 또 이 요셉이라는 이름이었다.

내가 무엇이나 마음속에 접어 두지 못한다는 비난을 꿈속에서 입증하고 있는 것은 '살그머니'라는 요소와 "자네는 도대체 내 말을 P에게 어느 정도로 털어놓았는가?"라는 F1의 질문이다. 그러나 이 기억이 사이에 끼어들어 뒤늦었다는 비난이 현재 내가 브뤼케의 실험실에 있었던 시대로 옮겨진 것이다. 그리고 두 번째 인물을 꿈의 그 박살나는 장면에서 요셉이라는 사람으로 대체함으로써 이 장면에서 내가 뒤늦었다는 비난을 표현하게 했을 뿐만 아니라 나는 비밀을 지키지 못한다는, 가장 강하게 억압을 받고 있는 비난도 표현하게 한 것이다. 꿈의 압축 작업과 이동 작업, 아울러 그 작업의 동기는 이 경우 누구의 눈에도 명백하게 비친다.

아예 입 밖에 내지 말아달라는 부탁에는 비위가 거슬렸지만, 지금에 이르러서는 기분이 상할 것도 없다는 마음이 든다. 어쨌든 이 분개의 감정은 마음속 깊은 곳을 흐르고 있는 원천에서 강화를 받아 현실에서는 사랑하는 사람에게 돌려진 적의의 마음으로까지 부풀어 올라간다. 강화 에너지를 보급하는 원천은 유아적인 것의 속을 흐르고 있다. 이미 말한 바이지만 동년배의 인물에 대한 나의 따뜻한 우정이나 적의도, 거슬러 올라가 나보다 한 살 위인 조카와의 어린 시절의 교제에서 왔으며, 이 어린아이끼리의 교제에서는 조카 쪽이 우월했으므로 나는 일찍부터 방어하는 기술을 배우지 않으면 안 되었다. 우리는 언제나 함께 있고 서로 사랑했다. 그러나 어른들에게 들은 바로는 자주 싸우고 상대방을 '일러바치기도' 했던 것이다. 내 친구는 모두 어떤 의미에서 이 최초의 인물인 조카의 화신, '망령'이 틀림없다. 조카는 말하자면 '그 옛날 나의 흐린 시야에 일찍 떠오른 일이 있는'(《파우스트》 중의 말) 인물이다. 조카는 청년 시절에 다시 내 주변에 나타났다. 우리는 그때 서로 시저와 브루투스의 역할을 각기 했다. 친한 친구와 미운 적은 나에게는 언제나 내 감정생활의 필요한 욕구였다. 나는 언제나 새로 이 두 가지 친구를 만들지 않고는 견디지 못했다. 그리고 유아기의 이상이 최초의 유년 시대에 그랬으리라고 생각되는 것처럼 한 인물이 동시에 친구와 적이기도 했다. 또는 어떤 때는 친구, 다른 때는 적이라는 모양으로 몇 번이나 반복하여 바뀌는 일은 없었으나, 동일 인물이 친구와 적을 겸한다는 형태로 만들어진 일도 드물지는 않았다. 그와 같은 기존의 여러 관련 아래서 어떻게 감정을 환기하든, 최근의 어떤 계기가 유아기의 계기로까지 거슬러 올라가 감정 작용을 위해 이 유아적 계기로 대치할 수 있는가라는 문제는 지금 여기서 구하고 싶지 않다. 이것은 무의식적 사고의 심리학에 속하는 문제이고, 노이로제의 심리학적 해명 중에 취급되어야 할 일이다. 우리의 당면한 목적은 꿈 해석이므로 다음과 같은 내용을 갖는 유아기의 기억이 생겨나거나 혹은 뒤따라 그런 기억이 공상에 의해 형성되었다고 가정하자. 다시 말해 두 아이가 어떤 물건을 서로 뺏으려고 싸움을 벌인다.(기억 혹은 기억 착오는 어떤 특정한 물건을 생각하겠지만 그 물건이 무엇인지는 불문에 붙이기로 하자.) 그리고 먼저 왔으니까 그것을 가질 우선권이 있다고 서로가 주장한다. 이리하여 주먹다짐이 되고 권리는 힘에 패한다. 꿈의 암시에 따르면 나는 내가 옳지 않다(꿈에서는 잘못을 스스로 인정하면서, 라고 되었다)는 것을 알고 있었던 모양이다. 그러나 이번에는 내 쪽이 강자이고 승리를 얻는다. 진상대는 아버지 또는 할아버지에게 달려가 나를 일러바치지만, 나는 아버지의 이야기로 잘 알고 있는 '이 아이가 나를 때렸기 때문에 나는 이 아이를 때렸어요'라는 말로 자신을 변호한다. 그리하여 꿈의 분석 중에(어째서인지 모르나) 나의 뇌리에 떠오르는 이 기억, 혹은 공상으로 생각되는 것이 꿈 사고의 중심 부분을 이루고, 이 중심 부분이 꿈 사고 중에 지배되고 있는 감정의 움직임을 분수의 수반(水盤)에 흘러드는 물을 모으듯이 모으는 것이다. 이 부분에서 꿈 사고는 다음과 같은 길을 통하여 흘러나간다. 너는 내게 당연히 자리를 내어주어야 하는데, 왜 거꾸로 나를 여기에서 쫓아내려고 하는가? 너같은 건 필요 없다. 나는 다른 친구를 만들어 그 아이하고 놀 테니까 등등. 그리고 이 꿈 사고가 다시 꿈 표현 중에 흘러들어갈 길이 열린다. 이와 같이 '내가 앉을 거니까 너는 비켜나라' 하고 당시 나는 지금은 세상을 떠난 친구 요셉에게 비난하지 않을 수 없었다. 그는 브뤼케 연구실 부조수로 내 뒤에 들어왔는데, 거기서는 승진이 황소걸음처럼 느렸다. 두 사람의 조수가 모두 그 위치를 고수하고 있어 젊은 사람들은 초조한 마음이었다. 친구 요셉은 자기의 생명이 한정되어 있다는 것을 알고 있었고, 또 뒷자리에 있는 사나이와 특별히 친한 사이도 아니었으므로 가끔 그와 같은 초조감을 폭발시켰다. 위에 있는 이 사나이는 중병에 걸려 있었기 때문에 이 사나이가 그만두었으면 하는 소망은 자기가 승진할 수 있다는 뜻 외에 또 어떤 끔찍한 부차적인 의미를 갖고 있었다.

물론 나도 그 이삼 년 이내에 공석을 메웠으면 좋겠다는 소망을 요셉보다 더 절실하게 품고 있었다. 이 세상에 위계나 승진이라는 것이 있는 한, 억제를 필요로 하는 소망에 대한 길은 열려져 있는 것이다. 셰익스피어의 작품에 나오는 왕자 헬은 앓는 부왕의 침상 곁에서조차 자기에게 왕관이 어울리는지 어떤지 잠깐 시도해 보고 싶은 유혹에서 벗어나지 못한다. 그러나 꿈은 당연하다는 듯이 불량한 소망을 나에게가 아니라 그를 향해 벌하고 있는 것이다.*97

'놈이 건방져서 나는 놈을 때려 죽였다.' 남이 자기에게 자리를 양보하리라고 기대할 수 없었으므로 그 자신이 쫓겨났다. 나도 대학에서 어떤 사람을 위해 세워진 기념비의 제막식에 출석한 직후에 이와 같은 생각을 품는다. 꿈속에서 느껴진 나의 충족감의 일부분은 따라서 이렇게 해석된다. 바로 이것은 정

---

*97 요셉이라는 이름이 내 몇몇 꿈속에서 크나큰 역할을 하고 있다는 것을 알아차렸을 줄 안다. 요셉으로 불리는 인물들의 배후에 내 자아는 꿈속에서 특히 손쉽게 몸을 감출 수 있다. 왜냐하면 요셉은 성서에서도 이미 알려진 꿈 해석의 명수이기 때문이다.

당한 벌이고, 너는 그렇게 되는 것이 당연하다고.

이 친구의 장례 때에 한 젊은이가 그 자리에 어울리지 않는 이런 말을 했다. "저 조사를 읽은 사람은 마치 고인이 없어져서 이제 세상이 끝장이 난 것처럼 말하는 투군요." 이 젊은이의 심중에는 고인에 대한 애석의 정을 너무나 과장하여 표현한 말 때문에 착잡해진, 성실한 인간의 반항이 움직이고 있었던 것이다. 그런데 꿈 사고는 이 조사와 결합된다. 즉 실제로 대치할 수 없는 인간이란 없다. 나는 이제까지 얼마나 많은 사람을 무덤으로 보냈던가. 그런데 나는 아직도 살아 있다. 나는 그들 모두가 죽었어도 살아남았다. 나는 자기 자리를 사수하고야 만다. 내가 설령 친구의 병상으로 달려갔어도 살아서는 이미 그를 만나지 못할 것이 아닌가 하는 의혹을 품은 순간에 일어난 이와 같은 생각이 한층 발전하여 다음과 같은 생각이 드는 것은 당연하다. '나는 이번에도 또 지금 죽은 사람보다 오래 살게 되어 기쁘다. 죽은 것은 내가 아니라 그다. 나는 저 먼 옛날의 공상적인 유아기 장면과 같이 절대로 이 자리를 사수하고야 만다.' 내가 자기 자리를 어디까지나 지켜나가겠다는 유아적인 것에서 온 충족감은 꿈속에 채택된 감정의 대부분을 차지하고 있다. 나는 내가 살아남은 일이 기뻐서 그 마음을 '우리 중의 어느 하나가 죽으면 나는 파리로 옮긴다'라는 우스개에 나오는 남편의 소박한 에고이즘을 가지고 아내에게 말한다. 이 우스개의 '우리 중의 어느 하나'가 내가 아니라고 생각하고 있음은 물론이다.

솔직히 말해서 자기의 꿈을 분석하여 남에게 이야기를 하기 위해서는 어려운 자기 극복을 필요로 한다. 자기와 더불어 생활하고 있는 사람이 모두 고결한 인사인데, 그 중에서 자기만이 악한이라는 것을 폭로하지 않으면 안 되기 때문이다. 그러므로 망령의 인물들도 그것이 있어 주었으면 좋겠다고 생각하는 동안에만 존재하고, 없어졌으면 좋겠다고 생각하면 이 세상에서 지워져 버리는 것은 당연하다고 생각한다. 내 친구 요셉이 벌을 받은 것은 분명 그와 같은 일 때문이었던 것이다. 그러나 망령들은 내 유아기의 친구(조카)가 차례로 나타난 화신이다. 그래서 나는 이 조카를 대신할 인물을 몇 번이나 꿈에 등장시킨 일에 만족하고 있는 것이며, 지금 잃게 된 사람에 대해서도 틀림없이 그에 대신할 사람이 발견될 것이리라. 대체할 것이 없는 인간이란 있을 까닭이 없다.

그러면 이 경우 꿈 검열은 무엇을 하고 있는가. 어찌하여 꿈 검열은 조잡하기 그지없는 에고이즘의 이와 같은 사고방식에 대해 맹렬히 항의하고, 이 생각에 부착되고 있는 충족감을 극도의 불쾌감으로 바꾸지 않는가. 그것은 동일 인물들에 대한 비난의 여지도 없는 다른 사고방식 역시 충족되고, 그 충족감에서 생겨나는 감정이 금지된 유아적 원천에서 생기는 감정과 합치해버리기 때문이라고 생각한다. 사고의 다른 층에서 나는 엄숙한 기념비 제막식의 때에 스스로에게 이렇게 말했다. "나는 사실 숱한 친구를 잃었다. 때로는 죽음으로, 또 때로는 우정이 소원해짐으로 인해서. 이제는 그들을 대신할 친구가 생겼다. 다른 친구를 모두 합친 것보다 더 훌륭한 한 친구를 얻은 것은 참으로 감사하다. 나는 이제 그리 쉽게 새로운 우정을 맺기 어려운 나이니까 이 친구를 꼭 붙들어야지." 사라져간 많은 친구 대신으로 이 한 친구를 발견했다는 충족감이라면 그대로 꿈속에 채택해도 전혀 지장이 없을 것이다. 그런데 이 충족감의 배후에는 유아기적 원천에서 생긴 적의의 충족도 섞여 있다. 유아적인 친애감은 분명 현재의 정당한 이유 있는 친애감을 강화하는 것을 돕고 있다. 그러나 유아적 증오도 자신을 표현한 길을 개척했던 것이다.

꿈속에는 그 밖에도 충족감으로 끝나도 좋을 다른 사고방식에 대한 명료한 암시가 포함되고 있다. 내 친구는 얼마 전에 오랫동안 고대하던 딸을 얻었다. 옛날에 죽은 누이동생을 그가 얼마나 사랑했는지 나는 잘 알고 있다. 그래서 나는 즉시 편지를 띄워, '자네는 누이동생에게 쏟던 애정을 이번에 태어난 아기에게 함빡 쏟겠지. 틀림없이 딸아이는 자네의 보상받을 길 없는 손실을 이제야 잊게 해줄 것이네'라고 써 보냈다.

그래서 이 계열도 또 꿈의 잠재 내용의 중간 사고에 결부되고, 이 중간 사고에서 몇 가닥의 길이 정반대 방향으로 나뉘고 있다. 대신할 것이 없는 인간이란 있을 리 없다. 보라, 이도 저도 망령에 불과하지 않은가. 우리가 잃어버린 것은 모두 다시 돌아오는 것이라는 모양으로 말이다. 그런데 꿈 사고의 서로 모순되는 요소 사이를 맺는 연상의 유래는 우연한 사정, 즉 친구의 어린 딸이 내 오랜 옛날의 동갑내기 소녀로, 내 친구 중의 가장 나이 많은 친구이며 적인 그 누이동생과 똑같은 이름이라는 사정에 의해 좀더 긴밀한 것이 된다. 나는 '바울리네'라는 이름을 듣고 퍽이나 '만족'했다. 그리고 이 일치를 암시하기 위해서 나는 꿈속에서 한 요셉을 다른 요셉으로 대치하고, 프라이젤과 F1이라는 두 이름이 같은 머리글자인 F를 억제할 수는 없다고 생각했다. 그리고 여기서 한 가닥 상상의 실오라기가 내 아이들의 이름을 짓는 방식으로 이어졌다. 아이들의 이름이라는 것은 유행을 따라 선택할 것이 아니라, 귀중한 사람들을 기념하는 일에 의해 선택되어야 한다는 것이 내 의견이었다. 아이들의 이름은 아이들을 '망령'으로 만든다. 그리고 결국 자식을 가진다는 일이야말로 우리 모두에게 '불멸'에 이르는 유일한 길이 아니겠는가?

꿈의 감정에 대해서는 다른 관점에서 약간의 말을 덧붙이며 마치려 한다. 잠자는 사람의 마음속에는 어떤 감정 경향, 다시 말해 우리가 기분이라고 부르는 것이 주조를 이루는 요소로 포함되고 있는데, 그것이 꿈의 성격 결정에 힘을 보태는 일이 있다. 이 기분은 낮의 여러 가지 체험이나 생각에서 생기는 일도 있고 신체적인 원천에서 생기는 일도 있다. 그 어느 경우이든 기분은 그 기분에 어울리는 생각이 따르고 있는 것 같다. 꿈 사고의 이 표상내용이 어떤 때는 1차적으로 감정 경향을 제약하고, 또 어떤 때는 2차적으로 신체적으로 설명이 되는 감정 조절로 일깨워진다는 것은 사실상 꿈 형성으로서는 아무래도 상관없는 일인 것이다. 꿈 형성은 분명 소망 충족밖에 표현하지 못하고, 또 소망에서밖에 그 심리적 원동력을 취하지 못한다는 제약을 받고 있다. 현실에 존재하는 기분은 수면 중에 현실적으로 떠오르는 감각과 마찬가지의 취급을 받을 것이다. 수면 중에 현실적으로 느껴지는 감각은 무시되든가 소망 충족의 의미로 고쳐 해석되든가 한다. 수면 중의 고통스러운 기분은, 꿈이 충족시켜야 할 강렬한 소망을 환기함으로써 꿈의 원동력이 된다. 고통스러운 기분이 결부되는 자료는 소망 충족의 표현에 이용될 수 있을 때까지 손질한다. 꿈 사고 중의 고통스러운 기분의 요소가 강하고 또 지배적이면 지배적일수록 가장 강하게 억제된 소망의 움직임은 밖으로 표현되는 기회를 이용할 것이라는 점은 더욱더 확실하다. 왜냐하면 그와 같은 소망의 움직임은 보통이라면 자기 손으로 만들어내야 할 불쾌감이 현실에 존재하기 때문에, 밖으로 표현하려는 작업의 상당히 중요한 부분이 이미 결말이 나 있는 것을 발견하기 때문이다. 그리고 이와 같은 논의에 의해 우리는 다시 꿈 능력에 있어서 한계의 케이스인 것이 머지않아 판명될 불안한 꿈의 문제에 언급하게 될 것이다.

Ⅰ. '제2차 가공(加工)'

이제 마지막으로 꿈 형성에 관여하고 있는 여러 계기 중 네 번째 것을 지적하려고 한다.

꿈 내용에 대한 연구를 앞에서 시작한 방법으로 계속하고, 꿈 내용 중의 현저한 사상을 꿈 사고에서 생기는 유래에 소급하여 검토한다면, 그 해명 때문에 완전히 새로운 가설을 필요로 하는 여러 요소와도 부딪친다. 즉 꿈속에서 의아해하고 노하고 반항하는 경우, 더욱이 꿈 내용 가운데 일부분 자체를 향해 그렇게 하는 경우를 떠올리고 있는 것이다.

꿈속에서의 이와 같은 비평 행위의 대부분은 꿈 내용 때문이 아니라, 내가 몇 가지 적당한 실례로 설명한 대로 꿈 자료 중에서 계승되고 적절하게 이용된 여러 부분이라는 것이 판명된다. 그러나 그런 종류의 비평 행위의 어떤 것은 이러한 유래에는 들어맞지 않는다. 즉 그것에 대한 대응물은 꿈 자료 속에서는 발견되지 않는다. 예를 들어 꿈속에서 흔히 하는 비평, "그거야 꿈에 불과하지 않은가"는 대체 무엇을 의미하는 것일까. 이것은 깨어 있을 때에 나도 할 만한 실제적인 꿈에 대한 비판이다. 이 비판이 잠에서 깨는 일의 선구자가 되는 일도 드물지 않다. 그렇지만 이 비평 자체에 있는 고통스러운 느낌이 꿈의 상태가 확인되면 진정되는 것을 더 자주 볼 수 있다. 꿈을 한창 꾸다가 '그거야 꿈에 불과하지 않은가'라는 생각은, 공공연한 무대에서 오펜바흐의 가극 중 미녀 헬레나의 입을 빌려 말하게 하고 있는 것과 같은 것을 노리고 있다. 다시 말해 방금 체험한 일의 의의를 저하시켜 그 앞의 꿈을 계속 꾸는 일을 견뎌내게 하려고 한다. 이 생각은 그 순간에 바로 발동하여 꿈 또는 장면의 계속을 금지할 사유를 지닌 어떤 종류의 검열을 잠재우는 데 소용된다. 그러나 '뭐라 해도 그냥 꿈에 지나지 않으니까' 그대로 잠을 계속하며 꿈을 꾸도록 하는 편이 잠을 깨는 것보다 좋다는 말이 된다. 결코 완전히 잠들어 버리는 일이 없는 검열이 이미 허가한 꿈으로 불의의 습격을 받았다고 느끼는 때야말로 '그거야 꿈에 불과하지 않은가'라는 경멸적인 비평이 꿈속에 나타난다고 생각한다. 꿈 자체를 억제하기에는 이미 늦었다. 그러므로 검열은 꿈으로 나타나는 불안 혹은 고통스런 느낌을 가지고 이것에 대응해간다. 그것은 심리적 검열 측에서의 '일이 지나간 다음의 둔함'의 출현인 것이다.

이 실례는 꿈에 포함되고 있는 것은 반드시 모두 꿈 사고에서 나오는 것이 아니고, 우리가 깨어 있을 때의 사고에서 구별하기 힘든 심리적 기능이 꿈 내용에 자료를 공급할 수 있다는 것을 이의 없이 증명하고 있다. 거기서 문제가 되는 것은 이와 같은 것은 극히 예외적인 현상인가, 아니면 보통은 다만 검열 활동밖에 하고 있지 않은 심리적 검문소는 '언제나' 꿈 형성에 관여하고 있는가 하는 점이다.

이것은 절대로 후자 쪽이 옳다. 우리가 이제까지 꿈 내용을 제한하고 억제하는 일에만 그 영향을 인정하고 있던 검열을 행사하는 검문소가 꿈 내용을 삽입하기도 하고 풍요롭게 하기도 한다는 사실에는 조금도 의심의 여지가 없다. 이 삽입물은 쉽게 그렇다고 알 수 있는 경우가 많다. 그것은 '마치……처럼'이라는 말로 어딘가 조심스럽게 보고되고, 그 자체로는 특히 고도의 활발함을 갖지 못하며, 항상 꿈 내용의 두 부분 사이를 연결해 주거나 그 관계를 개선하는 데 도움이 될 수 있는 곳에 마련된다. 그리고 물론 꿈 자료의 순전한 파생물보다는 기억에 남는 힘은 적어, 꿈을 잊어버릴 때는 제일 먼저 사라진다. 여러 가지 꿈을 꾸었으나 그 대부분은 잊어버리고 아주 단편적인 것만 기억하고 있다고 흔히들 하는 말은 바로 이 접착된 사고가 금방 떨어져 나간다는 일 때문이라고 나는 거의 확신한다. 제대로 분석해 보면 이와 같은 삽입물들은 간혹 꿈 사고 중에서는 아무런 자료도 찾아 내지 못한다는 사실로 이것은 증명된다.

그렇기는 하지만 신중하게 음미한 결과 나는 이와 같은 케이스는 몹시 드물다고 말하지 않을 수 없다. 대개의 삽입 사고는 어차피 꿈 사고 중의 자료에 귀착되지만, 그 자료가 자신의 가치에 의해서나, 또는 다면적인 창조성에 의해서 꿈속에 끼어들지는 못하는 것이다. 현재 우리의 고찰 대상인 꿈 형성의 심리적 기능은 짐작컨대 극단적인 경우 외에는 새로운 창조를 하지 못하는 모양이다. 심리적 기구는 되도록이면 꿈 자료 중의 유용한 것을 골라 그것을 이용한다. 꿈 작업의 이 부분을 분명히 하여 우리에게 알리는 것은 그 경향성이다. 이 기능은 시인이 철학자에 대해 심술궂은 주장을 하는 것과 비슷하다. 즉 이 기능은 꿈의 구조 중에 있는 틈을 걸레조각으로 틀어막는 것이다. 그 결과, 꿈은 겉모습은 말도 안 되는 부조리나 맥락이 없거나 하는 일이 없어지고, 어떤 줄거리가 앞선 체험의 본보기와 비슷해진다.

그러나 이러한 노력이 언제나 성공하는 것은 아니다. 그러므로 겉보기에는 짐짓 이의 없이 논리적이고 짜임새 있게 보일지도 모르는 꿈이 만들어진다. 그와 같은 꿈은 어떤 가능한 상황에서 출발하여 모순이 없는 변경을 만들면서 이 상황을 발전시키고, 기이하다고 생각되지 않을 만한 결말을 만들어 낸다(그러나 이것은 극히 드물기는 하지만). 다시 말해 이 꿈들은 깨어 있을 때의 사고와 흡사한 심리적 기능에 의해 가장 철저하게 가공되므로 그 꿈에 무엇인가 의미가 있을 듯이 보이지만, 그러나 이 의미는 꿈의 실제 의의와는 거리가 멀다.

이 꿈들을 분석해 보면 여기에 꿈의 제2차 가공이 가장 자유롭게 자료를 처리하고, 그 자료가 가지는 여러 관계가 거의 보전되어 있지 않다는 점을 잘 알게 된다. 그것은 우리가 깨어 있을 때에 해석을 하기 전에, 이미 한 번 풀린 꿈이라고 해도 좋다. 이런 의도적인 가공이 아주 한 부분밖에 성공하지 못한 꿈도 있다. 이런 꿈은 연결이 되는 듯 하다가 터무니없거나 혼란스러워진다. 그런데 또다시 앞뒤가 맞는 겉모습을 보여주기에 이른다. 또 가공이 전혀 부정된 꿈도 없는 것은 아니다. 이런 꿈에 대해서는 우리도 어쩔 도리가 없이 몇 개인가의 내용의 무의미한 덩어리를 앞에 놓고 망연할 수밖에 없다.

꿈을 구성하는 이 네 번째의 힘은 조만간 우리에게 알려지겠지만(이것이야말로 사실상 4개의 꿈 형성력 중에서 우리가 익히 아는 오직 하나의 것이지만) 이 네 번째 계기에는 꿈을 만들어 내는 데에 새로운 기여를 할 능력은 없다고 주장하고 싶지는 않다. 그러나 확실히 이 힘의 영향도 다른 힘의 영향이나 마찬가지로 꿈 사고 중에 있는 이미 완성된 심리적 자료 중에서 특히 어떤 것을 취사선택한다는 점에 우세하게 나타난다. 그런데 이런 경우가 하나 있다. 힘이 대체로 꿈에다 이른바 건축물의 앞 벽을 세우는 일을 하지 않는 경우이다. 그것은 그런 건축이 꿈 사고의 자료 속에 이용되기를 기다리거나 이미 완성되어 있기 때문이다. 나는 지금 문제 삼고 있는 꿈 사고의 이 요소를 '공상'이라고 부르고 있다. 만일 내가 지체 없이 깨어 있을 때의 생활 중에 이와 비슷한 것으로 백일몽*98을 지적한다면, 아마도 쓸데없는 오해는 막을 수 있을 것이다. 우리의 심리적 생활에서 이 요소가 갖는 역할은 정신과 의사들에 의해 아직도 충분하게 인식되지도 밝혀지지도 않았다.

이것을 취급하여 장래성 있는(나는 이렇게 생각한다) 첫 계기를 준 것은 M. 베네딕트였다. 시인들의 예리한 눈은 백일몽의 의의를 놓치지 않았다. 알퐁스

---

*98 reve(꿈·공상), petit roman(이야기)―daydream(백일몽), story(이야기).

도데가 《르 나바브》에서 조연 인물 중 한 사람의 백일몽을 그리고 있는 것은 누구나 다 알고 있을 것이다. 정신 노이로제 연구는 이들 공상 또는 백일몽이 야말로 히스테리 증세의(적어도 여러 증세 전체의) 가장 가까운 첫 단계라는 놀라운 인식에 도달했다. 히스테리는 기억 그 자체에서가 아니라, 기억이라는 지반 위에 세워진 공상이 있음으로써 비로소 증세를 만들어 낸다. 의식적인 낮 동안의 공상을 자주 함으로써 우리는 이 형성물을 좀 더 잘 알 수 있을 것이다. 그런데 의식적인 이런 공상이 존재하는 것과 마찬가지로 무의식의 공상이라는 것도 많이 있다. 이것은 그 내용 때문에, 그리고 그것이 억압된 자료에서 나왔다는 점 때문에 무의식에 머물지 않으면 안 되는 것이다. 이 낮 동안의 공상을 좀 더 자세히 조사하면, 그 형성물에 우리의 밤 동안의 사고의 산물이 띠고 있는 것과 같은 명칭, 즉 꿈이라는 명칭을 주어 백일몽이라고 부르는 것이 그야말로 지당한 일이라고 하겠다. 백일몽의 특성 대부분은 밤에 꾸는 꿈과 같다. 백일몽 연구에서 우리는 밤의 꿈을 이해하는 가장 손쉬운 최선의 단서를 얻을 수 있다.

백일몽도 꿈과 마찬가지로 소망 충족이고 또 대부분 유아 체험의 여러 인상에 바탕을 두고 있다. 또 자기가 만들어 낸 것에 대해서는 검열의 관대한 대우를 받는다. 백일몽의 구조를 검토해 보면, 그 생산 활동 중에서 일하고 있는 소망 동기나 백일몽을 구성하고 있는 자료 등이 어떻게 마구 혼동되고 어떻게 편성되고 변화를 받아 하나의 새로운 전체물로 합성되었는가를 알 수 있다. 백일몽은 그것의 근원이라고도 할 만한 유아기 기억에 대해 로마의 숱한 바로크 궁전의 고대 유적과 같은 관계에 놓여 있다. 고대 유적의 석재나 원주는 근대 양식의 건축 자료를 제공해 왔던 것이다.

'제2차 가공'은 우리의 네 번째 꿈 형성 계기가 꿈 내용을 향해 기도하는 바의 것이라고 해왔는데, 이 제2차 가공 중에 우리는 또 백일몽을 만들어 낼 때 다른 영향을 받지 않고 나타나는 동일한 활동을 다시 발견한다. 이 네 번째 계기는 자기에게 제공된 자료를 기초로 '백일몽' 비슷한 어떤 것을 구성하려 한다고 솔직하게 말해도 좋을 것이다. 그러나 그와 같은 백일몽이 이미 꿈 사고의 관련 중에 형성되고 있을 경우에는 꿈 작업의 요인은 백일몽을 즐겨 자기 것으로 하고 그것이 꿈 내용 중에 들어가도록 한다. 어떤 낮의 공상, 모름지기 무의식인 채 머물러 있던 낮 동안의 공상의 반복에 지나지 않는 듯한 꿈도 존재한다. 예를 들어 트로이 전쟁의 영웅들과 전차에 동승하는 소년의 꿈 등이 그것이다. 내가 본 '아우토디다스커(Autodidasker)'의 꿈에서는, 적어도 그 후반부는 N 교수와 나의 교제에 관한, 그 자체로는 아무런 의미도 없는 낮 동안 공상의 충실한 반복이다. 흔히 있듯이 거기서 찾아볼 수 있는 공상이 꿈의 일부분을 형성하고 있는데 지나지 않거나, 혹은 그 공상의 일부만이 꿈 내용 중에 침입하거나 하는 것은, 꿈이 그 성립의 때에 감수하지 않으면 안 될 복잡한 여러 조건에서 오고 있다. 그와 같은 때는 무릇 공상은 잠재 자료의 나머지 모든 성분이나 마찬가지로 취급되지만, 간혹 꿈속에서는 여전히 전체로서 인식된다.

내가 꾼 몇 개의 꿈에서는 그 이외의 부분과는 다른 인상으로 인해 두드러지는 부분이 나타나는 일이 흔히 있다. 그런 부분은 참으로 유창하고 다른 부분에 비해 연결도 좋지만 쉽게 사라져 버릴 것처럼 보인다. 이것은 다른 부분과 관련되어 꿈속에 얼굴을 내미는 무의식적인 공상임을 잘 알지만, 이와 같은 공상을 정착시키는 일은 이제껏 한 번도 하지 못했다. 그것은 아무튼 이 공상들도 꿈 사고의 다른 모든 요소와 마찬가지로 밀리고 압축되고 서로 포개져 있거나 한다. 그러나 거기에도 뉘앙스가 여러 가지로 다른 경우가 있다. 공상이 거의 아무런 변화도 가해지지 않고 꿈 내용을, 혹은 적어도 꿈 장면을 형성할 수 있는 일도 있고, 그와는 반대로 공상이 가지는 여러 요소 중의 한 요소에 의해서거나, 아니면 이 한 요소를 간접적으로 암시하는 것으로 해서 꿈 내용 중에서 대리하고 있는 경우도 있다. 검열이나 압축, 강제의 요청에 대해 공상이 어떤 이익을 제공할 수 있는가 하는 것은 분명 꿈 사고 중의 공상의 운명을 결정짓는 것이라고 해도 좋을 것이다.

꿈 해석을 위해 여러 가지 사례를 선택하면서 나는 무의식적 공상이 현저한 역할을 한 경우의 꿈은 피했다. 이러한 심리적 요소가 들어오면, 무의식적 사고의 심리를 광범위하게 논하지 않으면 안 되기 때문이다. 그런데 나의 이른바 '공상'은 그대로의 형체로 모조리 꿈에 얼굴을 내밀며 더욱 자주 꿈을 통해서 명료하게 그 전모를 보여주므로, 지금 이 관련에서도 이 '공상'을 회피할 수는 없다. 여기서 하나만 더 꿈을 인용하기로 한다. 이 꿈은 두 가지의 서로 다른, 그리고 서로 각각의 장소에서는 서로 일치하는 공상으로 합성된 것처럼 보이고, 그 중 한쪽 공상은 표면적인 것이고 다른 쪽 공상은 말하자면 앞의 것

의 해석으로 되어 있다.*99

　이 꿈의 내용은(이것은 내가 정성들여 메모해 두지 않은 유일한 꿈이다) 대강 이렇다. '이 꿈을 꾼 사나이, 미혼의 젊은 사나이는 실물과 같은 단골 음식점 안에 앉아 있다. 거기에 그를 맞으러 몇 명의 사람이 모습을 나타낸다. 그 중 한 사람이 그를 체포하려고 한다. 그는 같은 테이블에 앉은 사람들을 향해 "계산은 나중에 하죠. 다시 올 거니까"라고 한다. 그러나 상대방 손님들은 비웃으며 "그런 수에 넘어가지는 않아. 누구나 그렇게 말하니까"라고 말한다. 손님 중의 하나가 그의 뒤에서 "저 봐, 또 하나 없어지는데"라고 외친다. 그리고 그는 어떤 비좁은 술집으로 끌려들어 갔다. 거기에는 아이를 안은 여자가 하나 있다. 그를 끌고 간 사람 중의 하나가 "이분은 뮐러(Müller) 씨이다"라고 말한다. 경감인지 또는 무슨 관리처럼 보이는 사나이가 서류나 종이꾸러미 같은 것을 헤치면서 "뮐러, 뮐러, 뮐러" 하고 되풀이 한다. 마지막으로 그 사나이가 그에게 무엇인가 묻자, 그는 "그렇다"고 대답한다. 그리고 그가 여자 쪽을 돌아다보았을 때, 그녀가 커다랗게 수염을 기른 것을 발견했다."

　이 꿈의 두 부분은 쉽게 구분된다. 표면 부분은 체포에 대한 공상인데, 짐작컨대 꿈 작업이 새로 만들어 낸 것인 듯하다. 그러나 그 배후에 꿈 작업에 의해 가볍게 변경된 자료로 결혼 공상이 눈에 띈다. 둘에게 공통된 것으로 보이는 여러 특징은 갈튼의 혼합 사진과 같이 다시 특별히 또렷하게 부상된다. '단골 음식점에 도로 돌아온다'는 이제까지의 독신자의 약속, 이제까지 몇 번이나 되풀이하여 말했으므로 제법 신랄한 술친구의 불신, "저 봐, 또 하나 없어지는데(결혼하는데)"라는 뒤에서의 외침 소리, 이것들은 별도로 해석하려고 생각하려면 손쉽게 이해되는 특징이다. 관리로 보이는 사나이에게 "그렇다"고 하는 말도 마찬가지이다. "뮐러, 뮐러" 하고 같은 이름을 반복하면서 서류다발을

---

*99 나는 히스테리 분석의 단편(1905년) 중에서 몇몇 공상이 포개져서 된 이와 같은 꿈의 좋은 예를 하나 분석해 두었다. 어쨌든 나 자신의 꿈만 다루고 있을 동안에 이와 같은 현상이 꿈 형성에 대해 가지는 의미를 낮게 보고 있었다. 본래 나 자신의 꿈 근저에 있는 것은 대개 논의나 사고의 갈등이며, 백일몽인 일은 좀처럼 없기 때문이다. 다른 사람의 꿈에서는 밤의 꿈과 백일몽과의 유사성이 훨씬 쉽게 입증된다. 히스테리 환자에게 있어서는 꿈으로 발작을 교묘하게 대치시키는 일을 성공으로 이끄는 경우가 참으로 많다. 그때야말로 히스테리 꿈이라는 이 두 심리적 형성물로서는 백일몽이 가장 가까운 앞선 단계인 것을 쉽게 납득할 수 있는 것이다.

휘젓는다는 것은, 결혼식에서 으레 보게 되는, 부수적이지만 명료한 한 특색, 즉 차례로 읽는 축하 전보와 들어맞는다. 이런 전보는 수취인이 전부 같기 때문이다. 그뿐 아니라 이 꿈에는 신부가 실제로 등장하여 결혼 공상이라는 확신을 주고 있다. 이 신부가 마지막으로 수염을 달고 있는 것은 어떤 것을 물어보고(분석은 하지 않았으나) 해명할 수 있었다. 즉 이 꿈을 꾼 사나이는 전날 그와 마찬가지로 결혼 기피증이 있는 친구와 거리를 걷다가 저쪽에서 오는 금발 미인을 가리키며 친구에게 말했던 것이다. 그런데 친구는 이런 말을 하지 않겠는가. "그렇구먼, 그래. 저런 여자들도 나이를 먹고 남자처럼 수염을 기르지만 않는다면야."(우리와는 달리 외국 여자들은 늙어서 남자처럼 코밑에 수염이 나는 경우가 많다).

물론 이 꿈속에도 꿈 왜곡이 깊이 작용한 것 같은 요소가 없는 것은 아니다. 예를 들어 "계산은 나중에 하지"라는 말은 지참금 건으로 신부의 아버지가 취할 우려가 있는 태도를 가리키고 있는지도 모른다. 분명히 이 사나이는 여러 가지 걱정으로 기분 좋게 결혼 공상에 잠길 수 없는 것이다. 결혼으로 자기의 자유를 잃게 되는 것은 아닐까 하는 우려가 체포 장면의 형태로 바뀌어 나타난 것이다.

우리는 여기서 다시 한 번 꿈 작업이 꿈 사고의 자료에 의해 비로소 새로운 공상을 이용한다는 사실로 되돌아가려고 생각한다. 그것은 이 사실을 잘 규명하면 아마도 꿈이 갖는 가장 흥미로운 수수께끼 가운데 하나가 풀리리라고 생각하기 때문이다. 나는 이 책의 첫머리에서 모리(Maury)의 꿈을 인용했었다. 모리는 조그만 판자 조각으로 목을 얻어맞고 프랑스 대혁명 시대의 이야기 전체에 해당하는 만큼의 긴 꿈을 꾸며 잠잤다. 그 꿈은 시종일관 잠자는 사람으로서는 설마 그런 일이 일어나리라고는 예상도 못했던 잠을 깨게 하는 자극의 설명을 지향하는 것이므로 우리는 다음과 같이 가정해 볼 수밖에 없다. 즉 이 내용이 풍부한 꿈 전체는 판자 조각이 모리의 목뼈에 떨어진 것과 이 자극에 의해 강제된 각성과의 사이의 짧은 시간 내에 만들어지고 꿈꾸어졌을 것이 틀림없다. 깨어 있을 때의 사고 활동에 이런 신속성이 있다고는 도저히 생각하지 못한다. 거기서 우리는 경과의 주목할 만하고 신속한 꿈 작업의 특권이라는 결론에 이르렀던 것이다.

이 추정은 바로 일반화되었는데, 여기에 대해 새로운 연구가들(르 롱랑, 에제

등)은 활발한 이론을 제기했다. 그들은 첫째로 모리(Maury)가 보고한 꿈의 정확성을 의심하고, 둘째로는 우리가 깨어 있을 때 사고 작업의 신속성은 꿈의 능력에 무조건으로 허용할 수 있는 것에 결코 뒤지지 않는다는 것을 증명하려고 시도한다. 논의는 원리적인 문제들을 전개한다. 그와 같은 문제를 처리하는 일은 나로서는 그다지 긴급하다고는 생각하지 않는다. 그러나 에제(Egger)의 그와 같은 논의가 다른 것도 아닌 모리의 단두대 꿈 등을 생각할 경우, 아무래도 납득하기 어렵다는 인상을 받는다고 고백하지 않을 수 없다. 나라면 이 꿈을 다음과 같이 설명할 것을 제언하겠다. 즉 모리의 꿈은 그의 기억 속에 몇 년 동안 이미 만들어진 것으로 보존되어 있다가 그가 각성 자극을 인식한 순간에 환기된(아니 일깨워진) 어떤 공상을 표현하고 있다는 일이 그토록 있을 수 없는 일일까 하고 말이다. 이렇게 생각하면 여러 가지 자질구레한 점이 많고 그토록 긴 이야기가 꿈을 꾸는 본인이 자유로이 할 수 있는 그토록 짧은 시간 내에 만들어진다는 문제 전체가 우선 해결된다. 이 이야기는 이미 만들어져 있었다. 만일 깨어 있을 때에 모리의 목에 나무 조각이 내려친 것이라면 아마도 '이거야 정말 단두대에 세워진 것 같구나' 하고 생각해 볼 만한 여유가 있었을 것이다. 그러나 그는 잠들어 있을 때 판자 조각에 얻어맞았으므로 꿈 작업은 그 자극을 마치(이것은 어디까지나 비유적으로 풀이할 것인가) '내가 이러저러할 때 책을 읽고, 만들어 놓은 소망 공상을 현실화하는 데는 지금이야말로 절호의 기회다'라고 생각하거나 하는 것처럼 신속하게 소망 충족을 만들어 내는 데 이용하는 것이다. 꿈을 꾼 그 이야기는 젊은이가 어떤 강렬한 인상을 받아 만들어 내는 것을 일반적인 예로 하는 바로 그런 이야기라는 것은 논의의 여지가 없는 듯이 생각된다. 귀족 남녀가 어떻게 편안한 마음으로 죽음에 임하는가를 보여 주고, 그 비통한 최후에 이르기까지 신선한 기지와 우아한 생활양식을 잃지 않았던 공포 시대의 묘사에 접할 때, 그가 더욱이 프랑스인이고 문화사가라면 크나큰 매력을 느끼지 않고 견딜 수 있었을까. 공상 속에서 그 시대에 몸을 두고, 귀부인의 손에 키스를 하고 헤어져 의연히 단두대에 올라간 젊은이들 가운데 한 사람이 되어 보는 것은 얼마나 매력적인 일일까! 아니 그것이 아니라 야심이야말로 그와 같은 공상에 잠긴 주요 동기였는지도 모른다. 당시 인류의 심장이 격렬하게 고동치고 있던 파리의 거리를 오직 그 사상의 힘과 불을 뿜는 변설(辯舌)의 힘으로 지배하고, 수천의 인간을 죽음으로 보내고, 유럽 개혁의 길을 열고, 더욱이 자신들의 목이 언제 섬뜩한 단두대의 이슬로 사라질지도 모르는 인물들, 가령 지롱드(Girond) 당원이나 당통(Donton) 같은 인물 가운데 한 사람이라는 공상이다! 기억 속에 남아 있는 '무수한 군중에 에워싸여'라는 대목은 모리의 공상도 이와 같은 명예심에서 생겨났다는 것을 가리키고 있다.

그러나 훨씬 전부터 만들어져 있는 이 공상 전체는 수면 중에 전부 되풀이될 필요는 없고, 이를테면 '약간 건드릴' 수 있으면 그것으로 충분하다. 즉 나는 다음과 같이 생각한다. 두어 박자 음(音)이 나오고 누군가가 《돈 지오바니》에서처럼 "아아, 모차르트의 《피가로의 결혼》이다"라고 하면, 내 마음속에 불시에 추억이 몰려오는데, 다음 순간에는 그 추억에서 개개의 것은 하나도 의식에까지 다다르지는 못하는 것이다. 하나의 계기가 된 한 마디가 하나의 전체를 동시에 움직이게 하는 점화와 같은 역할을 한다. 무의식적인 사고의 경우도 이와 다름없다. 각성 자극에 의해 단두대 공상 전체에서 통로를 여는 심리적 부서가 흥분된다. 그러나 단두대 공상은 아직 잠들어 있는 사이에 전부 전개되는 것이 아니라 잠깬 사람의 기억 속에서 비로소 전개된다. 잠이 깨었을 때에야 꿈속에서는 전체로서 약간 건드린 공상이 그 개개의 세부적인 부분까지 상기된다. 그때 실제로 무엇인가 꿈꾼 것을 생각해 낸다는 것을 확증할 만한 방법은 아무것도 없다. 각성 자극으로 전체로서 흥분되는 이 미완성된 공상이 문제라는 설명은, 각성 자극에 따라 생긴 다른 꿈, 비슷한 예로 지뢰의 폭발을 듣고 본 나폴레옹의 전투 꿈 등에도 이용할 수 있다.

쥐스틴 토보볼스카(Junstine Tobowolska)가 꿈에서의 외관적인 시간 연속에 관한 학위 논문 중에 수집하고 있는 꿈 중에는 마카리오(1857년)가 극작가 카스밀 봉쥬르에 대해 보고하고 있는 꿈이 가장 설득력이 있는 듯이 생각된다.*[100] 이 사람은 어느 날 밤 자작 극본의 초연을 보려고 생각했는데, 몹시 피곤하여 마침 막이 오르는 순간 무대 뒤에서 꾸벅꾸벅 졸기 시작했다. 졸면서 그는 꿈속에서 자기의 연극 5막을 전부 본 뒤에 개개의 장면에서 관람자가 보여준 감동의 갖가지 표현까지 모조리 볼 수 있었다. 그리고 공연이 끝나자 자기의 이름이 박수갈채 속에 불리는 것을 꿈결에 아련히 듣고 있었다. 갑자기

---

*100 토보볼스카, 53면.

그는 잠이 깼다. 그런데 실제 연극은 첫 장면 첫 대사가 겨우 끝날까 말까할 무렵이었으므로 그는 자기의 눈과 귀를 의심했다. 그가 꿈꾼 것은 겨우 2분 동안에 불과했다. 이 꿈에 대해 다음과 같이 주장해도 아마 지나치게 생각되지는 않을 것이다. 즉 연극의 5막을 끝까지 본 뒤에 하나하나 장면에서의 관객의 반응에까지 주의를 기울이고 있는 것은 수면 중에 새로 만들어졌다고 할 필요는 없고, 위에서 말한 의미에서 이미 완료된 이 공상 과업의 반복이라고 해도 좋을 것이다. 토보볼스카는 다른 연구가들과 더불어 신속화된 표상의 흐름을 갖는 꿈의 공통 성격으로서 그 꿈들이 다른 꿈과는 전혀 달라, 특히 계속 일관성을 보인다는 점, 그리고 그 꿈들의 기억이 세부적인 기억이라고 하기보다는 총괄적인 기억이라는 점을 들고 있다. 그런데 이 일이야말로 꿈 작업으로 약간 건드린 데 불과한, 이미 완료된 이 공상이 가질 것이 틀림없는 특징일 터인데, 연구자들은 이러한 추론을 끌어내지 못했던 것이다. 나는 모든 각성 꿈이 이렇게 설명된다든가, 또는 신속화된 표상 흐름의 문제가 이런 모양으로 완전히 해결된다고 주장할 생각은 아니다.

여기서 꿈 작업의 여러 요인에 대한 꿈 내용의 제2차 가공 관계를 문제시하는 일을 피할 수 없다. 꿈을 형성하는 여러 요인, 압축의 노력, 검열을 불가피하게 하는 강제력, 꿈의 여러 수단에 의한 표현 가능성에 대한 고려 등이 제일 먼저 자료에서 잠정적인 꿈 내용을 형성하고, 이 잠정적인 꿈 내용이 이윽고 뒤따라 형태를 바꾸어, 결국 이것이 제2의 검문소의 요청을 최대한 만족시킨다는 형태로 이루어지는 것일까. 아무래도 그렇지는 않은 것 같다. 차라리 이렇게 생각하지 않으면 안 되겠다. 이 검문소의 요구는 처음부터 꿈이 충족시킬 조건의 하나로서 이 조건은 압축이나 저항 검열이나 표현 가능성의 조건 등과 마찬가지로 꿈 사고의 큰 자료에 대해 유발적인 동시에 선택적으로 작용하는 것이라고 말이다. 그러나 꿈 형성의 네 가지 조건 중에서 가장 뒤에 알게 된 제2차 가공 작업은 어떻든 간에 꿈으로서는 가장 강제력이 적은 듯이 보이는 요구를 갖고 있다. 꿈 내용의 이 제2차 가공을 기획하는 심리적 기능을 우리의 각성 사고의 작업과 동일시하는 것은, 다음과 같은 점을 고려한다면 지극히 당연한 일이라고 하겠다. 즉 우리의 선의식적(先意識的 또는 前意識的) 각성 사고는 임의의 지각 자료에 대하여 현재 문제되고 있는 기능이 꿈 내용에 대한 것과 마찬가지로 행동한다. 이와 같은 자료를 정리하고 갖가지 관계를 만들어 내어 그 자료를 일관성 있는 관련 아래 두게 한다는 것은 각성 사고로서는 당연한 일이다. 그 점은 차라리 지나치다고 할 정도다. 마술사의 속임수는 이와 같은 우리의 지적 습관을 방패로 우리를 놀라게 하는 것이다. 주어진 감성적인 인상들을 합리적으로 종합하려고 노력하기 때문에, 우리는 흔히 엄청난 과오를 범하기도 하고 우리 앞에 있는 자료의 진실조차 왜곡시킨다. 이것을 뒷받침할 만한 예는 너무나 널리 알려진 일이므로 여기서 사례를 들 필요도 없겠다. 우리는 올바른 말을 머릿속에 떠올리고 있기 때문에 뜻이 분명치 않은 오자를 놓쳐 버린다. 프랑스의 어떤 일류 신문 편집자가 긴 논문의 각 구절마다 '앞으로'라든가 '뒤로'라든가 하는 말을 삽입하고, 독자들이 그것을 집어내지 못할 것이라고 내기를 걸었다고 한다. 과연 그가 말한 그대로였다. 나도 몇 년 전에 신문을 읽다가 잘못된 관련을 나타내는 어떤 실례를 발견한 일이 있다. 프랑스 국회 개회 중에 한 무정부주의자가 회장에 폭탄을 던져 소동이 벌어졌을 때, 듀푸이는 대담하게도 '회의 계속'이라고 외쳐 그 자리의 정숙을 지켰는데, 회의가 끝난 뒤 방청인들이 증인이 되어 이 돌발 사건에 대한 인상을 취재하게 되었다. 방청인 중에는 시골 사람이 둘 있었다. 그 중 한 사람은 연설이 끝난 직후에 폭발음을 분명히 들었지만, 연설이 끝날 때마다 한 방 쾅 터뜨리는 것이 국회의 관습인 줄 알았다고 말했다. 이미 몇 사람의 연설을 들었던 다른 한 사람도 비슷한 말을 했다. 다만 이 사나이는 연설이 특히 성공적이었을 때에만 그것을 기리는 뜻에서 발포하는 것인가 보다고 생각했다는 점이 먼저 사나이와 달랐을 뿐이다.

그러므로 꿈 내용이라는 것은 이론이 정연해야 한다고 꿈 내용에 대해 요구하고, 여기서 우선 해석을 가함으로써 오히려 이것을 정반대로 오해하게 되는 것은 우리의 정상적인 사고 이외의 심리적 검문소일 리가 없다. 꿈속의 외관상의 의미 관련을 그 유래로부터 생각하고 의심스럽다고 하여 온갖 경우에 무시해 버리고, 명석한 것이거나 혼란한 것이거나 상관없이 언제나 같은 길을 더듬어 꿈 자료로 거슬러 올라가는 것이 우리의 꿈 해석의 정석이 되었다.

그러나 여기에서 우리는 위에서 언급한 꿈의 혼란스러움에서부터 명석함에 이르는 질적 단계가 무엇에 근거하고 있는가를 알았다. 제2차 가공이 가해진 꿈의 부분은 명석한 것으로 생각되고, 2차 가공이 안 되는 부분은 혼란한 것으로 보인다. 혼란한 꿈의 부분은 흔히 또 생생한 인상이 결여된 부분이므로 우리의 추론으로 하면 꿈의 제2차 가공 작업은 개개의 꿈 형성의 조각적 명석도를 만들어 내는 데에도 크게 기여한다고 하겠다.

정상적인 사고의 협동 작업 아래에서 생기는 꿈의 최종적 구성에 대비할 수 있을 만한 것을 하나 찾으라고 한다면,《프리겐테 블레터》지(誌)가 다년간 독자를 즐겁게 해준 수수께끼만큼 적당한 것은 없을 것이다. 대조성을 돋보이게 하기 위해서는 방언을 쓰고, 되도록 진묘한 의미를 가진 어떤 문장을 내놓고 이 문장에는 라틴 명문이 포함되어 있는 것처럼 독자들이 생각하도록 한다. 이 목적 때문에 구절의 문자는 맞춤에서 떼어내어져 철자에 새로 배열된다. 그러면 거기에 어김없는 라틴어가 만들어지고, 또 다른 곳에서는 라틴어의 생략 비슷한 것도 있는 듯이 생각된다. 다시 또 명문의 다른 곳에서는 비바람을 맞아 판독하기 힘들게 된 것 같은 부분이나 빠진 듯한 부분이 생겨 의미도 없이 늘어놓은 문자에 무슨 의미가 있는 것 같은 느낌이 드는 것이다. 만일 우리가 이 장난에 속지 않으려면 명문의 구성 성분들은 무시하고 문자에만 주의하여 거기 있는 배열 등은 상관하지 말고서 그 문자들을 독일어의 문장으로 구성하지 않으면 안 된다.

제2차 가공은 많은 연구가에 의해 주목되고 그 의의가 평가되어 온 꿈 작업의 한 계기이다. H. 엘리스는 이 계기가 해내는 일을 재미있게 설명하고 있다. '우리는 이 사태를 사실상 다음과 같이 생각해 볼 수 있다. 즉 수면 중의 의식은 자신을 향해 이렇게 말하고 있다. "저기 우리 주인이 온다. 이성이니 논리니 하는 것을 신주처럼 모시는 각성시의 의식이 온다. 빨리 해, 빨리 해. 주인이 오기 전에 어떻게든 물건을 정리해 버려. 어떤 배열이라도 상관없으니까. 주인이 들어와서 무대를 점령하기 전에.'(1911년, 10~11면)

이 작업 방식과 깨어 있을 때의 사고의 방식과의 동일성은 들라크루아(H. Delacroix)에 의해서 특히 명확하게 주장되고 있다.

"해석의 이와 같은 기능은 꿈의 고유한 것이 아니라 같은 논리적 정리라는 작업을 우리는 깨어 있을 때의 자극에 대해서도 베푸는 것이다."(1904년, 526면)

제임스 설리도 이와 거의 같은 견해를 보이고 있다. 토보볼스카도 역시 그렇다.

"환각의 이 관련이 없는 계속에 대해 정신은 깨어 있을 때 자극에 대한 것과 같은 논리적인 정리 작업을 행하려고 한다. 정신은 하나의 공상적 연결로 그 가닥의 이미지를 모두 상호 관련시키고 그것들 사이에 존재하는 너무나도 큰 격차를 메우려고 한다."(1900년, 93면)

몇몇 연구가는 이와 같은 정리하고 해석하는 활동은 아직 꿈꾸고 있는 사이에 시작하여 깨어 있는 때에도 계속된다고 한다. 예컨대 폴랑(F. Paulhan)은 이렇게 서술한다. "그러나 나는 꿈의 변형, 아니 차라리 개조가 기억 속에 있다고 생각했다. 상상력의 체계화 경향이 수면 중에 대강 그려낸 것을 깨어난 후에 완성한다는 것도 있을 법하다. 그러므로 사고의 실제 속도는 깨어난 후의 상상에 의한 완성 때문에 외관적으로는 증대한다."(546면)

르루아와 토보볼스카(592면)는 이렇게 말하고 있다.

"이와 반대로 꿈속에서의 해석이나 정리는 다만 꿈이 주는 자료에 의할 뿐만 아니라 깨어 있을 때에 주는 유용한 자료의 도움을 받아 이루어진다."

그리고 꿈 형성 중 유일하게 인정된 이 계기의 의의가 과대평가된 결과, 꿈은 이 한 계기의 활동에 의해서만 만들어졌다고 하는 견해도 나왔다. 푸코에 의하면 꿈의 창조는 잠이 깨는 순간에 곱으로, 그리고 좀 더 대규모로 이루어진다고 했다. 이 두 사람은 수면 중에 나타나는 사고에서 꿈을 만들어내는 능력을 깨어 있을 때의 사고에 귀착시키고 있다. 르루아와 토보볼스카는 이러한 견해를 비평하고 있다. "그들은 꿈을 잠에서 깨어난 순간에 둘 수 있다고 생각하고, 수면 중 사고 가운데 존재하는 형상을 가지고 꿈을 만들어 내는 기능을 깨어났을 때의 사고에 속하는 것으로 했다."

제2차 가공을 평가한 것으로는 질베러의 치밀한 관찰이 꿈 작업에 대해서 행한 새로운 기여를 지적해 둔다. 다른 데서도 말한 바와 같이 질베러는 사고가 형상으로 뒤바뀌어지는 것을 그 현장에서 붙잡아 피로와 수면, 그리고 술이 취한 상태에서 자신에게 정신적 활동을 강요해 보았다. 그러자 가공된 사고가 머리에서 사라져 버리고 그 대신 어떤 환상이 나타났다. 이 환상은 대개의 경우 추상적 사고의 대용물인 것이 판명되었다. 그런데 이와 같은 실험에 즈음하여 꿈 요소와 동등시되는, 그때 떠오르는 형상이 가공을 기다리고 있는 사고와는 다른 것, 즉 피로(疲勞) 그 자체의 실험 작업에 의한 불쾌감이나 번거로움, 따라서 실험노력의 대상이 아니라 실험에 노력하고 있는 인물의 주관적 상태와 기능 방법을 표현한다는 일이 일어났다. 질베러는 자기가 자주 경험한 이와 같은 케이스를 '기능적 현상(Funktionale phänomen)'이라고 이름 붙여

기대되는 '자료 중심의 현상(materiale phänomen)'과 구별했다.

사례 1.

어느 날 오후 졸음이 와서 견디다 못해 소파 위에 벌렁 드러누워 있었는데, 그래도 억지로라도 어떤 철학적인 문제에 대해 생각해 보려고 했다. 즉 칸트와 쇼펜하우어의 시간에 관한 생각을 비교해 보려고 한 것이다. 그런데 너무나 졸려서 이 둘의 사고방식을 확실하게 대조하기가 아무래도 힘들었다(비교하려면 우선 그렇게 해야 하는데). 몇 번이나 시도하고 헛수고로 끝난 뒤에 다시 한번 칸트의 추론을 의지의 힘을 기울여 짜서 머리에 새겨놓아 두고, 그것을 쇼펜하우어의 문제 설정에 적용해 보기로 했다. 거기서 이번에는 쇼펜하우어에게 주의를 돌렸다. 그런 뒤 칸트로 돌아가려고 했을 때, 칸트는 다시 내 머리에서 사라져 버렸다. 나는 새삼스럽게 칸트를 끌어내려고 했으나 잘 되지 않았다. 나의 머릿속 어딘가에 처박혀 있을 칸트 문헌을 금방 다시 찾아내려고 하는 이 무익한 수고는, 어쩌다 눈을 감자 돌연 꿈속에서처럼 뚜렷한 모양의 어떤 상징으로 나타났다. '나는 무뚝뚝한 사무원에게 말을 걸어본다. 그 사무원은 책상 위에 엎드려 내가 끈덕지게 물어도 모른 체한다. 그런 다음 상반신을 일으켜 불쾌한 얼굴로 저리 비키라는 듯이 나를 흘긴다.'(《연감》 제1권 514면)

수면과 깨어 있는 상태 사이를 오가는 일에 관계하는 다른 실례들도 있다.

사례 2.

조건 : 아침 잠이 깨었을 때. 어느 정도의 수면의 깊이(졸리운 상태)에서 방금 꾼 꿈에 대해 생각하고, 그 꿈을 나중에 다시 한 번 꾸어 끝까지 죄다 꾸려고 하면서 점차 깨어 있는 의식으로 다가가는 것을 느끼지만, 더욱 졸리운 상태에 있고자 원한다.

장면 : '나는 개울을 건너려고 한발을 내디뎠으나 이쪽에 머물려고 다시 발을 되돌려 옮겼다.'(《연감》 제3권, 625면)

사례 6.

조건 : 사례 4와 같다(지나치게 자지 않도록 하며 그대로 조금만 드러누워 있

으려고 한다). 나는 좀 더 자려고 한다.

　장면 : '누군가와 헤어지고 그(또는 그녀)와 곧 또 만나자고 약속한다.'(같은 책, 627면)

　질베러(Silberer)는 '기능적' 현상, 즉 '대상적인 것 대신에 상태적인 것을 표현하는 것'을 잠드는 경우와 잠깨는 경우의 두 가지 사정 아래 근본적으로 관찰했다. 꿈 해석에서는 잠이 깨는 경우만이 문제된다는 것은 이해하기 어렵지 않다. 질베러는 적절한 실례를 들어, 깨어 있는 상태와 직접 연결되고 있는 많은 드러난 꿈의 내용의 최종 부분은 바로 각성의 의도나 과정 자체를 표현하고 있다는 것을 표시했다. '문지방을 넘는다(문지방 상징)' '다른 방으로 가기 위해 어떤 방을 나온다' '여행을 떠난다' '귀가' '동행자와 헤어진다' '물속으로 들어간다' 등은 이 의도에 봉사하고 있다. 그러나 나는 문지방 상징에 관련시킬 수 있는 꿈의 요소를 나 자신의 꿈에서나 내가 분석한 사람들의 꿈에서, 질베러의 보고로 기대되는 것보다 훨씬 드물게밖에 만나지 못했다는 사실을 덧붙여 말하지 않을 수 없다.

　이 '문지방 상징'이 가령 잠의 깊이와 꿈을 깨뜨리려는 경향 사이의 동요가 문제되는 곳에서는 어떤 꿈과 관련되는 많은 요소도 아울러 해명할 수 있으리라고 생각하지 못할 일은 아니다. 아니 있을 수 있는 일이다. 그렇지만 이 사실에 대한 확실한 예라고 하는 것은 아직 제시되어 있지 않다. 그보다는 자료 중심의 내용을 꿈 사고의 결합에서 취한 꿈의 한 군데가, 그보다 더 심리적 활동에서의 그 어떤 상태적인 것의 표현에 이용된다는 복잡한 피규정성의 경우 쪽이 자주 나타나는 듯이 생각된다. 질베러가 말하는 기능적 현상은 지극히 흥미로운 것인데, 이것은 질베러의 탓은 아니나 지나치게 남용되어 추상적이고 상상적인 꿈 해석을 즐기는 낡은 경향의 한 거점이 되기에 이르렀다. 많은 연구가가 즐겨 '기능적 범주'라는 것을 예로 든 나머지 꿈 사고의 내용 중에 지적 활동이나 감정 과정이 나타나기만 하면 무엇이거나 기능적 현상 운운으로 처리해 버리는 폐단을 볼 수 있다. 그런데 사실은 이 자료는 다른 모든 자료와 똑같이 낮 동안의 잔존물로서 꿈속에 당연히 들어갈 자격을 가지고 있는 것이다.

　질베러가 말하는 기능적 현상이 깨어 있을 때의 사고 쪽에서 꿈을 형성하는 두 번째 기여를 나타내고 있으며, 그것은 '제2차 가공'이라는 명칭 아래 우리의 이론 중에 도입된 첫 번째 기여보다 항구성도 의의도 뒤떨어진다는 점을 승인하려고 생각한다. 낮에 활동하고 있는 주의력의 한 부분이 수면 중에도 계속 꿈에 돌려지고 있어, 꿈에 통제를 가하고 비판을 내리고 꿈을 중단시키는 힘을 보류하고 있다는 것은 앞에서 말해 두었다. 깨어 있을 때의 이 자기 관찰적인 검문소를 꿈의 구성에 지극히 강력하고 제한적인 영향을 가지는 검열관으로 인정하는 것은 우리로서는 당연한 일이었다. 질베러의 이 고찰이 기여하는 것은 무엇인가 하면, 경우에 따라서는 자기 관찰이 대개 동시에 활동하고 있어서 꿈 내용 나름대로의 기여를 한다는 사실이다. 특히 철학자 등에게서 현저하게 볼 수 있는 이 자기 관찰적인 검문소의 심리적 지각, 감시 망상, 양심, 꿈 검열관에 대한 개연적 관계에 대해서는 다른 장소에서 취급하는 편이 적합하다고 생각한다.*101

그러고 보니 꿈 작업에 관한 논증도 지나치게 범위가 넓어진 경향이 있으므로 이쯤에서 이것을 요약하기로 한다. 우리의 정신이 가지고 있는 모든 능력을 전부 꿈 형성에 사용하는가, 아니면 그 능력의 저지된 일부분만을 동원하는가 하는 것이 문제로 설정되었다. 우리의 탐구 결과는 이와 같은 문제 설정 방식이 처음의 여러 사정에 반드시 적합하지 않은 것이므로 물리치지 않을 수 없다. 그러나 만일 우리가 해답을 줄 때 일단 세운 문제로 인해 놓인 지반을 버려서는 안 된다고 한다면, 위에 든 두 개의 언뜻 보기에 서로 상반되는 문제 설정을 모두 긍정하지 않을 수 없는 것이다. 꿈 형성에 즈음하여 심리적 작업은 두 가지 일로 나누어진다. 꿈 사고를 만들어 내는 일과 그 꿈 사고를 꿈 내용으로 변경시키는 일이다. 꿈 사고는 정확하며 우리가 사용할 수 있는 심리적 능력의 전부를 들어 형성되고 있다. 그것은 의식화되지 않은 우리의 사고에 속하고, 이 사고에서는 어떤 종류의 변경 작용에 의해 또 의식적 사고도 나오는 것이다. 이와 같은 사고의 대부분이 알 가치가 있는 것일지라도, 또 수수께끼에 깊이 묻혀 있어도 이런 수수께끼는 꿈에 대해 아무런 특수한 관계도 갖고 있지 않으며 꿈 문제 중에 포함해 논할 가치가 없는 것이다. 이와 반대로 무의식적 사고를 꿈 내용으로 변경시키는 꿈 작업의 다른 부분은 꿈의 생활의 특

---

*101 《나르시시즘 입문》, 《정신분석학 연감》 제6권 1914년(전집 제10권).

색을 유감없이 보여 주는 것이다.

그런데 이 본디의 꿈 작업은 꿈 형성의 때에 마음의 활동이 저하한다고 주장하는 강경론자들이 생각하기보다는 깨어 있을 때 사고의 본보기와는 거리가 멀다. 그것은 깨어 있을 때의 사고와 비교하여 야무지지 못하고 부정확하고, 잊어먹기 쉽고 불완전하다는 것은 아니다. 꿈 작업은 깨어 있을 때의 사고와는 질적으로 전혀 다른 것이고, 그러므로 이 둘을 조심성 없이 비교하는 일은 허용되지 않는다. 꿈 작업은 사고하고, 계산하고, 판단하는 등의 일은 전혀하지 않고 오로지 변조만 한다. 꿈 작업이 만들어 낸 꿈이 채우지 않으면 안될 여러 조건을 주목하기만 하면, 그것은 남김없이 기술될 것이다.

이 소산, 즉 꿈은 무엇보다도 먼저 검열에 걸려서는 안 된다. 그리고 목적을 위해 꿈 작업은 심리적 강도를 이동시킨다는 방법을 써서 모든 심리적 가치를 전환시켜 버리기에 이른다. 모든 사고는 오로지, 혹은 주로 시각과 청각의 기억 흔적의 자료 중에 재현되지 않으면 안 되며, 이 요구가 있기 때문에 꿈 작업은 표현의 가능성이라는 것을 얼마쯤 고려해야 하고, 거기서 새로운 이동으로 거기에 대응한다. 사고 중 밤에 자유로이 되는 것보다 더 큰 강도가(아마도) 만들어져야 하는 모양으로, 이 목적을 위해 봉사하는 것이 꿈 사고의 여러 성분에 가해지는 한도의 압축이다. 사고 자료의 논리적 관계들은 별반 신경쓰지 않는다. 그와 같은 여러 관계는 결국 꿈의 형식적 특성들 중에 있는 숨은 표현을 찾아내는 것이다. 꿈 사고의 감정은 꿈 사고의 표상에 비하면 변경이 가해지는 일이 적다.

그것은 억제당하는 것이 보통이다. 감정이 억제되지 않고 보전되어 있을 경우에는 표상에서 풀려나 그 동질성에 따라 다른 감정과 한데 섞인다. 연구가들이 꿈 형성의 모든 활동에 대하여 주장하려고 하는 것 같은 견해에 들어맞는 것은 꿈 작업의 극히 일부분, 즉 부분적으로 일깨워진 각성사고에 의한 규모의 불안정한 마무리 단계의 가공뿐이다.

제7장 꿈 과정의 심리학

　내가 다른 사람에게 들은 꿈 가운데서 지금 여기서 우리의 주의를 꼭 기울여야겠다고 생각되는 꿈이 하나 있다. 그것은 어느 여자 환자에게 들은 것인데, 그 환자는 그것을 꿈에 관한 강연에서 듣고 말한 것이었다. 그러므로 이 꿈의 본래 출처를 나는 잘 모른다. 그러나 이 꿈의 내용은 그 여자 환자에게 강한 인상을 준 모양이었다. 왜냐하면 그녀는 어김없이 그 꿈을 '나중에 꾸었다.' 다시 말해서 그 꿈의 여러 요소를 자기의 꿈속에서 되풀이하고, 그와 같은 전이(轉移)로 어떤 특정한 점에서의 일치를 표현하려고 했기 때문이다.

　이 본보기가 된 꿈의 배경은 이렇다. 한 아버지가 밤낮 없이 병든 아들의 간호를 했다. 아이가 죽은 뒤 옆방에 가서 쉴 때, 그는 자기가 자는 방에서 커다란 초에 둘러싸인 아이의 유해가 안치된 방이 보이도록 문을 활짝 열어 놓는다. 유해는 한 노인이 지키고 있으며, 유해 옆에서 누군가 기도를 외고 있다. 아버지는 두세 시간 잠든 끝에 이런 꿈을 꾼다. 〈아이가 자기 침대 옆에 서서, 팔을 잡고 원망하듯 속삭인다. "아버지, 내가 불에 타고 있는 것을 모르세요?"〉 눈을 뜬 아버지는 유해가 있는 방에서 밝은 빛이 한 가닥 비쳐 나오는 것을 깨닫고 부랴부랴 그 방으로 갔다. 유해를 지키는 노인은 졸고 있고, 불붙은 초가 유해에 넘어져서 수의와 한쪽 팔이 타고 있었다.

　이 감동적인 꿈은 쉽게 설명이 되며, 여자 환자의 말을 들어 보면, 강연한 연사도 옳게 해석하고 있었다. 밝은 빛줄기가 열어 놓은 문으로 잠든 아버지의 눈에 비쳐서, 그가 깨어 있어도 그랬을 똑같은 추론을 내리게 했다. 말하자면 초가 넘어져서 유해 밑에 조그만 불이 일어났다는 추론을 내리게 한 것이다. 아마 아버지는 유해를 지키는 노인이 빈틈없이 감시해 주는지 좀 의심스럽다는 걱정을 잠들기 전부터 속으로 하고 있었을 것이 틀림없다는 점이다.

　우리도 이 해석을 대체로 옳다고 생각하지만, 다음과 같은 요구를 한 가지만 덧붙여 두고 싶다. 말하자면, 이 꿈의 내용은 복잡한 규제를 받고 있으며,

아이가 아버지에게 한 말은, 그 아이가 살아 있을 때에 실제로 그에게 말해서 그의 마음에 중대한 사건을 결부시키는 문구로 구성되어 있음이 틀림없다는 점이다. 예를 들면 불에 탄다는 호소는 그 아이를 죽게 한 열병과 연결되어, "아버지, 모르세요?"라는 말은, 강한 감정을 수반한 다른 사건과 결부되어 있는 것 같다.

그러나 우리는 꿈이란, 심리적 사상의 관련 속에 끼워 넣을 수 있는 의미 있는 한 과정임을 인정한 뒤에도, 가장 신속히 눈을 뜰 필요가 있는 이와 같은 사정 아래서, 도대체 꿈을 꾼다는 것이 우습다는 느낌이 들어도 무리가 아닐 것이다. 그러면 이 꿈도 사실은 역시 하나의 소망 충족을 나타내고 있었다는 것을 깨닫게 된다. 꿈속에서 죽은 아이는 살아 있는 아이와 똑같이 행동하여 직접적으로 아버지에게 말을 건네고, 아버지의 침대 곁에 와서는 팔을 잡아당긴다. 그런데 이것은 아마 꿈이 그 아이의 말의 첫 부분을 떼어온, 그 기억에 남는 사건에서 실제로 그렇게 했을 것이다. 이 소망 충족을 위하여 아버지는 잠을 잠시 더 연장했던 것이다. 꿈은 아이를 다시 한 번 살아 있는 것으로 나타낼 수 있었으므로, 눈을 뜨기보다 조금이라도 더 꿈을 계속하자고 한 것이다. 만일 아버지가 먼저 눈을 뜨고, 그런 다음 그를 유해가 있는 방으로 보낸 추론을 내렸다면, 아이가 살아 있는 모습을 볼 수 있는 시간은 그 순간만큼 더 짧아졌을 것이다.

이 작은 꿈의 어떤 특징에 우리의 흥미가 끌리는가는 말하지 않아도 분명할 것이다. 우리가 지금까지 주로 보아 온 것은, 꿈의 은밀한 뜻이 어디에 있는가, 꿈의 참된 뜻은 어떤 방법으로 발견되는가, 꿈의 작업은 이 참뜻을 은폐하는 데 어떤 수단을 쓰는가 하는 것이었다. 그런데 지금 우리는 다시 분석할 것도 없이, 그 뜻이 분명히 주어지고 있는 것처럼 보이는 이런 꿈에 부딪칠 것이다. 그리고 우리는 이 꿈도 무릇 꿈이라는 것을 우리가 깨어 있을 때 사고(思考)와 뚜렷이 구별하고, 우리에게 설명의 필요를 느끼게 하는 본질적인 성격을 여전히 간직하고 있다는 것을 깨닫게 되었다. 분석 작업에 관계되는 모든 것을 제외한 후에야 비로소 우리는 우리의 꿈의 심리학이 얼마나 불완전한 것이었나를 인정할 수 있다.

그러나 그렇게 생각하고 새로운 길로 나아가기 전에 잠시 발길을 멈추고, 지금까지 과연 우리는 그동안의 과정에서 무언가 중요한 것을 빠뜨리지는 않았는지 뒤돌아보기로 하자. 왜냐하면 우리가 지금까지 걸어온 길이 평탄하고 쉬운 길이었다는 것을 뚜렷이 가슴에 새겨 두지 않으면 안 되기 때문이다. 내가 그리 잘못되어 있지 않다면, 우리가 더듬어온 길은 모두 빛으로, 해명으로, 완전한 이해로 통하는 길이었다. 우리가 꿈을 꿀 때의 여러 심리적 과정 속에 좀 더 깊숙이 들어가려고 하는 순간부터 모든 길은 암흑으로 들어가게 된다. 우리는 꿈을 심리적 과정으로 해명할 수가 없다. 왜냐하면 설명한다는 것은 미지의 것을 이미 알고 있는 것으로 환원하는 일이며, 꿈의 심리학적 음미에 설명의 근거로서 추론되는 것을 귀속시킬 만한 심리학적 지식은 아직 존재하지 않기 때문이다. 거꾸로 우리는 새로운 가설을 몇 가지 세우지 않으면 안 될 것이다. 심리적 장치의 구조와, 그 속에서 활동하고 있는 여러 힘의 작용을 대강 추측시켜 주고, 또 그 가치를 규정하기 어려운 것으로 만들지 않기 위해서는, 첫 번째 논리적 부가물에서 떠나 멀리 우회하지 않도록 조심하지 않으면 안 되는 그런 가설을 몇 가지 세워야 할 것이다. 우리가 추론할 때 어떤 과오도 범하지 않고 논리상 생기는 가능성을 모두 계산에 넣더라도, 역시 여러 요소를 부과할 때 반드시 완전할 수는 없기 때문에 계산은 아주 잘못될 우려가 있다. 마음이라는 도구의 구조와 작용에 대해서는, 꿈이나 그 밖에 따로따로 떨어진 개개의 행위를 아무리 면밀히 연구해도 그것으로 해명을 얻을 수는 없을 것이다. 아니 적어도 규명되지는 않을 것이다. 오히려 이 목적을 위해서는 많은 심리적 행위 전부를 비교 연구할 때 언제나 필요하다고 판명된 것을 긁어모아 보지 않으면 안 될 것이다.

이렇게 하여 우리가 꿈의 여러 과정에 관한 분석으로 만들어 내는 심리학적 여러 가정은, 다른 각도에서 같은 문제의 핵심으로 접근하려고 하는 다른 연구의 성과와의 결합을 발견할 수 있게 될 때까지 정류장에서 기다리고 있어야 될 것이다.

A. 꿈을 잊는다는 것

그러므로 나는 우리가 미리 다루어야 하는 하나의 주제가 있다고 생각한다. 이 주제에서 꿈의 해석을 에워싼 우리의 노력을 밑바닥에서부터 뒤흔들어 놓을 만한 반론이 나오며, 더욱이 우리는 이 반론을 불문에 붙여 온 것이다. 말하자면 모르고 있는 것이라고 하는 꿈을, 사실은 우리가 전혀 해석하려 하지 않은 게 아닐까 하는 것이다. 더 정확하게 말하자면 우리는 실제로 일어난 그대로의 꿈을 알고 있다는 아무런 보장도 없지 않은가 하는 반론이 각 방면에서 우리에게 제기되어 온 것이다.

우리가 꿈에 대해 기억하고 있는 것, 그리고 우리의 해석 기술이 행사되는 대상은 첫째로, 꿈을 보존하는 데 특히 무력해 보이는 우리 기억력의 모호함으로 말미암아 찌그러져 있고, 아마 꿈의 내용 가운데 가장 주요한 부분을 오히려 잃고 있는 것 같다. 우리가 꿈에 주의를 돌리려고 하면, 사실은 더 많은 여러 가지 것을 보았을 텐데도 이 한 조각밖에 기억하고 있지 않으며, 더욱이 그 기억마저도 묘하게 불확실한 것으로 여겨진다는 탄식을 되풀이하기 때문이다. 그러나 둘째로, 아무리 보아도 우리의 기억은 꿈을 단지 빈틈투성이로 재현할 뿐 아니라, 또 찌그러지게 위조하여 재현하는 것 같다. 한편 꿈꾼 일이 실제로 우리가 기억 속에 갖고 있는 것처럼 서로 연관성이 없는 모호한 것인지는 매우 의심스러우며, 다른 한편으로 꿈은 또 우리가 나중에 이야기하는 것만큼 서로 연관성이 있는 것이었는지, 다시 말해서 우리가 그것을 재현하려고 시도할 때, 본래 거기에 있던 빈틈이나 망각 때문에 생긴 빈틈을 마음대로 고른 새로운 자료로 메우고, 꿈을 장식하여 손질하고 다시 정리해 놓으므로, 우리가 꾼 꿈의 본래 내용이 무엇이었는지 규명할 수 있게 되어 있지나 않을까 하는 의심도 드는 것이다. 그 뿐 아니라 어떤 학자는(슈핏타)*1 무릇 꿈의 질서나 관성 같은 것은 모두 그 꿈을 다시 불러오려고 시도할 때 비로소 나중에 꿈속에 들어가는 것이라고 추정까지 하고 있다. 그런 까닭으로 우리는 그 가치를 규정하려고 기도한 대상 자체를 손에서 빼앗겨 버리는 위험에 직면하고 있는 것이다.

우리는 지금까지 해석을 할 때 이런 소리를 귀담아 듣지 않았다. 아니, 그 뿐 아니라 우리는 오히려 반대로 꿈의 미세하고 눈에 띄지 않는 불확실한 내용 성분을, 명료하고 확실한 성분 못지않게 해석할 때에 귀를 기울여야 한다고 생각해 온 것이다. 일마의 주사에 관한 꿈속에 바로 의사 M박사를 불러오는 대목이 있었다. 우리는 이 부가물이 무언가 특별한 원천에서 나온 것이 아니면, 꿈속에 들어가지 않은 것이라고 생각했다. 그렇게 하여 내가 즉각 나이 많

---

*1 푸코와 탄네리에게서도 같은 견해를 볼 수 있다.

은 동료를 그 침대 옆에 불러온 불행한 여환자의 이야기에 이르렀던 것이다. 51과 56이라는 수의 차이를 구별할 필요가 없도록 양(量)으로서 취급한, 얼른 보기에 부조리한 꿈에서는 51이라는 수가 몇 번이나 나왔다. 우리는 이것을 당연하거나 하찮은 일로 여기지 않고, 잠재적 꿈—내용에서 51이라는 숫자에 이르는 제2의 사고 과정을 추정했다. 그리고 우리가 계속 더듬어 나간 흔적은 51세를 수명의 한도로 보는 공포심과 통하고 있었다. 이것은 나이와 수명에 상관하지 않는 것처럼 떠벌리는 중심적인 사고의 특징과 가장 날카롭게 대립하는 것이었다. '살아 있지 않았다'(Non vixit)의 꿈에서는, 내가 처음에는 보지 못한, 눈에 띄지 않는 삽입 부분인 'P가 나를 이해하지 못하고 있으므로, P는 나에게 묻는다'는 구절이 있었다. 그리고 분석이 막혀 버렸을 때, 나는 다시 이 말에서 출발해서, 꿈 사고 속에서 매개적인 매듭으로 등장하고 있는 소아기 공상으로서 길을 발견했었다. 이것은 어느 시인의 시구의 도움으로 이루어졌다.

> 그대가 '나를 이해'한 일은 드물었다.
> 나도 그대를 이해한 일이 드물었다.
> 다만 우리가 궁지(진흙, 분뇨의 뜻도 있다)에 빠졌을 때만은,
> 우리는 즉시 서로 이해했다.

바로 꿈의 매우 사소한 특징이야말로 얼마나 해석에 불가결한 것인가. 그리고 그와 같은 사소한 특징에 나중에 비로소 주의를 기울임으로써 얼마나 해석 작업이 늦어지는가 하는 것은 모든 분석 실례로 실증할 수 있을 것이다. 우리는 꿈 해석 과정에서 우리에게 전하는 언어 표현의 모든 뉘앙스에 같은 평가를 주어 왔다. 아니, 무의미하거나 혹은 불충분한 문구, 마치 아무리 노력해도 꿈을 올바른 형태로 번역할 수 없었다고 말하는 듯한 언어 표현에 직면하더라도, 우리는 그와 같은 언어 표현의 결점까지도 크게 존중했다. 요컨대, 학자들이 당황한 나머지 부랴부랴 날조한, 제멋대로 된 즉흥적인 문구라고 생각할 만한 것을 우리는 성서의 문구처럼 신성시해온 것이다. 이 모순은 풀어야 할 필요가 있다.

이런 모순에 대한 해명의 결과는 우리에게 유리한 것이지만, 그렇다고 다른 연구가들이 틀렸다고 비난하는 것도 아니다. 꿈의 발생에 대해서 우리가 새

로이 인식한 관점에서 보면, 모순은 모두 통합된다. 우리가 재현을 시도할 때 꿈을 왜곡해 버린다는 것은 사실이다. 우리는 그 점에서 다시 정상적인 사고의 검문소에 의해서 꿈이 흔히 오인되는, 제2차 가공이라고 부르는 것을 발견하는 것이다. 그러나 이 왜곡 자체는 바로 꿈의 사고가 꿈 검열의 결과 법칙대로 따르는 가공의 한 부분인 것이다. 연구가들은 여기에 꿈 왜곡이 겉으로 드러나는 모습으로 작용하는 부분을 예상도 하고 인정도 하고 했다. 그러나 우리는 그 정체를 한층 더 파악하기 어려운, 훨씬 자유분방한 왜곡 작업이 감추어진 꿈의 사고 때부터 이미 그 꿈을 대상으로 골랐다는 것을 알고 있으므로, 연구가들의 그런 생각을 들어도 새삼 아무렇지도 않다. 연구가들이 잘못 되어 있는 것은, 다만 꿈이 나중에 생각나서 말로 표현될 때 받는 변경을 제멋대로의 것, 따라서 그 이상은 풀 수 없는 것으로 보고, 거기서 우리에게 꿈의 인식을 그릇되게 하는 원인이 나온다고 생각하는 점에 있다. 그들은 심적인 것이 규제를 받는다는 것을 과소평가하고 있다. 우리의 심적인 것 속에는 제멋대로의 것이란 아무것도 없다. 제2의 사고 특징이 제1의 사고 특징에 의해 규제되지 않고, 방치되어 있는 요소의 여러 규정 작업을 당장 떠맡는다는 것은 아주 일반적으로 표명된다. 이를테면 내가 아주 멋대로 어떤 수를 생각하려고 해도 그것은 불가능하다. 내가 생각하는 수는 나의 순간적인 의도와는 별로 관계가 없는 듯이 여겨지는, 내 마음속의 사고에 의해 명료하게, 그리고 필연적으로 규제되어 있다.[*2]

꿈을 깨고 나서 편집할 때 꿈이 경험하는 여러 변화도 역시 제멋대로의 것은 아니다. 그러한 변화는 어디까지나 내용과의 연상에서 결합되어 있는 것이고, 그 내용 대신에 나타난 것이며, 이 내용에 이르는 길을 우리에게 보여주는 데 봉사하는 것이다. 물론 그 내용 자체는 이 또한 다른 내용의 대체물인지도 모른다.

환자를 상대로 꿈을 분석할 때 나는 언제나 이 주장을 다음과 같이 시도해 보는데, 이것은 꼭 성공하고 있다. 환자가 보고하는 꿈은 처음에는 매우 이해하기 어려운 듯이 여겨지지만, 그런 경우 나는 상대편에게 그 꿈을 다시 한 번 되풀이해 달라고 부탁한다. 그러면 두 번째 보고가 첫 번째 보고와 같은 말로

---

*2 〈일상생활의 정신병리〉 제1판, 1901년 및 1904년, 제11판, 1929년《전집》 제4권).

되는 일은 좀처럼 없다. 그러나 두 번째에 표현이 바뀐 대목이야말로, 꿈을 위장하는 데 성공하지 못한 대목이라는 점을 알았다. 말하자면 그런 대목은 나에게는 니벨룽겐의 전설 속 하겐에게서와 마찬가지로, 지그프리트의 옷 등에 꿰맨 표적과 같은 것이다. 그런 대목에서 해석을 시작하면 된다. 말하는 사람은 다시 한 번 말해 달라는 요구 때문에 내가 그 꿈을 풀려고 특별히 애쓰고 있는 것을 알고 경계하게 된다. 그는 강한 저항 욕구에 사로잡혀서 꿈 위장 가운데 약한 대목을 급히 방어하여, 금방 탄로날 노골적인 표현을 그만두고 더 괴상스럽고 동떨어진 표현으로 바꾸어 놓는다. 그 때문에 오히려 나는 상대편이 삭제한 표현에 더 주의를 기울이게 된다. 해석을 저지하려고 안간힘을 쓰는 데서, 나는 또한 상대편이 얼마나 신중하게 그 꿈을 감추려 하고 있는가 하는 것까지도 짐작할 수 있다.

우리가 들은 꿈에 대해서 내리는 해석에 대해 다른 꿈 연구가들은 크게 의혹을 보이고 있지만, 이것은 아무래도 그들 쪽에 승산이 없는 것 같다. 왜냐하면 그런 의혹은 지적인 뒷받침이 결여되어 있기 때문이다. 무릇 우리의 기억이라는 것은 그 정확성에 대한 보장은 아무것도 없다. 그런데도 우리는 객관적으로 정당하다고 여겨지는 것보다는 훨씬 자주, 기억이 제시하는 것을 믿지 않을 수 없다. 꿈이나 꿈의 각 세부적인 부분이 과연 정확하게 재현되는 것인지 의심스럽다는 생각은, 이 또한 꿈의 검열, 다시 말해서 꿈의 사고가 의식 속에 침입해 들어오는 데 대한 저항의 파생물에 지나지 않는다. 이 저항은 그것으로 행한 이동이나 대치에서만 끝나는 것이 아니며, 그 뒤에도 여전히 무사히 통과한 것에 의혹의 형태로 매달린다. 이 의혹은 꿈의 강렬한 요소에는 결코 매달리려고 하지 않는 조심성을 보이고, 오직 약하고 모호한 요소에만 매달리는 만큼, 우리는 얼핏 이 의혹을 잘못 보기 쉬운 것이다. 그러나 우리는 꿈의 사고와 꿈 사이에 모든 심리적 가치 전환이 일어나고 있다는 것을 이미 알고 있다. 왜곡은 다만 가치 박탈에 의해서만 가능했던 것이며, 그것은 반드시 가치 박탈이라는 형태로 나타나고, 때로는 그것으로 만족한다. 꿈 내용의 모호한 요소에 다시 의혹이 부가되면 그 지시에 따라 우리는 추방된 꿈 사고 중의 좀더 직접적인 파생물을 인정할 수 있다. 그것은 마치 고대 혹은 르네상스 때의 한 공화국에 일어난 대변혁 후의 상황과 같은 것이다. 전에 지배의 자리에 있던 귀족들이나 권력자들은 모조리 추방되고, 모든 현직은 벼락감투를 쓴 자들에게 돌아간다. 간신히 그 도시에 남아 있도록 허용된 자들은, 실각한 자의 무참히 영락한 힘없는 잔당이나 그 일당에 불과하다. 그리고 그들에게는 완전한 공민권은 주어지지 않으며, 언제나 불신의 눈으로 감시를 받는다. 우리의 경우에는 이 불신 대신에 의혹이 있다. 따라서 꿈을 분석할 때는 사실 확실도가 어쩌고저쩌고 하는 것은 무시하고, 이런 것 혹은 저런 것이 꿈속에 나타났다는, 아주 희미한 가능성까지도 완전히 확실성 있는 것처럼 다룰 필요가 있다는 점을 강조해 둔다. 어떤 꿈 요소를 추구할 때 그런 확실성에 대한 생각을 버리고 달려들지 않는 한, 분석은 여기서 멈추어 버린다. 해당 요소가 경시되면, 분석을 받고 있는 사람은 심리적 영향을 받아 그런 요소의 배후에 있는 바라지 않는 표상들은 아무것도 떠올리지 못하게 된다. 그런 영향은 본래 자명한 것이 아니다. 이와 같은 것, 혹은 그와 같은 것이 꿈속에 포함되어 있었는지 어떤지 나에게는 뚜렷하지 않다. 그러나 그 일에 대해서는 다음과 같은 것들이 머리에 떠오른다고 누가 말했더라도, 그것은 조금도 불합리하지는 않을 것이다. 그런데 사람들은 그렇게는 절대 말하지 않는다. 그리고 바로 의혹의 이 분석을 방해하는 작용이야말로 심리적 저항의 파생물이며 그 앞잡이라는 것이 폭로된다. 정신 분석을 나쁘게 해석하기 쉬운 것은 당연하다. 정신 분석의 법칙 가운데 하나는 이러한 작업의 계속을 방해하는 저항이라고 간주[*3]해야 한다.

꿈을 잊어버리는 현상도 이를 설명하기 위해서는 심리적 검열의 힘을 참고로 하지 않는 한, 그 정체를 규명하기 어렵다. 하룻밤 동안에 무척 많은 꿈을 꾸었으나, 그 중 불과 조금밖에 기억이 없다는 느낌은 대부분의 경우 다른 뜻을 가질 수 있다. 이를테면 꿈의 작업이 밤새도록 또렷이 작용하고도 뒤에는

[*3] '언제나 작업의 지속을 방해하는 것은 저항이라고 보아야 한다'는, 여기에 세워진 최종적이고 결정적인 명제는 오해받기 쉬울 것이다. 이 명제는 물론, 분석가로 봐서는 기술적 법칙, 경고의 뜻밖에 없을 것이다. 한창 분석할 때 피분석자의 의도 탓으로 돌릴 수 없는 갖가지 돌발사가 생길 수 있다는 것은 부정되어서는 안 될 일이다. 환자가 죽인 것은 아니지만, 환자의 아버지가 죽는 수도 있을 것이고, 또 진행이 일어나서 분석이 중단되는 수도 있을 수 있다. 그러나 뒤의 명제가 명백히 과장되어 있는 것은 그 배후에 역시 새롭고 훌륭한 뜻이 숨어 있는 것이다. 설령 분석을 방해하는 사건이 현실의 것이고 환자의 탓이 아니더라도, 그 사건이 얼마나 방해 작용을 미칠 수 있는지는 오로지 환자에게 달려 있는 일이 비일비재하다. 그리고 저항은 이와 같은 기회를 자진해서 이행할 때 어김없이 나타나는 것이다.

짤막한 꿈 하나밖에 남기지 않았다는 그런 뜻이다. 그렇지 않은 경우에는 눈을 뜬 뒤에 그 꿈을 차츰 잊어간다는 사실을 의심할 수 없다. 우리는 꿈을 잊어버리지 않으려고 안간힘을 쓰지만 쉽게 잊어버린다. 그러나 일반적으로 이 꿈을 잊는다는 범위를 너무 넓게 예상하는 것과 마찬가지로, 꿈 내용에서 망각과 결부되어 일어나는 꿈에 대한 지식의 부족도 너무 과대하게 평가한다. 망각 때문에 잃어버린 꿈 내용의 모든 부분을, 분석으로 되찾는 경우가 흔히 있다. 적어도 많은 경우, 따로따로 잃어버린 남겨진 단편에서 물론 꿈 전체라고는 할 수 없더라도(꿈 그 자체가 문제가 아니므로) 꿈의 사고는 모두 찾아낼 수 있다. 분석을 할 때는 뭐니뭐니해도 상당한 정도의 주의력과 자기 극복이 필요하다. 그것만 게을리하지 않는다면 꿈을 잊은 것과 거기에 무언가 절대적인 의도가 작용하고 있었다는 것을 반드시 보여 줄 것이다.*4

*4 꿈 내용이 한 개의 단독 요소로 위축될 때 동시에 일어나는 꿈속의 의혹과 불확실성을 보여주는 실례로서 나는 《정신분석입문》(1916년) 속에서 예로 든 다음과 같은 꿈을 여기에 그대로 인용한다. 이 꿈의 분석은 잠시 지연된 후에 결국 성공했다.

〈한 사람의 의심 많은 여자 환자가 꾼 비교적 긴 꿈인데, 그 꿈속에서 어떤 사람들이 기지에 관한 책(《기지와 무의식의 관계》) 이야기를 하면서 크게 칭찬했다. 그리고 화제가 우연히 운하에 미쳤는데, 운하 이야기가 나오는 다른 책이었는지 아니면 운하에 관계있는 그 무엇이었는지 그녀는 그것을 알지 못한다. 그것은 전혀 명료하지 않다.〉

그런데 여러분은 그런 운하라는 요소 그 자체가 보기에는 막연한 것이라서 어떻게 해석할 도리가 없다고 생각할지도 모른다. 여러분이 그렇게 생각하는 것도 당연하다. 그러나 그것은 명료하지 않기 때문에 곤란한 것이 아니라 다른 어떤 이유로, 말하자면 이 꿈의 해석을 곤란하게 만들고 있는 동일한 이유로 명료하지 않은 것이다. 그 꿈을 꾼 여성은 운하라는 것에 대해서 아무것도 생각나는 것이 없었고, 나도 또한 아무 말도 할 수 없다. 잠시 후, 실은 그 다음날, 그녀는 운하에 관계있는 것이 생각났다고 말했다. 즉 그것도 남의 이야기 속에 나온 하나의 기지였던 것이다. 도버 해협을 지나는 배 뒤에서 한 저명한 저술가가 영국인을 상대로 담소를 나누고 있었을 때, 그 영국인이 어떤 계기에 "Du Sublime au ridicule il n'y a qu' un pas(장엄함에서 해학까지는 단 한 걸음일 뿐이다)"라는 문구를 인용했다. 그러자 저술가는 "Oui, le pas de Calais(그렇소, 칼레로부터는 한 걸음이지요)" 하고 대답했다. 프랑스 사람은 장엄하고, 영국 사람은 해학이 있다고 생각한다는 뜻으로 말한 것이었다. 그런데 Pas de Calais(칼레 해협. pas는 '한 걸음'과 동시에 '해협'의 뜻이 있다)는 역시 일종의 운하이다. 즉 독일에서는 Ärmelkanal이라고 말하고, 프랑스에서는 Canal de Manche라고 한다(모두 도버 해협의 다른 이름. Armel도 Manche도 옷소매처럼 길쭉한 것을 가리킨다). 여러분은 이 회상이 꿈과 무슨 관계가 있다고 생각하느냐고 물을 것이다. 물론 사실 그것이 그 수수께끼 같은 꿈의 요소에 해답을 주고 있다고 나는 생각한다. 아니면 여러분은 이 기지가 이미 꿈 이전에 운하라는 요소의 무의식면으로서 존재하고 있었는지 의심스럽다고 말하겠는가? 이 기지는 꿈을 잊어버리는 것이 갖는 저항에 봉사하는 의도적인 성질을 나타내는 확실한 증거[5]는, 분석할 때 잊어버리기 전의 단계를 평가함으로써 얻을 수 있다. 한창 분석 작업을 하고 있을 때, 그때까지 잊은 줄 알고 있던 꿈의 탈락 부분이 갑자기 생각나는 일은 자주 있는 일이다. 그런데 망각에서 다시 빼앗아 온 꿈의 이 부분은 언제나 가장 중요한 것이다. 그것은 꿈을 풀기 위한 지름길에 있는 것이며, 따라서 저항에 가장 강하게 노출된 부분이기도 하다. 내가 이 책의 연관 속에서 각처에 삽입한 꿈의 실례 가운데 하나에, 그러한 꿈 내용의 일부를 나중에 추가 삽입하지 않을 수 없었던 것이 있다. 같이 탑승한 두 사람의 무뚝뚝한 승객에게 내가 복수하는 여행 꿈이 그것인데, 그 내용의 일부는 외설스러운 것이었으므로 나는 거의 분석을 하지 않고 내버려 두었다. 그 탈락 부분은 이렇다. 〈나는 실러의 어느 책에 대해서 이렇게 말했다. "이것은 ……으로부터의……"(It is from……). 그러나 내 스스로 잘못을 깨닫고, "이것은 ……에 의한"(It is by……) 하고 고쳐 말했다. 그러자 남자는 그의 누이동생에게, "저 사람이 말한 대로야" 하고 가르쳐 주었다.〉[6]

연구가 중에는 그것을 이상하게 생각한 사람도 적지 않다. 꿈속에서의 자기 정정은 군이 논할 가치도 없을 것이다. 그보다는 내 기억 중에는 꿈속의 언어에 있어 오류의 한 모범적인 예를 들어 두기로 한다. 나는 19세 때 처음 영국에 가서, 하루를 아일랜드의 바닷가에서 보낸 적이 있다. 썰물 때는 갯벌에서 해산물을 잡느라 정신이 없었다. 마침 불가사리를 만지고 있는데,(꿈은

나중에 발견하여 부가한 것이라고 가정할 수 있겠는가? 다시 말해 이 회상은 그 여성이 표면상으로는 언제나 야만스럽게 감탄하지만, 그 배후에는 언제나 회의가 숨어 있다는 것을 입증하는 것이며, 이 저항은 아마도 두 가지 것에 대한 공통의 이유가 될 것이다. 즉 이 운하가 그토록 회상해 내기 어려웠다는 것, 그에 대응하는 꿈의 요소가 그토록 막연한 것이 된 이유였던 것이다. 제발 여기서 잘 보아 주기 바란다. 꿈의 요소는 이 무의식적인 것의 한 단편이라고 할 수 있으며, 말하자면 무의식적인 것에 대한 하나의 암시이다. 이 둘을 서로 떼어 놓으면 꿈의 요소는 전혀 이해할 수 없게 되어 버린다.

[5] 망각 일반에서 볼 수 있는 의도에 대해서는 내 논문 〈잊기 쉬움의 심리적 메커니즘〉(《정신분석학 및 노이로제 월간 잡지》 1898년) 참조. 이 소론은 나중에 〈생활심리의 착오〉(《전집》 제4권)의 제1장으로 삼은 것이다.

[6] 꿈속에서 이와 같은 외국어의 사용법을 정정하는 일은 그리 드물지 않지만, 그 정정은 남이 하는 경우가 더 많다. 모리(143면)는 언젠가 영어를 배우기 시작했을 무렵 어떤 사람에게, '나는 어제 당신을 방문했다'라고 말한다는 것이, I called for you yesterday라고 했더니, 상대편은 I called on you yesterday라고 옳게 대답해 준 꿈을 꾸었다.

Hollthurn—Holothurien 해삼으로 시작된다) 한 귀여운 소녀가 성큼성큼 다가와 서 "그거, 불가사리예요? 살아 있어요?"(Is it a starfisch? Is it alive?)하고 물었다. 그 래서 나는 "응, 살아 있어요."(Yes, he is alive) 하고 대답했는데, 말이 정확하지 않 다는 것을 깨닫고 다시 한 번 정확하게 고쳐서 말했다(Yes, it is alive 하고 대답 해야 할 것을 He is alive 라고 대답했기 때문이다). 그때 저지른 용어의 잘못 대 신, 지금 그 꿈은 독일 사람들이 하기 쉬운 다른 말의 잘못을 저지르고 있다. 말하자면 '이 책은 실러의 저서이다'(Das Buch ist von Schiller)라는 글속의 von은 영어에서는 by이지 from이 아니다. 그런데 from은 독일어의 형용사 fromm('경건 한, 신앙심이 깊은')과 발음이 같기 때문에 대규모 압축이 가능하므로 꿈 작업 이 이것을 대용한 것이다. 꿈 작업의 의도나 그 사정없는 수단 선택의 태도를 이미 알고 있는 우리로서는 이제 이런 일에는 새삼 놀라지 않는다. 그러나 바 닷가의 하찮은 추억이 이 꿈과의 관련에 있어 대체 무엇을 의미하고 있는 것일 까? 이 추억은 매우 순진한 실례 가운데 하나로, 내가 성(性)의 구별을 나타내 는 말을 그릇된 곳에서 사용하고 있는 것, 다시 말해서 he라는 남성의 인칭 대 명사를 써서는 안 될 곳에 썼다는 것을 설명하고 있는 것이다. 이것이 확실히 이 꿈을 푸는 열쇠의 하나이다. 그리고 《물질과 운동》(Matter and Motion)이라는 책의 제목에 관한 유래를 들은 적이 있는 사람이면 몰리에르(Malière의 《공상병 자(空想病者)》(Malade Imaginaire) 속에 '물질은 찬양해야 할 것인가?'(La Matiere est—elle laudable?)와 창자의 움직임(a motion of the bowels)에 빠져 있는 것을 쉽 게 보완할 수 있을 것이다.

아무튼 꿈을 잊어버리는 것은 대부분 저항이 하는 짓이라는 것을, 나는 어 떤 뚜렷한 증거로 증명할 수 있다.

어느 환자가 들려준 바에 의하면 그는 꿈을 꾸었지만 그것을 완전히 잊어버 렸다. 그렇다면 꿈은 꾸지 않은 것이나 마찬가지이다. 나와 이 환자는 분석 작 업을 계속한다. 나는 어떤 저항에 부딪친다. 그래서 환자에게 일의 원리를 잘 타일러 준다. 그리고 환자를 도와, 어떤 불쾌한 관념과 화해하도록 설득하기도 하고 재촉하기도 했다.

간신히 잘 되었다고 생각하는 순간, 환자는 소리쳤다. "아아, 방금 또 생각이 났습니다. 내가 꿈을 꾼 것이." 이날 분석 작업 중에 그를 방해한 것과 마찬가 지의 저항이 꿈까지도 잊어버리게 했던 것이다.

이 저항을 극복함으로써 나는 환자에게 꿈을 생각나게 한 것이었다. 이와 마찬가지로 분석 치료의 어느 대목에 이르렀을 때, 환자는 사흘이나 나흘 전에, 아니 그보다 훨씬 전에 꾸고도 그때까지 까맣게 잊고 있던 꿈을 생각해 내는 수도 있다.[7]

정신 분석의 경험은 꿈을 잊어버린다는 것은 많은 연구가들이 생각하고 있는 것처럼 각성 상태와 수면 상태 사이의 이질성보다는 오히려 저항에 훨씬 더 의존하고 있다는 데 대해 다른 증명을 제공하고 있다. 우리가 흔히 즐겨 말하고 있듯이, 꿈으로 잠이 깨고, 그 직후 우리의 사고 활동을 전반적으로 회복하여 그 꿈을 해석하기 시작한다는 것은, 나나 다른 정신 분석가들이나 정신 분석 치료를 받고 있는 환자들에게 흔히 일어나는 일이다.

그런 경우 나는 흔히 그 꿈을 완전히 해석할 때까지 중지하지 않았다. 그런데 어찌된 일인지 눈을 뜬 후에 내가 꿈을 꾸었다는 것, 그리고 해석을 했다는 것을 알고 있는데도 불구하고, 해석 작업과 꿈의 내용을 깡그리 잊어버리는 수가 있었다. 꿈은 정신활동이 그 꿈을 기억에 간직하는 데 성공하기보다 훨씬 자주 해석 작업의 결과까지도 함께 망각 속에 끌고 들어가 버렸다. 그러나 이 해석 작업과 깨어 있을 때의 사고 사이에는 꿈 연구가들이 꿈의 망각을 오로지 그것으로 설명하려고 하는 심리적인 틈바구니 같은 것은 존재하지 않는다. 모튼 프린스는 꿈의 망각에 대한 나의 설명에 반대하여, '그것은 다만 분열된 심리적 상태(dissociated states)를 잊어버리는 건망증의 한 특수한 경우에 지나지 않는다. 그리고 이 특수한 건망증에 대한 프로이트의 설명을 다른 타입의 상태를 설명하려고 하는 의도로 봐서도 무가치한 것이다' 하고 말하고 있는데, 그런 그 자신이 그와 같은 분열 상태의 서술에 있어서 단 한 번도 이런 현상에 대한 움직임의 설명을 발견하려고 시도하지 않았다는 것을, 그의 저서를 읽은 나는 떠올리지 않을 수 없다.

만일 그가 그런 시도를 했다면, 억압(혹은 억압 때문에 만들어진 저항)이야말로 이 심리적 분열의 원인이기도 하고, 또 그 심리적 내용을 잊는 건망증의 원인이기도 하다는 사실을 그가 발견하지 않을 수 없었을 것이다.

---

[7] E. 존스는 이와 비슷한, 흔히 일어나는 경우를 설명하고, 어떤 꿈을 분석하다가 같은 밤에 꾼 제2의 꿈으로 그때까지 잊어버리고 있던, 아니 그런 꿈은 꾼 적도 없는 것 같은 꿈이 생각난 것이다.

다른 심리적 행위와 마찬가지로, 꿈도 결코 잊어버릴 수 없는 것이라는 점, 또 꿈은 기억 속에 부착하고 있는 점으로 보더라도 다른 심리적 작업과 완전히 동등하게 취급되어야 한다는 것은, 내가 이 글을 쓰기 시작할 때 얻은 한 가지 경험이 보여 주고 있다. 나는 메모 속에 내가 본 많은 꿈을 기록해 두었다. 그런 꿈들은 당시 어떤 이유에서든지 불완전하게밖에 분석되지 않았거나 전혀 분석되지 않은 것들이다. 그런데 그 뒤 1, 2년이 지나 그 꿈 가운데 일부에 대해 내 주장을 설명하는 자료로 삼을 목적으로 다시 해석을 해보았다. 이 시도는 예외 없이 성공했다. 아니, 이렇게 말하고 싶을 정도이다. "그러한 꿈들이 아직 새로운 체험이 되었던 당시보다는 훨씬 나중에 더 해석을 쉽게 할 수 있었다." 이에 대해서 나는 이렇게 설명을 할 수 있다. 다시 말해 나는 그 당시 이후 내 마음속의 적지 않은 저항을, 그 당시 내 마음을 휘젓고 있던 저항을 극복했다고 말이다. 그런 뒷날의 해석 때에 나는 꿈 사고에 있어서의 당시의 여러 귀결을, 대개는 훨씬 더 풍부한 오늘의 여러 귀결과 대비해 보고, 당시의 여러 귀결이 그 형태 그대로 남아 있음을 보고 적잖이 놀랐었다. 나는 내 환자들에게, 그들이 이따금 들려주는 몇 해 전의 꿈을, 마치 간밤에 꾼 꿈인 양 역시 같은 방법으로 해석시키는 일을 오랫동안 해오면서, 언제나 마찬가지로 성공한 것을 회상하고 그런 일에 놀랄 것도 없겠구나 하고 고쳐 생각했다. 이와 같이 나중에 한 해석 중에서 두 가지 예를 불안한 꿈을 논하는 대목에서 소개할까 생각하고 있다. 내가 처음으로 이런 시도를 했을 때, 나를 이끈 것은 꿈이 이 점에서도 노이로제 증세와 완전히 동일하게 취급될 것이라는 정당한 기대였다. 왜냐하면 히스테리 같은 정신 노이로제 환자를 정신분석으로 치료할 경우, 그의 질환에 있어 벌써 오래전에 극복되어 버린 최초의 증세에 대해서도(이 환자에게 나를 찾아오게 한), 그리고 현재도 여전히 진행되고 있는 증세에 대해서도 마찬가지로 해명하지 않으면 안 된다. 그리고 현재의 증세에 대한 시급한 과제보다도, 첫 증세에 대한 해명을 훨씬 쉽게 할 수 있다는 것을 알게 된다. 1895년에 간행된 《히스테리 연구》에서 이미 나는 현재 40세를 넘은 한 부인이 15세 때 경험한 첫 히스테리 발작의 해명을 보고할 수 있었다.*8

---

*8 아주 어릴 때 꾼 꿈으로, 흔히 몇 십 년 동안이나 생생하게 기억에 남아 있는 꿈은 그 꿈을 꾼 사람의 발전이나 노이로제를 이행하는 데 거의 언제나 커다란 의의를 갖게 된다. 그런 꿈의 분석은 의사를 이론적으로 혼란시키기 쉬운 오류를 불확실성으로부터 지켜주는 것이다.

나는 여기서 꿈의 해석에 대해서 말해 두어야 할 몇 가지를 다시 순서 없이 적어 두기로 한다. 그런 일들은 아마도 나중에 독자가 자기 꿈을 해석하고, 내 설명을 검토할 때 어떤 길잡이가 될 것이다.

자기 꿈을 힘들이지 않고 해석할 수 있다고 기대해서는 안 될 것이다. 내적인 여러 현상이나 보통은 주의하지 않는 다른 여러 감각을 지각하는 데에 이들 지각의 무리에 대해서 아무런 심리적 동기의 저항이 없더라도 역시 연습이 필요하다. 이른바 '바람직스럽지 않은 표상'을 포착하는 것은 그보다 훨씬 어렵다. 이것을 붙잡으려고 하는 사람은 이 책을 읽음으로써 북돋아지는 기대를 품고 덤비지 않으면 안 될 것이다. 여기서 주어진 법칙을 지켜 모든 비판적인 선입견, 감정적 혹은 지적인 당파심을 분석 중에는 억누르도록 명심하지 않으면 안 된다. 그리고 클로드 베르나르(Claude Bernard)나 생리학 연구실의 실험자들을 위해서 마련한 '바보처럼 일한다', 즉 참을성 있게, 더욱이 그 성과에 구애되지 말고라도 그 법도를 잊어서는 안 될 것이다. 이 충고를 지키는 사람은 그 과제를 이제 곤란하다고는 생각하지 않을 것이다. 해석은 또 반드시 단숨에 할 수 있는 것은 아니다. 연상의 연쇄를 더듬어 갈 경우, 이제 더 이상 어쩔 도리가 없다고 느끼는 일이 드물지 않다. 그런 날에는 꿈은 이제 아무것도 말해 주지 않는다. 그런 때는 일단 일을 중지하고 이튿날 다시 착수하도록 하는 편이 낫다.

그러면 꿈 내용 가운데 다른 부분의 주의를 끌고 꿈 사고의 새로운 층으로 통하는 길이 발견된다. 이것을 '분할적인' 꿈 해석이라고 부를 수 있다.

가장 어려운 것은, 해석을 처음 하는 학자에게 그가 뜻이 통하며 서로 연관성이 있고, 또 꿈 내용의 모든 요소를 설명해 줄 완전한 꿈의 해석을 자기는 완수한 줄 알고 있어도 그것으로 임무가 결코 처리된 것이 아니라는 사실을 납득시키는 일이다. 그 밖에도 같은 꿈에 대해 자기가 간과하고 있던 다른 해석, 즉 더 깊은 해석을 할 수 있을지도 모른다. 우리의 사고 속에 표현되기 위해서 서로 다투는 무의식적 사고 과정이 참으로 많이 있다는 것을 머리에 그리고, 그 동화의 양복점 직공처럼 언제라도, 단 한 번에 일곱 마리의 파리를 떨어뜨리는 것 같은 다의적인 표현 방법으로 여러 가지 것을 단숨에 표현하는 꿈 작업의 교묘함을 믿는다는 것은 실제로 결코 쉬운 일이 아니다. 독자는 언제나 저자인 내가 너무 쓸데없는 기지를 사용한다고 비난하고 싶은 기분을 느끼고 있을 것이다. 그러나 자기가 해본 경험이 있는 사람이라면 그 점에 의문은 없을 것이다.

이렇게 말해도 나는 질베러가 처음 제기한, 어떤 꿈이든(혹은 상당히 많은, 그리고 어떤 그룹의 꿈이라고 말해야 옳을지 모를) 서로 긴밀한 관계를 가진 두 가지의 다른 해석을 요구하고 있다는 주장에 찬성할 수는 없다. 그 두 가지 해석 가운데 하나는 질베러가 정신분석적이라고 부르며, 많은 경우 이것은 꿈에 대해서 어떤 임의의 유아적이고 성적인 의미를 부여한다. 또 하나의 좀더 중요한 해석은 질베러가 신비적이라고 이름 지은 것인데, 이것은 꿈 작업이 소재로써 받아, 좀더 진지하고 흔히 심원한 뜻을 가진 사고를 보여 주는 것이다. 질베러가 몇 가지 꿈에 대해서 상술한 두 방향에 따라 분석한 결과를 보고하여 이런 주장을 실증해 보이지는 않았다. 나는 그가 말하는 사실은 존재하지 않는다고 반론하지 않을 수 없다. 대부분의 꿈은 역시 더 깊은 해석을 요구하지 않으면, 더욱이 신비적인 해석 따위는 할 수도 없는 것이다.

꿈 형성의 여러 기본적 관계를 은폐하고 사람의 관심을 꿈 형성 충동의 근원에서 다른 곳으로 돌리려고 하는 어떤 경향이 거기서 한 역할을 맡고 있다는 사실은 최근의 다른 꿈 이론의 방향에서와 마찬가지로 질베러의 이론에서도 뚜렷이 발견할 수가 있다. 몇몇 경우에 대해서 나는 질베러가 말하고 있는 것을 실증할 수 있기는 했지만, 그런 때도 분석은 꿈 작업이라는 것은 깨어 있는 생활 속에서 매우 추상적이고 직접 표현될 수 없는 몇 가지 관념을 꿈으로 바꾸는 과제를 갖고 있었다는 것을 보여 주었다. 꿈의 작업은 이 과제를 풀려고 추상적 관념과 그리 긴밀하지 않은, 흔히 '비유적'이라고 부를 수 있는 관계에 있으며, 더욱이 비교적 표현이 곤란하지 않은 다른 관념 자료를 자기 것으로 만들었다. 이와 같이 하여 된 꿈의 추상적 해석은 꿈을 꾼 본인이 직접 한다. 바뀐 자료의 올바른 해석은 이미 다 아는 기술적 수단으로 탐구되지 않으면 안 된다.

어떤 꿈이고 다 해석할 수 있느냐고 묻는다면 사실은 그렇게는 안 된다고 대답해야 한다. 해석 작업 때 꿈을 왜곡하는 것으로 보이는 심리적인 힘의 저항이 있다는 것을 잊어서는 안 된다. 그런 까닭으로 자기의 지적 관심, 자기 극복의 능력, 심리학적 지식, 해석에 있어서의 연습 등으로 내적 저항을 극복할 수 있느냐 없느냐 하는 것은 힘 관계의 문제이다. 어느 정도까지 그것은 언제나 가능하다. 적어도 꿈이 의미가 깊은 형성물이라는 확신을 얻는 정도까지, 그리고 많은 경우 이 뜻을 어렴풋이나마 짐작하는 정도까지는 가능하다. 어떤 꿈으로 확인되고 그 해석을 계속하는 것이 허용되는 일도 참으로 자주 있다. 몇 주일 혹은 몇 달에 걸쳐서 꾼 많은 꿈이 흔히 공통의 기반에 서 있는 수가 있으며, 그런 때는 그 꿈들은 서로 관련시켜서 해석할 수 있다. 계속해서 꾸는 꿈에 대해서 흔히 깨닫는 일이 있는데, 하나의 꿈에서 중심이 되어 있던 것이 그 다음 꿈에서는 그저 표면적으로 암시되는 데 그치고, 또 그 반대의 경우도 있기 때문에 이 양쪽의 꿈은 서로 보충하여 해석된다. 하룻밤 동안에 꾼 온갖 꿈은 해석 작업으로 대체로 하나의 전체로서 취급되어야 한다는 것은 이미 실례를 들어 설명해 둔 바 있다.

아무리 훌륭하게 해석된 꿈에서도 흔히 어떤 대목은 해결하지 못한 채 남겨 두지 않으면 안 되는 수가 있다. 왜냐하면 거기에는 아무리 해도 풀리지 않고 꿈 내용에 대해서도 더 이상 기여를 하고 있지 않는 그런 꿈 사고의 매듭이 있다는 것이 분석 때 판명되기 때문이다. 그런 경우, 꿈은 거기서 미지의 것에 달라붙어 있다. 꿈을 해석할 때 우리가 부딪치는 꿈의 사고는 일반적으로 말해서 끝내 완결되지 않는 것이며, 사방을 향해 우리 관념 세계의 그물코 같은 미궁으로 빠지지 않을 수 없는 것이다. 이 그물코 조직의 조밀한 부분에서, 마치 버섯류의 균사체서 버섯이 고개를 쳐드는 것처럼, 꿈의 소망이 생겨나는 것이다.

그러면 다시 한 번 꿈 망각으로 돌아가자. 왜냐하면 우리는 꿈을 잊는다는 사실에서 어떤 중요한 결론을 끌어내는 것을 게을리했기 때문이다. 깨어 있는 동안의 생활은 밤에 형성된 꿈을 잠이 깬 직후에 고스란히 잊어버리거나, 아니면 낮에 서서히 잊어버린다는 명백한 의도를 나타내고 있다. 이와 같이 꿈을 잊게 하는 당사자가 꿈에 대한 심리적 저항이 이미 밤 동안에 꿈에 대해서 한 것과 마찬가지 의무를 다했다는 것을 인정하면, 대체 이와 같은 저항을 누르고 꿈의 형성을 가능하게 만든 것은 무엇인가 하는 질문이 당연히 나온다. 깨어 있는 동안의 생활이 꿈을 다시 지워 버리고, 꿈 따위는 전혀 꾸지 않은 것처럼 해버리는 가장 극단적인 경우를 생각해 보자. 그 경우 여러 심리적 힘의 작용을 고려하면, 저항이 밤에도 낮과 같은 정도로 지배하는 경우 꿈은 아예 성립되지 않았을 것이라고 말할 수 있다. 그래서 마땅히 저항은 밤에는 그 힘의 일부를 상실했다고 추정된다. 저항이 밤 동안에 침묵을 지키고 있지 않았다는 것은 다 아는 일이다. 왜냐하면 우리는 저항이 꿈 형성에 참여하고 있다는 것을, 꿈이 왜곡되어 나타나고 있는 것으로 입증했기 때문이다. 그러나 저항이 밤에는 힘이 약해지고, 이 저항력의 감소로 꿈 형성이 가능해진 것 같다는 사실은 아무래도 인정하지 않을 수 없으며, 또 눈을 뜨는 동시에 완전히 힘을 되찾은 저항은 자기 힘이 약했던 동안에는 허용하는 수밖에 없었던 것을 즉각 다시 쫓아 버린다는 것도 쉽게 이행할 수 있다. 이론적 심리학은 우리에게 꿈 형성의 주요 조건은 마음의 수면 상태라는 것을 가르쳐 주고 있지 않는가. 지금 우리는 다음의 설명을 이에 덧붙일 수 있을 것이다. '수면 상태에서는 마음속의 힘을 저하시킴으로써 꿈 형성을 가능하게 한다.'

우리는 확실히 이 결론을 꿈 망각의 사실에서 끌어낼 수 있는 유일하게 가능한 것으로 보고, 거기서 다시 수면과 각성과의 에너지 관계에 관한 추론을 전개하고 싶은 유혹을 느낀다. 그러나 일단은 여기서 논의를 멈출까 생각한다. 꿈의 심리학 속으로 좀 깊이 들어가면, 꿈 형성을 가능케 하는 것을 다른 식으로 생각해 볼 수 있다는 것을 알게 될 것이다. 꿈 사고의 의식화에 대한 저항은 그 자체의 힘을 약화시키지 않고도 피할 수 있는 것이다. 꿈 형성에 유리한 두 가지는 저항력의 약화와 회피가 수면 상태에 의해 동시에 가능해진다는 것도 용인할 수 있지만, 우리는 여기서 이 토론을 중단하고 잠시 후에 다시 계속하기로 한다.

우리의 해석 방법에 대해서, 또 다른 몇 가지 이론(理論)이 있다. 이번에는 이것을 다루어야 할 것 같다. 보통 우리의 생각을 지배하고 있는 목표 관념을 모두 버리고 한 개의 꿈 요소에 주의를 기울여서, 그런 다음 머리에 떠오르는 바라지 않는 꿈 요소의 관념을 기록해 나가는 방식을 쓰기로 한다. 다음에는 거기에 계속되는 꿈 내용의 성분을 다루어, 똑같은 작업을 되풀이함으로써 사고가 움직여 가는 방향과는 상관없이 그러한 사고를 계속 추구해 간다. 물론 그때 우리는(흔히 쓰는 표현이지만) 지엽적인 부분에 이르기까지 쫓아간다. 이렇게 하면서도 결국, 우리가 특히 손을 대지 않더라도 꿈을 만드는 꿈 사고에 부딪칠 것이라는 안심 비슷한 기대를 품고 있는 것이다. 이에 대해서 비판한다면, 다음과 같은 형태로 반론이 가해질 것이다. 말하자면 꿈의 개별적 요소에서 출발하여 어딘가에 도착한다는 것은 별로 놀랄 것도 없지 않은가? 어떤 표상에나 반드시 무언가 연상이 결부된다. 그보다 우스운 것은 그런 목표도 없이 제멋대로 관념의 흐름을 더듬어 가서 용케 꿈 사고에 부딪친다는 것이다. 아마 그것은 자기기만일 뿐일 것이다. 어느 한 요소에서 연상의 사슬을 더듬어 가더라도 언젠가 문득 깨달으면, 그 연상의 사슬이 끊어져 있다. 그래서 제2의 요소를 다룬다면, 연상이라는 것의 본래의 무제한성이 이제 어떤 제한을 받는 것은 당연한 이치가 아니겠는가? 그 전의 관념 연쇄가 아직도 기억 속에 있으므로 두 번째 꿈 표상의 분석 때는 먼저의 경우보다 쉽게 개개의 착상에 부딪치겠지만, 이러한 착상은 제1의 관념 연쇄로부터의 착상과도 어떤 공통점을 갖고 있는 것이다. 그러면 정신 분석가들은 두 가지 꿈 요소 사이의 접합이 이루어지는 부분을 나타내는 한 관념을 발견했다고 생각해 버린다. 그들은 보통 관념 결합을 자유로이 하고 있으면서도 다만 정상 사고 때 작용하는 한 표상에서 다른 표상으로의 이행만을 제외하는 것이므로, 결국 일련의 '중간사고(中間思考)'에서 그들이 꿈 사고라 부르는 것을 쉽게 만들어낼 수 있을 것이다. 이렇게 만들어진 것은 보통 알려져 있지 않기 때문에 아무런 보장도 없이 멋대로 꿈의 심리적 대용물이라고 날조하여 떠벌리는 것은 그리 어려운 일도 아닐 것이다. 그러나 이 모든 것은 제멋대로의 독단일 뿐 아니라 재치 있어 보이는 방법으로 우연을 이용한 것일 뿐이다. 이런 두서없는 짓을 하는 자는 누구든지, 어떤 꿈에 대해서나 이런 방법으로 제멋대로의 해석을 날조할 수 있는 것이라고 항의한다.

이와 같은 항의·이론에 실제로 당면할 경우, 우리는 이것을 막기 위해 우리의 해석의 인상, 즉 개개의 표상을 추구하는 동안 생기는 다른 꿈 요소의 생각지 않던 결합이나 우리 해석의 하나처럼, 꿈을 남김없이 포착하여 해명하는 것을 이미 형성된 심리적 결합의 자국을 더듬는 것과는 다른 방법으로 얻을 수 있다고는 도저히 생각할 수 없다는 것 등을 예로 들 수 있다. 또 우리 주장을 변호하기 위해서, 해석의 방법이 히스테리 증세를 해소시킬 때의 방법과 동일하다는 것도 지적할 수 있을 것이다. 히스테리 증세 해소의 경우, 이런 조치가 옳다는 것은 증세의 출현 및 소멸로 금방 증명된다. 말하자면 텍스트의 해석이 삽입된 그림에 근거를 발견하는 것이다. 그러나 우리는 어떻게 제멋대로 목표도 없이 부연되어 가는 관념 연쇄를 추구함으로써, 미리 존재하고 있는 어떤 목표에 도달할 수 있는가 하는 문제를 피해야 할 까닭이 없다. 왜냐하면 이 문제를 확실히 해결할 수는 없지만 완전히 제거할 수는 있기 때문이다.

말하자면 우리가 해석 작업 때처럼 우리의 숙고를 버리지 않는 표상을 떠오르게 한다는 것은 목표 없는 표상의 흐름에 몸을 맡기는 것이 아닌가 하는 비난은 분명히 부당하다. 우리는 언제나 다만 우리가 이미 아는 목표 상징밖에 단념할 수 없는 것이며, 이러한 목표 상징의 단념과 더불어 바로 미지의(부정확한 표현을 한다면 무의식의) 목표 표상의 흐름을 결정한다는 것을 보여 줄 수 있기 때문이다. 무릇 목표 표상이 없는 사고란 우리의 마음 생활을 스스로 움직여 감으로써 만들어지지 않는다. 그러나 그것이 보통 심리적 착란의 어떤 상태에서 만들어지느냐 하는 것은 나도 모른다.*9 정신병 학자는 이 점에서, 심

---

*9 에드바르트 폰 하르트만이 심리학적으로 중요한 이 점에서 나와 같은 견해를 가지고 있다는 것을 안 것은 상당히 나중의 일이었다. 예술 창조에 있어서의 무의식의 역할을 논하는 기회에(《무의식의 철학》 제1권, 제2부, 제5장), 에드바르트 하르트만은 무의식적인 목표 표상(또는 관념)에 인도된 관념 연합의 법칙을 명확한 말로 설명하고 있으나, 그는 이 법칙의 작용 범위를 의식하고 있지 않았다. 그의 관심은 '감정적인 여러 표상들의 어떤 구조도, 그것을 아주 우연에 맡기지 않고, 어떤 특정 목표에 도달시키고자 한다면, 무의식의 도움이 필요하다는 것' 그리고 어떤 특정의 관념 결합에 대한 의식적인 관심은 생각할 수 있는 무수한 표상들 속에서 목적에 맞는 표상을 발견하도록 무의식을 자극하는 하나의 동인이라는 것을 증명하는 데 있었다. '관심의 여러 목적에 따라 선택을 하는 것은 무의식이다. 그리고 이것은 '감정적 표상 작용' 혹은 '예술적 결합 작용'으로서의 추상적 사고와 재치 있는 착상에 있어서의 관념 연합에도 타당하다. 그러므로 순수연상심리학의 뜻에 있어서, 유발하는 표상과 유발된 표상에 관념 연합을 제한하는 것은 옳다고 할 수 없다. 이런 제한은 '인간이 단지 모든 의식적 목적에서뿐 아니라, 모든 무의식적 관심, 모든 기분의 지배 내지는 영향을 받지 않는 상태가 인간 생활 속에 나타나는 경우에만 사실상 정당한 것'이 될 것이다. '그러나 이런 상태는 거의 나타나는 일이 없다. 왜냐하면 사람이 자기의 관념의 연속을, 얼른 보기에 완전히 우연에 맡길 때라도, 또는 사람이 완전히 자기를 공상의 제멋대로의 꿈에 맡길 때라도, 역시 어떤 순간에는 다른 순간에서와는 다른 주요 관심, 중심적 감정이 마음을 지배하고 있으며, 이러한 것들이 언제나 관념 연합에 어떤 영향을 미칠 것이다.'(《무의식의 철학》 제11판, 제1권, 246면) 반 무의식적인 몽상에 있어서는, 언제나 다만 순간적(무의식적)인 주요 관심에 조응하는 표상만 나타난다(위의 책). 그런데 자유로운 관념의 연속에 미치는 감정이나 기분의 영향을 강조하는 것은, 정신 분석의 방법적 처리를 하르트만의 심리학적 입장에서도 완전히 정당한 것으로 여겨지게 하는 것이다.(N.E. 포로리레스 〈의학적 정신분석학 국제잡지〉 제1권, 1913년, 605면 이하). 뒤 프렐은 우리가 아무리 해도 생각나지 않는 이름이, 흔히 문득 생각나는 일이 있다는 사실에서 그 결과가 나중에 의식에 들어오는 어떤 무의식적인, 그러면서도 목표를 향하고 있는 사고가 존재하는 것이 아닐까 하고 추론하고 있다(《신비주의 철학》 107면).

리적 구조의 견고성을 너무 빨리 단념하고 있다. 목표 표상이 없는 무절제한 관념의 흐름은 히스테리나 편집증(파라노이아)의 테두리 안에서 마치 꿈의 형성이나 해소 때와 마찬가지로 나타나지 않는다는 것을 나도 알고 있다. 그런 관념의 흐름은 아마 내인성(內因性) 정신 질환의 경우에는 조금도 나타나는 일이 없을 것이다. 정신 착란자의 섬망(譫妄)조차 뤼레(Leuret)의 예리한 추측에 의하면 어김없는 의미를 가지고 있는 것이며, 다만 거기에 탈락된 것이 있기 때문에 우리가 이해할 수 없을 뿐이다. 그것을 관찰할 기회가 있었을 때 나는 같은 확신을 얻었다. 섬망은 자기의 지배를 감추려고 애쓰지 않고, 부당한 점이 없도록 개조하기 위해서 협력하는 대신 자기가 이의를 제기할 만한 것은 사정없이 삭제하는 검열 활동의 결과이다. 그 때문에 뒤에 남은 것이 서로 아무런 연관성도 없어져 버리는 것이다. 이러한 검열은 러시아 국경에서의 신문 검열과 아주 비슷하다. 그곳에서는 외국 신문들을 새까맣게 칠해서 외국 사정을 알리고 싶지 않은 독자의 손에 전해 준다.

연상의 자유로운 연제에 따르는 표상이 자유롭게 작용하는 것은 아마 뇌의 파괴적인 기질적 과정에 나타나는 모양이다. 정신 노이로제 환자에게 이런 현상이 일어난다고 생각되는 것은 언제나 숨겨진 채 있는 목표 표상에 의해 배후로 밀려나는 관념 계열에 미치는 검열의 영향으로 해명된다.[10] 떠오르는 표상(또는 형상)이 서로 표면적 연상의 유대에 의해 결합되어 있는 것처럼 보이는 경우, 요컨대 유사한 음을 내는 언어가 두 가지 의미의 뜻을 나타내는 것처럼, 내적 의미 관계가 없는 시간적 일치 등에 의해서, 우리가 익살이나 끝말 잇기 등에서 흔히 쓰는 모든 연상에 의해 결합되어 있는 경우에만, 목표 표상의 제약을 받지 않는 자유로운 연상의 표지로 간주된다. 이런 특징은 우리를 꿈 내용의 여러 요소에서 중간 사고로, 이 중간 사고에서 본래의 꿈 사고로 인도해 가는 관념 결합에서도 볼 수 있다. 우리는 많은 꿈을 분석하면서 고개를 갸우뚱하지 않을 수 없었던 이런 실례를 발견했다. 거기에는 하나의 관념에서 다른 관념으로 건너가는 교량 역할을 할 수 없을 만큼 느슨한 결합도, 비난할 만한 기지도 아무것도 없었다. 그러나 이와 같은 관용을 옳게 이해한다는 것은 그리 간단하지 않다. "하나의 심리적 요소가 다른 심리적 요소와 부당한 표

---

[10] 이에 대해서는 C.G. 융이 조발성 치매증에서 보여준, 이 주장의 훌륭한 실증을 참조해 주기 바란다(《조발성 치매증의 심리학에 대한 기여》, 1907년).

면적인 연상에 의해서 결합되어 있는 경우는 언제나 검열의 저항에 복종하는 이들 두 요소 사이에 정확하고 깊은 결합이 또한 존재하는 것이다."

표면적 연상의 우위는 검열의 압력을 그 이유로 보는 것이 옳으며, 목표 표상의 폐기에 의한다고 보는 것은 잘못이다. 표면적 연상은 표현에 있어 검열이 정상적인 결합의 길을 지나지 못하게 할 경우, 더 깊은 부분의 연상을 대리하는 것이다. 이를테면 산사태 때문에 산중의 큰 길을 지날 수 없게 되고, 보통은 사냥꾼밖에 다니지 않는 불편하고 험한 오솔길로 간신히 교통이 유지되고 있는 것과 같다.

이 경우 두 가지 경우를 구별할 수 있지만, 그들은 본질적으로 하나이다. 검열은 다만 두 관념의 관련에만 향하므로 관념 쪽에서는 따로따로 갈라져서 검열의 항의를 피한다. 그때 이 두 관념은 시간적으로 전후하여 의식 속에 들어온다. 그리고 두 관념의 관련은 숨겨진 채로 있지만, 그 대신 우리가 보통은 생각해 보지도 않은, 또는 보통은 억제되어 있지만 본질적인 결합의 출발점을 이루는 한 구석과 다른 표상 무리의 한 구석에서 성립되는 두 관념 사이의 표면적 결합을 깨닫는 것이다. 이것이 한 경우이고, 또 하나의 경우는 두 관념이 저마다 그 자신의 내용 때문에 검열에 걸리는 경우이다. 그때 두 관념은 정당한 형태로가 아니라 형태를 바꾼 대체적 형식으로 나타난다. 그리고 이 두 대체 관념은 자기들이 대체하고 있는 원래 관념의 본질적 결합을 하나의 표면적 연상에 의해서 재현하도록 선택되어 있다. "이 경우 두 케이스가 다 검열의 압력으로 정상적이고 착실한 연상에서 표면적이고 부조리하게 보이는 연상으로의 이동이 일어나고 있는 것이다."

우리는 이 이동의 사실을 알고 있으므로 꿈을 해석할 때 표면적인 연상까지도 전혀 주저함 없이 전면적으로 믿어 버리는 것이다.*11

의식적인 목표 표상의 포기와 더불어, 표상의 흐름을 지배하는 힘이 숨겨진 목표 표상으로 옮겨간다는 명제와 표면적 연상은 억제된 더 깊은 연상의 이동

---

*11 이와 동일한 생각은 물론 다음과 같은 경우에도 해당된다. 이를테면, 모리가 보고하고 있는 두 가지 꿈(본서 51면. Pelerinage—Pelletier—Pelle ; Kilometer—Kilogramm—Gilolo—Lobelia—Lopez—Lotto)에 있어서와 같이 표현적 연상이 꿈 내용 속에 노골적으로 나와 있는 경우이다. 노이로제 환자를 다른 경험에서 나는 어떤 잔존 기억이 즐겨 그와 같이 표현되는지 알고 있다. 그것은 많은 사람들이 호기심에 불타는 사춘기에, 성의 수수께끼를 설명하고 싶은 욕구에 사로잡혀서 백과사전(사전 일반)을 들추는 일이다.

대체물에 지나지 않는다는 명제, 이 두 명제를 정신 분석은 노이로제를 다룰 때 충분히 이용한다. 그뿐 아니라 정신 분석은 이 두 명제를 분석 기법의 근본적인 초석으로 간주하기까지 한다. 내가 환자에게, 모든 생각을 버리고 무엇이든 마음에 떠오르는 것을 말하라고 명령할 때, 환자가 치료라는 목표 표상을 버리지 못한다는 전제를 굳게 견지하여 환자가 말하는, 얼른 듣기에 유치한 제멋대로의 일들도 사실은 그 환자의 질환과 연관이 있는 것이라고 추론하는 것이 옳을 줄 안다. 환자가 생각도 안 하는, 또 하나의 다른 목표 표상은 의사, 즉 나라는 목적 표상이다. 따라서 이 두 가지 해명을 충분히 평가하여 철저하게 실증하는 일이야말로 정신 분석 기법을 치료 방법으로 표명하는 일이 된다. 우리는 여기서 해석이라는 주제에서 고의로 떠나도 상관없는 접촉점의 하나에 도달한 셈이다.[*12]

우리에게 가해진 많은 반론 중에서 유일하게 옳으며 지금도 역시 타당한 것이 있다. 그것은 바로 우리가 분석 판단 작업의 착상을 반드시 모두 밤의 꿈 작업 속으로 옮겨 넣을 필요가 없다는 비난이다. 우리는 확실히 깨어 있을 때의 해석 때는, 꿈 요소에서 꿈 사고로 역행하는 길을 더듬는다. 그런데 꿈의 작업은 이와 반대의 길을 걸은 것이며, 길은 반대 방향으로 나간다는 것은 도무지 있을 수 없을 것 같다. 오히려 우리는 낮에 새로운 관념 결합을 지나, 어떤 때는 여기, 어떤 때는 다른 곳에서 중간사고나 꿈 사고에 부딪치는 수직의 갱을 파내려 간다는 것이 사실이다. 낮의 생생한 관념자료가 어떻게 해석 계열 속에 끼어들어 가는가를 우리는 알 수 있다. 그리고 밤부터 생기고 있는 저항의 증대로 새로운 우회의 길을 걷도록 강요할 것이다. 그러나 우리가 그와 같이 낮에 자아내는 부차적인 것의 수나 종류는 우리가 오로지 구하고 있는 꿈 요소를 향한 길로 인도되는 데 지나지 않으므로 심리학적으로는 아주 무의미한 것이다.

B. 퇴행

우리는 갖가지 이의에 대해서 우리의 주장을 옹호해 왔고, 적어도 방어하기 위해 우리의 싸움을 어느 점에서 휴전하느냐 하는 것을 보여주었으니, 진

[*12] 지금 여기서 말한 명제가 당시는 매우 의심스러운 것처럼 받아들여지곤 했으나, 나중에 융 및 그 제자들의 진단학적 연상 연구에 의해서 실험적으로 인정되었다.

작 그러기 위한 준비를 갖추어 둔 심리학적 연구에 들어가는 것을 더 이상 미룰 수 없다. 그래서 우선 지금까지 한 연구의 중요한 성과를 요약해 두기로 한다. 꿈은 매우 중요한 심리적 행위이다. 또한 그 원동력은 언제나 예외 없이 충족되어야 할 어떤 소망이다. 꿈이 소망의 충족이라는 것이 명료하지 않거나 꿈에 기괴한 일이나 황당무계한 것이 많이 따라다니는 것은, 꿈이 형성될 때 받은 심리적 검열의 영향 때문이다. 이 검열을 피하려고 하는 강한 요구 이외에 꿈의 형성 때 심리적 자료를 압축하고자 하는 요구, 감각적 형상에 의한 표현 가능성의 고려, 그리고 언제나 반드시 그렇다고는 할 수 없지만 꿈 형성물의 합리적이고 이치에 맞는 외관에 대한 고려 등이 동시에 작용하고 있었다. 이러한 모든 명제에서 길은 다시 심리학적 요청과 추론으로 통하고 있다. 소망의 동기와 위의 네 가지 조건과의 상호관계 및 이들 네 가지 조건들 사이의 상호관계가 우리의 연구 과제가 된다. 꿈은 마음 생활의 관련 속에 편입되지 않으면 안 된다.

우리는 아직 해결에 이르지 못한 몇 가지 수수께끼를 기억하기 위해, 이 장의 서두에서 하나의 꿈의 사례를 들었다. 불에 타는 어린아이에 관한 그 꿈의 해석은, 우리가 생각하고 있는 뜻으로는 결코 완전한 것이라고 할 수는 없어도, 아무튼 그리 곤란하지는 않았다. 우리는 왜 그때도 대체 눈을 뜨는 대신 꿈을 꾸었는가 하는 질문을 내놓고, 그 꿈을 꾼 하나의 동기는 내 아이가 살아 있다고 상상하고 싶은 소망이었다는 것을 인정했다. 또 하나의 다른 소망도 거기서 한몫을 맡고 있는데, 이것은 훨씬 뒤의 논의에서 알 수 있게 된 것이다. 그러므로 우선은, 잠잘 때의 사고 과정을 꿈으로 변화시키는 범인은 내 자식의 살아 있는 모습을 보고 싶다는 소망 충족이었다고 해두기로 한다.

이 소망 충족을 제거하면 뒤에는 심리적 사상의 두 가지 종류를 나누는 하나의 성격만 남는다. 그때, 꿈의 사고는 이런 것이었다고 여겨진다. "유해가 놓여 있는 방에는 한 줄기의 빛이 보인다. 아마 초가 한 개 넘어져 아이가 타고 있는 것 같다." 이렇게 생각하고 있는 결과를 이 꿈은 조금도 변경하지 않고 재현한다. 그러나 그것이 표현되어 있는 상황은 지금 그 자리에 있고 여러 가지 감각으로 깨어 있을 때의 체험처럼 포착되지 않는다. 그런데 이것이야말로 꿈을 꾼다는 것이 갖는 가장 보편적이고 현저한 심리학적인 것이다. 말하자면 어떤 관념, 보통 소망된 관념이 꿈속에서는 객관화되어 어떤 정경 장면으로 표현된다. 아니 체험된다고 해도 좋다.

그런데 꿈 작업의 이 특색 있는 속성을 어떻게 설명하면 좋은가. 혹은 좀 더 겸손한 표현을 한다면, 어떻게 여러 심적 과정의 관련 속에 구성시키면 되는가?

자세히 관찰하면 잘 알 수 있는데, 이 꿈 현상의 형식 속에는 서로 거의 관계가 없는 두 가지 특성이 드러나 있다. 하나는 어떤 일을 '아마도 ……일 것이다'라는 말을 생략하고 현재의 상황으로서 표현하고 있는 것이며, 또 하나는 관념을 시각적 현상과 대화로 대치하고 있는 것이다.

꿈 사고가 자기 속에 표현되어 있는 기대를 현재화함으로써 일어나는 변화는 아마 이 꿈에서는 공교롭게도 별로 현저하게 나타나 있지 않을 것이다. 이 것은 이 꿈에 있어서의 소망 충족은 특수한, 사실은 부차적인 역할과 관련되어 있다. 꿈 소망이 깨어 있을 때 사고의 수면 속에서의 계속과 구별되지 않는 다른 꿈, 이를테면 일마의 주사에 관한 꿈을 들어 보자. 이 꿈에서 표현되어 있는 꿈 사고는 일마의 병이 오토의 탓이라면 좋을 텐데 하는 소망형이다. 꿈의 이 소망형을 밀어 놓고 그 대신 '그렇다, 일마의 병은 오토 때문이다'라는 단순 현재형을 놓는다. 즉 이것이 아무리 왜곡이 적은 꿈에서라도 꿈 사고에 가하는 변경의 첫째 것이다. 우리는 꿈의 이 제1의 특징에 그리 오래 관여하지 않기로 한다. 그리고 의식적인 공상이나 자기의 표상 내용을 공상과 아주 똑같이 처리하는 백일몽 같은 것을 지적하는 것만으로 이 제1의 특징을 처리하기로 한다. 도데의 작품 속에 나오는 조르주의 딸들은 아버지가 당당한 직업을 갖고 있으며 사무소에서 일하고 있는 줄 알고 있는데, 조르주 자신은 직업도 없이 파리의 거리를 헤매고 있으며, 언젠가 그는 자기에게 의식주의 길을 열어 줄 계기가 될 사건을 역시 현재형으로 꿈꾼다. 그렇기 때문에 꿈은 백일몽과 같은 방법으로 현재형을 사용한다. 현재형이야말로 소망이 충족된 것으로서 표현되는 시제인 것이다.

그러나 제2의 성격은 백일몽과는 달리 꿈에만 있는 독특한 것이다. 그것은 관념내용이 생각되지 않고 감성적 형상으로 바뀌면, 사람은 그것을 믿고 그것을 체험하고 있는 것처럼 생각한다는 성격이다. 반드시 모든 꿈이 관념을 감각 현상으로 변환시킨다고는 할 수 없다는 것을 덧붙여 둔다. 오직 관념으로만 성립되어 있는 것, 그렇다고 그러한 꿈의 본질을 부정해 버릴 수 없는 꿈도 존재한다. 내가 꾼 '아우토디다스커—N교수와의 낮의 공상'의 꿈같은 것은 내가 만일 이 꿈의 내용을 낮에 생각했다고 가정한 경우보다 더 감성적 요소가 혼입되어 있지 않다고 해도 좋은 꿈이다. 또 비교적 긴 어떤 꿈에도 감성적인 것에 변화를 입지 않고, 깨어 있을 때부터 우리의 습관처럼 되어 있듯이 다만 생각되거나 알려지거나 하는 것만의 요소가 포함되어 있다. 다시 우리가 여기서 바로 생각해 두고자 하는 것은 관념의 감성적인 상에 대한 이와 같은 변화는 꿈에서만 일어나는 것이 아니라, 예를 들면 독립하여 건강할 때 나타나거나, 또는 정신 노이로제의 증세로서 나타나는 환각이나 환상에서도 볼 수 있는 현상이라는 것이다. 요컨대 우리가 여기서 고찰하고 있는 관계는, 어떤 방향으로든지 전일적인 것이 아니다. 그러나 꿈의 성격은 그것이 나타날 경우에는 우리로 봐서 가장 주목할 만하다고 여겨지므로 이 성격을 꿈의 생활에서 제거하고 생각할 수는 없다. 이 성격을 이해하려면 더 광범한 논의를 되풀이할 필요가 있다.

여러 연구가에게서 발견할 수 있는 꿈 이론에 대한 의견 중에서 하나의 견해를 지금 이와 관련해서 꼭 지적해 두고 싶다. 뛰어난 학자 G.Th. 페히너는 그의 저서 《정신물리학》(제2부, 520면)에서 꿈에 대하여 논하고 있는 것과 관련하여 "꿈의 무대는 깨어 있을 때의 표상 생활의 무대와는 다른 것이다"라는 추정을 설명하고 있다. 이 이외의 어떤 가설도 꿈 생활의 특수한 특성을 이해시켜 주지는 않는다.

이렇게 해서 우리가 사용할 수 있는 관념(이데)은 '심리적인 소재(psychische Lokalität)'라는 관념이다. 지금 문제가 되고 있는 심리적 장치는 해부학적 표본으로서도 이미 널리 알려진 것인데, 이것을 도외시하고 심리적 소재를 해부학적으로 규정하려고 하는 유혹은 신중히 피할까 생각한다. 어디까지나 우리는 심리학적 기반 위에 멈추어 서서, 요컨대 마음의 여러 작업에 봉사하는 도구를 연결하여 현미경이나 카메라 같은 것으로 간주하라는 요구에만 따를 생각이다. 그러면 심리적인 소재는 거기서 명상의 전제 단계 가운데 하나가 성립되는 이런 기계 내부의 한 장소 같이 생각된다.

현미경이나 망원경에는 주지하는 바와 같이 부분적으로는 관념적인 구역이며, 그곳에는 그 기계의 구체적인 구성 부분은 아무것도 들어 있지 않다. 이런 종류의 보기란 모두 불완전하다는 것을 새삼 말할 필요는 없을 것이다. 이런 비유가 우리의 의지가 되어 주는 것은, 우리가 심리적 작업의 복잡성을 이해하려고 이 작업을 분해하여 개개의 작업을 하는 기계의 구성 부분을 명확하게 해보려고 시도하는 경우뿐이다. 심리적 도구의 연결을 이런 분해로 추측하고자 하는 시도는 내가 아는 한 아직은 행해진 적이 없는 것 같다. 그런 시도가 해롭다고는 생각되지 않는다. 생각건대 그것을 시도할 때 냉정한 판단력을 잃지 말고, 테두리를 전체 구조와 착각하지 않도록 한다면, 자유로이 추정을 해나가도 전혀 상관없는 것이다. 어떤 미지의 것에 접근하기 위한 걸음을 내딛기 위해서는 바로 보조 개념이 필요하므로, 가장 개괄적이고 뻔히 아는 가설이 오히려 어떤 복잡한 가설보다도 더 편리할 것이다.

그래서 심적 장치를 한 개의 연결 도구로 간주해 보자. 이 도구의 여러 부분을 검문소, 혹은 더 알기 쉽게 조직이라고 불러 두자. 그리고 이런 조직은 아마도, 이를테면 망원경의 렌즈 조직이 차례로 놓여 있는 것처럼, 서로 불변의 공간적 방향 설정을 하고 있다는 예상을 하게 된다. 엄밀히 말해서 심리적 여러 조직의 실제적, 공간적인 배열 같은 가설을 세울 필요가 없을 것이다. 어떤 종류의 심적 과정에 여러 조직이 일정한 시간 동안에 계속 흥분에 사로잡혀 감으로써, 어떤 확고한 순서 관계가 만들어지면 그것으로 우리는 충분하다. 이 순서는 심적이 아닌 다른 과정에서도 다소 바뀔지도 모른다. 그런 일도 있겠지만, 그 문제는 미해결로 남겨 두자. 심적 장치의 여러 구성 부분을 앞으로는 간단히 '심적 조직'이라고 부르기로 한다.

먼저 우리의 눈에 띄는 것은, 몇 개의 심적 조직으로 구성된 마음이라는 장치가 어떤 방향을 갖고 있다는 점이다. 우리의 심적 활동은 모두(내적 혹은 외적의) 자극에서 출발하여 신경 지배로 끝난다. 거기서 우리는 심적 장치에는 감각적인 말초 조직과 운동성 말초 조직이 붙어 있다고 생각하며, 감각적 말초 조직에는 감각을 받아들이는 조직이 있고, 운동성 말초 조직에는 운동성의 수문(水門)을 여는 다른 조직이 있다. 심리적 과정은 일반적으로 감각적 말초 조직에서 운동성 말초 조직으로 경과한다. 그래서 심적 장치의 가장 일반적인 도식으로는 위의 그림과 같은 외관을 생각할 수 있을 것이다(《그림 1》).

그러나 이와 같은 심적 장치는 반사 장치와 같은 구조를 가지고 있어야만 한다는, 우리가 진작부터 잘 알고 있는 요구를 충족한 것일 뿐이다. 반사 과정은 또 모든 심적 작업의 전형이다. 그런데 우리는 감각적 말초 조직에서 제1

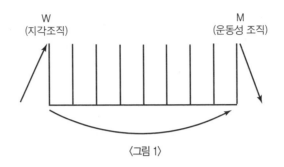

〈그림 1〉

차 분화가 생긴다고 생각할 이유가 있다. 우리에게 도달하는 여러 지각은 우리의 심적 장치 속에 어떤 흔적을 남기며, 이 흔적을 '기억 흔적(Erinnerungsspur)'이라고 부른다. 그리고 이 기억 흔적에 관계되는 기능을 우리는 '기억력'이라고 부르고 있다. 우리가 심적 여러 과정을 여러 조직과 결부시키려 생각하면, 기억 흔적은 다만 그런 조직의 여러 요소의 지속적 변화 이외에는 존재할 수 없다. 그런데 같은 조직에 자기의 여러 요소가 입은 변화를 충실히 견지하고, 그러면서도 변화를 불러일으키는 새로운 계기에 항상 신선하고 새로운 변화의 계기들로 대응시켜 나가려고 하면, 이미 다른 면에서 설명했듯이 분명히 거기에는 여러 가지 어려움이 따른다. 그러기에 우리는 우리 시도의 지도 원리에 따라 이 두 가지 작업을 별개의 조직으로 나눌 것이다. 우리는 심리적 장치의 가장 전면에 있는 조직은 감각 자극을 받아들이지만 그 흔적을 전혀 보존하지 못하여 아무것도 기억하지 못하는 반면, 이 제1 조직의 순간적 흥분을 지속적 흔적으로 대치하는 제2의 조직이 있다고 가정한다. 그러면 우리의 심리적 장치의 도식은 다음의 그림과 같은 것이 될 것이다(〈그림 2〉).

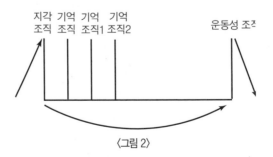

〈그림 2〉

지각 조직에 작용해 오는 여러 지각에서 우리가 그 지각의 내용 이외에 다시 다른 것까지 지속적으로 보존한다는 것은 이미 다 아는 대로이다. 우리의 여러 지각은 또한 기억 속에서 서로 결합되어 있다. 더욱이 무엇보다도 그것들이 동시적으로 전에 만난 후에 결합되어 있다는 것도 알 수 있다. 우리는 이것을 연상(聯想)의 사실이라고 부르고 있다. 그런데 지각 조직이 처음부터 기억력을 갖고 있을 경우, 그것은 연상을 위한 흔적까지도 보존하지 못한다는 것은 분명하다. 지각 조직의 개개의 요소는 어떤 새로운 지각에 대해서 그 전 결합의 잔재가 힘을 발휘하는 일이 있다면 그 기능은 몹시 방해를 받을 것이다. 그러므로 우리는 연상의 기반으로서는 오히려 기억의 조직을 상정하지 않을 수 없다. 그때 연상의 사실은 기억요소 속의 저항 감퇴 및 진로 개척의 결과, 흥분이 제3의 기억요소보다 오히려 제2의 기억요소 쪽으로 옮겨진다는 점에 존재하는 것이다.

　다시 자세히 바라보면, 이런 기억요소는 하나가 아니라 몇 개를 상정할 필요가 생긴다. 이러한 기억요소 속에서는 지각요소에 의해 옮겨진 동일한 흥분이 다른 종류의 고착을 받는다. 이러한 기억요소 중에서 첫째 것은 어쨌거나 동시성에 의한 연상의 포착을 포함하고 있을 것이다. 그러나 멀리 떨어져서 존재하고 있는 기억조직 속에서는, 동일한 흥분 자료가 다른 식으로 만나는 방법에 따라 배열되어 있으므로, 그 결과 유사성과 그 밖의 관계는 이들 나중의 조직에 의해 표현되는 모양이다. 이와 같은 조직에 심리적 의의를 말로 표현한다는 것은 물론 쓸데없는 것이다. 이 조직의 특성은 기억 소재의 여러 요소에 대한 관계가 긴밀함에 있는 듯싶다. 즉 만일 우리가 더 심원한 이론을 지적하고자 한다면, 이러한 여러 요소를 향한 유도 저항이 다양한 단체에 새겨져 있다는 점에 이 조직의 특성이 있다.

　아마도 어떤 주요한 시사를 포함하고 있는 것으로 여겨지는 일반적 성질의 의견을 여기서 하나 삽입해 두는 편이 좋을 것이다. 변화를 보존하는 능력, 다시 말해서 기억력이 없는 지각조직은 우리의 의식으로 보아서는 참으로 다종다양한 감성적인 질(質)을 제시한다. 거꾸로, 가장 깊이 새겨진 것까지도 포함하여 우리의 기억은 그 자체로는 무의식적인 것이다. 물론 그것은 의식화될 수 있다. 그러나 우리의 기억은 무의식 상태에서도 각종 작용을 전개한다는 것은 의심할 여지가 없다. 우리가 성격이라고 부르는 것은 우리 인상의 기억 흔적에 입각하고 있는 것이다. 더욱이 우리에게 가장 강하게 작용한 여러 인상은 바로 우리의 유년기의 것이며, 거의 절대로 의식화되지 않는 인상이다. 그러나 기억이 다시 의식화되면 그것들은 감정적인 질을 전혀 나타내지 않거나, 혹은 지각에 비해서 매우 미약한 질을 나타내거나 한다. 그래서 '기억력과 질은 의식에 대해서 심적 조직에 있어 서로 배타적'이라는 것이 실증된다면, 신경 흥분의 조건을 규명하는 유망한 길이 트일 것이 틀림없다.*13

우리가 지금까지 감각적인 말초 조직에서 심적 장치의 구조에 대해 상정해 온 것은, 꿈이나 꿈에서 끌어낼 수 있는 심리학적 해명을 전혀 생각지 않고 한 것이다. 그러나 심적 장치의 다른 한 부분을 인식하기 위해서는 꿈이야말로 우리의 증명에 있어 근거가 되어 주는 것이다. 만일 우리가 두 개의 심적 검문소를 상정함에 있어 그 중의 하나가 나머지 하나의 활동을 비판하고, 그 결과 의식화의 배제가 일어난다고 감히 생각지 않았다면 꿈 형성을 설명할 수는 없었을 것이다.

우리의 추론으로는 비판해 가는 쪽의 검문소는 비판받는 쪽의 검문소에 비해서 의식과 좀더 친밀한 관계를 갖고 있다. 전자는 후자와 의식 사이에 병풍처럼 막아서 있다. 우리는 다시 비판하는 쪽의 검문소를, 우리의 깨어 있는 생활을 좌우하고 우리의 제멋대로의 의식적 행동에 결정을 내리는 것과 동일화하는 실마리를 발견했다. 그래서 이번에는 이 두 검문소를 우리가 상정하는 바에 따라 조직에 의해 대치해 보면, 위에서 말한 인식을 통해서 비판하는 조직을 우리의 도식 속에 갖고 들어와, 각자에게 주어진 명칭에 따라 의식과 두 조직의 관계를 표시해 보면 다음 그림과 같다(〈그림 3〉).

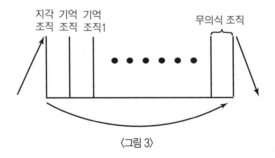

〈그림 3〉

---

*13 나중에 나는 의식은 기억 흔적 내부에 발생한다고 생각하게 되었다(궁극적으로는 《전집》 제14권 〈분더블록에 관한 각서〉 1925년 참조).

502 꿈의 해석

운동 말단에 자리잡은 여러 조직 중의 마지막 것을 '전의식 Vbw(das Vorbewuβt)'이라고 부르는데, 그것은 만일 어떤 조건이 충족되어 있으면, 이를테면 어느 정도의 강도가 획득되거나 주의력이라고 부를 수 있는 기능이 배분되거나 한다면, 그 마지막 조직 속의 흥분 과정은 지체 없이 의식적인 수면에 올라올 수 있다는 것을 암시하기 위해서이다. 그것은 동시에 자의적인 운동성에 열쇠를 쥐고 있는 조직이기도 하다. 이것의 더 깊숙이 있는 조직을 우리는 '무의식(das Unbewuβt)'이라고 부르는데, 그것은 '전의식'을 지나는 것 외에 이 조직은 의식에 이르는 길을 모르기 때문이다. 그리고 전의식을 통과할 때, 그 흥분 과정은 여러 변화를 감수하지 않으면 안 된다.*14

그러면 이런 조직 중의 어느 것에 꿈 형성의 동인이 놓이는 것일까? 간단히 말해 버리면, 무의식(無意識, Ubw)이라는 조직이다. 그러나 사실은 이렇게 말해서는 반드시 정확하지 않으므로, 꿈 형성은 전의식 조직에 속하는 꿈 사고와 부득이 결합되지 않을 수 없는 것이며, 이에 대해서는 나중에 설명하겠다. 그러나 또 우리는 다른 대목에서 꿈 소망을 논할 때 꿈의 원동력은 무의식의 원조를 받는다는 것을 알게 될 것이다. 그리고 이 나중의 계기가 있으므로 우리는 무의식의 조직을 꿈 형성의 출발점으로 하는 것이다. 그런데 이 꿈 흥분은 모두 그 밖의 관념 형성과 마찬가지로, 전의식 안으로 계속되고 전의식에서 의식으로의 통로를 얻으려고 노력을 나타낼 것이다.

경험이 가르치는 바에 의하면, 전의식을 지나서 의식에 이르는 이 길은 낮의 꿈 사고에 대해서는 저항 검열 때문에 막혀 있다. 밤이 되면, 꿈 사고는 의식으로 통하는 길을 만들지만, 그러나 어떤 방법으로, 어떤 변화 때문에 그런 통로가 트이느냐 하는 문제가 생긴다. 꿈 사고에게 이것을 가능하게 만드는 것은 무의식과 전의식 사이의 경계선에서 감시의 눈을 번쩍이고 있는 저항이 밤이 되면 저하하기 때문이라고 한다면, 우리는 현재 우리의 관심사인 환각적 성격을 나타내는 일이 없는 우리의 여러 표상을 자료로 하는 꿈을 꾸게 되어야 할 것이다.

그러기에 무의식과 전의식의 두 조직 사이에 있는 검열력 저하는 다만 우리

---

*14 위의 선으로 나타낸 도식을 더 상세하게 만들려면, 전의식에 계속되는 조직은 우리가 의식이 있다고 생각지 않을 수 없는 조직이며, 즉 W=Bw(지각 말초 조직=의식)라는 과정을 고려하지 않으면 안 될 것이다.

에게 '아우토디다스커(Autodidasker)' 같은 꿈 형성을 할 수 있을 뿐이지, 우리가 문제로서 이 장의 서두에 둔 '불에 타는 아이'의 꿈같은 것은 설명하지 못한다.

환각적인 꿈속에서 일어나는 일을 설명하자면, 흥분은 '역행적'인 길을 걷는다고 표현할 수밖에 없다. 흥분은 심리적 장치의 운동성 말초 조직 쪽으로 옮겨가는 대신, 감각적 말초 조직으로 이동해 가서 마지막으로 지각 조직에 도달한다. 심적 과정이 무의식에서 깨어 있는 동안에 계속하는 방향을 '전진적' 방향이라고 부른다면, 꿈에 대해서는 꿈은 퇴행적 성격을 갖는다고 말해도 상관없을 것이다.*15

그리고 이 퇴행은 틀림없이 꿈 과정의 심리학적 특성의 하나이다. 그러나 우리가 잊어서는 안 될 것은 퇴행은 꿈꾸는 일에만 고유한 것이 아니다. 의식적인 기억이나 우리의 정상적인 사고의 다른 부분적인 여러 과정도 또한 심적 장치 속에서 그 어떤 복잡한 표상 행위로부터 이 행위의 밑바닥에 존재하는 기억 흔적 소재로 퇴행하는 과정에 대응하고 있다. 그러나 깨어 있는 동안에는, 이 역행은 결코 기억 형상을 넘어서 나아가는 일이 없다. 이 역행은 지각 형상의 환각에 의해 부활되지는 못한다. 그것이 꿈에서는 어떻게 이 사정이 달라지는 것일까? 우리가 꿈의 압축 과정에 대해서 설명했을 때, 꿈 작업으로 표상에 부착된 강도(强度)는 한 표상에서 다른 표상으로 고스란히 옮겨진다는 가설을 피할 수 없다. 지각 조직을 반대 방향에서, 즉 관념 쪽에서 완전한 감상적인 발랄성을 갖게 될 때까지 충당하는 것을 가능케 하는 것은 아마 보통의 심적 과정이 입는 이 변화일 것이다.

우리는 이러한 의론의 유효 범위에 대해서 절대로 착각하고 있지 않다고 생각한다. 우리가 해온 것은 바로 설명할 수 없는 현상에 명칭을 붙이는 일이었다. 꿈속에서 표상이 일찍이 그 표상을 낳게 한 감성적 형상으로 되돌아가는 경우, 우리는 이것을 퇴행이라고 이름을 붙인다. 그러나 이렇게 부르는 데는 그만한 이유가 있어야 한다. 명칭이 우리에게 새로운 것을 전혀 가르쳐 주

---

*15 퇴행이라는 계기의 첫 암시는 이미 알베르투스 마그누스에서 발견된다. 그의 말을 들으면, 상상력은 눈에 띄는 대상의 보존된 형상에서 꿈을 구성한다. 이 과정은 각성 때와는 반대로 수행된다(디프겐, 14면에 의한다). 홉스는 이렇게 말하고 있다(《레바이아단》, 1651년). "요컨대 우리의 꿈은 우리의 각성 때 공상의 반대이다. 눈을 뜨고 있을 때는 한쪽 끝에서 시작하는 운동이 꿈을 꾸고 있을 때는 다른 끝에서 시작된다."(H. 엘리스 112면에 의한다)

지 않는다면 무엇 때문에 이런 명령을 할 필요가 있겠는가? 그런데 생각해 보면, '퇴행'이라는 명칭이 우리에게 도움이 되는 것은, 이 명칭이 우리가 이미 아는 사실을 어떤 방향을 갖춘 심적 장치의 도식과 결부시켜 주는 점에 있어서다. 여기서 비로소 이와 같은 도식을 만든 것이 뜻있는 일이 된다. 왜냐하면 꿈형성의 또 하나 다른 특성은 새삼 생각해 볼 것도 없이 이 도식의 도움만 빌리면 뚜렷해질 것이다. 우리가 꿈 과정을 우리에 의해 가정된 심적 장치 내부에서의 퇴행이라고 간주할 때, 꿈 사고의 모든 논리 관계는 꿈 작업 때 없어지거나 혹은 간신히 표현될 뿐이라는, 경험에 의해서 확인된 사실이 쉽게 뚜렷해진다. 이와 같은 논리 관계는, 우리의 도식에 따르면 첫 기억조직 속이 아니라 훨씬 앞에 있는 여러 조직 속에 포함되어 있어서, 퇴행 때 지각 형상을 남길 뿐 그 표현을 상실하지 않을 수 없을 것이다. '꿈 사고의 구조는 퇴행 때 그 원래 소재로 해체된다.'

그러나 낮에는 불가능한 퇴행이 어떤 변화로 가능해지는 것인가? 이 점에 대해서는 추측을 하는 것만으로 만족할까 생각한다. 아마 문제는 개개의 조직으로 하여금 흥분의 흐름이 통과할 수 있거나 없거나 하는 그들 조직의 에너지 충당에서의 변화에 있는 것임에 틀림없다. 그러나 마음과 같은 장치는 어떤 것에서나 흥분이 통하는 길에 대한 동일한 효과는 한 종류 이상의 이와 같은 변화에 의해서 성립될 것이다. 그래서 금방 생각되는 것은 물론 수면 상태나, 수면 상태에 의해 심적 장치의 감각적인 말초 지각에서 불러일으켜지는 에너지 충당의 변화이다. 낮에는 W(감각적 말초 조직)의 P조직(심리적 조직)에서 운동성을 향해 지속적으로 흐르는 조류가 존재하며, 이 조류는 밤에는 정지하여 흥분의 역류에 이제 아무런 방해도 할 수 없는 듯이 보인다. 이것이 일부 꿈 연구가들의 이론 중에서 꿈의 심리학적 성격을 해명하는 것으로 간주되고 있는 '외계와의 격리'라는 것인가 보다.

그러나 꿈의 퇴행을 설명하려면, 병적인 각성 상태에서 일어나는 다른 퇴행을 생각하지 않을 수 없을 것이다. 이러한 여러 형식은 물론 지금은 우리가 설명한 바로는 어찌할 도리가 없다. 전진적 방향의 끊임없는 감각적 조류가 있는데도 불구하고, 거기에는 퇴행 현상이 일어나는 것이다.

히스테리나 편집증의 환각, 정상적인 정신의 인간이 보는 환영 같은 것은 사실상 퇴행 현상에 대응하고 있다. 다시 말해 형상으로 바뀐 관념이다. 그리고 오직 억압되었거나, 아니면 무의식인 채로 머물러 있는 기억과 밀접한 관련이 있는 관념만이 이런 변화를 입는다는 식으로 해석할 수 있다. 이를테면 내 히스테리 환자 중에서 가장 나이 어린 12세 되는 사내아이는 막 잠들려고 하면 '빨간 눈의 초록빛 얼굴'을 가진 환각에 괴로워하고, 그것이 무서워 잠을 잘 수 없게 된다는 것이다. 이 현상의 근원은 이 소년이 4년 전에 자주 만난 다른 사내아이의, 억제되어 있으나 전에는 의식되고 있던 기억이다. 그 아이는 어린애다운 온갖 못된 버릇의 무서운 본보기를 보여 주었으며, 그 중에는 수음 행위도 포함되어 있었다. 그런데 히스테리 소년은 지금 자기도 늦게나마 수음한 것을 자책하고 있는 것이다. 이 소년의 어머니한테서 당시에 들은 이야기지만, 그 개구쟁이 사내아이는 '초록빛' 얼굴에 '빨간(가장자리가 빨간)' 눈을 하고 있었다고 한다. 거기서 위의 귀신이 생긴 것이며, 이 귀신은 어차피 그런 나쁜 아이는 바보가 되고 학교 공부도 안 되며 일찍 죽는다는 어머니의 또 다른 예언을 상기시키는 역할을 갖고 있는 것이다. 우리의 소년 환자는 그 예언의 일부를 적중시킨다. 그는 중학교 성적이 나빴으며, 그의 바라지 않는 착상을 따지고 물어본 결과 예언의 나머지 부분이 실현되지나 않을까 하고 무척 겁을 먹고 있다는 것을 알았다. 그러나 치료는 단기간에 성과를 거두어 소년은 잠을 자게 되고 불안은 사라져서, 중학교도 우수한 성적으로 졸업했던 것이다. 여기서 나는 40세 되는 어느 히스테리 여자 환자가 건강했을 때의 어떤 환각이 해소된 이야기를 해준 것을 예로 들 수 있다. 어느 날 아침, 그 환자가 눈을 떠보니 정신 병원에 들어가 있을 오빠가 방 안에 있다. 그녀의 어린 사내아이는 옆 침대에서 자고 있다. 그 아이가 잠이 깨어 '외삼촌'의 모습을 보고 '깜짝 놀라 경기를 일으키지 않도록' 엄마는 아이에게 이불을 폭 덮어준다. 그러자 오빠의 환영이 사라졌다. 이 환각은 이 여성의 소아기 기억이 변형된 것이다. 이 기억은 확실히 의식되어 있기는 했지만, 그 여자 환자의 마음속에 있는 모든 무의식적 자료와 더없이 긴밀한 관계에 있었다. 옛날 유모에게서 들은 이야기로는, 그녀의 어머니는 일찍 죽었으며(그때 그녀는 겨우 한 살 반이었다), 생전에 간질인가 히스테리 발작으로 괴로워했는데, 더욱이 그것은 어머니의 오빠(즉 환자의 '외삼촌')가 머리에 '이불'을 폭 덮어쓰고 귀신 흉내를 내어 그녀를 놀라게 한 그 충격이 원인이었다고 한다. 오빠의 환영, 이불, 충격, 그 영향 등 이 환각은 그녀의 기억과 동일한 요소를 포함하고 있다. 그러나 이미 요소들은 새로운 관련으로 배열되고, 다른 여러 인물로 옮겨 있다. 이 환각의 명백한 동기, 그 환각으로 대치되고 있는 이 관념은 그녀의 오빠와 체질이 매우 닮은 그녀의 아들이 비슷한 운명을 겪고 머리가 돌지나 않을까 하는 걱정이었던 것이다.

위에서 언급한 두 가지 사례는 수면 상태와 전혀 관계가 없는 것은 아니며, 그렇기에 아마도 이런 예로 증명하려고 하고 있는 것을 위해서는 적당하지 않을지도 모른다. 그러므로 환각을 수반하는 편집증 환자의 분석*[16]과 정신노이로제의 심리학에 관한 내 미발표 연구를 참조해 준다면, 퇴행적 관념 변화의 이러한 경우에 있어서의 억제된 기억이나 무의식으로 머물러 있는 기억은 많은 경우 유아기 기억의 영향을 간과해서는 안 된다는 것을 잘 알 수 있을 것이다. 이 기억은 말하자면, 이 기억 자체와 결합되어 있으나 검열 때문에 그 표현이 방해되고 있는 관념을, 이 기억 자체가 심적으로 존재하고 있는 표현형식의 퇴행 작용 속에 끌어넣는 것이다. 여기서 히스테리 연구의 한 결론으로서, 유아기의 사건들(기억이건, 공상이건)은 일단 의식화되면 환각으로 나타나며, 이것을 보고할 때 비로소 그 환각적 성격이 지워진다는 말을 해도 좋을 것이다. 평소에 그 기억이 시각적이 아닌 사람들까지도 가장 이른 시절의 소아기 기억은 감성적으로 선명한 성격을 후년에 이르기까지 보유한다는 것 또한 주지의 사실이다.

그런데 꿈 사고 속에서 유아적인 여러 체험, 혹은 그 체험에 입각한 공상이 어떤 역할을 하고 있는가. 그러한 체험 또는 공상의 일부가 꿈 내용 속에서 얼마나 자주 다시 고개를 쳐드는가, 꿈 소망 자체가 얼마나 그러한 체험 또는 공상에서 나오는가를 상기한다면, 관념의 시각적인 형상으로의 변화는 새로이 부활되기를 바라고, 시각적으로 표현된 기억도 심하게 표현을 구하면서도 의식에 의해 단절된 관념에 미치는 '견인 작용'의 결과인 것 같다는 사실을 꿈에 대해서도 부정할 수 없을 것이다. 이렇게 보면, 꿈은 또한 '최근의 것으로의 변이 때문에 변화된 유아기 장면의 대체물'이라고 간주할 수 있을 것이다. 유아기의 장면은 그대로 새로이 부활한다는 것은 있을 수 없다. 그것은 꿈으로서 재현되는 데 만족해야 한다.

유아기 장면(혹은 공상에 의한 그것의 되풀이)이 꿈 내용에 대해서, 말하자

---

*16 《방어기제(防禦機制) 노이로제에 관한 그 뒤의 견해》(《신경학 중앙잡지》 1898년, 제10호, 《전집》 제1권)

면 모범적 의의를 가졌다는 것을 지적한다면, 셰르너 일파의 내부 자극원에 관한 가설 가운데 하나는 무용지물이 된다. 셰르너는 꿈이 시각적 여러 요소의 특별한 선명함, 또는 특별한 시각적 요소가 풍부함을 인식시킬 경우, 시각 기관에 있어서의 내적 흥분인 '시각 자극'의 상태 같은 것을 가정한다. 우리는 이 가정에 군이 반대할 필요는 없으며, 이와 같은 흥분 상태를 단지 시각 기관의 심적 지각 조직에 대해서만 확인하는 데 만족하면 되는 셈이다. 그러나 이 흥분 상태는 기억으로 만들어낸 상태, 즉 당시는 현실의 것이었던 시각 흥분의 부활이라고 주장하고 싶다. 그 어떤 유아기 기억의 이와 같은 영향을 보여주는 좋은 실례는, 나 자신이 경험한 것 가운데는 하나도 없다. 아무리 해도 내가 꾼 꿈은 다른 사람의 꿈에서 볼 수 있는 감성적 요소가 모자라는데, 그래도 최근 몇 해 동안에 꾼 것 중에서 가장 아름답고 선명한 꿈에서는, 꿈 내용의 환각적인 명석함을 최근의 인상이나 조금 전에 받은 인상의 감성적 질에 쉽게 귀착시킬 수 있었던 것이다. 나는 이미 앞에서, 나 자신이 꿈에 본 물의 검푸른 빛, 배 위의 굴뚝이 토해내는 연기의 고동색, 건물의 어두운 느낌을 주는 고동색과 붉은색 같은 것에서 깊은 인상을 받았다는 말을 해두었다. 내가 꾼 꿈 중에서 시각 자극에 입각하여 해석되어야 하는 것이 있다면 이 꿈이 그것일 것이다. 그리고 무엇이 내 시각 기관을 이런 자극 상태로 옮겨 넣었는가 하면, 그것은 그 전의 인상과 하나가 된 최근의 한 인상이었다. 내가 본 갖가지 색깔은, 첫째 집짓기 놀이의 장난감 빛깔이었다. 그 꿈을 꾼 전날, 아이들이 그것을 보여주면서 나를 감탄시키려고 큼직한 나무토막 집을 만들었던 것이다. 그 집에는 꿈에서 본 것과 같은 어두운 느낌의 붉은 빛깔의 것이 있었고, 조그만 토막나무에는 청색과 갈색의 것이 있었다. 여기에다 다시 최근 이탈리아 여행에서 얻은 색채 인상, 이손초 강과 후미의 아름다운 검푸른 빛깔, 알프스 바위산의 다갈색 등이 합쳐 있다. 꿈의 빛깔의 아름다움은 기억 속에서 볼 수 있었던 빛깔의 되풀이에 지나지 않았던 것이다.

그 표상 내용을 감상적 형상으로 다시 주조해 내는 꿈의 특이성에 대해서 우리가 알 수 있었던 것을 요약해 보자. 우리는 꿈 작업의 이 성격을 설명하여, 심리학의 이미 아는 법칙에 귀착시킨 것은 결코 아니며, 오히려 이 성격을 미지의 여러 사정을 암시하는 것으로서 끌어내어, '퇴행적' 성격이라는 명칭으로 특정지웠다. 이 퇴행은 아마 이것이 일어날 때는 언제나 관념이 정상적인 과정에서 의식에 침입하는 데 반항하는 저항의 결과인 동시에, 강한 감각성을 지닌 기억으로서 관념에 미치는 견인 작용의 결과라고 생각했던 것이다.*17

여기에 꿈에서는, 아마 퇴행을 쉽게 하기 위해 여러 감각 기관에서 흘러나오는 낮의 전진적 조류의 정지가 부가될 것이다. 이 정지라는 보조 계기는 다른 형식의 퇴행에 있어서는 다른 퇴행 동기를 강화함으로써 상쇄되지 않을 수 없다. 또 우리는 병적인 퇴행의 경우에 꿈에서와 마찬가지로 에너지 전이의 과정이 정상적인 마음 생활의 퇴행과 다른 것 같다는 점을 잊지 말고 명심해야 할 것이다. 왜냐하면 이 에너지 전이의 과정에 의해서, 지각의 여러 조직을 완전히 환각적으로 충당하는 일이 가능해지기 때문이다. 우리가 꿈 작업을 분석할 때, '표현 가능성에 대한 고려'라고 기술한 것은, 꿈 사고에 의해서 저축된 시각적으로 기억되고 있는 여러 장면의 '선택적' 견인과 관계를 지우지 않으면 안 될 것이다.

퇴행에 대해서 다시 말해 두고 싶은 것은, 퇴행은 노이로제 증세 형성 이론에 있어서 꿈 이론의 경우 못지않게 중요한 역할을 한다는 점이다. 그리고 우리는 다음과 같이 세 종류의 퇴행을 구별한다. ① 여기서 전개시킨 심적 조직의 도식이 갖는 뜻에 있어 '지형학적' 퇴행 ② 오래된 심적 형성물로 되돌아가는 것이 문제인 한에 있어서의 '시간적' 퇴행 ③ 원시적인 표현 방법이나 묘사 방법이 보통의 표현묘사 방법에 대치되는 경우의 '형식적' 퇴행. 그러나 이 세 종류의 퇴행은 궁극에는 하나의 것이며, 많은 경우 함께 일어난다. 왜냐하면 시간적으로 오래된 것은 동시에 형식으로 원시적인 것이며, 지형학적으로는 감각적인 말초 지각에 좀더 가까이 위치하고 있기 때문이다.

우리는 꿈에서의 퇴행이라는 주제를 떠나면서 이미 몇 번인가 우리에게 다가온 한 인상에 대해 몇 마디 언급해 두지 않으면 안 된다. 이 인상은 우리가 정신노이로제의 연구에 깊이 파고 들어가고 나면 다시 강하게 되살아날 것이다. 그것은, 꿈을 꾼다는 것은 대체로 그 꿈을 꾸는 사람의 가장 빠른 시기에 있었던 여러 사정으로의 부분적인 퇴행이며, 그 사람의 소아기, 즉 그 소아기

---

*17 억압을 이야기할 때 상세하게 논하지 않으면 안 되는 것은, 한 개의 관념이 그것에 영향을 미치는 두 개의 계기의 협동 작업에 의해 억압에 빠진다는 것이다. 이 관념은 한편에서는 (의식의 검열 쪽에서는) 밀려나고, 다른 쪽에서는(무의식 쪽에서는) 끌려간다. 다시 말해서 큰 피라미드의 첨단에 올라갈 때와 같은 것이다(내 논문 〈억압〉 참조《전집》 제10권).

에 지배적이었던 충동의 움직임이나 그 시기를 마구 부려먹을 수 있었던 표현 방법의 재생이 아닐까 하는 인상이다. 그렇다, 이 개인적인 소아기의 배후에 계통 발생적인 소아기, 즉 인류의 발전이 얼굴을 내밀고 있는 것이다. 개인의 발전은 사실상 이 인류의 발전이 유연한 생활 사정의 영향을 받아서 생긴 축약된 반복에 지나지 않는다. 꿈속에 '한 조각의 원시적 인간성이 계속 작용하고 있으며, 사람은 직접적으로는 이제 그곳에 도달하기 어렵다'는 프리드리히 니체의 말이 얼마나 정곡을 찌르고 있는가를 잘 알 수 있을 듯하다. 그리고 우리는 꿈을 분석함으로써 아주 오랜 옛날 인간의 유산을 알게 되고, 인간 속에 있는 심적으로 타고난 것을 인식할 수 있지 않을까 하는 기대를 품게 되는 것이다. 짐작컨대 꿈과 노이로제는, 우리가 추측할 수 있는 것보다 더 심적으로 고대적인 것을 보존하고 있는 것 같으며, 그 때문에 정신 분석학은 인류 시초의 가장 어둡고 아득한 단계를 재구성하려고 애쓰는 여러 과학 중에서 높은 위치를 요구해도 상관없는 것이다.

꿈을 심리학적으로 이용하려는 우리 시도의 이 첫 부분이 스스로를 그리 특별히 만족시켜 주지 않는다는 것도 얼마든지 있을 수 있다. 우리로서는 분명하지 않은 미지의 세계에 대한 건설을 하지 않을 수 없다는 것으로써 스스로를 위안해야겠다. 만일 우리가 완전히 과오에 빠져 있지 않다면, 공격점을 다른 곳에 잡더라도 대체로 같은 영역에 들어갈 것이 틀림없으며, 그때는 아마 그 영역의 사정을 더 잘 알게 될 것이다.

C. 소망 충족에 대해서

앞에서 든 불에 타는 어린아이의 꿈은 소망 충족설이 부딪치는 난점을 규명하는 데 더 바랄 수 없는 계기를 준다. 꿈은 바로 소망에 대한 충족이라는 의견을 확실히 우리는 모두 기이한 생각으로 받아들였지만, 그것은 결코 불안한 꿈이 제기하는 모순 탓만은 아니다. 분석에 의한 첫 해명이 꿈의 배후에 의미와 심적 가치가 숨어 있다는 것을 가르쳐 주었다고 해서 그 의미가 그리 명백히 규정된다고 처음부터 기대해서는 안 될 것이다. 아리스토텔레스의 정확하지만 말수가 적은 정의(定義)에 의하면, 꿈이란 수면 상태 속으로(사람이 잠들어 있는 한) 계속된 사고이다. 그런데 우리의 사고는 낮에는 판단, 추론, 반박, 기대, 의도 같은 갖가지 잡다한 심적 행위를 만들어 내는데, 그것이 왜 밤에는 소망을 만들어 내는 데만 한정된다는 것일까? 오히려 다른 종류의 심적 행위를, 이를테면 걱정 같은 것을 꿈이라는 형태로 보여 주는 꿈도 많이 있지 않겠는가? 앞에서 인용한, 유달리 뜻이 선명한 아버지의 꿈(불에 타는 어린아이의 꿈)이야말로 그런 꿈이 아닐까? 잠자면서도 눈에 들어오는 한 줄기 빛으로, 아버지는 촛불이 넘어져서 어린아이의 유해가 타고 있을지도 모른다는 걱정의 추론을 끌어내고 있는 것이다. 그는 이 추론을 명백한 상황과 현재형으로 감쌈으로써 그것을 꿈으로 바꾸고 있다. 그때 소망 충족은 어떤 역할을 하고 있는 것일까? 그리고 깨어 있을 때부터 계속되고 있는 사고나, 새로운 감각 인상으로 생긴 사고의 우세는, 그 점에서 대체 어떤 형태로 오해의 여지를 남기고 있는 것일까. 이것은 모두 당연한 일이며, 우리에게 꿈에서의 소망 충족의 역할과, 수면 상태에서 계속되는 깨어 있을 때의 사고의 의미를 더 깊이 파고 들어가서 고찰하지 않을 수 없게 만드는 것이다. 바로 소망 충족을 기연으로 우리는 이미 꿈을 두 가지 종류로 나누었다. 분명히 소망 충족이라고 알 수 있는 꿈도 있었던 반면, 소망 충족은 발견하기 어렵고 흔히 모든 수단으로 그 충족을 은폐하고 있는 꿈도 있었다. 이 후자 쪽의 꿈에는 꿈의 검열이 작용하고 있는 것을 알 수 있었다. 왜곡이 없는 소망의 꿈은 오로지 어린아이의 꿈에서 볼 수 있었다. '짧고' 솔직한 소망의 꿈은 성인들 사이에서도 나타나는 것 '같았다.' (작은따옴표를 써서 강조해 둔다).

이제 우리는 꿈에서 실현되는 소망은 언제 어디서 오는가 하는 문제를 제기할 수 있다. 그러나 우리는 이 '어디서?'를 어떤 대립 또는 어떤 다양성과 관계지워서 생각해야 할 것인가? 여기서 대립이라고 말한 것은 의식화된 낮 생활과 줄곧 무의식이었다가 밤이 되어 비로소 알 수 있게 되는 마음의 활동과의 대립을 뜻한다. 나는 대체로 소망의 유래로서, 다음 세 가지 가능성을 발견한다. 소망은 ① 낮에 생겼으나 외적 사정으로 충족되지 않을 경우가 있다. 그런 때는 밤 때문에 소망이 있다는 것을 알 수 있지만 처리가 되지 않고 남는 것이다. ② 낮에 이미 떠올라 있었으나 우리의 의식에게 비난을 받았을 경우. 이런 때는 처리되지 않지만 억제된 소망이 뒤에 남는다. ③ 낮의 생활과는 관계없이 밤이 되어 비로소 억제된 것 가운데 우리의 마음속에서 움직이기 시작한 소망의 하나일 경우. 그런데 여기서 제1종의 소망은 전의식 조직 속에 있다. 제2종의 소망은 전의식 조직(Vbw)에서 무의식 조직(Ubw)으로 다시 밀려간 것이며, 적어도 존재한다면, 이 무의식 조직 속에밖에 보존되어 있지 않은 것이다.

제3종의 소망은 무의식 조직(Ubw)에서 절대로 밖으로 나갈 수 없는 것이라고 생각한다. 그런데 이들 다른 원천을 가진 세 가지 소망은 꿈에 대한 동등한 가치, 말하자면 꿈 형성을 일으키는 동등한 힘을 가지고 있는 것일까?

이 문제에 대답하기 위해서 우리가 이용할 수 있는 꿈의 여러 실례를 개관하고, 먼저 깨닫는 것은 꿈 소망의 제4의 원천으로서, 밤중에 고개를 드는 현실적인 소망 충동(이를테면 갈증의 자극, 성적인 욕구 등)을 부가하지 않으면 안 된다는 것이다. 그러면 우리는 꿈 소망이 어디에서 유래하는가 할 때, 꿈을 일으키는 능력을 바꾸는 것이 아니라는 생각이 들기 시작한다. 나는 낮에 중도에서 중지당한 호수를 건너는 일을 꿈속에서 계속한 우리 집 어린 딸의 꿈이나, 그에 가까운 여러 가지 어린아이의 꿈을 떠올리는 것이다. 충족되지 않았으나 억제도 되지 않은 낮의 소망으로 이들 꿈은 설명된다. 낮에 억제된 소망이 꿈속에서 나래를 펴는 것을 보여주는 실례는 얼마든지 있다. 이런 종류의 꿈의 가장 간단한 예 하나를 여기에 보충해 두겠다. 좀 말이 많은 수다스러운 한 여성이 있었다. 그녀에게는 약혼한 나이 어린 여자 친구가 있었다. 그 약혼한 여자 친구는 아는 사람들에게서 그 약혼한 남자를 아느냐, 그 남자를 어떻게 생각하느냐는 등의 질문 공세를 받고 입으로는 극구 칭찬했으나 본심은 내색하지 않았다. 왜냐하면 진심을 실토한다면, 이렇게 말하고 싶었기 때문이다. "그 사람은 아주 평범한 사람입니다."('평범한 사람'이라는 뜻의 Dutzendmensch 중에는 Dutzend라는 '12'의 뜻이 있으므로 "그런 사람은 한 다스나 있는 사람"이라는 의미가 된다). 그러자 밤에 같은 질문을 받는 꿈을 꾸고, 이런 상용문구로 대답했다. "추가 주문이 있으면, 번호를 말씀해 주시면 됩니다." 결국 왜곡을 받고 있는 모든 꿈에서는 소망이 무의식에 유래하고, 낮에는 그것을 알 수 없다는 것을 우리는 무수한 분석의 결과로 알게 될 것이다. 그런 까닭으로 우선 모든 소망은 꿈 형성에서 동등한 가치와 동등한 힘을 갖는 것처럼 보이는 것이다.

그런데 실제는 이와 사정이 약간 다르지만, 나는 여기서 그것을 증명할 수가 없다. 그러나 나는 꿈 소망이 더 엄한 제약을 받고 있다고 상정하고 싶다. 어린아이의 꿈은 확실히 낮에 처리되지 않았던 소망에 의해 꿈이 생겼다는 데에 추호의 의심도 갖게 하지 않는다. 그러나 그렇다고 하더라도 그것은 어린아이의 소망, 말하자면 유아적인 것에 특유한 강도를 가진 소망 충동임을 잊어서는 안 된다. 낮에 충족되지 않은 소망이 성인에게도 밤의 꿈을 만들어내는 데 충분한 것인지는 단언할 수 없지 않을까? 오히려 나는 우리가 사고 활동으로 충동적인 생활을 차츰 제어함에 따라, 어린아이한테서 볼 수 있는 강렬한 소망의 형성이나 보유를 무익한 것으로 차츰 단념하게 된 듯이 여겨진다. 그때 물론 개인차가 있어서 어떤 사람은 다른 사람보다 심적 여러 과정의 유아적 성격을 좀더 오래 보유하고 있을 수 있을 것이다. 그것은 본래 명백히 시각적이었던 표상 작용의 미약화라는 점에서도 이런 개인차가 있는 것과 같다. 그러나 일반적으로 성인에게는, 낮에 충족되지 않은 채 계속 남아 있는 소망이 꿈을 만들어내는 데 충분한 힘을 갖고 있지 않다고 나는 믿고 있다. 의식에서 유래하는 소망 충동이 꿈 탄생의 일익을 맡으리라는 것은 나도 인정하는 데 인색하지 않지만, 그것은 그런 정도의 것이지 그 이상의 것은 아닐 것이다. 만일 전의식적 소망이 다른 어디서부터 강화되지 않는다면 꿈은 성립되지 않을 것이다.

다른 어디서부터라는 것은 바로 무의식으로부터이다. '나는 의식적인 소망은 그것이 같은 내용의 무의식적 소망으로 자기를 강화하는 데 성공할 경우에만 꿈을 일으키는 자가 된다고 상정한다.' 이 무의식적 소망을 나는 노이로제의 정신 분석에서 얻은 암시에 따라 언제나 활동하고 있으며, 의식으로부터의 어떤 움직임과 손을 잡고, 자기보다 강도가 약한 것에 자기의 큰 강도를 옮길 기회만 있으면, 언제라도 어떻게든 스스로를 표출시키려고 몸을 도사리고 있는 것으로 간주하는 것이다.*18 그렇다면 다만 의식적인 소망만이 꿈속에서 실현된 것처럼 보일 것이 틀림없다. 그러나 이 꿈의 구성 속에 약간 눈에 띄는 특색이, 무의식으로부터의 강력한 보조자를 추적하는 하나의 실마리가 될 것

---

*18 이러한 무의식적 소망의 파괴하기 어려운 성격은, 다른 모든 사실상 무의식적인, 즉 무의식 조직(Ubw)에만 속하는 심적 행위와 공통된 것이다. 이러한 심적 행위는 언제나 탄탄히 나아갈 수 있는 길이고, 결코 황폐하는 일이 없으며, 무의식적 흥분이 그 길을 다시 충당할 때마다 흥분 과정을 몇 번이나 통과시키는 것이다. 비유를 써서 말한다면 무의식적 소망으로 봐서는, 피를 마시기만 하면 다시 되살아나는 '오디세이아' 속 저승의 망령들이 당하는 그런 파멸밖에 존재하지 않는 것이다. 전의식적인 조직에 의존하는 여러 과정은 이와 전혀 다른 뜻에서 파괴할 수 있다. 이 차이야말로 노이로제 정신 요법의 기초이다.

이다.

무의식에서 활동하고 있는 불멸의 소망은, 일찍이 승리한 여러 신에 의해 태초 이래 거대한 바위가 어깨에 지워져서, 지금도 여전히 그 수족을 경련하며 그 암궤를 들어올리고 있는 전설의 거인을 상기시킨다. 이들 억압 속에 있는 소망은 우리가 노이로제의 심리학적 연구로 알듯이 유아 때로부터 유래된 것이라고 단언해도 좋다. 따라서 나는 꿈 소망의 유래는 아무래도 좋다는 앞서의 말을 철회하고, 그 대신 '꿈속에서 표현되는 소망은 유아적인 소망이어야 한다'는 다른 명제를 세우고 싶다. 그러면 꿈 소망은 성인에게 있어서의 무의식(Ubw)에서 오고, 어린아이의 경우는 전의식(Vbw)과 무의식(Ubw) 사이의 분리나 검열이 아직 존재하지 않거나, 혹은 서서히 만들어지므로 그것은 충족되지 않고 억압도 되지 않은, 깨어 있는 동안 지녔던 생활의 소망이다. 이 견해가 반드시 일괄적으로 증명되지 않는다는 것은 나도 알고 있다. 그러나 '설마' 하고 생각되는 뜻밖의 경우에도 자주 그것이 입증되고, 반드시 일반적으로 부정할 수 없다고 주장한다.

그래서 나는 의식있게 깨어 있는 동안의 생활에서 뒤에 남은 소망 충동을 꿈 형성을 생각함에 있어 부차적인 것으로 취급해야겠다. 그들 소망 충동이 갖는 역할은 꿈 내용에 대한 수면 중의 현실 감각 자극 자료의 역할과 똑같다고 생각하고 싶다. 낮의 생활에서 뒤에 남은 것이지만, 소망이 아닌 다른 심리적 자극을 고려할 경우에는, 이런 생각이 나에게 명령하는 선 위에 멈추는 것이다. 우리는 잠자려고 결심한 때는 언제나 깨어 있을 때 사고의 에너지 충당을 일시적으로 정지하는 데 성공하는 수도 있다. 이것을 잘 할 수 있는 사람은 자고 싶을 때 자는 사람이다. 나폴레옹 1세는 이런 종류의 본보기 같은 사람이었다고 한다. 그러나 언제나 그렇게 잘 된다고 할 수는 없으며, 또 반드시 완전히 그렇게 된다고도 할 수 없다. 해결이 되지 않은 여러 문제, 마음을 괴롭히는 근심거리, 압도적인 인상 같은 것은 잠자는 동안에도 사고 활동을 계속해 우리가 전의식이라고 부르는 조직의 심리적 여러 과정을 들고 들어온다.

잠자는 동안 계속하는 이들 사고의 움직임을 분류하려 하면, 다음과 같은 그룹으로 나눌 수 있을 것이다. ① 낮에 우연한 방해 때문에 마지막까지 가지 않고 도중에서 중단된 것. ② 우리의 사고력이 이완해서 처리되지 않은 것, 미해결로 남은 것. ③ 낮에 거부되고 억제된 것. 이들 세 그룹에 강력한 제4의 그룹이 가담한다. 전의식의 자극으로 낮 동안 줄곧 우리의 무의식 속에서 활동하고 있는 것. 마지막으로 제5의 그룹으로 사소한, 따라서 처리되지 않은 채 남아 있는 낮의 인상을 덧붙일 수 있다.

낮 동안 생활의 이들 잔존물에 의해, 특히 제2의 미해결 그룹으로부터 수면 상태 속에 도입되는 심리적 강도를 낮게 평가할 필요는 없다. 틀림없이 이들 흥분은 밤에도 심하게 표현되기를 바라고 있고, 더욱이 마찬가지로 또한 확실히 수면 상태가 전의식에 있어서의 흥분 과정의 통상적인 계속과 의식화에 의한 이 과정의 종결을 불가능하게 한다고 생각해도 좋은 것이다. 우리가 사고 과정을 정상적인 길에서 의식화할 수 있는 한, 설령 밤이라도 그런 한에서는 잠자코 있는 것이 아닌 것이다. 수면 상태가 전의식 조직 안에서 어떤 변화를 불러일으키는지 나는 말할 수 없다.*19 그러나 수면의 심리학적 성격의 특징은 본질적으로 바로 이 전의식 조직의 에너지 충당의 변동 속에서 찾아야 하며, 이 전의식 조직은 또한 수면 중에는 마비되어 있는 운동성에 이르는 길까지 지배하고 있는 것이다. 이와 반대로 수면은 무의식 조직의 여러 사정 아래서는 2차적이 아니고, 무언가를 변화시킨다고 가정할 수 있는 어떤 계기도 나는 꿈의 심리학에서 끌어낼 수 없다. 그러므로 전의식으로부터 밤 동안의 흥분으로 여전히 이어져 있는 길은 무의식에서 취한 소망 충동의 길일 뿐이다. 밤중의 흥분은 무의식에서 강화를 찾고 의식적 흥분이 더듬는 우회로를 거쳐 함께 가지 않을 수 없는 것이다. 그러나 전의식적인 낮의 잔존물은 꿈과 어떤 관계에 있는 것일까? 전의식적인 낮의 잔존물이 풍부하게 꿈속에 침입해 온다는 것, 그것은 바로 꿈 내용을 이용하여 밤이라도 의식 안으로 밀고 들어오려 한다는 것은 의심할 것도 없는 일이다. 오히려 그것은 때에 따라서는 꿈 내용의 주조를 이루고, 꿈에 낮의 일을 계속하도록 강요하기까지 한다. 낮의 잔존물은 소망의 성격을 가질 수 있는 것 이외에도, 그 밖의 어떤 성격이건 가질 수 있다는 것도 또한 확실하다. 그러나 그 경우 낮의 잔존물이 꿈속에 넣어지려면 어떤 조건을 갖추어야 하는가를 본다는 것은 매우 배우는 것이 많을 뿐 아니라 또 소망 충족론으로 봐서 그야말로 결정적으로 중요한 일이기도 하다.

─────────────

*19 수면 상태의 여러 사정 및 환각 성립의 여러 조건을 더 깊이 규명하기 위한 시도를, 나는 〈꿈 이론에 대한 초심리학적 보유〉(《국제 정신분석학잡지》 제4권, 1916~1918년. 《전집》 제10권) 속에서 해놓았다.

앞에서 이미 소개한 꿈의 실례 가운데 하나, 이를테면 친구 오토가 바세도 씨병의 증세를 보고 나타나는 그 꿈을 예로 들어 보기로 하자. 사실 그날 나는 오토의 상태를 보고 속으로 걱정하고 있었으며, 이 걱정은 이 사람에 관한 일이 다 그렇지만 몹시 마음에 걸려 있었던 것이다. 이 걱정이 잠 속에까지 줄곧 나를 따라왔다고 생각해도 좋을 것이다. 아마 나는 그가 어디가 나쁜지 밝혀낼 생각으로 있었던 모양이다. 밤이 되어 이 걱정은 내가 보고한 꿈속에 표현되었다. 이 꿈의 내용은 첫째 무의미했고, 둘째로는 어떤 소망 충족에도 대응하고 있지 않았다. 그러나 낮에 내가 느낀 걱정의 부적당한 표현이 어디서오고 있는지 살피기 시작했다. 그리고 분석을 통해 내가 오토를 L남작과, 나자신을 R교수와 동일화시켜서 그것으로 어떤 연결을 발견한 것이다. 어째서나는 낮의 관념에서 바로 이 대용물을 선택하지 않을 수 없었을까? 이에 대한설명은 단 하나밖에 없었다. 나는 무의식 속에서 언제나 R교수와의 동일화를위한 준비를 하고 있었다. 왜냐하면 이 동일화에 의해 불멸의 소망 가운데 하나인, 훌륭하게 되고 싶다는 소망이 충족되었기 때문이다. 오토를 향한, 낮이라면 거부되지 않을 수 없는 추한 관념은 이 기회를 이용해서 살며시 꿈속의표현 안으로 기어들어왔다. 그러나 낮에 품었던 걱정 또한 꿈 내용 속의 어떤내용물에 의해 일종의 표현에 도달한 것이다. 본래 소망이라기보다 오히려 걱정이었던 꿈 사고가 그 어떤 통로를 지나서 지금은 무의식으로 억제되어 있는유아적인 소망과 어떻게든 결합하지 않을 수 없었다. 그리고 이 소망은 꿈 사고를 적당한 모양으로 의식해서 '성립'시킨 것이다. 이 걱정이 크면 클수록 만들어진 결합은 무리한 것이 되는 이치이며, 소망의 내용과 걱정의 내용 사이에 그 어떤 관련이 있을 필요는 없고, 사실 또 위의 실례에서도 그와 같은 관련은 존재하지 않았던 것이다.

소망 충족과는 아예 모순되는 자료, 말하자면 근거 있는 걱정이라든가, 비통한 생각이라든가, 쓰라린 견해 같은 것이 꿈 사고 속에 주어지고 있을 경우, 꿈이 어떻게 거동하는가를 살펴보는 형식으로 다시 앞에서 다룬 문제를 논한다는 것은 아마 의미 있는 일일 것이다. 거기에 대해서는 다양한 답을 생각할 수있는데, 대략 다음과 같이 분류한다. ① 고통스러운 관념은 모두 반대의 관념으로 대치시키고 거기에 수반되는 불쾌한 감정을 억누르는 것이 꿈 작업에 성공하는 경우, 그때는 순수한 충족의 꿈, 그 이상 논의할 것이 없는 것처럼 여겨지는 명백한 '소망 충족'이 결과로 나온다. ② 고통스러운 관념은 많건 적건 변경이 가해져서, 더욱이 그것과 잘 구별할 수 있는 형태로 겉으로 드러난 꿈의 내용 속에 들어오는 경우, 이 경우에는 꿈의 소망 이론에 대한 의심이 환기되고, 더 파고 들어오는 연구가 필요해진다. 고통스러운 내용의 이런 종류의 꿈은 아무것도 아닌 것으로 느껴지거나, 아니면 그 표상 내용에 의해서 정당한 것으로 보이는 불쾌한 감정을 그대로 고스란히 지니고 나타나거나, 혹은 불안감을 조성하면서 눈을 뜨게 만든다.

그런 때 분석은 이 불쾌한 꿈도 바로 소망의 충족이라는 것을 증명한다. 무의식의 억압된 소망의 충족은 꿈을 꾼 본인의 자아에 의해서 고통으로밖에 느껴지지 않는 것이지만, 그런 소망은 고통스러운 낮의 잔존물이 주저앉음으로써 제공되는 기회를 이용하고 그들 낮의 잔존물을 지지하며, 이 지지로 낮은 잔존물이 꿈속에 들어갈 수 있게 한다. 그러나 앞에서 말한 ① 의 경우에는 무의식적 소망이 의식적 소망과 일치하는 데 반해서, ② 의 경우에는 무의식적인 것과 의식적인 것 사이의 분열(억압된 것과 자아와의 괴리)이 노출된다. 그래서 요정이 어떤 부부에게 자유로이 선택시키는 그 세 가지 소망에 관한 동화의 상황이 실현되는 것이다(주 28 참조). 억압된 소망이 실현된 데 대한 충족감은 매우 클 것이므로, 그것은 낮의 잔존물에 부착되어 있는 고통이라는 감정과 속히 균형을 유지하는 것이다. 그런 경우 꿈은 한편에서는 어떤 소망의 충족이고 다른 한편에서는 어떤 두려움의 충족인데, 감정적으로는 무관심한 것이 된다. 또는 잠자고 있는 자아가 꿈 형성에 여전히 마음대로 참여하여, 억압된 소망의 충족이 성립되는 데 대한 심한 반항으로, 불안감 아래에서 이 꿈을 끝마치게 한 경우도 있을 수 있다. 그러므로 불쾌한 꿈이나 불안한 꿈이 이론적으로는 원만한 충족의 꿈과 마찬가지로 소망 실현이라는 것은 인정하기 어렵지 않다.

'형벌의 꿈'도 불쾌한 꿈의 일종일 수 있다. 형벌의 꿈을 인정함으로써 꿈의 이론에 어떤 의미에서 새로운 것이 부과되는 것은 확실하다. 형벌의 꿈으로 충족되는 것은 이 또한 무의식적 소망, 말하자면 억압되어 허용되지 않는 소망 충족을 품었기 때문에 꿈꾸는 사람을 처벌해 주고 싶다는 소망이다. 그런 것에 있어 형벌의 꿈도 꿈 형성의 원동력은 무의식에 속하는 소망에 의해 주어지지 않으면 안 된다는 요구에 복종하고 있는 것이다. 그러나 심리학적으로 더 세밀히 분석해 보면, 이런 종류의 형벌의 꿈과 다른 소망의 꿈에 있어 차이를 알 수 있다. ② 의 그룹의 경우, 꿈을 형성하는 무의식적 소망은 억압된 것에 속하고, 형벌의 꿈에 있어서는 그것 역시 무의식적 소망이기는 해도, 우리는 이 소망을 억압된 것에 속하는 것이 아니라 '자아'에 속하는 것으로 보지 않으면 안 될 것이다. 그렇기 때문에 형벌의 꿈은 '자아'가 보다 광범하게 꿈 형성에 참여하고 있는 가능성을 시사하고 있다. 만일 '의식' 대 '무의식'이라는 대립 대신, '자아' 대 '억압'이라는 대립을 놓는다면, 꿈 형성의 메커니즘은 훨씬 내다보기 쉬워질 것이다. 이것은 정신 노이로제에 있어서의 여러 과정을 생각하지 않고는 일어날 수 없고, 따라서 책에서 상세히 논할 수가 없었다. 내가 말해 두고 싶은 것은 다만 형벌의 꿈은 반드시 일반적으로 고통스러운 낮의 잔존물이라는 조건에 결부되어 있다고는 할 수 없다는 점이다. 오히려 낮의 잔존물이 만족을 주는 성질의 관념이기는 하지만, 그러나 허용되지 않는 만족을 표현하고 있다는 정반대의 조건 아래에서 가장 쉽게 생긴다. 그럴 때, 이들 여러 관념 중에서 겉으로 드러나는 꿈에 도달하는 것은 그들 관념의 직접적인 대립물 이외의 것이 아니다. 이것은 앞에서 말한 ① 의 그룹의 경우와 아주 흡사하다. 그러므로 형벌 꿈의 근본적 성격은 억압된 것에서(즉 무의식 조직에서) 나오는 의식적 소망이 꿈 형성자가 되는 것이 아니라, 무의식적 소망에 반작용하는 의식은 되지 않지만(즉 전의식의) 자아에 속하는 형벌 소망이 꿈을 형성한다는 점에 있다고 할 수 있을 것이다.

이상 말한 것을 나[20] 자신의 꿈에 대입해 설명해 보자. 특히 설명의 초점을 꿈 작업의 고통스러운 기대에 대한 낮의 잔존물을 어떻게 처리하는가에 두기로 한다.

〈시작은 분명하지 않다. 나는 아내에게 "당신한테 알릴 일이 있소. 특별한 일이오." 하고 말한다. 아내는 깜짝 놀라며 들으려고 하지 않는다. 그래서 나는 "아니, 오히려 당신이 기뻐할 일이오." 하고 얘기하고는 아들이 속해 있는 장교단에서 상당한 액수의 돈(5천 크로넨?)을 부쳐왔다는 이야기를 하기 시작한다……. 무슨 일인가로 표창을 받아 ……분배……. 그러면서 나는 아내와 함께 무언가를 찾아내기 위해서 저장실 같은 조그만 방으로 들어간다. 갑자기 아

---

*20 여기에 나중에 정신 분석학에 의해서 인식된 '초자아'의 개념을 포함시켜야 할 것이다.

들이 모습을 나타낸다. 군복을 입지 않고 몸에 꼭 맞는 스포츠복을 입고 있었으며(마치 바다표범 같다), 조그만 모자를 썼다. 아들은 바구니 위에 올라간다. 바구니는 상자 옆에 있으므로 무언가를 상자 위에 올려놓을 참인 것 같다. 불렀으나 대답이 없다. 왠지 얼굴이나 이마에 붕대를 감고 있는 것 같다. 입속에서 뭔가 우물거리며 그것을 속으로 밀어 넣는다. 머리칼이 희끗희끗하게 빛나고 있다. '몹시 피곤한가? 의치(義齒)를 했나' 하고 생각한다. 다시 한 번 불러보려고 했으나 그 전에 잠이 깼으며, 별로 불안감도 없는데 심장이 몹시 두근거리고 있었다. 시계를 보니, 새벽 2시 반이었다.〉

완전한 분석 보고는 이번에도 할 수 없다. 그래서 몇몇 중요한 점을 지적하는 데 그친다. 꿈의 계기를 준 것은 그날의 비통한 예감이었다. 전쟁터에 나가서 싸우고 있는 아들에게서는 벌써 1주일 이상이나 소식이 없다. 아들이 부상당하거나 전사하지 않았을까 하는 의혹이 꿈 내용 속에 표현되어 있는 것을 판단하는 것은 어렵지 않다. 꿈의 첫 부분에서, 고통스러운 관념은 기를 쓰고 그 대립물로 대치하려고 애쓰고 있는 것을 알 수 있다. 매우 기뻐할 일, 말하자면 돈이 왔다는 것, 표창을 받았다는 것, 분배에 관한 것 등을 알려주고 있다(금액은 의료 문제의 기뻐할 만한 사건에서 오고 있으며, 따라서 완전히 이 주제에서 일탈할 우려가 있다). 그러나 아무리 고통스러운 관념을 대립물로 대치하려고 해 보아야, 그것은 성공하지 못한다. 아내는 무언가 무서운 일을 예감하고 있어서 내 말을 들으려고 하지 않는다. 위장은 사실 또 너무 얇아서 억제하려고 하는 것에 대한 관계가 도처에 새어나와 있다. 아들이 전사했다면 전우들이 소지품을 부쳐 줄 것이다. 나는 아들의 유품을 형제자매나 그 밖의 사람들에게 기념으로 조금씩 나누어 주지 않으면 안 될 것이다. 표장은 '용감한 전사'를 한 장교에게 주어지는 일이 많다. 그런 까닭으로 이 꿈은, 그것이 처음에 부정하려고 한 것을 직접 표현하려고 든다. 그때 소망 충족적인 경향은 아직도 왜곡을 통해서 알 수 있다(꿈에서의 장소의 변경은 질베러가 주장하듯 상징으로 해석되어야 할 것이다). 무엇이 꿈에 필요한 원동력을 빌려 주고 있는지 우리는 물론 전혀 알 수 없다. 그러나 아들은 '쓰러지는 사람'(전사자)으로서가 아니라, '올라가는 사람'으로 나타나 있다. 그는 대담한 등산가이기도 했던 것이다. 군복이 아니라 스포츠복을 입고 있다. 말하자면 현재 두려워하고 있는 불상사 대신, 지난날 그가 스키 여행 때 넘어져서 대퇴골이 부러진 그 재난이 나타난 것이다. 그러나 스포츠복을 입은 그의 모습이 바다표범과 흡사하다는 것은 무척 개구쟁이인 어린 손자를 연상시킨다. 희끗희끗한 머리칼은 이 손자의 아버지, 즉 사위가 전쟁에서 고생한 것을 생각나게 한다. 그것은 무슨 뜻인가? 그러나 여기서는 그 이상 들어가지 않겠다. 장소는 식료품 저장실이며, 그가 무언가 가지고 나오려고 하는 상자는(꿈에서는 상 위에 무언가를 놓은 식으로 되어 있다), 내가 두 살이 갓 지난 다음 아직 세 살이 되지 않았을 때 자초한 재난을 어김없이 암시하고 있다. 나는 식료품 저장실의 발판 뒤에 올라가, 상자인가 테이블 위에 놓여 있는 맛있는 것을 집으려고 했다. 그러다가 발판이 넘어져서 그 모서리에 아래턱을 호되게 부딪쳤다. 하마터면 이가 다 빠질 뻔했을 정도였다. 거기에는 다음과 같은 경고의 소리가 울려나오고 있다. 말하자면 용감한 군인인 아들을 향한 적의의 충동처럼 '그것은 너에 대한 정당한 보답이다'라는 목소리이다. 그리고 다시 분석을 진행해 나가면, 두려워하고 있던 아들의 재난에 의해 충족될 수 있는 숨은 마음의 움직임이 발견된다. 그것은 늙은이가 이 인생에서 철저하게 억눌러 버렸다고 믿고 있는 젊음에 대한 질투심이다. 그리고 그와 같은 불행이 실제로 일어난다면, 고통스러운 감동의 강렬함이 그 질투심을 완화시키기 위해 이런 억압된 소망 충족을 찾아냈다는 것은, 아주 명백한 것이다.

나는 이 무의식적 소망이 꿈에서 무엇을 뜻하는가를 간단하게 표현할 수 있다. 그 자극이 대체로 또는 전적으로 낮 생활의 잔재에서 유래하는 꿈의 종류가 많다는 것을 인정할 작정이고, 또 언젠가는 조교수가 되고 싶다는 내 소망조차도, 만일 친구의 건강에 대한 걱정이 낮부터 여전히 내 마음속에서 움직이고 있지 않았다면, 그날 밤 나에게 꿈을 꾸게 하지는 않았을 줄 안다. 그러나 이 걱정만으로는 아직 꿈을 꾸게 하지는 않았을 것이다. 그 꿈이 필요로 한 원동력은 그 어떤 소망으로 주어지지 않으면 안 되었다. 그와 같은 소망을 꿈의 원동력으로 입수하는 것이, 사실은 그 걱정의 관심사였던 것이다. 비유적인 표현을 한다면, 어떤 낮의 관념이 꿈에 대해 기업가의 역할을 한다는 것은 있을 수 있는 일이다. 그러나 기업가는 무슨 착상을 해서 그것을 현실화하겠다는 강한 욕구가 있어도 자본이 없으면 아무것도 못한다. 기업가는 자기에게 돈을 대주는 자본가를 필요로 한다. 꿈을 위해 심리적 비용을 제공해 주는 이 자본가란, 그 낮의 관념이 어떤 것이건 간에 반드시 무의식세계에서 비롯된 소망이다. 또 때로는, 자본가 자신이 기업가인 경우도 있다. 아니, 이것이 가장 흔한 꿈의 형태일 것이다. 낮의 작업으로 어떤 의식적 소망이 자극을 받았기 때문에 그 소망이 꿈을 만들어 낸다. 여기에 보기로서 사용된 경제적, 그밖에 여러 가지 경우가 생각되는데, 꿈 과정에도 그와 비슷한 경우를 생각할수 있다. 이를테면, 기업가 자신이 약간의 자금을 내는 경우도 있고, 몇 사람의 기업가가 한 사람의 자본가에 의지하는 수도 있으며, 몇 사람의 자본가가 공동으로 기업가들이 필요한 돈을 대는 수도 있다. 그런 까닭으로 꿈도 하나 이상의 꿈 소망에 의해서 지탱되는 것도 있고, 그 밖에 비슷한 여러 가지 변형도 있는데, 이들 변형된 꿈은 그리 문제로 삼을 것도 없으며, 또 이제 우리의 관심을 끌지도 않는다. 꿈 소망에 관한 이상의 논의에는 아직도 부족한 점이 있지만 그것은 나중에 다시 보완할 수 있을 것이다.

위에서 이용한 경제적인 비유의 비교 중심점, 다시 말해서 자유롭게 사용할수 있도록 할당받은 양은 꿈 구조의 해명을 위해서 더 친밀하게 이용할 수 있는 것이다. 많은 꿈에서 특별한 감성적인 강도를 갖는 중심점을 발견할 수 있다는 점에 대해서는 앞에서 설명한 바와 같다. 이것은 보통 소망 충족의 직접적인 표현이다. 왜냐하면 꿈 작업의 이동작용을 제외해 놓고 보면, 우리는 꿈사고 속의 강도가 꿈 내용 속의 감성적 강도로 대치되어 있는 것을 발견할 수있기 때문이다. 소망 충족 주변의 여러 요소는 소망 충족의 뜻과는 흔히 아무런 관계도 없고, 오히려 소망에 저항하는 고통스러운 관념에서 파생된 것임이판명된다. 그러나 그러한 여러 요소는 대체로 중심적 요소와 인공적으로 만들어진 관련에 의해서, 꿈에서 표현될 수 있을 만큼의 강도를 얻게 된 것이다. 그와 같이 소망 충족의 표현력은 관련이 있는 특정 범주에 살포되며, 그 범주 내에서는 원래 아무런 수단이 없이도 모든 요소가 표현으로까지 높아진다. 몇가지 원천적인 소망을 가진 꿈에서는 개개의 소망 충족의 영역을 서로 구분하고, 흔히 또 꿈속의 틈바구니를 경계지대라고 이해하는 데 쉽게 성공하는 것이다.

우리는 낮의 잔존물이 꿈에 대해 갖는 의의를 위와 같이 한정하기는 했지만, 이 잔존물을 좀 더 주의해 본다는 것은 역시 그만한 값어치가 있는 일일줄 안다. 어떤 꿈이고 최근의 낮에 받은 인상, 흔히 가장 사소한 것과의 결합을 동시에 그 꿈속에서 발견시켜 주는 경험적 사실에도 우리는 별로 놀라지 않는데, 그것은 그러한 낮의 잔존물이 뭐니뭐니 해도 꿈 형성에 있어 필연적인 한 성분이 틀림없기 때문이다. 꿈 혼합에 이와 같은 부가물이 첨가되지 않을 수 없는 필연성에 대해 우리는 아직 통찰하지 못하고 있다. 이러한 필연성이 뚜렷해지는 것은 또한 사람들이 무의식적인 소망의 역할을 굳게 믿고, 그 뒤에서 노이로제 심리학에 설명을 구할 때뿐이다. 노이로제 심리학에서 아는 바로는 무의식적인 표상은 그 자체로는 전의식 속에 들어갈 힘이 없으며, 또 무의식적 표상이 거기서 어떤 작용을 나타낼 수 있는 것은 이미 전의식에 속해 있다는 단순한 표상과 결합함으로써 그 표상에 자기의 심적 강도를 옮기고, 그 표상으로 자기를 숨기는 경우뿐이다. 이것이 바로 노이로제 환자의 심적 생활에서 참으로 다양하고 두드러진 사상을 해명해 주는 '전이(轉移)'의 사실이다. 따라서 전이는 부당할 만큼 심적 강도를 갖게 된 전의식 표상을 불변인 채로 두거나, 혹은 그 전의식 표상 자체에 전이하는 표상 내용에 의한 변경을 강요하는 수가 있다. 내가 자주 일상생활 속에서 비유를 찾는 경향이 있어서 죄송하지만, 억압된 표상에 있어 사정은 오스트리아에 있는 미국인 치과의사와 비슷한 데가 있다. 미국인 치과의사는 정규면허를 가진 오스트리아인 의사의 명의를 간판에 내걸고 법의 눈을 피하지 않으면 개업이 허가되지 않는다. 미국인 치과 기술자들과 이런 거래를 하는 것은 물론 환자들이 잘 찾지 않는 의사들이지만, 그와 아주 똑같이 인간의 심적인 것에 있어서도 그 어떤 억압된 표상을 은폐하기 위해서 선출되는 것은, 그 자신이 전의식 속에서 작용하고 있는 주의를 충분히 자기에게 끌어당긴 전의식적 또는 의식적 표상이 아니다. 무의식은 특히 사소한 것으로서 주의를 끌지 못하거나 주의를 끌더라도 비난을 받고 즉각 다시 관심 밖으로 밀려나는 전의식의 인상, 또는 전의식 표상들과 주로 결합한다. 경험을 통해 증명된 연상 이론에 의하면, 어느 한 방향으로 밀접한 관계를 맺고 있는 표상이, 새로운 결합 관계의 다른 그룹에 대해서는 거부적인 태도를 갖는다. 나는 일찍이 히스테리성 마비에 관한 이론을 이 정리 위에 기초를 세우려고 시도한 적이 있다.

억압된 표상에서 전이에 대한 욕구가 생긴다는 것은 노이로제 분석으로 배운 일이지만, 그와 동일한 욕구가 꿈속에서도 작용한다고 가정한다면, 꿈의 수수께끼에 있어 두 가지가 단숨에 풀린다. 그 하나는 모든 꿈 분석이 어떤 최근의 인상이 엮어진 것임을 입증하고 있다는 수수께끼이며, 나머지 하나는 이 최근의 요소가 흔히 가장 아무래도 좋은 사소한 종류의 것이라는 수수께끼이다. 우리는 다시 이미 다른 대목에서 배워서 안 사실을 여기에 덧붙일 수 있다. 바로 그러한 최근의 사소한 요소는 저항 검열의 눈을 두려워할 필요가 없기 때문에, 꿈 사고 속의 가장 오랜 여러 요소의 대체물로 그토록 자주 꿈 내용 속에 돌아오는 것이다. 그러나 검열을 면한다는 것은 사소한 요소가 특히 꿈에 들어간다는 것을 우리에게 해명해 주는 데 반하여, 최근의 요소가 언제나 들어가 있다는 것은 전이로 향한 강제를 통찰하게 한다. 억압된 것은 아직 연상 관계를 갖지 않는 자료를 노리는데, 이 요구에 응하는 것은 사소한 인상과 최근의 인상과의 두 그룹이다. 사소한 인상은 다방면에서 결합 관계를 맺는 계기를 제공한 적이 없기 때문이고, 최근의 인상은 그런 결합 관계를 맺을 만한 시간적 여유가 아직 없었기 때문이다.

우리는 사소한 요소를 낮의 잔존물에 넣어서 생각할 수 있다. 그 낮의 잔존물은 꿈 형성에 참가할 수 있을 경우 단지 무의식에서 어떤 것을, 즉 억압된 소망이 자유로이 쓸 수 있는 운동력을 벌어 올 뿐 아니라 어떤 불가결한 것, 바로 전이를 위해 꼭 필요한 부착물을 무의식에 제공하는 것으로 보인다. 여기서 심리적 여러 과정에 더 깊이 파고들어가려면, 전의식과 무의식 사이에서 흥분의 움직임을 더 명백히 하지 않으면 안 될 것이다. 정신 노이로제의 연구는 무슨 일이 있어도 거기까지 나아갈 필요가 있는데, 그에 대해 꿈은 별다른 단서를 주지 않는다.

낮의 잔존물에 대해서 한 마디만 더 말해 두겠다. 잠을 방해하는 것은 꿈이 아니라 이 낮의 잔존물이다. 꿈이 오히려 잠을 지키려고 노력한다는 점은 의심할 수 없다. 이 점에 대해서는 나중에 다시 한 번 되돌아와서 논하게 될 것이다.

우리는 지금까지 꿈의 소망을 추구하여, 그 근원을 무의식에서 온다고 보고 낮의 잔존물에 대한 관계를 분석해 왔는데, 이 낮의 잔존물 자체는 소망일 수도 있고, 혹은 또 그 어떤 심리적 충동일 수도 있으며, 단지 최근의 인상일 수도 있다. 따라서 우리는 깨어 있을 때의 사고 작업이 갖는 꿈 형성에 있어서의 의의를 위해 갖가지 다양한 형태로 제기할 수 있는 요구를 받아들였다. 우리가 전개해 온 일련의 사고에 입각하여, 꿈이 낮의 작업을 인계하는 것으로서 깨어 있을 때 풀리지 않았던 과제를 보기 좋게 풀어낼 수 있는 극단적인 경우

마저 해명하는 것이 결코 불가능하다고 할 수는 없을 것이다. 다만 우리에게 그런 종류의 극단적인 경우를 보여 주는 실례가 없으므로, 그것을 분석해서 유아적 또는 억압된 소망 원천을 발견할 수가 없을 뿐이다. 이와 같은 소망 원천을 끌어당긴 덕분에 전의식 활동의 노력이 그토록 잘 강화된 것이 틀림없다. 그렇기는 하나 우리는 어떻게 무의식이 수면 속에 있는 소망 충족에의 원동력 이외의 것을 제공할 수 없는가 하는 수수께끼의 해결에는 한 걸음도 접근하지 못했다. 이 문제에 대한 대답은, 소망한다는 것이 어떤 심리적 성질의 것인가를 분명히 해줄 것이 틀림없다. 우리는 그 심리적 장치의 도식을 실마리로 해서 이 문제를 풀어나가고 싶다.

이 심적 장치도 긴 진화의 길을 거쳐서 비로소 오늘의 완전함에 도달한 것이리라 믿어 의심치 않는다. 그러니 심적 장치가 아직도 초기의 작업 능력밖에 갖고 있지 않았던 단계로 거슬러 올라가서 생각해 보자. 논거를 다른 곳에 두고 생각해 보면 심적 장치는 우선, 자기를 될 수 있는 대로 자극 없는 상태에 놓아두려고 한다. 그러기에 심리적 장치에 도달하는 감각적 흥분을 바로 운동적인 길로 배출하는 반사 장치의 도식을 가정한 것이다. 그러나 이 단순한 기능은 삶의 필요로 교란된다. 그래서 심적 장치는 그 뒤 더 복잡한 것이 되어 간다. 처음 삶의 필요는 심적 장치에 큰 육체적 욕구의 형태로 다가온다. 내적 욕구에 의해서 일어난 흥분은 운동성 속으로 배출구를 찾을 것이기 때문이다. 우리는 이 운동성을 '내적 변화' 혹은 '정서의 표현'이라고 볼 수 있다. 굶주린 어린 아이는 하는 수 없이 울기도 하고, 또는 팔 다리를 버둥거리기도 할 것이다. 그렇지만 상황은 조금도 변하지 않는다. 왜냐하면 내적 욕구에서 나오는 흥분은 순간적인 폭발력에 대응하지 않고, 지속적으로 작용하는 힘에 대응하는 것이기 때문이다. 그 어떤 방법으로, 어린아이의 경우라면 다른 사람의 도움을 받아 내적 자극을 해소시키는 '충족 체험'을 겪은 다음 비로소 어떤 전향(轉向)이 생길 수 있다. 그런데 이 충족 체험의 한 본질적인 구성 요소는 어떤 종류의 지각 출현(소아의 예로 말하면 젖을 먹이는 것)이며, 이 지각의 기억 형상이 그때로부터 욕구 흥분의 기억 흔적과 연상적 결합을 이루고 뒤에 남는다. 그리고 이 욕구가 다음에 나타나면, 먼저 만들어진 연상적인 결합 덕분에 바로 어떤 심적 흥분이 생기고, 이 에너지가 그 지각의 기억 형상을 다시 충당하여 지각 그 자체를 다시 불러일으킨다. 따라서 결국은 최초의 충족 상황을 재현시키려고 하는 것이다. 우리가 소망이라고 부르는 것은 바로 이런 마음의 움직임을 말한다. 그리고 지각의 재출현이 소망 충족인 것이며, 지각이 욕구 흥분에서 오는 에너지로 완전히 충당되는 것이 바로 소망 충족의 지름길이다. 심적 장치의 원시적 상태 속에서는 이 길은 실제로 그와 같은 순서로 더듬어지며, 따라서 소망하는 것이 일종의 환각 작용으로 끝난다고 상정하더라도 전혀 상관이 없는 셈이다. 다시 말해서 이 최초의 심적 활동은 '지각 동일성(知覺同一性)'을, 즉 욕구의 충족과 결합되어 있는 지각의 반복을 지향하고 있는 것이다.

어떤 쓰라린 생활 경험이 이 원시적인 사고 활동을 좀더 목적에 맞는 제2차적 사고 활동으로 달리 변형시킨 것이 틀림없다. 이렇게, 같은 지각을 심적 장치 내부의 역행적인 지름길을 통해서 달리 만들어 내는 한편, 꿈이 아닌 다른 곳에서는 외부로부터 같은 지각을 에너지로 충당하여 같은 결과가 나타나지는 않는다. 외적 만족은 얻을 수 없고, 쓰라린 경험으로 인해 막혀버린 내적 욕구불만은 그대로 지속된다. 내적인 지각 충당을 외적인 지각 충당과 같은 가치의 것으로 만들기 위해서는, 환각성 정신병이나 굶주림에 대한 공상에서 실제로 일어나듯이 내적인 지각 충당이 끊임없이 유지되어야 한다. 환각성 정신병이나 굶주림에 대한 공상은 '소망의 대상'을 '고집하는 데'에 그 심적 능력을 다 써버린다. 이 심적인 힘을 좀더 목적에 맞도록 사용하기 위해서는 퇴행이 완전히 기억 형상을 통과해 버리지 않도록 하고, 기억 형상에서 출발하여 결국은 외계로부터 지각하여 소망하게 된 바와의 동일성을 만들어 내는 다른 길을 찾아야 할 필요가 있다. 이와 같이 흥분을 저지하고, 이어 그것을 다른 데*²¹로 빗나가게 하는 것은 제멋대로의 운동성을 지배하여, 미리 기억된 여러 목적을 위한 운동성의 이용이 처음으로 그 작업과 결합되는 제2조직의 과제가 되는 것이다. 그러나 복잡한 사고 활동은 모두 기억 형상에서 출발하여 외계에 의한 지각 동일성을 만들어 내게 될 때까지 계속 작용하는 것이다. 따라서 결국은 경험에 의해 필요해진 '소망 충족으로의 우회로'를 표현하고 있는 데 지나지 않는다. 사고란 결국 바로 환각적 소망의 대체물이다.*²² 그리고 꿈

---

*21 바꾸어 말하면, '현실 음미'의 개시가 필연적인 것으로서 인정된다는 것이다.
*22 꿈의 소망 충족에 대해서, 르 로르랭은 정당하게도 이렇게 칭찬하고 있다. "별로 피로하지도 않고, 추구되어 있는 쾌락을 깎고 부패시키는 저 집요한 장기간의 싸움에 부득이 호소

이 하나의 소망 충족이라면, 소망 이외의 그 무엇도 우리의 심적 장치를 작업으로 내몰 수는 없으므로, 그것은 바로 당연한 일이라고 해도 좋을 것이다. 그 소망을 역행적인 지름길로 충족하는 꿈을, 이렇게 하여 우리를 위해 심적 장치의 제1차적인 목적에 맞지 않는 것으로서 버려진 활동 방식의 표본을 보존해 놓아준 것이다. 그 옛날, 인간의 심적생활이 아직 유치하고 무능했던 시기에 우리가 깨어 있는 동안의 생활을 지배하던 것이, 현대에서는 밤의 생활 속에 추방되어 모습을 나타내는 것이다. 이를테면 우리가 어린아이들의 방에서 지금은 폐기되어 버린, 성장한 인류의 원시 무기인 활을 다시 발견하는 것과 같다. 꿈을 꾼다는 것은 극복된 유년기 정신 생활의 일부이다. 정신병에서는 평소 깨어 있을 때는 억압되어 있는 심적 장치의 이 활동 방식이 무슨 일이 있더라도 다시 효력을 획득하려 하고, 외계로 향한 우리의 소망 충족에 대한 무능력을 드러내게 되는 모양이다.

무의식적 소망 충동은 분명히 낮에도 작용*[23]하려고 한다. 그리고 전이의 사실 및 정신병이 우리에게 가르치는 바에 의하면, 무의식적 소망 충동은 전의식 조직을 지나는 길을 통해 의식 및 운동성을 지배하려 밀고 나오려 한다. 꿈에 의해서 우리는 무의식과 전의식 사이에 검열이 있다는 것을 생각하지 않을 수 없는데, 그 검열 속에 우리는 정신 건강의 감시인을 인정하고, 그를 존경하지 않으면 안 된다. 그런데 이 감시인이 밤에 그 활동을 축소하여 무의식의 억제된 여러 충동을 표현시키고, 환각적 퇴행을 다시 가능케 만든다는 것은 그의 태만이 아닌가 하고 말할지 모른다. 그러나 그는 그렇게 생각지 않는다. 왜냐하면 이 비판적 감시인은 휴식할 때(그리고 감시인은 결코 깊이 잠들지 않는다는 증거가 있다) 그는 운동성의 문까지 닫아 버리기 때문이다. 평소에는 저지되어 있는 무의식 속에서 어떤 충동이 무대 위로 뛰어나오더라도 그것은 내버려 두어도 좋다. 그런 것은 아무런 해도 없다. 그런 충동은 운동 장치를 활동시킬 수 없고, 이 운동 장치만이 외부 세계를 바꾸는 힘을 미칠 수 있기 때문이다. 수면 상태는 감시되어야 하는 요새의 안정을 보장해 준다. 모든 힘의 이동이 밤에 비판적인 검열 때문에 소비하는 힘을 약화시킴으로써가 아니라,

---

하게 되는 일도 없다."

*23 나는 이 생각을 다른 곳(《심적 과정의 두 원칙에 관한 정식》《전집》제8권)에서 다시 더 상세하게 전개하여, 쾌락 원리와 현실 원리를 세웠다.

검열의 병적인 약화 혹은 무의식적 흥분의 병적 강화에 의해 만들어질 때, 전의식에 에너지가 충당되어 있고 운동성을 향한 의문이 열려 있는 한, 정세는 그리 무해하지는 않게 된다. 그때 감시인은 압도되고, 무의식적 흥분은 전의식을 자기 아래 굴복시킨다. 이 전의식으로부터 우리의 말과 행동을 지배하거나 환각적 퇴행을 강행하여 지각이 우리의 심적 에너지의 배분에 미치는 견인 작용으로, 본래는 자기를 위한 것이 아닌 장치를 작용시키는 것이다. 이런 상태를 정신병이라고 부른다.

우리는 앞에서 그 심리학적 구조에 무의식과 전의식이라는 두 조직을 끼워 놓은 채 그대로 내버려 두었는데, 이제야 그 구조를 다시 계속 구축하는 가장 적당한 도상에 있는 셈이다. 그러나 꿈을 일으키는 유일한 원동력인 소망 문제를 좀 더 규명해야 할 충분한 동기도 있다. 꿈은 소망 충족 이외의 어떤 작업도 모르고, 소망 충족 이외의 어떤 다른 힘도 자유로이 쓸 수 없는 무의식 조직이 만들어 내는 것이므로, 꿈은 언제나 하나의 소망 충족이라는 설명을 우리는 채택했다. 그런데 만일 지금 해석에서 출발하여 매우 광범위한 심리학적 사색을 하는 권리를 좀 더 고집하려고 한다면, 그와 같은 사색을 통해 다른 심적 형성까지도 포괄할 수 있는 관련 속에 꿈을 앉힌다는 것을 나타낼 책무가 있을 것 같은 생각이 든다. 무의식이라는 한 조직(혹은 우리의 논의로 봐서 그와 비슷한 것을 이루는 것)이 존재한다면 꿈이 그 유일한 표출일 수는 없다. 어떤 꿈이나 하나의 소망 충족일지는 모르지만, 꿈과는 별개의 비정상적인 소망 충족의 여러 형식도 역시 존재할 것이 틀림없다. 그리고 '모든 정신 노이로제적 증세의 이론이 귀착하는 곳은 그러한 증세도 무의식인 소망 충족으로서 파악되지 않으면 안 된다'는 명제이다. 꿈은 우리가 해명한 바에 의하면, 정신병*24 의사에게는 매우 중요한 소망 충족에 있어 한 계열의 첫 번째 항목일 뿐이다. 이 계열의 이해야말로 정신병학적 과제의 순심리학적 부분의 해명을 의미한다. 소망 충족에 있어 이 계열의 다른 여러 항목, 이를테면*25 히스테리 증세에 대해서 꿈에서는 아직 발견하지 못하고 있는 본질적 성격을 나는

---

*24 정확하게 말하면, 증세의 한 부분은 무의식적 소망 충족에 대응하고, 다른 한 부분은 소망 충족에 반대하는 반동 형성물에 대응하고 있다.
*25 휴링스, 잭슨은 일찍이 이렇게 말하고 있다. "꿈의 본질을 발견하라. 그러면 광기에 대해서 알 수 있는 것을 모두 발견한 것이 될 것이다."

알고 있다. 말하자면 나는 지금까지의 논술을 진행시키는 동안 몇 번이나 암시한 연구에서, 우리의 심리적 생활 속에 있는 두 조류가 서로 만나 그 어떤 히스테리 증세가 형성된다는 것을 알고 있다. 증세는 단지 실현된 무의식적 소망의 표현만은 아니다. 거기에는 또 증세로 충족되는 전의식에서 오는 소망이 부가되지 않으면 안 된다. 그 결과 증세는 적어도 이중으로, 다시 말해서 갈등 중에 있는 조직의 저마다의 측면에서 규정된다. 그 이상 다면적인 규제도 꿈의 경우와 마찬가지로 별로 제한이 없다. 무의식에서 유래하지 않는 규제는 내가 보는 한, 언제나 반드시 자기 징벌 같은, 무의식적 소망에 대한 반동 관념의 작용이다. 그렇기 때문에 나는 아주 일반론으로서 이렇게 말할 수 있다. '히스테리 증세는 두 개의 대립적인 소망 충동이 저마다 별개의 원천에서 나와 하나의 표현 속에서 만나는 경우에만 성립된다.'(이에 대해서는 논문 〈히스테리성의 공상과 그 양성 성욕과의 관계〉 1908년, 전집 제7권 속의 히스테리 증세의 성립에 관한 나의 총괄적 견해를 참조해 주기 바란다). 여기에 존재하는 복잡함을 완전히 드러내지 않는 한 확신을 일깨우지는 않으므로, 이 경우를 들더라도 별로 도움이 될 것 같지 않다. 그래서 나는 이상의 것을 주장하는 데 그치는 것이며, 여기에 하나의 예를 드는 것은 그것으로 내 주장을 입증하기 위해서가 아니라, 다만 그것을 분명히 해주기 때문에 그럴 뿐이다. 말하자면 어떤 여자 환자에게 있어서의 히스테리, 즉 구토는 한편에서는 사춘기 시절의 어떤 무의식적 공상의 충족이라는 것, 즉 계속 임신해서 무수히 아이를 낳고 싶다는 것이 나중에는 확대되어 무수한 '남자를 갖고 싶다'는 소망의 충족임이 판명되었다. 이 어이없는 소망에 대해서 다른 한편에서는 심한 저항 충동이 일어나고 있었던 것이다. 그러나 이 여자 환자는 구토로 차츰 수척하게 여위고 보기 흉해져서 어떤 남자도 좋아하지 않게 되어 있었으므로, 이 증세는 또한 징벌적인 생각의 작용에 대응하는 것이며, 이 두 가지 면에서 현실화될 수 있었던 것이다. 파르티아 민족의 여왕이 로마의 집정관 크라수스에게 사용한 것도 이와 마찬가지로 소망 충족의 방법이다. 여왕은 크라수스가 황금에 굶주려서 군사 행동을 일으킨 줄 알고, 죽은 그의 입 속에 황금을 부어 넣었다. "자, 그대가 갖고 싶어한 것이다." 꿈에 대해서 지금까지 알고 있는 것은, 그것이 무의식의 소망 충족을 나타내고 있다는 것뿐이다. 주도권을 쥐고 있는 전의식 조직은 소망 충족에 어떤 종류의 왜곡을 강요한 후에 그것을 인정하는 모양이다. 꿈 소망에 반대하는 관념의 작용은 꿈 소망의 적처럼 꿈속에 실현되는데, 이 움직임을 일반적으로 입증한다는 것은 사실상 불가능하다. 다만 이따금 우리는 꿈 분석 속에서 반동 형성물 비슷한 것과 마주칠 뿐이다. 이를테면, 그 백부의 꿈에서의 친구 R에 대한 친애감 같은 것이 그것이다.

그러나 여기서 발견되지 않고 있는 전의식의 개입은 다른 대목에서 발견할 수 있다. 주도권을 쥐고 있는 조직(전의식을 말한다)은 '잠자고자 하는 소망'으로 물러가 버리고, 심적 장치 내부에서 그 소망에 가능한 에너지 충당의 변화를 만들어 냄으로써 이 소망을 실현하며, 결국 잠이 계속되는 한 이것을 고집하는 데 대해, 꿈은 무의식으로부터의 소망을 모든 왜곡 후에 표현시킬 수 있을 것이다.

그런데 수면을 취하려는 전의식의 확고한 소망*26은 아주 일반적으로 말하면 꿈 형성을 쉽게 만드는 작용을 한다. 죽은 아이가 놓여 있는 방에서 비치는 한 가닥의 빛이, 시신이 타고 있지 않을까 하는 추론을 불러일으킨 그 아버지의 꿈을 생각해 보자. 아버지가 눈을 뜨는 대신, 꿈속에서 이런 추론을 내리도록 결정한 심적인 힘의 하나로서 우리는 꿈속에 표상된 어린아이의 살아 있는 모습을 하다못해 한순간이라도 더 오래 보고 싶다는 소망을 들었다. 억압된 것에서 유래하는 다른 여러 소망이 우리 눈에 잡히지 않는 것은, 아마 우리가 꿈의 분석을 할 수 없기 때문일 것이다. 그러나 이 꿈의 제2의 원동력으로서 아버지의 수면 욕구를 부가해도 좋을 것이다. 꿈에 의해 어린아이가 살아 있는 것이 한순간 연장되는 것과 마찬가지로 아버지의 잠도 한순간 연장되는 셈이다. 이 동기의 준비는 이렇다. 즉 이대로 꿈을 꾸고 있자, 그렇지 않으면 나는 눈을 떠야만 한다. 이 꿈에서와 마찬가지로 다른 모든 꿈에서도 수면에 대한 소망은 무의식적 소망을 지지한다. 우리는 이미 이 책의 앞부분에서, 분명히 편의의 꿈으로 볼 수 있는 몇 가지 꿈을 소개했다. 본래 꿈이라는 것은 모두 편의의 꿈이라고 불러도 마땅한 것이다. 외적 감각 자극이 꿈의 계속과 타협할 수 있도록 그것을 가공하고, 그것을 꿈속에 집어넣어 외부 세계의 일을 상기시키려고 경고하는 요구를 외적 자극에서 빼앗아 버리는 각성 꿈에서는, 더 잠자고 싶다는 소망이 작용하고 있다는 것을 쉽게 알 수 있다. 그러

---

*26 이 생각은 현대에 있어서의 최면술 연구의 원조라고 할 수 있는 리에보의 최면이론에서 빌린 것이다《최면술 기타》파리, 1889년).

나 수면 소망은 오직 내부로부터만 눈을 뜨게 하는 역할을 하여 수면 상태에서 흔들어 깨울 수 있는 다른 꿈의 허용에서도 한몫 거들고 있는 것이 틀림없다. 꿈이 너무나 방자한 것이 되어 올 경우 "괜찮으니까 내버려 둬. 더 잠자코 있으라구. 고작해야 꿈이잖아" 하고 전의식이 대개의 경우 의식에게 말하는 것은, 설령 그것이 말이 되어 겉으로 나타나지 않더라도 일반적으로 말해서, 꿈을 꾸는데 대해 우리의 지배적인 마음 활동이 갖는 태도를 나타내고 있다. 이렇게 하여 나는 다음과 같은 추론을 내리지 않을 수 없다. '우리는 수면 상태를 통해서 우리가 잠자고 있다는 것을 뚜렷이 알고 있는 것과 마찬가지로, 우리가 꿈을 꾸고 있다는 것도 뚜렷이 알고 있는 것이다.' 이에 대해 우리의 의식은 그와 같이 꿈을 꾸고 있다는 것을 알도록 결코 인도되지 않고, 검열이 기습을 당한 듯이 느끼는 특정한 경우에만 잠자고 있다는 것을 알도록 인도된다는 반론 따위는 그리 중요하게 여길 것도 없다. 말보다는 뚜렷한 증거로서, 자기들은 잠자고 있고 꿈을 꾸고 있다는 자각을 뚜렷이 느끼는 사람들이 있다. 바로 꿈의 생활을 좌우하는 의식적 능력 같은 것을 갖고 있는 사람들이다. 이런 사람은 이를테면 어떤 꿈이 갖는 회전이 불만이면, 눈을 뜨지 않은 채 그 꿈을 중단하고 꿈을 다른 방향으로 이어가기 시작한다. 마치 통속 작가가 구경꾼의 요청에 응하여 자기 연극을 자꾸만 더 눈에 띄게 만들어 나가다가 끝마치는 것과 같다. 혹은 또 다른 경우, 그런 사람이 꿈에 의해 성적 흥분 상태에 놓이거나 하면 잠자면서 이렇게 생각한다. '이런 꿈은 이제 더 꾸고 싶지 않다. 몽정 같은 것을 해서는 몸이 소모될 뿐이거든. 그런 정력은 오히려 현실 상황을 위해서 비축해 두자.'

에르베 후작은(《바슈테》, 139면에 의한다) 자기는 꿈의 진행을 자유자재로 빨리 할 뿐만 아니라 또 마음대로 행동을 바꿀 수 있도록 꿈을 좌우하는 힘을 얻었다고 주장했다. 이것은 짐작컨대 에르베 후작에게 있어서는 잠자고자 하는 소망이 다른 전의식적 소망, 다시 말해서 자기 꿈을 관철하고 즐기는 소망에 한 걸음 양보한 모양이다. 수면은 각성의 조건으로서의 어떤 유보(아이가 밤에 오줌 싸는 것을 간과하는 유모의 잠)와 타협하는 것과 마찬가지로, 이런 소망 기도와도 타협하는 것이다. 꿈에 관심을 갖게 되면 누구나가 눈을 뜬 후에 기억되는 꿈의 수가 많이 증가한다는 것도 이미 다 아는 것이다.

꿈을 좌우하는 데 대한 다른 관찰에 대해서 페렌치는 이렇게 말하고 있다.

"꿈은 심적 생활을, 그때 영위하고 있던 관념을 모든 면에서 손질하고, 소망 충족이 실패할 듯한 위험에 직면하면 그 꿈 형상을 폐기하여, 새로운 종류의 해결로 심적 생활의 두 검문소를 타협적으로 만족시키는 소망 충족을 만들어 내려고 애쓰며, 마지막으로 이에 성공하는 것이다."

D. 꿈에 의해 잠을 깨는 것, 꿈의 기능, 불안한 꿈

전의식이 잠을 자려고 하는 소망에 응하려 하고 있는 것을 안 이상, 앞으로는 꿈의 과정을 찾아가는 것이 매우 이해하기 쉬워진다. 그러나 우선은 꿈의 과정에 대해서 우리가 지금까지 알고 있는 것을 총괄해 두자. 말하자면 에너지 충당이 완전히 빼앗기지는 않는 낮 동안의 잔존물이 깨어 있을 때의 작업에서 남아 있었던 경우, 또는 낮에 깨어 있을 동안 작업을 통해서 무의식적인 소망 가운데 하나가 계속 작용하고 있었던 경우, 또는 이들 두 경우가 하나로 합친 경우, 이처럼 여기서 생각할 수 있는 갖가지 경우를 우리는 이미 논해왔다. 이미 낮 동안에, 또는 수면 상태가 이루어져서야 무의식적인 소망은 낮의 잔존물들과 연결되어 이들에게 전이가 이루어진다. 그때 최근의 자료에 전이된 어떤 소망이 생기거나 억제된 최근의 소망이 무의식에서 강화 에너지를 받아 다시 활발해진다.

이 소망은 그 일부가 원래 속해 있는 전의식을 통하는 사고 과정의 정상적인 길을 통해 의식 속으로 침입하려고 한다. 그러나 이 소망은 거기에 아직도 작용하고 있는 검열에 부딪쳐, 이제 그 영향 아래 굴복해 버린다. 여기서 소망은, 이미 전의식에 의해 최근의 것을 향해 일어나고 있는 왜곡을 받아들인다. 그러나 지금까지 소망은 강박 관념이나 망상과 유사한 어떤 것, 즉 전이를 통해 강화되고, 검열을 통해 표현이 왜곡된 관념이 되는 과정에 있는 것이다. 그러나 이제 전의식의 수면 상태는 그 이상 나아가는 것을 허락하지 않는다. 아마 전의식 조직은 그 흥분을 가라앉힘으로써 침입을 막는 모양이다. 그렇기 때문에 꿈의 과정은 바로 수면 상태의 특이성을 통해 열려 있는 퇴행의 길을 더듬고, 기억 집단이 꿈의 과정에 미치는 흡인력에 따른다. 그리고 이 기억 집단의 일부는 스스로 시각적인 에너지 집중으로 존재할 뿐이며, 나중에 여러 조직의 기호로 존재하는 것이 아니다. 퇴행의 과정에서 꿈 과정은 표현 가능성을 획득한다. 압축에 대해서는 나중에 논할 것이다. 이제 꿈 과정은 몇 번이나 굴절한 길의 두 번째 부분을 통과한 셈이다. 첫 번째 부분은 무의식적인 장면 혹은 공상에서 전의식을 향해 전진하며 뻗어 나간다. 그리고 두 번째 부분은 검열의 관문에서 다시 지각으로 지향하는 것이다. 그러나 꿈의 과정이 지각 내용이 되어 버렸다면, 검열이나 수면 상태가 전의식 속의 꿈의 과정에 놓인 장애를 잘 피해서 지나간 셈이 된다. 꿈 과정은 자기에게 주의를 끌어당겨서 의식이 자신을 인지하게 하는 데 성공한다. 말하자면 의식이란 심적인 성질을 파악하기 위한 하나의 감각 기관을 의미하는 것이므로, 이것은 깨어 있을 때 두 군데서 흥분시킨다. 첫째는 심적 장치 전체의 주변부라고도 할 수 있는 지각 조직에서이다.

둘째는 심적 장치 내부에서 에너지를 바꾸어 놓을 때 거의 유일한 심리적 성질로 생기는 쾌감과 불쾌감의 흥분에서이다. 보통은 전의식을 포함하여 심리적 조직 안의 모든 다른 과정들은 심리적인 성질이 모두 결여되어 있다. 따라서 지각되어야 할 쾌감과 불쾌감을 제공하지 않는 한, 의식의 대상은 될 수 없는 것이다. 그래서 우리는 '이들 쾌감과 불쾌감의 방출은 자동적으로 리비도 에너지 집중 과정의 경과를 규정한다'고 가정할 결심을 해야 할 것이다. 그러나 나중에 더 정교한 작업이 가능해지기 위해서는 표상의 흐름을 불쾌감의 증세에서 보다 더 독립적으로 형성해야 할 필요가 있음이 판명되었다. 이 목적을 위해서 전의식 조직은 의식을 견인할 수 있는 독자적인 성질을 필요로 한 것이며, 성질이라는 것은 아무리 보아도 전의식적인 과정을 모종의 특질을 가진 언어 기호의 기억 장치와 결부시킴으로써 얻어지는 듯싶다. 이 기억 조직의 여러 조직에 지나지 않았던 의식은, 이제 우리 사고과정의 일부에 대한 감각 기관도 된다. 이렇게 하여 이제는 두 개의 감각 표면이 존재한다. 그 하나는 지각 작용을 향하고 나머지 하나는 전의식적인 사고 과정을 향하고 있다.

나는 전의식적인 사고 과정을 향한 의식의 감각 표면은 수면상태를 통해 지각의 여러 조직을 향한 감각 표면보다 훨씬 흥분되기 어려운 것이 되어 있다고 가정하지 않을 수 없다. 밤 동안의 사고 과정에 대한 관심을 버리는 것은 또 확실히 목적에 맞다. 전의식은 잠자기를 바라고 있기 때문에 아무 일도 일어나서는 안되는 것이다. 그러나 꿈이 지각이 되어 버리면, 그것은 이제 획득한 여러 성질을 통해 의식을 흥분시킬 수 있다. 이 감각 흥분은 자신의 원래 기능을 성취한다. 감각 흥분은 전의식 속의 자유로이 사용할 수 있는 리비도 집중 에너지의 일부를 그 흥분을 일으키는 것에 대한 주의력으로 돌려놓는다. 그렇기 때문에 꿈은 언제나 잠자고 있는 사람을 일깨운다는 것, 즉 전의식의 휴식하고 있는 힘 일부를 활동시킨다는 것이 인정되지 않으면 안 된다. 그래서 꿈은 이 힘에서 우리가 관련성과 이해의 편의를 생각해서 제2차 가공이라고 부른 간섭을 받는 것이다. 다시 말해 꿈은 제2차 가공으로 다른 모든 지각 내용과 같은 취급을 받는다. 꿈은 그 자료가 허용하는 한에 있어서, 동일한 기대 표상(期待表象)의 지배 아래 놓이는 것이다. 꿈 과정의 이 세 번째 진행 방향을 문제로 삼는다면, 이것은 다시 전진적인 방향이 된다. 오해를 피하기 위해서 이들 꿈 과정의 시간적인 여러 특성에 대해서 한 마디 해두는 편이 좋을 것이다. 고블로의 매력적인 생각은 분명히 모리의 단두대에 관한 꿈의 수수께끼가 원인으로 자극을 받은 듯하지만, 꿈의 수면과 각성 사이의 이행 기간 이외의 다른 어떤 시간도 요구하지 않는다는 것을 증명하고자 하고 있다. 눈을 뜨는 데는 시간이 필요하며, 이 시간 안에 꿈이 꾸어지는 것이다. 꿈의 마지막 인상이 매우 강렬하기 때문에 부득이 눈을 뜨는 것이라고 생각되고 있는데, 사실은 우리가 꿈의 마지막 영상을 보고 있을 때는 이미 눈을 뜨기 일보 전까지 와 있기 때문에, 이 마지막 영상이 그렇게 강렬한 것이라고 고블로는 생각한다. "꿈은 시작하는 각성이다."*27

---

*27 이것이 우리가 꿈에서 인정할 수 있는 유일한 기능일까? 나는 그 밖의 기능은 없다고 생각한다. A. 매더는 확실히 꿈에 대해서 '제2차적인' 것이지만, 다른 여러 기능을 인정하려고 시도했다. 그가 출발점으로 삼은 것은 나중에 현실에서 수행되는 갈등의 해결, 따라서, 각성 때 활동의 연습 같은 방법이 행해지는 갈등 해결의 시도가 적잖은 꿈에 포함되어 있다는 올바른 관찰이었다. 거기서 그는 꿈을 꾼다는 것을 타고난 여러 본능의 예행 운동 및 나중의 진지한 행위의 준비로서 파악될 동물이나 어린아이들의 유희와 유사한 것으로 간주하고, 꿈을 꾸는 '유희 기능'이라는 것을 상정했다. 매더보다 조금 전에 꿈의 '미리 생각하는' 기능이라는 것이 알프레드 아들러에 의해 이미 강조되고 있었다(1905년에 내가 공표한 한 분석에서는, 기도로 파악되어야 할 어떤 꿈이 밤마다 되풀이되다가 마침내 현실에서 실행되었다). 그러나 조금 생각해 보면, 꿈의 이 '제2차적' 기능은 해석이라는 테두리 안에서는 도저히 승인될 수 없는 것임을 금방 알게 될 것이다. 미리 생각한다든가, 여러 가지 기도를 품는다든가, 해결의 시도를 연구한다든가 하는 것은 경우에 따라서는 나중에 각성 생활 속에서 현실화될 수 있는 것인데, 이와 같은 다른 많은 일은 '낮의 잔존물'로서 수면 상태 속으로 계속되고, 그 뒤 무의식적 소망과 더불어 꿈 형성을 위해서 협력할 수 있는 정신의 무의식적 및 전의식적인 활동의 소행이다. 그러므로 미리 생각하는 꿈의 기능은 오히려 전의식적인 각성 사고의 한 기능이며, 이런 기능의 결과로 나타나는 소산은 꿈이라든

고블로가 그의 주장을 일반화하려면, 많은 사실에 눈을 감지 않으면 안 될 것이라고 일찍이 뒤가(Dugas)는 지적했다. 눈을 뜨지 않는 꿈도 있다. 이를테면 자기의 꿈을 꾸고 있다는 것을 꿈 내용으로 하는 많은 꿈이 그렇다. 꿈 작업에 대해 우리가 아는 바에 의하면, 꿈 작업이 눈을 뜨는 데 필요한 시간 안에서만 행해진다는 것은 아무리 해도 인정할 수 없다. 거꾸로 꿈 작업의 첫 부분은 이미 낮 동안 아직 전의식이 지배하고 있을 때부터 벌써 시작되고 있다는 것이 사실이 아니면 안 될 것이다. 꿈 작업의 두 번째 부분인 검열에 의한 변경, 무의식적인 장면에 의한 흡인, 지각으로의 침입, 이런 것들은 아마 밤새도록 계속해서 일어나고 있는 것이며, 그런 한에서 우리는 무엇을 꿈꾸었는가는 말할 수 없더라도, 아무튼 밤새도록 꿈을 꾼 듯한 느낌이 있다는 것을 한마디로 잘못이라고 단언할 수는 없을 것이다. 그러나 나는 꿈 과정이 방금 설명한 시간적 순서를 의식화에 이르는 동안 줄곧 실제로 지킨다고 생각할 필요는 없다고 믿는다. 말하자면 먼저 정의된 꿈 소망이 존재하고, 다음에 검열에 의한 왜곡이 일어난다. 그런 다음 퇴행이라는 방향전환이 일어난다는 시간적 순서를 정확히 지키는 것은 아니다. 우리는 설명의 필요상 그런 순서를 세워보았을 뿐이며, 실제로는 이런 저런 동시적인 흥미, 흥분의 파도가 오고 간 끝에 자극의 가장 목적에 맞는 축적을 통해 바로 합당하게 배열된 이 구성이 지속적으로 되는 것 같다. 나 자신은 개인적인 경험을 통해 꿈 작업은 그 결과의 소산을 제공하기 위해서 흔히 하루 낮과 하루 밤 이상의 시간을 필요로 한다고 믿고 싶다. 만일 그렇다면, 꿈의 구조에 있어서의 독특한 기교도 별로 놀랄 것이 없어진다. 지각 대상으로 이해해야 하는 것에 대한 고려마저, 꿈이 의식을 자기 쪽으로 끌어당기기 전에 작용하기 시작하는 수가 있다고 나는 생각하고 있다. 의식을 자기 쪽으로 끌어당기고 나면 꿈 과정은 물론 진행된다. 왜냐하면 꿈은 두말할 것도 없이 이제 다른 지각된 것과 동일한 취급을 받기 때문이다. 그것은 몇 시간의 준비 후, 점화되어 한순간 동안 밤하늘에 발사되는 불꽃같은 것이다.

그런데 꿈 과정은 꿈 작업을 통해 수면 시간의 깊이에는 전혀 관계없이 의

가 그 밖의 여러 현상의 분석으로 우리가 고찰할 수 있는 것이다. 지금까지 오랫동안 꿈과 꿈의 드러난 내용은 동일시되어 왔는데, 이제는 꿈을 꿈의 잠재 사고와 혼동하지 않도록 해야 할 것이다.

식을 자기 위에 끌어들이고 전의식을 눈뜨게 하는 데 충분한 강도를 획득하거나, 아니면 꿈 과정의 강도가 그러기에는 불충분하기 때문에 눈을 뜨기 전에 활발함이 증대된 주의력이 꿈 과정으로 돌려지게 될 때까지 계속 대기 자세를 취하거나 한다. 대부분의 꿈은 비교적 미미한 심리적 강도로 작업하는 듯이 여겨진다. 왜냐하면 그러한 꿈은 눈뜨게 되기를 기다리고 있기 때문이다. 반면에 또 우리가 별안간 깊은 잠에서 깨게 될 경우, 대개는 그때 무엇인가 꿈을 꾸고 있었다고 지각하는 것도 설명된다. 그때 맨 처음 우리의 주목을 끄는 것은 자연스럽게 눈을 뜬 경우와 마찬가지로 꿈 작용을 통해 만들어진 지각 내용이고, 그 다음에 외부에서 주어진 지각 내용이 된다.

그러나 더 큰 이론적인 흥미는 한참 잠들어 있는 사람을 깨울 수 있는 꿈에 있다. 보통 곳곳에서 입증할 수 있는 합목적성을 염두에 두고, 어째서 꿈에서는 전의식적인 소망의 성취인 수면을 방해하는 힘이 무의식의 소망인 꿈에 허용되는 것인가 하는 의문이다. 아무리 해도 그것은 에너지 관계와 관련이 있는 것 같은데, 우리는 그 관계를 통찰할 수 없다. 만일 이 관계를 통찰할 수 있다면, 우리는 아마도 낮에 하듯이 밤에도 무의식을 억제하는 경우에 비해 꿈을 허용하고 꿈에 어느 정도 냉담한 주의력을 기울이는 것이 에너지 절약을 나타내는 것임을 알게 될 것이다. 경험이 보여 주듯이, 꿈을 꾼다는 것은 그 때문에 하룻밤 동안에 몇 번이나 잠에서 깨더라도, 어디까지나 자는 것과 하나가 될 수 있다. 한순간 눈을 뜨더라도 곧 또 잠들어 버린다. 잠자면서 파리를 쫓는 것처럼, 잠에서 깨어나서도 잠들려 한다. 다시 잠이 들면 방해를 제거한 것이다. 수면 소망 충족은 유모가 젖먹이가 오줌 싸는 것을 간과하고 잠자는 것 등의 이미 아는 예가 보여 주듯이, 어느 특정 방향을 향해서 계속 약간의 주의력을 소비하는 것과 쉽게 양립할 수 있다.

그러나 여기서 무의식적인 여러 과정을 잘 이해한 후의 어떤 항의에 귀를 기울일 필요가 있다. 우리 자신은 무의식적 소망들이 언제나 활동하고 있지만 낮에는 우리에게 인지될 만큼 강한 것은 아니라고 말했다. 그러나 수면 상태가 존립하고, 무의식적인 소망이 꿈을 형성하여 그 꿈으로 전의식을 눈뜨게 할 만한 힘을 갖는다는 것을 나타냈다면, 꿈이 지각된 후에는 어째서 이 힘은 다 없어져 버리는가? 오히려 꿈이 쫓아내고 쫓아내도 몇 번이나 날아오는 파리처럼 끊임없이 되풀이되지 않는다는 것은 우습지 않은가? 대체 어떤 권리가 있어서 꿈은 수면 방해를 배제한다고 주장하는가? 하는 항의이다.

　무의식적인 소망은 언제나 활동하고 있다고 우리가 말한 것은 확실히 옳다. 그것은 일정한 자극 에너지의 양이 사용할 때마다 언제나 통과할 수 있는 길을 나타내고 있다. 무의식적인 과정은 파괴되는 일이 없다는 것은, 이 과정의 뛰어난 특성이기까지 하다. 무의식 속에서는 그 무엇도 종결되지 않으며, 그 무엇도 소멸되지 않고, 또 그 무엇도 망각되지 않는다. 노이로제, 특히 히스테리를 연구하고 있으면 이것이 가장 강하게 인상에 남는다. 발작에 있어서 방출을 초래하는 무의식적 관념 통로는 흥분 에너지가 충분히 축적되었을 때는 바로 다시 통행이 가능해진다. 30년 전에 받은 모욕이라도, 그것이 무의식적인 흥분의 원천이 되는 통로를 손에 넣으면, 그 30년 동안 줄곧 방금 받은 모욕처럼 작용한다. 모욕의 기억이 일깨워질 때마다 모욕감은 다시 되살아나서, 어떤 발작 속에 운동적 방출이 되어 흥분 에너지로 충당되어 있다는 것을 보여 준다. 바로 여기에 정신 요법이 손을 대야 하는 단서가 있다. 정신 요법의 임무는 무의식적인 과정을 위해서 흥분을 해소시키고 망각을 만들어 주는 일이다. 즉 우리가 자명한 일로 간주하여, 시간이 심리적 기억 잔존물에 미치는 제1차적 영향이라고 설명하기 쉬운 경향이 있는 것, 다시 말해서 기억의 퇴색, 이미 최근의 것이 아닌 것이 된 인상에 대한 감동의 약화 등은 실제로는 쓰라린 노력으로 완성되는 제2차적인 변화인 것이다. 그리고 이 일을 성취하는 것은 전의식이며, '정신 요법은 무의식을 전의식의 지배 아래 복종시키는 것 이외의 다른 어떤 길도 갈 수 없는 것이다.'

　그렇기 때문에 개개의 무의식적 흥분 과정으로 보아서는 출구가 두 가지 있는 셈이다. 바로 어디까지나 자기가 자기의 처리를 하거나, 아니면 전의식의 영향에 복종하는 것이다. 첫 번째의 경우, 무의식적인 흥분 과정은 마지막에 가서 어딘가에 돌파구를 만들어 이 한 번밖에 없는 때에 자기의 흥분을 운동성으로 방출을 만들어 내고, 두 번째의 경우, 그 흥분은 전의식에 의해서 방출되는 대신 구속된다. '그런데 꿈 과정은 이 두 번째의 경우에 해당한다.' 에너지 집중은 의식 흥분에 의해 인도되므로, 지각이 꿈에 대해 전의식 쪽에서 주어지는 에너지 집중은 꿈의 무의식적 흥분을 구속하고, 그것을 방해하는 무해한 것으로 만들어 버린다. 꿈을 꾸고 있는 사람이 한순간 눈을 뜰 때, 그는 수면을 방해하는 파리를 실제로 쫓아버린 것이다. 이제 우리는 무의식을 수면 시간 동안 묶어 두기보다는, 차라리 무의식적 소망을 방임하여 자유로이 퇴행의 길을 걷게 하고, 그리하여 이 소망을 통해 망을 형성시킨 다음, 이 꿈을 아주 조그마한 전의식의 노력으로 구속하여 처리해 버리는 편이 실제로 더 목적에 맞고 설명에 적합하다는 것을 깨닫는다. 꿈이 본래 합목적인 과정은 아니었다고 하더라도, 그것은 심적 생활의 여러 힘의 작용 속에서 어떤 기능을 차지하고 말 것이 기대되었기 때문이다. 이 기능이 어떤 것인지 잘 알고 있다. 꿈은 무의식의 자유로이 방임된 흥분을 다시 전의식의 지배 아래로 가져오는 임무를 맡은 것이다. 그때 꿈은 무의식의 흥분을 방출시켜 무의식에 대해서 안전판 역할을 하며, 동시에 각성 활동력을 소비하여 전의식의 수면을 확보한다. 이와 같이 하여 꿈은 그 계열의 다른 심리적 형성물과 마찬가지로 두 조직이 서로 협조할 수 있는 범위 안에서 양쪽의 소망을 충족함으로써, 하나의 타협으로 두 조직에 동시에 봉사한다. 이미 앞부분에서 보고한 로베르트의 배출 이론(Ausscheidungstheorie)을 돌아보면, 우리는 꿈 과정의 전제 조건과 평가에 있어서는 그와 의견을 달리하지만, 꿈 기능의 규정이라는 요점에서는 로베르트의 말을 옳다고 인정하지 않으면 안 된다는 것을 알 수 있을 것이다. '두 소망이 서로 협조할 수 있는 범위 안에서'라는 제한은 꿈의 기능이 동시에 좌절해 버리는 경우가 있을 수 있다는 것을 시사하고 있다. 꿈 과정은 먼저 무의식의 소망 충족으로서 허용된다. 만일 이 소망 충족의 시도가 전의식을 매우 강하게 뒤흔들기 때문에, 전의식이 이제 쉬고 있을 수 없게 되면, 꿈은 협정을 깬 것이 되고 자기 임무의 다른 절반을 이제는 완수하지 않게 된다. 그럴 때, 꿈은 즉각 중단되어 완전한 각성이 된다. 다시 말해 평소에는 잠의 수호자인 꿈이 잠의 방해자로서 등장하지 않을 수 없을 경우, 사실은 이 경우에도 그것의 꿈은 책임이 아니며, 우리도 꿈의 합목적성을 의심할 필요는 없다. 그렇다고 이것이 유기체에 있어서의 유일한 경우는 아니다. 보통은 합목적인 장치가 그 성립조건에 무언가 변화가 생기면 즉각 합목적이 아닌 것이 되고, 방해물이 되는 경우는 그 밖에도 있다. 그리고 그런 경우, 방해물은 적어도 거기서 일어난 변화를 알려 주고 이 변화에 대항하여 유기체의 규정 수단을 일깨우는 새로운 목적에 봉사한다. 물론 내가 지금 여기서 염두에 두고 있는 것은 불안한 꿈의 경우이며, 꿈은 소망의 충족이라는 주장을 반박하는 이 불안한 꿈이라는 증인을 기피하고 있는 것으로 간주하고 싶지 않다면, 하다못해 암시적으로라도 불안한 꿈에 대해서 좀 언급해 두려고 한다.

　불안감을 발전시키는 심리적 과정이, 역시 하나의 소망 충족일 수 있다는 것은 우리에게는 벌써 오래 전부터 모순이 아니다. 우리는 이 사상을 이렇게 설명할 수 있다. 즉 전의식 조직은 이 소망을 물리치고 억눌렀지만, 소망 그 자체는 본래 다른 조직인 무의식에 속해 있다. 무의식이 전의식*28에게 굴복하는 것은, 어떤 건전한 심리적 상태에 있어서도 결코 철저하게 행해지는 일은 없다. 우리 마음의 정상적인 특성의 정도는 이 억제의 정도로 알 수 있다. 노이로제의 여러 증세는 조직이 서로 갈등에 빠져 있다는 것을 말하고 있으며, 그 증세는 이 갈등에 일시적인 결말을 짓는 타협적인 결과의 소산이다. 증세는 한편에서는 무의식에 대해 그 흥분 에너지의 방출을 허용하고 배설구 역할을 하지만, 그러면서도 또 한편에서는 전의식에 대해 무의식을 얼마간 지배하는 가능

＊28 "두 번째 문제를 아마추어는 등한시하고 있지만, 첫 번째 문제보다 훨씬 중요하고 심각한 다음의 요소이다. 소망의 충족은 확실히 기쁨을 가져올 것이 틀림없으나, 그렇다고 누구에게나 다 가져다 주느냐 하는 것이 문제가 되고 있다. 두말할 것도 없이 그것은 그 소망을 갖고 있는 당사자에게다. 그러나 꿈을 꾼 사람에 대해서, 그 사람은 자기 소망과 아주 특수한 관계를 맺고 있다는 것을 우리는 잘 알고 있다. 꿈을 꾼 사람은 자기의 소망을 비난하고 검열한다. 요컨대 그런 소망을 좋아하지 않는다. 따라서 그와 같은 소망의 충족이 그에게 쾌감을 가져다 줄 까닭이 없고, 오히려 그 반대의 것을 가져다 줄 뿐이다. 그런 경우, 경험에 의해서 그 반대의 것(이것은 나중에 설명할 예정이지만)은 불안의 형태로 나타난다는 것을 알 수 있다. 즉 꿈을 꾼 사람은 자기 꿈과 소망과의 관계에 있어서는 두드러진 공통점으로 결합되어 있는 두 인물의 합체에 비유할 수 있다. 내가 더 이상 상세하게 설명하는 대신 여러분도 그 속에서 이와 비슷한 관계를 발견할 것이다. 행운의 여신이 가난한 부부에게, 너희들이 가장 바라는 소원을 세 가지만 들어 주마고 약속한다. 이 두 사람은 좋아서 소원 세 가지를 신중하게 고른다. 그런데 아내는, 그때 이웃 오두막에서 굽는 소시지 냄새가 구수하게 떠도는 바람에 그만 거기에 마음이 끌려서, 저런 소시지 두 개만 가졌으면 하고 생각한다. 그러자 금방 소시지 두 개가 실제로 그들 앞에 나타난다. 이것이 첫 번째 소망 충족이다. 남편은 그만 화가 나서 홧김에 소시지가 아내의 코 끝에 가서 매달려 버리면 좋겠다고 생각한다. 그러자 이것도 이루어져서, 소시지는 아내의 코 끝에 가서 들러붙어 아무리 해도 떨어지질 않는다. 이것이 두 번째 소망 충족인데, 이 소망은 남편이 바란 것이다. 아내에게는 이 소망 충족이 매우 불쾌한 것임은 말할 것도 없다. 그 뒤 이 이야기는 어떻게 되는가는 여러분도 잘 알고 있는 대로다. 부부는 한 몸이므로, 세 번째 소망은 소시지가 아내의 코끝에서 떨어지게 해달라는 것이 아닐 수 없다. 우리는 이 동화를 아직 몇 번 더 다른 점에서 이해하게 될 줄 알지만, 여기서는 다만 만일 두 사람의 생각이 일치하지 않는다면, 한쪽 사람의 소망 충족은 다른 사람에게는 불쾌한 것이 되기 쉽다는 가능성을 설명하기 위해서 이야기했을 뿐이다."

성을 준다. 이를테면 히스테리성 공포증이나 광장불안(廣場不安)의 의의를 고려해 보면 참으로 잘 알 수 있다. 어떤 노이로제 환자는 혼자서 길을 걸어가지 못한다. 이것을 증세로서 들더라도 틀리지 않는다. 그런데 이 환자에게 스스로는 할 수 없다고 생각하고 있는 이 행동을 강제함으로써 이 증세의 해소를 시도해 보라. 그러면 반드시 불안 발작이 일어난다. 그것은 흔히 또 길거리에서의 불안 발작이 광장 불안을 만들어 내는 유인이 되기 때문이다. 이렇게 해서 우리는 증세가 형성된 것은 불안의 폭발을 막기 위한 것이었음을 안다. 공포증은 불안에 대해서 국경 요새 같은 방루를 이루고 있는 것이다.

이러한 여러 가지 과정에서 감정의 역할에 대해 더 깊이 언급하지 않는 한, 우리의 논의를 더 이상 앞으로 진행시킬 수가 없다. 그러나 여기서는 그것을 충분하게 언급할 수 없다. 그래서 우리는 다음과 같은 명제를 세우려고 한다. 무엇보다도 무의식 안에서 방임된 표상의 경과가 본래 쾌락의 성격을 지녔으나 억압의 과정 이래 불쾌감의 성격을 띠기 때문에, 무의식의 억제가 필요하다. 억제는 이 불쾌감의 발전을 방지하는 목적을 가지며, 또 그 방지에 성공한다. 억제가 무의식의 표상 내용에도 미치는 것은 표상 내용에서 불쾌감의 방출이 일어날 우려가 있기 때문이다. 이 경우 밑바닥에 놓여 있는 것은 감성 발전의 성질에 관한 아주 특정한 가정이다. 감정 발전은 그 때문에 무의식의 여러 표상 속에 신경 지배의 열쇠가 놓여 있는 운동성 또는 분비적(分泌的)인 업적으로 간주된다. 전의식 쪽에서의 지배를 통해 이들 표상은 말하자면 목이 졸려 죽고 감성을 발전시키는 충동의 방사는 저지된다. 그러므로 전의식 쪽에서의 리비도 에너지 집중이 끝날 경우의 위험은 무의식적 흥분이(그 이전에 있었던 억압 때문에) 다만 불쾌감, 불안으로서만 느껴지는 감정을 방출하는 점에 존재하는 것이다.

꿈 과정을 자유로이 방임하면, 이런 위험이 야기되는 셈이다. 이 위험이 실현하는 조건은 억압이 행하여졌다는 것과 억제된 소망의 움직임이 충분히 강력한 것이 될 수 있다는 것 속에 있다. 그렇기 때문에 이들 조건은 꿈 형성의 심리학적 테두리 밖의 문제이다. 만일 우리의 주제가 수면 중 무의식의 해방이라는 이 계기에 의해 불안 발전의 주제와 서로 관련하는 일이 없다면, 나는 불안한 꿈에 대해서 언급할 필요도 없을 것이고, 불안감에 따라다니는 모든 모호한 점을 여기서 논할 일도 없을 것이다.

이미 되풀이해서 말해 왔듯이 불안한 꿈에 대한 주장은 노이로제 심리학 부분에 들어간다. 우리는 그것이 꿈 과정의 주제와 접촉하는 점을 한번 들어 보였으니, 이 이상 불안한 꿈의 주장과 아무런 관계도 없는 셈이 된다. 이에 대해서 기술한다면 한 가지가 더 있다. 나는 노이로제적 불안이 성적인 원천에서 유래한다고 주장했으니, 불안 꿈의 꿈 사고 속에 성적인 자료가 있다는 것을 논하기 위해서 이런 종류의 꿈을 몇 가지 분석해 둘 필요가 있다.

노이로제 환자가 풍부하게 제공해 주는 실례를 모두 여기서 단념하는 데는 정당한 이유가 있는 것이며, 오로지 청소년의 불안한 꿈만 취급하기로 한다.

나 자신은 벌써 몇 십 년 동안이나 불안 꿈을 꾼 적이 없다. 그러나 17세 때에는 그런 꿈을 꾼 기억이 있으므로, 거의 30년 가까이나 지난 후에야 그것을 분석해 보았다. 그 꿈은 참으로 선명해서 지금도 기억에 있는데, 바로 이런 것이었다. 〈어머니가 묘하게 편안히 잠든 듯한 얼굴로, 새의 부리가 달린 두 사람(혹은 세 사람)에 의해 방으로 옮겨져서는 침대에 뉘어진다.〉 내가 울면서 눈을 뜨는 바람에 부모님을 깨워 버렸다. 새의 부리가 달린 키가 큰, 이상한 복장의 인물들은, 필립손의 성서 속에 있는 삽화에서 따온 것이다. 그것은 이집트의 묘석이 부각되어 있는 매의 머리를 가진 신이었다는 생각이 난다. 그러나 그 밖에도 분석은, 집 앞 풀밭에서 흔히 우리 어린아이들을 상대로 놀아 준 관리인의 개구쟁이 아들에 관한 기억을 되살려 주었다. 공교롭게도 그 이름이 필립(philipp)이었던 것이다. 그리고 나는 이 소년의 입에서 처음으로 성교를 의미하는 야비한 말을 들은 것 같다. 교양 있는 사람이라면 이 말을 쓰지 않고, 라틴어에서 온 '성교하다 coitieren'밖에 쓰지 않는다. 그러나 매의 머리가 선택되어 있음으로, 그 야비한 말이 뚜렷이 암시되어 있다(매'의 sperber에는 '대포'라는 속어의 뜻이 있으므로 거기서 오는 야비한 뜻일까?). 나는 이 말의 성적인 뜻을 세상을 잘 아는 학교 선생의 표정에서 짐작하게 된 것이 틀림없다.

꿈속의 어머니의 표정에는 조부의 얼굴이 묘사되어 있었다. 조부가 별세하기 며칠 전, 나는 수면 상태에 빠져서 코를 골고 있는 그를 보았다. 그러므로 이 꿈에서의 제2차적 가공을 해석해 본다면 '어머니'가 죽는다는 것이었던 모양이다. '무덤'의 부각도 이와 합치한다. 이런 불안 속에 나는 눈을 떴으며, 양친이 깨어나 주기까지 불안은 사라지지 않았다. 역시 어머니는 죽지 않았다는 안도감을 필요로 하고 있었던 모양으로, 어머니의 얼굴을 보고 금방 불안이 사라진 것을 기억하고 있다. 그러나 이 꿈의 이와 같은 제2차적 해석은 이미 발전한 공포감의 영향 아래에서 행하여진 것이다. 어머니가 죽는 꿈을 꾸었기 때문에 불안감을 느낀 것이 아니다. 그렇지 않고 나는 이미 공포의 지배 아래에 있었으므로 전의식적인 가공 속에서 이 꿈을 그와 같이 해석한 것이다. 그러나 이 불안감은 꿈의 시각적 내용 속에 훌륭히 표현된, 어렴풋하지만 분명히 성적인 욕정에 귀착된다.

1년 전부터 중병에 걸려 있는 27세인 남자는, 11세 때부터 13세에 걸쳐서 심한 불안감 아래 몇 번이나 이런 꿈을 꾸었다.

〈한 남자가 도끼를 들고 쫓아온다. 달리고 싶지만, 몸이 마비되어 그 자리에서 꼼짝도 할 수 없다.〉 이것은 아주 흔히 있는 틀림없는 성적 불안 꿈의 전형일 것이다. 분석할 때, 이 꿈을 꾼 사람은 먼저 시간적으로는 그보다 뒤의 일이지만 백부에게서 들은 이야기가 생각났다.

백부가 길거리에서 수상한 사람에게 습격을 당했다는 이야기이다. 그리고 그는 스스로 이 추억에서, 자기는 이 꿈을 꿀 무렵 이와 아주 닮은 다른 체험을 들은 듯한 느낌이 든다고 추론했다. 도끼에 대해서는 그 나이 무렵, 장작을 패다가 손에 상처를 입은 일이 있다는 생각이 났다. 그러자 갑자기 동생에 대한 관계와 부딪쳤다. 그는 자주 동생을 못살게 굴고 밀치곤 했는데, 특히 한 번은 동생의 머리를 장화로 때려서 동생이 피를 흘렸으며, 어머니가 "아이고 무서워라. 너는 아마 언젠가 동생을 죽여 버리겠구나" 하고 말한 것이 생각났다.

그가 이와 같이 '난폭과 폭행'이라는 주제에 고집하고 있는 듯이 보였을 때, 느닷없이 아홉 살 때의 기억이 떠올랐다. 늦게 집에 돌아온 부모님이 그가 잠든 체하고 있는데 함께 침대로 들어간 다음 이윽고 헐떡이는 소리며 그 밖의 소리가 들려와서 왠지 무서운 기분이 들었다. 그는 또 침대 속 부모의 모습을 추측했다. 그 뒤 그의 관념은 부모님의 이런 관계와 동생과 자기의 관계 사이에 어떤 유사성을 만들어냈다는 것을 보여 주고 있다. 그는 부모 사이에 일어난 것을 '난폭과 격투'의 개념으로 총괄했다. 그가 어머니의 침대에서 자주 핏자국을 발견했다는 것은 이와 같은 견해를 뒷받침해 주는 것이었다.

어른의 성행위가 그것을 목격하는 어린아이들에게는 무섭게 느껴지고, 그들의 마음에 불안감을 일깨운다는 것은 일상의 경험이 보여 주고 있다고 말하고 싶다. 나는 이 불안감을 다음과 같이 설명했다. 그것은 바로 어린아이의 이

해를 넘은 성적 흥분의 문제이며, 부모의 흥분에 관계하고 있기 때문에 아마
도 어린아이들에게 거부되고, 그러기에 또 불안으로 변하는 것이다. 더 어린
시절에는 부모 중 자기와 성을 달리하는 쪽에 대한 성적 충동은 아직 억압에
부딪치지 않고, 자유로이 밖으로 나타나는데 대해서는 이미 앞에서 설명했다.

밤에 어린아이들에게서 자주 볼 수 있는 환각을 수반하는 불안 발작(Pavor
nocturnus)에 대해서도 나는 서슴지 않고 같은 설명을 적용할 것이다. 그 경우
에 있어서도 문제는 이해되지 않고 거부되는 성적 흥분인 것이다. 그런 성적
흥분을 기록해 보면, 아마 또 어떤 시간적 주기성이 있다는 것이 판명될 것이
다. 말하자면 성 리비도의 증대는 우연한 흥분적인 인상에 의해서도, 그리고
또 조금씩 출현하는 자발적인 발달 과정에 의해서도 생길 수 있기 때문이다.

나는 이것을 철저하게 설명하는 데 필요한 관찰 자료를 갖고 있지 않다.[*29]
그런데 또 소아과 의사에게는 여러 현상의 전 계열을 심리적인 면에서나 신
체적인 면에서 이해시켜 주는 유일한 시점이 결여되어 있는 것같이 여겨진다.
의학적 신화의 장막에 눈이 가려져서 이런 경우 얼마나 무심코 지나쳐 버리
기 쉬운가를 보여 주는 우스꽝스러운 예로, 데박커의 '야경(夜驚)'에 관한 명제
(1881년, 66면) 속에서 발견한 경우를 인용해두고 싶다.

13세 난 몸이 약한 소년이 왠지 모를 일에 겁을 먹게 되어 멍청해졌는데, 잠
을 못자고 거의 한 주에 한 번은 환각이 따르는 불안 발작 증세를 나타냈다.
그러한 꿈의 기억은 언제나 매우 뚜렷했다. 그래서 그 소년은 이런 꿈 이야기
를 했다. 〈악마가 그에게 "자, 붙잡았다. 이제 놓치지 않을 테다." 하고 소리친
다. 그러자 역청(瀝靑)과 유황 냄새가 나고, 불이 그의 피부를 태운다.〉 이런 꿈
을 꾸고 소년은 놀라서 잠이 깼으며, 처음에는 고함 소리도 내지 못했으나 간
신히 소리가 나오게 되자 뚜렷이 이렇게 말하는 것을 들을 수 있었다. "아냐,
아냐, 내가 아니야. 나는 아무것도 안했잖아요." 혹은 "놓아요, 싫어요. 절대로
다신 안하겠어요." 이렇게 말한 적도 몇 번 있었다. "알베르는 그런 짓을 안했
단 말이야." 그리고 나중에는 옷을 벗기 싫어하게 되었다. "옷을 벗으면 금방
불에 타는걸." 이런 악마의 꿈 때문에 완전히 건강을 해치게 될 것 같았으므
로 소년은 시골에 보내졌다. 거기에서 있는 1년 반 동안에 소년은 완전히 건강

[*29] 이 자료는 그 뒤부터 정신 분석학의 문헌을 통해 풍부하게 제공되고 있다.

을 회복했으며, 그 뒤 열다섯 살이 되었을 때 이런 말을 실토했다. "그때는 차마 말할 수 없었지만 정말은 '그 자리'에 끊임없이 따끔따끔한 느낌과 센 흥분을 느끼고 있었어요. 그 때문에 몹시 신경질이 나고 침실 창문에서 뛰어내릴 생각을 몇 번이나 했는지 몰라요."*30

다음 여러 점을 추측한다는 것은 사실 그리 어렵지 않을 것이다. ① 이 소년은 꽤 어릴 때 자위행위를 했는데, 짐작컨대 그런 짓은 안했다고 우겼으며, 그런 좋지 않은 행위를 하면 무거운 벌을 받는다는 위협을 받았다("다시는 절대로 안 하겠어요"라는 고백과 "알베르는 그런 짓을 안했다"는 부정). ② 사춘기의 어쩔 수 없는 충동에 사로잡혀서 자위행위를 하겠다는 유혹으로 성기를 만지작거리고 있는 동안에 다시 잠이 깼는데, 그러나 지금은 그의 마음속에 억압의 투쟁이 시작되고, 이 투쟁이 리비도를 억제하여 그것을 불안으로 바꾸고, 그 불안이 그 당시 협박으로 사용된 벌을 나중에야 취급한 것이다.

이에 대해서 저자 데박커의 결론(69면)을 들어 보자.

이 관찰에서 뚜렷해지는 것은 다음과 같다.

① 신체가 약한 사내아이에게 있어서는 사춘기의 영향으로 매우 쇠약한 상태를 초래하며, 그때 '심한 뇌빈혈'을 일으킬 수가 있다.*31

② 이 뇌빈혈은 성격의 변화를 낳고, 악마가 달라붙는 환각이며, 밤 또는 낮의 매우 심한 불안 상태를 낳는다.

③ 이 소년의 악마 환각과 자기 비난은, 어릴 때 그에게 영향을 준 종교교육의 감화에 귀착시킬 수 있다.

④ 꽤 오랜 기간 시골에 머물러 있었던 결과, 모든 징후는 육체의 단련과 체력의 회복으로 사춘기가 지나자 사라져 버렸다.

⑤ 이 소년의 뇌의 병적 상태 발생에 대한 질병 소질적 영향은 유전과 아버지의 해묵은 매독에 의한 것으로 보아도 좋을 것이다.

결론: 우리의 이 관찰을 신체 쇠약을 통한 발열이 없는 성질의 정신 착란 부류에 넣었다. 왜냐하면 우리는 이 특수한 상태를 대뇌의 국소 빈혈과 관계 있다고 보기 때문이다.

---

*30 ' '는 필자가 강조한 것이다. 아무튼 뜻은 명료할 것이다.
*31 ' '는 필자가 강조한 것이다.

E. 제1차 및 제2차 과정-억압

꿈 과정의 심리학에 깊이 파고들려고 시도했다가, 나는 내 서술법으로는 도저히 감당할 수 없을 것 같은 꽤 까다로운 과제에 부닥쳤다. 동시에 일어나는 매우 복잡한 관계를 순서대로 묘사하고, 더욱이 어느 주장에 있어서나 전제조건 없이 서술한다는 것은 아무리 해도 내 힘에는 벅찬 일이다. 꿈 심리의 서술에 있어서 나의 여러 견해의 역사적 발전에 따르지 못하는 데 대한 대가를 지금 치르고 있는 셈이다. 꿈에 대한 파악을 위한 여러 관점은 노이로제 심리학에 관한 선행의 여러 연구로 나에게 주어진 것이며, 여기서 그런 연구를 인용해서는 안 되지만, 그렇다고 인용하지 않을 수도 없는 노릇이다. 사실 나는 반대 방향으로 나아가 꿈에서 출발하여 노이로제 심리학에 결부시켜 나가고 싶다. 독자에게도 여러 가지 폐를 끼친다는 점을 충분히 알고 있지만, 그것을 피하고 싶어도 방도가 없는 형편이다.

이와 같은 사정이 불만스러워서 나는 다른 관점을 선택할까 생각한다. 그것은 내 노력의 가치를 높여 줄 것으로 여겨진다. 제1장의 서론에서 보였듯이, 꿈 연구가들 사이에 매우 날카로운 의견 대립을 보인 주제가 있었다. 우리가 꿈의 여러 문제를 모두 논하고 난 지금은, 그런 모순 대립의 대부분은 이제 별로 큰 문제가 아니었다. 다만 두 가지 견해에 대해서만은 우리도 단호하게 반대하지 않을 수 없었다. 즉 '꿈은 무의미한 형상이다'라는 것과 '꿈은 신체적 과정이다'라는 견해이다. 그러나 그 밖의 것에 있어서는 서로 모순되는 의견이라도 모두 복잡한 관련 속의 어딘가에 올바른 위치를 주고, 그 속에도 무언가 적당한 것이 포함되어 있었다는 것을 증명할 수 있었다. 꿈이 각성 생활의 자극과 관심을 계속하는 것임은 숨겨져 있던 꿈 사고를 발견함으로써 널리 일반적으로 입증되었다.

꿈 사고는 우리가 중요하다고 여기고, 우리의 관심을 강하게 끄는 것만을 취급한다. 꿈은 결코 하찮은 것을 상대하지 않는다. 그런데 그와 정반대의 것도 우리는 주장하여, 꿈은 낮의 사소한 찌꺼기 같은 것을 집어 들고, 어떤 중요한 낮의 관심사가 어느 정도 각성시 작업의 손을 떠나버릴 때까지는 거기에 손을 대지 못하고 있다는 말을 했다. 그리고 꿈 사고의 왜곡으로 변경된 표현을 주는 꿈 내용에 대해서도 이것을 적용한다는 것을 알았다. 꿈 과정은 연상 (聯想)의 메커니즘에 입각하여, 각성 때의 사고 활동에 의해서 아직도 차지되지 않고 신선한, 혹은 아무래도 좋은 표상 자료 쪽을 좀더 쉽게 취급하고, 또 검열이 있기 때문에 심적 강도를 증대하기는 하나 검열에 걸릴 듯한 불쾌한 것에서 아무래도 좋은 사소한 것으로 전이시킨다고 말했다. 꿈의 초기억력과 소아기 자료의 구사는, 우리 꿈 학설의 초석이 된 것이다. 우리의 꿈 이론에서는 유아적인 것에서 유래하는 소망에 꿈 형성에 불가결한 움직임이 되는 기본적인 기간의 역할이 있다고 보았다.

수면 중의 외적 감각 자극이 갖는, 실험적으로 입증된 의의를 의심한다는 것은 물론 생각하지도 못할 일이었다. 그러나 우리는 이 자료와 꿈 소망을 낮의 잔존물이 남긴 관념 잔존물과 꿈 소망과의 관계와 동일한 관계에 넣어서 생각했다. 꿈이 객관적 감각 자극을 일종의 착각 같은 방법으로 해석하는 데 대해서는 별로 이론을 내세울 필요가 없지만, 우리는 많은 연구가들이 아직 결정을 내리지 못한 채로 방치한 계기를 이 해석에 덧붙였다. 해석은 지각된 객체가 수면 방해에는 무해한 것이 되고, 소망 충족에는 이용할 수 있게 되도록 행해진다. 수면 중에 감각의 여러 기관의 주관적 흥분 상태는 래드에 의해 증명된 것처럼 보이지만, 우리의 입장에서 보면, 이것을 특별한 꿈의 원천이라고 인정하기는 어렵다. 다만 이 상태는 꿈의 배후에 작용하고 있는 기억의 퇴행적 재생이라는 것으로 설명이 된다. 즐겨 꿈 해석의 중요한 부분으로 생각되고 있는 내적인 기질적 자극도 우리가 파악한 바로는 물론 소극적인 것이기는 하지만, 어떤 역할을 가지고 있는 것이다. 이 기질적 자극은(추락하거나 둥둥 떠다니는 것, 저지되어 있다는 감각) 꿈 작업이 꿈 사고가 필요로 할 때마다 그 표현에 사용하는, 언제라도 쓸 수 있는 자료를 나타내고 있다.

의식이 이미 형성되어 있는 꿈 내용을 지각하는 것과 관련해, 꿈 과정이 급속하고 순간적인 과정이라는 주장은 올바른 듯 보인다. 꿈 과정에 선행하는 여러 부분은 완만하고, 피동적으로 경과하는 것임을 알았다. 꿈 내용이 너무 풍부하여 아주 짧은 순간에 응집되어 있는 경우의 수수께끼에 대해서는, 심적 생활의 기성 형성물을 단숨에 집어올리고 있다는 식으로 생각하여, 어느 정도는 이 수수께끼의 해명에 도움을 얻을 수 있었다. 꿈이 기억에 의해 비뚤어지고 불구가 되는 것은 그 나름으로 그럴 듯한 이유가 있다는 것을 알았지만, 별로 해석의 방해가 된다고는 생각되지 않았다. 왜냐하면 이것은 꿈을 형성하는 처음부터 작용하고 있는 왜곡 작업의 겉으로 드러난 마지막 부분에 지나지 않기 때문이다. 심리적 생활이 밤에 잠들어 버리느냐, 아니면 낮과 마찬가지로 자기의 작업 능률을 모두 발휘하느냐 하는 격렬한 논쟁은 얼른 보기에는 화해가 불가능한 듯이 여겨지지만, 우리는 이 둘의 주장에 저마다 일리는 있어도 그렇다고 전면적으로 옳다고 할 수는 없다는 태도를 취해 왔다.

꿈 사고 속에서 우리는 심적 장치의 거의 모든 수단을 동원하여 작용하는, 가장 복잡하고 지적인 작업을 발견했다. 그러나 이 꿈 사고가 낮에 발생하고 있다는 것은 부정할 수 없으며, 심리적 생활의 수면상태가 존재한다는 가정도 피하기는 어려운 것이다. 이렇게 하여 부분적 수면설까지 주장할 수 있게 된다. 그러나 우리는 수면 상태를 특징짓는 성격이 결코 심리적 관련의 붕괴에 있다고는 생각하지 않고, 오히려 낮 생활을 지배하고 있는 심리적 조직이 잠자려는 소망에 초점을 맞추는 점에 있다고 생각했다. 외부 세계에 등을 돌리는 것은 우리의 견해로 봐서도 그 나름의 의의를 보유하고 있었다. 그것은 유일한 계기로서가 아니라도, 아무튼 꿈 표현을 도와 퇴행을 가능하게 해준다. 표상의 진행을 제멋대로의 방향으로 인도하는 것은 분명히 단념되어야 한다. 그렇다고 심리적 생활이 목표가 없는 것이 되지는 않는다. 왜냐하면 우리는, 바라는 목표 표상이 폐기된 뒤에 바람직스럽지 않은 목표 표상이 지배하게 된다는 것을 알았기 때문이다. 우리는 또 꿈에 있어서의 느슨한 연상 결합을 인정했을 뿐 아니라, 예상할 수 있었던 것보다 훨씬 큰 범위에 걸쳐서 그와 같은 연상 결합이 지배하고 있다는 것도 인정했다. 그러나 우리는 그 느슨한 연상 결합이 또 하나 다른 정확하고 의미 깊은 연상 결합의 어쩔 수 없는 대체물에 지나지 않는다는 것을 발견했다. 물론 우리도 꿈은 황당무계한 것이라고 말했다. 그러나 꿈의 실례에서 꿈이 황당무계한 체하는 것은, 사실은 꿈의 깊은 지혜에서 나온 것임을 알았다.

꿈에서 볼 수 있는 여러 기능은 우리도 모순 없이 인정한다. 꿈이 환기 장치처럼 마음의 환기를 해주고, 또 로베르트의 말처럼 온갖 유해한 것이 꿈속에서의 표상 작용으로 무해하게 되어 버린다는 입장은, 꿈에 의한 소망 충족을 주장하는 우리의 이론과 일치할 뿐 아니라, 그런 뜻에서도 로베르트가 생각한 것보다 우리는 훨씬 잘 이해할 수 있는 것이다. 마음이 자유롭게 자기의 여러 능력을 작용시켜 영위를 계속해 나가는 것은, 우리에게는 전의식 활동에 의한 꿈의 자유방임이 될 것이다. 꿈속에서 '심적 생활이 태생적인 견지로 복귀하는 것' 및 엘리스의 '막연한 감정과 불안한 상념의 아주 오래 전의 한 세계'라는 생각은, 낮에는 억눌려 있는 원시적인 작업 방식이 꿈 형성에 참가하고 있다고 보는 우리 설명의 훌륭한 선배로 여겨진다. "꿈은 순차적으로 발달한 우리의 전인격, 우리의 사물을 보는 옛 태도, 오랜 옛날 우리를 지배하고 있던 충동이나 반응 방식을 현재 속으로 다시 불러 온다"는 설리의 주장은, 고스란히 그대로 우리의 주장으로 삼을 수 있었다. 또 '억제된 것'이 꿈꾸는 것의 원동력이라고 보는 점에서는 우리는 드라쥐와도 의견을 같이한다.

셰르너가 꿈 공상에 주고 있는 역할과 셰르너의 해석 그 자체는 고스란히 인정했다. 그러나 그것들은 꿈 문제 중에서 다른 장소에 놓여야 하는 것임을 명확히 하지 않으면 안 되었다. 꿈이 공상을 만들어내는 것이 아니라 무의식적인 공상 활동이 꿈의 형성에 크게 관여하고 있는 것이다. 꿈 사고의 원천을 지적하는 문제에 대해서 우리는 셰르너에게 얻는 바가 있다. 그러나 셰르너가 꿈 작업 탓으로 돌리고 있는 것은 거의 모두가 낮에 움직이고 있는 무의식적인 활동의 소산이라고 보아야 하며, 이 활동이야말로 꿈에 자극을 주는 것 못지않게 노이로제의 징후에 대해서도 자극을 주는 것이다. 꿈 작업은 무언가 전혀 다른 것, 그리고 훨씬 많이 구속된 것으로서, 이 활동과 구별되지 않으면 안 되었다. 마지막으로 우리는 마음의 여러 조류와 꿈의 관계를 결코 부정한 것이 아니라 그것을 새로운 기반 위에 좀더 확고히 세워 놓은 것이다.

말하자면 우리는 꿈 학설이 갖는 새로움과 좀더 높은 통일성을 하나로 만들고 여러 꿈 연구가들의 잡다하고 서로 모순되는 여러 결론 구조 속에 끼워넣고는 그 많은 것들을 별도로 이용하여, 아주 적은 것만을 거의 전적으로 물리친 것이다. 그러나 우리는 이론 구성도 아직 미완성이다. 심리학의 분명하지 않은 부분으로까지 파고들어 갔기 때문에 여러 가지 명료하지 않은 점이 나왔지만, 그런 점을 도외시하더라도 역시 하나의 새로운 모순이 있어서 우리를 우울하게 만든다. 우리는 한편에서는 꿈 사고를 완전히 정상적인 정신 작업의 소산으로 보았으나, 다른 한편에서는 꿈 사고 속에 전혀 비정상적인 일련의 사고 과정이고, 더욱이 그것이 꿈 사고에서 꿈 내용에까지 이르고 있다는 것을 발견했다. 그리고 이들 이상한 사고 과정을 우리는 꿈 해석 때 되풀이하는 것이다. 우리가 '꿈 작업'이라고 불렀던 모든 것은 우리에게 정확한 것으로 알려져 있는 과정에서 매우 동떨어진 것처럼 보이기 때문에, 꿈을 꾼다는 것은 저급한 심리적 작업이라고 보는 일부 연구가의 엄한 판단도 우리는 자못 그럴듯하다고 생각하지 않을 수 없다.

여기서 사태를 해명하고 어떻게든 방법을 발견하려면, 아마도 더 연구를 추진해 나가는 수밖에 없을 것이다. 그러므로 꿈 형성에 이르는 상황 가운데 하나를 다루어 보자.

꿈은 우리의 낮 동안의 생활에서 유래하고, 완전히 논리적인 줄거리를 가진 일부 관념을 대리하고 있다는 것을 알았다. 따라서 우리는 그러한 관념이 우리의 정상적인 정신생활에서 나오는 것임을 의심할 수 없다. 우리가 우리 사고의 흐름에서 높이 평가하는 모든 특성은 또 우리 사고의 흐름이라는 것이 고급이고 복잡한 작업이라는 것을 특징짓는 것인데, 이러한 것은 여러 특성의 꿈 사고에서도 또한 발견할 수 있는 것이다. 그러나 이러한 사고 작업이 잠잘 때 이루어졌다고 가정해야 할 필요는 없다. 만일 그와 같이 생각한다면 마음의 수면 상태에 대해서 우리가 지금까지 견지해 온 생각은 매우 혼란스러워질 것이다. 물론 이런 관념은 의심할 것도 없이 낮 동안의 생활에서 유래하고, 그 발생 이래 우리의 의식은 깨닫지 못한 채 계속 존재해 온 것이며, 그리고 잠듦과 동시에 완성된 것으로 존재한 것이다. 이런 사정에서 무언가를 끌어내야 한다면, 그것은 고작해야 '가장 복잡한 사고 작업도 의식의 협력 없이 가능하다'는 증명일 것이다. 우리는 이것을 히스테리 환자나 강박 관념을 가진 인간의 정신 분석을 통해서도 경험할 수 있다. 이러한 꿈 사고는, 그 자체로는 확실히 의식 속에 자리잡을 능력이 없다. 그것이 낮 동안 줄곧 우리의 의식에 떠오르지 않고 있었다면, 거기에는 여러 가지 원인이 있을 것이다. 의식화는 어떤 특성의 심적 기능, 즉 주의력의 지원과 연관을 갖는다. 그런데 이 주의력은 짐작컨대 다만 일정량에 있어서만 소비되는 것 같으며, 이 일정량은 해당 사고 과정에서 다른 목표를 위해서 다른 데로 빗나가게 만들어지는 일도 있는 듯했다. 이와는 다른 것으로, 이런 사고의 흐름이 의식에 오르지 못하는 경우는 다음과 같을 때이다. 의식적 성찰 과정은 우리가 특정한 길을 따라 주의력을 기울인다는 것을 알게 해준다. 그런데 그 도상에서 비판을 견디어 낼 수 없는 표상과 만나면, 우리는 도중에 멈춰버린다. 말하자면 주의력에 필요한 에너지 집중을 중지하는 것이다. 그런데 일단 시작되어 도중에서 중지된 사고의 흐름은 주의력이 다시 자기 쪽으로 들려지지 않더라도 그냥 계속될 수 있는 듯하다. 이 사고의 흐름이 어떤 장소에서 특히 높은 강도에 이르고, 주의력을 다짜고짜로 자기 쪽으로 돌리게 하지 않는 한, 일반적으로는 사고의 흐름으로 돌려지는 일은 없지만, 그러기에 옳지 않다든가 사고 행위의 실제적인 목적으로 보아 소용이 없다든가 하는 판단에 의한, 처음에 어쩌다 의식에 의해서 행해지는 거부 행위야말로 어떤 사고과정이 의식에 눈치 채이지 않는 채 잠들 때까지 계속되는 원인일 수도 있다.

요약하면, 우리는 이런 사고의 흐름을 '전의식적'이라고 부르고, 이것을 완전히 정확한 것으로 간주한다. 그리고 이와 같은 사고의 흐름은 단지 등한시된 것일 수도 있고, 마찬가지로 중단되어 억제된 것일 수도 있다. 우리가 어떤 방법으로 표상 경과를 구체적으로 상징하고 있는가 하는 것도 솔직하게 말해야 하겠다.

어떤 목표 표상에서 우리가 '리비도 집중 에너지(Überbesetzung)'라고 부르는 어떤 크기의 흥분이 이 목표 표상에 의해 선택된 연상의 길을 따라 이동된다고 믿는다. '등한시된' 사고의 흐름은 이런 에너지 집중을 얻지 못하고 있다. '억제된' 또는 '배척된' 사고의 흐름에는 이런 에너지 집중이 철회되고, 그 자신의 흥분에 맡겨져 있는 것이다. 목표를 위해서 에너지 집중을 얻은 사고의 흐름은 어떤 조건 아래서 의식의 주의를 자기에게 끌 수 있고, 그러면 그 의식을 매개로 에너지의 '과잉 집중'을 얻게 된다. 우리는 의식의 성질과 작업에 관한 우리의 가설을 조금 뒤에서 분명히 밝히지 않으면 안 될 것이다.

이와 같이 전의식 안에서 자극을 받은 사고의 흐름은 스스로 사라지는 수도 있고, 계속 보존되는 수도 있다. 스스로 사라지는 경우를 우리는 이렇게 생각해 본다. 즉 그 에너지는 사고의 흐름에서 나오는 모든 연상 방향으로 방사되어 사고 연쇄 전체를 어떤 흥분 상태로 옮겨 넣으며, 이 흥분 상태는 한참 동안은 그대로 머물러 있지만, 이윽고 방출을 필요로 하는 흥분이 쉬고 있는 에너지 집중으로 변화해 감으로써 사라져 버리는 것이다. 이와 같이 스스로 사라져 가게 될 때, 이 사고 과정은 꿈 형성으로 봐서 더 이상 아무런 의의도 갖지 않는다. 그런데 우리의 전의식 속에는 무의식적이고 언제나 움직이고 있는 소망의 원천에 유래하는 다른 목표 표상이 도사리고 있다. 이러한 목표 표상은 자기에게 맡겨진 사고 범주 안에 있는 흥분을 자기 것으로 만들 수가 있으며, 이 사고 범주와 무의식 소망 사이에 결합 관계를 만들어 내고, 무의식적 소망에 고유한 에너지를 이 사고 범주에 '전이시킨다.' 그리고 그때부터 등한시되거나 억제된 사고의 흐름은 이와 같이 강화되어도 역시 의식 속에 넣어지지 않지만, 스스로를 보존할 수 있게 된다. 그때까지는 전의식적이던 사고의 흐름이 이제 '무의식 속으로 끌려들어가' 버렸다고 말할 수 있는 것이다.

꿈 형성을 위한 다른 상황은 아마 이럴 것이다. 즉 전의식적인 사고의 흐름은 처음부터 무의식적 소망과 결합되어 있으며, 그러기에 지배적인 목표 에너지 집중(Zielbesetzung) 쪽에서의 거절에 부딪친다. 아니면 어떤 무의식적 소망이 다른(이를테면 신체적인) 이유로 움직이기 시작하고 있어서 받아들일 태세도 없는데, 전의식에서 에너지 집중을 받고 있지 않는 심리적 잔존물로의 전이를 탐구하거나 한다. 이들 세 가지 경우는 모두 결국은 사고의 흐름이라는 것은 전의식 속에서 성립된다는 결과 속에 종합되는 것이다. 그리고 이 사고의 흐름은 전의식적인 에너지 집중으로부터는 버림을 받고, 무의식적 에너지 소망에서의 에너지 집중을 발견할 것이다.

여기서부터 그 사고의 진행은 일련의 변화를 받지만, 우리는 이 변화를 이제 정상적인 과정으로 인정하지 않고, 또 그러한 변화는 우리로서는 수상쩍게 여겨지는 어떤 결과, 즉 정신 병리학적인 형성을 낳는다. 이들 여러 변화를 꺼내어 여기에 나열해 보자.

① 개개의 표상의 강도는 전부 방출이 가능해지고, 한 표상에서 다른 표상으로 이행하며, 그 결과 커다란 강도를 지니게 된 개개의 표상이 형성된다.

이 과정이 몇 번이나 되풀이됨으로써 어떤 사고의 진행 전체 강도가 결국 단 하나의 표상 요소 속에 모여 버리는 수가 있다. 이것이 우리 꿈 작업 동안에 배운 압축이라는 사실이다. 꿈이 이상한 인상을 주는 것은 주로 이 압축 때문이다. 왜냐하면 압축과 비슷한 것은 의식에 오를 수 있는 심리적 생활이나 정상적인 심적 생활 중에는 전혀 알려져 있지 않기 때문이다. 우리는 여기서도 또한 관념 연쇄 전체의 접합 부분 또는 최종적 소산으로서 어떤 커다란 심리적 의의를 갖는 여러 표상을 갖는 셈인데, 이 가치성은 내적 지각으로 봐서 '눈에 띄는' 성격이 되어 나타나지는 않는다. 그렇기 때문에 내적 지각 속에 표상되어 있는 것은 결코 더 강해지지 않는다. 압축 과정에서는 모든 심적 관련은 표상 내용의 '강도'로 대치된다. 그것은 마치 내가 어떤 책에서, 본문을 이해하기 위해서 특별히 가치 있는 한 마디에 반점을 찍거나 고딕 활자로 인쇄시키거나 하는 것과 같다. 그것이 강연이라면, 나는 그 말을 한층 더 소리를 높여서 천천히 말하고, 힘을 주어 발음할 것이다. 최초의 비유는 꿈 작업에서 가져온 실례(일마의 주사 꿈에서의 트리메틸아민 Trimethylamin)로 직접 통하는 것이다. 미술사가들은 가장 오랜 역사적 조각은 묘사되는 인물의 지위의 높고 낮음을 상의 크기로 표현한다는, 이와 비슷한 원리를 따르고 있는 사실로 우리의 주의를 돌리게 한다. 왕이 그 신하나 정복된 적보다 두 배, 세 배로 큰 상으로 만들어진 로마 시대의 조각은, 같은 목적을 위해 더 정교한 수단을 쓰고 있다. 다시 말해서 제왕의 모습은 중앙에 앉혀지고 우뚝 높이 서 있으며, 그 모습을 완성하는 데 특별히 면밀하게 손질이 되고, 적을 제왕의 발 아래 놓지만, 소인들 중의 거인으로 표현하지 않는다. 아무튼 오늘날에도 여전히 우리 사이에서 아랫사람이 윗사람 앞에서 절을 하는 것은 고대의 표현 원리의 잔재인 것이다.

꿈의 압축이 나아가는 방향은 한편으로는 꿈 사고의 정확한 전의식적인 여러 관계에 의해서, 또 한편으로는 무의식 속의 시각적 기억의 흡인력에 의해 규정되어 있다. 압축 작업의 성과가 노리는 것은 지각 조직을 향한 발현을 위해서 요구되는 강도를 획득하는 일이다.

② 더구나 이러한 심리적 강도의 자유로운 전이의 가능성에 의해, 그리고 압축의 목적을 위해서 '중간표상(中間表象)', 말하자면 타협적인 산물(무수한 실례 참조)이 형성된다. 마찬가지로 정상적인 표상 경과 중에 무엇인가 전에 듣지 못한 것이 형성되며, 이것에 있어 특히 문제인 것은 '올바른' 표상 요소의 선택과 확보이다. 이에 반해서 우리가 전의식적인 관념을 말로 표현하려고 시도할 경우, 참으로 자주 혼합 형성물이나 타협 형성물이 각종 '말을 잘못하는 것'으로 나타난다.

③ 서로 그 강도를 전이하는 여러 표상은 '가장 느슨한' 상호 관계에 있으며, 우리의 사고를 통해 멸시되고, 다만 재치 있는 효과를 노릴 때만 이용되는 종류의 연상으로 결합되어 있다. 특히 동음 연상(同音聯想)과 동의어 연상이 다른 연상과 같은 가치의 것으로 인정되고 있다.

④ 서로 모순되는 여러 관념은 서로 폐기하려고 애쓰지 않고 오히려 병존하며, 흔히 거기에 아무런 모순도 존재하지 않는 것처럼 결합하여 압축의 산

물을 만들어 내거나 우리가 우리의 사고에 대해서는 절대로 허용하지 않지만, 행위에 대해서는 이따금 시인하는 타협을 만들어 낸다.

이상이 꿈 작업이 진행되는 동안에 미리 합리적으로 형성되어 있던 꿈 사고가 복종하는 가장 현저한 이상 과정(異常過程)의 일부이다. 이와 같은 이상 과정의 중요 성격으로 인정되는 것은, 에너지 집중을 가동적으로 만들고 '방출 가능'하게 만드는 것을 무엇보다도 중시하는 것이다. 이들의 에너지 집중이 고착하는 여러 요소의 내용과 독자적인 의의는 부차적인 것이 된다. 압축과 타협 형성은 관념을 형상으로 바꾸는 것이 문제일 경우에는 오로지 퇴행(退行)을 위해서만 일어난다. 그러나 이를테면 '아우토디다스커와 N교수와의 대화'의 꿈처럼 형상으로의 퇴행이 없는 꿈을 분석해보면, 다른 꿈과 동일한 이동과 압축 과정을 볼 수 있는 것이다.

그래서 우리로서는 다음과 같은 견해를 받아들이지 않을 수 없다. 바로 꿈 형성에는 본질이 다른 두 종류의 과정이 참가하고 있으며, 그 중의 하나는 정상적인 관념과 같은 가치의 완전히 정확한 꿈 사고를 만들어 내고, 나머지 하나는 꿈 사고를 매우 이상하고 부정확한 방법으로 처리한다는 점이다. 후자는 이미 제6장에서 본래의 꿈 작업으로 따로 취급해 놓았다. 그런데 이 후자의 심리적 과정의 유래를 어떻게 설명해야 할 것인가?

지금 우리는 노이로제의 심리학적, 특히 히스테리의 심리학에 조금 파고들어가 놓았으므로, 여기서 이에 대해 대답할 수는 있다. 그러나 우리가 노이로제 심리학에서 알고 있듯이, 히스테리 증세를 만들어 내는 것은 이것과 같은 부정확한 심적 과정(및 아직도 들지 않은 다른 여러 과정)이다. 히스테리의 경우에도 우리는 먼저 일련의 의식적 관련과 꼭 같은 가치의 완전히 정확한 사고를 발견하는데, 이런 형태의 관념의 존재에 대해서는 아무것도 알지 못하며, 다만 나중에 재구성해 볼 뿐이다. 그런 관념이 어딘가에서 우리의 지각에까지 도달했을 경우, 우리는 완성된 증세의 분석으로부터 이들 정상적인 관념이 비정상적인 취급을 받고 있고, '압축이나 타협 형성물에 의해 표면적인 연상을 경과하여 모순을 은폐하면서, 때에 따라서는 퇴행의 길을 지나 증상으로 바뀌는 것'을 아는 것이다.

꿈 작업의 특이성과 노이로제 증세로 끝나는 심리적 활동이 완전한 일치를 보이고 있는 데서, 우리는 히스테리로부터 어쩔 수 없이 끌어내지 않으면 안 되는 추론을 꿈 위로 옮기더라도 잘못이 아니라고 생각해도 좋을 것이다.

히스테리 학설에 우리가 차용하는 명제는 "어떤 정상적인 관념 계열에 이와 같이 비정상적인 심적 가공을 부과하는 것은 이 관념 계열의 무의식적 소망의 전이가 되어 있고, 더욱이 이 소망이 유아적인 것에 유래하여, 억압 속에 있는 경우에만 일어난다."는 것이다. 이 명제를 위해서 우리는 꿈의 이상(理想)을 다음과 같은 상정 위에 구축했다. 말하자면, 원동력이 되는 꿈 소망은 언제나 무의식에서 나온다. 이것은 우리 자신이 인정했듯이 일반적으로는 입증되지 않지만, 그렇다고 부정해 버릴 수도 없다. 그러나 우리가 이미 몇 번이나 명칭을 사용한 억압이 무엇인가를 말할 수 있기 위해서는, 우리의 심리학적 기초를 좀 더 구축하지 않으면 안 된다.

우리는 앞에서 원시적인 심적 장치의 작용에 대해 깊이 생각해 보았다. 그런 원시적인 심적 장치의 작업은 흥분의 축적을 피하여, 되도록이면 자기를 흥분이 없는 상태에 간직하고 있으려는 노력을 통해 규정된다. 따라서 그 장치는 반사 장치의 방식에 따라 구성되어 있었다. 운동성, 우선 먼저 신체의 내적 변화에 이르는 길은, 이 장치가 자유로이 구사할 수 있는 방출로였다. 우리는 이어 어떤 만족 체험의 심리적 여러 결과에 대한 논의로 옮겨서, 흥분의 축적은 (우리에게 전혀 관심을 갖지 않는 어떤 종류의 방식에 따라서) 불쾌하게 느껴져서 심적 장치를 활동시키고, 흥분의 감소가 쾌감으로 느껴지는 만족 체험을 다시 생산한다. 제2의 가설을 그때 바로 넣어도 좋았던 것이다. 불쾌감에서 흘러나와 쾌감을 지향하는 이런 조류를 우리는 소망이라고 부르는 것이다. 우리는 소망 이외에 그 무엇도 심적 장치를 움직이지 못하며, 심리적 장치 속에 흥분의 경과는 쾌감과 불쾌감, 지각에 의해서 자동적으로 규정된다고 설명했다. 인간의 최초의 소망은 만족 기억의 환각적 에너지 집중에 있음이 틀림없다. 그러나 이 환각은 그것이 사라져 버릴 때까지 간직되어서는 안 된다고 한다면, 욕구의 정지, 즉 만족에 결부된 쾌감을 불러일으키는 데는 적당하지 않다는 것을 알았다.

그래서 제2의 활동(우리의 표현으로 말하면 제2조직의 활동)이 필요해졌다. 이 활동은 기억 에너지 집중 지각에까지 돌진하여, 지각에서 심리적 힘을 구속하는 것을 허용하지 않고, 오히려 욕구 자극에서 나오는 흥분을 어떤 우회로로 인도해 간다. 이 우회로가 결국은 임의의 운동성을 거쳐, 만족 대상의 현실적 지각이 생길 수 있도록 외부 세계를 바꾸는 것이다. 우리가 심적 장치의 도식을 그려나간 것은 대체로 이 정도까지였다. 두 조직은 우리가 무의식 및 전의식으로서 깨끗이 완성한 심리적 장치 속에 삽입되어 있는 것의 싹인 것이다.

운동성에 의해 외부세계를 목적에 맞도록 변화시키려면 기억의 여러 조직 안에 대량의 경험을 축적시켜, 갖가지 목표 표상에 의해 이 기억 자료 속에 생기는 여러 관계를 다양하게 고착시킬 필요가 있다. 우리의 가설을 다시 한 걸음 더 진전시키기로 한다. 제2조직의 에너지를 내보냈다가 끌어들였다가 하는, 흔히 모색적인 활동은 한편에서는 모든 기억 자료를 자유로이 처리할 수 있지 않으면 안 된다. 반면에 만일 그 활동이 개개의 사고 통로에 거대하게 집중된 에너지를 보내어 이윽고 그 에너지가 헛되이 흘러 버려서 결국 외계를 변화시키는 데 필요한 양을 감소시키게 된다면, 그야말로 헛된 소비라고 할 수 있을 것이다. 그러므로 나는 합목적성을 위해서 제2조직은 집중된 에너지의 대부분을 조용히 보충해 놓고 아주 작은 부분만 이동을 위해서 사용하는 데 성공한다고 생각하고 싶다. 이러한 과정의 속임수를 나는 전혀 알고 있지 않다. 만일 이런 생각을 진지하게 다루고자 하는 사람이 있다면 물리학적으로 그와 비슷한 것을 찾아내어 신경 흥분에 있어서의 운동 과정을 명확하게 하는 길을 개척하지 않으면 안 될 것이다. 그래서 나로서는 다만 다음과 같은 생각을 간단히 염두에 두기로 한다. 즉 제1심적 조직의 활동은 흥분의 양을 자유로이 흘려보내는 일에 있다는 것, 그리고 제2조직은 자기한테서 나오는 집중된 에너지를 통해 유출을 저지하거나, 어쩌면 수준을 높이면서 휴지하고 있는 집중된 에너지의 변화를 조치한다는 것이다. 그러므로 나는 제2조직의 지배 아래서는 흥분의 경과가, 제1조직의 지배 아래에서와 아주 다른 기계적인 사정과 결부된다고 가정한다. 제2조직이 음미하는 사고 작업을 마치면, 그것은 또한 흥분의 저지를 중지하고 여러 흥분을 운동성으로 향해 흘려보내는 것이다.

그런데 제2조직에 의한 이와 같은 유출 저지가 불쾌감의 원리에 의한 규정과 같은 관계를 눈여겨보면, 거기에 어떤 흥미 깊은 사고 과정이 생겨난다. 제1차 만족 체험의 대비물을 찾으면, '외적인 경악'의 체험을 생각할 수 있다. 고통과 흥분의 원천인 어떤 지각 자극이 원시적인 심적 장치에 작용했다고 하자.

그러면 질서 없는 운동성의 표출이 몇 개나 일어나고 나중에는 그 표출의 하나가 심적 장치를 지각과 동시에 고통으로부터도 멀리하게 될 것이다. 그리고 이 운동성의 표출은 지각의 재출현을 만나면, 그 지각이 다시 사라져 버릴 때까지 금방 반복될 것이다(이를테면 도주의 움직임으로서). 그러나 이 경우에는, 고통 원천의 지각에 대해서 환각적으로 혹은 그 이외의 방법으로 에너지를 집중시키려고 하는 경향이 남는 일은 없을 것이다. 오히려 1차적인 심적 장치 속에는 이 고통스러운 기억상을, 그것이 어떤 형태로든 일깨워질 경우에는 당장 다시 버리려고 하는 경향이 존재하는 모양이다. 왜냐하면 이 흥분이 지각 쪽으로 넘쳐흐르면, 불쾌감을 환기하는 것(정확히 말하면 환기하기 시작하는 것)이 틀림없기 때문이다. 기억에서 다른 데로 달아나는 것은 전에 지각에서 도주한 일의 되풀이에 지나지 않지만, 기억은 지각과 달라서 의식을 흥분시키고, 그것으로 새로운 에너지 집중을 불러오게 할 만한 충분한 성질을 갖고 있지 않은 것 때문에도 기억으로부터의 이반(離反)은 촉진된다. 과거의 고통스러운 것에 대한 기억에서 심적 과정이 이처럼 쉽게 규칙적으로 이반해 가는 일은 우리에게 심적 억압의 모범적인 상과 그 예를 준다. 고통스러운 것으로부터의 이와 같은 이반과 사고의 전술(^{위험한 것, 싫은 것을
보지 않겠다는 방법}) 중에 얼마나 많은 것이 성인의 정상적인 심리적 생활 속에 여전히 뚜렷하게 남아 있는가는 일반적으로 이미 아는 바이다.

말하자면 제1의 심적 조직은 불쾌감 원리 때문에 도대체 어떤 불쾌한 것을 사고 관련 속에 끌어넣을 수가 없다. 이 조직은 오직 소망하는 것 이외에 아무것도 하지 못한다. 만일 상황이 언제까지나 그와 같다면, 경험 속에 침전한 여러 기억을 모두 처리할 필요가 있는 제2조직의 사고 작업은 방해될 것이다. 그런데 거기에 길이 두 갈래 열려 있다. 즉 제2조직의 작업이 불쾌감 원리로부터 완전히 자유로워져서 기억의 불쾌감 따위는 개의하지 않고 자기의 길을 걸어가거나, 그렇지 않으면 제2조직의 작업이 불쾌감의 방출을 그때 피할 수 있는 방법으로 불쾌한 기억에 에너지를 집중할 줄 아는, 이 두 가지 길이다. 우리는 이 중에서 제1의 가능성을 물리쳐도 좋다. 왜냐하면 불쾌감 원리는 제2조직의 흥분 경과로 봐서 조정기도 되기 때문이다. 이렇게 해서 우리는 제2의 길에 의존하지 않을 수 없다. 말하자면 이 조직이 유출, 그래서 또한 운동성의 신경 지배에 비유할 수 있는, 불쾌감 발전을 위한 유출이 기억에 의해 저지되도록 그 기억에 에너지를 집중시키는 가능성을 갖는 것이다. 제2조직에 의한 에너지 집중은 동시에 유출에 대한 저지를 나타내고 있다는 가설로 우리가 인도되는 것은 그래서 두 개의 출발점, 즉 불쾌감 원리에 대한 고려와 최소의 신경 지배 소비의 원리로부터이다. 그러나 다음의 것을 단단히 염두에 두자. 이것이 억압 이론의 열쇠이다. 즉 제2조직이 표상에 에너지를 집중할 수 있는 것은 그 표상에서 나오는 불쾌 발전을 이 제2조직이 저지할 수 있는 경우뿐이다. 어쩌다가 이 저지를 벗어나는 것은, 제2조직으로 봐서도 언제까지나 접근하기 어려운 것으로 멈추고, 불쾌감 원리에 의해 곧 버림받을 것이다. 그렇다고 불쾌감의 저지가 완전한 것일 필요는 없다. 불쾌감이 조금 나타나는 것은 허용되어야 한다. 왜냐하면 그것은 제2조직에 대해서 그 기억의 성질을 나타내고, 사고가 추구하고 있는 목적으로 보아 그 기억이 적성을 결여하고 있다는 것을 나타내기 때문이다.

제1조직만이 허용하는 심적 과정을, 나는 지금 '제1차 과정'이라고 부르고, 제2조직의 저지를 받고 생기는 심적 과정을 '제2차 과정'이라고 부른다. 그리고 또 다른 점에서, 어떤 목적을 위해 제2조직이 제1차 과정을 정정하지 않을 수 없는가도 보여 줄 수 있다. 제1차 과정은 그와 같이 모아진 흥분의 양으로 '지각 동일성'을 만들어 내기 위해서 흥분의 방출을 지향하는 것이다. 제2차 과정은 이 의도를 포기하고, 그 대신 '사고 동일성'을 획득하려고 하는 다른 의도를 다루었다. 사고 전체는 단지 목표 표상으로 취해진 만족 기억에서, 같은 기억의 동일한 에너지 집중에 이르는 우회로에 지나지 않는 것이다. 이 동일한 에너지 집중을 운동성의 경험을 거치는 과정에서 재차 달성하려고 한다. 사고는 여러 표상 사이를 집합하는 길에 관심을 가질 것이 틀림없지만, 이러한 표상의 강도 때문에 미혹되지는 않는다. 그러나 여러 표상의 중간 형성물 및 타협 형성물의 압축이 이 동일성 목표 달성에서 장애가 되는 것은 명백하다. 압축은 하나의 표상을 다른 표상 대신에 둠으로써, 앞의 표상에서 먼저 통하고 있었을 길을 벗어나버리는 것이다. 이와 같은 과정은 그러기에 제2차 사고에 있어서는 신중히 회피한다. 보통 같으면 불쾌감 원리가 가장 중요한 단서를 제공하고 있는 사고 동일성을 추구하는데 여러 가지 난점을 가지고 이를 방해하는 것은 쉽게 개관할 수 있다. 그러므로 사고는 불쾌감 원리의 독재적 규제에서 점점 더 일탈해서, 사고 작업에 의한 감정 발전을 아직 신호로 이

용할 수 있는 최소한의 것에 국한하는 경향을 보인다. 의식에 의한 최근의 과잉 에너지 집중에 의해서 작업을 이처럼 섬세하게 이룩하려고 하는 것이다. 그러나 우리도 알고 있듯이, 이와 같은 작업의 섬세함 자체는 정상적인 심적 생활 안에서는 완전히 성공하는 일이 드물고, 우리의 사고는 불쾌감 원리의 혼입 때문에 언제나 위조될 우려가 있다.

그러나 이것을 제2차 사고 작업의 소산으로 표현하는 관념이 제1차 심적 과정의 수중에 들어가는 것을 가능하게 만드는, 우리의 심적 장치 기능의 힘 결합으로 보아서는 안 된다. 위와 같은 공식으로 꿈 및 히스테리 증세로 이끌어가는 작업을 기술할 수는 있지만, 이런 불충분한 케이스는 우리 인간의 발달사에 포함된 두 가지 계기의 합치로 생기는 것이다. 이들 두 계기의 하나는 완전히 심적 장치에 귀속하여 두 조직의 관계에 결정적인 영향을 미치고 있으며, 나머지 하나는 정도는 일정하지 않지만 그 활동력을 발휘하여 기질적인 유래를 가진 원동력을 심적 생활 속에서 도입한다.

나는 심적 장치에 있어서의 한쪽 심적 과정을 '1차적 과정'이라고 불렀는데, 이렇게 이름을 지은 것은 등급이나 업적, 능력을 고려해서 뿐만 아니라 이 1차적, 2차적이라는 명명으로 시간적 관계까지 나타내려고 한 것이다. 오로지 1차적 과정밖에 안 가진 심적 장치라는 것은 우리가 아는 한 존재하지 않으며, 그런 한에서 그것은 이론적인 허구에 지나지 않는다. 그러나 1차적 과정은 심적 장치 속에 처음부터 주어지고 있는 데 반해서, 2차적 과정은 삶의 경과에 따라서 비로소 점차적으로 형성된다. 또한 1차적 과정을 저지하고 은폐하여, 아마도 삶의 높이에 도달할 무렵에 처음으로 1차적 과정을 완전히 지배하게 될 것이다. 2차적 과정이 이와 같이 늦게 출현하기 때문에 무의식적 소망 충동으로 성립되는 우리 본질의 핵심은 전의식으로 봐서는 파악하기도 어렵고 저지하기도 어려운 것이다. 왜냐하면 전의식의 역할은 무의식에서 나오는 소망 충동의 목적에 가장 맞는 길을 가리킨다는 점에 최종적으로 한정되어 있기 때문이다. 이들 무의식적 소망은 그 뒤의 모든 심적 지향으로 봐서 하나의 강제력을 나타내고 있으며, 그 뒤의 심적 지향은 모두 이 강제력에 순응하지 않을 수 없다. 그것을 다른 데로 빗나가게 하거나 보다 높은 목표로 돌리려고 애쓰는 수도 있을 것이다. 기억 자료의 큰 영역이 어디까지나 접근하기 어려운 것은 정신적인 에너지 집중이 이와 같이 지연되었기 때문이다.

유아적인 것에서 유래하여 파괴하기 어렵고 저지하기 어려운 이들 소망 충동 중에는 그 충족이 2차적 사고의 목표 표상과 모순 관계에 빠져 버린 것도 있다. 이런 종류의 소망은 충족되더라도 이제 유쾌한 감정을 불러일으키지 않고, 오히려 불쾌한 감정을 불러일으킨다. 그리고 바로 이와 같은 감정 변화야말로 우리가 '억압'이라고 부르는 것의 본질을 결정하고 있는 것이다. 이런 변화가 어떤 길을 지나 어떤 원동력으로 일어나는가 하는 것이 억압의 본질적 문제인데, 단지 간단하게 언급하기만 하면 된다. 즉 이와 같은 감정 변화가 발달해 감에 따라 나타난다는 것(아이들의 생활에서 처음에는 볼 수 없는, 심한 혐오감의 등장을 생각해 보기만 하면 된다), 또 이 감정 변화가 2차적 조직의 활동과 결부되어 있다는 것을 염두에 두기만 하면 족하다. 무의식적 소망이 감정 방사를 일으키는 원천인 여러 기억은, 전의식에는 절대로 접근할 수 없는 것이었다. 따라서 그런 기억의 감정 방사는 저지할 수도 없는 것이다. 바로 이와 같은 감정 발달 때문에 이들 여러 표상은 이제 그러한 표상이 소망하는 힘을 전이시키고 있던 전의식적인 관념으로부터는 접근하지 못하는 것이다. 오히려 불쾌감 원리가 작용해서, 이 전의식이 이들 전이 관념에 등을 돌리는 계기를 만든다. 전이 관념은 방임되고 '억압'된다. 이렇게 처음부터 전의식에서 멀어진 유아적 기억의 보고의 존재가 억압의 전제 조건이 되는 것이다.

상황이 유리한 경우, 불쾌감의 발달은 전의식에서의 전이 관념에서 집중된 에너지가 제거되자마자 끝난다. 그리고 이 성공은 불쾌감 원리의 간섭이 목적에 맞는 것이었음을 특징짓고 있다. 그런데 억압된 무의식적 소망이 기질적 강화를 받고, 그 강화를 자기의 전이 관념에 빌려 주어 그것으로 전이 관념이 전의식의 에너지 집중으로 버림을 받더라도, 전이 관념이 무의식적 소망을 통해 그 흥분을 가지고 진출하려고 할 수 있는 상태에 놓일 수 있는 경우에는 사정이 다르다. 그때는 전의식이 억압된 관념에 대한 대립을 강화하기 때문에 방위 투쟁이 벌어지게 되고, 그 결과 무의식적 소망의 담당자인 관념의 진출이 증세 형성에 의한 타협의 형식에 있어 이루어지게 된다. 그러나 억압된 관념이 무의식적 소망 흥분에 의해 강력히 에너지 집중이 되고 있는 반면, 전의식적인 에너지 집중에서 버림받은 그 순간부터 그 억압된 관념은 1차적 심적 과정에 복종하여 운동성 방출만을 지향하거나, 혹은 길이 되어 있는 경우에는 소망된 지각 동일성의 환각적 활발함을 지향하거나 하는 것이다. 우리는 앞에서, 이미 기술한 부정확한 여러 과정을 억압 속에 있는 관념만을 상대로 진행한다는 것을 경험적으로 확인했다. 지금 이 관련을 좀 더 분명히 해두어야겠다. 이들 부정확한 여러 과정은, 심적 장치 속의 '1차적' 과정이다. 표상이 전의식적인 에너지 집중에서 버림받고 방임되어, 무의식에서 오는 방출을 구하는 무제한의 에너지에 의해 집중될 경우에는 언제라도 그런 부정확한 과정이 나타난다. 이들 부정확하다고 말한 여러 과정은 사실 정상적인 과정의 위조, 즉 사고 착오가 아니라 심적 장치의 저지를 벗어난 작업 방식이라는 견해는, 약간의 다른 관찰도 덧붙여져 지지를 받는다. 그래서 우리는 전의식적인 흥분을 운동성으로 이끌어 옮기는 것은 동일 과정에 따라 행하여진다는 것, 그리고 또 전의식 표상이 말과 결부되는 것은 자칫하면 부주의로 귀착되는 동일한 이동과 혼동을 나타낸다는 것을 아는 것이다. 마지막으로 이들 1차적 경과 방식의 저지 때 필요해지는 작업 증대를 나타내는 한 증거는, '우리가 사고의 이 경과 방식을 의식에까지 밀고 나갈 때' 우리가 노리는 것은 '해학' 효과, '웃음'으로 방출되어야 할 과잉 에너지라는 데서 나타날 것이다.

정신 노이로제 이론은 절대적인 확신을 가지고 이렇게 주장한다. 소아기의 여러 발달 단계에서 억압(감정 변화)을 경험하고, 그 뒤의 여러 발달 단계에서는 본원적인 양성 성욕으로 형성되는 성적 소질에 의해서이거나 성 생활의 불리한 영향에 의해서이거나 하나의 부활에 대한 힘을 가진다. 따라서 모든 정신 노이로제적 증세 형성에 대해 원동력을 부여하는 것은 유아적인 것에서 생기는 성적 충동밖에 있을 수 없다. 이러한 성적인 여러 힘을 도입함으로써만, 억압 이론 속에 아직도 지적할 수 있는 틈이 메워진다. 성적인 것 및 유아적인 것을 꿈의 이론에 대해서도 요구해서 좋은지는 해결되지 않은 채로 남겨 두자. 내가 여기서 꿈 이론을 미완성으로 남겨 두는 것은, 꿈 소망이 언제나 무의식에서 유래한다는 가설에 의해서 나는 이미 불가능한 곳에 한 걸음 내디뎠기 때문이다.*32 나는 또 꿈 형성과 히스테리 증세 형성에 있어서의 심적인 여러

---

*32 다른 몇 군데서와 마찬가지로 여기서도 주제의 취급에 여러 가지 결함이 있는데, 내가 그 결함을 일부러 그대로 두는 것은 그것을 시정하려면 너무 큰 노력이 필요하고, 또 꿈과는 관계없는 자료에 의거해야만 하기 때문이다. 이를테면 나는 '억제되었다'(unterdrückt)는 말에 '억압되었다'(verdrängt)는 말과는 다른 뜻을 포함시키고 있는지 분명히 설명하기를 피했다. 후자인 '억압되었다'는 말은 '억제되었다'는 말보다 무의식적 행위에 속한다는 것이 좀더 강하게 강조되어 있다는 점은 새삼 설명이 필요치 않을 것이다. 또 나는 꿈 사고가

힘의 작용 속에 어떤 차이가 있는가 하는 것도 더 이상 살필 생각은 없다. 그 것을 살피고 싶어도 비교될 두 항 중의 하나(히스테리 증세의)에 관한 정밀한 지식이 없기 때문이다. 그러나 나는 나머지 점(꿈 형성을)을 중시하고, 오직 이 점을 위해 서만 두 개의 심적 조직, 그 작업 방식, 억압 등의 논의를 여기서 다루었다는 것을 미리 고백해 둔다. 말하자면 내가 지금 논의의 대상으로 삼고 있는 심리 학적 여러 관계를 꽤 정확하게 파악했는지, 아니면 대상이 대상인만큼 그릇되 게 결함투성이로 파악하고 있지나 않는지 하는 것은 문제가 안 된다. 심리적 검열, 꿈 내용의 정상적인 가공과 비정상적인 가공 등의 해석이 어떻게 변해 가더라도, 이런 여러 과정이 꿈 형성 때 작용하고 있다는 것, 그리고 그러한 여 러 과정이 근본적으로 히스테리 증세의 형성 때 인정되고 있는 여러 과정과 닮았다는 것은 뭐니 뭐니 해도 움직이기 어려운 사실이다. 그런데 꿈은 병적 현상이 아니다. 꿈은 심적 평형의 장해를 전제로 하는 것이 아니다. 꿈은 작업 능력의 약화를 뒤에 남기지 않는다. 나 자신의 꿈이나 노이로제 환자의 꿈에 서 건강한 사람의 꿈을 추론할 수 없다는 이론은 아주 보잘것없는 것이다. 그 러므로 우리가 그러한 현상에서 그 현상의 원동력을 추정한다면, 노이로제가 이용하는 심적 메커니즘은 마음 생활에 덤벼드는 병적 장애에 의해서 비로소 만들어지는 것이 아니라, 심적 장치의 정상적인 구조 속에 이미 준비되어 있다 는 것을 인식한다.

의식으로의 계속되는 전진을 단념하고 퇴행할 결심을 하는 경우에도, 어째서 그것이 검열 에 의해서 왜곡을 당하게 되느냐 하는 따위의 가까운 문제에도 깊이 파고들 수가 없었다. 그 밖에 논하지 않고 끝난 문제는 많다. 나에게 있어 특히 중요한 것은 꿈 작업의 상세한 분석으로 떠오르는 여러 문제에 대해서 그 어떤 인상을 일깨우고, 이 분석 작업이 도중에 부딪치는 다른 여러 논제를 암시하는 일이었다. 주제 추구를 어느 지점에서 끝내야 하는가 하는 결정은 언제나 쉽지는 않았다. 내가 성적인 표상 생활이 꿈에 대해서 갖는 역할을 철 저하게 논하지 않고, 분명히 성적인 내용을 가진 꿈의 분석을 피한 데 대해서는 아마도 독 자의 기대와는 맞지 않을 어떤 동기가 있었기 때문이다. 성생활을 의사도 과학자도 관계없 는 저속한 일로 간주한다는 것은, 내가 신경병리학에서 편을 들고 있는 학설이나 견해로 보아 허용하기 어려운 일이다. 또 나로서는 달디스의 아르테미도르스의 《꿈의 상징》을 번 역한 사람이 도학자처럼 분개하여, 그 책 속의 성적인 꿈에 관한 장을 독자에게 보이지 않 으려고 깎아 버릴 생각을 한 것을 우스꽝스럽게 생각한다. 나에게는 성적인 꿈을 설명할 때 도착과 양성 성욕이라는 아직 해결되지 않은 채 남아 있는 문제 속에 깊숙이 휘말려 들어가서 옴짝달싹도 못하게 될 것이 틀림없다는 예상만이 결정력을 갖고 있다. 그래서 나는 이 자료를 다른 여러 관련을 위해서 보류해 두었던 것이다.

두 개의 심적 조직이 두 조직 사이의 관문적인 검열, 한쪽의 활동에 의한 다른 한쪽의 활동의 저해와 은폐, 두 조직의 의식에 대한 여러 관계(그 밖에 사실상의 여러 관계가 좀더 정확하게 해석되었을 경우, 그들 대신 어떤 일들이 나오더라도)의 모든 것은 우리의 마음이라는 도구의 정상적인 구조에 속하는 것이며, 꿈은 우리가 마음이라는 도구의 구조를 알게 되는 길 가운데 하나를 우리에게 보여 주는 것이다. 만일 우리가 확실한 인식 증대의 최소한도에서 만족하고자 한다면, 우리는 이렇게 말할 것이다. "꿈은 억제된 것을 정상적인 인간에게도 존재하게 하고, 심적 작업을 증명한다." 꿈 그 자체는 겉으로 나타난 이 여러 억제된 것 중의 하나이다. 이론적으로 말한다면, 꿈은 모든 경우에 그렇고, 명확한 경험에 비추어 보면 적어도 꿈의 영위의 현저한 여러 성격을 바로 명백히 보여주는 대다수의 꿈이 그렇다.

심리적으로 억제되어 있는 것은 깨어 있는 생활에서는, '여러 모순의 상쇄'에 의해 그 표현이 방해되어 내적 지각에서 절단된 것이지만, 밤 생활 속에서는, 더욱이 타협 형성물의 지배 아래서는 의식에 자리를 잡을 방법과 길을 발견하는 것이다.

"하늘 위의 여러 신을 움직이지 못하면 저승을 움직이리라(Flectere si nequeo Superos, Acheronta movebo.)." 베르길리우스의 《아이네이스》에 나오는 이 말은 '나는 모든 방법을 다하여 목적에 도달했다'는 뜻이다. 말하자면 '무슨 일이 있더라도', '반드시'의 뜻이다.

'그러나 꿈의 해석은 정신생활 속에 있는 무의식적인 것을 알기 위한 왕도이다.'

우리는 꿈의 분석을 계속함으로써 이 신기하기 짝이 없는, 신비에 찬 마음이라는 도구의 구조 속을 조금 들여다볼 수 있었다. 물론 아주 조금뿐이지만, 그것으로 다른(병적이라고 부를 수 있는) 형성물에서, 다시 이 도구의 분석으로 밀고 들어가는 계기가 생긴 셈이다. 왜냐하면 병, 적어도 적당하게 기능적이라고 부르는 병은 이 장치를 파괴하여 이 장치 내부에 새로운 분열을 만들어 내는 것을 전제로 하고 있지는 않다. 병은 그와 같은 많은 작용이 정상 기능을 하는 동안에는 은폐되어 있는 여러 힘의 작용 성분을 강하게도 하고 약하게도 함으로써 '역동적'으로 해명될 수 있는 것이다. 두 검문소로 된 이 장치의 구조가 단 하나의 조직망으로 불가능하게 여겨지는 정교화를 정상적인 작업에도 허용한다는 사실은 다른 대목에서도 역시 보여줄 수 있을 것*[33]이다.

F. 무의식과 의식-현실

더 자세히 본다면, 위의 각 장에서 벌인 심리학적 논의를 통해서 우리가 선택한 기본이 된 가설은, 심적 장치의 운동성 말초 조직 가까이에 두 조직이 존립하고 있다는 것이 아니라 '흥분의 두 가지 과정 또는 경과 방식'이 존재한다는 것이다. 하기야 이것은 아무래도 좋은 일인지도 모른다. 왜냐하면 우리가 보조 관념을 미지의 현실에 더 접근해 있는 무언가 다른 것으로 대치할 수 있다고 믿을 경우, 우리는 언제라도 그 보조 관념을 버릴 만한 각오를 하고 있을 것이 틀림없기 때문이다. 우리가 마음의 두 조직을 가장 가깝고 대범한 뜻으로 심적 장치 내부의 두 장소로 간주하고 있는 동안은, 당연히 오해하기 쉬운 형태로 형성되기 쉬웠던 약간의 견해, 즉 '억압한다'와 '진입한다'는 표현에 그 반영을 남기고 있는 견해를 지금 여기서 약간 정정해 두겠다. 무의식적인 관념이 의식에 진입하기 위해 전의식에 옮겨지기를 바라는 경우, 이것은 마치 원본 옆에 사본을 만들 듯이 새로운 장소에 제2의 관념이 형성되어야 한다는 뜻은 아니다. 또 의식으로의 진입과 장소의 전환은 신중히 나누어서 생각해야 한다.

우리가 어떤 전의식적인 관념이 억압되고 그런 다음 무의식에 의해 받아들여질 경우, 어떤 발판을 얻으려고 하는 투쟁의 표상 집단에서 빌려온 이 표현은 사실상 어떤 심적인 장소에서 하나의 배열이 해제되어 다른 장소로 새로이 배열됨으로써 대체된다는 식으로 잘못 상정되기 쉬운 것이다. 이런 비유적인 표현을 그만두고 다음과 같이 고쳐 말하기로 하겠는데, 이것이 현실에 더 적합한 것 같다. 즉 어떤 에너지 집중이 특정 배열로 옮겨지거나 철퇴되거나 하는 결과, 심적 형성물은 검문소의 지배 아래서 벗어난다는 식으로 고쳐 말해 둔다. 여기서도 우리는 국재적인 표상 방법을 역동적인 표상 방법으로 바꾸어 놓은 셈이다. 우리에게 가동적인 것으로 여겨지는 것은 심적 형성물의 신경 지

---

*33 꿈은 정신 병리학을 심리학에 기초를 두는 것을 허용하는 유일한 현상이 아니다. 월간 〈정신병학·신경병학잡지〉에 게재한, 아직도 완성되지 않은 일련의 소론(〈건망의 심리적 메커니즘에 대해서〉 1898년, 〈은폐기억에 대해서〉 1899년)에서 나는 일상생활 속의 약간의 심리적 현상을, 동일한 인식을 지지하는 것으로서 해석하려고 시도하고 있다. 이들 논문 및 망각, 잘못 말하기, 파악의 실패 등에 관한 그 이후의 논문은, 그 뒤 〈생활 심리의 착오〉 속에 모아서 간행되었다(1904년, 제11판은 1929년, 《전집》 제4권).

배인 것이다.*34

　그럼에도 불구하고 내가 두 조직의 비유적인 표상을 계속 사용하는 것은, 목적에도 맞고 정당한 이유도 있다고 생각한다. 만일 우리가 표상이나 관념이나 심적 형성물이 일반적으로 신경 조직의 기질적인 여러 요소 속의 저마다의 장소만이 아니라 저항이나 통로가 그것과 대응하는 상관물을 형성하고 있는 곳, 말하자면 '그러한 여러 요소 사이에' 위치한다는 것을 상기한다면, 이런 장소 표현 방법은 남용을 피할 수 있을 것이다. 우리 내적 지각의 대상이 될 수 있는 것은 모두 광선의 진입으로 만들어지는 망원경 속의 영상처럼 '허상(虛想)'이다.

　그러나 두 조직은 그 자체가 전혀 심리적인 것이 아니며, 우리의 심리적 지각이 접근하기 어려운 것이므로, 영상을 그리는 망원경의 렌즈와 마찬가지로 이것을 상정해도 틀리지 않는 셈이다. 이런 비유를 계속한다면, 두 조직 사이의 검문소는 새로운 어떤 매개체로 이행할 때의 광선과 굴절에 비유할 수 있을 것이다.

　우리는 지금까지 혼자 힘으로 심리학을 전개해 왔다. 이쯤해서 오늘의 심리학에서의 지배적인 여러 학설을 둘러보고, 그것들이 우리 주장과 어떤 관계에 있는지를 검토해야 할 것 같다. 심리학에서의 무의식 문제는 립스가 역설한 바에 따르면,*35 심리학 내부의 문제라기보다 심리학 자체의 문제이다. 심리학이 이 무의식 문제를 '심리적인 것'은 바로 '의식적인 것'이며, '무의식적인 심리적 과정'이라는 것은 분명히 모순이라고 언어상의 설명으로 처리하고 있는 한, 의사가 이상한 심리적 상태에 대해서 관찰할 수 있었던 것을 심리학적으로 이용되게 할 수는 도저히 없다. 무의식적인 심리적 과정이란, '확고히 존재하는 사실을 나타내는, 목적에 맞는 충분히 정당한 표현'이라는 것을 철학자도 의사도 인정할 때, 그야말로 비로소 양자는 제휴할 수 있는 것이다. '의식이란 심적인 것의 불가결한 성격이다'라는 주장을, 의사는 어깨를 움츠리며 거부하고, 어쩌면 철학자의 견해를 아직도 강하게 존경하고 있어서 철학자들이 다루는 것

───────────

*34 이 해석은 전의식적인 표상의 본질적 성격으로서 언어표상 잔존물과의 결합이 인정되고부터 변경되어 더 치밀한 것이 되었다(《무의식》 1915년, 《전집》 제10권).

*35 '심리학에 있어서의 무의식의 개념'—1897년, 뮌헨에서 개최된 제3회 국제 심리학회에서의 장면.

은 같은 대상이 아니며, 같은 학문을 하고 있는 것이 아니라고 생각하는 수밖에 달리 생각할 도리가 없는 것이다. 왜냐하면 노이로제 환자의 정신생활을 단 한 번이라도 충분한 이해를 가지고 관찰해 본다면, 또 단 한 번이라도 꿈의 분석을 해 본다면, 그것을 심리적 과정이라고 부르는 것을 거부하지 못할, 복잡하기 짝이 없는 정밀한 사고 과정이 본인의 의식을 흥분시킴 없이 나타나는 수가 있다는 확신을 의사는 갖지 않을 수 없다.*36

확실히 의사는 이러한 무의식적 과정이 그 전달이나 관찰을 허용하는 작용을 의식에 미치지 않는 동안, 그런 과정에 대해서 알지 못한다. 그러나 그것이 의식에 미치는 효과는 무의식적 과정과 전혀 다른 심리적 성격을 나타낼 수 있기 때문에 내적 지각이 한편을 다른 편의 대리로 인정할 수 없게 되는 것이다. 의사는 하나의 '추론 과정'을 지나서 의식 효과로부터 무의식적인 심리적 과정으로 나아가는 권리를 확보하지 않으면 안 된다. 이 과정에서 의식 효과는 무의식적인 과정의 우회적인 심리적 효과에 지나지 않으며, 무의식적 과정은 그대로는 의식화되지 않았다는 것, 그리고 또 그것은 여전히 의식을 통해 그 어떤 형태로 짐작되는 일 없이 존속하며 작용을 해왔다는 것을 아는 것이다.

의식의 특성을 과대평가하지 않는 것이 심리적인 것의 움직임을 올바로 통찰하기 위한 불가결한 전제 조건이다. 립스의 말에 의하면, 무의식은 정신생활의 일반적 기초라고 가정되지 않으면 안 된다. 무의식은 의식의 작은 세계를 자기 속에 감싸는 큰 세계이다. 의식적인 것은 모두 어떤 무의식적인 이전 단계를 가지고 있는데도, 무의식은 이 단계에 멈춘 채, 더욱이 심리적 작업의 완전한 가치를 요구할 수 있는 것이다. 무의식은 '외계의 현실적인 것과 마찬가지로 그 내적 성질로 볼 때 우리에게는 미지의 것이며, 외계가 우리 감각 기관의

---

*36 꿈의 연구에서 의식적 활동과 무의식적 활동의 관계에 대해서 동일한 결론을 끌어낸 어떤 연구가의 이름을 들 수 있다는 것은 나의 기쁨이다.

뒤 프렐은 이렇게 말하고 있다. "마음이란 무엇이냐 하는 문제는, 분명히 의식과 마음은 동일물이냐 하는 데 대한 선결적 연구를 필요로 한다. 그런데 이 선결 문제는 꿈에 의해 부정된다. 꿈은 마치 어떤 혹성의 인력이 그 빛의 힘의 범주를 넘는 큰 것처럼, 마음의 개념은 의식의 개념을 넘는 큰 것임을 나타낸다."(《신비주의 철학》 47면)

〈의식과 마음은 동일한 연장을 가진 개념이 아니라는 것은 아무리 강조해도 모자랄 만큼 진리이다.〉

신고에 의해서는 불완전하게밖에 포착될 수 없는 것과 마찬가지로 자료에 의해서는 불완전하게밖에 주어지지 않는', 참으로 현실적이고 심적인 것이다.

의식 생활의 낡은 대립은 무의식적인 것을 설정했기 때문에 거기에 알맞은 지위로 끌어내렸는데, 이것으로 그 전 꿈 연구가들이 왜 파고들어가서 논하고 있던 일부 꿈 문제는 지워지게 된다. 꿈속에서 그런 것이 행하여지는가 하고 수상쩍어하던 그 많은 꿈 작업은 이제 꿈 그 자체의 탓으로 돌릴 수는 없으며, 낮에도 계속 작용하고 있는 무의식적 사고의 소행이라고 생각할 수 있다. 꿈은 셰르너에 의하면, 신체의 상징화적 표현을 희롱하는 듯이 보이지만, 이것은 아마 성적인 충동에 굴복하여 꿈속뿐 아니라 히스테리성의 공포증이나 다른 증세 속에도 나오는 어떤 종류의 무의식적 공상의 소행임을 우리는 알고 있다. 꿈은 낮의 일을 계속하고 처리하여, 귀중한 회상까지 겉으로 드러내 주는데, 우리는 꿈의 위장만은 여기서 제외하고 생각하지 않으면 안 된다. 꿈의 위장은 꿈 작업의 소행이며, 마음의 심층에 있는 아득한 여러 힘의 원조를 나타내는 각인이다(이탈리아의 음악가 타르티니의 《소나타의 꿈》에서의 악마 창조). 지적인 작업 그 자체는 낮에 그러한 모든 일을 하는 것과 같은 심리적인 여러 힘에 귀속된다. 우리는 아무래도 지적 창조나 예술 창조에 있어서도 그 의식적 성격을 크게 평가하기 쉽다. 괴테나 헬름홀츠 같은 창조적인 몇몇 사람들의 보고를 통해, 우리는 창작의 본질적이고 새로운 것은 순간적인 착상처럼 떠올라 거의 완성된 것으로 인지된다는 것을 알 수 있다. 다른 경우에 있어서 의식적 활동의 원조는, 모든 정신력이 긴장되어 있을 경우에는 별로 의심할 것도 없다. 그러나 의식적 활동이 어디서 협력하고 있거나 그것이 다른 모든 활동을 예사로 우리에게 은폐해 버린다는 것은 의식적 활동의 특권을 남용하는 것이라고 해야 할 것이다.

꿈의 역사적 의의를 특별한 주제로 삼아 보아야 별로 쓸 만한 보람은 없을 것이다. 이를테면 어느 우두머리가 꿈을 꾼 데서 무언가 대담한 일을 기획할 결심을 하게 되고, 그 기획이 성공하여 역사의 걸음걸이를 바꾸게 되었을 경우, 꿈을 미지의 힘처럼 간주하고 더 잘 알고 있는 다른 심리적 여러 힘에 대치해 놓고 있는 동안만은 어떤 새로운 문제가 발생한다. 만일 꿈이 낮에는 저항의 중압을 받고 있고, 밤이 되어 심층에 있는 흥분의 원천에서 강화를 얻어 올 수 있는 충동의 한 표현 형식이라고 볼 경우에는 새로운 문제는 아무것도 없는 것이다.*37 그러나 고대의 여러 민족들이 꿈에 바친 존경은 인간의 마음 속에 어떤 제어되지 않는 것과 부서지지 않는 것, 즉 꿈의 소망을 낳고, 우리가 무의식 속에 재발견하는 '마력적인 것'에 대한 정당한 심리학적 예감에 기초를 둔 공손한 마음인 것이다.

내가 '우리의 무의식 속에서'라고 말한 것은 그런 뜻이 있어서 한 것이다. 왜냐하면 우리가 무의식이라고 부르고 있는 것은 철학자들의 무의식과도, 그리고 립스의 무의식과도 다른 것이기 때문이다. 철학자들은 무의식이라는 말로 다만 의식의 대립물을 표현하려고 한다. 의식적인 여러 과정 이외에 무의식적인 심적 과정도 존재한다는 것은 열렬한 논쟁을 불러일으켜서 강력히 변호된 의견이다. 립스에게 있어서는 모든 심리적인 것은 무의식으로 존재하고, 그 가운데 일부의 것은 또 의식으로서도 존재한다는, 더 깊이 파고들어간 명제가 세워져 있다. 그러나 우리가 꿈이나 히스테리 증세 형성의 여러 형상을 여기에 들고 나온 것은, 결코 립스의 이 명제를 증명하기 위해서가 아니다. 정상적인 낮 동안의 생활만 관찰해도 이 명제를 의심할 여지가 없는 것으로 확증할 수 있을 것이다. 정신 병리학적 형성물 및 이미 그 첫 항 가운데 하나인 꿈의 분석이 우리에게 가르쳐 주는 새로운 것은, 무의식이란(그러기에 심적인 것이란) 두 개의 별개 조직의 기능으로서 나타나고, 정상적인 심적 생활 속에도 그와 같이 나타난다는 것이다. 그러므로 '무의식에는 두 가지'가 있는 셈이 된다. 심리학자들은 아직 이런 구별은 하지 않는다. 둘 다 심리학의 의미에서는 무의식이다. 그러나 우리의 뜻으로는, 우리가 무의식이라고 부르는 한쪽 것은 '의식화될 수 없는 것'이지만, 나머지 한 쪽을 우리가 전의식이라고 부르는 것은 그 흥분이 과연 어떤 종류의 법칙을 지킨 뒤에, 아마도 어떤 새로운 검열을 통과하고서야 비로소 무의식 조직을 생각지 않고 의식 속에 들어올 수 있기 때문이다. 흥분이 의식화되려면, 어떤 불변의 순서, 검열에 의한 변화를 통해 우리가 그런 줄 알게 된 검문소를 통과해야 한다는 사실은, 우리가 공간 관계를 가지고 비유하는 데 도움이 된다. 우리는 두 조직 상호간의 관계와 두 조직과 의식의 관계를 기술하여, 전의식 조직은 무의식 조직과 의식 사이에 병풍처럼 막아 서 있고, 의식으로의 입구를 닫아 놓고 있을 뿐 아니라 또 자의적인 운동성

---

*37 이에 대해서는 이 책 제2장 〈꿈 해석의 방법〉의 주6에서 보고한 튀루스의 점령 때 알렉산더 대왕의 꿈을 참조.

으로서의 입구까지도 지배하고 있어서, 그 일부가 주의력으로 우리에게 잘 알려져 있는 운동성이 있는 집중된 에너지의 방출을 자유로이 할 수 있다고 말한 것이다.[38]

정신 노이로제의 최근 문헌 속에 즐겨 사용하게 된 '상위의식'과 '하위의식'이라는 구분도 우리로서는 채용하기 어렵다. 그 까닭은 이런 구분이야말로 심리적인 것과 의식의 동일시를 강조하고 있는 것처럼 여겨지기 때문이다.

그러면 우리의 서술 속에서 전에는 전능했고, 다른 모든 것을 덮고 있던 의식에 대해 어떤 역할이 남아 있는가? 그것은 바로 심적 성질을 지각하기 위한 감각 기관 이외의 것이 아니다. 우리가 도식으로 나타내려고 한 시도의 근본 사상에 따르면, 우리는 의식 자각을 생략 기호 Bw(의식조직)로 나타낼 수 있는 특수 조직의 독자적인 업적으로서만 포착할 수 있다. 이 조직은 기계적인 여러 성격에 있어서 지각의 여러 조직 W와 비슷한 것으로 생각되며, 그렇기에 성질에 의해서 흥분되지만, 변화의 흔적을 보존하지 못한다. 다시 말해 기억력을 가지지 않는다. 지각 조직의 감각 기관으로 외부 세계에 향해 있는 심리적 장치는, 그 자신이 의식의 감각 기관으로 봐서는 외계이며, 이 관계에야말로 의식의 목적론적 존재 이유가 있다. 심적 장치의 구조를 지배하고 있는 듯이 보이는 검문소 통과의 원리가 여기서 다시 한 번 우리의 문제 범주 안에 들어온다. 흥분의 자료는 두 방면에서 의식 감각 기관에 흘러 들어온다. 그 하나는 지각 조직에서이며, 지각 조직의 성질에 가공을 거쳐서 나중에는 의식 감각이 되는 듯하다. 또 하나는 심리적 장치 정신의 내부로부터이며, 그 여러 과정은 양적인 것이지만, 그것이 어떤 변화를 입고 도달할 경우에는 쾌감과 불쾌감의 성질 계열로서 느껴진다.

정확하고 고도로 복잡한 관념 형성이 의식의 개입 없이도 가능하다는 것을 인정한 철학자들은, 의식에 그 어떤 작용이 있다고 보는 것이 어렵다는 것을 발견했다. 그들에게는 의식이란 완성된 심리적 과정의 불필요한 반영으로 여겨진 것이다. 우리의 의식 조직과 지각의 여러 조직이 유사성을 나타내고 있어서 우리는 이 어려움에서 벗어날 수 있다. 지각은 우리의 여러 감각 기관에 의해

---

[38] 이에 대해서는 내 논문 〈정신분석에 있어서의 무의식 개념에 관한 견해〉(〈심리학연구회의 사 잡지〉 26권 속에 영어로 발표) 참조. 이 논문에서 나는 '무의식'이라는 다의적인 말의 기술적, 동력적, 체계적 의의를 구별해 놓았다.

서, 도달하는 감각 흥분이 그리로 퍼져나가는 길에 주의력 에너지 집중을 이끌어가는 결과가 되는 것을 본다. 감각 조직의 질적인 흥분은 심적 장치 안의 움직임 양에 대해서 방출 조절 장치 역할을 한다. 이와 동일한 작용이 의식 조직의 감각기관에도 수행된다고 우리는 주장할 수 있다. 이 기관은 새로운 성질을 지각함으로써 동원 가능한 리비도 집중 에너지 양을 유도하고, 목적에 맞도록 배분하기 위해서 어떤 새로운 기여를 한다. 쾌감과 불쾌감의 지각에 의해 이 기관은 보통은 무의식적으로 양의 이동에 의해 작용하는 심적 장치 내부에서 에너지 집중의 경과에 영향을 준다. 아마도 불쾌감의 원리는 에너지 집중의 이동을 우선은 자동적으로 규정하는 듯하다. 그러나 가능하다고 여겨지는 것은 이러한 성질의 의식이 두 번째의, 좀더 미묘한 조정을 하는 일이며, 그뿐 아니라 두 번째 조정은 처음의 규정에 항거하는 것조차 불사하여 심적 장치의 작업 능력을 완전한 것으로 만들고, 심적 장치 본래의 소질에 반하여 불쾌감 방출과 결부되어 있는 것까지도 에너지 집중과 가공에 복종시킬 수 있게 하는 것이다. 노이로제 심리학에서 아는 것은 감각의 여러 기관의 질적 흥분에 의한 이런 조절 작용은 심적 장치의 기능 활동 때 큰 역할을 한다고 생각하지 않으면 안 된다. 제1차 불쾌감 원리의 자동적 지배 및 그것과 결부된 업적 능력의 제한은 그 자체가 또한 자동적 작용인 감각적 조정으로 깨어진다. 억압은 원래가 목적에 맞는 것인데도, 결국은 해롭게도 저지와 심적 지배를 단념하게 되는데, 기억에 대해서는 지각에 대해서 좀더 훨씬 쉽게 그렇게 되는 것을 안다. 왜냐하면 기억에서는 여러 심적 감각 기관의 흥분에 의한 에너지 집중의 증대가 없는 것이 틀림없기 때문이다. 거부될 어떤 관념이 한편에서는 그것이 억압에 복종했기 때문에 의식에 떠오르지 않는다면, 이 관념은 또 한편에서는 그것이 다른 이유로 의식 지각에서 벌어졌기 때문에 비로소 억압될 수 있다. 이것이 이미 가해지고 있는 억압을 해소시키기 위해서, 치료가 사용하는 단서가 되는 것이다.

의식의 감각 기관이 가동량을 조절함으로써 만들어지는 과잉 에너지 집중의 가치는, 어떤 새로운 계열의 특질과 함께 인간을 동물보다 우월하게 하는 새로운 조절 작용의 창조에 의해 목적론적인 관련에 있어서 가장 뚜렷하게 입증되고 있다. 다시 말해서, 사고 과정은 그 자체로는 어쩌면 사고에 방해가 될지도 모르는 것으로서 구속되어야 할, 사고 과정에 부수되는 쾌감과 불쾌감의 흥분을 제외하고는 아무런 특질을 가지고 있지 않다. 그러한 사고 과정에 특질을 부여하기 위해서 인간에게는 사고 과정이 언어 기억과 결합되는 것이다. 언어 기억에 남아 있는 특질의 잔존물에는, 의식의 주의력을 자기에게 끌어당기고 의식에서 사고에 어떤 가동적인 새로운 에너지 집중을 돌릴 만한 충분한 힘이 있다.

다양한 의식의 문제는 히스테리 사고 과정을 분석 할 때에야 비로소 파악할 수 있다. 그때 우리는 전의식에서 의식 에너지 집중으로의 이행도, 무의식과 전의식 사이에 있는 검열과 비슷한 어떤 검열과 결부되어 있다는 인상을 받는다. 이 검열도 양적으로 일정한 어떤 관점에서 처음 시작되는 것이며, 강도가 낮은 관념 형성물은 이 검열을 벗어나 버린다. 의식에서의 차단 및 갖가지 제한 아래서 행해지는 의식으로의 진입의 거의 모든 경우가, 여러 가지 정신 노이로제 현상의 테두리 안에 함께 있는 것이 발견된다. 그러한 경우는 전부 검열과 의식 사이의 긴밀하고 양면적인 관련을 가리키고 있다. 이런 종류의 두 가지 과정을 보고하고, 나는 이제까지의 심리학 논의를 그치기로 한다.

지난 해 나는 참으로 순진한 눈을 가진 영리해 보이는 소녀 하나를 다른 의사들과 함께 진찰한 적이 있었다. 그 소녀의 차림새는 무척 묘했다. 보통 여자는 복장의 주름 하나에까지 자질구레하게 신경을 쓰는 법인데, 이 소녀는 양말 한쪽은 흘러내렸고, 블라우스의 단추는 두 개나 끌러져 있었다. 한쪽 다리가 아프다면서, 보자고도 하지 않는데 넓적다리까지 걷어 올려 보였다. 그런데 소녀의 주요 호소는 말대로 하면, 마치 무언가 '몸 속에 들어와' 있고, 그것이 '이리저리 움직이고 있어서' 그 때문에 온몸이 '흔들리는' 듯한 기분이 들고, 그런 때는 흔히 몸 전체가 뻣뻣이 굳어 버린다는 것이다. 입회한 의사는 이 말을 듣고 내 얼굴을 쳐다보았다. 그도 이 말의 뜻을 옳게 짐작한 것이다. 우리 두 사람이 이상하게 생각한 것은, 환자의 어머니가 딸의 말을 듣고 아무렇지도 않게 생각하는 태도였다. 어머니는, 딸이 말한 상황을 여태까지 몇 번이나 경험했을 것이 틀림없을 텐데도 그랬다(성교에 의해 코이투스에 달했을 때의 상황). 그 소녀는 자기가 하고 있는 말의 뜻을 전혀 모르고 있었다. 알고 있었다면 그런 것을 입 밖에 내지 않았을 것이다. 이것은 보통 같으면 전의식 속에 머물러 있는 공상이 자못 순진한 체 증세를 호소하듯 가면을 쓰고 의식 속에 들어가기가 허용될 만큼 용케 검열의 눈을 속이는 데 성공한 케이스이다.

또 하나 다른 실례를 들면, 나는 열네 살 먹은 소년에게 정신 분석 치료를 시작했다. 이 소년은 안면 근육 경련, 히스테리성 구토, 두통 등으로 괴로워하고 있었다. 나는 소년에게, 눈을 감으면 떠오르는 여러 가지 형상과 생각들을 말해 보라고 했다. 그는 떠오른 갖가지 영상을 이야기했다. 나를 찾아오기 전에 받은 최신의 인상이 그의 기억 속에 시각적으로 되살아난 것이다. 큰아버지와 장기를 두었으므로 장기판이 눈앞에 떠올라 왔다. 유리한 형세, 불리한 형세, 해서는 안 될 장기짝 움직임에 대해서 큰아버지와 여러 가지로 토론을 한다. 그리고 판 위에 단도가 한 자루 놓여 있는 것을 본다. 아버지의 물건인데, 소년의 공상은 이것을 장기판 위에 옮겨 놓은 것이다. 그리고 판 위에 작은 낫이 한 자루 놓여 있고 거기에는 큰 낫이 한 자루 첨가되며, 이번에는 늙은 농부 한 사람이 모습을 나타내더니 먼 고향의 집 앞에서 풀을 베고 있다. 불과 2, 3일 후, 나는 이 일련의 영상의 뜻을 알게 되었다. 그의 집안에 안 좋은 일이 있어서 소년은 흥분하고 있었던 것이다. 어머니와 사이가 좋지 않았던 아버지는 냉혹하고 화를 잘 내는 사나이였으며, 무슨 일이고 협박만 하면 된다는 식으로 소년을 가르쳤다. 그리고 나중에는 마음이 부드럽고 약한 어머니와 이별하고 어느 날 갑자기 젊은 여자와 재혼하여 새로운 어머니를 집에 끌어들였다. 그런 일이 있은 후 얼마 안 가서 이 소년은 발병한 것이다.

위와 같은 영상을 의미가 있는 암시로 짜 맞춘 것은 아버지를 향한 억제된 분노였다. 어렴풋이 기억하는 신호가 그것에 자료를 주었다. 작은 낫은 제우스가 아버지를 거세하는 데 사용한 그 낫이다. 큰 낫과 늙은 농부의 모습은, 자기 자식들을 잡아먹고 제우스에게 자식답지 않은 복수(거세되는 것을 말한다)를 당하는 난폭한 노인 크로노스를 나타내고 있다. 아버지의 재혼은, 소년이 자기 성기를 '주물렀다'고 해서 전에 아버지에게 들은 꾸지람과 위협을 아버지에게 되돌려 주는 데 아주 좋은 기회였다.(장기놀이, 해서는 안 되는 장기짝의 움직임, 사람을 죽일 수 있는 단도) 여기에 있는 것은 오랜 동안 억압되어 온 갖가지 기억과 줄곧 무의식인 채로 머물러 있던 기억의 파생물이며, 그것들이 자기를 위해서 열려 있던 우회로를 지나, '얼른 보기에 무의미한' 영상으로서 의식 속에 스며들어갔던 것이다.

이런 까닭으로 나는 꿈 연구의 이론적인 가치를 심리학적 인식에 기여하고, 정신 노이로제 이해의 소지를 만드는 점을 구할 것이다. 설령 우리의 현재 지식만으로도 원래 치유 가능한 여러 형태의 정신 노이로제에 대해서는 치료에 좋은 영향을 줄 수 있는 경우라도, 마음이라는 장치의 구조 및 여러 업적을 철저하게 규명하는 작업이 여전히 어떤 의의를 획득하게 되는지는 아무도 예상할 수 없을 것이다. 마음의 지식, 개개인의 숨은 성격상의 여러 특성을 발견하는 데 있어서, 이러한 연구의 실용적인 가치가 무엇인가 하는 질문도 나올 것이다. 또 꿈이 계시하는 무의식적 충동은 정신생활 속에 있는 현실적 가치를 가지고 있는 것일까? 억제된 소망은 오늘 꿈을 만들어 내듯이, 다른 날 또 무언가 다른 것을 만들지도 모르므로, 그런 것의 윤리적인 의의 따위는 경시해야 마땅하지 않겠는가? 이런 의문도 있는 것 같다.

나는 이러한 질문에 대답할 자격이 없는 듯한 기분이 든다. 내 생각은 꿈 문제의 이런 측면을 별로 추구하지 않았다. 다만 신하 한 사람이 황제를 죽인 꿈을 꾸었다는 이유만으로, 그 신하를 처형시킨 로마 황제는 결국 잘못되어 있었던 것이다. 황제는 먼저 그 꿈이 무엇을 의미하는가 생각해 보았어야 했다. 그 꿈의 참뜻은, 그 꿈의 의견의 내용과는 같지 않았던 것이다. 그리고 또 다른 내용의 꿈이 이 꿈과 같은 반역적 의의를 가지고 있었다고 하더라도, 덕이 있는 사람은 악인이 현실에서 행하는 것을 꿈꾸는 것만으로 만족한다는 플라톤의 말을 상기해야 할 것이다. 그러기에 꿈은 마음대로 꾸게 하는 것이 좋다고 하겠다. 무의식적 소망에 '현실성'이 있다고 인정할 수 있는지에 대해 나는 무어라고 말할 수 없다. 모든 과도적인 관념이나 중간 관념에는 물론 그런 현실성이 없다고 해야 할 것이다. 그러나 우리가 궁극적인, 그리고 가장 진실한 표현을 가진 꿈을 대할 때, '심적 현실성과 물질적 현실성'은 혼동되어서 안 되는 일종의 특별한 존재 형식이라고 말하지 않을 수 없을 것이다. 그렇다면 인간이 그들 꿈의 부도덕성에 대해서 책임을 지는 데 항거한다는 것은, 아무리 해도 까닭 없는 일처럼 여겨진다. 우리의 꿈이나 공상 생활에서 볼 수 있는 윤리적으로 부당한 것은, 심리적 장치의 기능 방식을 잘 알고서 의식의 관계를 통찰한다면, 많은 경우 사라져버리는 것이다.

"꿈이 현실에 대한 관계에 대해 우리에게 알려주는 것을 나중에 의식 속에서 찾아내자. 그리고 우리가 분석이라는 확대경을 대고 본 괴물을 이번에는 작은 원생동물로 다시 발견했더라도 굳이 놀랄 것은 없다."(한스 작스)

인간의 성격 판단에 있어 실제적 필요로 봐서는, 많은 경우 그 인간의 행동과 의식적으로 드러내는 성향만으로도 족하다. 특히 행동을 첫째로 중요시해야 할 것이다. 왜냐하면 의식에 진입한 많은 충동은 행동으로 흘러들어가기 전에 정신생활의 현실적인 여러 힘에 의해 폐기되어 버리기 때문이다. 그뿐 아니라 오히려 그러한 충동이 의식으로 진입하는 과정에서 어떤 심리적 방해도 만나지 않는 것은 무의식이 그것을 다른 방법으로 막을 수 있다고 확신하기 때문이다. 우리의 도덕이 자랑스레 서 있는 토대가 여러 가지로 파헤쳐진 것임을 안다는 것은 뭐니뭐니해도 유익한 일이다. 인간의 성격이라는 것은 사방을 언제나 역동적으로 유동하지 않고는 못 견디는 복잡한 것이며, 우리의 케케묵은 도덕설이 좋아할, 신이냐 악이냐 하는 식의 양자택일로는 좀처럼 처리가 되지 않는다.

그리고 꿈에는 미래를 예지한다는 가치가 있는 것일까? 그런 것은 물론 생각할 수 없다. 그 대신 꿈은 과거에 대한 지식을 우리에게 알려 준다고 말하고 싶다. 왜냐하면 꿈은 어떤 뜻으로나 과거에서 유래하는 것이기 때문이다. 꿈은 우리에게 미래를 예시해 준다고 예로부터 믿어 왔는데, 여기에도 확실히 일면의 진리가 없는 것은 아니다. 꿈은 소망을 충족된 것으로서 우리에게 그려줌으로써 어느 의미에서는 우리를 미래 속으로 인도해 준다. 그러나 꿈을 꾸는 본인이 현재로 알고 있는 이 미래는 부서지지 않는 소망에 의해서 사실은 그 과거와 닮은 모습으로 만들어져 있는 것이다.

정신분석학을 창조한 프로이트의 꿈의 해석

인간은 마음과 운명의 지배자

정신분석학의 아버지 지그문트 프로이트의 사상이 20세기 사상사에 끼친 영향은, 아무리 과장되게 이야기해도 지나치지 않을 것이다. 다른 무엇보다도 인간이 합리적인 의사결정자이며 스스로의 마음과 운명의 지배자라는 생각을 근본에서부터 뒤흔든 이가 바로 프로이트이다.

프로이트는 인간들 사이의 차이(마음)는 세 겹으로 이루어져 있다고 주장한다. 이드(인간 정신의 밑바닥에 있는 원시적·동물적·본능적 요소)는 사람의 행동, 주로 성충동에서 이루어지며 자아는 영혼의 합리적, 의사결정 측면, 초자아는 자아에 대한 재판관, 검열관의 측면을 가진다. 이드는 요구와 외계의 요구를 타협 지을 필요가 있다. 그와 함께 자아는, 초자아의 요구에 따라서 사고와 행동이 초자아의 관점에서 볼 때 도덕적으로 용인할 수 있는 범위 내에서 해결될 수 있도록 하지 않으면 안 된다.

이 상황은 심적 갈등을 일으킬 가능성을 다분히 가지고 있다. 예를 들어 지나치게 경계심이 강한 초자아는 죄악감이나 불안을 안고 좋지 않은 욕망이나 기억을 무의식에 가두어 버린다. 프로이트는, 이렇게 제압당한 갈등에는 움직이는 특성이 있다고 주장했다. 이들은 반드시 꿈, 말실수(실착행위), 공포증, 공상 등을 통해 의식적 생활 속에서 존재감을 나타내려 한다. 유명한 사례 연구에서 프로이트는, 환자인 소년 한스에게 생겨난 말 공포증이 실제로는 모친에 대한 에디퍼스적 욕망, 즉 성적 욕망에서 비롯된 부친에 대한 공포로 나타나 한스가 부친을 일종의 연적으로 여겨왔다는 것에 그 원인이 있다고 주장한다.

프로이트에 따르면, 무의식이 의식에 보내는 메시지를 해석하는 게 정신분석 의사의 일이다. 정신분석 의사는 자유연상법, 언어연상법, 꿈 분석이라는 치료법으로 제압당한 기억을 표면으로 떠오르게 한다. 사고나 행동의 원인이 무의식의 기초에 있음을 안다면 다루기 쉬워진다는 것이 바로 그 생각인 것이다. 프로이트가 없었다면 20세기 사상의 역사는 완전히 달라져 있었으리라. 그 사상의 타당성에 대해서는 수많은 의문점이 있는 프로이트의 지적 문화적 중요성은 의심할 여지가 없다.

지그문트 프로이트는 1856년 5월 6일 모라비아의 프라이베르크(현재 체코의 프라이버) 마을에서 유대인의 장남으로 태어났다. 그의 가족은 1859년에 독일의 라이프치히로 이주했다가, 1년 후 다시 오스트리아의 빈으로 갔다. 프로이트의 부모는 일찍이 아들의 총명함을 알아차리고 라틴어와 그리스어 교육을 시켰다. 1873년 프로이트는 빈 대학에서 법률을 공부하려다 마지막 순간에 마음을 바꿔 의학부에 입학했다. 그리고 1881년 대학을 졸업한 후 약혼하고, 빈 종합병원에서 대뇌 해부 전공의로 근무했다. 파리로 건너와서는 살페트리에르 병원에서 장 샤르코의 지도를 받으며 일했고, 오스트리아 심리학자인 요제프 브로이어와 《히스테리 연구》(1895)라는 책을 공동 집필했다.

1896년 아버지가 돌아가시자 프로이트는 《꿈의 해석》을 쓰기 시작, 1900년에 이 책을 출간하였다. 그 뒤 《일상생활의 정신병리학》(1901)이란 책을 선보였다. 이 책에서 프로이트는 무의식을 드러내는 '말실수' 개념을 처음으로 소개했다.

서로 마음이 맞는 유대인 학자로 구성된 '수요모임'이 처음 열린 것은 1902년이었다. 빈 대학의 정신병리학 교수가 된 프로이트는 1905년 《성욕에 관한 3편의 에세이》와 《농담과 무의식의 관계》를 출간했다. 프로이트의 정신분석은 전 세계로 퍼졌고, 1908년 제1회 국제정신분석학회가 개최되었다. 이후 프로이트는 《토템과 터부》(1913), 《정신분석 강의》(1917), 《쾌락 원칙을 넘어서》(1920), 《자아와 이드》(1923), 《나의 이력서》(1925), 《환상의 미래》(1927)를 집필, 간행했다.

1938년 오스트리아에 나치 정권이 들어서고 정신분석이 금지되자, 프로이트는 가족을 이끌고 런던으로 망명했다. 평생 입에서 담배를 떼지 않았던 그는 1939년 암으로 사망했다.

프로이트는 대학 입학 후 의학과 그 밖의 과목을 공부하느라 졸업하기까지 8년의 세월을 보냈다. 뒤늦게 신경과 분야에 입문한 그는 언어장애 및 마취제로서 코카인의 효능, 아동의 뇌성마비에 관한 논문을 쓰고 이후 정신분석학에 관심을 가졌다. 프로이트는 훌륭한 의학자가 되는 것이 꿈이었으나, 약혼녀인 마르타 베르나이스와 결혼하면서 일반 의사로서 가족을 부양해야 했다.

그로 인해 그의 출세작인 《꿈의 해석》은 40대 중반인 1900년에야 출간되었으며, 그의 이름이 널리 알려지기까지는 그 뒤로 10년이 더 걸렸다. 이 책은 역사상 가장 큰 영향력을 발휘한 책 중 하나로 꼽힌다. 첫 번째 영어 번역서는 1913년에야 나왔다.

《꿈의 해석》은 19세기 후반 프로이트가 빈에서 보낸 부르주아적인 삶의 단면을 간접적으로 보여준다. 프로이트는 자식들과 즐거운 시간을 갖고 알프스에서 주말을 보내며, 친구나 동료와 어울리면서 일에서 성공을 추구했다. 여기서 '위대한 심리학자'라는 성공 이면에 존재하는 프로이트의 진솔한 모습을 엿볼 수 있다. 무엇보다 여러 가지 꿈에 대한

프로이트(1856~1939)

프로이트의 해석과 분석은 재미있는 읽을거리다. 대부분 환자의 꿈이지만, 프로이트 본인의 꿈도 얼마쯤 포함되어 있다. 각 꿈에 대한 해석은 10여 쪽을 훌쩍 넘기며 신화, 문학, 예술 등 다양한 분야에 걸친 프로이트의 해박한 지식을 보여준다. 이 책은 그때껏 실질적 분석이 없었던 꿈이라는 주제에 의학적으로 접근하여 무의식의 과학을 만들어냈다.

꿈의 세계는 무엇인가?

프로이트는 꿈을 무의식으로 나아갈 수 있는 왕도로 삼아 꿈의 특징이나 의미를 찾고 있었다.

꿈의 특징

1. 사람은 매일 밤 꿈을 꾸고 있다. 꿈을 과학적으로 연구하는 건 어려운 일이지만 프로이트는 무의식을 관찰하는 일에 있어서 꿈의 분석을 중요시했다.

꿈의 신비함

꿈에 대해 생각해보기로 한다. 무의식은 직접 관찰하는 일이 불가능하기 때문에 그 속을 알기 위해서는 일상생활에서의 잘못이나 꿈을 살펴보는 게 중요하다. 특히 꿈은 무의식에 대한 중요한 정보를 준다. 그래서 정신분석 치료법에 있어서는 꿈을 어떻게 해석할 것인가, 꿈에서 무엇을 연상하느냐가 중요한 문제이다.

꿈이라는 말에는 두 가지 함축된 의미가 있다. '미래의 꿈', '큰 꿈을 가지고', '최근 젊은이들은 꿈이 없다', '꿈이 깨졌다' 이런 말들에서는 '전망'이나 '미래의 비전'을 뜻하며 그에 더해지는 이미지를 갖고 있다. 한편, '저 녀석은 언제나 꿈같은 이야기를 하고 있어', '그런 건 그저 꿈에 지나지 않아', '잠깐의 꿈' 이런 말들에서는 '기대할 수 없는 것', '덧없는 것'을 의미하며 부족한 이미지를 가진다. 실제로, 사람의 꿈이라 쓰고 '덧없다'고 읽는다. 이러한 두 뜻은 모두 비유적인 '꿈'이며 밤에 잠을 자며 보게 되는 꿈을 말하는 것은 아니지만 이 둘에 미묘한 차이가 있다는 것은 잠을 잘 때 보는 꿈이 두 가지 측면을 갖고 있음을 뜻하리라.

그러나 그 꿈 자체에 대해서 우리는, 아직까지도 모르는 게 많다. 오로지 하나, 확실한 것은 누구라도 반드시 꿈을 보고 있다는 것이다. 곧잘 '전혀 꿈을 꾸지 않고 푹 잤다.' 이렇게 말하곤 하지만 그것은 꿈을 꾸지 않은 게 아니라 잠에서 깨어난 순간 꿈의 내용이나 꿈을 꾸었다는 사실을 잊어버렸을 뿐이다. 잠자는 중에는 눈알이 바삐 움직일 때(렘 수면기)와 움직이지 않을 때(논렘 수면)가 번갈아 일어나지만 렘 수면기에 사람은 꿈을 꾼다. 그러나 어떤 꿈을 꾸고 있는지 남들은 알 수 없다. 오늘날에도 어떤 꿈을 꾸고 있는지를 알아낼 기계는 발명하지 못했다.

모든 꿈의 공통점-꿈에 대해 알고 있는 것들

①꿈은 수면 중에 꾸는 것이다. 몸은 자고 있지만 뇌가 깨어 있는 렘 수면

프로이트 가족사진(1876)

기에 꿈을 꾼다.

②꿈은 주로 시각상으로 나타난다. 꿈은 보통, '보는' 것이며 꿈을 꾸는 동안
에는 꿈속 일을 직접 체험하듯이 느낀다.

③사람은 꿈을 매일 밤 꾸고 있다. 꿈의 내용이나 꿈을 꾸었다는 것을 잊어
버리곤 하지만 사람은 누구나 잠을 자는 동안 꿈을 본다.

④꿈의 내용은 본인 말고는 알 수 없다. 꿈의 내용을 남들이 관찰할 수
는 없다. 꿈의 내용을 알기 위해서는 당사자에게 꿈의 내용을 듣는 방법밖에
없다.

2. 왜 사람은 꿈을 꾸는가. 꿈은 수면 중에 보는 것이지만, 수면을 방해하지
는 않는가. 먼저 꿈과 수면의 관계에 대해 생각해본다.

꿈을 꾸는 목적은 무엇인가.

사람은 왜 잠을 자는가, 라는 물음에 대한 답은 분명하다. 휴식을 취하기 위

해서이다. 그렇다면 꿈을 꾸는 목적은 무엇인가? 프로이트는, 사람은 '수면을 지키기 위해 꿈을 꾼다.' 이렇게 생각했다. 곁에서 누군가가 떠들고 있다거나 창문 밖으로 차가 지나갈 때 들리는 외부로부터의 소음, 소변을 보고 싶다는 자신 내부로부터의 생리적 자극, 게다가 흔들리는 마음으로부터의 내적 자극 등에 의해 끊임없이 수면은 위태로워지고 있다. 실제로 커다란 지진이 일어난다면 깊은 잠을 자고 있던 사람이라도 눈이 떠져버린다. 귓가에서 누군가 수군거려도 사람들은 눈을 뜨게 된다. 그러나 인간은 잠을 자지 않으면 목숨을 잃게 된다. 그래서 이러한 잠을 지키기 위해 사람은 꿈을 꾸는 것이다. 프로이트는 그렇게 생각했다.

수면을 위해서 꿈이 필요한 이유

그러나 만일 수면을 지키기 위해서라면 꿈 따위를 꾸지 않고 푹 자는 게 더 좋지 않을까? 이 물음에 대해서는 다음과 같은 장면을 생각해보면 더 알기 쉬울 것이다. 당신이 원룸 아파트의 방에서 자고 있는데 바로 앞 도로에서 중학생들이 모여 마구 떠들기 시작했다. 그러자 아파트 경비원이 중학생들이 있는 곳으로 가서 그들을 쫓아버리기 위해 '조용히 해!', '다른 데로 가.' 이렇게 큰소리로 야단을 친다. 그러자 당신 귀에는 경비원의 꾸짖는 목소리밖에 들리지 않게 된다. 꿈은 이 장면에서 경비원의 야단치는 목소리, 수면을 위협하는 자극은 중학생들이 내는 소음에 대응한다. 할 수 있다면 꾸짖는 목소리(꿈)도 들리지 않는 게 좋겠지만 그 소리가 안 들린다면 중학생이 내는 소음(자극)에 의해 수면이 방해받게 된다. 이렇듯 꿈은 온갖 자극으로부터 수면을 지켜내고 있는 것이다.

꿈과 수면의 관계

꿈은 수면을 지켜내는 것. 꿈은 어떠한 자극에 의해 눈이 떠지지 않도록 수면을 지키기 위해 이루어진다. 본인에게는 경비원이 주의를 주는 목소리(꿈)만이 들린다. 소음(자극)은 차단되어 꿈을 꾸면서 자고 있다.

3. 실제로 본 꿈과 기억해내어 이야기하는 꿈은 다르다. 꿈을 분석하기 위해서는 본인에게 꿈의 내용을 이야기해 달라고 해야 하지만 이는 꿈속의 꿈과는

다르다.

꿈은 이야기인가

꿈을 직접 관찰하기란 불가능하다. 꿈은 꿈을 본 당사자가 잠에서 깨어난 뒤 자신이 이야기해주는 형식으로밖에 알 수 없다. 그러나 사실은 생각해 낸 꿈과 실제로 꿈속에서 보고 있었던 꿈과는 다르리라고 여겨진다.

예를 들어보자. 자명종 시계 소리가 꿈속에서 들려올 때가 있다. 그러나 자명종 시계의 소리로서가 아니라 화재경보기나 비상벨 소리 등, 형태를 바꾸어 나올 때가 많다. 예를 들어, 꿈속에서 당신이 번화가의 주상복합빌딩 7층에 있는 바에서 음료를 마시고 있을 때 비상벨이 울렸다. 누군가가 '불이야' 외쳤을 때 당신은 당황하여 창문에서 뛰어내리려고 한다. 그때, 눈이 떠진다. 머리맡에서는 자명종 시계가 울리고 있으며 시계는 7시를 가리키고 있다. 당신은 시계가 울리기 전부터 꿈을 꾸고 있었다. 그렇다면 시계가 7시에 울릴 것을 알고 그에 맞춰서, 즉 7시에 딱 맞춰 비상벨이 울리도록 이야기를 잘 짠 뒤 7시가 되기 조금 전부터 꿈을 꾸고 있었던 걸까? 그런 일은 없다. 자고 있으면서 7시에 시계가 울릴 것을 알고 있었다면 자명종 시계 따위는 필요 없을 것이다. 사실 꿈속 이야기는 눈을 뜬 뒤에 만들어진 것이다. 실제로 꿈을 꾸고 있을 동안에는 마치 영화처럼 이야기를 보고 있었던 게 아니라 눈앞에 TV 화면이 몇 백 개씩이나 있어서 다양한 것들이 방영을 하고 그것들을 모두 동시에 바라보고 있었다고 할 수 있다. 그러나 눈을 뜨고 있을 때의 의식은 그 상태를 그대로의 형태로 생각해낼 수 없다. 꾸고 있던 꿈을 이야기로 정리하여 처음으로 생각해낼 수 있는 것이다. 눈을 떴을 때부터 꿈을 이야기로 정리해 나아가는 이러한 작업을, 프로이트는 꿈의 '이차가공'이라 불렀다.

꿈을 관찰하는 방법

생각해낸 꿈의 혼란. 꿈속에서 외부로부터의 자극이 조금 형태를 바꾸어 등장할 때가 있다. 그러나 그 자극이 일어나는 일을 미리 알고 꿈을 꾸는 게 아니다. 눈이 떠졌을 때부터 생각해낸 꿈은 본인이 꿈의 장면들을 이야기로 정리한 것이다. 본인이 잠에서 깨어나 기억해낸 꿈과 실제로 꾼 꿈은 다르다는 것이다.

꿈의 의미를 찾다

1. 단순한 꿈과 이해할 수 없는 꿈. 아이의 꿈이나 생리적 자극에 의해 만들어지는 꿈은 단순하고 알기 쉽지만 어른의 꿈은 그 의미를 알기가 어렵다.

생리적 욕구가 생겨나는 꿈이나 아이의 꿈 특징

수면은 외부로부터의 자극, 생리적 자극, 마음속(내부)으로부터의 자극 등에 의해 끊임없이 위협당하고 있다. 수면을 지켜내기 위해 그것들의 자극으로 꿈이 만들어진다고 프로이트는 생각했다.

생리적 욕구가 만들어내는 꿈은 단순하다. 예를 들어 막 잠이 들었을 때 화장실에 가고 싶어지면 실제로 화장실에 가는 꿈을 꾸기도 한다. 화장실에서 일을 보는 꿈을 꾸면서 실제로 이불에 오줌을 싸는 아이들도 있다. 이러한 경우, 어째서 그런 꿈을 꾸는지가 분명하다. 이에 비해 마음속에서부터의 자극이 만들어낸 꿈은 대부분 복잡하고 간단하게는 그 의미를 알 수 없다.

그럼에도 아이의 경우는 단순한 꿈을 꿀 때가 많다. 예를 들어 자기 전에 케이크를 먹고 싶었는데 '시간도 늦었으니까 내일 먹자.' 부모로부터 이런 말을 들었다고 하자. 그렇게 아이는 잠이 들면 좋아하는 케이크를 배불리 실컷 먹는 꿈을 꾼다. 또는 기차를 타고 여행을 떠나는 아이가, 기차에 더 타 있고 싶었는데 생각보다 빨리 목적지에 도착하여 내려야 할 때 '더 타고 싶어' 외치며 마구 울었다고 하자. 그날 밤 이 아이는 기차를 타고 저 멀리 여행을 떠나는 꿈을 꿀지도 모른다.

아이의 꿈과 어른의 꿈 그 차이

이러한 사례들을 보면, 마음 내부로부터의 자극인 욕구(특히 욕구불만)가 꿈을 만들어낸다는 걸 알 수 있지만 아이가 꾸는 꿈은 무척 단순하기에 그것을 해석하기 위해 특별한 기술을 필요로 하지 않는다.

그러나 어른의 경우, 마음속 내부로부터의 자극이 만들어낸 꿈이 과연 무엇을 뜻하는지를 모를 때가 많다.

2. 꿈을 해석하는 기술, 꿈의 해석. 마음속 내부로부터의 자극이 만들어낸 어른의 꿈은, 그 의미를 알기가 어렵다. 이러한 의미를 찾아가는 일이 '꿈의 해

석'이다.

꿈은 반드시 그 뜻을 갖고 있다. 꿈에는 이야기가 있어도 때때로 그 이야기가 황당무계할 때도 있다. 그래서 '꿈은 이해하기 어려워.' 이렇게 말하면서 꿈에 대한 관심을 끊어버리는 사람 또한 있으리라. 그러나 정신분석에서 보면, '꿈에는 의미가 있다', '꿈은 메시지를 갖고 있다' 이렇게 여겨진다. 그리고 이해할 수 없다고 해도 특별한 기술을 사용하면 (전체를 이해할 순 없겠지만) 그 뜻을 알아낼 수 있다고 정신분석학자들은 주장하는데 그 기술을 '꿈의 해석'이라고 한다.

꿈 분석과 꿈 점괘는 다르다. 고대부터 꿈은 인간에게 있어서 무척 흥미가 깊은 것이었다. 고대 사람들은 '꿈의 계시'를 믿고 있었으며 '꿈 점괘'에 대한 책들도 무척 많다. 그러나 그 내용은 어디까지나 '점괘'일 뿐이며 정신분석과는 전혀 관계가 없다.

'꿈 점괘'는 이 꿈을 꾸면 이러한 것을 뜻한다라는 꿈의 안내라고 할 수 있다. 그러나 꿈에 나온 것이나 그 내용에 있어서 '그런 꿈에는 이런 의미가 있어.' 이렇게 단정해버릴 수 있는 근거가 없다면 그 안내는 믿을 수 없다. 프로이트는 그 근거를 이야기하면서 꿈의 이론을 주장했다.

또 꿈에 나온 것이 모든 사람들에게 있어서 같은 의미를 가진다고 할 수는 없다. 꿈을 해석하려면 그 꿈을 꾼 사람의 '개인 역사'를 알아야만 한다. 정신분석에서는 꿈을 꾼 본인의 경력을 따로 두고 꿈만을 분석하지 않는다. 앞서 말했듯이, 꿈을 꾼 본인이 잠에서 깨어나 이야기해주는 것을 듣고 그 꿈을 해석하기란 불가능하다. 실제로 정신분석가는 환자에게 꿈 이야기를 들려달라고한 뒤, 그 꿈의 내용으로부터 무엇이 연상되는지를 물어보고 꿈을 분석, 해석해 나아가는 것이다.

3. 꿈은 소망의 충족이다. 꿈 뒤에 숨겨져 있는 것은 그 사람이 안고 있는 소망이며 꿈은 그것을 대신 충족시켜주려 한다.

프로이트가 다다른 꿈의 의미
앞서 예로 든 화장실에 대한 꿈은 꿈의 중요한 기능을 나타낸다. 화장실 꿈을 만들어낸 것은, 화장실에 가고 싶다는 생리적 욕구인 것이다. 이러한 욕구를 충족시키기 위해서는 실제로 화장실에 가야만 한다. 그러려면 먼저 잠에서 깨어나지 않으면 안 된다. 앞서 말했듯이 꿈의 목적은 수면을 지키는 일이다. 그러므로 잠에서 깨어나지 않아도 괜찮도록 화장실에 가는 꿈을 꾼다. 그러나 꿈에 의해 실제로 생리적 욕구가 해소될 수는 없다. 꿈은 그 욕구의 충족을 조금 뒤로 미룰 뿐이다.

아침, 자명종 시계 소리에 잠에서 깨어난 이는 꾸벅꾸벅 졸면서 나갈 준비를 마치고 회사로 가는 꿈을 꾸기도 한다. 프로이트는 이러한 꿈을 '게으름뱅이의 꿈'이라 부르는데 이런 경우 또한 실제로 잠에서 깨어나지 않아도 괜찮도록 잠에서 깨어나는 꿈을 꾼다. 이러한 점에서 '꿈은 원망의 충족'임을 알 수 있다. '사자가 어린 양에 대한 꿈을 꾼다', '거위가 옥수수 꿈을 꾼다'라는 표현이 예부터 전해져 내려오는데 이는, 인류에게 있어서 옛날부터 꿈이 소망의 충족이었음을 알 수 있는 증거라 할 수 있다.

또 백일몽이라 불리는 각성상태에서의 공상 또한 꿈이 소망의 충족임을 알 수 있는 단서이다. 백일몽도 무언가에 대한 소망을 공상 속에서 충족시키려 하는 마음속 고민이며 자신을 주인공으로 한 공상 드라마인 것이다. 꿈도 이러한 백일몽과 기본적으로는 똑같은 구조라 여겨진다.

화장실 꿈이나 아이의 꿈은 단순하고 알기 쉽지만 어른이 꾸는 이해하기 어려운 꿈 또한 기본적으로는 소망의 충족이라고 프로이트는 생각했다. 그저 복잡한 형태로 소망을 충족시키기 때문에 쉽게 그 의미를 알 수 없을 뿐이다.

꿈에서 작용하는 힘

1. 꿈을 이해하기 어려운 이유는 꿈의 근본 내용 '잠재사상'은 '꿈의 작업'에 의해 변형되고 본인이 이야기하는 꿈의 내용이 '현재 내용'이 된다.

꿈은 왜곡되고 있다.

아이의 꿈은 이해하기 쉽다 하는데, 어른이 꾸는 꿈은 왜 이해하기 어려운가. 이는 꿈이 왜곡되고 본디 내용이 변형되고 있기 때문이다. 이러한 본디 내용을 '잠재사상', 그것이 변형되어 꿈에 나온 것을 '현재내용'이라 부른다. 잠에서 깬 뒤 생각해내는 꿈속 사건은 현재내용인 것이다. 잠재사상을 현재내용으

프로이트가 죽기 전에 살았던 집 지금은 프로이트 박물관

로 변형, 왜곡되는 과정을 '꿈의 작업'이라 부른다. 이러한 꿈의 작업이 꿈을 더욱 이해하기 어렵게 만든다.

왜 이해하기 어려워져야만 하는가. 이는 앞서 말했듯이 꿈의 목적이 수면을 지키는 일이기 때문이다. 잠재사상이 그대로 꿈속에서 나타나면 사람은 너무나 큰 자극을 받고 잠에서 깨어나 버린다. 즉 잠재사상은 자신은 알고 싶지 않은 것, 잊어버리고 싶은 것을 뜻한다. 이러한 잠재사상은 그 마음속 어디에 있는 것일까. 바로 무의식 속에 있다.

무의식 속에 있는 것, 그것은 '억압당한 것'이다. 억압에 대해서는 뒤에 자세히 설명하겠지만 요컨대 자신이 모르는 동안에 무의식 속에 갇혀버린, 자신은 인정하고 싶지 않으며 알고 싶지도 않은 잊어버린 것이라 할 수 있다. 그러나 그 '억압당한 것'은 끊임없이 의식 속으로 떠오르려 한다. 각성이 일어난 때에는 의식과 무의식 사이의 뚜껑이 굳게 덮여 있기에 밖으로 나올 수는 없지만 수면 속에는 그 뚜껑이 헐거워지기 때문에 의식 속으로 점점 빠져 들어가게 된다. 그러나 그대로 나와 버리면 자극이 더욱 심해지므로 수면을 방해하지 않는 수준에서 왜곡되는 것이다. 누가 그 작업을 하는가. 그것은 자신, 즉 자아이다. 그러나 그것은 자신이 의식하고 있는 자신이 아니라 무의식적인 자신인 것이다.

2. 꿈은 '검열'을 거쳐 왜곡된다. 잠재사상은 무의식 안에서 눌려진 것이다. 그것이 의식 속으로 떠오르는 것을 막기 위해 '검열'이 이루어진다.

억압된 것과 검열의 힘은 서로 맞서 싸운다. 일상생활에서의 잘못으로 의장이 '개회'해야 할 때, '폐회'를 해버린 사례를 생각해주었으면 좋겠다. 이는 마음속에서 '개회'라 해야만 하는 힘과 '폐회'라 해야만 하는 힘이 서로 다투어 후자의 힘이 이김으로써 이루어진 일이라 할 수 있다.

이와 마찬가지로 꿈속에서도 서로 다른 두 힘이 갈등을 빚고 있다. 그 하나는 의식 속에서 떠오르려 하는 '억압당한 것'의 힘이며 또 다른 하나는 그것을 저지하려는 '검열'의 힘이다. 이 두 힘이 다툰 결과, 이른바 타협의 산물로서 꿈의 잠재사상은 왜곡당해 버리고 마는 것이다.

꿈의 검열은 나치시대의 독일이나 제2차 세계대전이 일어나기 전에 일어났던 정부, 경찰에 의한 신문이나 서적 검열과 똑같다고 할 수 있다. 신문과 서적의 검열이란, 독자들이 읽거나 보지 못했으면 하는 부분들을 신문과 서적에서 삭제해버리는데, 꿈의 경우 또한 검열자(무의식적인 자아)가 의식 속에서 떠오르지 않았으면 하는 부분을 삭제한다. 꿈의 현재 내용 안에 있는 '공백'과 같은 부분은, 검열에 의해 탈락해 버리는 것이다.

의식 속에서 떠오르려 하는 '억압당한 것'은, 검열을 잘 피해가기 위해 꿈에 세공을 가한다. 이를 위해 꿈은 왜곡당한다. 이러한 세공을 '꿈의 작업'이라 부른다.

꿈의 작업은 번역 일과 닮아있다. 잠재사상이 꿈의 작업에 의해 현재내용으로 옮겨진다고 할 수 있다. 꿈의 해석은 그러한 번역작업을 본디 형태로 돌아가게 하여 현재내용으로부터 잠재사상을 찾아낸다. 한국어를 영어로 옮긴 문장을 보고, 본디 한국어로는 어떤 문장이었는지를 찾아내어 복원하는 일과 같다. 그러나 꿈의 해석은 그보다는 훨씬 더 어려운 일이다.

3. 검열을 피해가기 위한 세공, '꿈의 작업'은 잠재사상이 검열을 피해가기

위한 것으로, 응축, 이동, 시각화, 이차가공이 있다.

꿈의 해석이 어려운 이유는, 검열에 의해 탈락되는 장소가 있기 때문만이 아니라 꿈의 작업에 의해 잠재사상에서 현재내용으로 해석될 때 다양한 일이 벌어지기 때문이다. 첫 번째로 응축이 일어난다. 생각해보면 등장한 인물이 A 이기도 하고 B같기도 하거나 A가 갑자기 B로 바뀌는 꿈을 꿔본 경험이 있지 않은가? 꿈속에서 등장하는 여러 인간들이 하나로 합성되어 버리는 것은 그리 드문 일이 아니다. 인물만이 아니라 장소나 사건이 합성되는 일도 흔히 일어난다. 그래서 잠재사상과 현재내용의 관계는 1대1 관계가 아니라 때때로 다수 대 1로 이루어진다.

두 번째로는 이동이다. 이것은 어떤 일이 그것과는 관계없는 일로 표현되고 있거나 중요한 일이 갑자기 사소한 일이 되어 있거나 하는 것이다.

세 번째로는 시각화가 일어난다. 시각 장애자의 경우와는 별개지만, 꿈은 주로 시각에 작용한다. 무의식 속에 있는 사상이나 개념은, 시각 상(像)으로 바뀌어 꿈이 된다. 이러한 점에서 꿈은 이른바 그림문학으로 쓴 문장과 같다고 할 수 있다. 이런 때 재료에 이용되는 것이, 전날 겪은 일(하루 중 기억에 남는 것)이다. 잠자기 전에 본 TV, 드라마나 비디오 등에 나온 등장인물이나 사건이 꿈속에 나오는 경험은 무척 많은 사람들이 겪었으리라. 그러나 이는 어디까지나 재료일 뿐이며 무의식에서 나온 것 자체가 아니기에 '이런 꿈을 꾼 건 잠들기 전에 그 내용이 나오는 비디오를 봤기 때문이야.' 이렇게 결론을 지어버리면 꿈이 가지는 의미를 끝내 알 수 없다. 그 뒤에는 이차가공이 이루어져 꿈은 하나의 이야기로 정리되어 버린다.

꿈을 해석하기 위해

1. 시각화를 푸는 하나의 방법. 하나의 그림으로 떠오른 꿈을 더 이해하기 어렵게 만드는 이유에 대해서 이야기해본다. 잠재사상은 현재내용이 되었을 때, 시각상(像)으로 바뀌게 된다. 꿈은 문자 그대로 '보는' 것이기 때문이다. 그러나 고양이나 인간 등의 사물이라면 괜찮지만, 추상개념을 그림으로 표현한 것은 어렵다. 그래서 어느 시각상이 어떠한 추상개념을 나타내는지를 아는 일은 참으로 어렵다. '그러나' 또는 '그래서'라는 접속사들을 시각상으로 나타내는 일 또한 어렵다. 시각상에 의한 표현은 부정을 나타낼 수가 없다. 그 때문

에, 꿈의 해석은 너무나 난해하고 특별한 기술을 필요로 한다.

프로이트가 예로 든 유대인의 꿈을 생각해보자. 어느 사람이 꿈을 꾸었다. 그 꿈은 간단한 장면으로 이루어져 있다. 장면 하나는, '큰아버지가 토요일인데도 담배를 피우고 있다.' 또 하나는 '어느 여성이 나를 제 자식처럼 다정하게 어루만지고 있다.' 이러한 꿈을 꾼 이는 유대인이다. 유대종교는 토요일에 담배를 피우는 일을 금지하고 있다. 꿈을 꾼 본인 이야기로는, 큰아버지는 신앙심이 깊은 유대종교인으로 금지된 일을 하실 분이 절대 아니다. 또 하나의 장면에서 등장한 여성은 어머니라고 한다.

이러한 꿈은 '만일'이라는 접속사를 붙여보면 그제야 이해가 된다. '만일 그토록 신앙심이 깊은 큰아버지가 토요일에 담배를 피우신다면 나도 어머니에게 귀여움을 받아도 될 것이다.' 즉 바꾸어 말하면, '신앙심이 깊은 큰아버지는 토요일에 담배를 피우시면 안 되는 것처럼 착실한 유대인이라면 어머니에게 귀여움 받기를 바라면 안 된다.' 이러한 의미인 것이다. 이 유대인의 꿈은 어머니에게 어리광부리고 싶지만 그런 일을 바라면 안 된다는 갈등을 나타내고 있다.

2. 꿈을 해석하기 위해서는 특별한 기술이 필요하지만 정신분석에 있어서는 이미지보다 말에 주목해야 한다.

고대시대 알렉산더 대왕이 튜로스라는 곳을 포위했을 때, 대왕은 사티로스라는 술주정뱅이에 호색한인 반인반수가 춤을 추고 있는 꿈을 꾸었다. 그를 모시는 꿈 해몽가는 사티로스를 사와 튜로스로 나누어 그리스어로 '튜로스는 그대의 것이 된다.' 이렇게 해석하여 그곳은 정복할 수 있으리라 예언했다. 알렉산더 대왕은 그 예언에 따르기로 하고 총공격을 퍼부어 마침내 튜로스를 공략했다고 한다. 프로이트는 '이 점쟁이의 꿈 해석은 너무나 정확했다.' 이렇게 말한다. 꿈 점쟁이는 사티로스가 춤추고 있는 모습이 무엇을 의미하는가보다 그 이름, 즉 단어에 주목한 것이다.

이렇듯 꿈을 해석할 때에는 현재내용의 다양한 이미지에 휘둘리지 않고 '단어'에 주목하는 게 중요하다. 이러한 점에서 꿈 해석에 있어서 이미지를 중시하는 칼 융의 심리학과 크게 다르다.

프로이트가 이야기한 또 하나의 사례를 보자. 어떤 사람이 자신의 가족이 특수한 모양의 탁자에 빙 둘러앉아 있는 꿈을 꾸었다. 잠에서 깨어난 뒤, 그는 꿈에서 본 탁자와 똑같은 탁자를 누군가의 집에서 본 기억을 떠올렸다. 게다가 그 집안은 아버지와 아들이 평범치 않은 관계였다는 것, 그리고 자신과 친구 사이에도 같은 관계가 이루어져 있었음을 기억해냈다.

특수한 모양의 탁자가 있었던 집안 성씨는 '디슈라'였다. 독일어로는 탁자를 '티슈'라 부른다. 이 꿈은 '우리 가족도 디슈라 집안과 같은 가정환경'임을 의미한다. 이러한 경우도, 탁자의 이미지가 아니라

프로이트의 유해(유골) 영국, 글러스 그린 공동묘지

그 단어에 주목함으로써 마침내 꿈의 의미를 알게 된 것이다.

3. 꿈에 나오는 것에는 '일정한 요소는 일정한 의미를 나타낸다.' 이러한 패턴화가 있다. 이것을 '꿈의 상징'이라 부른다. 앞서 꿈에 나오는 것이 모든 인간에게 있어서 같은 의미를 가지지는 않음을 이야기했지만, 만일 꿈에 나온 것이 사람들 저마다에게 완전히 다른 의미를 갖고 있다면 꿈을 해석하는 일은 매우 어려울 것이다.

실제로 예를 들어, 꿈속에 뾰족한 것이 나온다면 그것은 남성 성기를 의미한다는 말처럼, 꿈속 사물이 많은 사람들에게 공통되어 '이러한 의미를 가진다'라는 말을 할 수 있는 것이다. 프로이트는 이것을 꿈의 상징이라 부른다.

꿈의 상징에 의한 표현의 수는, 통속적인 '꿈 점괘'가 이루어질 만큼 많지 않지만 성적인 것에 관계되는 상징은 너무나 많다. 꿈속에 나타나는 상징의 대

부분이 성적 상징이라 해도 과언이 아니다.

예를 들어, 지팡이, 우산, 막대기 등은 남성 성기의 상징이다. 그 모양이 닮아 있기 때문이다. 검, 창, 칼 등도 남성 성기의 상징이라 할 수 있다. 남의 몸속에 들어갈 수 있는 것이기 때문이다. 뱀의 입이나 분수도 마찬가지이다. 물을 내뿜기 때문이다. 샤프 또한 성기의 상징이 될 수 있다. 늘어나거나 줄어들기도 하기 때문이다. 한편, 여성 성기는 그 형태를 보면 동굴, 구멍, 집, 상자, 주머니, 가방 등으로 상징된다. 성적인 것 말고는 예를 들어, 왕이나 왕비는 부모님을 상징한다.

그렇다면 정신분석으로 앞서 이야기했던 상징의 증거는 무엇인가. 그것은 상징이, 꿈만이 아니라 신화, 옛날이야기, 농담, 소설, 민간전승, 관용적 표현 등으로도 널리 쓰이고 있다.

4. 상징표현은 인간의 무의식에서 만들어졌다고 여겨지는 신화나 옛날이야기, 예술작품 등에서도 볼 수 있으며 그 해석에도 도움이 된다.

상징에 따른 표현은 꿈만이 아니라 신화, 옛날이야기, 민간전승, 입말표현 등에서도 볼 수 있다. 즉 상징은 꿈의 전매특허가 아니다. 이는 반대로 보면 꿈의 해석 방법은 꿈만이 아니라 옛날이야기나 예술작품 등의 해석에도 응용될 수 있다는 것이다. 왜냐하면 신화나 옛날이야기, 예술작품은 꿈과 같이 인간의 무의식으로부터 만들어졌기 때문이다. 그렇게 생각해보면, 예를 들어 어떤 한 장의 그림에 자연스럽게 그려진 기다란 봉은 성기의 상징이며 화가의 성적 욕망과 관계가 있을지도 모른다.

이는 인류의 원시시대 옛날이야기나 예술작품에서뿐만이 아니다. 2001년에 일어난 동시다발적인 테러에 의해 붕괴된 뉴욕의 우뚝 솟은 국제무역센터빌딩은 미국인의 무의식 속에서는 남성 성기를 상징하고 있었을지도 모른다. 빌딩 붕괴는 미국인 남성에게 있어서 거세당한 듯한 충격이었을지도 모른다.

그러나 주의해야 할 건, 봉이 나왔다면 그것이 성기를 상징한다는 단순한 도식만으로는 신화도 옛날이야기도 예술작품도 해석해낼 수 없다는 것이다. 지난날에는 그러한 '원초적 야성적인 정신분석'이 성행하여 그 때문에 정신분석적인 해석에서는 '무엇이라도 성적인 의미를 무리하게 갖다 붙인다'는 악평을 받았다(현재 정신분석적인 예술비평은 더욱 발달하고 있다). 꿈이 상징표현만이 아니라 꿈을 꾼 사람의 개인 역사를 모른다면 정확하게는 해석될 수 없는 것과 같이 신화나 옛날 이야기, 예술작품도 상징표현에만 주목하면 꿈을 제대로 해석해낼 수 없다.

프로이트가 생각한 꿈과 무의식의 관계

꿈의 목적이나 의미를 찾아가다보면 꿈이 '무의식에의 왕도'임을 알 수 있다. 꿈의 메카니즘에 대해 정리해본다. 사람은 왜 꿈을 꾸는가. 수면을 지켜내기 위해서이다. 꿈은 무의식 속에서 만들어진다. 무의식 속에 있는 것은 '억압당한 것'이다. 이는 각성될 때에는 무의식 속에 갇혀 있지만 수면 중에는 의식 속에서 떠오르려 한다.

프로이트 기념 동상
오스카 네몽 작. 햄스테드(런던 북부). 지금은 프로이트 박물관에 있다.

그러나 '억압당한 것'은, 그 사람은 인정하기 싫고 잊어버리고 싶어 하는 것이기에 그것이 의식 속에 떠오르게 되면 수면을 방해받게 된다. 그러한 편안한 잠을 지켜내기 위해 검열이 이루어진다. 이 검열을 피해가기 위해 꿈속의 내용(잠재사상)이 변형, 번역되어 수면을 방해받지 않는 꿈(현재내용)이 만들어진다. 이럴 경우 일어나는 변형, 해석이 '꿈의 작업'이다. 꿈의 작업에서는 응축, 이동, 시각화된 것이 이루어진다. 그러다 잠에서 깨어난 뒤 꿈은 이야기로 정리된다. 이 모든 일이 이차가공이다.

변형, 번역 작업의 본디 모양으로 돌아가서 꿈의 현재내용에서 잠재사상을 찾는 일이 '꿈의 해석'이다. 이때, 꿈속 이미지보다도 단어에 주목하는 게 중요하다. 또, 꿈을 해석하기 위해서는 그 꿈을 꾼 사람의 개인 역사를 알 필요가 있는 한편 이 표현이 나온다면 이는 많은 사람들에게 있어서 이런 걸 의미한다는 상징표현도 있다. 특히 성적인 상징은 너무나 많다.

이러한 이론에 따라 꿈을 해석하는 일에 있어서 무의식속 세계를 알 수가 있다. 무의식을 전제로서 인간의 마음을 밝혀내려는 정신분석에서는 꿈을 분석하고 해석하는 일이 너무나 중요한 의미를 가진다.

이 세상 태양 아래 새로운 것은 없다

프로이트의 대표작 《꿈의 해석》이 출판된 것은, 1899년(출판된 때는 1900년)이다. 프로이트 자신이 그 책에서, 고대 꿈의 책으로부터 많은 것들을 공부했다고 말했지만 실제로 2세기, 즉 프로이트가 태어난 1700년 전에 나온 《아르테미도로스 꿈의 책》을 보면, 여기저기에 프로이트 《꿈의 해석》과 닮은 내용들을 담고 있기에 우리를 놀라게 한다.

프로이트는 수많은 사람들이 공통적으로 꾸는 꿈을 '유형꿈'이라 부르고 군중들 속에 자신만이 벌거숭이임을 깨닫고 당황하는 꿈이나 하늘을 나는 꿈, 사랑하는 사람이 죽는 꿈 등을 전형적인 예로서 이야기할 수 있지만 이들은 모두 《아르테미도로스 꿈의 책》에 쓰여 있는 것들이다. 그 때문에 프로이트 꿈의 이론에 대해 '일반적인 꿈에 관계하여 프로이트가 써낸 색인은, 1700년 전에 세상에 나온 아르테미도로스의 책에 완벽한 형태로 나와 있다.', '꿈의 해석술은 수천 년 동안 어느 것 하나 바뀌지 않았다.' 이러한 견해를 가진 꿈 연구자도 있다.

프로이트는 역사적으로 인간에게 치욕을 안겨준 3가지 발견으로, 지구가 우주의 중심이 아닌 것을 알아낸 갈릴레오의 발견, 인간이 천지창조의 중심이 아님을 밝힌 다윈의 발견, 그리고 인간이 자기 마음의 완전한 지배자가 아님을 밝힌 자신의 발견을 꼽았다.

프로이트의 '발견'은 인간의 자유의지에 대한 명백한 공격으로 거센 비난을 당했다. 특히 미국에서 가장 큰 반발이 일어났고, 이는 정신분석 자체가 비과학적인 것으로 인식되는 계기가 되었다.

사실 프로이트의 치료는 정신분석에 편향적으로 의존할 뿐 아니라 정해진 절차와 검증 가능한 결과가 없었으며, 치료 효능을 입증할 만한 자료도 부족했다. 여기에 신경학이 발달하면서 꿈이 인간의 소망이나 동기와 관련이 없다는 증거가 속출했다. 이런 상황에서 프로이트 이론은 대학의 심리학 강의 목록에서 빠지기 시작했으며, 정신분석학을 강의하는 교수의 수도 점점 줄었다.

그러나 인지심리학을 비롯한 현대 심리학은 환자의 마음을 듣고 분석하는 프로이트의 '대화요법'에 큰 빚을 지고 있다는 사실을 잊어서는 안 된다. 또한 내면의 불합리함이 인간을 파멸로 이끈다는 프로이트의 사상은 현대 심리학자들에겐 일종의 지침 같은 것이다.

더욱이 최근 런던 왕립의대가 발표한 연구 결과는 프로이트의 꿈 이론을 뒷받침하는 것이어서 눈길을 끈다. 인간의 뇌를 영상 촬영한 결과, 꿈이 단지 뉴런의 무분별한 흥분의 결과가 아님이 드러난 것이다. 실제로 우리가 잠들어 있는 동안에도 우리의 감정과 욕망, 욕구를 통제하는 대뇌 변연계는 활발히 활동한다. 그렇다면 꿈을 우리의 욕구와 관련된 고차원의 기능으로 볼 수도 있다는 뜻이다.

프로이트가 이룬 무의식의 '발견'은 그간의 지식과 공상에 지대한 영향을 미쳤으나, 아마도 그의 가장 큰 공헌이라면 일반인까지도 심리학에 매력을 느끼도록 만든 것일 것이다.

프로이트 연보

1856년   5월 6일, 지그문트 프로이트는 체코슬로바키아(당시는 오스트리아
          령)의 작은 마을 프라이베르크에서 태어나다. 야콥 프로이트는 주
          로 모직물을 취급한 상인이었다. 어머니 아말리아의 친정은 나탄
          존 집안이며, 부모 모두 유대계이다. 형제는 배다른 형이 둘 있었
          고, 친동생이 둘, 여동생이 다섯이었다.

1858년(2세) 라이프치히로 이사하다. 이사하는 도중에 기차 안에서 가스등 불
          빛을 보고 사람의 영혼을 연상하여, 포비아를 생각나게 하는 노
          이로제가 시작되다. 이 노이로제는 뒤에 자신이 직접 자기 분석을
          통하여 치료할 때까지 계속되다.

1860년(4세) 빈으로 이사하여 일생을 거의 이 도시에서 보내다.

1866년(10세) 빈의 김나지움에 입학하여 대부분 수석으로 전 과정을 거치다.

1873년(17세) 최우등이라는 명예로 김나지움을 졸업하다. 오래 전부터 다윈의
          《진화론》에 심취했으나 졸업 직전, 괴테의 논문 《자연에 대하여》
          에 관해서 행한 칼 브륄의 강연을 듣고 깊이 감명을 받아 의학을
          전공하기로 결심, 빈 대학 의학부로 진학하다. 대학에서는 의학책
          을 위한 〈동물학〉과 동물학자 클라우스의 〈생물학 진화론〉의 강
          의, 생물학자 브뤼케, 철학자 브렌타노의 강의를 열심히 들었으나
          반유대주의 때문에 고통을 겪다.

1876년(20세) 브뤼케 교수의 생리학 연구실의 연구생이 되다. 여기에서 그는 안
          정감과 학문상의 충족감을 맛보았으며, 브로이어와 알게 되었고,
          지그문트 에크스너, 에른스트 폰 프라이슈너, 마르코프와 친하게
          되다.

1877년(21세) 뱀장어의 생식선 형태와 구조에 관한 논문을 발표하다.

1878년(22세) 칠성장어의 척추신경 마디 체모에 대한 발견을 학회에 발표하다.

또 가재의 신경세포에 관하여 오늘의 뉴런설에 가까운 구상을 발표하다.

1880년(24세) J.S. 밀의 사회문제와 플라톤의 논문을 독일어로 번역했는데, 잘 소화된 훌륭한 것이었다. 12월, 브로이어와 함께 제출한 《히스테리 연구》에 안나 O.의 증례로서 소개된 환자의 치료를 시작하다.

1881년(25세) 3년 늦게 받은 의학부 최종시험을 우수한 성적으로 합격하여 학위를 받다.

1882년(26세) 4월, 유대인의 딸 마르타 베르나이스와 만나 6월에 약혼하다. 그들이 결혼하기까지는 4년 3개월이 걸렸으며, 그 사이에 그는 900통 이상의 편지를 약혼자에게 보냈다. 7월 경제적 이유로 연구 생활을 그만두고 빈 종합병원에 근무하다. 처음엔 외과였으나 다음에는 내과로 옮기다. 10월, 연구생으로 채용되어 첫 월급을 탔으며, 이 해에 〈가재의 신경섬유 및 신경세포의 구조에 대하여〉 그리고 〈신경계 여러 요소의 구조〉를 발표하다.

1883년(27세) 5월, 메이네르트의 정신의학 교실에 근무하여 2급 의사가 되다. 10월, 피부과로 옮기다. 이어 이비인후과의 특별 코스에 출석하다.

1884년(28세) 1월, 신경과로 옮기고 7월엔 수석 의사가 되다. 이해에 코카인의 임상적 용도에 관한 논문 〈코카인에 대하여〉를 발표, 코카인의 우수한 작용을 보고하다.

1885년(29세) 3월, 안과로, 그리고 6월에 피부과로 옮기다. 9월, 빈 대학 신경병리학 시간제 강사(講師)가 되다. 그해 가을, 브뤼케 교수의 추천으로 파리에 유학, 당시 신경병학자의 성지라고 일컫는 정신병원 샬페트리에르에 들어가 샤르코에게 사사하고, 그 히스테리 연구에 크게 감명을 받다. 6월에서 이듬해 9월에 걸쳐 청신경근에 관한 세 가지 논문을 발표하다.

1886년(30세) 2월, 파리에서 돌아오는 길에 베를린에 들러 버긴스키에에게서 소아과를 전공하다. 4월, 빈에서 병원을 차리고 개업하다. 9월 13일, 결혼계를 제출했고, 이해 여름부터 이듬해 연말까지 군의관으로 복무하다. 샤르코의 논문 〈신경계질환, 특히 히스테리에 대한 새로운 강의〉를 독일어로 번역하다.

1887년(31세) 장녀 마틸데 태어나다. 베를린의 내과·이비인후과 의사인 플리에스와 교제가 시작되어 2, 3년 사이 '가장 친한 친구'가 되다.

1889년(33세) 치료법으로서의 최면술을 완성시키려고 낭시로 가서 몇 주간 머무는 동안, 베르네임과 리에보가 하는 일에 강한 인상을 받다. 도오라는 소녀를 분석 치료하는 중에, 꿈을 분석하여 심리적 비밀을 푸는 열쇠가 됨을 깨닫다. 12월, 장남 마르틴 태어나다.

1891년(35세) 2월 차남 올리버 태어나다. 이해에 첫 저술 《실어증(失語症)의 이해를 위하여》 출판하다.

1893년(37세) 14세나 연장인 공동연구자 브로이어와 더불어 〈히스테리 현상의 심리적 메커니즘〉이라는 논문을 발표하다. 또 〈소아 야뇨증에 때로 병발되는 한 징후에 대하여〉를 발표하여 팔의 과도한 긴장 현상에 대하여 언급하다.

1894년(38세) 여름, 브로이어와의 공동연구가 끝났으며, 2년 뒤에는 그들의 사이가 아주 나빠지다. 〈방위에 의한 노이로제와 정신이상〉을 저술, 노이로제와 어떤 종류의 정신병에 관하여 고찰하다. 심장병으로 고민하다.

1895년(39세) 브로이어와의 공저 《히스테리의 연구》를 출판했으며, 〈불안 노이로제에 관한 논문〉을 발표하다. 7월 처음으로 꿈의 완전 분석을 행하다.

1896년(40세) '정신분석'이란 말을 비로소 사용하기 시작하였으며, 빈에서 〈히스테리의 원인에 대해서〉라는 제목으로 강연했으나 반응은 냉담했다.

1897년(41세) 〈뇌성소아마비〉라는 포괄적인 논문을 발표하여 대가의 손에 의한 '철저한 연구'라는 평을 듣다. 이해에 자신의 정신분석에 착수하다.

1898년(42세) 〈노이로제의 원인에 있어서의 성(性)〉을 발표하다.

1900년(44세) 《꿈의 해석》을 출판했으나(600부) 그의 기대와는 달리 학계로부터 완전히 묵살되었으며, 〈꿈에 대하여〉라는 제목으로 대학에서 강의를 시작했으나 청강자는 겨우 3명이었다.

1901년(45세) 〈일상생활의 정신병리〉를 발표하여 우발적 행위의 의미를 명백히 하다.

1905년(49세) 〈성 이론에 관한 세 편의 논문〉과 〈유머와 무의식과의 관계〉를 집필하다.

1906년(50세) 융과의 정기적인 서신 교환이 시작되다.

1907년(51세) 융과 만났고, 카를 아브라함과의 교제가 시작되다.

1908년(52세) 부활제를 맞이하여 브로이어, 융과 같은 유럽의 정신분석학자가 프로이트를 중심으로 하여 잘츠부르크에 모여 '국제정신분석학 대회'를 열고 기관지 〈정신분석학 정신병리학 연구 연보〉의 발간을 결정하다. 4월, '심리학 수요회'를 '빈 정신분석협회'로 개명하다. 뒤에 전기 작가가 된 어네스트 존스, 페렌치와 교제가 시작되다.

1909년(53세) 빈 대학 의학부 신경생리학 조교수가 되다. 9월, 미국 심리학자이자 클라크 대학 총장인 스탠리 홀의 초청을 받고 융과 더불어 미국으로 건너가서 클라크 대학에서 '정신분석학 5강(講)'을 연속 강연하다. 미국 체류 중에 윌리엄 제임스 푸피스터 목사와 알게 되어 일생을 친히 지내다. 〈노이로제 환자의 가족 이야기〉〈히스테리 발작개론〉〈다섯 살짜리 사내아이 포비아의 분석〉〈강박 노이로제의 한 증상에 대한 메모〉 등을 발표하다.

1910년(54세) 3월, 제2회 대회가 뉘른베르크에서 열리고 '국제정신분석학회'가 정식으로 발족하여 초대 회장에 융이 피선되었으며, 월간지 〈정신분석학 중앙잡지〉를 창간하다. 프로이트는 이 대회 석상에서 〈정신분석요법에 대한 앞으로의 가능성〉이란 제목으로 강연하다.

1912년(56세) 융과의 사이에 견해 차이가 생기기 시작하여 서먹서먹해지다. 정신분석학을 다른 정신과학에 응용할 것을 지향하기 위해 〈이마고 Imago〉를 창간하여 〈토템과 터부〉를 연재하다.

1913년(57세) 뮌헨에서 대회가 열렸으며 융과 최종적으로 결렬되다. 잇따른 이탈자가 속출하여 정신분석학의 장래를 위해 프로이트를 지키고자 하는 위원회가 발족했는데 페렌치, 아브라함 존스, 작스 랭크 등이 그 멤버였다. 《토템과 터부》를 출판하다.

1914년(58세) 제1차 세계대전으로 드레스덴의 대회가 중지되었으며, 융이 협회를 탈퇴하다. 《정신분석 운동사》를 집필하고 그 속에서 융에 대하여 신랄하게 공격하다.

1915년(59세) R.M. 릴케의 방문을 받았으며, 빈 대학에서 〈정신분석 입문〉 강의를 시작하다.

1917년(61세) 《정신분석 입문》을 출판하였으며, 〈정신분석학의 한 단점〉을 발표하다.

1918년(62세) 부다페스트에서 제5회 대회가 열리고 페렌치가 회장이 되다. 〈처녀성과 터부〉를 발표하다.

1922년(66세) 4월, 구개암(口蓋癌) 수술을 받다. 이후 사망할 때까지 33번의 수술과 라듐 조사(照射)를 받다. 베를린 대회가 열리고 딸 안나가 회원에 추천되었으며, 10월, 11월, 잇따른 구개수술로 발음이 불완전하게 되었고, 청각도 잃어버렸으므로 체력도 약화되다. 〈꿈과 텔레파시〉 외 여러 논문을 발표하다.

1923년(67세) 로망 롤랑과 서신 교환이 시작되다. 《자아와 이드》를 저술하여 이드와 자아 이상의 개념을 제창하다.

1924년(68세) 잘츠부르크에서 대회를 개최하였으며, 이해에 로망 롤랑이 스테판 츠바이크와 함께 방문해 오다. 빈판 《프로이트 전집》이 발간되다.

1925년(69세) 구강 내 수술을 수차례 받다. 혼부르크에서 대회가 열려 딸 안나가 참석, 아버지 원고를 대독하다. 자전(自傳)을 발표하다.

1926년(70세) 70회 탄생일을 맞아 브란데스, 아인슈타인, 로망 롤랑 등으로부터 축전을 받았으며, 본인은 실제적인 운동에서 은퇴한다는 성명을 발표하다.

1929년(73세) 옥스퍼드에서 대회를 열었으며, 토마스 만이 〈근대정신에 있어서의 프로이트의 지위〉에서 프로이트 학설의 정신사적 의의를 높이 평가하다.

1930년(74세) 괴테 문학상을 받다. 〈문화에 있어서의 불쾌한 것〉을 발표하다. 어머니 아말리아 죽다.

1932년(76세) 토마스 만이 방문해 오다. 〈속 정신분석학 입문〉을 발표하다.

1933년(77세) 히틀러 정권이 수립됨과 동시에 정신분석에 관한 서적이 금서 처분을 받다.

1936년(80세) 게슈타포가 '국제정신분석 출판사'의 전 재산을 압수하다. 80세 탄생일에 토마스 만 등 191명의 작가와 예술가들의 사인이 든 인사장을 토마스 만으로부터 받다. 9월 13일, 금혼식을 거행하다.

1938년(82세) 3월, 나치가 오스트리아에 침입하여 '국제정신분석 출판사'를 몰수하다. 6월, 나치의 유대인 학살을 피해 런던으로 망명하다. 웰즈, 츠바이크, 마리노프스키와 만나다.

1939년(83세) 2월, 암이 재발하여 수술불능이란 진단이 내려지다. 9월 12일 안락사를 원하였으나, 뜻을 이루지 못하고 9월 23일, 런던 햄프스테드의 메어스필드 가든스 20번지에서 영면하다.

옮긴이 김양순
성신여대 독문학과를 졸업하고 동대학원에서 독문학을 전공하다.
독일 뮌헨대학에서 심리학 전공. 심리치료사자격을 취득하다.
옮긴책 미하엘 엔데 「끝없는 이야기」 등이 있다.

세계사상전집036
Sigmund Freud
DIE TRAUMDEUTUNG
꿈의 해석
지그문트 프로이트/김양순 옮김
동서문화창업60주년특별출판
1판 1쇄 발행/2016. 9. 9
1판 2쇄 발행/2020. 6. 1
발행인 고정일
발행처 동서문화사
창업 1956. 12. 12. 등록 16-3799
서울 중구 마른내로 144(쌍림동)
☎ 546-0331~6 Fax. 545-0331
www.dongsuhbook.com
＊

사업자등록번호 211-87-75330
ISBN 978-89-497-1444-8 04080
ISBN 978-89-497-1408-0 (세트)